Provence

Christine Coste
Jean-Bernard Carillet
Didier Férat

PROVENCE

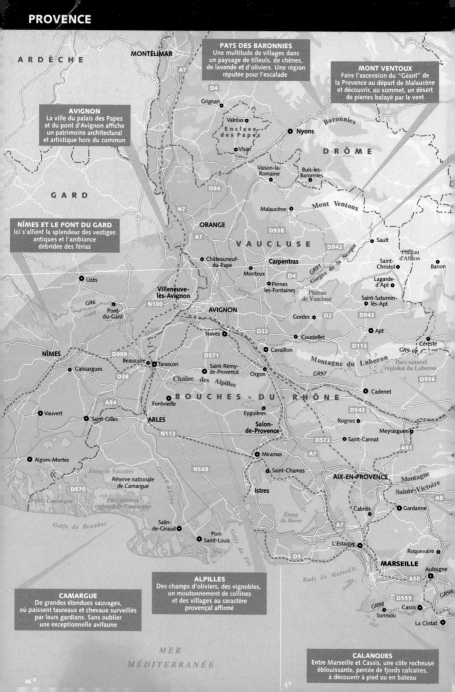

PAYS DES BARONNIES
Une multitude de villages dans un paysage de tilleuls, de chênes, de lavande et d'oliviers. Une région réputée pour l'escalade

MONT VENTOUX
Faire l'ascension du "Géant" de la Provence au départ de Malaucène et découvrir, au sommet, un désert de pierres balayé par le vent

AVIGNON
La ville du palais des Papes et du pont d'Avignon affiche un patrimoine architectural et artistique hors du commun

NÎMES ET LE PONT DU GARD
Ici s'allient la splendeur des vestiges antiques et l'ambiance débridée des férias

CAMARGUE
De grandes étendues sauvages, où paissent taureaux et chevaux surveillés par leurs gardians. Sans oublier une exceptionnelle avifaune

ALPILLES
Des champs d'oliviers, des vignobles, un moutonnement de collines et des villages au caractère provençal affirmé

CALANQUES
Entre Marseille et Cassis, une côte rocheuse éblouissante, percée de fjords calcaires, à découvrir à pied ou en bateau

ARDÈCHE
MONTÉLIMAR
A7
D4
Grignan
Valréas
Enclave des Papes
Visan
Nyons
Baronnies
DRÔME
Vaison-la-Romaine
Buis-les-Baronnies
GARD
D94
N7
Malaucène
Mont Ventoux
ORANGE
A7
VAUCLUSE
D938
D942
Sault
Plateau d'Albion
Châteauneuf-du-Pape
Carpentras
Saint-Christol
Banon
Monteux
D4
GR91
Gorges de la Nesque
Pernes-les-Fontaines
Lagarde-d'Apt
Uzès
Villeneuve-lès-Avignon
N100
Sorgue
Plateau de Vaucluse
Saint-Saturnin-lès-Apt
GR6
Pont-du-Gard
Gard
AVIGNON
Gordes
D2
Coustellet
Apt
D943
Céreste
NÎMES
Noves
D22
Cavaillon
D113
GR9.9f
Durance
Beaucaire
D999
Tarascon
D571
Saint-Rémy-de-Provence
Orgon
Montagne du Luberon
GR97
Parc naturel régional du Luberon
D956
Caissargues
D38
Chaîne des Alpilles
BOUCHES - DU - RHÔNE
Cadenet
A54
Fontvieille
Eyguières
D543
Rognes
Meyrargues
Vauvert
Saint-Gilles
ARLES
N113
Salon-de-Provence
D572
Saint-Cannat
A51
Rhône
Miramas
A7
Aigues-Mortes
N568
Saint-Chamas
AIX-EN-PROVENCE
Montagne Sainte-Victoire
Étang de Vaccarès
Réserve nationale de Camargue
Istres
Étang de Berre
Cabriès
Gardanne
A8
D570
Grand Rhône
Parc naturel régional de Camargue
Petite Camargue
Salin-de-Giraud
Port-Saint-Louis
A7
L'Estaque
Roquevaire
Golfe de Beauduc
Golfe de Fos
D5
Rade de Marseille
MARSEILLE
Aubagne
A50
GR98
D559
Cassis
Sormiou
GR98
La Ciotat

MER MÉDITERRANÉE

46°
5°

HAUTES - ALPES

ITALIE

GORGES DE LA NESQUE
Des gorges aux formes épanouies
au cœur d'une nature intacte

PLATEAU D'ALBION
La lavande se déploie à perte
d'horizon et côtoie un grand
désert balayé par le vent.
En contrepoint se dessinent
les monts de Vaucluse

**MONTAGNE DE LURE
ET PAYS DE FORCALQUIER**
Un terroir de caractère qui a inspiré Giono.
Paysages bucoliques, champs de lavande
et villages adossés à la montagne de Lure,
restée très sauvage

Sisteron

La Javie

D900

ALPES -
MARITIMES

Montagne
de Lure

Digne-les-Bains

Thorame-
Haute

Réserve géologique
de Haute-Provence

Les Mées

D955

ALPES - DE -
HAUTE - PROVENCE

Saint-André-
les-Alpes

Forcalquier

Barrême

Oraison

N85

Plateau
de Valensole

Parc naturel
régional du Verdon

Castellane

Manosque

Valensole

Moustiers-
Sainte-Marie

Verdon

A51

D8

GR4

Lac
de Sainte-Croix

N96

Gorges du Verdon

Duronce

Antibes

Cannes

VAR

GORGES DU VERDON
Un long canyon profond de 700 m
où coule le Verdon. Le paradis des amateurs
d'escalade, de sports d'eau vive
et de randonnée

APT ET LE LUBERON
Apt, paradis du fruit confit,
ouvre la porte du Luberon.
Villages perchés et sentiers
de l'ocre font le bonheur
des randonneurs

Trets

PAYS AIXOIS
Aix, une ville au riche patrimoine
architectural, environnée de bastides
et de vignobles. À l'est, la majestueuse
Sainte-Victoire, qui inspira Cézanne

MER
MÉDITERRANÉE

Toulon

0   10   20 km

Altitude	
	2 700 m
	2 100 m
	1 200 m
	600 m
	300 m
	0

Le village de Rougon, blotti dans un massif calcaire près des gorges du Verdon

Vue plongeante sur les méandres du Verdon

JEAN-BERNARD CARILLET

JEAN-BERNARD CARILLET

HEINRICH WERNER

JEAN-BERNARD CARILLET

JEAN-BERNARD CARILLET

JEAN-BERNARD CARILLET

JEAN-BERNARD CARILLET

JEAN-BERNARD CARILLET

Couleurs et art de vivre en Provence : cabane en pierres sèches entourée de lavande ; joueurs de pétanque ; toits de tuiles moulées, à Forcalquier ; femme en costume traditionnel à Digne-les-Bains ; les fameux santons et les non moins célèbres navettes, parfumées à la fleur d'oranger

Jeu lors d'une course camarguaise : le cavalier doit montrer son agilité en saisissant une orange

Le matador s'apprête à porter l'estocade

Gardians lors d'un pèlerinage aux Saintes-Maries

Procession aux Saintes-Maries-de-la-Mer

La chapelle du Paradou, massif des Alpilles

Un mas au pied de la Sainte-Victoire

Façades colorées à Tarascon

Vallée du pays aixois, couverte de vignes et bordée par le massif de la Sainte-Victoire

Gardians en Camargue

Le fort Saint-Jean, Marseille

Le cap Canaille, près de Cassis

La calanque de Sugiton

Pont Saint-Bénezet et palais des Papes, Avignon

Vestiges du théâtre romain d'Orange

Le pont du Gard

Rue et façades typiques du vieux Carpentras

L'amphithéâtre romain (les arènes), Nîmes

La ville haute, accrochée à la roche, de Vaison-La-Romaine

Ruelles pavées de Gordes, monts de Vaucluse

Le village perché de Ménerbes, dans le Luberon

Une carrière sur le Sentier des ocres, près de Roussillon,

Maisons médiévales de Sainte-Croix-du-Verdon sur la rive du lac Sainte-Croix, en Haute Provence

Monastère de Ganagobie (Xe siècle), près de Lurs

Campanile du XVIe siècle, à Chasteuil (Verdon)

Provence 1
1re édition française – Mars 2002

© **Lonely Planet Publications Ptyb Ltd**
© **Les Presses-Solar-Belfond**
12 avenue d'Italie, 75627 Paris cedex 13
☎ 01 44 16 05 00
⌨ bip-lonely_planet@psb-editions.com
⌨ www.lonelyplanet.fr

Photographies
Toutes les photos publiées dans ce guide sont disponibles
auprès de notre agence photographique Lonely Planet Images
(e-mail : lpi@lonelyplanet.com.au).
Web site : www.lonelyplanetimages.com

Photo de couverture
Champs de lavande (Heinrich Werner)

Illustrations
Valérie Police et Sophie Rivoire

Dépôt légal
Mars 2002

ISBN 2-84070-230-4
ISSN 1242-9244

Texte et cartes © Lonely Planet Publications Pty Ltd 2002
Photos © photographes comme indiqués 2002

GR® et PR® sont des marques déposées de la FFRP
(Fédération Française de Randonnée Pédestre)

Imprimé par Hérissey, Évreux, France
Réimpression 02, juin 2005

Bien que les auteurs et l'éditeur aient essayé de donner des informations aussi exactes que possible, ils ne sont en aucun cas responsables des pertes, des problèmes ou des accidents que pourraient subir les personnes utilisant cet ouvrage.

Table des matières

NÎMES ET SES ENVIRONS 200

VAUCLUSE 220

Table des cartes

Les auteurs

Christine Coste

Après un diplôme d'économie internationale et de développement, Christine se lance dans le journalisme, au *Matin de Paris* et à *Jeune Afrique*. Toujours en quête d'un ailleurs, elle sillonne l'Afrique et l'Asie centrale où elle a effectué divers reportages. Elle n'en oublie pas pour autant l'Ardèche, région chère à son cœur où elle conserve de multiples attaches. Aujourd'hui, elle collabore à plusieurs publications en tant que journaliste indépendante. Co-auteur du guide *Québec* et *Côte bretonne et les îles*, Christine a également participé aux guides *Jordanie et Syrie* et *Athènes et les îles grecques*.

Jean-Bernard Carillet

Diplômé en relations internationales et en traduction, Jean-Bernard a travaillé pendant cinq ans au bureau parisien de Lonely Planet avant de continuer en indépendant. Voyageur passionné et moniteur de plongée, il prend le large à la moindre occasion pour voyager, plonger, photographier et écrire des guides, mais repasse toujours par la Lorraine des aciériées et des hauts fourneaux, sa région d'origine, dont il suit la douloureuse mutation. À Lonely Planet, il a contribué à une dizaine de guides, dont *Tahiti et la Polynésie française*, *Marseille*, *Plongée en mer Rouge*, *Côte bretonne et les îles* et *Réunion, Maurice et Rodrigues*.

Didier Férat

Ses jeunes années courent à travers l'Europe, dans des périples effectués en famille. Depuis, Didier Férat a poursuivi sa route : plusieurs mois au Vietnam, puis deux ans en Grèce, des séjours en Inde, en Jordanie... À son retour en France, ce diplômé de Sciences Po, titulaire d'une maîtrise d'histoire, s'est embarqué deux ans sur le câble de la chaîne de télévision Voyage. Il parcourt aussi le monde dans les salles obscures, par goût pour le cinéma des contrées lointaines. Goût aussi pour les nouveaux supports : il fait aujourd'hui partie de l'équipe *new media*... à Lonely Planet, bien sûr. Didier a collaboré au guide *Lisbonne*.

Un mot de Christine

Mes pérégrinations dans le sud de la Drôme, le Vaucluse et les environs de Nîmes ont été multiples et les aiguilleurs pris en vol, toujours attentifs à mes interrogations. Que soient remerciés pour leur attention Valérie Biset-Coutant (Vaucluse), Marie-Christine Fustier (Drôme), Virginie Martinez (Nyons), Stéphanie Maisonnave (Carpentras), Barbara et Martine di Cisso (Apt), Monique et Laurent Château (Uzès), Emmanuelle Rivas (Beaucaire), mais aussi le personnel des offices du tourisme de Malaucène, Bonnieux, Valréas, Sault, L'Isle-sur-la-Sorgue, Grignan, Nyons, Buis-les-Baronnies et Rémuzat. De leur côté, Élisabeth Hauwuy, Daniel Gilles, Dominique Bodon, Magali du Centre d'art du Crestet, Puce et Marc, Anne Pardo, Anne Meillon, Naïna Jouberton, Mme Blanc et Christophe Monge apportèrent d'autres ouvertures, tout aussi précieuses. Certaines maisonnées furent également pour moi des ports d'attache et le lieu de rencontres inoubliables. Les attentions de Christine Ertzbichoff, de la famille Richarneau et de Mana apportèrent de précieux instants de douceur.

Merci aussi à Minouche et François Cance pour ces retrouvailles ; à Catherine Boijoly et Ivan Sigg pour leurs souvenirs de vacances en Provence et à Daniel Bastien, l'éternel ange gardien de ces allers-retours. Quant au trio en culotte courte que formèrent de temps à autre Léo, Hugo et Salomé (déjà rompus à l'aventure), leurs sourires, leurs commentaires, leurs ronchonnements et leurs bisous (du soir) apportèrent à ces escapades une légèreté réconfortante. Légèreté, qui a été possible grâce à la complicité de Leïla (maman d'Hugo et de Salomé et nouvelle abonnée au voyage), dont l'amitié et l'accompagnement me furent précieux.

Coup de tendresse aussi pour Didier et Jean-Bernard, les deux auteurs de ce guide. Nos pas ne se croisèrent jamais en Provence, mais notre entente et nos discussions m'aidèrent à traverser ces voyages. Coup de tendresse particulier aussi à Bénédicte, qui a dirigé ce livre avec une maîtrise, une attention et une douceur sans pareils, quels qu'en furent les tourments. Pensées également à Pascale, Christophe et à leurs petits, qui ne sont restés que deux jours en Provence. Enfin, ce livre n'existerait pas sans le travail d'équipe du bureau parisien de Lonely Planet.

Un mot de Jean-Bernard

Un grand merci à Christine et à Didier, coauteurs de cet ouvrage, pour cette fructueuse collaboration et pour cette passion partagée. Sur place, je remercie tous ceux dont j'ai croisé la route et qui m'ont réservé le meilleur accueil, plus particulièrement le personnel de l'office du tourisme d'Aix et les responsables d'activités à La Palud – sud Verdon et à Castellane.

Ce projet n'aurait pu être mené à bien sans le soutien de plusieurs personnes à Lonely Planet, en particulier Zahia, Caroline, Caro et Corinne, qui ont su écouter et réagir avec à-propos. Mention spéciale à Bénédicte, la bonne fée de cet ouvrage, pour sa patience et son écoute.

Un mot de Didier

Je tiens tout d'abord à remercier Jean-Bernard Carillet, guest-star du Lulu club, et Christine Coste, deux auteurs passionnés, grâce à qui la Provence fut une aventure collective captivante. Merci également à Caroline Guilleminot et Zahia Hafs, qui m'ont accordé toute leur confiance, à Bénédicte Houdré pour sa patience légendaire, ainsi qu'à tous mes collègues du bureau français qui m'ont aidé pour ce projet, avec une attention particulière pour Didier Buroc, Claire Sniehotta et Christophe Corbel.

Nombre de personnes rencontrées sur le terrain m'ont été d'un grand secours. Grand merci et bonne chance à Mathieu Lapière, futur matador, ainsi qu'à Denis Sanchez et sa femme, dynamique arlésienne, qui m'ont initié à la tauromachie. Coup de chapeau à Claudine Chambouvet pour ses bonnes adresses à Avignon, Sylvie Huguet à Nîmes, Guillaume Le Touze, arlésien d'adoption, l'inspecteur Sophie Paloc, Émilie Aujoulat à Arles, ainsi qu'Odile Pascal pour ses précieuses informations. Merci également à Elisa Coupé, nîmoise de passage, à la librairie Collines d'Orange ainsi qu'aux acteurs du *off* rencontrés lors du festival d'Avignon.

Enfin, un immense merci à Philippe, mon compagnon.

À propos de cet ouvrage

Cette première édition est un ouvrage collectif. Christine Coste a parcouru la Drôme provençale, le Vaucluse et les environs de Nîmes, tandis que Jean-Bernard Carillet a couvert les Alpes-de-Haute-Provence et les Bouches-du-Rhône. Didier Férat a dirigé ses pas vers Orange, Avignon, Arles et Nîmes. Tous les trois ont collaboré aux chapitres introductifs, avec quelques prédilections : Christine a contribué à *Présentation de la Provence*, *Comment s'y rendre* et *Comment circuler* ; outre certaines rubriques de présentation, Jean-Bernard s'est consacré aux *Renseignements pratiques* ; enfin, Didier a écrit les sections *Provence, terre de festivals* et *Taureaux, tauromachie et férias*.

Un mot de l'éditeur

Tout d'abord, un grand merci à Christine, Jean-Bernard et Didier : c'était un vrai plaisir de travailler (à nouveau) avec vous !

Jean-Noël Doan (dans l'impatience de voir paraître le petit Arthur) a créé la maquette de cet ouvrage, avec le soutien de Philippe Maître et de Sophie Rivoire. Bénédicte Houdré en a assuré la coordination éditoriale. La couverture est signée Sophie Rivoire. Les cartes sont le fruit d'un travail commun, rassemblant Zab (Isabelle Chipot), Caroline Sahanouk et Corinne Holst. Les illustrations ont été dessinées par Soph' et Valérie Police.

Merci à Chantal Boos et à Andrée Barthès pour leur travail sur le texte, ainsi qu'à Mélanie Sollin pour avoir réalisé l'index. Merci aussi à Caroline et Isabelle pour leurs interventions efficaces.

Et, comme toujours, une pensée à Graham Imeson et à l'équipe de la LPI pour leur constante collaboration avec le bureau français.

Avant-propos

LES GUIDES LONELY PLANET

Tout commence par un long voyage : en 1972, Tony et Maureen Wheeler rallient l'Australie après avoir traversé l'Europe et l'Asie. A cette époque, on ne disposait d'aucune information pratique pour mener à bien ce type d'aventure. Pour répondre à une demande croissante, ils rédigent le premier guide Lonely Planet, un fascicule écrit sur le coin d'une table.

Depuis, Lonely Planet est devenu le plus grand éditeur indépendant de guides de voyage dans le monde, et dispose de bureaux à Melbourne (Australie), Oakland (États-Unis), Londres (Royaume-Uni) et Paris (France).

La collection couvre désormais le monde entier, et ne cesse de s'étoffer. L'information est aujourd'hui présentée sur différents supports, mais notre objectif reste constant : donner des clés au voyageur pour qu'il comprenne mieux les pays qu'il visite.

L'équipe de Lonely Planet est convaincue que les voyageurs peuvent avoir un impact positif sur les pays qu'ils visitent, pour peu qu'ils fassent preuve d'une attitude responsable. Depuis 1986, nous reversons un pourcentage de nos bénéfices à des actions humanitaires.

Remises à jour. Lonely Planet remet régulièrement à jour ses guides, dans leur totalité. Il s'écoule généralement deux ans entre deux éditions, parfois plus pour certaines destinations moins sujettes au changement. Pour connaître l'année de publication, reportez-vous à la page qui suit la carte couleur, au début du livre.

Entre deux éditions, consultez notre journal gratuit d'informations trimestrielles *Le Journal de Lonely Planet.* Sur notre site Internet www.lonelyplanet.fr, vous aurez accès à une remise à jour en ligne régulière, dans le semestre suivant la mise en vente du guide. D'autres informations (en anglais) sont disponibles sur notre site anglais www.lonelyplanet.com.

Courrier des lecteurs. La réalisation d'un livre commence avec le courrier que nous recevons de nos lecteurs. Nous traitons chaque semaine des centaines de lettres, de cartes postales et d'e-mails, qui sont ajoutés à notre base de données, publiés dans notre journal d'information ou intégrés à notre site Internet. Aucune information n'est publiée dans un guide sans avoir été scrupuleusement vérifiée sur place par nos auteurs.

Recherches sur le terrain. Nos auteurs recueillent des informations pratiques et donnent des éclairages historiques et culturels pour mieux appréhender le contexte culturel ou écologique d'un pays. Les auteurs ne séjournent pas dans chaque hôtel mentionné.

Lonely Planet s'adresse en priorité aux voyageurs indépendants qui font la démarche de partir à la découverte d'un pays. Nous disposons de multiples outils pour aider tous ceux qui adhèrent à cet esprit : guides de voyage, guides de conversation, guides thématiques, cartes, littérature de voyage, journaux d'information, banque d'images, séries télévisées et site Internet.

8

Il leur faudrait en effet passer plusieurs mois dans chacune des villes ; ils ne déjeunent pas non plus dans tous les restaurants. En revanche, ils inspectent systématiquement ces établissements pour s'assurer de la qualité de leurs prestations et de leurs tarifs. Nous lisons également avec grand intérêt les commentaires des lecteurs.

La plupart de nos auteurs travaillent sous le sceau du secret, bien que certains déclinent leur identité. Tous s'engagent formellement à ne percevoir aucune gratification, sous quelque forme que ce soit, en échange de leurs commentaires. Par ailleurs, aucun de nos ouvrages ne contient de publicité, pour préserver notre indépendance.

Production. Les auteurs soumettent leur texte et leurs cartes à l'un de nos bureaux en Australie, aux États-Unis, au Royaume-Uni ou en France. Les secrétaires d'édition et les cartographes, eux-mêmes voyageurs expérimentés, traitent alors le manuscrit. Trois à six mois plus tard, celui-ci est envoyé à l'imprimeur. Lorsque le livre sort en librairie, certaines informations sont déjà caduques et le processus se remet en marche...

ATTENTION !

Un guide de voyage ressemble un peu à un instantané. A peine a-t-on imprimé le livre que la situation a déjà évolué. Les prix augmentent, les horaires changent, les bonnes adresses se déprécient et les mauvaises font faillite. Gardez toujours à l'esprit que cet ouvrage n'a d'autre ambition que celle d'être un guide, pas un bréviaire. Il a pour but de vous faciliter la tâche le plus souvent possible au cours de votre voyage.

N'hésitez pas à prendre la plume pour nous faire part de vos expériences.

Toutes les personnes qui nous écrivent seront citées dans la prochaine édition. Une newsletter par e-mail, *Comète*, est également éditée à l'attention de notre communauté de voyageurs. L'inscription (gratuite) à cette lettre se fait depuis la page d'accueil de notre site web.

Des extraits de courriers seront éventuellement publiés et les auteurs des meilleures contributions seront remerciés par l'offre d'un guide parmi nos collections. Si vous ne souhaitez pas que votre courrier soit repris dans le *Journal* ou que votre nom apparaisse, merci de nous le préciser. Lonely Planet s'engage par ailleurs, dans le cadre de la loi Informatique et Libertés, à ne pas divulguer son fichier d'adresses.

Envoyez vos courriers à Lonely Planet, 12 avenue d'Italie, Paris 75627 cedex 13
ou vos e-mails à : bip-lonely_planet@psb-editions.com

Informations de dernière minute : www.lonelyplanet.fr et www.lonelyplanet.com

COMMENT UTILISER VOTRE GUIDE LONELY PLANET

Les guides de voyage Lonely Planet n'ont pour seule ambition que d'être des guides, pas des bibles synonymes d'infaillibilité. Nos ouvrages visent à donner des clés au voyageur afin qu'il s'épargne d'inutiles contraintes et qu'il tire le meilleur parti de son périple.

Contenu des ouvrages. La conception des guides Lonely Planet est identique, quelle que soit la destination. Le chapitre *Présentation* met en lumière les diverses facettes de la culture du pays, qu'il s'agisse de l'histoire, du climat ou des institutions politiques. Le chapitre *Renseignements pratiques* comporte des informations plus spécifiques pour préparer son voyage, telles que les formalités d'obtention des visas ou les précautions sanitaires. Le chapitre *Comment s'y rendre* détaille toutes les possibilités pour se rendre dans le pays. Le chapitre *Comment circuler* porte sur les moyens de transport sur place.

Le découpage du reste du guide est organisé selon les caractéristiques géographiques de la destination. Vous retrouverez toutefois systématiquement la même trame, à savoir : centres d'intérêt, possibilités d'hébergement et de restauration, où sortir, comment s'y rendre, comment circuler.

Présentation des rubriques. Une rigoureuse structure hiérarchique régit la présentation de l'information. Chaque chapitre est respectivement découpé en sections, rubriques et paragraphes.

Accès à l'information. Pour faciliter vos recherches, consultez le sommaire en début d'ouvrage et l'index détaillé à la fin de celui-ci. Une liste des cartes et un index des cartes constituent également des clés pour se repérer plus facilement dans l'ouvrage.

Généralement, le guide s'ouvre avec une carte en couleurs, sur laquelle nous faisons ressortir les centres d'intérêt incontournables. Ceux-ci sont décrits plus en détails dans le chapitre *Renseignements pratiques*, où nous indiquons les meilleures périodes pour les visiter et où nous suggérons des itinéraires. Les chapitres régionaux ouvrent sur une carte de situation, accompagnée d'une liste de sites ou d'activités à ne pas manquer. Consultez ensuite l'index, qui vous renverra aux pages *ad hoc*.

Cartes. Les cartes sont une mine d'informations. La légende des symboles employés figure en fin d'ouvrage. Nous avons le souci constant d'assurer la cohérence entre le texte et les cartes, en mentionnant sur la carte chaque donnée importante présente dans le texte. Les numéros désignant un établissement ou un site se lisent de haut en bas et de gauche à droite. Les guides consacrés à une ville comprennent une série de cartes en couleurs numérotées en fin d'ouvrage.

Introduction

Présentation de la

Elle a porté à incandescence la flamme des génies de la peinture et de la littérature. Cézanne, Dufy, Braque, Pétrarque, Daudet, Pagnol, Mistral ou Giono – tous ont vu leur talent magnifié au contact de la Provence. C'est bien là la marque distinctive d'une terre d'exception, plébiscitée chaque année par des centaines de milliers de touristes de tous les horizons, venus se rasséréner dans cette Arcadie. D'où lui vient ce puissant magnétisme ? On vante à l'envi ses vertus régénératrices, son cadre naturel, son art de vivre..., mais son attrait se passe d'explications et de mises en équation.

La Provence est avant tout affaire de sensations et de joies simples, douces comme une brise marine : les aplats mauves des champs de lavande ; un ciel de cobalt pur, lavé par le souffle du mistral ; un monde d'odeurs enivrantes ; le miroir scintillant de la Méditerranée ; un parterre de vignobles et de champs d'oliviers ; des étendues sauvages, plates comme la main ; des roulis de collines blanches chauffées à blanc ; des massifs rugueux déployant ostensiblement leur voilure calcaire... On s'entiche vite de cette province solaire, lumineuse, dyonisiaque, au climat si agréable, que le tourisme, bien que pressant, n'a pas encore dénaturée.

La Provence est également une terre d'histoire, où l'homme a laissé son empreinte. Elle compte dans ses rangs la doyenne des villes de France, Marseille, ainsi que des cités au patrimoine exceptionnel, notamment Arles, Avignon, Orange, Salon-de-Provence et Aix-en-Provence. Arles et Nîmes, avec leurs arènes antiques ; Avignon et son palais des Papes ; Salon-de-Provence et son château ; Aix et ses somptueux hôtels particuliers. On aurait pu ajouter Manosque, Moustiers, Sisteron, Forcalquier, et une nuée de villages au charme entier, nichés dans des décors de crèche.

La mise en valeur n'est pas que patrimoniale ou historique. Avec trois parcs naturels (Camargue, Luberon et Verdon), la Provence offre un terrain d'aventure exceptionnel. Des horizons imprécis de la Camargue aux canyons du Verdon, en passant par les chemins de traverse du Luberon, les occasions de vibrer à l'unisson d'un environnement naturel demeuré sauvage ne manquent pas. Randonnées pédestre ou équestre, cyclotourisme, parapente, sports d'eau vive, canyoning et escalade font partie des approches possibles du milieu naturel. L'ensemble est servi par des infrastructures d'excellent niveau, tant en matière de restauration que d'hébergement. La Provence n'est-elle pas le paradis des chambres d'hôtes ?

Si la Provence fait autant l'unanimité, c'est qu'elle donne corps à un idéal : l'harmonie.

Présentation de la Provence

HISTOIRE
Au commencement
Aux temps les plus anciens, la mer remontait jusqu'à Lyon. Des champs de fossiles découverts en Haute Provence (certains datant de 300 millions d'années) témoignent du comblement progressif de la région.

Des traces de peuplement, visibles dans la grotte de l'Escale (Bouches-du-Rhône) ou sur le site de Quinson dans les gorges du Verdon attestent une présence humaine dans la région au paléolithique. Tout aussi importante fut la découverte en 1991 des peintures pariétales de la grotte sous-marine Cosquer, près de Cassis, qui remonteraient à 20 000 av. J.-C. (consultez l'encadré *La grotte Cosquer : le Lascaux provençal* au chapitre *Bouches-du-Rhône*). Les témoignages de la période néolithique sont rares. Les monuments funéraires de la fin de cette période découverts jusqu'ici se concentrent surtout dans les environs d'Arles.

Des *bories*, les premières habitations construites aux environs de 3 500 av. J.-C., subsistent encore à Gordes. Ces huttes en forme de ruche d'un ou deux étages, construites en pierres sèches, restèrent habitées jusqu'au XVIIIe siècle.

Des Grecs aux Romains
Durant la protohistoire, la côte provençale est peuplée par les Ligures, peuple originaire d'Italie du Nord, dont les relations commerciales avec d'autres sociétés du pourtour méditerranéen dominent cette époque. Aux Ligures se mêlent des Celtes entre 900 et 500 av. J.-C., formant une civilisation celto-ligure. De cette époque datent les premières places fortes (un *oppidum* en latin) en Haute Provence (celui de Forcalquier, par exemple), dans le Vaucluse et le nord des Bouches-du-Rhône (Entremont, près d'Aix-en-Provence).

Le littoral est fréquenté par des peuples navigateurs qui créent des comptoirs, les Phéniciens s'installant en particulier à l'emplacement d'Arles dès le IXe siècle av. J.-C.

Vers 600 av. J.-C., des Phocéens venus de la mer Ionienne fondent Massalia (Marseille). Près de Saint-Rémy-de-Provence, les vestiges de Glanum, cité érigée par les Saliens, occupée par les Grecs puis par les Romains, témoignent encore aujourd'hui de l'attraction qu'exerçait la région dès l'Antiquité. Avec la civilisation grecque et l'essor du commerce, la Provence connaît une profonde transformation.

Moins d'un siècle après sa fondation, Massalia est devenue une puissance dont la richesse et le rayonnement s'accompagnent d'une grande indépendance. Le commerce maritime permet des échanges avec l'Orient et offre un débouché aux produits régionaux (vin, sel et plantes, notamment). Elle entretient d'excellents rapports avec Rome, puisqu'elle est son alliée dans les guerres puniques, contre Carthage (IIIe siècle av. J.-C.). Lorsque les Celto-Ligures menacent la cité phocéenne vers 125 av. J.-C., les Romains franchissent tout naturellement les Alpes et s'implantent en Provence, sous prétexte de protéger le territoire des invasions.

Entre 125 et 121 av. J.-C., tout le sud de la Gaule devient la *Provincia Romana* – d'où vient le mot Provence. Aquae Sextiae (Aix-en-Provence) est fondée en 123 près de l'ancien oppidum d'Entremont, puis Narbonne, en 118. Le territoire conquis par Rome (littoral, rive gauche du Rhône et actuel Bas-Languedoc) répond au nom de Narbonnaise, ou province narbonnaise.

En 58 av. J.-C., la province est administrée par Jules César, qui entreprend la conquête de la Gaule du Nord. Massalia soutient Pompée dans la lutte pour le pouvoir qui oppose celui-ci à César. Après la victoire de César, Massalia perd en 49 av. J.-C., toute puissance au profit d'autres colonies, parmi lesquelles Arles, élevée au rang de seconde capitale de l'Empire.

Le règne d'Auguste, entre 27 av. J.-C. et 14 après, inaugure plus de 200 ans de *pax romana*. La Narbonnaise se romanise alors véritablement. L'empreinte latine apparaît dans la structure architecturale des villes, dans le domaine administratif, dans la vie quotidienne et l'usage du latin. Jusqu'au IIIe siècle, la province connaît une remarquable prospérité. Les ambitions politiques marquent également le territoire. Pour preuve, la construction de la via Domitia, première route recensée sur le territoire, qui devait relier l'Espagne à l'Italie, et dont subsistent encore en Provence quelques tronçons. La proximité de cette voie permet ainsi à Sisteron (Segustero) et à Forcalquier de prendre de l'importance.

L'implantation du christianisme

Dès la seconde moitié du IIIe siècle, le christianisme s'est implanté dans les villes. Deux siècles plus tard, il gagne la campagne. Les premiers monastères sont fondés sur les îles d'Hyères et de Lérins (410). En 415, Jean Cassien, venu d'Orient, crée l'abbaye de Saint-Victor à Marseille. Arles, christianisée très tôt, reçoit le titre de primatie des Gaules en 417. La vie monastique a une forte implication dans la vie sociale. Paroisses et évêchés sont délimités, y compris dans des zones peu urbanisées comme Uzès.

La formation du comté de Provence

À la fin du Ve siècle, la Provence est confrontée aux invasions barbares. Wisigoths, Burgondes et Ostrogoths envahissent la région et se la partagent. Arles sert un temps de refuge au préfet des Gaules, consolidant ainsi sa stature de capitale provinciale. Toutefois, le passage des troupes dévaste les campagnes et amoindrit sa puissance au profit de Marseille.

Durant la mise en place des royaumes barbares, l'Église maintient sa position et une certaine unité grâce à des personnalités ecclésiastiques comme Césaire (vers 470-543), évêque d'Arles après 503.

En 536, la Provence est cédée au royaume franc de Clovis. Pour la première fois de son histoire, le pays provençal va devoir obéir à des maîtres nordiques, étrangers à ses traditions latines. Le nom de *Provincia* (Provence) réapparaît, soulignant une entité

géographique, voire politique, et l'autonomie de la région. Selon les héritages, le royaume franc est régulièrement partagé et la Provence démembrée, tandis que les querelles politiques et les conflits meurtrissent les populations. Orange, Avignon, Arles et les campagnes environnantes sont dévastées et nombre de villages et de villes, abandonnés. Seule Marseille, en raison de ses relations avec Rome et l'Orient, parvient à maintenir un semblant de vie culturelle.

À l'orée du VIIIe siècle (époque où les rois mérovingiens, les "rois fainéants", n'ont plus qu'un rôle de façade), les comtes administrent la province d'une façon presque autonome.

Les invasions des Sarrasins

Maîtres de l'Espagne depuis 714, les Arabes font dès 721 des incursions régulières de l'autre côté des Pyrénées. Si leur progression est stoppée en 732 à Poitiers par Charles Martel, des troupes arabes se replient sur Narbonne qui, hostile à la domination franque, leur réserve le meilleur accueil. Cette "hospitalité" est fatale à la Provence, brutalement soumise entre 736 et 739 par Charles Martel. Pendant près d'un siècle, la région demeure dans le giron du pouvoir carolingien qui, avec Pépin le Bref et Charlemagne, administre fermement la région.

Le traité de Verdun (843) partage l'empire construit par Charlemagne. La Provence, avec la Bourgogne et la Lorraine, est dévolue à Lothaire (795-855), héritier du titre impérial.

De 838 à 973, Marseille et les environs d'Arles, puis la Haute Provence et les Alpes subissent les incursions sanglantes des pirates sarrasins, installés à La Garde-Freinet (Var), et, plus ponctuellement, des pirates grecs, normands ou maures. Les monastères sont saccagés et les villes détruites, en particulier Digne, Manosque et Castellane en Haute Provence. L'insécurité conduit les populations à se réfugier à l'intérieur des terres et sur les hauteurs, créant les fameux villages perchés.

En 974, les Sarrasins du Freinet sont définitivement vaincus par Guillaume, seigneur d'Arles, dit Guillaume le Libérateur.

Chronologie

Vers 20000 av. J.-C. – peintures pariétales de la grotte Cosquer, près de Cassis
Vers 3500 av. J.-C. – construction des bories
900-500 av. J.-C. – civilisation celto-ligure
600 av. J.-C. – fondation de Massalia (Marseille) par les Phocéens
125-121 av. J.-C. – implantation romaine en Gaule du Sud qui devient *Provincia romana*
58-51 av. J.-C. – Jules César administre la province et conquiert la Gaule chevelue
49 av. J.-C. – Massalia perd sa suprématie au profit d'Arelate (Arles)
Ier-IIIe siècles – développement de la civilisation gallo-romaine sur la côte et à l'intérieur
    (Digne, Manosque, Riez, Apt). Début de la christianisation de la Provence
284 – la province est divisée entre Narbonnaise et Viennoise de part et d'autre du Rhône
410-415 – fondation du monastère Saint-Honorat sur l'île de Lérins et de l'abbaye Saint-
    Victor à Marseille. Organisation chrétienne de la Provence
Ve siècle – invasions barbares et fin de l'empire romain
476 – prise d'Arles et de Marseille par les Wisigoths
536 – la Provence est intégrée au royaume franc fondé par Clovis
VIIIe-Xe siècles – invasions et razzias des Sarrasins
736-739 – soumission de la Provence, orchestrée par Charles Martel
843 – le traité de Verdun, qui partage l'empire carolingien entre les descendants de Charle-
    magne, attribue la Provence, la Bourgogne et la Lorraine à Lothaire
974 – les Sarrasins sont définitivement chassés de Provence par Guillaume Le Libérateur,
    comte d'Arles
X^e-XIe siècles – la Provence relève de l'Empire d'Occident (Saint-Empire romain germanique),
    mais elle est administrée par des comtes indépendants. Naissance du premier art roman
Vers 1100 – développement des institutions juridiques et communales (création des consulats
    dans les villes) ; intensification des relations avec l'Italie et le Languedoc
1125 – le comté de Provence est attribué aux comtes de Barcelone. Les ports du littoral
    accueillent les troupes croisées. La Provence crée un art roman original
1209-1245 – règne de Raimond Bérenger V, qui instaure une administration centralisée ; Aix
    devient capitale du comté
1226 – siège d'Avignon par Louis IX durant la guerre contre les Albigeois
1246 – Charles d'Anjou épouse la fille de Raimond Bérenger V et devient comte de
    Provence ; la région restera possession angevine jusqu'en 1481
1309 – les papes s'installent en Avignon.
1347-1348 – ravages de la Grande Peste
1348 – Jeanne, reine de Naples et comtesse de Provence, vend Avignon au pape
1378-1415 – le Grand Schisme : un pape règne en Avignon, un autre à Rome
1382-1423 – querelles d'héritage entre les Angevins de Provence et Charles de Duras

L'homme s'affirme comme le chef incontesté de la partie méridionale du royaume. Sous son règne, la Provence renoue avec sa prospérité d'antan. Les campagnes étant plus sûres, les terres sont à nouveau cultivées. De gros moyens sont mis en œuvre – construction de canaux, systèmes d'irrigation, assèchement de zones maréca-geuses –, tandis que la pêche, l'élevage, la production de vin et le grand commerce maritime (Marseille) reprennent.

En 1032, la Provence est rattachée au Saint-Empire romain germanique, mais les comtes qui l'administrent jouissent d'une indépendance de fait.

Aux XIe-XIIe siècles, la vie intellectuelle est marquée par la naissance d'une langue poétique, littéraire et lyrique, créée par les

Chronologie

1394 – les juifs expulsés du royaume de France trouvent refuge en Provence et dans le Comtat venaissin, propriété du pape

1434-1480 – René d'Anjou (le "bon roi René") est comte de Provence

1481 – rattachement de la Provence à la France

1524 et 1536 – invasions de la Provence par l'armée impériale de Charles Quint

1545 – massacre des Vaudois du Luberon

1560-1598 – guerres de Religion

1591-1596 – Marseille s'érige en république indépendante

1630-1631 – révolte antifiscale des Cascavéu

1660 – révolte (réprimée) de Marseille ; entrée triomphale de Louis XIV dans la ville

1702 – Orange, principauté des princes d'Orange-Nassau, est rattachée au royaume de France

1707 – invasion de la Provence par les Impériaux

1720 – grande peste venue de Marseille (100 000 morts en Provence)

1746-1747 – nouvelle invasion de la Provence par les Impériaux

1790 – création de trois départements : Bouches-du-Rhône, Vaucluse et Basse-Alpes

1791 – Avignon et le Comtat venaissin sont annexés à la France

1794-1795 – Terreur révolutionnaire, puis Terreur blanche

1800 – retour de l'ordre public et administration napoléonienne

1815 – seconde Terreur blanche

1848-1870 – sous le Second Empire, la Provence s'affiche clairement républicaine ; temps des "révoltes rouges"

1854 – création du félibrige et renaissance de la langue provençale

à partir de 1860 – crise agricole et début de l'exode rural des régions de Haute Provence

1864 – le chemin de fer dessert la région

1906 – exposition coloniale de Marseille : section importante d'art provençal ancien

1919-1930 – mouvements sociaux et grèves ; forte poussée de la gauche

1942 – invasion de la Provence par les troupes allemandes

1943 – les Allemands bombardent les vieux quartiers de Marseille

juin 1944 – massacre des maquisards du Ventoux

15 août 1944 – débarquement allié en Provence

1947 – violentes grèves à Marseille

1950-1962 – arrivée de populations venues d'Algérie ; installation des camps de harkis

1965 – création de la région PACA (Provence-Alpes-Côte-d'Azur) ; le département des Basses-Alpes devient les Alpes-de-Haute-Provence

1980-1990 – montée du Front national, qui obtient, aux élections législatives de 1986, quatre députés dans les Bouches-du-Rhône

1997 – élection d'un maire Front national à Orange

troubadours dont l'inspiration essentielle est l'amour courtois.

Les comtes catalans

Au XIIᵉ siècle, les villes acquièrent une nouvelle autonomie administrative avec la création des consulats (1100) – elles élisent des consuls, qui contrebalancent la domination seigneuriale. La Provence est alors partagée entre une vingtaine de grandes familles, pour certains des héritiers de Guillaume le Libérateur, détenteurs de titres et de terres – le vicomte de Marseille, le comte de Provence (ou d'Arles), le comte de Forcalquier (rattaché à la maison provençale mais indépendant), les seigneurs des Baux, etc. Quand l'héritière du comté épouse le comte de Barcelone, la Provence est partagée entre les comtes de Barcelone (catalans) et les comtes toulousains (1125). Si les deux parties rêvent un temps d'une Occitanie unie face au royaume de France, elles vont rapidement s'opposer et la croisade contre les Albigeois va exacerber la lutte.

Raimond Bérenger V, comte de Barcelone et de Provence, soutient la croisade menée par le roi de France, avec l'aval du pape, contre les cathares (Albigeois) et le comte de Toulouse, accusé par l'Église de favoriser l'hérésie. En 1226, Louis IX mène une ultime expédition, durant laquelle il assiège Avignon. Le traité de paix signé trois ans plus tard (1229) fait de la rive droite du Rhône une terre royale (Nîmes, entre autres villes, devient française), tandis que l'autre rive reste aux mains du catalan Raimond Bérenger V.

Raimond Bérenger V (1209-1245) est le dernier comte catalan de Provence mais le premier à administrer directement la province. Il instaure une administration centralisée et efficace et fait d'Aix sa capitale. La Provence connaît alors un bel essor économique : la terre gagne sur les marais ; les échanges commerciaux avec le Levant sont au beau fixe et le développement du commerce en Méditerranée enrichit les villes ; la population augmente et de nouveaux villages se créent. Le renouveau économique s'accompagne d'une intensification de la vie religieuse, tandis que s'épanouit une brillante école d'architecture romane : les abbayes de Sénanque et de Silvacane, les églises de Valréas ou de Moustiers-Sainte-Marie témoignent de la sobriété et de la maîtrise de la sculpture dans l'ornementation.

La dynastie angevine

L'unique héritière de Raimond Bérenger V, Béatrix, épouse en 1246 Charles Ier comte d'Anjou, frère cadet du roi de France Louis IX, qui devient comte de Provence et de Forcalquier. Durant près de deux siècles, la Provence demeure terre angevine.

Durant le règne de Charles Ier, entre 1246 et 1285, la Provence connaît une sécurité appréciable. Le brigandage est pourchassé, la justice rendue, et les finances équilibrées. Les Angevins font de la région une base privilégiée de leur politique. À l'extérieur, Charles Ier se rend maître des royaumes de Sicile (qu'il perdra en 1282) et de Naples.

Son successeur, Charles II (1285-1309), demeure roi de Naples. Il tente en vain de reconquérir la Sicile et d'étendre sa domination dans le sud-est de la France, en Dauphiné particulièrement. Malgré les revers, les Angevins unissent durant plus d'un siècle le comté de Provence, qui s'étend alors de la lisière du comté de Forcalquier à l'autre versant des Alpes, au royaume de Naples, d'où ils sont définitivement chassés en 1442.

Les papes en Avignon

Les guerres en Italie conduisent le pape Clément V à s'installer dans le Comtat venaissin en 1305 (cette ancienne propriété des comtes de Toulouse a été définitivement cédée à la papauté en 1274). Le chef de la Chrétienté devint ainsi l'hôte du comte de Provence, roi de Naples. À sa suite, c'est toute la cour pontificale qui s'installe entre Avignon et Carpentras. Son successeur, Jean XXII, choisit Avignon comme ville de résidence. Jusqu'en 1376, sept papes régnèrent en Avignon, judicieusement achetée en 1348 par le pape Clément VI à Jeanne, reine de Naples et comtesse de Provence (1343-1382), pour 80 000 florins.

La présence des papes en Avignon a sans conteste stimulé l'activité économique et la vie intellectuelle de la région, les trésors de la bibliothèque papale attirant nombre de lettrés de toutes nationalités (voir l'encadré consacré à Pétrarque dans le chapitre *Vaucluse*, à la rubrique *Fontaine-de-Vaucluse*).

Après la mort de Grégoire XI en 1378, l'élection de deux papes, l'un à Rome, l'autre à Avignon, fait naître le Grand Schisme (1378-1415). La reine Jeanne, en prenant le parti de Clément VII (Avignon) contre Urbain VI (Rome), provoque des troubles en Provence et en Italie. Défaite à Naples, elle est mise à mort par Urbain VI.

Autre événement important : Avignon et le Comtat venaissin deviennent le refuge des juifs, expulsés du royaume de France en 1394. Avignon (que certains appellent le "paradis des Hébreux"), Carpentras,

Le "bon roi René"

René d'Anjou (1408-1480), héritier du comté de Provence en 1434, passe les dix dernières années de sa vie à se consacrer exclusivement à la région. Il fixe sa cour à Aix (capitale administrative depuis 1409), tout en visitant régulièrement ses palais d'Avignon, de Marseille et de Tarascon. Amateur d'art, mécène et auteur de quelques doctes ouvrages (*Traité de la forme et devis comme on fait les tournois*, 1451-1452, ou le *Livre du cœur d'amour épris*, 1457), René d'Anjou favorise la création artistique et entretient une cour brillante.

Dans toute la Provence, la prospérité économique revient, l'agriculture et l'élevage intéressant le nouvel homme fort de la Provence. À Marseille, il augmente les privilèges des pêcheurs, restructure l'administration et favorise le commerce. De ses bienfaits et du sentiment plus général de sécurité vient, sans doute, l'appellation de "bon roi René", qui est restée attachée au personnage.

Cavaillon et L'Isle-sur-la-Sorgue, entre autres villes, comptent ainsi d'importantes communautés juives (reportez-vous à l'encadré *Les communautés juives en Provence* dans le chapitre *Vaucluse*).

Amputée d'Avignon, meurtrie par les querelles d'héritage au sein de la maison d'Anjou et dévastée par la peste en 1347-1348, la Provence se relève mal de ce néfaste XIVᵉ siècle. En outre, le déclin du commerce avec les pays du Levant accentue la crise économique. Enfin, l'obstination des Angevins à garder leurs possessions napolitaines ne cesse de ruiner les caisses du comté.

La tranquillité ne revient qu'au XVᵉ siècle, marqué par le règne de René d'Anjou (voir l'encadré ci-dessus). À sa mort en 1480, les querelles de succession divisent à nouveau le pays. L'héritier du roi René, Charles du Maine, étant mort sans enfant, le duché d'Anjou, le Maine et le comté de Provence reviennent à la couronne de France en 1481.

Le rattachement à la France

En 1486, les états de Provence (assemblée provinciale), réunis à Aix, ratifient le rattachement de la Provence à la France. La nouvelle province doit accepter la présence d'un gouverneur royal.

La création d'un parlement à Aix en 1501, puis la signature de l'édit de Joinville (1535), qui transforme totalement l'organisation administrative de la province, accentuent l'unification des institutions régionales au sein de la monarchie. Quatre ans plus tard, en août 1539, l'ordonnance de Villers-Cotterêts impose la rédaction de tous les actes officiels en français, donnant un coup mortel au latin et au provençal.

Parallèlement, l'importance stratégique de la Provence est mise en évidence lors des guerres d'Italie menées par les rois de France. Ces guerres durent le temps de trois règnes, de 1495 à 1559. La Provence devient une province vitale et une terre de passage pour les troupes royales. À plusieurs reprises, elle est menacée par l'armée de l'empereur Charles Quint et la résistance aux invasions impériales (1524 et 1536) montre le tout nouveau loyalisme provençal envers la monarchie française.

Dans le premier tiers du XVIᵉ siècle, la Provence produit essentiellement du blé, du vin, de l'huile d'olive et des fruits, sans oublier les ressources nées de l'élevage. Le tissage de la soie prend de l'ampleur avec l'élevage de vers à soie, conséquemment à l'extension des mûriers blancs.

Les guerres de Religion

L'affaire des Vaudois du Luberon préfigure les guerres de Religion entre catholiques et protestants. Depuis la fin du XVᵉ siècle, les montagnes du Luberon ont en effet été repeuplées par des groupes originaires du Piémont et du Dauphiné, se réclamant de la secte vaudoise. Fondé par Pierre Valdo à la fin du XIIᵉ siècle (et presque immédiatement excommunié), ce mouvement chrétien prêche un retour à la perfection des premiers temps de l'Église et remet en cause la hiérarchie et les cadres de l'Église romaine. Certains dogmes sont battus en brèche : culte des saints, purgatoire ou système des indulgences. Constamment pourchassés depuis le XIIᵉ siècle, les vaudois adhèrent tout naturellement à la Réforme protestante, dont les idées se répandent en Provence dès 1530.

Après les avoir dénoncés comme hérétiques en 1501, lors de l'expulsion des juifs provençaux (quelques années après le rattachement de la province au royaume de France), l'Inquisition entreprend d'éradiquer la secte au début des années 1530. En 1540, le parlement d'Aix décide de détruire, pour l'exemple, le village de Mérindol ("arrêt de Mérindol"). François Iᵉʳ suspend un temps ce jugement, qui demeure lettre morte. En revanche, le pillage par les vaudois de l'abbaye de Sénanque provoque, en 1545, un premier bain de sang et la destruction d'une dizaine de villages du Luberon. Au total, 3 000 personnes sont assassinées et 600 envoyées aux galères.

Ces massacres et ces persécutions n'empêchent pas le protestantisme de s'étendre dans les provinces du Midi. En Haute Provence, les protestants saccagent les églises (1560) ; Orange favorise la Réforme ; et la "Michelade" fait à Nîmes, en septembre 1567, de nombreuses victimes catholiques. Aux violences protestantes répondent celles de l'autre camp. La reine mère Catherine de Médicis a envoyé ses troupes contre les huguenots du Comtat, d'Orange et de Sisteron, dont la citadelle a été prise en 1562.

À partir de 1576, les agissements de la Ligue, coalition catholique menée par Henri duc de Guise (assassiné en 1588), qui s'oppose également au roi, conduit à une autre guerre civile. La Provence se trouve divisée : d'un côté les royalistes, qui font de Pertuis leur capitale, et, de l'autre, les ligueurs, installés à Aix. Cette lutte ne prend fin qu'avec l'abjuration d'Henri IV, en 1593.

Pour le nouveau roi reste à résoudre le cas de Marseille, qui depuis 1591 vit en république indépendante sous la domina-

La grande peste de 1720

Ce n'était pas la première fois que la ville endurait ce fléau, mais la grande peste de 1720 – la dernière – fut terrible par son ampleur et demeure encore aujourd'hui dans les mémoires marseillaises : la moitié de la population, soit environ 50 000 personnes, fut décimée. Les tableaux du peintre Michel Serre au musée des Beaux-Arts, très suggestifs, donnent une idée des scènes d'horreur qui se déroulèrent pendant l'épidémie.

C'est un navire de commerce, le *Grand Saint-Antoine*, en provenance de Méditerranée orientale, avec à son bord des étoffes, qui amena la maladie. Pourtant, un dispositif sanitaire strict, assorti d'une quarantaine, s'appliquait à tous les bateaux. Imprudence, négligence, cupidité (les étoffes étaient destinées en partie à des échevins de la ville…), le *Grand Saint-Antoine* fut autorisé à décharger sa cargaison, bien qu'on ait constaté des décès suspects parmi l'équipage. L'épidémie se répandit comme une traînée de poudre et sévit jusqu'en 1722.

tion de Charles de Casaulx, chef de la Ligue à Marseille. Son assassinat en 1596 signe la reddition de la cité phocéenne sous la bannière d'Henri IV.

La Provence baroque

À l'aube du XVIIᵉ siècle, la répartition des rôles est parfaitement établie entre Marseille, la commerciale (dont la vocation de port national s'affirme de plus en plus), et Aix, la capitale administrative et politique.

En arrivant au pouvoir, Richelieu entreprend l'unification de la marine provençale avec celle du *ponant* (de l'ancien provençal *ponen*, ouest ; désigne aussi un vent d'ouest dans le Midi). Le nouvel homme fort du royaume entend faire jouer à Marseille un rôle militaire et naval de tout premier plan. Cependant, la pression fiscale s'accroît et des émeutes éclatent, notamment à Aix.

Cette période s'accompagne d'un foisonnement culturel et de nouvelles campagnes de constructions (hôtels particuliers de style Louis XIII à Marseille, Arles, Tarascon, Avignon et Aix). Les ordres religieux (capucins, jésuites, ursulines) et les confréries (comme celle des Pénitents) se multiplient, le haut clergé se révélant toujours aussi influent dans les affaires politiques.

Après la révolte des Cascavéu en 1630-1631 contre la pression fiscale, Richelieu supprime, en 1639, les réunions des états provinciaux et les réduit à une "assemblée de communautés", au rôle des plus restreints puisque la noblesse siège à part.

Au milieu du XVIIᵉ siècle, lors de la minorité de Louis XIV, la Fronde (1648-1653) remet en cause l'absolutisme monarchique et la politique fiscale de Mazarin : les réformes du ministre menacent les privilèges des parlements (celui d'Aix notamment) et provoquent, comme dans la plupart des autres provinces du royaume, une Fronde parlementaire (1650-1652). La monarchie a toutefois la force militaire pour elle et tout soulèvement est aussitôt conscrit. En 1660, la révolte de Marseille contre le pouvoir est également matée et Louis XIV fait son entrée dans la ville.

En 1660, l'intégration institutionnelle de la Provence au royaume de France est acquise. Toutefois, Orange ainsi qu'Avignon et ses environs ne sont alors provençaux qu'au sens géographique, économique et culturel du terme. Politiquement, Avignon et le Comtat venaissin appartiennent toujours au pape, tandis qu'Orange forme une principauté aux mains de la maison d'Orange-Nassau – elle ne sera annexée au royaume qu'en 1702 (lorsque la branche de la famille s'éteint) pour être rattachée finalement en 1713… au Dauphiné !

L'essor des manufactures et du commerce

Si l'agriculture stagne, l'essor des manufactures, encouragé par Colbert, donne naissance à une trame industrielle que les siècles futurs consolideront. Les phares de l'industrie régionale sont alors la meunerie, les papeteries, les savonneries (Marseille),

le tissage, la faïencerie (Moustiers) et les fonderies. Marseille consolide sa toute puissance de ville portuaire et de négoce ; Aix déploie un cadre de vie des plus agréables et Avignon affiche un fort penchant pour l'Italie. Néanmoins, les impôts pèsent toujours plus lourdement sur les populations campagnardes et les injustices féodales perdurent.

Au XVIIIᵉ siècle, le fossé entre la Provence rurale et une grande ville comme Marseille est flagrant. Tissus, faïences, parfums, huiles et vins sont au cœur des échanges des riches négociants marseillais, dont le poids dans la société provençale ne cesse de croître. Autre grand pôle commerçant : Nîmes qui exporte dans tout le bassin méditerranéen les productions des fabriques de soie et de tissage.

Le premier tiers du XVIIIᵉ siècle est marqué par la guerre : la guerre de Succession d'Autriche ramène en Provence la présence de troupes (ou leur passage, aussi dévastateur) et les tentatives ponctuelles d'invasions des Autrichiens (en 1707 et 1746-1747).

Autre désastre : la peste de 1720, qui décime la population de Marseille et celle de plusieurs villes provençales, faisant plus de 100 000 morts (voir l'encadré ci-contre).

La Révolution

Dès avant 1789, les revendications populaires se font entendre. Le gel des oliviers, conséquence du terrible hiver de 1788-1789, la hausse des prix et la disette sont autant de raisons de se soulever contre la société hiérarchisée de l'Ancien Régime et le maintien des privilèges. C'est dans les villes (Marseille, Aix, Avignon, Arles et Digne) qu'est né le mouvement révolutionnaire avec, notamment, des émeutes contre la faim et des soulèvements antifiscaux. Le petit peuple des cités se révolte, pille et revendique. Les campagnes suivent.

En 1790, l'Assemblée constituante divise la Provence en trois départements : les Basses-Alpes (chef-lieu Digne), les Bouches-du-Rhône (chef-lieu Aix) et le Var (chef-lieu Toulon). À la fin de 1791, Avignon et le Comtat venaissin, annexés à la France, sont partagés entre les Bouches-du-Rhône, la Drôme et les Basses-Alpes.

En 1792-1793, la Révolution atteint son paroxysme. Pillages et incendies de châteaux se multiplient. L'aristocratie est pourchassée. C'est dans ce contexte que se forme le célèbre bataillon de volontaires, qui monte à Paris aux accents du *Chant de guerre pour l'armée du Rhin*, nom originel de *La Marseillaise* (voir l'encadré page suivante).

La contre-révolution n'a pas pour autant désarmé. Des révoltes éclatent à l'été 1793 à Marseille, Aix et Arles. En septembre 1793 commence la Terreur qui se poursuit jusqu'en septembre 1794. Le village vauclusien de Bédoin est incendié et nombre de ses royalistes exécutés. En un an, les tribunaux révolutionnaires de Marseille et d'Orange condamnent à mort 597 personnes. Les émigrations se multiplient. Marseille perd le quart de ses habitants – négociants, courtiers, fabricants, nobles et membres du clergé essentiellement. La Haute Provence sert parfois de base de repli.

Née en Provence après l'échec des insurrections jacobines (avril-mai 1795), la Terreur blanche marque une nouvelle vague d'assassinats. Royalistes et fanatiques religieux pourchassent et massacrent à Marseille, Aix, Tarascon… C'est dans ce contexte troublé qu'émerge Napoléon Bonaparte, dont la première victoire militaire a été la reprise de Toulon aux Anglais en 1793.

La Provence blanche (1800-1835)

Napoléon Bonaparte devient Premier consul en 1799 et, dès l'hiver 1800, entreprend de remettre sur pied l'administration du pays. Des préfets énergiques, étrangers au Midi, ramènent l'ordre public. Le catholicisme est restauré, les émigrés encouragés à rentrer, et certains nobles se voient même attribuer le fauteuil de maire. En Provence même, l'établissement d'une lourde taxe, les Droits réunis, le conflit avec le pape et la conscription ternissent cependant le prestige de celui qui s'est fait sacrer empereur en 1804.

Après 1814, la Provence se trouve par deux fois, sur la route de l'empereur déchu : lors de son départ pour l'île d'Elbe, où il est envoyé en exile, puis à son retour en mars 1815 lors des Cent-Jours : il va de Golfe Juan, où il débarque, à Grasse, Digne et Sisteron – ce parcours devient la "route Napoléon" (voir l'encadré dans le chapitre *Alpes-de-Haute-Provence*). La nouvelle de la défaite de Waterloo entraîne la seconde Terreur blanche (juin 1815), encore plus violente que la première. Anciens révolutionnaires et bonapartistes sont tués. Le maréchal Brune, fidèle à Napoléon, est assassiné à Avignon. Louis XVIII ne désavouera pas pour autant les ultra-royalistes.

C'est une bourgeoisie libérale et conservatrice, à la fois antidémocratique et anticléricale, qui gouverne alors. La révolution de juillet 1830 provoque peu d'engouement. Éprouvée par tant d'années de conflits, la région aspire à la paix. En 1835, une terrible épidémie de choléra ternit cette aspiration.

La Provence socialiste…

Lorsque dans les années 1820-1830, les saint-simoniens commencent à parler de révolution sociale, les grandes concentrations ouvrières sont rares en Provence. Seul le compagnonnage est alors la voie de transmission de leurs idéaux. La révolution de 1848 est une surprise pour la plupart des Méridionaux, même si la révolte des ouvriers de l'arsenal de Toulon a constitué une première dans la région. Les Provençaux ont en effet moins souffert de la récession économique qui touche la France depuis 1847. La nécessité d'importer du blé pour pallier la disette de la France du Nord a même été une excellente aubaine commerciale pour Marseille et la vallée du Rhône. L'amélioration des transports (création de ponts, aménagements des ports et des routes carrossables) ont accompagné et favorisé ce développement commercial et industriel. Reste que la Provence de l'intérieur, celle des Basses-Alpes et du Haut Vaucluse en particulier, est encore principalement rurale et connaît une misère sociale grandissante.

Aux élections de 1848, à la différence du reste de la France qui élit triomphalement Louis-Napoléon Bonaparte, les Bouches-du-Rhône et le Var se démarquent. Face à une opinion populaire traditionnellement hostile à l'autorité émerge une frange républicaine, farouchement opposée à Louis Napoléon Bonaparte.

Progressivement, la gauche s'impose dans tous les départements provençaux en créant une nouvelle fois une situation nettement distincte du reste du pays : Aix et Avignon demeurent néanmoins à droite, Arles et Toulon basculent à gauche et Marseille épouse la voix médiane. Lorsque s'instaure le Second Empire en 1851, après le coup d'État de Napoléon III, la Provence résiste et fomente quelques "révoltes rouges" (à Digne notamment, où la préfecture est prise), mais elle est vite matée militairement. Cette répression se solde par la déportation des opposants en Algérie.

Comme ailleurs en France, le Second Empire coïncide avec un fort développement industriel. Parmi les progrès s'inscrit le chemin de fer qui relie Lyon, puis Nice (1864) et dessert la région. Avec deux conséquences : l'émergence d'un tourisme balnéaire et mondain sur la côte d'une part,

et, d'autre part, la baisse de la production céréalière dans la région (le blé étant désormais importé du nord de la France). Le déclin des céréales s'accompagne de l'essor de la vigne, des fruits, des légumes et des fleurs. Les grands pôles comme Marseille attirent de plus en plus de ruraux, originaires des Basses-Alpes.

...et républicaine

En 1860, la Provence s'affiche dans son ensemble profondément républicaine. Des notables de la région proposent à Gambetta et à Clemenceau des sièges de députés, bien qu'ils ne soient pas du pays. Une fracture gauche/droite se dessine. À la veille de la Première Guerre mondiale, Vaucluse et Basses-Alpes sont acquis à la gauche, Aix et Toulon à la droite. Toutefois, parmi les élus de gauche, émerge une opposition entre socialistes et radicaux, anticléricaux, qui marqueront profondément la vie politique, notamment marseillaise.

Une Marseillaise strasbourgeoise

Claude Joseph Rouget de Lisle, capitaine du génie en garnison à Strasbourg, écrivit en avril 1792 des couplets patriotiques qu'il intitula *Les Enfants de la Patrie ou Chant de guerre pour l'armée du Rhin*. Une affiche de la société des amis de la Constitution, appelant à la mobilisation contre l'armée des émigrés, lui en inspira le texte. Transporté par des voyageurs jusqu'à Lyon durant le mois de mai, le chant, porté par le mistral, arriva à Montpellier, où un étudiant en médecine, originaire du Var, se prit de passion pour cet hymne révolutionnaire. Il décida de le chanter le 20 juin 1792, au 25 de la rue Thubaneau, dans le quartier de Belsunce, devant ses compagnons de bataillon, enrôlés de Provence. Comme une traînée de poudre, l'"hymne des Marseillais" gagna Paris où se rendait le bataillon. Galvanisant les troupes lors de l'insurrection du 10 août contre les gardes suisses, le chant fut spontanément baptisé *La Marseillaise* par les Parisiens ; son tour de France s'achevait dans la gloire !

Le 26 messidor de l'an III (14 juillet 1795), *La Marseillaise* fut proclamée chant national. On doit le septième couplet, dit "la strophe des enfants", au prêtre progressiste, l'abbé Pessonneaux, qui l'écrivit quelques mois plus tard. L'hymne fut orchestré une première fois par Hector Berlioz puis, pour sa version officielle, par Ambroise Thomas en 1887.

Le 13 décembre 1981, le compositeur Serge Gainsbourg en acquit le manuscrit original lors d'une vente aux enchères.

Récemment, Antoine Capella, soutenu par l'association Paroles de France, souhaitant entendre sur nos stades et dans nos campagnes des paroles moins agressives, a réécrit une Marseillaise de l'an 2000. Cette adaptation pacifique peut être soutenue en intervenant sur le site www.marseillaise2000.com.

Didier Buroc

À partir de 1871, la Provence connaît également un profond bouleversement économique. La grande industrialisation du nord-ouest de l'Europe et l'ouverture du canal de Suez, reliant la Méditerranée au pays de l'océan Indien et de l'Extrême-Orient, ont des conséquences sur l'économie locale. Cette conjoncture aggrave les disparités régionales. Alors que l'activité industrielle et portuaire de Marseille s'intensifie et qu'un tourisme de luxe se développe sur la Côte méditerranéenne, la Provence intérieure, elle, reste à l'écart de cette expansion économique. La crise du ver à soie et des *magnaneries* (bâtiment destiné à l'élevage des vers à soie), le phylloxera (maladie de la vigne causée par un minuscule puceron, *Phylloxera vastatrix*, qui sévit en France à partir des années 1860) et le déclin des vieilles manufactures touchent ses régions surtout montagneuses. La Haute Provence commence à se dépeupler.

Les divisions sociales de l'entre-deux-guerres

L'effervescence politique et sociale qui prévaut dans l'immédiat après-guerre à Marseille et à Toulon préfigure les troubles des années 1930. Les grèves et les manifestations s'intensifient dans les ports et les chemins de fer d'une part ; les idées de l'Action française prennent d'autre part de l'ampleur. Toutefois, malgré les origines provençales de Charles Maurras, chef de file de ce mouvement royaliste et nationaliste, et de Léon Daudet, fils de l'écrivain et membre de l'Action française, le royalisme provençal est actif, mais il reste cependant bien en deçà du succès qu'il remporte dans le Languedoc voisin. Parallèlement émerge une nouvelle génération d'hommes d'État provençaux : Paul Reynaud (1878-1966), un enfant de Barcelonnette ; et Édouard Daladier (1884-1970), fils d'un boulanger de Carpentras. Ce dernier, d'abord élu député radical-socialiste du Vaucluse, devient l'une des grandes figures du parti radical en France. Ministre et président du Conseil sous la IIIᵉ République, il conserve un rôle politique d'importance au plan national jusqu'à la Seconde Guerre mondiale, puis choisit à nouveau de représenter son département : il reste député de 1946 à 1958.

Dans les années 1930, la fracture "Midi rouge, Midi blanc" s'accentue et, en 1935, la poussée de la gauche et de l'extrême gauche est forte dans le Midi, l'un des fiefs du radicalisme. Comme ailleurs, les grandes villes connaissent de puissants mouvements de grève. En 1937, Arles accueille le IXᵉ Congrès du parti communiste, acte de gratitude du parti envers une région, qui lui a donné de grands succès et qui a constitué l'une des plaques tournantes de l'aide à l'Espagne républicaine.

La politique marseillaise connaît alors un banditisme important, intimement mêlé à une municipalité conciliante. En octobre 1934, l'assassinat sur le port de la Canebière, du roi Alexandre de Yougoslavie et du ministre français des Affaires étrangères Louis Barthou, ne provoque pas pour autant une remise en cause ni un grand nettoyage.

La situation économique explique en partie cette situation politique. L'onde de choc de la crise de 1929 touche le port de Marseille, dont le trafic dans les années 1930 correspond au niveau de celui de 1913 (soit environ 9 millions de tonnes).

Le tourisme, réservé jusqu'alors à l'élite aisée de la Belle Époque change de visage avec les premiers congés payés et des visiteurs moins fortunés. Dans l'arrière-pays, le dépeuplement des régions montagneuses est considérable. Certains villages perdent plus de 50% de leur population. Dans les plaines, le fossé entre zones irriguées et zones rhodaniennes s'accentue. La Crau, la Camargue et le plateau d'Albion redeviennent des déserts.

Parallèlement, des mouvements migratoires bien plus importants que ceux de la fin du XIXᵉ siècle apparaissent : à Marseille, comme dans d'autres villes de la côte et de l'intérieur, les premières vagues d'immigration concernent les Arméniens, les Italiens et les Espagnols.

La guerre de 1940-1945 et le débarquement en Provence

Le déclenchement de la Seconde Guerre mondiale et les opérations militaires de l'été

1940 ont épargné le Midi. Située en zone non occupée, la Provence devient une région de transit ou de refuge pour les personnes pourchassées. À partir de novembre 1942, l'occupation allemande s'étend au Sud. Le 27 novembre, les chefs de la flotte de guerre (immobile depuis deux ans à Toulon) décident de la saborder plutôt que de se rendre aux Allemands. En janvier 1943 à Marseille, l'occupant entreprend la destruction des vieux quartiers populaires situés au nord du Vieux-Port.

En parallèle, les différents mouvements de résistance s'organisent. La population de la cité phocéenne se soulève au printemps 1944 contre les rations de pain. Les bombardements alliés des 25 et 27 avril 1944 coûtent la vie à de nombreux Marseillais. En juin 1944, les maquisards du Ventoux sont massacrés. Les premières libérations avortées de Valréas et Forcalquier entraînent de sanglantes représailles. La libération de Sisteron et des prisonniers de sa citadelle connaît, en revanche, un dénouement plus heureux.

Début août, les nouvelles séries d'attaques des maquis, notamment dans le Vaucluse, ouvrent une brèche qui se révèle importante lorsque, le 15 août 1944, les forces armées américaines du général Patch et les troupes de la France Libre du général de Lattre de Tassigny débarquent sur les côtes varoises et le massif des Maures. Harcelée par des dizaines de petites embuscades tendues par les FFI et les communistes, l'armée allemande ne peut empêcher les alliés de rallier en moins d'une semaine la vallée du Rhône.

De gauche à droite

La Provence a donné à la IVe et à la Ve Républiques quelques-unes de ses grandes figures politiques : Félix Gouin, président du Gouvernement provisoire de la République, de janvier à juin 1946, et Gaston Deferre, maire socialiste de Marseille de 1953 à 1986.

Durant cette période, la région continue toutefois de se distinguer du reste de l'hexagone. C'est à Marseille que les premières grèves de novembre 1947 éclatent. C'est encore à Marseille que les manifestations contre la guerre d'Indochine sont, en 1950, les plus importantes. Enfin, lors du référendum de 1962 sur l'élection du président de la République au suffrage universel, les "non" du Vaucluse (40,50%), des Bouches-du-Rhône (39%) et des Basses-Alpes (37,2%) contrastent avec le "oui" national.

À partir de 1950, la région Provence-Côte d'Azur affirme aussi son caractère de terre d'immigration. La fin de la guerre d'Algérie draine dans la région des dizaines de milliers de personnes. Des camps de harkis sont installés à La Ciotat, Apt ou Pertuis. La ville de Caranoux, entre Aubagne et Cassis, est construite par des pieds-noirs.

L'entité régionale Provence-Côte-d'Azur-Corse, regroupant les départements des Bouches-du-Rhône, du Vaucluse, du Var, des Basses-Alpes, des Hautes-Alpes, des Alpes-Maritimes et de la Corse, a été créée en 1960. En 1965, un nouveau découpage est admis, la Provence-Alpes-Côte-d'Azur (ou PACA), les Basses-Alpes devenant le département des Alpes-de-Haute-Provence. En 1970, la Corse est détachée du groupe.

Les années 1960-1970 sont celles des grands travaux : construction de barrages et de réservoirs d'eau sur le Rhône, la Durance, le Verdon ; électrification des voies ferrées, création en 1969 du complexe sidérurgique de Fos, début des travaux en 1970 de l'autoroute du Sud reliant Lyon à Marseille. Si les axes de communication entre le Sud et le Nord ne cesse de s'améliorer, le Midi continue à enregistrer un départ de sa population active vers Paris ou Lyon.

La population agricole diminue, malgré l'image rurale encore vivante de la région. Cette érosion humaine de l'intérieur est sans doute l'une des raisons du basculement de la Provence à droite. De fait, la gauche perd du terrain, d'abord imperceptiblement, à partir des années 1970.

En 1983, se produit le basculement historique de la majorité politique du Conseil régional, premier coup de semonce pour une gauche marquée alors par le règne de Gaston Deferre, à Marseille.

La Provence d'aujourd'hui (depuis 1980)

Le virage à droite de la Provence, qui a caractérisé les années 1980, a été marqué par le développement du Front national dans le paysage politique méridional. En 1986, ce parti obtient quatre députés dans les Bouches-du-Rhône. Si Marseille conserve, après le départ de Gaston Deferre, un maire socialiste en la personne de Robert Vigouroux, la droite domine dans la plupart des grandes municipalités : Aix, Arles, Avignon, Salon, Toulon. Les élections des années 1990 confirment la poussée de la droite extrême. L'extrême droite, même divisée, fait ainsi élire en 1997 trois des siens comme maire à Toulon, Orange et Marignane. La suprématie éclatante de la gauche à l'époque du Front populaire et de la IVe République appartient désormais au passé. Depuis les années 1960, la vieille gauche laïque, rurale, socialiste ou radicale a perdu ses bases paysannes et le parti communiste, en perdition notamment dans l'industrie, sa base ouvrière.

La Provence est devenue, plus que jamais, une terre de prédilection pour le tourisme et les loisirs ; elle accueille nombre de résidences secondaires et de retraités. Parallèlement, elle s'affirme comme la première région d'immigration en France. Deux évolutions qui ont conduit à une transformation profonde de la vie économique, sociale et politique, sur fond d'affaires, de chômage et de disparités de revenus grandissants.

GÉOGRAPHIE

La Provence est bordée à l'est par la Côte d'Azur, à l'ouest par le Rhône (qui la sépare du Languedoc-Roussillon) et au nord par les Alpes. Elle englobe les départements des Bouches-du-Rhône, du Vaucluse, des Alpes-de-Haute-Provence, du Var et une partie de la Drôme (dans cet ouvrage, le Var n'a pas été considéré).

La partie orientale de la Provence se caractérise par une succession de chaînes montagneuses, en majorité calcaires, qui descendent jusqu'à la mer : les Baronnies, le mont Ventoux, les Dentelles de Montmirail, les préalpes de Digne, la montagne de Lure, les monts du Vaucluse, le Luberon, la Sainte-Victoire, la Sainte-Baume, la chaîne de l'Étoile et le massif des calanques, orientés est-ouest. Altitude maximale : 1 909 m, au mont Ventoux, dans le Vaucluse (on trouve également des altitudes du même ordre dans les Préalpes de Digne, notamment le mont Chiran, à 1 905 m, entre Digne et Castellane). Ces massifs sont entrecoupés de plateaux et de vallées profondes : vallée de l'Eygues, vallée du Calavon, gorges de la Nesque, gorges du Verdon, vallée de la Durance, vallée d'Asse, vallée de la Bléone, plateau du Vaucluse, plateau de Valensole, plateau d'Albion, etc. On compte plusieurs lacs, d'origine artificielle, dans le secteur des gorges du Verdon (lac d'Esparron, lac de Sainte-Croix).

La partie occidentale de la Provence est en revanche dominée par des plaines, de part et d'autre du Rhône. Ces terres fertiles, d'origine alluviale, sont consacrées aux cultures maraîchères. Vers le sud-ouest s'ouvrent la plaine de la Crau (l'ancien delta du Rhône), en partie désertique, et la Camargue, délimitée par les deux bras du Rhône, en partie marécageuse. Deux petits massifs interrompent la monotonie de la vallée du Rhône : la Montagnette, au sud d'Avignon, et la chaîne des Alpilles, entre Avignon et la plaine de la Crau.

La côte est très échancrée entre La Ciotat et Martigues ; elle fait alterner falaises et calanques (sortes de fjords), très spectaculaires. Le cap Canaille, entre Cassis et La Ciotat, est la plus haute falaise de France (409 m). Vers l'ouest, le relief s'aplanit, avec la plaine de la Crau et le delta camarguais.

Cette extraordinaire diversité du relief fait partie intégrante des attraits de la Provence. Quelques petites îles, au large de Marseille (archipels du Frioul et de Riou) et de La Ciotat, achèvent de parfaire le tableau.

CLIMAT

Heureux Provençaux, qui jouissent d'un climat des plus enviables ! L'été est sec, voire caniculaire, et l'hiver doux sur la côte – attention : il peut être froid voire glacial à l'intérieur des terres. Les statistiques sont formelles : l'ensoleillement bat des records, puisqu'on compte de 2 600 à 2 900 heures de soleil par an. Les précipitations sont faibles, surtout le long du littoral : elles sont de l'ordre de 500 à 600 mm près de Marseille, de 1 000 mm sur les sommets de l'arrière-pays. Il existe cependant des nuances régionales, dues au relief. Le nord-est de la région (de l'est du Vaucluse aux Alpes-de-Haute-Provence) accuse un caractère plus continental, soumis à l'influence alpine (les sommets sont régulièrement enneigés en hiver).

Les températures sont clémentes, et ne descendent qu'exceptionnellement en dessous de 0°C. La moyenne annuelle se chiffre à près de 15°C à Marignane, dans les Bouches-du-Rhône, avec une moyenne de janvier égale à 6,7°C. Même au cœur de l'hiver, il fait couramment 10°C dans la journée. L'hiver est court, et les températures printanières dès le mois de mars.

L'autre trait majeur du climat local est le vent, le fameux mistral, qui balaie la vallée du Rhône environ 100 jours dans l'année (surtout entre décembre et avril), avec des rafales atteignant régulièrement les 100 km/h. C'est un vent sec et froid, soufflant en rafales, qui se forme dans les régions du Nord et du Centre de la France et dévale le couloir rhodanien pour venir mourir dans les régions dépressionnaires de la Méditerranée. Les Provençaux tantôt le maudissent, tantôt exaltent ses vertus. En effet, le mistral purifie très rapidement le ciel de tout nuage et garantit une luminosité et des couleurs extraordinaires. Son principal inconvénient est qu'il s'insinue partout et accentue la sensation de froid, rendant le port d'un bonnet et d'un coupe-vent recommandé en hiver lorsqu'il se manifeste.

On peut visiter la Provence en toute saison, mais c'est incontestablement le printemps et l'automne qui réservent les moments les plus agréables. En été, attention aux orages, qui peuvent être très violents et provoquer des dégâts importants.

Quant à la température de l'eau, elle atteint 22 à 23°C en août-septembre et 12 à 13°C en hiver. Les coups de mistral peuvent la faire chuter de plusieurs degrés en quelques heures.

FLORE ET FAUNE
Flore

Le grand seigneur de la flore provençale est l'olivier, importé par les Grecs voici 25 siècles, qui prospère sous les climats chauds et secs. Plusieurs espèces sont cultivées, essentiellement pour la production d'huile d'olive : l'aglandau, la picholine et la salonenque. Dans le nord de la région, s'épanouissent des forêts de chênes blancs et de chênes verts. Poussent également des hêtres, des amandiers et diverses variétés de pins : pins parasols et pins d'Alep (près du littoral), pins maritimes, pins sylvestres (en altitude). Quant aux cyprès, ils jalonnent le paysage de leurs formes effilées. Également caractéristiques de la Provence, platanes et micocouliers ombragent cours et places de nombreux villages.

La Provence occidentale se caractérise par ses étendues de garrigue. Il s'agit d'un ensemble végétal qui pousse sur des sols calcaires, en remplacement de forêts, généralement détruites par les incendies. Selon les lieux, la garrigue se présente sous la forme de buissons ou de broussailles, associant généralement cistes, thym, myrte, romarin, lavande et chênes, ou de taillis mêlant chênes et pins. Par endroits, elle se limite à de maigres touffes tachetant un décor essentiellement minéral.

La Camargue présente un autre visage. C'est un monde amphibie, associant eau douce et eau salée, où se déploient des roselières, des sansouires (zones imprégnées de sel marin, où poussent des plantes dites halophiles, comme la salicorne et la saladelle) et, sur les dunes, des oyats.

Parmi les cultures, outre l'olivier, retenons la vigne (aux abords de la vallée du Rhône), la lavande (voir l'encadré *Lavande et lavandin*, page suivante), le riz (en Camargue) et les multiples cultures maraîchères et fruitières de la vallée du Rhône.

Faune

Les principaux représentants de la faune provençale sont notamment les insectes (dont la cigale, emblème de la Provence), les moutons, les chèvres, les lézards et les couleuvres, ainsi que cerfs, chevreuils, chamois et bouquetins.

Lavande et lavandin

De cette plante aux effluves si fortes et à la couleur parcourant toute la gamme des bleus, on fait des bouquets, et de son essence, des parfums. On la retrouve, pour notre plus grand plaisir, partout : à table (avec le miel, le vinaigre, les chocolats ou la tisane), dans son bain, sous son oreiller ou dans son armoire à linge. En Provence, le plateau de Valensole, les environs de Digne et le pays de Forcalquier (Haute Provence), le plateau d'Albion et le Luberon (Vaucluse), ainsi que Grignan, Nyons et les Barronies (Drôme provençale) sont les grandes régions de production de la lavande.

De manière générale, la récolte se fait de juillet à fin août, selon la région. Elle est désormais essentiellement mécanisée, excepté pour les bouquets. Après un séchage de deux à trois jours, la lavande cueillie est acheminée vers une distillerie équipée d'un alambic classique.

On distingue trois types de lavande. La lavande fine (*lavandula angustifolia*), ou lavande vraie, se distingue par ses fines touffes et son épi floral à la couleur bleu clair. Sa distillation donne une huile essentielle, dont l'arôme est utilisé par les laboratoires de cosmétiques et les parfumeurs. Cette plante pousse spontanément dans les terrains incultes et sa culture n'apparaît véritablement qu'au début du XXe siècle. L'aspic (*lavandula latifolia*) se différencie de lavande fine par ses larges feuilles et sa haute tige aux épillets multiples, espacés les uns des autres. Enfin, le lavandin est un hybride, obtenu par la pollinisation de la lavande fine et de l'aspic. Sa touffe très développée, en forme de boule, et son épi floral charnu, de couleur bleu soutenu, le distingue des autres espèces. Il est surtout utilisé pour la confection de bouquets. Son essence, comme celle de l'aspic, est en effet de moins bonne qualité que celle de la lavande fine et on l'utilise pour parfumer lessives ou produits d'entretien.

Si vous souhaitez fêter la lavande au moment de sa récolte, rendez-vous à Valensole en juillet, à Riez et à Digne en août.

Il faut insister sur la Camargue, paradis faunique, et plus spécifiquement ornithologique. Les étangs camarguais forment une zone d'hivernage privilégiée, et accueillent des dizaines d'espèces d'oiseaux, dont des milliers de flamants roses, qui viennent s'y reproduire. On observera également de multiples espèces de canards, des hérons, des sternes, des aigrettes, des passereaux, des busards, entre autres. Cet univers mi-terre mi-eau abrite également des espèces amphibies, telles que les anguilles. Ajoutons les renards, les ragondins, les sangliers, sans parler des deux espèces emblématiques de la Camargue, le cheval et le taureau (voir l'encadré *Chevaux et taureaux, seigneurs de la Camargue* au chapitre *Bouches-du-Rhône*).

Dans le Verdon, on a réintroduit des couples de vautours fauves.

Quant à la faune marine, elle est relativement abondante, grâce à des écosystèmes variés (tombants, grottes, éboulis, etc.) et à la bonne qualité des eaux. Les plongeurs pourront ainsi observer des loups, des sars, des dorades, des chapons, des mostelles, des liches, des dentis, des oblades, des congres, des girelles, des gobies, des corbs, ainsi que des mérous. La faune fixée est également riche : éponges, gorgones, anémones et ascidies colorent les fonds marins.

ÉCOLOGIE ET ENVIRONNEMENT

La Provence est sous la menace de l'activité humaine, notamment près des côtes et le long de la vallée du Rhône. L'urbanisation et l'industrialisation font peser une grave menace sur l'environnement. Il n'est que de regarder l'étang de Berre, rongé par les infrastructures industrielles et chimiques – il est d'ailleurs interdit d'y pêcher. La plaine de la Crau, toute proche, ainsi que la Camargue, subissent une pression croissante.

Autre menace : les incendies de forêt. Chaque année, en période estivale, des milliers d'hectares de forêt ou de garrigue partent en fumée. Le plus souvent, il s'agit d'incendies criminels. Le département des Bouches-du-Rhône est le plus touché, notamment dans le secteur de Marseille et des calanques.

L'engouement touristique pour la Provence a également son revers. La Camargue et le Verdon reçoivent chaque année plus d'un million de visiteurs, dont le passage a des incidences notables sur l'environnement.

Les espaces protégés

La protection de certains espaces a permis de préserver une partie du patrimoine naturel de la Provence. On compte plusieurs aires ayant le statut de parc naturel régional : le Parc naturel régional de Camargue (85 000 hectares), le Parc naturel régional du Luberon (164 200 hectares) et le parc naturel régional du Verdon (146 000 hectares). Ce statut ne met pas ces étendues à l'abri de toute dégradation, mais favorise la réflexion et la concertation au sein de ces zones. On dénombre également deux réserves maritimes, le Parc régional marin de la Côte Bleue (70 hectares), à l'ouest de Carry-le-Rouet, et le Parc marin de La Ciotat (60 hectares). L'étang du Vaccarès, en Camargue, a le statut de réserve nationale.

Le Conservatoire du littoral possède une dizaine de sites dans les Bouches-du-Rhône, notamment en Camargue (www.conservatoire-du-littoral.fr). Cet organisme public a pour mission d'assurer la protection définitive des espaces naturels remarquables situés en bord de mer, grâce à une politique d'acquisition et de réhabilitation.

Quant à la Réserve géologique de Haute Provence, elle s'étend sur 1 900 km² et englobe 47 communes – 40 dans le département des Alpes-de-Haute-Provence et 7 dans le Var. Elle a pour vocation de protéger et de mettre en valeur l'extraordinaire patrimoine géologique du secteur, riche de fossiles et de roches vieux de 300 millions d'années.

ÉCONOMIE

Tourisme, nouvelles technologies et immobilier sont les filières phares d'une économie dominée par un secteur des services. Bien que très marquée dans ses paysages par l'agriculture, la Provence enregistre d'année en année une baisse de sa population d'agriculteurs. Cette activité n'occupe aujourd'hui plus que 3% de la population active contre une moyenne nationale de 4,1%. L'exploitation des plaines engendre désormais la plupart des revenus de ce secteur. Les fruits et légumes, le riz en Camargue, la truffe, l'huile d'olive et la viticulture (production au quatrième rang national) sont des productions qui, sur le plan national, tiennent une place significative. Le Vaucluse est ainsi le premier producteur national de pommes, poires, courgettes, concombres, tomates sans oublier l'huile d'olive. La Drôme, elle, se range au premier rang des producteurs de plantes médicinales et aromatiques. L'élevage, en revanche, continue à régresser et seul le cheptel ovin (le troisième de France) demeure dynamique. La pêche reste artisanale.

Le secteur industriel constitue le point faible de la région, malgré l'important complexe pétrochimique de l'étang de Berre et ses raffineries de pétrole. Le tissu industriel se caractérise surtout par un vaste champ d'activités (chimie fine, plasturgie, composants électroniques et électriques, ainsi qu'agroalimentaires) et une multitude de petites entreprises de moins de 20 salariés. L'agroalimentaire (conserves, pâtes, fruits confits, en particulier) se concentre surtout dans la vallée du Rhône. Le secteur des bâtiments et des travaux publics demeure toujours aussi dynamique, mais la morosité de la construction et des chantiers navals se prolonge.

Si l'industrie n'emploie que 17,9% de la population (24,6% pour la moyenne nationale), le secteur tertiaire tient une place prépondérante (il occupe 79% de la population active). À Marseille, le parc Euroméditerranéen, voué aux nouvelles technologies, au commerce international et au tourisme est en pleine expansion et semble suivre le succès de Sophia-Antipolis sur la Côte d'Azur. L'immobilier bénéficie de son côté de l'effet TGV Méditerranée, non sans créer une flambée des prix et une crise du logement pour les populations locales.

Le tourisme demeure un atout précieux pour les départements de la région. Les festivals, les nombreux parcs naturels et la richesse patrimoniale de ses villes et villages contribuent à son succès, notamment auprès des étrangers (46% des visiteurs de la région, au premier rang desquels on trouve les Américains et les Britanniques suivis des Allemands et des Hollandais).

Le taux de chômage après avoir atteint 15,2% en 1999 connaît un léger ralentissement avec un fléchissement à 13,10% en 2000. Mais il reste supérieur à la moyenne nationale et demeure l'un des dossiers préoccupants des années à venir.

POPULATION

La Provence compte 2 595 386 habitants (sur une population totale de 58 520 688). Le département des Bouches-du-Rhône, avec 1 835 407 personnes, absorbe à lui seul 70% de la population provençale, suivi du Vaucluse (499 665) et des Alpes-de-Haute-Provence (139 683).

La région PACA est la première région d'immigration de France (2,5 millions d'immigrants dans les années 1950, 4,3 millions dans les années 1990, un immigré sur deux étant originaire d'Afrique du Nord) et 6% de sa population, approximativement, est étrangère. Les immigrés sont d'origine européenne (35%), algérienne (24,5%), marocaine (16,2%), tunisienne (4,8 %) et turque (1%).

INSTITUTIONS POLITIQUES

La Provence est rattachée à région la Provence-Alpes-Côte d'Azur (PACA), l'une des 22 régions administratives de la France. Le Conseil régional, installé à Marseille, a pour président Michel Vauzelle (PS). La région est divisée en 6 départements : les Alpes-de-Haute-Provence (04), les Alpes-Maritimes (06), les Bouches-du-Rhône (13), le Var (83) et le Vaucluse (84). Chaque département dispose d'un préfet, représentant du gouvernement, et d'un représentant au Conseil régional. Les préfectures sont Digne-les-Bains (04) Marseille (13), Toulon (83) et Avignon (84). Nîmes est la préfecture du Gard et Valence, celle de la Drôme (26).

ARTS
Littérature
Des troubadours au félibrige. Jusqu'au XIXᵉ siècle, l'apport de la Provence à la littérature française s'est résumé à quelques noms et mouvements, dont le plus célèbre est né au Moyen Âge avec la tradition des troubadours.

C'est au XIIᵉ siècle qu'émerge cette poésie lyrique écrite en provençal (et non plus en latin). Elle se répand rapidement dans toute l'"Occitanie" et fait de cette région la terre nourricière des troubadours. Pendant deux siècles, leurs chants d'amour courtois, imprégnés de valeurs chevaleresques mais au langage parfois cru, nourrissent un répertoire très prisé des grandes cours européennes. Le prince Raimbaud d'Orange compte, avec Raimbaud de Vaqueiras et Folquet de Marseille, parmi les troubadours les plus célèbres de cette époque. Après le XIIIᵉ siècle, la langue d'oc tombe progressivement dans l'oubli.

Aux XIVᵉ-XVᵉ siècles, la Provence s'ouvre à d'autres courants intellectuels venus d'Italie, l'installation des papes en Avignon favorisant le développement de mouvements artistiques. Leurs bibliothèques enrichissent nombre d'esprits, à commencer par Francesco di ser Petracco, dit Pétrarque (1304-1374), fondateur du pétrarquisme, qui a représenté pendant près de trois siècles le code lyrique amoureux de la civilisation européenne. Avignon et Fontaine-de-Vaucluse sont restés attachés à son souvenir et nombre d'étudiants et d'érudits ont fait l'ascension du mont Ventoux, en se remémorant la lettre célèbre écrite par l'auteur du *Canzoniere* (voir l'encadré consacré à Pétrarque dans le chapitre *Vaucluse*, à la rubrique *Fontaine-de-Vaucluse*).

Le nom de Michel de Notre-Dame, dit Nostradamus, (1503-1566) fut célèbre en son temps pour ses fameuses *Centuries astrologiques* (abondamment interprétées par la suite), qui révèlent ses talents d'astrologue. Né à Saint-Rémy-de-Provence, ce docteur spécialiste de la peste, souvent appelé à la cour par Catherine de Médicis, devient le médecin attitré de son fils, le roi Charles IX.

Quant au marquis de Sade (1740-1814), son œuvre et son parcours sulfureux ont contribué à faire du château de Lacoste un repère géographique incontournable de tout voyage en Luberon.

Le XIXe siècle, celui de la renaissance de la langue provençale, marque un tournant dans la création littéraire. La floraison de talents qui émergent en effet à cette époque s'inscrit dans un tout autre registre : l'attachement à une terre, à des traditions et à une langue menacées. Le *félibrige*, fondé en 1854 par sept jeunes poètes, a une influence considérable sur la création littéraire. Ce mouvement a été fondé le 21 mai 1854, au château de Font-Ségugne (Châteauneuf-de-Gadagne, Vaucluse), par sept jeunes poètes provençaux : Frédéric Mistral, Joseph Roumanille, Théodore Aubanel, Anselme Mathieu, Alphonse Tavan, Jean Brunet et Paul Giéra. Leur intention première : tirer la langue provençale de l'oubli. Frédéric Mistral (1830-1914) a emprunté le mot *félibre* à poème ancien, intitulé *Oraison à saint Anselme*. On ignore la signification exacte de ce mot : issu du latin, il pourrait signifier élève ou disciple.

Partant du constat que la langue fait partie intégrante de l'identité culturelle et qu'elle reflète toute une société, le félibrige a été l'une des premières manifestations régionalistes visant la sauvegarde des pays de langue d'oc face aux tendances unificatrices d'un État fort et centralisateur. Ses partisans désirent avant tout faire renaître la langue occitane et une littérature d'expression provençale. Le félibrige devient donc un mouvement littéraire soucieux d'illustrer la langue d'oc dans la grande diversité de ses parlers (provençal, languedocien, gascon, auvergnat, limousin).

Le félibrige a eu des ramifications jusqu'à Paris, avec l'Association des amis de la langue d'oc. Il ne fut pas épargné par les querelles et connut quelques exclusions célèbres – comme celle de Charles Maurras en 1892, un ami de Mistral. Ce mouvement est encore très actif aujourd'hui et poursuit sa mission essentielle, la diffusion de la langue, *via* le théâtre, la chanson, l'enseignement et les médias contemporains.

Ce mouvement créé pour défendre et épurer la langue provençale a trouvé en Frédéric Mistral (1830-1914), prix Nobel de Littérature en 1904, l'un de ses plus brillants représentants. La publication en 1859 de *Mirèio* (Mireille), poème épique en douze chants (que Gounod transformera en opéra en 1864) lance véritablement ce courant. Dans *Le Poème du Rhône* et *Les Olivades*, Mistral décrit avec lyrisme son amour à cette terre provençale menacée dans ses traditions et sa langue et livre son profond attachement à la terre et aux travaux des champs.

Poètes et écrivains, le retour aux sources. Alphonse Daudet (1840-1897), né à Nîmes, vécut lui aussi un temps à Maillane. Ses livres donnent une image bucolique de la Provence, exaltant avec un réalisme mêlé de fantaisie les petits riens de la vie quotidienne. Chacun a lu au moins un conte de son recueil *Les Lettres de mon moulin* (1869), écrit à Fontvieille, si ce n'est *Le Petit Chose* (1868), récit de l'enfance de Daudet, ou la trilogie de *Tartarin* (*Les Aventures prodigieuses de Tartarin de Tarascon, 1872*, *Tartarin sur les Alpes*, 1885, et le *Port de Tarascon*, 1890) – un personnage qui a quitté la littérature pour entrer dans le langage courant et évoquer un vantard et un fanfaron C'est aussi à Daudet que l'on doit l'*Arlésienne*, qui a inspiré le compositeur Bizet.

Topaze en 1928, *Marius* l'année suivante et *Fanny* en 1931 : ces pièces de Marcel Pagnol (1895-1974), né à Aubagne, ont eu un succès immédiat. Cette réussite le conduisit à prendre la caméra pour adapter ses propres œuvres, mais aussi d'autres, signées Giono notamment (*Angèle, Regain, La Femme du boulanger*). Ses souvenirs d'enfance et de jeunesse (*La Gloire de mon père, Le Château de ma mère* et *Le Temps des secrets*), écrits entre 1957 et 1960, révèlent une autre facette de ce conteur tendre et généreux. Ancrée dans son époque, l'œuvre de Pagnol témoigne aussi d'un monde en changement, du dépeuplement des campagnes et du fossé, de plus en plus profond, entre villages et villes.

Dans l'œuvre poétique d'Henri Bosco (1888-1976), la Provence se teinte de réalisme et de fantastique. De *Bucoliques de Provence* (1944) à *Sabinus* (1957), il retranscrit un univers où terre, surnaturel et croyance se confondent.

C'est un chant à la terre et à la nature bien plus puissant que pousse Jean Giono (1895-1970). Voici sans doute l'écrivain qui, sa vie durant, a été le plus profondément attaché à la Provence (consultez l'encadré qui lui est consacré dans le chapitre *Alpes-de-Haute-Provence*, à la rubrique *Manosque*).

La Provence, terre de création éditoriale. Depuis les années 1970, la Provence voit également se développer la création éditoriale marquée, dès 1925, par la naissance de la revue Les Cahiers du Sud, à Marseille, qui fit connaître une multitude d'œuvres et d'auteurs. Depuis, les éditions Jeanne Laffite, Rivages, Autres Temps, EEMP, Tacussel et Parenthèses ont élargi les champs d'investigation.

Arles est associée aux éditions Actes Sud, fondées par Hubert Nyssen. Marion Mazauric, elle, a choisi le village de Vauvert, pour lancer sa propre maison d'édition, Au Diable Vauvert. Les Éditions de l'Aube, créées par Jean Viard, ont établi résidence à La Tour-d'Aigues, un village du Vaucluse. Cette maison s'est récemment illustrée en publiant l'œuvre de l'écrivain de langue chinoise Gao Xingjian, prix Nobel de littérature en 2000.

Peinture

Hormis les XIVe et XVe siècles marqués par l'école d'Avignon (voir l'encadré *L'école d'Avignon, la synthèse provençale*), l'âge d'or de la peinture provençale s'épanouit vraiment de la fin du XVIIIe siècle à nos jours. La Provence a été le berceau de nombreux artistes, ainsi qu'une source d'inspiration (parmi ces amoureux, citons Van Gogh, Bonnard, Matisse, Vuillard, Derain et Picasso). Le climat ensoleillé et l'explosion des couleurs attirent en effet les premiers impressionnistes, puisqu'à la même époque le peintre sort de son atelier pour installer son chevalet dehors, en pleine la nature.

Ce sont bien sûr les peintres provençaux qui, les premiers, ont puisé une inspiration dans sa palette de couleurs et ses somptueux décors naturels. Citons Joseph Vernet (1714-1789), François Marius Granet (1775-1849), Paul Guigou (1834-1871), Auguste Aiguier (1814-1865) et Marius Engalière (1824-1857). Ces derniers ont créé l'École provençale de paysage. Leur travail a fait de la nature qui les entoure l'objet privilégié d'une peinture romantique, teintée de réalisme.

Les recherches du peintre marseillais Adolphe Monticelli (1824-1886) puisent en revanche leurs racines dans l'abstraction, tout en suscitant l'admiration de Cézanne et surtout de Van Gogh, par sa richesse chromatique. Les peintures de René Seyssaud (1867-1952), d'Auguste Chabaud (1882-1955) et de Verdilhan (1875-1928) réinterprètent, elles aussi, la nature provençale, qu'ils colorent et empâtent. Tous les trois furent des membres actifs du fauvisme, avant de poursuivre leur propre voie.

Le Marseillais Charles Camoin (1879-1965) a également appartenu au courant fauve. En 1905 et 1906, il participe à Paris, avec Manguin (autre grand peintre provençal), Matisse, Derain et Marquet, au lancement de ce mouvement, l'une des premières révolutions artistiques du XXe siècle.

Pour tous ces peintres cependant, Paul Cézanne (1839-1908) demeure l'artiste de référence et son travail, le point d'ancrage des recherches picturales qui ponctuent la première moitié du XXe siècle. Avec sa série de *La Montagne Sainte-Victoire*, l'enfant d'Aix-en-Provence innove. En se débarrassant de toutes les références en cours pour réorganiser ce qu'il voit de l'intérieur, il préfigure le cubisme.

La fin des années 1930 et la Seconde Guerre mondiale marquent une rupture avec toute cette époque. Pendant la guerre, la Provence devient une terre de transit ou de refuge pour nombre d'artistes. Certains d'entre eux décident, d'ailleurs, de s'y installer la guerre terminée. Si, sur les hauteurs de la Côte d'Azur, s'arriment ainsi Picasso, Chagall ou Dubuffet, la Provence proprement dite accueille Nicolas de Staël (1914-

L'école d'Avignon, la synthèse provençale

L'arrivée des papes en Avignon au XIVe siècle a provoqué un afflux d'artistes italiens, favorisant l'éclosion d'une "école d'Avignon", un mouvement artistique provençal de premier ordre. Figure de proue de l'école de Sienne, le peintre Simone Martini (vers 1282-1344) séjourna dans la ville de 1339 à 1344, insufflant à la cité des papes l'esprit d'innovation de la pré-Renaissance italienne, caractérisé notamment par le double héritage byzantin et gothique, le sens de la profondeur et l'expressivité des personnages. Martini est l'auteur des fresques du tympan de la cathédrale Notre-Dame-des-Doms. Un autre artiste de renom, Matteo Giovanetti, fut chargé par Clément VI de la décoration du palais des Papes.

Les peintres français prirent ensuite la relève et donnèrent toute sa plénitude à cet élan pictural. Enguerrand Quarton (connu de 1444 à 1466), né à Laon mais établi à Avignon à partir de 1447, en est le plus célèbre représentant. Il opère la synthèse entre l'art flamand et l'influence italienne, les sujets religieux et un certain réalisme nordique. Autre trait typique de son art : le découpage net des volumes par la lumière. On peut admirer son retable du *Couronnement de la Vierge* (1453-1454) au musée Pierre de Luxembourg, à Villeneuve-Lez-Avignon. Parmi les autres artistes provençaux de la seconde moitié du XVe siècle, on retiendra également Nicolas Froment (1425-1483 à 1486), peintre du roi René, ainsi que Jean Changenet et Josse Lieferinxe.

Au XVIe siècle, l'artiste Simon de Châlons conciliera également l'héritage de Raphaël et de Michel-Ange et le goût du réel des peintres du Nord. Plusieurs de ses œuvres sont visibles au musée Calvet à Avignon.

1955) à Ménerbes, André Masson (1896-1987) à Aix-en-Provence, et le maître de l'art cinétique, Victor Vasarely (1908-1997), à Gordes et à Aix – Vasarely a fondé un "musée didactique" à Gordes, malheureusement fermé aujourd'hui, ainsi qu'une fondation à Aix-en-Provence.

Les contacts établis entre ces artistes et certains marchands d'art de la région (Aimé Maeght, en particulier) vont être déterminants. Leurs échanges et leurs collaborations font de la région une place incontournable, après Paris, en matière d'art moderne et d'art contemporain. La politique d'acquisitions et d'expositions des musées, des galeries et des fondations de la région a, depuis, renforcé cette position. Que ce soit le musée d'Art contemporain de Marseille, le centre d'Art du Crestet, le Carré d'Art de Nîmes ou la collection Lambert à Avignon, toutes les grandes tendances d'aujourd'hui s'exposent. Reste que paysages provençaux ont disparu des toiles des nouveaux maîtres de l'art contemporain. Les recherches et les désirs d'artistes comme Yves Brayer, Vincent Roux ou Aicard sont ailleurs. Le mouvement support/surface trouve ainsi l'un de ses représentants avec le Nîmois Claude Viallat (né en 1936).

Sculpture

Né à Marseille, César (1921-1998) appartient à cette génération d'artistes du Sud dont l'œuvre s'inscrit parmi les plus marquantes de la seconde moitié du XXe siècle.

Des pièces expressives en ferraille soudée des années 1950 aux compressions de voitures de la décennie suivante, puis de plastique, de carton (années 1970) et de vieux papiers (années 1990), César Baldaccini n'a eu de cesse d'explorer et de façonner sa vision du monde et de la figure humaine. À l'instar d'une autre grande artiste méridionale qu'il admirait, Germaine Richier (1904-1959), née elle aussi dans les Bouches-du-Rhône. Les figures hybrides, issues de métamorphoses et de déchirements, de cette élève de Bourdelle ont fasciné César. Elle s'est inspirée de son enfance et du folklore provençal.

L'Estaque et les peintres, 1860-1920

Entre 1860 et 1920, l'Estaque, petit port de pêche progressivement industrialisé, au nord du territoire marseillais, devient l'un des creusets des avant-gardes picturales. Impressionnistes, fauves et cubistes y élisent successivement domicile et inventent le paysage moderne.

Dès les années 1860, Paul Guigou (1834-1914), un des plus importants représentants de l'école de Marseille, s'attache aux paysages contrastés du lieu avec une prédilection pour le site de Notre-Dame de la Galline à la Nerthe. Mais c'est avec l'arrivée de Paul Cézanne (1839-1906) en 1870 que l'Estaque entre au panthéon des lieux sacrés de l'histoire de l'art.

Cézanne à l'Estaque

Fuyant la guerre franco-prussienne tout comme son ami Zola, Cézanne s'installe pour la première fois à l'Estaque de juillet à décembre 1870. Il travaille sur le motif et s'intéresse autant au paysage maritime qu'à l'émergence de sites industriels. De retour à l'été 1876, Cézanne, fasciné par l'intensité du soleil, retravaille sur le motif et remet alors en cause les principes classiques du modelé et de la vision perspective hérités de la Renaissance.

Il poursuit ses recherches lors d'un plus long séjour entre le mois de mars 1878 et le printemps 1879. Il revient au début de 1882 et accueille Auguste Renoir (1841-1919) qui s'intéresse à la richesse colorée de la végétation jouant sur les roches claires. Renoir revient voir son ami l'année suivante lors de son cinquième séjour. Cézanne reste attaché au paysage maritime. Sur ses toiles, la mer en arrière-plan, traitée en une grande plaque bleue, contraste volontiers avec le paysage côtier et les maisons résolument géométrisées au premier plan. Le dernier plan ainsi surélevé attire d'abord le regard et inverse le sens de vision traditionnel du tableau. Il s'intéresse aussi au paysage dessiné par la ligne ferroviaire et ses viaducs.

Si Cézanne revient encore en 1885 et 1886, l'industrialisation croissante du site le pousse de plus en plus vers d'autres paysages plus sauvages comme la montagne Sainte-Victoire. Il aura cependant laissé plus d'une trentaine de toiles, sans compter les aquarelles et les dessins.

Sur les pas de Cézanne

Après avoir travaillé avec Matisse à Collioure, André Derain (1880-1954), désormais résolument fauve, arrive à l'Estaque pendant l'été 1906. Derain, respectueux de la leçon cézannienne, structurant fortement ses compositions, intensifie ses recherches sur une couleur délibérément exaltée, puissante, éclatante. A sa suite, les autres fauves viendront. Georges Braque (1882-1963) est à l'Estaque à l'automne 1906. Son fauvisme tout de nuances s'attache à la problématique cézannienne des modulations du relief. Cette tendance se confirme lorsqu'il revient en septembre 1907, en compagnie d'Émile-Othon Friesz (1879-1949). Si ce dernier reste imprégné de l'esthétique fauve, cernant de noir les contours afin de mieux accentuer l'intensité des couleurs, Braque s'oriente vers une manière de peindre "proto-cubiste". C'est après sa rencontre avec Picasso que Braque développe, durant l'été 1908, sa vision cubiste du paysage où la prédominance du raisonnement et du concept remplace un rapport plus direct à la nature. Il essaie alors de convaincre, sans vraiment y parvenir, son ami Raoul Dufy (1877-1953) qui, cette année-là, travaille à ses côtés. Les simplifications des formes et de la palette seront encore accentuées lors du dernier séjour de Braque en 1910 au cours duquel il s'attache au motif industriel et géométrique des usines de Rio-Tinto.

Désormais mythique, les paysages de l'Estaque vont attirer d'autres artistes comme Henri Matisse (1869-1954), qui s'y rend en 1916, ou Albert Marquet (1875-1947), qui vient plusieurs fois entre 1916 et 1919, toujours sur les pas du maître Cézanne.

Rémy Kerténian

Cinéma

C'est à La Ciotat que les frères Lumière, Auguste et Louis, tournent en septembre 1895 le premier film de l'histoire du Cinéma, *L'Arrivée d'un train en gare de La Ciotat*. Avec Vigo et Renoir, Marcel Pagnol invente, dans les années 1930, le cinéma parlant en France. D'abord scénariste de ses films (*Marius* réalisé par Alexandre Korda, *Fanny* par Yves Allégret), il décide en 1936 de passer derrière la caméra. *César* est ainsi son premier film, suivi par *La Femme du boulanger* et *La Fille du puisatier*, pour ne citer que quelques-unes de ses réalisations. Marseille, mais surtout Aubagne et ses collines, constituent les lieux de tournage privilégiés de ce Méridional, amoureux de son pays et de ceux qui l'habitent. En 1935, Pagnol invite d'ailleurs Renoir à venir tourner *Tony* en décor naturel, près de Marseille. Dans les années 1950, la Nouvelle Vague va préférer, aux décors de la Provence, ceux de la Côte d'Azur.

Des réalisateurs ont récemment remis les paysages provençaux à l'honneur. En 1986, Claude Berri donne une nouvelle version de *Jean de Florette* et de *Manon des Sources*. Ces films, qui ont rencontré un grand succès public, ont été tournés dans un petit village du Luberon, Vaugines. C'est Cucuron, au pied du Mourre-Nègre, dans le Grand Luberon, qui sert de cadre au film de Jean-Paul Rappeneau, *Le Hussard sur le toit* (1995), d'après le roman de Giono.

Le cinéma de Robert Guédiguian s'inscrit dans un tout autre registre : celui d'un cinéma militant plein de tendresse pour sa ville, Marseille. Hormis *Marius et Jeannette*, qui connut un grand succès en 1997, on lui doit *Dernier été* (1981), *Rouge Midi* (1984), *Ki Lo Sa* (1985), *À la vie, à la mort* (1995), *À la place du cœur* (1998), *À l'attaque* (1999) et *Ma ville est tranquille* (1999). Ce cinéma évoque le *Rendez-vous des quais*, un film de Paul Carpita, censuré en 1955 puisqu'il narrait la révolte des dockers de Marseille contre la guerre d'Indochine.

Danse et musique

Peu de danses évoquent mieux la Provence que la farandole, qui compte parmi les danses les plus populaires, notamment dans les environs d'Arles. Datant du Moyen Âge, elle clôture traditionnellement les fêtes de villages et le bal. Elle se forme avec l'apparence de la plus grande spontanéité, entraînant les participants qui se tiennent par la main ou par un mouchoir à travers les rues du village.

Les farandoleurs dansent au son des tambourins et des *galoubets* (petite flûte à bec provençale, au son aigu). Chaque musicien joue de ses deux instruments simultanément, le tambourin accroché sur le côté et le galoubet au bec.

Dans un tout autre registre, la Provence a été le terreau de l'opérette et du music-hall, longtemps concentrés à Marseille à L'Alcazar ou aux Variétés. Le Marseillais Vincent Scotto (1874-1952) a donné à ce genre musical ses plus grands succès (*Violette impériale* notamment) et à la chanson quelques-uns de ses plus grands airs comme *Sous les ponts de Paris*.

Danseurs et chorégraphes provençaux.

Le ballet classique a été marqué par le talent de Marius Petitpa, né à Marseille en 1818. Ce danseur, chorégraphe et maître de ballet dont toute la carrière s'est déroulée à Saint-Pétersbourg (où il est mort en 1910), a œuvré à la naissance de l'école des ballets russes de Diaghilev. Il a aussi été un précurseur en valorisant la danse masculine, en donnant au couple de danseurs une place jusqu'alors négligée et en créant un pas de deux jusqu'alors inexistant. Ses collaborations avec Tchaïkovski ont donné les chefs-d'œuvre de *La Belle au Bois Dormant, Casse Noisette* et *Le Lac des Cygnes*.

Le XXᵉ siècle et le début du XXIᵉ sont attachés au nom de deux danseurs chorégraphes, nés à Marseille ou dans ses environs : Maurice Béjart (1927) et Roland Petit (1924). Ce dernier a formé dans sa ville natale une troupe, le futur Ballet National de Marseille-Roland Petit, aujourd'hui dirigé par Marie-Claude Piettragalla.

Musiciens provençaux.

Aujourd'hui tombé dans l'oubli, le compositeur Félicien David (1810-1876), né à Cadenet, saint-

Promenades architecturales

De la Préhistoire à nos jours, les sites témoins de l'histoire architecturale et humaine de la Provence révèlent la richesse et la diversité patrimoniales de la région.

Préhistoire. Le musée d'Archéologie Méditerranée de Marseille, le musée de Préhistoire des Gorges du Verdon, le musée de Digne, à Digne-les-Bains, et le village des Bories, aux environs de Gordes, permettent d'appréhender au mieux l'héritage de cette période.

Période gallo-romaine. Les vestiges romains de Vaison-la-Romaine, le pont du Gard, les arènes de Nîmes et d'Arles, le théâtre d'Orange, les Antiques de Glanum à Saint-Rémy-de-Provence, la crypte de l'abbaye Saint-Victor, le jardin des vestiges et le port antique de Marseille, la Maison carrée de Nîmes et les arcs de triomphe d'Orange et de Carpentras comptent parmi les plus beaux monuments antiques du monde.

Quelques-uns d'entre eux, cependant, comme l'arc de triomphe d'Orange, sont dans un triste état de décrépitude. Un plan de sauvetage, lancé en 2001 par l'État, la région PACA et les départements concernés, devrait remédier à cette situation. Un bureau spécial a été créé à Arles pour cette protection.

L'art roman provençal. Apparu dès le XIe siècle, l'art roman prend en Provence un aspect bien spécifique, puisqu'il mêle ici plusieurs influences, romaine, languedocienne et lombarde. Tous les édifices religieux se parent d'un style épuré et d'une grande harmonie de lignes. Parmi les plus belles manifestations de l'art roman provençal figurent les églises de Saint-Gilles et de Valréas (Enclave des Papes, Vaucluse), ainsi que la Vieille Major à Marseille, la primatiale Saint-Trophime à Arles, un chef-d'œuvre du genre, et l'ancienne cathédrale Notre-Dame de Vaison-la-Romaine (Vaucluse).

Citons aussi la chapelle Saint-Sixte (XIIe siècle), à Eygalières (Bouches-du-Rhône). Enfin, les abbayes cisterciennes de Sénanque et de Silvacane, près de Gordes (Vaucluse), sont l'image même de cet art, tout en sobriété et élégance.

---

simonien actif et grand voyageur (il a accompli de multiples missions au Proche-Orient) a marqué le XIXe siècle. Son contemporain Ernest Reyer (1823-1909), né à Marseille, demeure en revanche encore inconnu au répertoire.

Né à Aix-en-Provence, Darius Milhaud (1892-1974) a été marqué dès sa jeunesse par Debussy, la musique russe et Paul Claudel, dont il fut le secrétaire à Rio de 1917 à 1919. Profondément méditerranéen, Darius Milhaud a puisé aussi son inspiration dans le folklore sud-américain, le jazz et la tradition musicale antique comme en témoignent ses opéras (*Christophe Colomb, Médée, David...*), ses ballets et ses musiques pour orchestre (*Suites provençales, Cantique du Rhône...*).

Olivier Messiaen (1908-1992), né à Avignon, est une autre grande figure de la musique du XXe siècle. Le mysticisme, sa passion pour les chants d'oiseaux et les rythmes de musiques traditionnelles (de l'Inde à l'Indonésie et à l'Amérique Latine) ont influencé ce compositeur prolifique.

CULTURE ET TRADITIONS
Le Noël provençal

Dans certains villages et villes de Provence, on perpétue d'anciennes traditions lors de la fête de la Nativité.

La période des fêtes calendales (Noël se dit *calendo* en provençal) commencent dès le 4 décembre, date à laquelle on plante des grains de blé ; si le blé a germé le 25 décembre, la récolte sera bonne. Cette

Promenades architecturales

Citons aussi le prieuré Notre-Dame de Ganagobie, construit au Xe siècle, près de Lurs (Alpes-de-Haute-Provence).

L'art gothique méridional. L'installation des papes en Avignon a favorisé l'éclosion de talents venus du royaume de France mais aussi des Flandres, d'Allemagne et, bien sûr, d'Italie.

Le palais des Papes en Avignon, la chartreuse du Val de Bénédiction à Villeneuve-lès-Avignon, l'église de L'Isles-sur-la-Sorgue et la cathédrale Saint-Siffrein de Carpentras comptent parmi les plus beaux exemples (voir le chapitre *Vaucluse*).

La Renaissance. Les châteaux de Grignan (Drôme) et de Lourmarin (Vaucluse) s'inscrivent dans les rares témoignages de l'architecture Renaissance en Provence.

L'époque classique. Au XVIIe-XVIIIe siècles, de superbes hôtels particuliers s'élèvent à Aix-en-Provence, Arles, Avignon, Beaucaire, Tarascon ou Carpentras. Façades, portes et fenêtres s'ornent de frises finement sculptées, de cariatides ou d'*atlantes* (figure d'homme supportant un entablement). Les balcons se bordent de ferronneries délicatement ouvragées. Des fontaines majestueuses agrémentent les places. Un beau témoignage de l'art des jardins au XVIIIe siècle réside dans les jardins La Fontaine, à Nîmes.

Le Second Empire. C'est surtout à Marseille que subsiste de beaux exemples de cette architecture, avec le palais Longchamp, Notre-Dame-de-la-Garde et le palais de la Bourse.

Du modernisme à nos jours. La Cité Radieuse, construite à Marseille de 1946 à 1952 par Le Corbusier, la Fondation Vasarely à Aix-en-Provence, signée Victor Vasarely, le Carré d'Art de Nîmes, imaginé par l'architecte anglais Sir Norman Foster en 1993, ou les logements sociaux, également nîmois, de Jean Nouvel…, tous ces monuments illustrent la palette des architectures modernes.

---

période calendale se poursuit jusqu'à la Chandeleur, le 2 février.

Le soir du 24 décembre, le "gros souper" est un repas maigre, qui doit comporter treize desserts (rappelant les treize membres de la Cène), parmi lesquels figurent les fruits secs (ou "mendiants"), les fruits frais, les nougats, les calissons et la pompe à huile (fougasse).

La messe de minuit en provençal est parfois précédée par la cérémonie du *pastrage* : les bergers apportent en procession un agneau qu'ils offrent à Jésus. Le pastrage perpétue la tradition de la crèche vivante, tout comme les *pastorales,* saynètes racontant l'histoire de Joseph cherchant un toit pour Marie. La première pastorale, encore jouée aujourd'hui, a été écrite en provençal en 1844 par Antoine Maurel.

Vous pourrez notamment entendre une messe de minuit en provençal aux Baux-de-Provence, aux Saintes-Maries-de-la-Mer ou à Séguret, un petit village des Dentelles de Montmirail, connu pour son *Oustau dei Santoun*, qui rassemble une belle collection de santons.

Car le Noël provençal évoque aussi irrésistiblement ces petites figurines. Le santon (du provençal *santoun*, petit saint) désigne une figurine fabriquée à la main à partir d'un moule en plâtre, le "moule mère", rempli d'argile, que l'on cuit dans un four et que l'on décore. Les personnages créés représentent ceux du récit évangélique (le berger, la Sainte Famille, les rois mages, l'âne et le bœuf), ainsi que tous les petits métiers traditionnels de la Provence rurale : le meunier, le rémouleur, le pêcheur, le paysan, l'artisan, le tambourinaire, la poissonnière ou le ravi.

Marseille serait le berceau des santons, mais Fontvieille, Le Paradou et Aubagne (Bouches-du-Rhône), Gréoux-les-Bains (Haute Provence), Fontaine-de-Vaucluse, Brantes, Ansouis et Séguret (Vaucluse) sont aussi des centres réputés de l'artisanat santonnier.

Chaque année en décembre, la foire aux santons se tient à Marseille, dans les allées de Meilhan, en haut de la Canebière. Plusieurs dizaines de santonniers y exposent leur production, que les collectionneurs s'arrachent. Les amateurs se donnent aussi rendez-vous dans les foires de Fontvieille et de Gréoux-les-Bains, à Aubagne (qui abrite de nombreux santonniers et céramistes), ainsi que dans des villages du Luberon (Ansouis, Séguret) et de la Drôme provençale.

Les costumes

Lors de certaines fêtes ou cérémonies, le port du costume traditionnel fait partie des coutumes provençales. Comme dans d'autres régions, l'habit est un signe d'appartenance fort au "pays". En Camargue, et particulièrement à Arles, l'attachement au vêtement est resté particulièrement puissant et dépasse le simple "pittoresque" des dépliants touristiques. Il est très courant de voir les femmes habillées en Arlésienne lors des mariages, des baptêmes, sans parler des fêtes folkloriques (voir l'encadré sur l'Arlésienne dans le chapitre *Bouches-du-Rhône*).

On distingue trois types de costumes d'Arlésienne : le costume en cravate, le plus simple, appelé aussi "costume de Mireille", comprend une jupe de couleur ornée d'un tablier, un corsage noir (*eso*) recouvert d'un plastron blanc, et un triangle de percale blanche (cravate), nouée en oreille de lapins autour de la coiffe ; le costume en "ruban", plus habillé, se distingue par le ruban de velours noué sur la coiffe ; le costume de cérémonie, enfin, mêle une pèlerine de dentelle blanche ou ivoire, une jupe et un eso, ces derniers éléments étant fabriqués à partir du même tissu de soie. Le tout est assorti des accessoires de rigueur : l'éventail, l'ombrelle, le châle, l'aumônière et la fameuse

croix, bijou arlésien par excellence, remise au goût du jour depuis quinze ans par le couturier Christian Lacroix. Côté masculin, c'est l'habit des *gardians* (gardiens de troupeaux), qui symbolise le mieux la Camargue. La chemise imprimée, le mouchoir noué autour du cou et le chapeau de feutre noir en sont les principaux attributs. Le pantalon noir des gardians fut remis à la mode récemment par la créatrice Agnès B. La tradition du costume n'est réellement née qu'au XIXe siècle, qui a vu l'apparition du folklore, sorte de résistance au centralisme parisien. C'est alors que la forme définitive des vêtements dits "régionaux" s'est fixée, empruntant aux habits du quotidien et aux modes de l'époque. En Provence, ce phénomène est à relier à l'importance de l'industrie textile dans la région, et à la mode des *indiennes* (voir ci-dessous).

Les tissus provençaux

Le boutis. L'origine du boutis, ou "broderie en bosses", se situe en Provence. Développé d'abord dans les ateliers de draperies, puis dans les manufactures royales, le boutis est devenu, au XVIIIe siècle, un art populaire. La tradition voulait alors que la jeune fille prépare son trousseau de future mariée en confectionnant elle-même, à la main, son propre boutis. Encore aujourd'hui, ce savoir-faire est hautement revendiqué en Provence, et distinct du matelassage, d'une technique toute différente.

Le mot boutis vient de l'aiguille à bout rond, qui sert à pousser la mèche, et du verbe bouter, signifiant pousser. De tradition médiévale, l'art de la "broderie en bosses" a été pratiqué par les plus grands brodeurs. Ceux-ci commençaient par dessiner des motifs sur la toile, avant de les "broder en bosses".

Reine des "étoffes piquées", le boutis est donc une broderie de l'intérieur, qui donne du relief ou de la transparence à deux étoffes superposées, cousues ensemble à la main à petits points, en suivant le contour des motifs dessinés. Le relief s'obtient en introduisant, sur l'envers, des mèches de coton plus ou moins filé, entre les deux épaisseurs de tissu à l'intérieur de chaque motif.

Devenu art quotidien, le boutis s'ancra dans les coutumes et le mode de vie des femmes provençales et ces motifs s'inspirèrent des événements essentiels de la vie (naissance, mariage, mort). Bien plus qu'un tissu, c'est un savoir-faire, un art à part entière.

Des indiennes aux "tissus provençaux".

C'est au XVIe siècle, sur le port de Marseille, qu'arrivent en provenance des Indes les premiers ballots d'étoffes dites *indiennes*. Ces toiles de coton, peintes ou imprimées, s'ornent de motifs de fleurs, de feuillages ou d'oiseaux. Très vite appréciées pour leurs coloris et leurs motifs, ces cotonnades et ces soieries créent un véritable phénomène de mode. Initialement utilisées en décoration, elles se déclinent assez vite en vêtements d'intérieur et accessoires. Ce qui permet à Molière de faire dire à Monsieur Jourdain, dans *Le Bourgeois Gentilhomme* (1670) : "Je me suis fait faire cette indienne-ci... Mon tailleur m'a dit que les gens de qualité étaient comme cela le matin."

Le succès est tel qu'il inquiète les manufacturiers lyonnais et les autres corporations textiles, qui obtiennent l'arrêt de la confection et de l'importation de ces tissus. Celles-ci ne reprendront que 75 ans plus tard, en 1759.

Appelé "indiennes" en référence à leur pays d'origine, ces tissus sont en fait des toiles "peintes" ou "imprimées" : les motifs sont en effet fixés grâce à une planche gravée, représentant le dessin à reproduire, enduite de couleur, puis posée à plat sur l'étoffe.

La région la plus imprégnée par les motifs et ce savoir-faire artisanal est la Provence. Les artisans ont très vite adopté le procédé d'impression à la planche de bois gravée en relief, apparu avec les indiennes, en le perfectionnant. Ils se sont aussi appuyés sur des expressions textiles spécifiquement locales, telles que la broderie, le piquage (matelassage), la passementerie ou le *boutis*. L'indiennage provençal a bénéficié, enfin, du terroir régional, riche de nombreuses plantes tinctoriales. Utilisées par les Provençales dans la confection de leur costume, les indiennes ont fait bouger la mode vestimentaire. De nos jours, ces tissus sont essentiellement commercialisés par trois entreprises familiales : Souleiado, Les Olivades et Les Indiennes de Nîmes.

L'histoire de Souleiado est ainsi exemplaire : Charles Démery reprend en 1937 l'ancienne fabrique d'indiennes de Tarascon, son village natal. Celle-ci abrite un trésor, une source de création inestimable : quarante mille planches de bois gravées, représentant autant de dessins. Dépoussiérées et répertoriées, elles forment la base de la technique d'impression d'origine Souleiado, qui lance, après 1945, une ligne de vêtements et d'accessoires. Il a suffit, ensuite, d'établir une nouvelle gamme de couleurs (jaune d'or, bleus, verts cyprès et amande...), de diversifier les toiles (coton, lin, laine et soie) et de dessiner des motifs plus contemporains (l'un des plus récents s'inspire ainsi de la tauromachie).

La pétanque

Le jeu de boules, que l'on suppose dérivé du jeu de quilles, remonterait à la fin du XVIIIe siècle et a connu en Provence un engouement croissant, jamais démenti jusqu'à nos jours. Dans toute la Provence, vous verrez de nombreux boulodromes où viennent en découdre des pétanqueurs.

Il ne faut pas confondre boule et pétanque. Le jeu de boules, également appelé "jeu provençal", ou "longue", est très technique, car il se dispute sur une distance plus longue, de 15 à 21 m. Les joueurs sont autorisés à bouger avant de lancer la boule. La pétanque aurait été inventée plus tardivement, au début du XXe siècle. Contrairement à la longue, elle se joue *a pié tanca* (les pieds plantés), sur un terrain plus petit (11 m maximum). Avec des boules métalliques d'environ 720 g pour 8 cm de diamètre, il s'agit de "pointer", autrement dit de placer la boule le plus près possible du cochonnet. Déloger la boule de l'adversaire en la remplaçant par la sienne ("faire un carreau") est un coup de maître !

TAUREAUX, TAUROMACHIE ET FÉRIAS

Bain de sang pour les uns, opéra-métaphore de la lutte entre l'homme et l'animal pour les autres, décriée ou adorée, la tauromachie ne laisse jamais indifférent. Quel que soit l'opinion de chacun, la corrida est l'une des traditions les plus vivaces de la Provence, à Arles et Nîmes notamment. Sport autant suivi que le football, elle ne relève en aucun cas du folklore pour touristes, même si ces derniers sont de plus en plus nombreux à se rendre aux férias. Si vous assistez à un combat, vous serez étonné de l'ambiance qui y règne.

Brève histoire de la tauromachie en France

Si le culte du taureau et les jeux tauromachiques remontent à l'Antiquité, en France, la tauromachie relève d'une double origine : la tradition camarguaise des élevages taurins et la corrida proprement dite, née au XVIIIe siècle parmi l'aristocratie espagnole. Des témoignages attestent de l'existence de spectacles taurins dès le XVe siècle en Camargue : chiens, ours, lions combattent alors le taureau, dans une parodie de jeux de cirque particulièrement cruels. Sans mise en scène sophistiquée ni règles fixes, ces pratiques n'ont rien à voir avec les combats pratiqués au-delà des Pyrénées. Cependant, à la faveur des échanges commerciaux avec l'Espagne, plusieurs éléments de corrida espagnole sont peu à peu introduits dans les jeux camarguais. En 1813, les arènes de Nîmes sont à peine dégagées que les premières courses de taureau y sont données devant 8 000 personnes. Le spectacle ne ressemble pas du tout à ce que l'on appelle corrida aujourd'hui. On chevauche les taureaux, on les poursuit à vélo, des numéros comiques sont joués entre les courses… On organise alors les corridas pour les grands événements. La première course de taureau dans les arènes d'Arles a lieu en juillet 1830, pour célébrer la prise d'Alger.

Le mariage de Napoléon III avec l'Espagnole Eugénie de Montijo marque un tournant : la nouvelle impératrice se passionne pour la tauromachie. En 1853, une première corrida espagnole est donnée à Bayonne. Le succès est immédiat. Davantage ritualisée que les courses camarguaises et aboutissant à une mise à mort, elle s'implante rapidement dans le sud-ouest, puis à Nîmes et à Arles. Les lâchers de taureaux et autres jeux camarguais ne disparaissent pas pour autant. Dans les années 1860-1870, les quadrilles hispano-provençaux combinent les deux traditions, qui ne se sépareront qu'à la fin du XIXe siècle. La mise à mort des taureaux suscite cependant de vives polémiques : certains maires ou préfets l'interdisent, avant qu'un arrêté ministériel ne le fasse officiellement. À Nîmes, il est immédiatement suivi par une corrida de protestation en 1884, à laquelle se rend Frédéric Mistral : à la fois noble et populaire, la tauromachie est aussi un point d'ancrage du régionalisme, symbole de la résistance au centralisme parisien.

Dans les années 1950, la corrida devient très à la mode, même parmi les milieux parisiens. Attirées par son esthétisme et son rituel implacable, nombre de célébrités revêtent l'habit des aficionados les plus fervents : Jean Cocteau, Ernest Hemingway, Pablo Picasso ou Bernard Buffet sont sans doute les plus fameux. C'est également durant cette décennie que sont lancées les férias, apparues en Espagne au milieu du XIXe siècle. La première féria nîmoise a lieu en 1952.

Pourtant, si la France compte bon nombre de passionnés de corridas, on considère pendant longtemps qu'aucun torero français ne parviendra jamais à égaler les matadors espagnols. Cette fatalité est brisée par l'arrivée dans les arènes en 1965 d'Alain Montcouquiol (dit El Nimeño) et Bernard Dombs (appelé Simon Casa), tous deux brillants combattants, qui créent l'Association des toreros français. D'autres grands noms suivirent. Parmi eux, ont retiendra le Nîmois, Nimeño II (Christian Montcouquiol, frère d'Alain) qui connut un destin tragique (voir le chapitre *Nîmes*).

Corrida, mode d'emploi

La corrida est un spectacle inoubliable, quelle que soit votre opinion sur cette pratique. Dégoûtés ou emportés par l'esthétique de la mise en scène, vous vous souviendrez de toute façon de l'ambiance passionnée qui règne dans l'arène. Réunissant toutes les classes sociales, hommes et femmes, jeunes et vieux, la corrida soulève les foules, attise les passions. On acclame les toreros, on les siffle, on commente les passes. La tauromachie est un univers complexe, au nombre incalculable de lois, avec son vocabulaire, sa presse et ses lieux de ralliement.

Pour comprendre cet engouement, mieux vaut connaître un minimum les règles qui régissent le combat, extrêmement ritualisé, qui s'apparente plus à la tragédie antique qu'à un simple divertissement. Il est impossible de répertorier toutes ces règles mais, de façon générale, rappelez-vous constamment que plus les toreros se mettent en danger, plus ils seront acclamés. Au contraire, toute initiative visant à blesser inutilement l'animal ou à le handicaper durant le combat sera immédiatement suivie d'un mouvement de désapprobation parmi les aficionados. Voici quelques repères, pour ne pas applaudir au mauvais moment.

VALÉRIE POLICE

Les acteurs

Les toreros : ce terme générique s'applique aux personnes qui affrontent seules, avec une cape, le taureau dans l'arène. Des termes plus spécifiques (matador, peone) désignent précisément leur rôle.

Le matador : c'est le torero qui met à mort le taureau. On l'appelle également le maestro. Il est aidé d'une équipe, la *cuadrilla*, qui comprend les toreros à pieds (les *peones*) et à cheval (les *picadors*). Au siècle dernier, à une époque où la majorité des matadors étaient espagnols, on nommait toréador les combattants français, terme popularisé par l'air de Carmen, mais qui aujourd'hui ne fait plus partie du vocabulaire taurin.

Les peones : toreros à pied, effectuant des passes pour tester un taureau entré dans l'arène.

Les picadors (2 en général) : ces hommes à cheval, armés de longs pics, sont chargés de blesser le taureau et de l'affaiblir. Leur monture caparaçonnée est protégée des coups de cornes du taureau et aveuglée pour limiter sa frayeur.

Les banderilleros (3 en général) : ce sont les serviteurs du matador. Ils plantent les banderilles lors du deuxième *tercio*.

L'alguasil : c'est l'homme avec un chapeau à plumes qui reste dans la contre-piste, la galerie entre la piste et les gradins. Commissaire de l'arène, il veille au bon fonctionnement de la corrida et à l'exécution des ordres du jury.

La présidence : le jury, qui comprend un président et deux assesseurs, en général des *aficionados* et des dirigeants de clubs taurins, par exemple. C'est la présidence qui indique le changement de *tercio*.

Le taureau : les taureaux de corrida sont issus des élevages de taureaux espagnols. Leur provenance et leur poids déterminent leur nervosité et leur aptitude à combattre. L'Andalousie est réputée pour fournir les meilleurs *toros bravos* (taureaux sauvages). Trop jeunes et fragiles pour être piqués, les *becerros*, petits taureaux de deux ans, sont utilisés pour certaines novilladas.

L'orchestre : entonnant volontiers *L'Arlésienne* ou *Carmen* de Bizet, il joue sur les ordres du président du jury.

Les temps forts

La majorité des corridas ont lieu en fin d'après-midi, vers 17h, lorsque la lumière commence à être moins forte. Une corrida comprend six mises à mort, exécutées par trois matadors. Chaque combat comprend trois *tercios*, c'est à dire trois périodes distinctes :

1er tercio (tercio de pique ou tercio de vara) : les trompettes retentissent et annoncent l'arrivée du taureau dans l'arène, attendu par les *peones*. Ces derniers font des passes avec la cape rose et jaune pour "fatiguer" l'animal, mais aussi pour qu'il montre sa "personnalité" (est-il nerveux ? vaillant ? indifférent aux provocations ? etc.).

Le *matador* exécute ensuite plusieurs mouvements de cape. Tous correspondent à une technique et à un nom particuliers. Si les passes sont bonnes, elles sont acclamées par les *olé* et les applaudissements de la foule. Le jury demande à l'orchestre de jouer.

Les *picadors*, sur leur cheval caparaçonné, entrent en scène en musique. Ils doivent blesser le taureau à l'aide de grands pics, deux à

Les couleurs de la grâce et de la mort

Il arrive, rarement, que le taureau soit gracié en raison de sa valeur et du manque de savoir-faire ou de prestance de ceux qu'il affronte. Le jury d'une corrida a en effet à sa disposition des tissus de couleurs différentes pour décider de l'issue du combat et récompenser l'un ou l'autre adversaire.

Un mouchoir orange signifie qu'on gracie le taureau avant la mise à mort ; un mouchoir vert marque l'arrêt du combat parce que le taureau est physiquement défaillant ; un mouchoir bleu indique qu'on doit lui faire faire un tour de piste une fois mort, car il s'est montré vaillant ; plus rarement, on montre un mouchoir noir quand le taureau refuse la pique (dans ce cas, on lui plante des banderilles noires).

trois fois en tout. La règle veut qu'ils ne dépassent pas la ligne derrière laquelle ils sont stationnés, en gardant une distance de 3 m entre le cheval et le taureau. Ils ne doivent pas non plus aller vers le taureau mais le laisser venir à eux. Le but est de toucher le taureau au *morillo*, masse musculaire à la base du cou, afin que son port de tête soit modifié et qu'il ne puisse attaquer qu'en ligne droite. Les picadors doivent réussir leur coup en une fois. Les plus maladroits s'y reprennent à deux fois, essuyant l'affront des sifflets.

2e tercio (tercio de banderillas) : les *banderilleros* plantent les *banderillas*, petits harpons colorés, juste derrière l'emplacement des piques, afin de faire "s'aérer" le taureau. Ils utilisent de 4 à 6 banderilles. Pour être acclamés, ils doivent les planter de façon frontale, et non sur le côté. En cas de danger, ils se réfugient derrière le *burladero*, paroi en bois, tandis que les peones détournent l'attention de l'animal.

3e tercio (tercio de la muleta ou de muerte) : c'est le tercio de la mise à mort. Avant de l'entamer, le torero enlève son chapeau, et peut choisir de le jeter à terre : s'il tombe à l'endroit, cela porte chance. Par défi, certains toreros choisissent délibérément de le poser à l'envers.

Le matador échange l'épée de bois, qui lui servait à maintenir la cape, contre une épée tranchante, qu'il doit planter une fois dans le taureau. Il prend la cape rouge, la muleta (prononcer "moulette") et effectue des passes avant la mise à mort. C'est à cette occasion que peut être jugé son style et son élégance – il ne doit pas bouger pendant les passes, ni s'esquiver de façon précipitée. Pour porter l'estocade à l'animal, le torero dispose de 12 minutes, renouvelables une fois après l'avis du jury.

Moment de vérité, la mise à mort met en danger le matador, qui doit se présenter le plus dignement possible à l'animal. Une estocade réussie s'effectue de façon frontale et rapide. Elle doit se porter sur un point précis, "la croix", au sommet de l'omoplate droite, et s'enfoncer jusqu'à la garde pour tuer le taureau le plus rapidement possible. Une fois le taureau titubant ou à terre, un banderillero l'achève d'un coup de poignard (la *puntilla*) entre les deux oreilles. Si l'épée n'a pas blessé suffisamment l'animal, le matador a recours au *descabello*, une épée munie d'une petite barre perpendiculaire, qui s'apparente à une sorte de trident.

Lorsque le matador a bien toréé, le foule agite un mouchoir blanc et la présidence, dans la tribune, lui octroie alors une oreille, trophée qui récompense les bons matadors. Le jury peut décider de lui attribuer les deux oreilles, voire les oreilles et la queue quand le combat a vraiment été exceptionnel.

Très codifiés également, les saluts du matador dépendent de la beauté de son combat, mais aussi de la présidence, qui lui indique où il doit saluer : près de la barrière, au centre de l'arène, ou en effectuant un tour de piste si sa bravoure le mérite.

Petit lexique taurin

Le monde de la tauromachie utilise un vocabulaire particulier, que le novice aura du mal à comprendre. Outre les termes expliqués plus haut, voici quelques mots utiles pour se repérer :

Aficionados : amateurs éclairés de corrida, ayant la connaissance précise des règles et des coutumes.

Alternative : cérémonie durant laquelle les *novilleros* (jeunes toreros) deviennent des professionnels, de vrais matadors. C'est le rang le plus élevé de la hiérarchie des toreros. Un matador confirmé parraine le jeune torero en lui confiant sa *muleta* et son épée, et en lui cédant le premier taureau de la corrida. C'est la première fois que le novillero "alterne" avec des matadors confirmés.

Callejón : couloir situé entre la piste, entourée par la balustrade de bois, et les gradins de pierre.

Cape : mesurant 1,05 m sur 1,20 m, elle sert durant les deux premiers tercios de la corrida. Elle est rose d'un côté, jaune de l'autre. À ne pas confondre avec la *muleta*, cape de flanelle rouge tenue par un bâton de 50 cm (la muleta en tant que telle à l'origine), qu'utilise le matador durant le dernier tercio.

Cartel : l'affiche en espagnol ; elle indique le nom des toreros et l'élevage dont sont issus les taureaux.

Citer un toro : appeler le taureau, par la cape ou par la voix, pour le faire charger.

Faena : littéralement *travail* en espagnol ; ensemble du travail d'un torero sur un même taureau lors du troisième tercio, avant la mise à mort.

Ganadería : élevage de *toros bravos*, c'est-à-dire de taureaux sauvages vifs au combat. L'éleveur est le *ganadero*.

Lidia : "combat" en espagnol ; la façon de toréer et de combattre un taureau pour le mener à la mort.

Mundillo : littéralement le "petit monde" ; expression qui désigne les milieux initiés à la tauromachie.

Montera : le petit chapeau noir que portent les toreros.

Naturelle : adjectif qui qualifie une passe fondamentale effectuée avec la muleta : le matador tient l'épée dans sa main droite, et la muleta dans sa main gauche. La muleta n'est donc plus posée sur l'épée, et la surface du tissu est donc moins grande. Le matador est donc plus exposé au danger. Si la passe est réussie, il n'en est que plus applaudi.

Novillada : c'est une corrida où des *novilleros* (jeunes toreros), non professionnels, affrontent des jeunes taureaux de moins de 4 ans, les *novillos*, plus légers mais aussi parfois plus vifs. Lors d'une "novillada non piquée", il n'y a pas de picadors, car les taureaux sont trop jeunes pour être piqués. Les jeunes toreros commencent à s'entraîner vers 13 ans. Ceux qui combattent dans les novilladas ont entre 17 et 18 ans.

Paseo : défilé de tous les participants au combat, en début de corrida.

Rejón : corrida au cours de laquelle le matador est à cheval. Le torero est alors appelé *rejoneador*.

Temporada : saison durant laquelle les corridas ont lieu, en général entre mars et octobre.

Véronique : l'une des plus anciennes passes, où l'on présente la cape à deux mains au taureau. Elle détermine le style du matador. Son nom fait référence à sainte Véronique, qui essuya les larmes du Christ à l'aide d'un voile qu'elle tenait des deux mains.

Zapatillas : les souliers du matadors, sorte de ballerines noires très souples.

Les férias

Pour comprendre la culture d'Arles et de Nîmes, qui comptent chacune trois férias par an, rien de tel que de s'y rendre pendant ces quelques jours de folie, où toute la passion pour la tauromachie se dévoile au grand jour. Véritable fêtes du taureau, les férias concilient la corrida espagnole et les courses camarguaises et permettent donc d'avoir un aperçu complet des traditions régionales. C'est l'occasion de s'initier à un univers particulier, avec ses héros, son vocabulaire, son bréviaire et ses revues (le mensuel l'*Écho du Callejon* notamment). C'est également durant les férias que l'on voit les meilleurs matadors dans l'arène, français ou étrangers.

La journée d'une féria est rythmée par les corridas. Entre les combats, le taureau est aussi à l'honneur, grâce aux courses de *manades* (troupeaux camarguais) : *abrivados, bandidos et ancierros* (voir la rubrique *Camargue* du chapitre *Bouches-du-Rhône* pour plus de précisions). C'est l'occasion de voir les *gardians*, gardiens de troupeaux camarguais, qui mènent leurs bêtes dans la ville pour participer à l'un de ces jeux. À cheval, fiers dans leur chemise colorée et leur veste de velours noir, le chapeau noir sur la tête, ils portent un trident marqué du sceau de leur manade.

Aujourd'hui, les férias sont aussi de bonnes occasions pour faire simplement la fête, sorte de défouloir populaire où le "petit-jaune", le pastis, coule à flot. Au départ tenues par les aficionados, les *bodegas* (des caves à vin à l'origine), ces bars improvisés sur des tréteaux, déversent leur flot de musique de toutes sortes, de la techno à la musique espagnole. Les boulevards sont alors transformés en pistes où défilent les *peñas*, des *bandas* (orchestres) farfelus, qui, à l'origine, manifestaient ainsi leur soutien à tel ou tel torero. De gigantesques paellas et des marchands de *churros* (beignets) témoignent de l'héritage espagnol de la tauromachie. Dans chaque ville, la fête revêt des aspects divers selon les quartiers. À Nîmes par exemple, la placette, ancien quartier des tziganes, est un lieu traditionnellement gitan, tandis que vers la rue de l'Étoile, la féria se fait plus branchée, voire mondaine, avec des bodégas privées.

C'est durant les férias que les clubs taurins ouvrent leur bodéga et viennent encourager leurs toreros de prédilection. Ces associations d'aficionados sont parfois très anciennes. À Arles, il existe une vingtaine de cercles taurins. Le plus ancien a presque cent ans. Nîmes peut se prévaloir de la plus ancienne société taurine de France : l'Union taurine nîmoise, dont la fondation date du 13 décembre 1896, sous l'appellation de "Club taurin nîmois". Pablo Picasso en fut membre et dessina trois têtes de taureaux sur son livre d'or. Elle participe à l'organisation de la féria.

La plus célèbre des férias se tient à Nîmes pour la Pentecôte. Très colorée et animée, elle est devenue aussi très touristique. À Nîmes toujours, la féria de Primavera fut créée en 1990. Elle signale déjà la fin de l'hiver, mais l'ambiance est plus réservée. En septembre, la féria des Vendanges, plus authentique, est la préférée des *aficionados*. À Arles, c'est la féria de Pâques qui attire le plus de monde. En septembre, lors des Prémices du riz (ou féria du Riz), la ville rallume les derniers feux de la saison. Enfin, début juillet, les fêtes d'Arles offrent un condensé de culture camarguaise. Moins exubérantes, elles comptent très peu de bodégas, car il ne s'agit pas d'une féria à proprement parler, même si certains emploient le terme de féria d'été. Au programme : des corridas, mais aussi des défilés en costumes, la course de Satin, où s'affrontent les cavaliers camarguais, et la Cocarde d'or, la course camarguaise la plus célèbre.

D'autres villes organisent également des jeux taurins ou des corridas : Les Saintes-Maries-de-la-Mer, Saint-Rémy-de-Provence, Beaucaire, Tarascon…

Billetteries et informations

Prenez soin de réserver longtemps à l'avance votre logement si vous comptez assister aux férias de Nîmes et d'Arles, très prisées. Lors des corridas, vous aurez à choisir entre les places à l'ombre, plus chères, et les places au soleil, plus abordables.

Bureau des arènes d'Arles
☎ 04 90 96 03 70, fax 04 90 96 64 31

Billetterie des arènes de Nîmes
☎ 04 66 02 80 80 ; 4 rue de la Violette

Billetterie des arènes des Saintes-Maries
☎ 04 90 97 85 86, fax 04 90 97 12 32

Billetterie des arènes de Beaucaire
☎ 04 66 59 43 11, fax 04 90 97 20 97

Billetterie des arènes de Saint-Rémy-de-Provence
☎ 04 90 92 08 58

Office du tourisme de Tarascon
☎ 04 90 91 03 52

Renseignements pratiques

SUGGESTIONS D'ITINÉRAIRES

Une infinité d'itinéraires invitent à la découverte de la Provence. À moins de disposer de beaucoup de temps, il est impossible d'en faire le tour complet en quelques semaines. Il est préférable de se fixer des angles d'approche géographique – par exemple, le Verdon, le pays de Forcalquier, le Luberon, la Côte Bleue, la Camargue, etc. –, qui vous permettront d'apprécier des terroirs cohérents et des micro-régions (les sections de cet ouvrage respectent d'ailleurs ce découpage), quitte à panacher plusieurs d'entre eux en fonction de la durée de votre séjour.

D'une manière générale, comptez quatre à cinq jours pour chaque "pays" et un grand week-end pour les villes au riche patrimoine (Nîmes, Avignon, Aix ou Marseille).

Une alternative consisterait à choisir un lieu de séjour central, qui permette de rayonner en étoile dans un département : Salon-de-Provence est ainsi une ville remarquablement bien placée, à partir de laquelle on peut se rendre, dans la journée, dans presque tous les secteurs des Bouches-du-Rhône.

Votre voyage peut aussi s'articuler autour d'une activité ou sous un angle culturel particulier : randonnée, descente en eaux vives, escalade, Provence maritime, patrimoine architectural, festivals, parcs naturels, vignobles, floraison et récolte de la lavande, etc. L'itinéraire se construit alors en fonction de vos centres d'intérêt.

Grâce au TGV, une bonne partie de la Provence est accessible en quelques heures depuis plusieurs régions françaises, dont l'Île de France en moins de 3 heures, et peut se découvrir en 2 ou 3 jours (voir l'encadré de suggestions page suivante). Dans ce cas, choisissez avec soin une chambre d'hôtes ou un hôtel de charme, bien situés, dans une région de caractère ou une cité d'art et d'histoire. Avignon, Nîmes, les Dentelles de Montmirail, le mont Ventoux, le Luberon, la campagne aixoise, Marseille, les Alpilles, pour ne citer que ces régions, conviennent parfaitement pour ce type de séjour.

OFFICES DU TOURISME

La Provence dispose d'un réseau efficace d'offices du tourisme et de syndicats d'initiative. Même les petites localités touristiques possèdent ne serait-ce qu'un bureau ou un point d'information. Le personnel répondra à vos questions et vous remettra une documentation complète (hôtels, campings, chambres d'hôtes, calendrier des fêtes, restaurants, transports, activités, plans de ville, etc.), voire vous aidera dans votre recherche d'hébergement. De plus en plus de communes ont désormais leur site Internet. Parmi les autres services proposés, mentionnons l'organisation de visites guidées.

Le fonctionnement, parfois saisonnier, des offices du tourisme est à prendre en considération. Dans les grandes villes et les localités très touristiques, ils sont ouverts à l'année, avec des horaires allégés en hiver. Dans les villes de moindre importance, ils n'ouvrent en principe qu'en période estivale. Renseignez-vous au préalable sur leurs horaires, car ceux-ci ont tendance à fluctuer d'une saison à l'autre.

ORGANISMES À CONNAÎTRE

Les comités départementaux du tourisme restent de bonnes sources d'information.

Alpes-de-Haute-Provence
(☎ 04 92 31 57 29), 19 rue du Docteur-Honnorat, 04005 Digne-les-Bains
Bouches-du-Rhône
(☎ 04 91 13 84 13), 13 rue Roux-de-Brignoles, 13006 Marseille
Drôme
(☎ 04 75 96 30 60), 86 av. du Général-de-Gaulle, 26700 Pierrelatte
Gard
(☎ 04 66 36 96 30), 3 place des Arènes, 30000 Nîmes

Vaucluse
(☎ 04 90 80 47 00), 12 rue du Collège-de-la-Croix, 84000 Avignon.

La Fédération française de la randonnée pédestre (FFRP, ☎ 01 44 89 93 93, ffrp.paris@wanadoo.fr, www.ffrp.asso.fr) regroupe près de 1 800 associations et clubs. Très efficace, cet organisme national dispose de quelque 6 000 volontaires pour entretenir ses sentiers. Le centre d'informations et la librairie sont situés 14 rue Riquet, 75019 Paris. Si vous êtes amateur de randonnées, procurez-vous l'un des nombreux topo-guides consacrés à la Provence (voir aussi la rubrique *Activités sportives*, plus loin dans ce chapitre).

POSTE ET COMMUNICATIONS

Trouver un bureau de poste ne pose aucun problème en Provence. Quant aux communications par téléphone portable, elles sont excellentes, excepté dans certaines zones (montagneuses ou reculées) des Alpes-de-Haute-Provence, du sud de la Drôme ou du Luberon.

Quant aux cybercafés, c'est fort logiquement dans les grandes villes que vous trou-

Passer un week-end en Provence

Avec le TGV-méditerranée, la Provence est rapidement accessible depuis Lyon ou Paris. Il devient donc facile de passer un week-end dans le sud de la Drôme, le Vaucluse ou les Bouches-du-Rhône (la Haute Provence est trop éloignée des liaisons TGV). Pour la description des curiosités ou des promenades, reportez-vous aux chapitres régionaux.

Le sud de la Drôme (2 jours sans voiture depuis Montélimar). 1er jour – Grignan, son château, ses librairies et ses galeries. 2e jour – découverte du nord du village à vélo (location).
Autre circuit (en voiture, 2 ou 3 jours). 1er jour – Grignan. 2e et 3e jour – Buis-les-Baronnies et les superbes villages de La Roche-sur-le-Buis et Poët-en-Percip.

Avignon et les berges du Rhône (2-3 jours) : 1er jour – le palais des Papes et le pont Saint-Bénézet, avant une promenade dans le vieil Avignon ou la découverte de l'un des musées de peinture. 2e jour – louez un vélo pour une balade sur l'île de la Barthelasse. Puis traversez le Rhône vers Villeneuve-lèz-Avignon et suivez l'un des itinéraires balisés des "Sentiers de l'abbaye" le long du fleuve. 3e jour – excursion à Orange, accessible en train (15 minutes de trajet).

Vaison-la-Romaine et le mont Ventoux (2 ou 3 jours en voiture ou à vélo depuis Avignon). 1er et 2e jours – rejoignez Vaison-la-Romaine et visitez sa ville haute et sa ville basse. 3e jour – gagnez Malaucène, au pied du mont Ventoux.

Les Dentelles de Montmirail (2 ou 3 jours en voiture ou vélo depuis Avignon). 1er et 2e jours – Gigondas et Séguret (adonnez-vous à la randonnée et à l'escalade). 3e jour – découverte des Dentelles depuis Suzette et Lafare (vous pouvez inverser cet itinéraire).

Le plateau d'Albion et les gorges de la Nesque (2 ou 3 jours en voiture ou à vélo depuis Avignon). Ce circuit est à faire de préférence lors de la floraison de la lavande (de mi-juin à mi-août). 1er jour – rejoignez et visitez Sault. 2e jour – rendez-vous à Saint-Trinit, puis à Ferrassières et à Aurel. 3e jour – découvrez les magnifiques gorges de la Nesque.

Le petit Luberon (2-3 jours, en voiture et/ou à vélo depuis Avignon). 1er jour – partez vers Oppèdes-le-Vieux, l'un des beaux villages perchés ; dormez dans l'une des chambres d'hôtes des environs. 2e jour – visitez d'autres villages de caractère comme Ménerbes, Lacoste et Bonnieux. 3e jour – rendez-vous à Buoux.

verez le plus facilement un accès à Internet. Reportez-vous aux rubriques *Renseignements* de chaque ville concernée pour les coordonnées exactes.

LIBRAIRIES

Arles
Espace Van Gogh
☎ 04 90 96 86 65 ou 04 90 96 12 45 (junior)
Fonds régional, avec un bon rayon destiné aux enfants
Librairie Actes Sud
☎ 04 90 49 56 77 ou ☎ 04 90 96 12 45 (junior)

Passage Le Mejan, 43 rue du Docteur-Fanton
Librairie de la maison d'édition installée à Arles. Actes Sud junior propose des ouvrages pour enfants sur le thème de la Provence
Librairie-disquaire Forum Harmonia Mundi
☎ 04 90 93 65 39, fax 04 90 93 38 00,
3-5 rue du Président-Wilson
Librairie installée depuis plus de 40 ans en Camargue

Avignon
Les Genêts d'Or
☎ 04 90 82 47 91, fax 04 90 82 90 33,
55 rue Joseph-Vernet
Littérature générale et ouvrages régionaux

Passer un week-end en Provence

Autre circuit (en car avec la location d'un vélo sur place). 1er jour – L'Isle-sur-la-Sorgue pour son musée, sa vieille ville et ses antiquaires. 2e jour – Oppèdes-le-Vieux. 3e jour – Ménerbes, Lacoste et Bonnieux, en empruntant la D3.

Le Grand Luberon (2 ou 3 jours, en voiture ou à vélo depuis Avignon). 1er jour – Direction Apt (n'oubliez pas son marché du samedi matin), puis Saignon et/ou Buoux. 2e jour – Au départ de Buoux, faites une randonnée ou une escalade. 3e jour – reliez Saignon par le plateau des Claparèdes.

Nîmes et les gorges du Gardon (2-3 jours) : 1er jour – les arènes, la Maison carrée, les jardins La Fontaine et la tour Magne, puis shopping gourmand dans les rues commerçantes (rue de la Madeleine, Halles, rue nationale, rue des Marchands). 2e jour – prenez le bus jusqu'à Collias et louez un canoë-kayak pour descendre le Gardon jusqu'au pont du Gard (2 heures de superbe balade). Retour en bus vers Nîmes. 3e jour – musée d'Art contemporain (Carré d'Art) et musée du Vieux-Nîmes ; grande promenade à la découverte des hôtels particuliers du centre historique.

Les Alpilles (2 à 3 jours en voiture et à vélo depuis Avignon ou Nîmes)
1er et 2e jours – louez une voiture et visitez les villages du massif des Alpilles : Saint-Rémy (les Antiques et Glanum), Les Baux-de-Provence (citadelle), Eygalières (chapelle Saint-Sixte), Maussane, Fontvieille (le moulin de Daudet et le château de Montauban). 3e jour – louez une bicyclette et faites le tour des vignobles et des champs d'oliviers, avec arrêts dégustation dans les caves et les moulins.

Marseille et les calanques (3 jours à pied)
1er et 2e jour : grande promenade à la découverte du patrimoine muséal et architectural de la cité phocéenne, sans oublier les îles du Frioul, accessibles en bateau. 3e jour : une balade dans les calanques, au départ de Callelongue (accessible en bus depuis le centre-ville).

Aix et la Sainte-Victoire (2 jours à pied et en voiture)
1er jour – Aix et son étonnant patrimoine (musées, hôtels particuliers et fontaines). 2e jour – louez une voiture et faites le tour du massif de la Sainte-Victoire, en passant par Vauvenargues, Saint-Marc-Jaumegarde, Puyloubier et Le Tholonet. Au retour, faites un crochet par le vignoble Palette.

Marseille

Librairie Jeanne Laffite
☎ 04 91 59 80 40, fax 04 91 54 25 64
25 cours d'Estienne-d'Orves, 13001
Fonds régional

Nîmes

L'été dangereux
☎/fax 04 66 21 48 11, www.torosbooks. com,
5 rue des Arènes
Librairie tauromachique de référence

Librairie Goyard
☎ 04 66 67 20 51, fax 04 66 67 52 06,
34 bd Victor-Hugo
Un grand choix d'ouvrages, à la fois généraux
et régionaux

Orange

Les Collines
☎ 04 90 51 78 59, fax 04 90 51 68 99,
23 rue Caristie

Valréas

Arcanes
☎ 04 90 35 22 00, 85 Grande Rue
Bon choix de livres sur la région

CARTES

La carte routière Michelin n°245, "Provence Côte d'Azur, au 1/200 000 (1 cm = 2 km) donne une excellente vue d'ensemble de la région et fait ressortir les routes les plus intéressantes pour le visiteur.

La carte routière IGN R21 *Provence Alpes Côte d'Azur*, au 1/255 000, peut également faire l'affaire pour une vision générale. Le même éditeur publie des cartes routières départementales au 1/125 000. Les cartes IGN de la série Top 100, encore plus attractives, comportent des indications touristiques et relatives aux activités de pleine nature ; il s'agit des cartes n°67 (*Marseille-Carpentras*), n°66 (*Avignon-Montpellier*) et n°60 (*Cavaillon-Digne*). L'IGN a également produit des cartes thématiques, fort bien réalisées : dans la série "Plein air", signalons les cartes *Parc naturel régional de Camargue*, *Les Calanques - De Marseille à Cassis*, *Provence/De calanques en collines*, *Provence/Le pays d'Aix* et *Provence/Les Alpilles*, toutes au 1/50 000, ainsi que la carte *Parc naturel régional du Luberon*, dans la série "Culture et environnement", au 1/60 000.

Pour la randonnée (voir le chapitre *Randonnées en Provence*, plus loin), procurez-vous des cartes encore plus précises, notamment celles de la série bleue au 1/25 000, de l'IGN.

INTERNET

Les sites généralistes suivants vous seront utiles pour préparer votre voyage et vous informer sur la Provence :

- www.lonelyplanet.fr
  Le site de Lonely Planet en français

- www.provence-online.com
  Un site très complet, bien conçu, décliné thématiquement : Découverte, Nature, Villages, Culture, Aventure et Hébergement

- www.provenceweb.fr
  Autre site au contenu très large, avec des actualités touristiques, des renseignements pratiques, et une multitude de thèmes (Événements, Régions, Hébergement, Artisanat, Gastronomie…)

- www.visitprovence.com
  Le site du Comité départemental du tourisme des Bouches-du-Rhône. Informations touristiques et pratiques sur le département

- www.beyond.fr
  Site un peu fourre-tout, en anglais

- www.drometourisme.com
  Le site du Comité départemental du tourisme de la Drôme. Informations touristiques et pratiques sur le département

- www.alpes-haute-provence.com
  Le site du Comité départemental du tourisme des Alpes-de-Haute-Provence. Informations touristiques et pratiques sur le département

- www.provenceguide.com
  Le site du Comité départemental du tourisme du Vaucluse. Informations touristiques et pratiques sur le département

- www.provence-luberon.net
  Site spécialisé sur le Luberon, avec de nombreux hébergements commentés

- www.laprovence-presse.fr
  Le site du quotidien *La Provence*

- www.guideweb.com/provence/
  Beaucoup de rubriques pertinentes : circuits touristiques, art et culture, sports et loisirs, entre autres thèmes

La Provence à lire

La Provence a suscité nombre d'ouvrages. Cette bibliographie ne donne qu'un aperçu des titres disponibles. Les écrivains provençaux et les œuvres littéraires sont répertoriés à la rubrique *Arts* du chapitre *Présentation de la Provence*.

Histoire
- *Histoire de la Provence* (éd. Privat), collectif
- *Histoire de la Provence* (éd. France Empire), de Robert Colonna d'Istria
- *Histoire de la Provence* (éd. Jeanne Laffitte), de Raoul Busquet
- *Nîmes sans visa, portrait d'une ville* (Robert Laffont, 2001), de Christian Liger

Société et traditions
- *Mes Suds* (éd. LPM), de Michel Cardoze
- *Voyage en Provence* (éd. Pimientos)
- *Fine, paysanne de Provence* (éd. Aubéron), d'Annie Bruel
- *Noël en Provence* (éd. Jeanne Laffitte), de G Arnaud d'Agnel et L. Dor
- *Provence des villages* (éd. Jeanne Laffitte), d'André Bouyala-d'Arnaud

Beaux livres
- *Lou Pastre* (éd. Equinoxes), d'Emmanuel Breteau
- *Les Baronnies* (éd. Edisud), de Patrick Ollivier-Elliott
- *Boutis de Provence* (éd. Flammarion), de Kathryn Berenson
- *La Provence* (éd. Jeanne Laffitte), d'Alfred Wolf
- *Les calanques et les îles de Marseille* (éd. Jeanne Laffitte), de Paul Teisseire
- *Provence – Le bonheur sortait des pierres* (éd. du Chêne), d'Yvan Audouard, J.-B. Leroux
- *Le Verdon, pluriel et singulier*, (éd. Equinoxe), de Franck Ricordel
- *Provence, routes et chemins* (éd. Flammarion), de Gilles Martin-Raget et Noëlle Duck
- *Les plus beaux villages de Provence* (éd. La Bibliothèque des Arts), de M. Jacobs et H. Palme
- *Mas et bastides de Provence* (éd. Aubanel), de Bernard Duplessy
- *La vie rêvée en Provence* (éd. Solar), de Fabienne Pavia
- *Histoire du costume d'Arles* (éditions du CRC, en 2 tomes, 1992 et 2001), d'Odile et Magali Pascal
- *Secrets d'Arlésiennes* (Actes Sud 1999), photographies de Gilles Martin-Raget, texte de Michel Biehn

Nature et activités
- *Topo-guides* de la FFRP
- *La Camargue – Carnets de photographes naturalistes*, de J.-F. Hellio et N. Van Ingen
- *L'Ascension du mont Ventoux* (éd. Séquences), de Pétrarque

Cuisine
- *Guide des vins de Provence* (éd. Jeanne Laffitte), de Nicolas Luret
- *Vignobles et art de vivre en Provence* (éd. Bopca), de François Millo
- *Ma cuisine en Provence* (éd. Lattès), de Patricia Wells
- *La Provence gourmande de Jean Giono* (éd. Albin Michel), de Sylvie Giono
- *De l'huile et de l'olive – recettes de chefs* (éd. Equinoxe), de Bernard Giani
- *La magie de l'huile d'olive* (éd. Edisud), de Christian Etienne
- *Guide des vins de Provence* (éd. Jeanne Laffitte), de Nicolas Luret
- *La cuisine provençale et niçoise* (éd. Jeanne Laffitte), de Mireille Roubaud

• www.alpilles.com
Site consacré aux ressources touristiques des villages des Alpilles

• www.provence-tourism.com
De bonnes rubriques thématiques

Consultez également les rubriques *Offices du tourisme* des chapitres régionaux, où sont mentionnés des sites plus spécialisés, généralement ceux de villes touristiques.

JOURNAUX ET MAGAZINES
Les quotidiens les plus diffusés en Provence sont *La Provence* et *La Marseillaise* (Bouches-du-Rhône et Alpes-de-Haute-Provence). Dans le Vaucluse, on lit *La Provence* et *Le Dauphiné Vaucluse Matin*. Ils sont déclinés en éditions locales et comportent d'intéressants suppléments touristiques pendant la saison estivale. N'hésitez pas à les consulter pour les fêtes et les manifestations locales.

Parmi les magazines, mentionnons les bimestriels *Pays de Provence* et *Terre de Provence*, en vente chez votre marchand de journaux. Ces revues comportent des reportages sur la nature, la culture, le patrimoine et l'art de vivre.

RADIO ET TÉLÉVISION
En complément des principales stations nationales, de multiples radios locales diffusent sur la bande FM, dont France Bleu Vaucluse et France Bleu Provence. Sur place, vous capterez bien d'autres stations, d'une diffusion plus confidentielle.

En dehors des chaînes de télévision nationales, la Provence dispose d'une chaîne diffusant des programmes régionaux à certaines heures, France 3 Méditerranée. Autre chaîne importante : TMC (Télé Monte Carlo).

COMMUNAUTÉ HOMOSEXUELLE
Les grandes villes ont un réseau gay et lesbien relativement bien implanté, avec bars et clubs. Dans les villes de moindre importance, les lieux gay se font rares. Certaines plages ont les faveurs des gays et constituent autant de lieux de rendez-vous.

VOYAGEURS HANDICAPÉS
Il existe des hôtels et des restaurants équipés pour recevoir des personnes handicapées. Nous le mentionnons dans nos commentaires. Toutefois, pour obtenir une liste exhaustive des principaux prestataires et des lieux culturels bénéficiant d'infrastructures appropriées, contactez les délégations départementales de l'Association des paralysés de France (☎ 04 91 79 99 99 pour les Bouches-du-Rhône, ☎ 04 92 32 45 93 pour les Alpes-de-Haute-Provence, ☎ 04 90 16 47 40 pour le Vaucluse, ☎ 04 75 78 58 60 pour la Drôme).

LA PROVENCE POUR LES ENFANTS
La Provence est une région idéale pour les enfants lors des vacances, en raison de la multiplicité des découvertes offertes. Ils apprécieront bien évidemment les plaisirs liés à la mer, sur les plages de Cassis, La Ciotat, sur la Côte Bleue ou en Camargue. À l'intérieur des terres, les lacs du Verdon conviennent parfaitement pour s'adonner aux joies de l'eau en toute sécurité. Ces sites disposent de bases nautiques organisant des stages de voile pour enfants. Dans les grandes villes, il existe un "petit train" (Marseille, Arles, Sisteron, etc.), qui plaira aux tout-petits.

Les Baronnies dans le sud de la Drôme, le mont Ventoux, le parc naturel régional du Luberon, les Dentelles de Montmirail constituent des aires d'exploration merveilleuses, que l'on peut découvrir à pied, voire en s'initiant à l'escalade.

Dans l'arrière-pays, de nombreux centres équestres assurent des prestations pour les enfants (initiation et balades). C'est un excellent moyen de les familiariser avec le milieu naturel.

La Camargue, avec sa faune abondante et variée, est une merveilleuse initiation à la nature. Pour approcher chevaux et taureaux, vous pourrez visiter une manade, tandis que le parc ornithologique du Pont de Gau est passionnant pour observer les oiseaux.

Certaines fêtes locales, avec les défilés, les costumes et l'ambiance festive, les enchanteront, tout comme la visite d'ateliers d'artisanat, en particulier les santonniers.

La Provence possède des infrastructures excellentes et bien adaptées aux enfants. Les hôteliers, les restaurateurs et les propriétaires de chambres d'hôtes ont l'habitude de recevoir les familles et nombre d'entre eux proposent, par exemple, l'installation d'un lit supplémentaire dans les chambres. Les restaurants, même haut de gamme, affichent des menus enfants. Enfin, dans les musées, monuments et autres attractions, les plus jeunes bénéficient de tarifs réduits.

Les encadrés *Que faire avec des enfants ?*, placés en début des chapitres régionaux, répertorient, département par département, les lieux et les activités susceptibles de séduire vos bambins.

DÉSAGRÉMENTS ET DANGERS

Comme dans toutes les grandes régions touristiques, quelques précautions sont à prendre pour éviter certains désagréments. Si les risques d'agression sont minimes, attention au vol, notamment dans les voitures. Ne laissez aucun objet de valeur dans votre véhicule, quels que soient l'endroit et le moment, même si vous ne pensez pas le quitter longtemps. Attention à l'excès de confiance dans les lieux que vous croyez déserts ou sûrs : certaines bandes sévissent en repérant leurs "proies" à la jumelle.

La mer présente certains dangers qu'il ne faut pas négliger. Baignez-vous sur les plages surveillées, suivez les conseils des sauveteurs et tenez compte de la signalisation relative à la sécurité (drapeau vert, orange ou rouge). Le canyon et les lacs du Verdon présentent des dangers spécifiques (risque de brusques montées d'eau, siphons, tourbillons, etc.). Là encore, renseignez-vous sur les éventuels pièges du secteur et tenez compte des mises en garde.

Attention aussi aux feux de forêts. Certains massifs sont interdits d'accès en période estivale, en raison des risques d'incendie. Informez-vous sur place et respectez les consignes d'interdiction.

Enfin, prudence élémentaire : faites preuve de prudence en voiture, notamment sur les routes de montagne, et, surtout, ne roulez pas au milieu de la route.

HEURES D'OUVERTURE

Les horaires d'ouverture des commerces et des restaurants varient selon les saisons et les villes. En principe, ils ouvrent tous les jours en juillet-août dans les villes touristiques. Hors saison, ils pratiquent des horaires plus restreints ; mieux vaut se renseigner au préalable. À noter aussi : la fermeture des commerces de 12h30 à 15h.

FÊTES ET FESTIVALS

La vitalité de la culture provençale se manifeste par d'innombrables fêtes et festivals, notamment pendant la période estivale. Les thèmes varient énormément.

Chaque localité possède un calendrier fort chargé de festivités. Il est donc difficile de recenser toutes les fêtes et les manifestations locales dans cet ouvrage. Au moment où vous planifiez votre séjour, contactez les offices du tourisme, qui vous communiqueront le détail exact de toutes les manifestations culturelles se déroulant dans leur commune. Consultez également la section *Provence, terre de festivals*, en fin de chapitre, pour plus d'informations sur les grands rendez-vous provençaux.

Les événements mentionnés ci-dessous sont une sélection des principaux événements d'une portée régionale, voire nationale :

Janvier
• Fête des Pétardiers, Castellane

Février
• Fête de la Truffe, Gréoux-les-Bains
• Fête de la Chandeleur, Marseille
• Hivernales de la danse, Avignon
• Féria de primavera, Nîmes

Mars
• Rencontres cinématographiques, Digne-les-Bains

Avril
• Féria de Pâques, Arles

Mai
• Cavalcade, Apt
• Fête des Gardians, Arles

(suite du texte en page 61)

PROVENCE, TERRE DES FESTIVALS

Depuis les années 1950, la Provence accueille nombre de festivals durant l'été. Le climat méditerranéen et la restauration des théâtres antiques furent sans doute décisifs : ce fut la première région française à proposer des spectacles en plein air. Piano à la Roque d'Anthéron, musique ancienne à Simiane-la-Rotonde, art lyrique à Aix… Chaque manifestation a sa spécialité, et la liste est infinie. Voici une sélection des plus célèbres, qui valent à eux seuls le voyage.

Festival d'Avignon

Avignon est aujourd'hui indissociable de son festival de théâtre. Durant environ 3 semaines au mois de juillet, la ville se met en scène et fête avec panache les arts du spectacle. Cloîtres, chapelles et placettes sont investies par les acteurs, des amateurs aux comédiens les plus en vue. Nul recoin de la cité des Papes n'échappe à la fièvre théâtrale durant ces jours de folie, d'autant que le public est de plus en plus nombreux.

En 2001, ce sont quelque 120 000 personnes qui ont assisté aux spectacles. C'est sans doute là la grande réussite d'Avignon : avoir su rester populaire malgré sa renommée internationale et sa croissance exponentielle. Les battleurs y côtoient les grands metteurs en scène, la crème de la critique et le simple badaud peuvent y voir les mêmes pièces, le tout dans une ambiance bon enfant, au milieu d'affiches et de tracts qui décorent tous les murs de la ville livrée à la passion du théâtre.

Histoire

Créé en septembre 1947 par Jean Vilar (1912-1971), à l'occasion d'une exposition d'art contemporain à laquelle il est invité, le festival débute de façon confidentielle. Seules trois pièces sont jouées, mais les grands axes de sa politique sont déjà tracés : malgré l'immensité de cet espace et le vent qui s'y engouffre, la cour du palais des Papes est choisie comme lieu de représentation, véritable défi aux éléments. Autre symbole : la programmation panache grands classiques et créations contemporaines dès sa première édition. Les mois de juillet suivants, le metteur en scène renouvelle l'expérience et monte une troupe qui revient chaque année sur les planches de la cour d'honneur du palais des Papes. Parmi les acteurs, on compte notamment Maria Casarès, Michel Bouquet, Sylvia Monfort, Alain Cuny, ainsi que Gérard Philippe, dont l'interprétation du *Cid*, de Corneille, et du *Prince de Hombourg*, de Kleist, feront date dans l'histoire du théâtre. Selon la volonté militante de son fondateur, le festival est orienté vers un public populaire, grâce à un réseau d'associations et de comités d'entreprise. Devant son succès, l'État français confie en 1951 à Vilar l'administration du théâtre national de Chaillot, rebaptisé le Théâtre national populaire (TNP), dont Avignon aura été le laboratoire.

Au cours des années 1960, ce rendez-vous désormais incontournable s'ouvre à d'autres metteurs en scène, comme Roger Planchon ou Jorge Lavelli, et à d'autres disciplines : la danse avec Maurice Béjart, la musique, mais aussi le cinéma, avec *La Chinoise* de Jean-Luc Godard, projeté en 1967 dans la cour d'honneur. D'autres lieux accueillent également des représentations : le cloître des Carmes à partir de 1967, le cloître des Célestins à partir de 1968, année de crise où la structure du festival est remise en cause.

Cette expansion se perpétue dans les années 1970, décennie de toutes les expérimentations. Les spectacles deviennent de plus en plus audacieux, et Avignon affirme sa vocation de recherche, subtil mélange entre avant-garde et classicisme. Les mises en scène d'Antoine Vitez, Ariane Mnouchkine, Bob Wilson ou Peter Brook défraient la chronique théâtrale. Au même moment, Villeneuve-lez-Avignon, de l'autre côté du Rhône, organise les Rencontres d'été de la Chartreuse et accueille les nouveaux auteurs. Parallèlement, des troupes non invitées officiellement investissent Avignon durant le festival. C'est la naissance du "off", fédéré en 1982 au sein de l'association Avignon-Public-Off. Dans les années 1980, Avignon accueille davantage de troupes étrangères et de pièces venues d'ailleurs, affirmant sa vocation internationale.

Le festival aujourd'hui

Devenu une grosse machine dotée d'un budget de 7,6 millions d'euros, subventionnée par l'État et la ville, le festival regroupe maintenant une quarantaine de spectacles "in" répartis sur 23 lieux, et plus de 650 "off". De ce fait, il n'est pas toujours facile de s'y retrouver. Les représentations ont lieu de 10 h à minuit, aux quatre coins de la ville. Chacun établit son emploi du temps en fonction de ses envies et de sa boulimie de théâtre. Sur fond d'enthousiasme général, l'atmosphère varie selon les lieux et les spectacles.

Moments forts du festival, les pièces jouées dans la cour d'honneur du palais des Papes se regardent religieusement. L'endroit est pétri du souvenir des grands comédiens, dont la voix s'est mesurée au mistral, qui vient se fracasser contre les imposants murs de pierre. Un peu mondain, souvent impitoyable, le public communie avec ce passé, mais s'enflamme volontiers autour d'une mise en scène contemporaine. Non loin de là, la foule déambule sur la place de l'Horloge et ses alentours. L'ambiance y est très touristique, et les spectacles de rue, improvisés, de qualité très variable. Plus détendue, l'atmosphère du "off" incite à la découverte d'auteurs ou de troupes inconnues. On vient pour le théâtre, mais aussi pour les rencontres avec les acteurs, les metteurs en scène et les autres spectateurs, tous avides de faire partager leur enthousiasme, leur création ou leur découverte. Quartier général du "off", la rue des Teinturiers est bordée d'échoppes et de petits restaurants, en proie à une perpétuelle animation.

Durant le festival, la plupart des établissements ouvrent 7j/7, et les lieux de vie nocturne ferment plus tard (voir la rubrique *Avignon* au chapitre *Vaucluse*), entre 1h et 2h du matin. Pour finir la soirée en compagnie théâtrale, le bar du "in", qui change d'endroit chaque année, accueille les *happy few* sur invitation, et les malins qui arrivent à s'en procurer.

Location et information

Installé dans la Maison Jean-Vilar, le bureau du festival (☎ 04 90 27 66 50, fax 04 90 27 66 83, www.festival-avignon.com) centralise l'administration, mais les places du " in " s'achètent auprès du bureau de location de l'espace Saint-Louis (☎ 04 90 14 14 14, 20 rue du Portail-Boquier), dans l'ancien cloître des jésuites, qui abrite également l'hôtel Clarion-Cloître Saint-Louis. À cet endroit, un panneau d'échange d'informations pour particuliers (hébergement de dernière minute, vente et troc de places…) s'avère bien pratique. Il est également possible de louer ses places directement sur les lieux de représentation, 45 minutes avant le spectacle. Les réservations peuvent aussi se faire dans les Fnac. L'ouverture de la location a lieu en général en juin. Comptez de 19 à 31 € pour la cour du palais des Papes, et de 19 à 22 € pour les autres lieux.

Dans le conservatoire de musique situé place du Palais, le bureau d'accueil du off (www.avignon-off.org) publie un programme très complet, par horaire, par pièces et par lieux, qui répertorie tous les spectacles "off". Les places s'achètent sur place la veille ou sur le lieu de la représentation. Comptez environ 12,20 €. La carte Public-Adhérent coûte 12,20 € et permet de bénéficier d'un réduction de 30% sur le prix des spectacles. Elle permet en outre d'acheter pour 5,34 € la carte Bustival, un pass de 7 jours des Transports en Commun de la Région d'Avignon, qui adaptent leurs lignes et augmentent le trafic des bus de nuit durant le festival. La Maison du off, 18 rue Buffon, organise quant à elle des rencontres, des lectures ou des conférences. Le "off" propose également des spectacles pour enfants.

Villeneuve en scène, le festival de Villeneuve-lez-Avignon, de l'autre côté du Rhône, organise également une quinzaine de spectacles, dont les Rencontres d'été de la Chartreuse. Pour tout renseignement, contactez l'office de la culture (☎ 04 90 27 49 28, fax 04 90 27 49 93), 2 place Saint-Marc, à Villeneuve-lez-Avignon.

Hébergement

Trouver une chambre d'hôtel est parfois difficile. Sans dramatiser, mieux vaut s'y prendre le plus tôt possible. Malheureusement, la très grande majorité des hôtels augmentent leur tarif durant le mois de juillet. Pour un établissement de catégorie moyenne, comptez environ 8 € de majoration. Seules quelques adresses, mentionnées à la rubrique *Avignon* du chapitre *Vaucluse*, maintiennent leurs prix. La location d'un appartement peut être bien plus économique. L'office du tourisme fournit une liste de coordonnées de résidences prévues à cet effet. En revanche, il ne centralise pas les réservations et ne renseigne pas sur les disponibilités. Si vous vous y prenez au dernier moment, les chambres d'hôtes aux alentours et les campings de l'île de la Barthelasse ou de Villeneuve-lez-Avignon vous seront d'un bon secours. Si vous ne restez que 2 ou 3 jours, il vous sera plus facile de trouver un logement au dernier moment, même en hôtel. Le CEMEA (Centre d'entraînement aux méthodes d'éducation active, ☎ 01 53 26 24 24, www.cemea.asso.fr), 24 rue Marc-Séguin 75018 Paris, est le partenaire du festival depuis ses premières années ; il programme des séjours de 3 à 10 jours pour les jeunes de 13 à 25 ans ou plus. Le forfait (220-300 €) comprend l'hébergement dans des établissements scolaires aménagés, des spectacles, des ateliers et des rencontres avec les artistes.

À savoir
Se procurer des places n'est pas toujours chose aisée pour les spectacles vedettes du "in", en l'absence de réservation. Arriver un ou deux jours avant l'ouverture officielle du festival est un avantage : c'est le moment des générales, auxquelles n'assistent que les personnes invitées, du moins en théorie. En pratique, on peut parfois se présenter juste avant le début du spectacle. Même pour les représentations très prisées du "in", les places qui n'ont pas été retirées sont souvent offertes à ceux qui le souhaitent, dans la mesure des disponibilités bien entendu. Durant les deux premiers jours, les troupes du "off" proposent également des invitations dans la rue, afin de lancer les spectacles et de faire fonctionner le bouche à oreille.

Chorégies d'Orange

Chaque été, le théâtre antique d'Orange accueille les plus grands ténors du monde lors des "chorégies". Ce plus ancien des festivals de France est le premier à avoir réhabilité les spectacles en plein air. Chères au cœur des Orangeais, les chorégies, dont le nom vient du grec *choreos*, tirent profit de l'acoustique exceptionnelle du mur de scène romain, extrêmement bien conservé. Durant un mois, la ville sort de sa torpeur culturelle et respire au rythme de l'art lyrique. L'ambiance reste très feutrée, mais l'écho des répétitions résonne dans les rues de la cité, et les représentations des grands opéras constituent les moments forts du festival. D'autres lieux accueillent parfois des récitals ou des concerts, mais l'essentiel se joue dans le cadre magistral du théâtre romain.

Histoire
C'est en 1869 que le premier spectacle, *Joseph*, du compositeur Étienne Méhul (1763-1817), fut représenté dans le théâtre antique. Sous l'impulsion des auteurs du mouvement félibrige, férus de culture classique, les pièces et opéras antiques y sont joués abondamment durant des décennies. Les artistes de la Comédie Française et de l'Opéra de Paris gardent le monopole de sa scène. Les compagnies privées ne font leur apparition qu'après la Seconde Guerre mondiale. Jusqu'à la fin des années 1960, des troupes comme Renaud-Barrault et Marie Bell y jouent Corneille, Racine ou Shakespeare.

En 1971, la création des Nouvelles Chorégies donne toute sa spéci-ficité au festival : le ministre de la culture, Jacques Duhamel, décide de dédier ce rendez-vous à l'art lyrique uniquement, le théâtre devenant l'apanage de sa voisine Avignon. *Aïda*, la *Flûte enchantée*…, tous les grands opéras y sont interprétés par les chanteurs les plus renommés. Le festival prend alors une ampleur internationale. Plus récemment, les Chorégies occupèrent le centre de la scène politique d'Orange. Par tra-dition, l'association gérant cet événement était jusqu'à alors présidée par le maire de la ville, réinvesti chaque année. En 1995, le nouveau maire FN n'est pas élu à cette fonction et décide de suspendre leur financement. L'État prend le relais en 1996, mais le retrait de la muni-cipalité menace sérieusement leur survie l'année suivante. On parle alors de transférer les représentations dans d'autres villes. En 1999 est finalement signée une convention de financement de 3 ans. Toutefois, l'affaire a souligné la fragilité d'un événement culturel dépendant des aléas politiques de la ville.

Location et information

L'ouverture de la location se fait plusieurs mois avant le festival, dès janvier, voire en novembre ou décembre de l'année précédente. Le théâtre peut accueillir quelque 8 600 personnes, mais le nombre de représentations est limité. Mieux vaut s'y prendre longtemps à l'avance.

Les places se réservent auprès du bureau des chorégies d'Orange (☎ 04 90 34 24 24, fax 04 90 11 04 04, www.choregies.asso.fr), 18 place Silvain, à côté du théâtre antique, dans les magasins FNAC et autres agences. Les tarifs au théâtre antique varient de 5 à 46 € pour un concert lyrique et de 17,5 à 160 € pour les opéras.

À savoir

Ceux qui ne peuvent assister à une représentation, faute de moyens ou de place disponible, pourront toujours gravir la colline Saint-Eutrope, du haut de laquelle ils pourront apercevoir et, surtout, entendre le spectacle.

Rencontres internationales de la photographie d'Arles

Durant la première semaine de juillet, Arles focalise l'at-tention du monde de la photographie. Toute la ville devient une immense galerie d'exposition. De l'abbaye de Montmajour, située à quelques kilomètres d'Arles, au cloître Saint-Trophime, les lieux historiques prêtent leur cadre grandiose aux maîtres du noir et blanc et de la couleur. Hôtels, galeries et librairies ouvrent également leurs portes au tourbillon d'images qui s'empare de la ville. Rendez-vous artistique majeur, où agents, rédacteurs en chef et jeunes photographes échan-gent leurs vues et points de vue, les rencontres sont également ani-mées par un esprit pédagogique. Des colloques et des stages permet-tent aux professionnels débutants mais aussi aux néophytes de s'initier à l'art de la lumière et du cadrage dans une atmosphère estivale détendue. En soirée, des conférences-diaporamas sont données dans le théâtre antique.

Histoire

Les Rencontres internationales furent créées en 1969 par le photographe Lucien Clergue, l'écrivain Michel Tournier et l'historien Jean-Maurice Rouquette. Cette initiative en appela d'autres, qui firent rapidement d'Arles la capitale française de la photo. En 1971, le musée Réattu fut le premier musée de l'Hexagone à ouvrir ses collections à la photographie. En 1982, une nouvelle étape fut franchie avec la création de l'école nationale de la photographie d'Arles (☎ 04 90 99 33 33, fax 04 90 99 33 59, www.enp-arles.com), 16 rue des Arènes, projet initié par François Mitterrand lui-même, qui souhaitait décentraliser les grands pôles culturels. Des photographes aujourd'hui très en vue, comme Valérie Jouve, Sylvain Lizon ou Mireille Loup, y firent leurs premières armes. Les rencontres n'en prirent que plus d'ampleur. À tel point qu'un "festival off", à l'instar d'Avignon, se consacre depuis 1996 à la mise en lumière de la création la plus contemporaine, notamment à travers des projections et des lectures de portfolios consacrées aux jeunes auteurs.

Location et information

Le bureau officiel des Rencontres (☎ 04 90 96 76 06, www.rip-arles.org), est installé au 10 rond-point des Arènes, mais la billetterie se situe à l'espace Van Gogh. Comptez 3,05 à 5,50 € par exposition (tarif réduit 1,52-3,05 €). Un forfait global (22,90 €) et un forfait 4 expositions (10,75 €) sont également en vente. Pour tout renseignement sur le "festival off", contactez Voies off (☎ 04 90 96 93 82, 35 rue du 4-Septembre).

À savoir

Les Rencontres internationales de la photographie à proprement parler ne durent qu'une semaine, début juillet. Ceux qui ne peuvent s'y rendre durant cette courte période pourront tout de même faire le voyage : les expositions restent accrochées pendant un mois au moins, et la photo est omniprésente durant tout l'été arlésien.

Fiesta des Suds

En octobre de chaque année, Marseille vibre au rythme de la Fiesta des Suds, un rendez-vous musical et festif majeur qui se déroule tous les week-ends du mois aux Docks des Suds, dans la zone portuaire de la Joliette. Cet événement culturel, unique en son genre, connaît désormais un succès qui dépasse très largement le cadre de la ville.

Le concept est original ; il s'agit moins d'un festival *stricto sensu*, au caractère institutionnel, que d'une fiesta d'inspiration espagnole à grande échelle. Son but : valoriser toutes les cultures et les artistes du Sud, au sens large du terme, c'est-à-dire la France méridionale, l'Espagne, l'Italie, la Grèce, le Maghreb, le Moyen-Orient, l'Afrique, les Comores, Madagascar, l'Amérique du Sud, les Antilles... Ses moyens : la musique au premier chef, avec la programmation de concerts, mais aussi la danse, les arts visuels, les expositions et, plus encore, une ambiance à nulle autre pareille, faite de convivialité et de spontanéité.

Histoire

La Fiesta a une histoire. Ses créateurs, une bande d'amis originaires de Nîmes, spécialistes du carnaval et de la fête, cherchaient un endroit qui symbolise le passage, le brassage, pour lancer un festival musico-artistique. C'est tout naturellement qu'ils jetèrent leur dévolu sur Marseille, terre de transit par excellence. La première édition eut lieu en 1992, aux docks de la Joliette. En 1994, l'événement se déplaça au hangar J4 du port autonome, avant de déménager à la manufacture des Tabacs puis, enfin, dans leur lieu actuel, les Docks des Suds, un ancien entrepôt désaffecté dans la zone portuaire, alors voué à la démolition. Le choix de ces lieux atypiques ne doit rien au hasard : les organisateurs souhaitent ancrer le festival dans un site fort, riche historiquement et évocateur de l'ouverture de la ville sur le monde. Les Marseillais, à qui manquait un grand festival culturel rassembleur, ont vite répondu présent. Lors de la dernière édition, plus de 50 000 personnes se sont pressées pour assister à l'une des neuf soirées (du vendredi au dimanche). Le brassage ne s'opère pas seulement sur scène, mais également dans le public : la Fiesta réussit à réunir toutes les générations et toutes les composantes sociales et ethniques de la ville, grâce à une habile politique d'invitations (un tiers des entrées) diffusées dans le réseau associatif local. Les enfants ne sont pas oubliés, puisqu'une "Fiesta des minots", avec des animations spécifiques, a lieu un mercredi.

La programmation, quant à elle, est un incroyable hymne au pluralisme, à tous les niveaux. Sur la scène, des têtes d'affiche succèdent à des artistes en devenir. Cheb Mami, Willy Deville, Cesaria Evora, Luz Casal, Salif Keita, Massilia Sound System, Sergent Garcia, entre autres, s'y sont produits, à côté de groupes locaux de moindre notoriété. Tous les styles musicaux du Sud sont représentés : salsa, rumba, rythmes afro-cubains, raï, raggamuffin, tango, flamenco, folk songs, musique arabo-andalouse, fanfares, hip-hop, musique électro...

La dimension conviviale, festive et... culinaire rappelle la movida espagnole. La Fiesta n'est pas qu'un melting-pot musical, c'est aussi un espace d'échanges et c'est là toute son originalité. À côté de la scène principale, une sorte de mini-village du monde a été reconstitué. Plein de coins et de recoins, à mi-chemin entre une médina et un barrio espagnol, il se compose de salles d'exposition dévolues aux arts plastiques et visuels, ainsi que de multiples bars à thème, aux allures de bodegas, décorés de manière à refléter le mélange des ambiances. Ainsi, à côté du bistrot marseillais voisinent la rhumerie, le patio camarguais, le bar à vin, le comptoir à tapas, un restaurant et même un cyberespace ! Plusieurs groupes se succèdent sur scène, avant qu'une soirée dansante ne prenne le relais jusqu'à 4h. Rançon du succès, de nombreuses personnes se voient refuser l'accès à certaines soirées, faute de places, et il est parfois impossible de se frayer un chemin d'un bar à l'autre, voire jusqu'à la scène.

Avec l'OM, dont elle est le contrepoint culturel, la Fiesta des Suds est la meilleure caisse de résonance de l'image retrouvée de Marseille.

Location et information

Les renseignements s'obtiennent auprès des Docks des Suds (☎ 04 91 99 00 00, www.dock-des-suds.org), 12 rue Urbain-V, 2ᵉ arr. Bus 70 et 80, arrêt Ruffi Urbain V, M° National (ligne 2). Tarifs des soirées : de 12,20 à 22 €.

Festival international d'art lyrique d'Aix-en-Provence

Le Festival international d'art lyrique d'Aix-en-Provence fait partie des événements musicaux les plus renommés d'Europe, avec ceux de Bayreuth et de Salzbourg. Créé en 1948 à l'initiative de Gabriel Dussurget, un mélomane féru d'opéra, le festival n'a cessé de prendre de l'ampleur au fil des années. Le décor, le cadre, la qualité des intervenants et la programmation en font une halte obligée pour les passionnés d'art lyrique et de musique, chaque année en juillet. En 2001, près de 55 000 personnes ont assisté aux représentations, dont un quart d'étrangers.

On y entendra et verra donc des grandes productions phares, ainsi que des concerts et des récitals de haut niveau. Si les œuvres classiques, et notamment mozartiennes, restent le fer de lance de la programmation, le répertoire s'est considérablement diversifié, en direction du baroque, du romantique et du contemporain. Ainsi, à côté de l'incontournable *Le Nozze di Figaro*, de Mozart, on pourra par exemple apprécier *Falstaff*, de Verdi, *The Turn of the Screw*, de Britten, *Carnet d'un disparu*, de Janacek, et même des créations commandées par le festival comme *Le Balcon*, de P. Eotvos (d'après une œuvre de Jean Genet), en 2002. Un cycle Wagner est prévu à partir de 2005. Des lieux prestigieux prêtent leur cadre à ces manifestations : le théâtre de l'Archevêché (1 300 places), le Grand Saint-Jean (800 places), le théâtre du Jeu de Paume et l'Hôtel Maynier d'Oppède.

Plusieurs innovations majeures ont eu lieu au cours des dernières années. En 1998, le directeur, Stéphane Lissner, un ancien du Châtelet, a fondé l'Académie européenne de musique. Conçue comme un prolongement, ou plutôt un contrepoint du festival, elle a pour vocation de faire connaître de jeunes musiciens et des jeunes talents, et s'ouvre à un répertoire plus contemporain. Ces jeunes artistes, sélectionnés dans le monde entier, se produisent en juin et en juillet, à Aix et dans diverses villes du département. Par ailleurs, depuis 2002, le festival s'est ouvert au théâtre (sans vouloir faire concurrence au festival d'Avignon), en mettant l'accent sur la mise en scène.

Location et information

La billetterie du Festival se trouve 11 rue Gaston-de-Saporta (☎ 04 42 17 34 34, billetterie@festival-aix.com) et fonctionne à partir de mars. La location démarre en décembre par correspondance et par Internet (www.festival-aix.com, www.fnac.com, www.vivento.com). L'Espace Culture, 42 La Canebière à Marseille, vend également les billets. Les tarifs s'échelonnent de 12 à 182 € pour les opéras, de 12 à 55 € pour les récitals et de 22 à 33 € pour les pièces de théâtre. En ce qui concerne les représentations de l'Académie européenne de musique, il existe un Passeport, à 15 €, valable pour toutes les manifestations de l'Académie.

(suite du texte de la page 51)

- Fête de la Transhumance, Saint-Rémy-de-Provence
- Pèlerinages aux Saintes-Maries-de-la-Mer
- Festival Georges-Brassens, Vaison-la-Romaine
- Féria de la Pentecôte, Nîmes

Juin
- Fête de la Tarasque, Tarascon
- Fête de la Transhumance, Riez

Juillet
- Festival international d'Art lyrique, Aix-en-Provence
- Fêtes d'Arles
- Festival Melons en fête, Cavaillon
- Festival de Folklore international, Cavaillon
- Les Estivales, Carpentras
- Festival d'Avignon
- Festival Les Suds à Arles
- Musik's à Manosque
- Aix Jazz Festival, Aix-en-Provence
- Rencontres internationales de la photographie, Arles
- Mondial La Marseillaise à pétanque et concours de boules La Provence, Marseille
- Festival international de folklore du Château Gombert, Marseille
- Festival de musique des Baux-de-Provence
- Fiesta Vierginenco et féria du Cheval, Saintes-Maries-de-la-Mer
- Festival des nuits de la citadelle, Sisteron
- Soirées du Théâtre antique, Vaison-la-Romaine
- Chorégies d'Orange

Août
- Fête votive de la Saint-Pierre et fête Alphonse Daudet, Fontvieille
- Festival de Martigues, Martigues
- Soirées d'été, Gordes
- Rencontres musicales, Forcalquier
- Féria provençale et Carreto Ramado, Saint-Rémy-de-Provence
- Festival de piano de La Roque d'Anthéron
- Féria du taureau, Saintes-Maries-de-la-Mer
- Corso de la Lavande, Digne-les-Bains
- Les Riches Heures musicales, Simiane-la-Rotonde
- Festival Folklore international du Luberon, Manosque
- Les Chœurs lauréats, Vaison-la-Romaine

Septembre
- Fête des Vins, Cassis
- Nuits de la Correspondance, Manosque

- Prémices du Riz et féria, Arles
- Fête de la Diane, Moustiers-Sainte-Marie
- Festival des Sirènes, Castellane
- Féria des Vendanges, Nîmes

Novembre
- Foire aux Santons, Fontvieille

Octobre
- Fiesta des Suds, Marseille
- Pèlerinage aux Saintes-Maries-de-la-Mer

Novembre
- Festival d'abrivado, Saintes-Maries-de-la-Mer

Décembre
- Foire aux Santons, Marseille

HÉBERGEMENT

La gamme des hébergements est particulièrement diversifiée en Provence. Tous les budgets et tous les styles trouveront leur bonheur. Attention à la saisonnalité : bon nombre de structures sont fermées en hiver.

Camping

Les campings abondent. Leurs prestations s'étendent d'une ou deux-étoiles, aux prestations élémentaires moyennant à peine 4 €, jusqu'aux quatre-étoiles disposant d'équipements de standing (piscine, parcours aquatique, restauration, laverie, aires de jeux, animations, etc.), dont le tarif dépasse allégrement 15 € pour un véhicule, un emplacement et une personne. La quasi-totalité sont saisonniers, généralement d'avril à octobre. Certains d'entre eux disposent également de mobil-homes en location. Une formule originale et très bon marché est le "camping à la ferme". On plante sa tente sur une parcelle d'une exploitation agricole, près de la bâtisse principale, et l'on peut découvrir la vie d'une ferme. Les infrastructures sont en revanche plutôt limitées – il s'agit d'une "mise à disposition d'espace".

Auberges de jeunesse

Bonne nouvelle pour les petits budgets, la Provence est relativement bien pourvue en auberges de jeunesse. Dans la zone couverte par cet ouvrage, vous en trouverez à Aix-en-Provence, Arles, Cassis, Fontaine-de-Vau-

Provence, le triomphe des chambres d'hôtes

Les **chambres d'hôtes** sont plus qu'une mode, c'est un phénomène de société. En Provence, ce mode d'hébergement est plé-biscité par les citadins, qui y voient une alternative moins impersonnelle et plus chaleureuse que l'hôtellerie traditionnelle. Par ailleurs, bon nombre de chambres d'hôtes sont localisées dans des endroits superbes, et la plupart se prévalent d'un réel cachet. Il s'agit souvent de mas, de jas, de moulins voire de châteaux restaurés, magnifiquement décorés dans l'esprit du Sud. L'éventail des tarifs est très large : de 40 à 150 € environ pour deux personnes, selon le niveau de confort. Les plus luxueuses s'attribuent la dénomination "demeure d'hôtes" ou "maison d'hôtes". Parfois, vous bénéficierez de prestations périphériques, de type prêt de vélos, piscine, etc. Le petit déjeuner est compris dans le tarif. Certains proposent également la formule "table d'hôtes" pour leurs clients, au dîner. C'est un excellent moyen pour découvrir les saveurs de la cuisine provençale. Dans tous les cas, pensez à réserver, surtout en période estivale.

cluse, La Palud-sur-Verdon, Manosque, Marseille, Nîmes et Tarascon. Elles sont affiliées à la FUAJ (Fédération unie des auberges de jeunesse, www.fuaj.org). La carte d'adhésion, obligatoire, coûte 11 € pour les moins de 26 ans et 15 € au-delà.

Le niveau de confort et d'équipement varie d'une auberge à l'autre. Certaines fonctionnent comme de vrais "hôtels", impeccablement tenus, dans un cadre exceptionnel, avec de nombreux services à disposition et, parfois, des chambres doubles. D'autres, en revanche, prennent encore des airs d'internat, mais c'est de plus en plus rare. Consultez les chapitres régionaux pour les détails relatifs à chacune d'entre elles. La nuitée est facturée entre 8 et 12,50 € selon

les établissements. Le petit déjeuner est parfois inclus dans les auberges les plus confortables. Si vous n'avez pas de sac de couchage, vous devrez payer la location des draps (environ 3 €), quelle que soit la durée du séjour). Attention ! En période estivale, pensez à réserver.

Gîtes d'étapes et chambres d'hôtes

Les **gîtes d'étape** proposent une formule plus rustique que les chambres d'hôtes, parfaite pour les randonneurs ou les petits budgets. En général, ils sont situés sur des itinéraires de randonnée pédestre, cycliste ou équestre. Ils comportent des couchages en chambrées, des sanitaires collectifs, des lieux de vie communs (salon, cuisine, etc.). Certaines chambres d'hôtes ont aménagé une partie de leurs locaux en "gîte d'étape", et louent donc quelques chambres au confort simple, avec sanitaires communs. Il est parfois possible de commander un repas. Si cette formule vous intéresse, pensez à emporter des draps, sinon vous devrez les louer.

En Provence, bon nombre de chambres d'hôtes et gîtes d'étape font partie du réseau "Gîtes de France". Cette nomenclature garantit le respect de normes de sécurité et de confort, mais n'est nullement un gage de charme ou d'originalité. Consultez le site www.gites-de-france.fr ou demandez leurs brochures répertoriant toutes les chambres d'hôtes, par département.

Les offices du tourisme vous remettront une liste complète des chambres d'hôtes implantées sur leur secteur.

Dans cet ouvrage, nous n'avons retenu que les chambres d'hôtes possédant un réel cachet. Consultez l'encadré *Provence, le triomphe des chambres d'hôtes*, ci-contre.

Hôtels

Le parc hôtelier est vaste et diversifié. La majorité des établissements sont des deux-étoiles, de style familial, au confort standard mais convenable. Les tarifs sont étroitement liés à l'emplacement et au standing de la localité. Ainsi, un deux-étoiles dans un site touristique fréquenté coûtera nettement plus cher qu'un établissement aux prestations similaires dans une localité moins fréquentée. Les tarifs peuvent ainsi varier de 30 à 60 € la nuitée, hors petit déjeuner. Certains hôteliers appliquent une tarification pour la chambre, tandis que d'autres font une distinction entre simple et double. Dans les sites touristiques, bon nombre de structures hôtelières ont un fonctionnement saisonnier, généralement de Pâques à octobre, aux vacances de la Toussaint le plus souvent.

Il existe également d'excellents hôtels de charme et de caractère, généralement classés trois-étoiles.

À un autre niveau, vous découvrirez quelques hôtels une-étoile, au confort tout juste acceptable, mais utiles en dépannage (environ 35 €, avec sanitaires communs).

ACTIVITÉS SPORTIVES
Sports d'eau vive
Kayak, canoë, rafting…, la région des gorges du Verdon est le paradis des sports d'eau vive. Cette activité fait l'objet d'une section particulière, *Canyoning et sports d'eaux vives dans le Verdon*, dans le chapitre *Alpes-de-Haute-Provence*.

Le canoë-kayak se pratique également dans le Vaucluse, sur la Sorgue, entre Fontaine-de-Vaucluse et l'Isle-sur-la-Sorgue (voir le chapitre *Vaucluse*) et sur le Gardon (consultez le chapitre *Nîmes et ses environs*).

Activités nautiques
Les adeptes de voile et de planche à voile privilégieront les secteurs de Marseille, Cassis, La Ciotat, Carry-le-Rouet, Carro et des Saintes-Maries-de-la-Mer, qui disposent de bases nautiques. Les lacs du Verdon, notamment les lacs de Sainte-Croix et d'Esparron dans les Alpes-de-Haute-Provence, se prêtent également à la pratique des sports nautiques.

Escalade
La région se prévaut de lieux de pratique hautement réputés. Les calanques entre Marseille et Cassis comportent de nombreuses parois équipées. Les zones les plus prisées se situent à proximité de Sormiou, de Morgiou, de la Candelle, du Devenson et d'En-Vau.

Contactez le Bureau des moniteurs d'escalade (☎ 04 91 22 70 92) pour plus d'informations. Le massif de la Sainte-Victoire, près d'Aix-en-Provence, est également prisé.

Dans les Alpes-de-Haute-Provence, le rocher de la Baume, à Sisteron et, plus encore, les falaises du canyon du Verdon, sont les lieux de pratique les plus fréquentés. Le village de La Palud-sur-Verdon passe d'ailleurs pour le favori des grimpeurs (voir l'encadré *Le Verdon, eldorado de l'escalade* dans le chapitre *Alpes-de-Haute-Provence*). Dans le Vaucluse, on pratique l'escalade dans le secteur de Buoux (au sud d'Apt) et des Dentelles de Montmirail. Dans le sud de la Drôme, les Baronnies constituent une autre région-phare, réputée dans le monde entier. Les gorges du Gardon, dans les environs de Nîmes, sont elles aussi appréciées par les amateurs d'escalade.

Parapente
Les parapentistes trouveront d'excellents sites d'envol dans les Alpes-de-Haute-Provence, dans les secteurs de Moustiers-Sainte-Marie, Digne et Sisteron. Dans le sud de la Drôme, l'École de parapente des Baronnies, installée à Mévouillon (20 km à l'est de Buis-les-Baronnies), est également une référence.

Vol à voile
Les conditions aérologiques, réputées exceptionnelles en plusieurs endroits de la Provence, font le bonheur des amateurs de vols à voile. Vous pouvez pratiquer dans la vallée de la Durance (Sisteron et Saint-Auban) et dans les Alpilles (Saint-Rémy-de-Provence).

Plongée sous-marine
On peut pratiquer la plongée sous-marine sur le littoral provençal, dans le cadre de clubs locaux. Les zones les plus propices à la pratique de cette activité sont Marseille, Cassis, La Ciotat et la Côte Bleue. Au programme : baptêmes, explorations, plongées sur épave et formations.

Randonnée pédestre
Grâce à son climat exceptionnel et à ses paysages diversifiés, la Provence est un paradis,

en toute saison, pour les amateurs de marche. Vous aurez l'embarras du choix : promenades littorales, massifs préalpins, itinéraires thématiques, etc.

Cet ouvrage comporte un chapitre consacré à la randonnée (plus loin dans cet ouvrage), répertoriant plusieurs itinéraires pédestres. Les offices du tourisme vous remettront également des brochures relatives à des itinéraires dans leur secteur et vous suggéreront d'autres ouvrages spécialisés. De nombreuses communes ont également aménagé leurs propres sentiers de randonnée.

La Fédération française de randonnée pédestre (FFRP) a publié de nombreux titres sur la région : *Alpes-de-Haute-Provence : Préalpes de Digne, Provence : Le val de Durance, Gorges, lacs et plateaux du Verdon, Les Alpes-de-Haute-Provence à pied, La Haute-Provence par les gorges du Verdon, Le Parc naturel régional du Luberon à pied, Tours dans la montagne de Lure, Tour du Luberon et du Ventoux.* Contactez le Centre d'information de la randonnée pédestre, 14 rue Riquet, 75019 Paris (☎ 01 44 89 93 93, info@ffrp.asso.fr, www.ffrp.asso.fr).

Dans les Alpes-de-Haute-Provence, certains prestataires proposent des randonnées pédestres avec âne de bât.

Randonnée équestre

À l'instar de la randonnée pédestre, la Provence se prête à merveille aux promenades équestres. Les infrastructures sont nombreuses, et les circuits de qualité. De la balade d'une heure aux excursions de plusieurs jours, les formules ne manquent pas. Le pays de Forcalquier et de la montagne de Lure, les Alpilles et la Camargue sont sans doute les sites les plus appropriés pour ce type de loisir, comme la Drôme provençal (voir ce chapitre) et la région du parc naturel régional du Luberon (voir le chapitre *Vaucluse*).

Le Comité national de tourisme équestre (☎ 01 53 26 15 50), 9 bd Macdonald, 75019 Paris, peut vous renseigner sur les possibilités de pratique de l'équitation de loisir en France. Contactez également l'Association régionale de tourisme équestre en Provence (fax 04 90 78 33 73) à Cavaillon.

Cyclotourisme et VTT

À l'instar de la randonnée pédestre, le cyclotourisme est un excellent moyen de découvrir les petits pays de Provence. Si certains secteurs mettront vos jarrets à l'épreuve en raison des forts dénivelés, d'autres sont plus faciles : les Alpilles, le plateau d'Albion, l'Enclave des Papes, la région de Grignan, le Luberon, le pays de Forcalquier ou la Camargue, par exemple.

L'ascension du mont Ventoux pour nombre de cyclistes venus du monde entier constitue un challenge très populaire (voir la description de cette ascension dans *Randonnées à vélo* du chapitre *Randonnées en Provence*). Dans le Vaucluse, l'itinéraire Le Luberon à Vélo, aménagé par le parc naturel, permet de relier Cavaillon à Forcalquier, puis Lourmarin.

Préférez de toute manière les routes secondaires. Vous pouvez louer des bicyclettes dans certaines localités (les possibilités de location sont mentionnées dans le corps de l'ouvrage) et vous adresser aux offices du tourisme pour des indications d'itinéraires.

Reportez-vous également au chapitre *Randonnées à pied et à vélo* de ce guide pour la description détaillée, cartes à l'appui, de circuits cyclotouristiques.

Ski de fond, ski de piste

On peut pratiquer le ski de fond dans le massif de la montagne de Lure et aux environs d'Authon-Fontbelle, près de Sisteron. Dans le Vaucluse, le mont Ventoux comprend des itinéraires balisés. La station du mont Sérein, familiale et populaire, comporte également des remonte-pentes pour le ski de piste.

SAVEURS PROVENÇALES

Les gourmets seront à la fête en Provence. Cette cuisine du soleil, colorée et odorante, largement inspirée des produits du terroir, contribue à l'agrément d'un séjour dans la région. À l'étal des marchés ou à la table d'un restaurant, laissez-vous porter par ces riches saveurs.

Un terroir riche

Les saveurs de la cuisine provençale tiennent essentiellement à la qualité, à la diversité et à la fraîcheur des produits du terroir, à commencer par les **herbes de Provence**, dont la réputation n'est plus à faire : thym (farigoule), romarin, sarriette (pebre d'ail), origan, fenouil, laurier, serpolet, estragon, sauge, basilic (pistou), hysope, etc. constituent la base de la cuisine provençale, avec l'ail, qui donne son caractère aux mets, l'oignon, la tomate et, bien sûr, l'**huile d'olive**, le produit phare de la région (voir l'encadré).

La Provence compte peu de fromages de vache. En revanche, les fromages de brebis ou de chèvre sont nombreux. Les plus appréciés et les plus connus sont sans doute le **Banon**, une spécialité du pays de Forcalquier, dans les Alpes-de-Haute-Provence, enveloppé dans une feuille de châtaignier, réputé pour son goût puissant, et la **brousse du Rove**, un fromage frais au lait de brebis, élaboré près de Marseille. On trouve aussi d'autres fromages de chèvre, appelés plus simplement **tomes**.

Fruits et **légumes** ont toujours prospéré sur le terroir provençal, notamment dans la vallée du Rhône, par exemple à Cavaillon, où le melon a la vedette. Les légumes se consomment frais ou cuisinés en gratins dans des tians.

La flore provençale fait le bonheur des apiculteurs, qui récoltent diverses variétés de **miels**, très aromatiques, dont le célèbre miel de lavande, produit sur le plateau de Valensole et dans la partie orientale du Vaucluse, et le miel toutes fleurs, lui aussi très parfumé.

La **truffe noire** (*Tuber melanosporum*), appelée localement rabasse, pousse au pied des chênes. On la ramasse en hiver, avec un chien dressé à cet effet. La production truffière est localisée dans les Alpes-de-Haute-Provence, dans le Vaucluse et dans la Drôme provençale. Ce produit rare se négocie plusieurs centaines d'euros sur les marchés.

Les produits de la mer sont bien entendu à l'honneur, à commencer par les **poissons**, très consommés sur la côte, les **coquillages** (tellines, favouilles…) et les **fruits de mer**, notamment les supions (petits calamars) et les oursins.

En matière de produits carnés, signalons le **taureau de Camargue** et l'**agneau de Sisteron**, qui bénéficient tous deux du label AOC. La Camargue est également une région productrice de **riz**. On y cultive plusieurs variétés, dont le riz blanc à grains longs et le riz complet rouge.

L'huile d'olive

Elle est inséparable de la Provence. Présente sur toutes les tables de la région, elle donne toute sa richesse et sa générosité à la cuisine du soleil. La culture de l'olivier est plurimillénaire, puisque les Grecs l'introduisirent voici 26 siècles. Plusieurs variétés d'olives sont exploitées en Provence : l'aglandau, la grossanne, la tanche, la salonenque et la picholine.

Le fief de l'huile d'olive est la région des Alpilles, où les vergers, qui se déploient à perte de vue, donnent une huile très réputée. La récolte a lieu à l'automne et en hiver. Les olives sont ensuite broyées par une meule de granit. La pâte obtenue est malaxée puis pressurée, avant d'être placée sur des plateaux ronds (scourtins), qui sont pressés. Le liquide obtenu est ensuite mis à décanter.

Vous pourrez visiter les moulins où est fabriquée l'huile et l'acheter directement au producteur (l'office du tourisme vous remettra la liste des moulins).

Quelques spécialités

La **bouillabaisse** est une spécialité marseillaise. À l'origine, il s'agissait d'un plat familial, que préparaient les pêcheurs à leur retour de pêche. Ils plongeaient dans l'eau bouillante les invendus de la criée. Cette coutume a été reprise par des cuisiniers, qui l'ont améliorée et lui ont donné sa forme actuelle.

Elle se compose d'au moins quatre variétés de poissons de roche (rascasse, saint-pierre, congre, baudroie, loup, merlan, rouget-grondin, et girelle, entre autres), d'oignon, de tomates, d'ail, de fenouil et de laurier, entre autres. Elle se déguste accompagnée de **rouille**, une sauce à base d'ail, de mie de pain écrasée, de safran, de piment et d'huile d'olive (il existe des variantes) et de croûtons.

Proche parent de la bouillabaisse, la **bourride** se compose uniquement de poissons blancs.

Les amateurs d'abats se régaleront avec les **pieds et paquets**. Ce plat est fait de tripes et de pieds de mouton. Les tripes sont farcies de petit salé et d'ail et ficelées, ressemblant ainsi à des petits paquets. L'ensemble mijote avec un bouillon, du thym, de l'ail, de l'oignon et des tomates. C'est un plat marseillais à l'origine, mais qui est préparé dans toute la Provence orientale.

La **daube**, typique de la Provence, se compose de morceaux de bœuf cuits dans du vin rouge, avec du thym, du laurier, du persil, des tomates, des écorces d'orange et des gousses d'ail. L'ensemble mijote pendant plus d'une demi-journée. Elle se déguste avec des pâtes ou des pommes de terre. La **soupe au pistou** est à base de légumes, auxquels s'ajoutent ail, basilic haché et huile d'olive. Comme leur nom le laisse entendre, les **farcis** sont des légumes farcis de viande.

Parmi les sauces, l'**aïoli** est une sorte de mayonnaise à base d'huile d'olive, relevée d'ail pilé cru, servie en accompagnement des poissons et des légumes. Elle a donné son nom à un plat traditionnellement servi le vendredi, où sont proposés des légumes cuits, des moules cuites ou des poissons.

Quant à l'**anchoïade**, il s'agit d'une préparation qui incorpore des anchois, de l'ail, du vinaigre et de l'huile d'olive, que l'on savoure sur des tranches de pain grillé. Autre spécialité forte en bouche, la **tapenade** fait référence à une pâte d'olives noires ou vertes et de câpres mélangées à de l'huile d'olive, que l'on tartine sur des tranches de pain grillé.

On n'oubliera pas les spécialités camarguaises à base de taureau, telle que la **gardiane de toro**, qui désigne une daube, ainsi que les **anguilles**. À Martigues, vous aurez l'occasion de consommer de la **poutargue**. Il s'agit d'œufs de muges (mulets) salés, pressés entre des pierres puis séchés, que l'on peut déguster à l'apéritif.

La Provence n'est pas réputée pour ses desserts, mais plusieurs spécialités sortent du lot, à commencer par les **calissons**, originaires d'Aix. Ils se composent de fruits confits et d'amandes douces, parfumés à la fleur d'oranger. L'enrobage est en pain azyme. À Noël, il est de coutume de servir les **treize desserts**, que l'on prend après la messe de minuit. Il faut au moins des nougats, des noisettes, des figues sèches, des amandes, des raisins secs, des dattes, des noix, de la pompe à l'huile (ou gibassier) – une sorte de brioche parfumée à la fleur d'oranger – et des fruits frais. À Marseille, on apprécie les **navettes**, petits biscuits secs, dont la forme évoque une coque de bateau. Leur goût caractéristique, dû à la fleur d'oranger, est délicieux. Dans la région d'Apt, ce sont les **fruits confits** qui ont la vedette.

Les vins de Provence et de la vallée du Rhône

À l'instar de l'olivier, l'exploitation de la vigne occupa, dès les origines, une place prépondérante en Provence. Les Grecs de Phocée, lorsqu'ils s'installèrent sur les rivages du Lacydon (l'actuelle Marseille) en 600 av. J.-C., apportèrent en effet avec eux l'art de tailler la vigne et de presser le raisin.

La Provence s'enorgueillit de nombreuses AOC (appellation d'origine contrôlée) : Cassis, Coteaux d'Aix, Palette, Côtes de Provence, Coteaux des Baux, Côtes du Luberon, auxquels s'ajoutent les AOC de la vallée du Rhône (Châteauneuf-du-Pape, Gigondas, Vacqueyras, etc.).

Contrairement à une idée très répandue, la Provence ne produit pas uniquement des vins rosés. Les trois couleurs sont représentées, avec

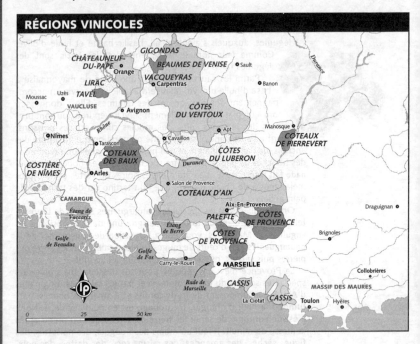

RÉGIONS VINICOLES

des pourcentages différents selon les AOC et les domaines. L'éventail gustatif conviendra à toutes les attentes.

Partout, vous pourrez vous livrer à une dégustation, au domaine des propriétaires-récoltants. Demandez la liste à l'office du tourisme, et assurez-vous de leurs horaires d'ouverture.

• Coteaux des Baux

Classés AOC depuis 1995, les vignobles des Baux s'étendent au pied de la citadelle des Baux-de-Provence, dans les Alpilles, sur un peu plus de 300 ha, au milieu des champs d'oliviers. Cette appellation recouvre une gamme variée de vins de qualité, à dominante rouge (les deux tiers de la récolte). Ils ont la réputation d'être bien structurés et forts en goût. Ne manquez pas la visite des deux domaines-phares de l'appellation, Château Romanin et Château d'Estoublon-Mogador, deux superbes demeures.

• Coteaux d'Aix

Les vignobles de cette AOC en plein essor, créée en 1985, couvrent une vaste zone comprise entre l'étang de Berre et la Durance, à l'ouest d'Aix, et la Sainte-Victoire à l'est. Sur une cinquantaine de communes, ils regroupent plus de 80 producteurs et coopératives. La production se compose essentiellement de rosés et de rouges, mais les blancs sont à découvrir. La diversité des terroirs et des cépages (sept pour les rouges et rosés, et sept pour les blancs) se reflètent dans la qualité de ces vins. Les rouges, pleins de caractère, se marient parfaitement avec des viandes (y compris le gibier) et les rosés peuvent accompagner une cuisine d'été légère (grillades, salades).

• Palette

Quelques privilégiés connaissent ce micro vignoble aux portes d'Aix-en-Provence, classé AOC depuis 1948, qui ne dépasse pas quelques dizaines d'hectares, soit l'un des plus petits de France. La production, bien que réduite et répartie entre trois domaines tout au plus, bénéficie d'une très grande cote auprès des connaisseurs. Même avec une aussi petite surface, les trois couleurs sont représentées.

• Cassis

Ce petit vignoble d'environ 170 ha bénéficie de l'appellation d'origine contrôlée depuis 1936, l'une des premières de France. La douzaine de domaines qui le composent sont regroupés en un syndicat. Les vignes sont aménagées en restanques (terrasses), à l'abri du cap Canaille. La particularité des vins de Cassis résulte d'une savante alchimie entre huit cépages, dont la Marsanne, la Clairette, l'Ugni blanc, le Grenache, le Cinsault et le Mourvèdre.

À la différence des autres vins régionaux, ce sont essentiellement les blancs de blancs, avec leur petite note iodée, qui font la réputation de Cassis (mais les rouges et rosés ne sont pas à dédaigner), d'autant qu'ils accompagnent à merveille les plats réputés de la cuisine provençale, notamment les spécialités à base de poissons comme la bouillabaisse ou les oursins.

• Châteauneuf-du-Pape

C'est le grand seigneur des vins de la vallée du Rhône méridionale. Il a en effet acquis une notoriété internationale. Les vignobles s'étendent sur la commune de Châteauneuf-du-Pape et sur quelques communes limitrophes, à une quinzaine de kilomètres au nord d'Avignon, au bord du Rhône. Les cépages sont très nombreux, mais le grenache, la syrah, le mourvèdre et le cinsault donnent le ton. Ils produisent des rouges et des blancs, mais ce sont les rouges qui recueillent le plus d'éloges. Corsés, charpentés, ils gagnent à vieillir plusieurs années. Ils accompagnent les viandes rouges, le gibier et certains fromages.

• Gigondas

Lui aussi très réputé, il passe pour le rival du Châteauneuf-du-Pape. Le vignoble couvre environ 1 200 ha, au pied des Dentelles de Montmirail, dans le Vaucluse. La production est composée, à plus de 95 %, de vins rouges. Ils ont la particularité d'être puissants, charpentés, à forte teneur en alcool, et seront mis à vieillir quelques années avant d'être consommés. Ils accompagnent avec succès viandes rouges et gibiers.

• Vacqueyras

Comme pour le Gigondas, dont il est proche, le Vacqueyras, situé entre Gigondas et Beaumes-de-Venise dans le Vaucluse, est un vin de garde, qui demande plusieurs années avant de donner le meilleur de lui-même. Il s'agit presque exclusivement de vins rouges, issus de grenache, de mourvèdre, de syrah et de cinsault.

• Tavel et Lirac

Tavel est un village situé à 12 km d'Avignon, dans le Gard, où l'on produit l'un des rosés les plus renommés de l'Hexagone. Il se distingue par sa belle robe, son bouquet et sa haute teneur en alcool. On le boit avec des poissons ou des viandes blanches.

Tout proche, le vignoble de Lirac produit les trois couleurs, chacune ayant développé des caractères spécifiques.

• Côtes du Ventoux

Au sud et à l'ouest du massif du Ventoux, dans la région de Carpentras, ce vignoble couvre un territoire de 6 900 ha, soit 51 communes entre Vaison-la-Romaine au nord et Apt au sud. La production est majoritairement tournée vers les rouges, avec quelques rosés et blancs. Il s'agit de vins légers, fruités, à boire jeunes de préférence, en accompagnement d'une cuisine légère.

• Côtes du Luberon

L'aire de production s'étend sur 3 500 ha, entre Cavaillon et Apt. L'appellation regroupe 36 communes, sur les versants nord et sud du massif du Luberon. Aux trois quarts, il s'agit de vins rouges, souples, bien équilibrés, bouquetés, et qui s'harmonisent bien avec la cuisine provençale. Les blancs et les rosés, frais et nerveux, sont également de qualité. Ils se boivent jeunes, frais ou à température ambiante.

• Coteaux de Pierrevert

Voici un VDQS prometteur, dans le pays de Giono, aux portes de Manosque, sur la rive droite de la Durance, qui gagne à être connu. On trouve les trois couleurs.

• Côtes de Provence

Cette appellation recouvre essentiellement le département du Var (non traité dans cet ouvrage). Quelques communes à l'est de Marseille sont concernées : Allauch, Trets, Cuges, Puyloubier. Les rosés fruités et frais tiennent le haut du pavé.

• Muscat de Beaumes de Venise

Au nord de Carpentras, le Beaumes de Venise, élaboré à partir de muscat blanc à petits grains, est un vin doux naturel, fruité, sucré, généreux en arômes, à boire en apéritif, avec certains fromages ou en dessert.

• Rasteau

Tout comme le muscat de Beaumes de Venise, le Rasteau, au nord du Vaucluse, est un vin doux naturel. Le cépage utilisé est le grenache.

Autres alcools

Impossible de ne pas mentionner le **pastis**, appelé familièrement "pastaga". Cet apéritif à base d'anis peut se voir sec ou coupé d'eau. Plusieurs sociétés le fabriquent. Dans la Montagnette, près de Tarascon, la liqueur produite par les moines de l'abbaye Saint-Michel de Frigolet, appelée "**Frigolet**", incorpore de nombreuses plantes. Ce n'est pas la seule ; on trouve bien d'autres liqueurs à base de plantes aromatiques dans la région, ainsi que divers marcs, dont le **Garlaban**, fabriqué depuis 1928 à Aubagne.

Comment s'y rendre

La Provence bénéficie d'un très bon réseau de communication (qu'il soit aérien, ferroviaire ou routier) avec les principales villes méditerranéennes, françaises et européennes. La nouvelle ligne du TGV Méditerranée permet ainsi de relier Avignon, Montélimar, Nîmes ou Marseille depuis Paris en 3 ou 4 heures.

VOIE AÉRIENNE
Depuis/vers Marseille

L'aéroport Marseille Provence (☎ 04 42 14 14 14 ou ☎ 04 91 42 14 20 20 pour les informations voyageurs, www.marseille.aeroport.fr) se situe à Marignane, à 25 km au nord-ouest de la ville. Il se compose de deux terminaux presque attenants, l'un pour les vols internationaux, l'autre pour les vols intérieurs.

Chaque terminal dispose de distributeurs de billets, d'une banque avec guichet de change, de consigne à bagages, d'une infirmerie et d'un espace bébé. Les principales agences de location de voitures sur le marché possèdent par ailleurs un comptoir (consultez la rubrique *Marseille* du chapitre *Bouches-du-Rhône*).

New-York, Pointe-à-Pitre, Barcelone, Milan, Le Caire ou Tel-Aviv, plus de 60 villes sont desservies en direct au départ de Marseille et plus d'une trentaine de vols quotidiens relient par ailleurs Paris à Marseille en 1 heure 15. Un vol aller-retour plein tarif Paris-Marseille revient à 339,50 €, mais de nombreux tarifs promotionnels permettent d'avoir un billet pour 171 €. À certaines périodes de l'année ou en réservant plus de 14 jours à l'avance, il est même possible de trouver un billet pour 108 €. Outre la Corse et Paris, plusieurs autres villes françaises (Bordeaux, Lille, Lyon, Metz, Nantes, Rennes et Strasbourg, notamment) sont reliées à Marseille par vol direct. À titre d'exemple, un aller-retour Strasbourg-Marseille coûte 179 € en cas de réservation anticipée. Pour Lille, comptez environ 170 € aux mêmes conditions.

Renseignez-vous auprès des compagnies aériennes suivantes (la plupart sont représentées à Marseille) :

Air France	(☎ 0 802 802 802)
Air Liberté	(☎ 0 825 805 805)
Air Littoral	(☎ 0 803 834 834)
Corsair	(☎ 01 49 79 49 76)
Crossair	(☎ 0 820 040 506)

L'aéroport de Marseille Provence est très bien relié au centre-ville par un service de navettes en bus. Reportez vous à la rubrique *Comment s'y rendre* du chapitre *Marseille* pour plus d'informations.

Depuis/vers Avignon

L'aéroport d'Avignon-Caumont (☎ 04 90 81 51 51 ou ☎ 04 90 81 51 15 pour les informations voyageurs, www.aeroport.fr) est situé à une dizaine de kilomètres environ au sud du centre-ville. Il est uniquement desservi par des liaisons intérieures d'Air France en provenance de Paris (3/4 vols par jours). Le prix du billet aller-retour le moins cher revient à 105,36 €/personne voyageant en couple et à 87,36 € pour les moins de 25 ans, le plein tarif s'élevant à 433,36 €.

Cet aéroport ne dispose d'aucun distributeur d'argent, ni de guichet de banque permettant de faire du change, ni de consignes à bagages.

Aucun service de navettes de bus permettant de relier le centre d'Avignon n'a par ailleurs été mis en place. Seul, le taxi permet de s'y rendre ou de rejoindre le centre-ville. En revanche, toutes les principales agences de location de voiture disposent d'un guichet.

Depuis/vers Nîmes ou Arles

L'aéroport international de Nîmes-Arles-Camargue, appelé aéroport Garons (☎ 04 66 70 49 49), se situe à 12 km de Nîmes et à 23 km d'Arles.

Il est desservi uniquement par Air Littoral (☎ 0 803 834 834), qui assure 4 liaisons quotidiennes avec Paris-Orly ; la compagnie Ryanair (☎ 0 825 071 626) relie de son côté, en vol direct, Nîmes à Londres. Un billet aller-retour revient à 113,46 € si vous le prenez 14 jours à l'avance, sinon comptez entre 135,46 € et 397,46 € selon la saison. Dans l'aérogare, vous ne trouverez ni change ni consigne à bagages. Le distributeur d'argent (qui devait être déplacé) est souvent en panne. Les principaux loueurs de voiture disposent quant à eux d'un guichet sur place.

Un bus assure la liaison entre l'aéroport et le centre de Nîmes. Ses horaires ont été établis en fonction des vols. Aucune navette en revanche ne dessert Arles.

VOIE TERRESTRE
Train
Une trentaine de TGV assurent quotidiennement la liaison Montélimar, Avignon et Marseille depuis Paris ou Lyon. Les fréquences quotidiennes avec Orange, Nîmes et Arles sont moins nombreuses. La nouvelle ligne TGV Méditerranée reliant Paris à Marseille a renforcé une ligne nord-sud extrêmement déjà bien desservie, à la différence d'un réseau est-ouest qui compte encore peu de liaisons directes. Marseille est ainsi desservi par trains directs depuis Avignon, Besançon, Bordeaux, Clermont-Ferrand, Lille, Lyon, Metz, Mulhouse, Nancy, Nantes, Nîmes, Reims, Strasbourg et Toulouse. Avignon, de son côté, peut être rejoint en train direct depuis Clermont-Ferrand, Lille, Lyon, Marseille, Metz, Nantes, Paris, Reims et Strasbourg.

Suivant la période des départs, le billet aller-retour Paris-Marseille coûte de 116 € à 134 €, sans tenir compte des tarifs spéciaux, ni du tarif préférentiel si vous prenez votre billet un mois à l'avance (comptez alors 106 €). Pour un Paris-Montélimar, un Paris-Avignon ou un Paris-Nîmes, le tarif aller-retour s'élève de 67 € et 119 € environ.

Pour tout renseignement, contactez la SNCF (☎ 08 36 35 35 35, 3515 SNCF, www.sncf.fr)

Avec la ligne du TVG Méditerranée, de nouvelles gares ont été construites aux abords d'Avignon et de Montélimar, mais elles sont distantes de 5 à 6 km du centre-ville. Une navette permet cependant de rejoindre la gare centrale (consultez la rubrique *Comment s'y rendre* des villes concernées). Ces gares excentrées ne sont desservies que par les TGV Méditerranée et les gares du centre-ville d'Avignon (☎ 04 90 27 81 00) et de Montélimar (☎ 04 75 00 45 00) continuent à drainer le reste du trafic, notamment régional.

Aussi, lorsque vous prenez votre billet, faites vous toujours préciser la gare d'arrivée ou de départ, surtout si vous désirez louer un véhicule ou si vous n'envisagez de ne vous déplacer qu'à vélo, à pied ou en transport en commun. Dans ce dernier cas, préférez la gare du centre-ville, les compagnies d'autocars régionales n'assurant pour l'instant aucun départ depuis les gares du TGV Méditerranée. Que ce soit à Montélimar ou à Avignon, les gares routières sont attenantes à la gare SNCF.

Bus
La politique de transport des voyageurs en France privilégie le rail pour les grandes distances. Pour les longs trajets, préférez le train au bus. Toutefois, la Provence bénéficie d'un assez bon réseau de bus permettant de rejoindre Marseille, Avignon ou Arles rapidement et à un prix souvent plus intéressant que le train (se reporter à la rubrique *Comment circuler* des principales villes provençales).

Voiture et moto
Marseille, Aix-en-Provence, Nîmes, Arles et Avignon se situent chacune à un carrefour autoroutier sur les axes nord-sud (Lyon, Paris) et Est-ouest (Toulouse, Nice ou vers l'Espagne et l'Italie).

À titre d'exemple, la cité phocéenne se trouve à 780 km de Paris par les autoroutes A6 et A7, à 100 km d'Avignon, à 655 km de Bordeaux, à 1000 km de Lille, à 320 km de Lyon, à 979 km de Nantes, à 200 km de Nice, à 123 km de Nîmes, à 317 km de Perpignan et à 804 km de Strasbourg.

Consultez également le tableau des distances kilométriques, au chapitre suivant *Comment circuler*.

Comment circuler

BUS

Si vous ne disposez pas de voiture pour vous déplacer, le bus constitue une bonne alternative, à condition de le combiner avec le train (pour les grandes distances telles que Lyon-Marseille ou Paris-Avignon) et/ou avec le vélo (pour découvrir campagne, villages ou sites). De fait, si chaque département recense une ou deux compagnies d'autocars voire davantage, ces dernières ne relient que les principales villes de la région, les lignes de bus palliant la pénurie de liaisons ferroviaires régionales est-ouest.

Ce mode de transport suppose donc d'établir à l'avance son parcours et d'organiser ses déplacements en fonction des villes desservies, mais également des horaires des bus et des agences de location de vélo.

Par ailleurs, que ce soit à Montélimar, Nîmes ou Avignon, les gares routières voisinent la gare SNCF. Enfin, le transport d'une bicyclette ne posera jamais aucun problème.

Vous trouverez les coordonnées, les liaisons et les tarifs des principales gares routières interurbaines du Sud de la Drôme, du Vaucluse, des Bouches-du-Rhône, de Nîmes et des Alpes-de-Haute-Provence en vous reportant à la rubrique *Comment s'y rendre* de chaque site.

TRAIN

La couverture ferroviaire régionale de la Provence est quasiment inexistante, en particulier pour les transversales : aucune ligne de chemin de fer n'existe ainsi dans le Vaucluse et dans le sud de la Drôme. En revanche, la desserte nord-sud est excellente. Les principales villes (Montélimar, Orange, Avignon, Aix-en-Provence, Arles, Nîmes et Marseille) sont reliées entre elles par le TGV.

Il existe néanmoins quelques lignes régionales secondaires fort utiles. Signalons ainsi la ligne Marseille-Aix-Pertuis, réouverte en septembre 2001 après 25 ans d'arrêt. Enfin, une seule ligne ferroviaire (elle n'appartient pas à la SNCF) est en service au départ de Digne : le Train des Pignes, qui relie la Haute Provence à Nice (voir l'encadré qui lui est consacré dans le chapitre *Alpes-de-Haute-Provence*).

VOITURE ET MOTO

Voiture ou moto, ces deux moyens de locomotion sont assurément les plus adaptés à la découverte de la Provence, le train et le bus ne desservant pas toutes les localités. Le réseau routier est dense et le fléchage des sites et infrastructures, facilement repérable et identifiable. En haute saison, toutefois, la circulation sur certaines petites routes touristiques (comme celle des gorges du Toulourenc), et dans certains villages (Gordes, Bonnieux, Nyons, L'Isle-sur-la-Sorgue) gâche le plaisir de la découverte à la fois pour les automobilistes, les randonneurs ou les cyclotouristes. Les jours de marché, prenez vos précautions, que ce soit pour le stationnement ou pour la traversée du centre-ville, parfois incontournable.

Face à ce problème croissant d'engorgement, nombre de villes et de villages ont aménagé des parkings en centre-ville et dans ses abords immédiats. Leur gratuité n'est pas systématique – à Gordes ou à Fontaines-de-Vaucluse par exemple, le stationnement est payant en saison (de 2 à 3 €). Quoi qu'il en soit, privilégiez toujours le stationnement dans les aires autorisées.

Par ailleurs, l'étroitesse ou le tracé sinueux de certaines routes et la conduite de certains automobilistes (notamment dans les environs de Nîmes) demandent la plus grande prudence et le maintien de votre véhicule bien à droite, et non au milieu de la route. Enfin, faites attention aux cyclistes, de plus en plus présents sur les routes. L'excursion du mont Ventoux (notamment le week-end et en été) exige ainsi la plus grande attention.

Si vous ne disposez pas de voiture, vous trouverez sur place, dans les gares et dans le centre des grandes villes, des sociétés de location. Leurs tarifs incluent un kilométrage limité et différents types d'assurance (à faire préciser selon vos propres assurances, notamment si vous disposez de la carte Premier). Comptez entre 223 € et 290 € pour une semaine en louant le véhicule le moins cher. N'hésitez jamais à faire jouer la concurrence. D'une manière générale, les tarifs proposés par les loueurs locaux souvent plus compétitifs que les prix des chaînes internationales de location, mais leur gamme de services est un peu moins étendue. Consultez la liste des agences locales mentionnées dans les chapitres régionaux.

Toutes les grandes enseignes (Europcar, Avis, Hertz, Budgets, Ada, etc.) sont en général représentées dans les principales villes provençales. La plupart de ces agences disposent aussi de guichet dans les gares et les aéroports. Quelle que soit la période, pensez à réserver.

BICYCLETTE

La Provence se prête parfaitement à une découverte à bicyclette. Il existe de multiples itinéraires, bien balisés, les dénivelés sont plus ou moins difficiles selon la région élue et, enfin, les grandes villes comme les cités de taille moyenne (Grignan, Apt, Malaucène, Sisteron ou L'Isle-sur-la Sorgue) comptent des magasins de cycles, permettant de louer ou de faire réparer son deux-roues.

Outre les ouvrages spécialisés et les itinéraires proposés au chapitre *Randonnées en Provence*, les offices du tourisme constituent une incontournable base d'informations : ils sont de plus en plus nombreux à avoir aménagé des circuits "découvertes" sur leur commune ou en partenariat avec d'autres villes ou villages des alentours.

Ces itinéraires d'une durée variable ont été conçus de manière à faire découvrir le patrimoine paysager, culturel et les produits

TABLEAU DES DISTANCES KILOMÉTRIQUES

	Marseille	Arles	Nîmes	Avignon	Carpentras	Orange	Nyons	Apt	Digne-Les-Bains	Forcalquier
Marseille	-	90	123	110	100	119	151	81	138	108
Arles	90	-	33	37	59	63	97	74	182	116
Nîmes	123	33	-	45	76	58	95	100	194	142
Avignon	110	37	45	-	24	26	62	81	148	94
Carpentras	100	59	76	24	-	22	42	49	142	90
Orange	119	63	57	26	22	-	41	72	168	115
Nyons	151	97	95	62	42	41	-	83	137	103
Apt	81	74	100	53	49	72	83	-	94	41
Digne-Les-Bains	138	182	194	148	142	168	137	94	-	52
Forcalquier	108	116	142	94	90	115	103	41	52	-

du terroir de la région. Les départements du Vaucluse et des Alpes-de-Hautes-Provence et le sud de la Drôme proposent ainsi des circuits sur le thème de la lavande ou du vignoble.

Citons aussi le circuit Le Luberon en Vélo, aménagé par le Parc naturel régional du Luberon entre Vaucluse et Alpes-de-Haute-Provence, ou la Camargue à VTT (voir l'encadré dans le chapitre *Bouches-du-Rhône*).

EN STOP
Le stop se pratique essentiellement en été. En Provence comme ailleurs, il comporte des risques, et il est déconseillé aux femmes seules.

TAXI
Toutes les grandes villes et agglomérations de taille moyenne comptent des services de taxis, notamment au départ des gares SNCF et des aéroports.

Randonnées en Provence

La campagne provençale est un enchantement de couleurs, de lumières et de parfums. Cette même lumière qui a enflammé la palette des peintres rehausse en effet la couleur verte des douces collines du Luberon, le bleu turquoise ou le bleu cobalt de la Méditerranée et le beige cendré des plaines et des plateaux baignés de soleil. La garrigue, qui constitue la végétation dominante de la région, se compose d'un mélange de chênes au kermès, de chênes verts, d'ajoncs, de chardons, de ciste de crête, de genêts, ainsi que du romarin, de la lavande et du thym aux parfums entêtants.

Nous vous proposons ici des itinéraires pédestres dans la chaîne des Alpilles, autour des Baux et de Saint-Rémy-de-Provence, dans la montagne du Luberon, dans les gorges du Verdon, ainsi qu'une découverte des calanques, entre Marseille et Cassis.

En seconde partie de chapitre, place aux itinéraires cyclotouristiques. Nous détaillons un circuit dans les Alpes-de-Haute-Provence, autour du Verdon et de ses gorges (Les gorges du Verdon) ; le parcours intitulé *Le Luberon et le mont Ventoux* traverse la Haute Provence et le Vaucluse, *via* Forcalquier, Apt, Cavaillon, Gordes, Sault, Vaison-La-Romaine et Avignon. Enfin, vous pourrez découvrir à vélo les vestiges romains, disséminés entre Avignon, Arles et Nîmes (*Route des vestiges romains*).

Les régions traversées sont traitées en détail dans le corps de l'ouvrage. Vous pourrez vous référer aux chapitres régionaux pour toutes les informations complémentaires concernant les villes-étapes (informations culturelles, hébergement, restauration, moyens de transport, location ou réparation de cycles, etc.). Enfin, d'autres marches et circuits à vélo, plus courts, sont évoqués dans les chapitres régionaux.

RENSEIGNEMENTS
Randonnées et climat
La marche et le cyclotourisme se pratiquent en toute saison, à l'exception, peut-être, des

À ne pas manquer

- Chaque centimètre carré des gorges du Verdon, à pied ou à vélo
- Savourer le panorama depuis le sommet du Mourre-Nègre
- Les Calanques à pied
- Le Colorado provençal et la découverte des sentiers de l'ocre
- Les petites routes de Haute Provence et les villages perchés du Luberon

mois torrides de juillet-août. À cette période, de nombreux sentiers sont fermés par décret en raison des risques d'incendie et, sur la côte, la surfréquentation et la circulation incessante, associées à la chaleur, gâchent le plaisir du cyclisme. Préférez donc mai et juin, plus calmes et avec des températures aux alentours de 20°C, ou septembre et octobre, où le thermomètre tourne autour des 20°C.

Attention au soleil, aux orages et au mistral ! Ne négligez pas les risques de coups de soleil. En été, les températures atteignent facilement plus de 30°C. Partez de préférence tôt le matin et optez pour une sieste à l'ombre l'après-midi.

Bien que les périodes de pluie prolongées soient rares en été, des orages éclatent régulièrement en fin d'après-midi et en soirée. Généralement brefs, ils n'en demeurent pas moins assez violents. Mais les routes sèchent souvent en quelques heures.

L'insidieux mistral, ce vent mordant du nord-ouest qui souffle vers le sud en descendant la vallée du Rhône, atteint parfois 100 km/h. Les cyclistes, en particulier, le redoutent. Généré par un système de hautes pressions au centre de la France qui envoie de l'air au-dessus de la Méditerranée, il peut provoquer une chute brutale des températures. On le ressent surtout à la fin de l'automne, en hiver et au début du printemps.

Vous remarquerez, notamment dans la vallée du Rhône, les vieilles maisons et les arbres disposés en brise-vent, qui sont positionnés de façon à neutraliser ses effets. Cela étant, lorsque le mistral se déchaîne, les cieux sont sans nuages et d'un bleu idyllique.

Enfin, prévoyez une lampe pour mieux être vu des automobilistes dans les tunnels.

Guides et cartes générales

Didier-Richard publie *Les Guides VTT*, une série de topoguides. Les départements éditent également des guides de cyclotourisme et de randonnées, qui répertorient les différentes routes et sentiers.

Les offices du tourisme vendent généralement des brochures répertoriant des itinéraires balisés et des circuits élaborés par les clubs cyclistes locaux.

L'association Vélo Loisir en Luberon (☎ 04 92 79 05 82, vll@pacwan.fr) a mis en place un itinéraire balisé de 100 km entre Cavaillon et Forcalquier, en partenariat

Avertissement

De nombreux chemins de randonnée dans le sud aride de la Provence sont fermés du 1er juillet au 15 septembre, en raison des risques d'incendie. Ces dates peuvent être prolongées si le danger est jugé trop important. Renseignez-vous auprès de l'office du tourisme le plus proche et souvenez-vous qu'en cas d'infraction, les amendes peuvent être élevées.

avec des structures d'hébergement et des loueurs-réparateurs de vélos.

Enfin, les marcheurs n'oublieront pas les Topoguides de la Fédération française de randonnée pédestre (FFRP), qui a publié de nombreux titres comprenant des cartes et des descriptifs d'itinéraires. Reportez-vous à la rubrique *Activités sportives* du chapitre *Renseignements pratiques* pour les coordonnées de la FFRP et une bibliographie sélective.

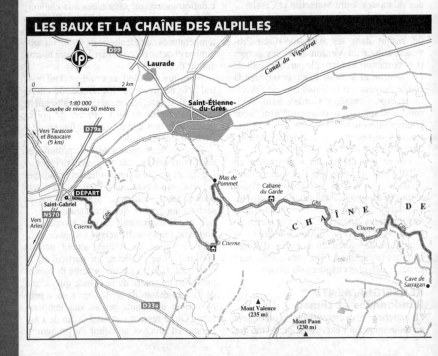

LES BAUX ET LA CHAÎNE DES ALPILLES

Si vous souhaitez acquérir une carte générale, la carte IGN n°115 au 1/250 000, intitulée *Provence et Côte d'Azur*, est fiable. Nous indiquons en outre, pour chaque itinéraire, les références de cartes plus précises.

Randonnées pédestres

Les Baux-de-Provence fourmillent chaque jour de visiteurs. Rassurez-vous cependant : lorsque vous poursuivrez votre chemin, vous serez beaucoup moins nombreux à savourer les vues splendides depuis la crête.

PRÉPARATION DE LA RANDONNÉE
La route est fermée entre le 1er juillet et le 15 septembre (voir l'encadré *Avertissement*).

Vous pouvez vous procurer la carte IGN au 1/25 000 *Châteaurenard, Saint-Rémy-*

Les Baux et la chaîne des Alpilles

Durée	5 heures 15 – 6 heures
Distance	27,25 km
Niveau	moyen
Départ	Saint-Gabriel
Arrivée	Saint-Rémy-de-Provence
Ville la plus proche	Tarascon
Transports publics	oui

Vous suivez le GR6 jusqu'à la crête de la chaîne des Alpilles pour une randonnée en terrain plat jusqu'à l'enchevêtrement de calcaire des Baux-de-Provence. La descente dans la vallée du Gaudre du Rougadou traverse Glanum et rejoint Saint-Rémy-de-Provence.

de-Provence (3042OT). La ville liaison de cet itinéraire est **Tarascon** (voir la rubrique *Tarascon et la Montagnette* au chapitre *Bouches-du-Rhône*).

Depuis Tarascon, vous pouvez rejoindre **Saint-Gabriel**, point de départ de la randonnée, en bus. Pendant l'année scolaire seulement (à l'exception du dimanche), des bus circulent entre Tarascon et Saint-Gabriel à 7h10, 8h20 et 13h20. Vous pouvez aussi contacter les Taxi Tarasconnais (☎ 04 90 91 15 93 ou 06 11 55 90 00).

Vous rejoindrez Tarascon depuis Saint-Rémy-de-Provence, lieu d'arrivée de la randonnée, par bus ou par train.

ITINÉRAIRE
Partez de l'entrée du camping Saint-Gabriel, tournez à droite le long de la D32 puis à gauche sur un sentier qui passe à côté d'une chapelle. Prenez à gauche en suivant un panneau du GR6 indiquant "Les Baux". Après 30 minutes environ, un léger détour vers la gauche vous amène à un rocher plat et à une vue panoramique vers le nord.

Environ 40 minutes plus tard, bifurquez vers le nord-est au niveau d'une cabane au toit couvert de tuiles rouges. Peu après, tournez à gauche (nord) à proximité d'une citerne. Après environ 1 heure 30, prenez à droite la petite route qui dessert le **Mas de Pommet**. Suivez le fond de la vallée en longeant un champ où paissent des taureaux.

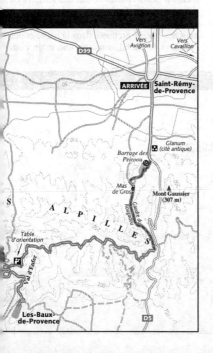

Le sentier continue au-dessus de la cabane du Garde. Une fois dépassé le carrefour de 5 routes, votre itinéraire vire brusquement vers le sud, alors que l'ascension de la journée, à peine éprouvante, jusqu'au sommet de la colline s'achève au moment où vous arpentez la **crête de la chaîne des Alpilles**. Lorsque vous sortez d'un hallier de pins, les sommets déchiquetés des Baux se dressent devant vous au sud-est.

Après avoir fait le tour d'un petit mamelon, prenez brièvement vers le nord. Quelque 300 m plus loin, le sentier bifurque brusquement vers le sud-est à un croisement. Il s'agit du chemin le plus direct vers les Baux. Très rapidement (à peine 50 m plus loin) après avoir croisé une route bitumée, quittez le GR6 au moment où il s'oriente vers l'est. Poursuivez votre route jusqu'aux Baux en passant devant l'entrée de plusieurs caves creusées à même la roche. Au bout de cette route, vous trouverez le cellier de la **cave de Sarragan** et, à son extrémité, un stand de dégustation de vin où un verre de vin blanc frais fera des merveilles.

Après 3 heures 30 de marche, vous parviendrez aux **Baux-de-Provence**. Une multitude de visiteurs débarqués des bus et des voitures envahissent les rues étroites de la ville. Ce détour mérite néanmoins la peine, ne serait-ce que pour admirer les vues plongeantes sur l'enchevêtrement de roches calcaires du val d'Enfer.

Retournez sur vos pas pour rejoindre le **GR6** et monter jusqu'à une table d'orientation, d'où le panorama est splendide. Une fois franchie une chaîne en métal faisant office de barrière, il devient facile de s'orienter, car le chemin se dirige vers une tour de guet d'incendie et la contourne en contrebas.

Près de 1 heure après avoir dépassé la table d'orientation, cherchez sur votre gauche le sentier secondaire qui descend pour rejoindre la **vallée du gaudre du Rougadou**. À peine 150 m après les murs du Mas de Gros, tournez à droite pour descendre le sentier qui mène au **barrage des Peiroou**. Suivez le sentier qui longe la plage est du lac, puis tournez à droite pour grimper – véritablement grimper et parfois même à quatre pattes ! – sur des rochers de calcaire très escarpés.

Dans les endroits les plus raides, des marches ont été creusées dans la roche et des échelons de métal, ainsi qu'une main cou-

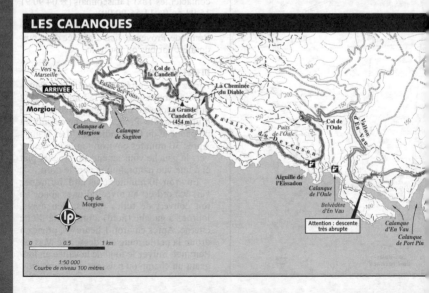

LES CALANQUES

rante, ont été fixés. La marche n'est pas aussi impressionnante qu'elle en a l'air et la brève escalade finale à travers un tunnel naturel creusé dans la roche conclut la dernière étape de cette journée de façon surprenante.

Peu après avoir tourné à gauche le long de la D5, vous verrez les vestiges de la cité romaine de **Glanum** (voir le chapitre *Bouches-du-Rhône* page 113).

Continuez le long de la D5 pour parcourir les 1,75 km qui vous séparent de **Saint-Rémy-de-Provence**.

Les Calanques

Durée	5 heures 30 – 6 heures 30
Distance	15,25 km
Niveau	difficile
Départ	Cassis
Arrivée	Morgiou
Ville la plus proche	Cassis
Transports publics	au départ seulement

Une randonnée classique, et pourtant pleine de défis, avec des paysages marins et une petite partie ardue entre Cassis et le minuscule port de Morgiou.

Cette randonnée en bord de mer s'habille de 3 teintes : le vert des pins, le blanc éclatant du calcaire et, au-dessous, le bleu cobalt ou turquoise de la Méditerranée.

Nous avons classé cette marche en niveau difficile en raison de la descente très raide vers la calanque d'En Vau et d'une ou deux autres portions physiquement assez exigeantes.

PRÉPARATION DE LA RANDONNÉE

Contrairement à la plupart des zones boisées de la Provence du Sud, le chemin des Calanques reste ouvert pendant les mois d'été, lorsque les risques d'incendie sont les plus élevés. Cette randonnée pouvant être effectuée toute l'année, elle sera cependant plus agréable au printemps et en automne. Emportez suffisamment d'eau, car il n'y a aucun approvisionnement en route.

La route est bien tracée et une fois dépassée la première baie, vous ne pourrez que continuer tout droit ou revenir sur vos pas. Citons quand même la carte IGN au 1/15 000 *Les Calanques*, qui signale les moindres recoins de la côte. L'itinéraire est également tracé sur la carte Didier Richard *Collines Provençales* au 1/50 000.

Cassis est la ville la plus proche du circuit. Consultez les rubriques *De Cassis à La Ciotat*, ainsi que *Marseille et les calanques*, du chapitre *Bouches-du-Rhône* pour toute information sur cette ville et les calanques.

La randonnée part de Cassis même. Pour le retour, sachez que, du 15 juin à fin août, lorsque les voitures ne peuvent aller au-delà du petit parking situé à 2,5 km au-dessus de Morgiou, vous devez parcourir à pied les 3 km qui séparent Morgiou des Baumettes, à l'arrivée de la randonnée.

De là, des bus partent toutes les 25 minutes pour rejoindre la gare routière du Prado à Marseille, où vous pourrez prendre le bus de 18h45 pour Cassis.

Une autre possibilité consiste à prendre le bateau allant de Cassis à Morgiou, depuis le port de Cassis, et d'effectuer la randonnée en sens inverse. Prévenez l'équipage à l'avance que vous souhaitez débarquer à Morgiou.

ITINÉRAIRE

Lorsque vous vous trouvez à l'extrémité nord du port de Cassis, tournez à droite pour remonter l'avenue de l'Amiral-Ganteaume, qui vire à gauche au panneau "Les Calanques". Après avoir dépassé la plage du Bestouan, prenez à droite la traverse escarpée du Soleil rejoignant l'avenue du Père-Jayne. Vous trouverez rapidement les balises du **GR98** qui vous accompagneront jusqu'à Morgiou.

La route bitumée s'achève à la **calanque de Port-Miou**. Dans la plus profonde des criques, des carrières ont été exploitées jusqu'en 1981. Le précieux calcaire de Cassis a notamment été utilisé dans la construction du canal de Suez.

Prenez à gauche à hauteur du panneau indiquant "Port de Morgiou" et suivez le sentier le plus proche du bord de la falaise, afin de traverser le bras de terre qui sépare la calanque de Port-Miou de la calanque de Port-Pin.

Une ascension escarpée est suivie par une descente vertigineuse vers la **calanque d'En Vau**, que vous atteindrez après 1 heure 30 de marche. C'est le paradis des grimpeurs avec ses pinacles de calcaire dentelés et ses parois frôlant la verticale. En bas, la plage de sable et ses eaux émeraude attirent également chaque jour de nombreux visiteurs qui débarquent des bateaux de plaisance.

Dirigez-vous vers le nord, vers le **vallon d'En Vau**, en suivant le seul chemin plat de la journée. À environ 30 minutes de la baie, tournez vers l'ouest en direction du **col de l'Oule**, que vous identifierez grâce à la citerne et au drapeau du Club alpin français (CAF), battu par les vents. À cet endroit, ignorez le séduisant chemin qui se dirige tout droit vers le point de vue du belvédère d'En Vau. Au contraire, faites demi-tour pour descendre vers le **puits de l'Oule**, où la route se dirige vers le sud dans une vallée étroite et sinueuse.

Avant d'atteindre la calanque de l'Oule, virez à droite afin de grimper le flanc escarpé (ouest) de la vallée. Vous serez récompensé de cette ascension de 10 minutes par une vue plongeante sur la Méditerranée et l'aiguille de l'Eissadon.

Peu après, apparaissent, dans le lointain, le cap de Morgiou, en forme de botte, et les îles proches du littoral – l'île de Riou et ses petites sœurs Plane et Jarre.

Après environ 15 minutes éprouvantes de marche et de grimpe, au-delà du premier point de vue, vous apprécierez le sommet plat des **falaises du Devenson** qui domine la baie de Cassis et le sable rosé de cap Canaille.

Descendez vers le nord pour faire le tour du grand bol de la **cheminée du Diable**. Bifurquez légèrement vers le nord-ouest à un poteau rouillé indiquant le col de la Candelle. Quelque 20 minutes plus tard, des flèches peintes sur un rocher indiquent un éboulis sur la droite et un rocher sur la gauche. Pourvu que vos chaussures aient une semelle épaisse, le passage par les éboulis devrait être relativement aisé.

L'escalade à quatre pattes pour descendre dans une cheminée raide est suivie par une promenade sans difficulté au bas de la **falaise des Toits**, appréciée par les amateurs d'escalade.

À l'ouest de la **calanque de Sugiton**, descendez le long d'une échelle métallique fixée dans la partie la plus raide du dernier promontoire de la journée, afin de savourer une descente sans difficulté vers le petit **port de Morgiou**.

Les gorges du Verdon

Durée	2 jours
Distance	26,75 km
Niveau	moyen-difficile
Départ	La Palud-sur-Verdon
Arrivée	Point Sublime
Villes les plus proches	Castellane et La Palud-sur-Verdon
Transports publics	très limités

Une ascension raide sur une colline découverte, suivie d'une descente à travers les bois jusqu'au point de vue du belvédère de Maireste. Le sentier vertigineux du Bastidon, puis une randonnée/escalade du célèbre ravin du sentier Martel, à l'écart de la route toute la journée, jusqu'à Point Sublime.

De nombreux randonneurs ne parcourent que le sentier Martel (voir *Jour 2*), un grand classique, en suivant le lit des gorges du Verdon explorées dès 1905.

Au plus fort de l'été, les randonneurs sont presque aussi nombreux que les fourmis sur le chemin. Le premier jour, très contrasté, offre des vues plongeantes spectaculaires. Le sentier du Bastidon, bien moins fréquenté, est par endroits tout aussi stupéfiant.

Les gorges du Verdon n'ont bénéficié d'une protection par décret qu'en 1997, à l'occasion de l'inauguration du parc naturel régional du Verdon.

PRÉPARATION DE LA RANDONNÉE

N'importe quelle période de l'année se prête à cette randonnée. Les parois escarpées des gorges et leur couverture de chênes, d'érables, de buis et de frênes apportent un peu d'ombre en été, bien que la toute première partie de la randonnée puisse vous faire transpirer à grosses gouttes.

Vérifiez bien l'ouverture des campings et des hôtels, la plupart fermant leurs portes en basse saison (d'octobre à avril) : reportez-vous à la section *Verdon* du chapitre *Alpes-de-Haute-Provence*.

Emportez suffisamment d'eau pour chaque jour de marche. Vous ne trouverez aucun point d'approvisionnement naturel. Prévoyez une torche électrique pour traverser les deux tunnels, sombres et humides, de la seconde journée.

Le chemin est si bien tracé qu'une carte devient facultative. En effet, une fois descendu dans les gorges, la seule façon d'en sortir consiste à poursuivre votre chemin ou à revenir sur vos pas. La route est signalée sur la carte IGN au 1/25 000 n°3442OT et la carte Didier Richard n°19 *Haute Provence, Verdon* au 1/50 000. Une publication locale à prix modique, *Canyon du Verdon – Les plus belles randonnées,* décrit 28 randonnées dans la région.

Pour plus d'informations sur Castellane, ville située à l'entrée des gorges, et La Palud-sur-Verdon, point de départ de la randonnée, consultez le chapitre *Alpes-de-*

Avertissement

Toute personne souffrant de vertige ne devrait pas effectuer cette randonnée. Plusieurs ascensions et descentes à pic mettent à rude épreuve les plus chevronnés des randonneurs. En outre, le sol principalement composé de calcaire, patiné par des dizaines de milliers de chaussures peut devenir particulièrement glissant après une averse ou avant que la rosée matinale ne se soit évaporée.

En revanche, contrairement à la plupart des zones boisées du sud de la Provence, la route des Calanques reste ouverte aux randonneurs tout au long de l'été.

Haute-Provence (page 387 et suivantes pour La Palud et page 384 pour Castellanne). La minuscule localité de Palud-sur-Verdon (La Palud), déserte en basse saison, constitue un centre apprécié des randonneurs de la fin du printemps jusqu'à l'automne.

La ligne de bus Marseille-Castellane (☎ 04 42 54 72 82) dessert Aix, Gréoux-les-Bains, Riez, Moustiers, La Palud-sur-Verdon et Rougon. En juillet-août, la navette des gorges du Verdon (☎ 04 92 83 64 47) effectue deux allers-retours quotidiens entre Castellane et le chalet de La Maline à La Palud-sur-Verdon, *via* Point Sublime. En juin et en septembre, ce service est assuré le week-end.

Le taxi Adrien (☎ 04 92 77 38 20, 06 80 98 70 88) peut également assurer vos déplacements dans le Verdon. Une course revient en moyenne à 30 €.

ITINÉRAIRE
Jour 1 : de La Palud-sur-Verdon au chalet La Maline

5 heures – 5 heures 30, 16,25 km
Prenez la direction du nord-ouest à partir de La Palud pour remonter la D123. Au premier virage, prenez à gauche la route transversale. Après un ou deux virages, empruntez le sentier qui vous conduira en haut de la colline, où vous rejoindrez le **GR4**. Traversez un sentier de gravier et gra-

vissez une vallée boisée et raide, avant de déboucher sur un terrain dégagé. Pendant votre ascension, les vues sur La Palud, au cœur de sa plaine fertile, deviennent de plus en plus impressionnantes.

Après environ 1 heure de marche, le sentier s'enroule autour d'un grand **promontoire de calcaire** nu, avant d'atteindre son point le plus élevé. Peu après le début de la descente, progressive, tournez à gauche (ouest) le long d'un chemin herbeux, rapidement rejoint par un sentier d'exploitation du bois. Tournez à gauche, puis à nouveau à gauche au panneau indiquant "Moustiers-Sainte-Marie", là où vous distinguerez les ruines du *jas* (bergerie) de Barbin à travers les arbres.

Quelques minutes après avoir traversé un sentier d'exploitation du bois, couvert de gravier, prenez à droite puis immédiatement à gauche dans un sentier fléché "Maireste", afin de quitter le GR4. Cet agréable chemin herbeux bordé de buis plonge soudain de façon vertigineuse vers le sud-ouest, dans le **ravin du Grinhan**.

Sur la D952, à un virage en épingle à cheveux, prenez l'embranchement à droite pour atteindre le parking menant au **belvédère de Mayreste**, un détour de 15 minutes digne d'intérêt si vous voulez profiter d'une vue magnifique sur les gorges du Verdon. La ferme de La Graou et son terrain de camping rudimentaire se trouvent à l'est du parking.

Le **sentier du Bastidon** se dirige tout d'abord vers le sud-ouest. Il commence comme un sentier facile, avec un faible dénivelé sur le haut de la crête, et offre un vaste panorama sur les gorges. Après 15 minutes environ commence une descente raide en zigzag vers le **ravin de Ferné**, la première d'une série de vallées à pic venant du nord.

Environ 1 heure 30 après avoir quitté le parking de Maireste, le **ravin de Mainmorte**, creusé d'un seul bloc, apparaît avec en haut de son flanc est, la D23 qui serpente sur la corniche.

Le sentier monte et descend avant de rejoindre la route – où il est possible de prendre un raccourci, ou tourner à gauche et de revenir vers la Palud (2,5 km). Si vous souhaitez continuer, prenez à droite afin

d'atteindre **La Maline**, après environ 1 heure de marche sur la route.

Le sympathique **chalet de La Maline** (☎/fax 04 92 77 38 05), ouvert de Pâques à début novembre, vous y attend (voir la rubrique *Où se loger*, section *Le Verdon, de Castellane au lac de Sainte-Croix*, du chapitre *Alpes-de-Haute-Provence*, page 395, pour le détail de ces prestations). Quelle que soit la période de l'année, pensez à réserver longtemps à l'avance, en particulier si vous désirez camper.

Jour 2 : de La Maline à Point Sublime

4 heures 30 – 5 heures 30, 10,5 km

Empruntez le sentier qui se dirige tout d'abord vers le nord-est à partir de la fontaine du refuge. Tournez autour de la combe (une vallée profonde) qui descend doucement vers le fond du canyon, pour rejoindre un sentier parfaitement entretenu et bordé d'un talus. Environ 15 minutes plus tard, grimpez la première des échelles métalliques de la journée, installées le long de la route et munies de haussières et de cordes, afin de vous aider dans les passages les plus difficiles.

Les dernières parties de la descente sont assez mal signalées. Choisissez le chemin le plus facile dans la multitude de sentiers qui descendent, en évitant chaque fois que possible les raccourcis à la verticale qui contribuent tant à l'érosion de la roche.

Quelque 45 minutes de marche vous conduiront au niveau de la rivière et du pré d'**Ussane**, une petite plage de galets où courent les eaux du Verdon. Retournez-vous pour regarder une dernière fois le refuge, perché au sommet du promontoire.

Un peu moins de 30 minutes plus tard, tous les dispositifs possibles, escalier métallique, rails de fer, câbles et cordes, sont là pour vous aider à passer la brève descente au-dessus d'un éboulis à pic. Environ 15 minutes plus loin, un sentier balisé sur la droite indique le chemin vers **La Mescla** (voir *Excursion supplémentaire*).

Une ascension escarpée, rapide, vous conduira dans l'étroit défilé de la **brèche Imbert** – à mi-chemin du parcours, vous avez déjà effectué les passages les plus

GORGES DU VERDON

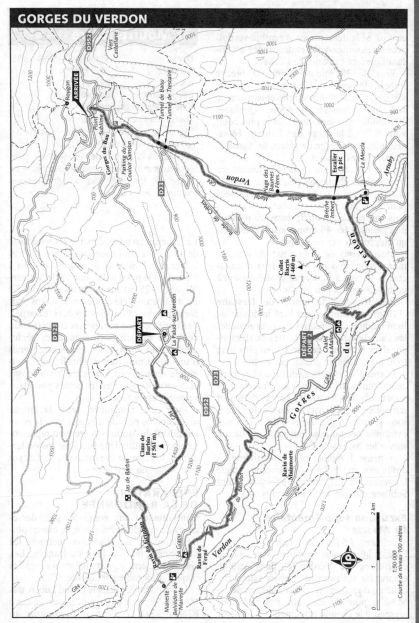

1:50 000

Courbe de niveau 100 mètres

durs. À partir de la brèche, une volée de marches à pic conduit à une cheminée étroite. Si la descente vous semble vertigineuse, retournez-vous et descendez en faisant face aux barreaux de l'échelle.

Près de 30 minutes après la brèche Imbert, le sentier effectue une série de virages, revenant même brièvement vers le sud pour remonter la gorge. Quelques 10 minutes plus tard, le détour le plus court vous mène à la **plage des Baumes Fères**, une minuscule plage de galets, un agréable endroit pour déjeuner.

Une fois dépassé le petit promontoire surplombant de beaux panoramas vers le nord et le sud – un autre endroit agréable pour faire une halte – le chemin à travers bois, où perce le soleil, demeure presque plat pendant les 45 minutes suivantes jusqu'au premier des deux tunnels.

Méfiez-vous de l'obscurité du premier tunnel traversé par la route ; deux chemins étroits mènent à l'intérieur et aboutissent à un cul-de-sac un peu plus loin.

Pénétrez dans le **tunnel de Trescaire** (110 m) et après le très bref interlude de lumière du jour (arrêtez-vous pour regarder les eaux bouillonnantes en dessous), plongez dans le **tunnel de Baou**, bien plus long (670 m) et souvent inondé par endroits.

Lorsque vous sortez, des marches vous conduisent au niveau de l'eau. Traversez un pont enjambant les petites **gorges du Bau** et remontez jusqu'au parking du Couloir Samson. Tournez à gauche et quittez-le à son extrémité nord-ouest, tout en continuant à suivre les balises du GR4.

À peine 1 minute plus tard, tournez à droite sous un surplomb (un panneau indique le sentier n°16), afin d'atteindre **Point Sublime**, environ 45 minutes plus tard.

Excursion supplémentaire : La Mescla

45 minutes, 1,5 km aller-retour
Pour admirer une superbe vue sur la confluence du Verdon et de l'Artuby, empruntez une route secondaire sans difficulté en direction du rocher solitaire de La Mescla, puis revenez sur vos pas pour reprendre le chemin principal.

Le Grand Luberon et Mourre-Nègre

Durée	4 heures 45 – 5 heures 15
Distance	21,5 km
Niveau	moyen
Départ/arrivée	Cucuron
Ville la plus proche	Apt
Transports publics	non

Une route régulière pour gravir le vallon de la Fayette jusqu'à la crête du Grand Luberon et Mourre-Nègre. Une promenade plus ouverte sur la crête, avant de descendre le vallon de Vaunière vers Vaugines et de continuer vers Cucuron.

Le Luberon est partagé, par le profond fossé de la combe de Lourmarin, entre le Petit Luberon à l'ouest et le Grand Luberon à l'est, dont le point culminant est le Mourre-Nègre (1 125 m) aux contours arrondis. Le Petit Luberon a été érodé par le temps pour former aujourd'hui des rochers escarpés, des ravins et des angles vifs et acérés. Un contraste similaire existe entre les pentes nord et sud du massif. Les chênes, signes d'un climat plus frais et plus humide, boisent le versant nord, tandis que le chêne vert et la garrigue couvrent les pentes plus clairsemées faisant face, au sud.

Pour cette randonnée, seule la longue ascension de plus de 2 heures vers le point culminant du Mourre-Nègre peut représenter une difficulté. Une fois l'ascension terminée, le reste de la randonnée se fait sur terrain plat ou en descente.

PRÉPARATION DE LA RANDONNÉE

Contrairement aux zones les plus desséchées du sud de la Provence, le climat plutôt tempéré du Luberon permet les randonnées tout au long de l'année. Les chemins restent ouverts même lorsque les risques d'incendie sont élevés.

Les randonnées dans le Grand Luberon et Mourre-Nègre sont signalées sur la carte IGN n°3243OT *Pertuis, Lourmarin* au

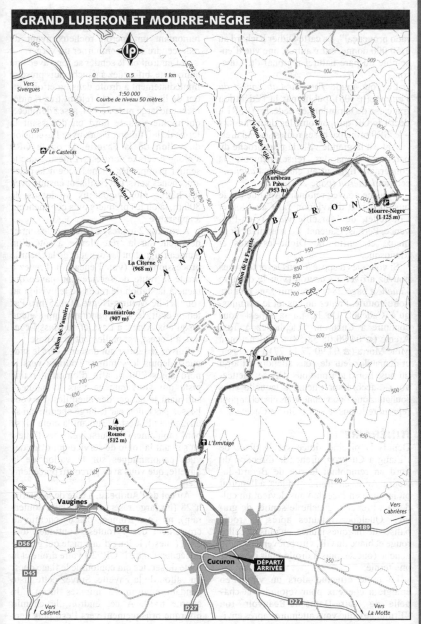

GRAND LUBERON ET MOURRE-NÈGRE

1:50 000
Courbe de niveau 50 mètres

0   0.5   1 km

Vers
Sivergues

Le Castelas

Le Vallon Mort

Vallon du Vële

Vallon de Roumi

Auribeau
Pass
(953 m)

Mourre-Nègre
(1 125 m)

G R A N D   L U B E R O N

La Citerne
(968 m)

Baumatrône
(907 m)

Vallon de la Fayette

GR9

Vallon de Vaumire

La Tuilière

Roque
Rousse
(512 m)

L'Ermitage

GR9

Vaugines

Vers
Cabrières

D56

D56

D189

D45

Cucuron   DÉPART/
ARRIVÉE

D27

D27

Vers
Cadenet

Vers
La Motte

1:25 000, tandis que la carte IGN n°3242OT *Apt* au 1/25 000 couvre le "Colorado provençal". La carte Didier Richard au 1/50 000 donne, entre autres, une vue d'ensemble du parc naturel régional du Luberon.

Le Topo-guide *Tour du Luberon et du Ventoux* (n°905), publié par la Fédération française de la randonnée pédestre (FFRP), décrit le GR qui parcourt les deux massifs – le GR9 principal et ses routes secondaires.

Apt est la grande ville la plus proche du parcours. Tous les renseignements la concernant figurent au chapitre *Vaucluse*, section *Luberon* (page 268).

Vous ne pouvez rejoindre Apt que par le bus au départ d'Avignon *via* Cavaillon et Coustellet, de Marseille *via* Aix-en-Provence, Pertuis, Cadenet, Lourmarin et Bonnieux, et, enfin, de Digne-les-Bains et Manosque.

Si vous êtes disposé à vous lever tôt, vous pouvez arriver à Cucuron (voir le chapitre *Vaucluse* page 284) et revenir sans prendre votre voiture. Prenez un bus tôt le matin jusqu'à Cadenet. De là, un taxi peut vous conduire à Cucuron. Téléphonez à Taxi Arcole (☎ 04 90 08 58 58) à Cadenet ou à Mme Morra (☎ 04 90 77 11 77) à Cucuron, et demandez-leur de vous attendre à l'arrêt du bus. Lorsque l'on vous dépose, mettez-vous d'accord sur l'heure à laquelle vous souhaitez que l'on vienne vous chercher pour reprendre le bus le soir même à Cadenet.

ITINÉRAIRE

Depuis la piscine située sur la place de l'Étang à **Cucuron**, prenez la direction du nord en remontant la rue de Berard-du-Roure. Après environ 5 minutes, à l'endroit où la route en face de vous devient un cul-de-sac, prenez à gauche le sentier de gravier. Quelques minutes après, la route balisée de marques jaunes, en plus de celles rouge et blanc du GR, vire brièvement sur la gauche (ouest), puis à droite pour dépasser une ferme.

La route effectue alors un virage en épingle à cheveux pour rejoindre la **chapelle de Notre-Dame-de-Beauvoir** (ou l'Ermitage), que vous atteindrez après environ 30 minutes de marche. De là, un large chemin pierreux se dirige vers le nord, remontant un éperon rocheux avant de redescendre et de contourner un verger.

À l'endroit où le sentier se fond avec une autre piste, bifurquez à gauche puis presque immédiatement à droite dans un étroit sentier de liaison. Celui-ci rejoint très rapidement une large piste de 4x4, assez défoncée, qui monte vers le nord en dépassant la ferme de la Tuilière. Poursuivez l'ascension du **vallon de la Fayette**, là où le GR9 s'éloigne vers le nord-est. À mesure que le sentier grimpe, les chênes cèdent la place aux chênes verts, qui rivalisent ensuite avec les hêtres plus vigoureux au-dessus de 800 m, là où les premiers pins commencent à apparaître.

À environ 2 heures de Cucuron, le sentier débouche sur la crête élevée, à côté d'un panneau signalant les dangers de la chenille processionnaire (voir l'encadré). Prenez à droite la route de service non pavée qui mène à la station de relais de télévision au sommet de **Mourre-Nègre** (1 125 m). Par temps clair, le vaste panorama qui s'étend jusqu'aux Alpes, à l'est, et au Massif central, à l'ouest, est réellement grandiose.

Suivez le sentier qui descend vers le sud-ouest depuis le sommet. Tournez vers le nord après 200 m afin d'emprunter une piste qui vous ramène vers le panneau signalant le danger des chenilles (ne vous laissez pas tenter par le large chemin qui se dirige vers l'ouest en suivant la crête : il se perd rapidement). Poursuivez vers l'ouest en suivant la route de service qui offre des vues panoramiques sur le vallon de la Fayette, que vous avez parcouru précédemment.

Au **col de l'Auribeau**, à côté de la citerne n°28 (un large réservoir circulaire souterrain), ne vous trompez pas de chemin au croisement des 7 routes. Continuez tout droit (ouest), le long d'une piste qui grimpe doucement entre le GR92 à votre droite et la route de service qui contourne le flanc ouest du vallon de la Fayette. Suivez cette piste pendant environ 45 minutes jusqu'à la citerne n°30. À cet endroit, le chemin bifurque brusquement vers l'est, puis vers le sud, avant de redescendre le vallon de Vaunières jusqu'au hameau de **Vaugines**, un endroit apprécié puisqu'il dispose d'un café et de plusieurs fontaines.

Juste avant Vaugines, vous retrouverez les balises du GR9. Suivez-les à travers le village et en direction de l'est, sur un chemin de ferme qui court parallèlement à la D56 jusqu'aux abords de **Cucuron**. Quittez le GR9 lorsqu'il se dirige vers le nord et empruntez une route latérale sur la gauche, en suivant les grosses taches orange, afin de revenir vers la place de l'Étang.

Le Colorado provençal

Durée	5 heures 45 – 6 heures 15
Distance	20,5 km
Niveau	moyen
Départ/arrivée	Rustrel
Ville la plus proche	Apt
Transports publics	non

À travers les anciennes carrières d'ocre du Colorado, autour du ravin des Gourgues pour revenir à Rustrel. Ascension d'un ancien chemin de chevaux de bât vers Marinier. Une descente raide en zigzag pour rejoindre une large piste qui mène à Rustrel.

La randonnée consiste essentiellement en 2 cercles qui se croisent au village de Rustrel. La boucle au sud vous emmène autour et à travers les carrières, aujourd'hui abandonnées, du Colorado provençal. La boucle au nord, où la végétation méditerranéenne se transforme progressivement en une végétation de montagne à mesure que vous montez, traverse une forêt dans sa plus grande partie. L'itinéraire se divise facilement et peut se répartir sur 2 journées.

PRÉPARATION DE LA RANDONNÉE

Vous pouvez rejoindre Rustrel depuis Apt en taxi (reportez-vous à la rubrique *Apt*, du chapitre *Vaucluse*, page 268).

Si vous souhaitez faire un peu d'exercice supplémentaire, louez un vélo à Apt pour parcourir les 13 km de la route circulaire.

ITINÉRAIRE

Partez du panneau d'affichage indiquant tous les chemins de randonnée autour de Rustrel, face au monument aux morts du village, et prenez la direction de l'est. À l'endroit où les balises rouge et blanc du GR6 conduisent en contrebas du boulevard de Colorado, continuez tout droit le long de la D30A, afin de dépasser un croisement et un immense parking. Son propriétaire vous proposera sans doute, à un prix prohibitif, une carte de la zone d'exploitation de l'ocre dont vous n'avez pas besoin. À l'extrémité de ce parking, prenez la direction du sud-est afin de descendre vers un cours d'eau facilement franchissable à gué, la **Doa**. Après avoir traversé des champs de lavande, la route s'enroule autour d'une cuvette de volutes jaunes et de pinacles, les premiers affleurements d'ocre de la journée.

Continuez sur cette route 4x4 compacte, en suivant les marques jaunes après avoir laissé le GR6 sur la gauche. Au fur et à mesure de votre ascension, vous découvrirez davantage de vues spectaculaires sur Rustrel, avec les légères touches de couleur jaune de la combe ocre en contrebas.

Prenez à gauche à un croisement avec une route bitumée, puis à droite à la première intersection en suivant les panneaux indiquant "Viens" et "Caseneuve". Au virage à gauche, continuez sur le chemin de terre sur votre droite, puis suivez le bord du plateau où d'autres vues panoramiques s'offrent à vous à la fois vers le nord et vers le Grand Luberon, surmonté de la station de relais de télévision, au sud-ouest.

Après une brève descente, prenez à droite à un croisement en T en empruntant un sentier de sable, qui court le long d'un étroit champ cultivé avant de s'enrouler autour du **ravin des Gourgues**.

Tournez à droite au panneau indiquant la direction d'Istrane pour descendre à travers les genévriers et les pins maritimes, deux variétés résistantes qui parviennent à pousser dans ce sol inhospitalier. Une autre falaise d'ocre vif apparaît à la vue à travers le cirque, à l'ouest, à mesure que les pins cèdent la place aux chênes. Traversez un gisement d'ocre d'une riche couleur foncée

RANDONNÉES EN PROVENCE

COLORADO PROVENÇAL

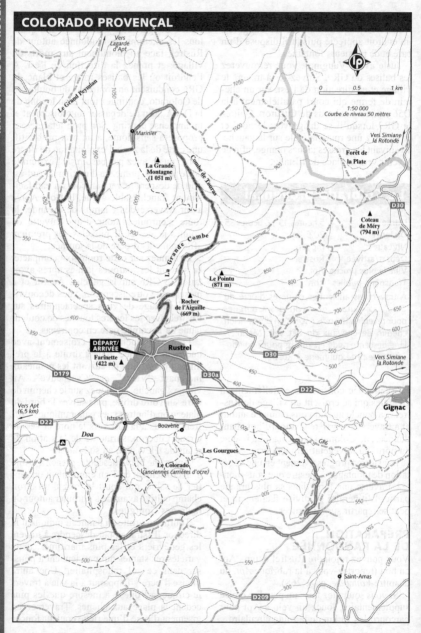

et traversez à nouveaux la boueuse Doa. Prenez la route bitumée jusqu'au hameau d'**Istrane**, qui ne compte guère que quelques habitations et un vieux lavoir à sec depuis longtemps.

Au panneau "Bouvène", prenez à droite le long d'une route peu fréquentée. Dès que le chemin à destination de Bouvène s'éloigne vers le sud, à proximité d'une canalisation déversant de l'eau fraîche, prenez à gauche pour suivre les balises du GR6, afin de revenir à **Rustrel** près du panneau d'affichage indiquant votre point de départ.

À l'ouest de ce panneau, suivez la rue de l'Église en direction du nord afin de dépasser la minuscule église et son cimetière. Grimpez un court bas-côté, traversez la route et poursuivez tout droit le long d'une route bitumée à l'entrée de la **Grande Combe**. Derrière une clôture barrée sur la gauche, vous apercevrez un bunker militaire enfoncé profondément dans la colline et une plate-forme pour hélicoptère.

À l'embranchement, prenez la route sur votre gauche qui mène rapidement à un ancien **chemin pour chevaux de bât** qui permettait de relier les communautés de Rustrel et Lagarde d'Apt. Remarquez les superbes bas-côtés de pierre dans les virages les plus serrés, à mesure que le chemin grimpe le flanc ouest de cette vallée escarpée, dense et recouverte d'impénétrables chênes verts. La pointe irrégulière au nord-est se nomme le **rocher de l'Aiguille**. Le sommet rond de la colline qui la surplombe, paradoxalement appelé **Le Pointu**, fut autrefois surmonté d'un fort gallo-romain.

Tournez à droite à un panneau indiquant "La Grande Montagne". Environ 30 minutes plus tard, non loin d'un panneau semblable, la route secondaire s'éloigne vers la gauche. Pour continuer, restez sur la piste principale à mesure qu'elle gravit le flanc de la **combe de Touras**, devenant plate à l'endroit où les bois semblent plus clairsemés.

Au-delà d'un bouquet de chênes, dirigez-vous vers la ligne haute tension et suivez-la vers le sud-ouest pour atteindre les ruines du **Marinier**.

Tournez à gauche (sud) le long d'une route goudronnée. Après environ 300 m, prenez à droite au niveau de deux poteaux métalliques pour longer un chemin mal tracé et suivez-le vers l'ouest, à travers un terrain plat et relativement découvert. Peu après avoir dépassé un renflement incongru au milieu du chemin, le sentier s'élargit en un chemin de terre bien tracé, qui plonge vers le sud-ouest et une fois encore dans un bois. Aux premiers zigzags d'une longue série, une zone de forêt dégagée, servant à la pratique du parapente, offre de magnifiques points de **vue sur le Grand et le Petit Luberon**.

À l'endroit où la piste rejoint un chemin perpendiculaire plus large, juste à côté d'une vaste citerne souterraine, prenez à gauche pour parcourir les deux derniers kilomètres de la descente ne présentant aucune difficulté vers **Rustrel**.

Autres randonnées

Cap Canaille

Longue de 21 km, cette randonnée en boucle de 4 à 5 heures fait le tour du spectaculaire promontoire de grès rose du cap Canaille. Procurez-vous auprès de l'office du tourisme de Cassis, le dépliant en couleurs *Balade au Cap Canaille*, dont l'excellente carte indique l'itinéraire depuis les falaises de Cassis jusqu'à La Ciotat. La totalité du parcours est également signalée sur la carte Didier Richard *Collines Provençales* au 1/50 000.

Quittez Cassis en suivant les panneaux indiquant la **route des Crêtes** et prenez un sentier balisé en jaune au **pas de la Colle**. Si vous ne voulez parcourir que la partie la plus spectaculaire en bordure des falaises, un bus quitte chaque jour La Ciotat à destination de Cassis durant l'été (le week-end tout au long de l'année).

Consultez la rubrique *De Cassis à La Ciotat* au chapitre *Bouches-du-Rhône* pour plus d'informations.

La Camargue

Une randonnée aller et retour de 22 km, dont 7,5 km longent la digue de la mer, vous emmène des Saintes-Maries-de-la-Mer au phare de Gacholles. En chemin, vous apercevrez des vues panoramiques sur la réserve naturelle de l'Étang de l'Impérial et sa riche avifaune.

Pour tout renseignement, consultez la rubrique *Arles et la Camargue* au chapitre *Bouches-du-Rhône*.

Le mont Ventoux

Vous avez peu de chance de vous retrouver seul au sommet du mont Ventoux (1 909 m), accessible en voiture et destination préférée des cyclistes chevronnés (voir l'itinéraire à vélo *Luberon et mont Ventoux* décrit plus loin). La satisfaction vient autant de la paisible contemplation du paysage depuis sa crête de 25 km de long que du fait d'atteindre le sommet, enneigé de décembre à avril. Cette ascension est décrite dans le chapitre *Vaucluse*, à la section *Ventoux*, page 294. Les itinéraires possibles figurent par ailleurs sur les cartes Didier Richard *Massif du Ventoux* au 1/50 000 et IGN n°3140ET au 1/25 000.

Randonnées à vélo

Les minuscules villages de l'arrière-pays provençal sont reliés par des routes de montagne, qui sont de véritables enchantements pour l'amateur de cyclisme.

Diversifié, le terrain s'élance des Alpes-de-Haute-Provence jusqu'aux rivages de la Méditerranée (on peut ainsi filer en descente sur des centaines de kilomètres). La Camargue, réserve naturelle sans dénivelés, balayée par les vents, se prête bien aux randonnées à vélo. Le Luberon, avec ses collines tannées par le soleil, mêle vignobles tirés au cordeau et villages anciens accrochés à flanc de rochers. Enfin, dominant l'arrière-pays, le mythique mont Ventoux continue de faire rêver les cyclistes.

Il est possible de louer des VTT dans la plupart des villes, et certains sentiers de grandes randonnées leur sont accessibles.

Cette région plaira, que vous goûtiez la difficulté des routes de montagne ou appréciez plutôt les balades-découvertes d'une journée. Nous vous proposons ici des itinéraires dans les gorges du Verdon et dans le Luberon jusqu'au mont Ventoux, ainsi qu'un circuit en boucle reliant Avignon, Arles et Nîmes.

Les gorges du Verdon

Durée	2 jours
Distance	104,6 km
Niveau	moyen-difficile
Départ	Comps-sur-Artuby
Arrivée	Manosque

Cette randonnée, ponctuée de passages difficiles mais pas insurmontables, rejoint les gorges du Verdon et le Luberon depuis Les Arcs (Var). Comptez une journée supplémentaire pour visiter des villages perchés et parcourir les routes des environs de Comps-sur-Artuby (voir *Détour* du Jour 1).

Se frayant un passage de 25 km sur le plateau calcaire du sud de la Haute Provence, entre Moustiers-Sainte-Marie et Comps-sur-Artuby, les eaux vertes et riches en fluor du Verdon ont creusé peu à peu les gorges les plus vastes d'Europe. Depuis 1997, le parc naturel régional du Verdon protège ces gorges profondes de 250 à 700 m. Larges d'à peine 8 à 90 m au fond, elles s'élèvent en falaises distantes de 200 à 1 500 m. Le fond des gorges ne fut pas exploré intégralement avant 1905. Elles appartiennent désormais à la Réserve géologique de Haute Provence, et le ramassage de pierres ou de fossiles est interdit.

Consultez la section *Verdon* au chapitre *Alpes-de-Haute-Provence* pour plus d'information.

PRÉPARATION DE LA RANDONNÉE

La période la plus agréable pour suivre ce circuit va de mai à septembre, mais les touristes affluent dans les gorges dès la mi-juin. L'été, pour davantage de tranquillité et de fraîcheur, partez de bonne heure le premier jour afin d'atteindre Moustiers pour le déjeuner.

Le point de départ de cette randonnée est Comps-sur-Artuby, aux portes des gorges du Verdon, côté Var.

Vous rejoindrez Manosque en 2 jours. Pour gagner Forcalquier à vélo depuis Manosque (voir l'itinéraire *Lubéron et mont Ventoux*), quittez le centre-ville par le nord, en direction de Dauphin. Suivez la route en lacets bordée d'arbres, en pente raide. Après 5,6 km, et un dénivelé de 200 m, vous débouchez sur le col de la Mort-d'Imbert. Après 11,8 km, tournez à droite dans le chemin de Saint-Jean, qui devient rapidement la route de la Bastide-Neuve. Prenez à gauche à hauteur du village (13,1 km), puis suivez les flèches blanches balisant la piste cyclable du Luberon jusqu'à Forcalquier.

ITINÉRAIRE
Comps-sur-Artuby

Comps, petite ville tranquille aux portes des gorges, constitue une étape de repos idéale. Le bureau de la commune (☎ 04 94 85 66 54), place de la République, vous fournira d'utiles renseignements.

Où se loger et se restaurer. Le camping municipal du Pontet (☎ *04 94 76 91 40 ; tente 2 €/jour et 2 €/pers*) s'étend à flanc de coteau à une centaine de mètres de la D71, à 1 km de la ville.

Plus près du centre, le **Grand Hôtel Bain** (☎ *04 94 76 90 06, fax 04 94 76 92 24 ; double sans/avec sdb 43/46 €*), à l'atmosphère familiale, accueille les voyageurs depuis 1737. Il fait aussi **restaurant**.

À 13 km de là (10 km sur la D955 vers le nord-ouest, puis 3 km sur la sinueuse D90), le village perché de Trigance abrite un hébergement luxueux, le **Château de Trigance** (☎ *04 94 76 91 18, fax 04 94 85 68 99, trigance@relaischateaux.fr, www.relaischateaux.fr/trigance ; demi-pension 194-258 € ; restaurant : plats 19-24 €, menus 34/45/60 € ; ouvert 15 mars-début nov*), décrit au chapitre *Alpes-de-Haute-Provence* page 396.

Jour 1 : de Comps-sur-Artuby à Moustiers-Sainte-Marie

3¹/₂-5 heures, 55 km
En saison, démarrez le plus tôt possible le matin, vers 6h30, pour rouler tranquillement. La circulation sur la D71, appelée

aussi la corniche Sublime, augmente en effet à partir de 10h. Depuis Comps, sachez que vous ne rencontrerez pas de magasins avant Aiguines (km 38,8).

Les dix premiers kilomètres au départ de Comps montent doucement pour atteindre 1 000 m d'altitude. La descente qui suit avale en revanche 200 m en 4 km. Laissez-vous filer mais ne manquez pas, au km 13,8, le panneau indiquant les **balcons de la Mescla**, qui jouissent d'un magnifique panorama. Cette terrasse surplombe le confluent des eaux du Verdon et de l'Artuby.

Poursuivez la descente, passez devant le café-bar **Relais de la Mescla**, puis traversez le pont de l'Artuby. Perché à 734 m d'altitude, c'est le plus haut pont d'Europe. Il attire régulièrement les amateurs de saut à l'élastique, qui s'élancent à 180 m au-dessus de la rivière. La route suit ensuite le bord de la gorge et passe sous des surplombs rocheux, qui tiennent miraculeusement en équilibre.

Un peu plus loin, les tunnels du Fayet (km 20,4) offrent une perspective vertigineuse sur les gorges.

À partir des **falaises de Bauchet** (km 26,8), le point le plus étroit des gorges, la route monte en direction du **cirque de Vaumale**, point de vue situé à 1 201 m donnant sur le plateau de Valensole et le lac de Sainte-Croix. Elle dévale ensuite près de 350 m sur 3 km pour atteindre le **col d'Illoire**, qui permet un dernier regard sur la gorge.

La descente se poursuit jusqu'au village touristique d'Aiguines et au lac de Sainte-Croix, qui sépare le Var des Alpes-de-Haute-Provence. Dans ce secteur, à 8 km de Moustiers, vous trouverez moult possibilités de camper et de faire du bateau (on peut même remonter la rivière en canoë ou en pédalo).

Vous rejoindrez **Moustiers-Sainte-Marie**, joli village niché sur un rocher encadré de deux falaises aux tons orangés. Le **ravin de Notre-Dame** traverse tout le village, enjambé par plusieurs ponts en pierre pittoresques.

Reportez-vous au chapitre *Alpes-de-Haute-Provence*, page 400, pour tout renseignement sur les services proposés dans cette ville.

Jour 1 : de Comps-sur-Artuby à Moustiers-Sainte-Marie

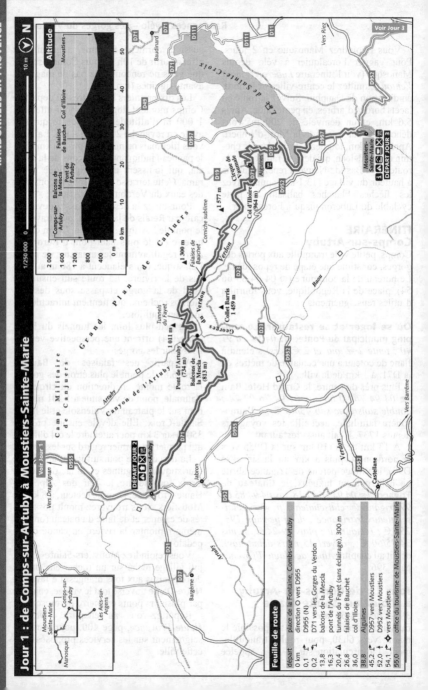

Feuille de route

départ	0 km	place de la Fontaine, Comps-sur-Artuby
	0,1	direction O vers D955
	0,2	D955 (N)
	13,8	D71 vers les Gorges du Verdon
	16,3	balcons de la Mescla
	20,4	pont de l'Artuby
	26,8	tunnels du Fayet (sans éclairage), 300 m
	36,0	falaises de Bauchet
	38,8	col d'Illoire
	45,2	Aiguines
	52,0	D957 vers Moustiers
	54,1	D952 vers Moustiers
	55,0	office du tourisme de Moustiers-Sainte-Marie

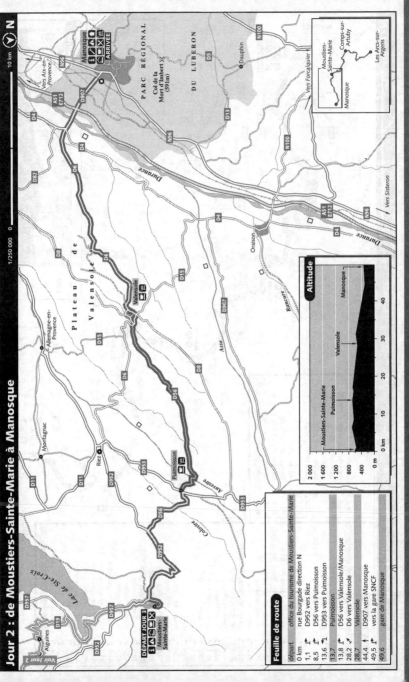

Jour 2 : de Moustiers-Sainte-Marie à Manosque

Feuille de route

départ	office du tourisme de Moustiers-Sainte-Marie
0 km	rue Bourgade direction N
1,1	D952 vers Riez
8,5	D56 vers Puimoisson
13,6	D953 vers Puimoisson
13,7	Puimoisson
13,8	D56 vers Valensole/Manosque
28,2	D6 vers Valensole
28,7	Valensole
44,4	D907 vers Manosque
49,5	vers la gare SNCF
49,6	gare de Manosque

Altitude

Moustiers-Sainte-Marie
Puimoisson
Valensole
Manosque

Jour 1 : de Forcalquier à Apt

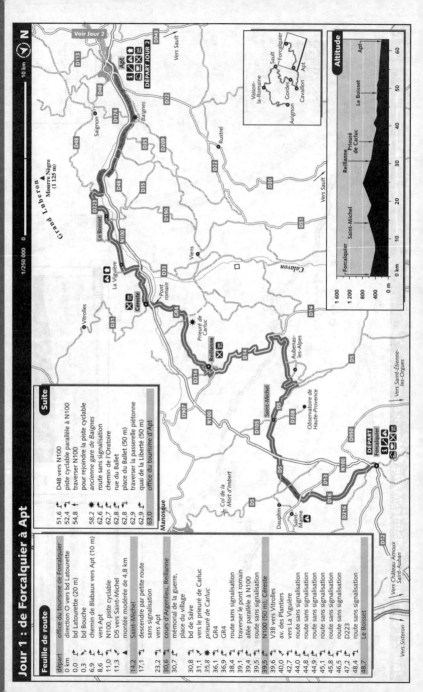

Feuille de route

départ		office du tourisme de Forcalquier
0 km	↱	direction O vers bd Latourette
0,0	↱↰	bd Latourette (20 m)
0,3	↰	bd Bouche
6,9	↱	chemin de Blabaux vers Apt (10 m)
8,6	↰	vers Apt
11,0	↱	N100, piste cyclable
11,3	↰	D5 vers Saint-Michel
		montée modérée de 4,8 km
14,2	↱	Saint-Michel
17,1	↱	descendre par petite route
		sans signalisation
23,2	↰	vers Apt
30,6	↱	cours d'Argenlieu, Reillanne
30,7	↰	mémorial de la guerre,
		place du village
30,8	↱	bd de Salve
31,1	↱ ⁕	vers le prieuré de Carluc
35,8	⁕	prieuré de Carluc
36,1	↰	GR4
36,9	↱	GR4
38,4	↱	route sans signalisation
39,1	↱	traverser le pont romain
39,4	↱	allée parallèle à N100
39,5	↱	route sans signalisation
39,5	↱	N100 (50 m), Céreste
39,6	↰	V3B vers Vitrolles
40,0	↰	av. des Plantiers
42,7	↰	vers La Viguière
44,0	↱	route sans signalisation
44,8	↱	route sans signalisation
44,9	↱	route sans signalisation
45,1	↱	route sans signalisation
45,8	↱	route sans signalisation
46,5	↱	route sans signalisation
47,2	↱	D223
48,4	↱	route sans signalisation
48,7		Le Boisset

Suite

51,6	↰	D48 vers N100
52,4	↱↰	piste cyclable parallèle à N100
54,8	↱	traverser N100
58,2	↰↱	pour rejoindre la piste cyclable
	⁕	ancienne gare de Baignes
62,6	↰	route sans signalisation
62,7	↱	chemin de l'Oratoire
62,8	↱	rue du Ballet
62,8	↱	place du Ballet (50 m)
62,9	↱	traverser la passerelle piétonne
62,9	↱	quai de la Liberté (50 m)
63,0		office du tourisme d'Apt

Jour 2 : de Moustiers-Sainte-Marie à Manosque
3-4 1/2 heures, 49,6 km

Cette balade sympathique, essentiellement en descente, sillonne champs de blé et de lavande parfumée, et passe à proximité de fermes vendant leurs produits. Les villages traversés n'offrent pas de prestations touristiques. Vous atteindrez **Manosque** après le long pont qui enjambe la Durance.

L'hébergement étant bien moins onéreux que dans les autres villes de la région (voir le chapitre *Alpes-de-Haute-Provence*), vous pouvez fort bien partir d'ici pour explorer le Luberon et les gorges du Verdon.

Luberon et mont Ventoux	
Durée	6 jours
Distance	339,8 km
Niveau	moyen-difficile
Départ	Forcalquier
Arrivée	Avignon

Plutôt ardue, en particulier dans le Luberon avec un vélo chargé, cette randonnée au cœur de paysages splendides est pourtant fort agréable. Elle comporte plusieurs circuits optionnels. Prévoyez par exemple de rester une nuit de plus à Gordes pour rallier Roussillon tranquillement (voir *Détour 2* du Jour 3).

La parc naturel régional du Luberon comporte une piste cyclable balisée d'une centaine de kilomètres, qui emprunte des routes tranquilles et traverse des villages perchés. Nous vous conseillons de rouler vers l'ouest, afin de rencontrer davantage de descentes. Vous pourrez sans difficulté décider de haltes supplémentaires dans les nombreux campings ou autres hébergements qui jalonnent la randonnée.

Nous avons bien sûr inclus l'ascension du mont Ventoux (1 912 m), rêve de tous les cyclistes. Les 22 km de descente qui suivent constituent aussi une expérience unique ! Vous aurez enfin la possibilité de visiter les vestiges romains de Vaison-la-Romaine et d'Orange et peut-être de déguster quelques crus à Châteauneuf-du-Pape.

Les régions traversées sont décrites en détail dans les chapitres *Alpes-de-Haute-Provence*, pour la portion Forcalquier-Apt (Jour 1), et *Vaucluse*, pour les cinq étapes suivantes, de Cavaillon à Avignon.

PRÉPARATION DE LA RANDONNÉE
Le mont Ventoux est généralement enneigé à partir de 1 300 m d'altitude de décembre à mai. La route du sommet n'est ouverte qu'en été.

Forcalquier n'est pas desservi par le train mais facilement accessible depuis Manosque, ville d'arrivée du circuit *Les gorges du Verdon*, décrit plus haut. Reportez-vous au chapitre *Alpes-de-Haute-Provence* pour tous les renseignements sur cette ville.

Pour rejoindre Avignon depuis Nîmes à vélo, suivez l'itinéraire du Jour 3 du circuit Route des vestiges romains (décrit plus loin), mais dans l'autre sens.

Avignon est traitée au chapitre *Vaucluse*.

ITINÉRAIRE
Dominant une colline rocheuse à 550 m d'altitude au milieu de champs de tournesols, **Forcalquier** termine la piste cyclable du Luberon du côté est.

Enfin, l'association Vélo Loisir en Luberon (☎ 04 92 79 05 82, vll@pacwan.fr, www.provence.fr/84/velo-loisir/htm, BP14, 04280 Céreste), propose toute une gamme de services autour du circuit Luberon en Vélo : location de vélo, transport de bagages et des personnes, dépannages et réservation d'hébergements.

Jour 1 : de Forcalquier à Apt
4-6 heures, 63 km

Vous suivrez la **piste cyclable du Luberon** toute la journée. Balisée par des flèches blanches (vers l'est) ou ocre-orangé (vers l'ouest), elle emprunte parfois des routes ne comportant aucune autre signalisation. Le long de la piste, des panneaux apportent des renseignements sur les sites traversés, les possibilités de restauration et d'hébergement.

À la sortie de Forcalquier, la piste cyclable rejoint la **vallée du Largue**, un

Jour 2 : d'Apt à Cavaillon

1/250 000

10 km

N

Feuille de route

départ		office de tourisme d'Apt
0,6 km	↰	av. P. Girard direction O
4,7	●●↰	*vignoble, 800 m* ↻
9,6	↱	D3 vers Cavaillon
11,7	↰	D3 vers Bonnieux
12,0		D3A (au panneau pour Bonnieux)
		Bonnieux
14,5	●●↰	*Loumarin et Vaugines, 34 km* ↻
17,8	↱	D109 vers Lacoste
18,3	↰	D106 vers Ménerbes, Lacoste
19,2	↱	D109 vers Ménerbes
19,7	↱	vers Bonnieux
21,1	↰	D106 vers Bonnieux
23,8	↱	D3 vers Ménerbes
25,9	↰	vers Oppède/Cavaillon
26,7		D3A vers Ménerbes
		Ménerbes
27,3	↱↰	vers Cavaillon
27,9	↱	D3 vers Oppède
28,8	↰	D188 vers Oppède
29,6	↱	D188 vers Oppède
29,7		vers La Plume au Vent
32,0	◀	côte très abrupte sur 400 m
32,4		Oppède-le-Vieux
33,2	↱	vers le vieux village de Maubec
34,9	↰	chemin de l'Ara
35,3	↱	route sans signalisation
35,7	↱	route sans signalisation, Maubec
36,8	↰	chemin du Peirou
37,9	↱	route sans signalisation
38,1	↰	vers Boulon
38,2	↱	av. du Luberon
38,6	↰	place Clément Gros, Robion
39,2	↰	chemin de la Roumanière
39,9	↱	route sans signalisation
41,1	↰	route sans signalisation, Taillade

Suite

41,6	↰	route sans signalisation
41,7	↰	ne pas traverser le canal
41,9	↱	traverser le canal
42,0	↰	D143 vers Cavaillon
42,2	↱	chemin Saint-François
43,8	↱	chemin de Dorio
44,4	↱	traverser la voie ferrée désaffectée
44,4	↰	VC32 (30 m)
45,8	↰	vers Pertuis
46,1	↱	route passante
		suivre la direction centre-ville/office du tourisme
48,0		office de tourisme de Cavaillon

Altitude

affluent de la Durance, et suit durant quelque temps une ancienne voie ferrée. Cette partie ne comprend ni source ni ombre mais jouit, en revanche, d'une vue magnifique sur la montagne de Lure et les cultures accrochées aux strates calcaires.

Passé **Reillanne** (km 30,6), le massif boisé du Luberon s'offre à vous. Des champs multicolores, tournesols, lupins ou blé, en illuminent les contreforts. Les crêtes présentent surtout des forêts de chênes, qui s'étagent parfois jusqu'aux vallées. Une route minuscule conduit aux ruines du **prieuré de Carluc**, ainsi qu'à une jolie aire de pique-nique près d'un ruisseau.

Traversez le pont romain pour rejoindre **Céreste**, puis empruntez la route parallèle à la N100 pour **La Viguière**.

La piste cyclable s'étire encore à loisir, avant de retrouver une nouvelle voie ferroviaire désaffectée après Le Boisset. Au km 58,2, elle longe l'**ancienne gare** de Baignes. Plusieurs routes traversent cette portion de la piste, sur laquelle elles sont prioritaires.

Vous parvenez enfin à Apt (voir cette rubrique dans le chapitre *Alpes-de-Haute-Provence*).

Jour 2 : d'Apt à Cavaillon
3-5 heures, 48 km
Au-delà des pentes boisées des environs d'Apt, la campagne est parsemée de vignobles, de champs d'oliviers et de vergers, ponctuée ici ou là de *bories*, d'immémoriales huttes de pierre. Les points en hauteur permettent de repérer les touches de couleur ocre-rouge, caractéristique du Luberon. On passe non loin du vignoble du **château de Mille**, qui produit d'excellents vins depuis le XIIᵉ siècle. Accordez-vous un petit crochet pour une dégustation sur place, le raidillon du retour ne devrait pas vous coûter trop d'efforts.

Bonnieux (km 12) bénéficie d'un magnifique panorama sur le nord et l'ouest. On distingue nettement les ruines du château du marquis de Sade, au-dessus de Lacoste. Le parcours supplémentaire pour Lourmarin démarre ici (voir *Détour : Lourmarin et Vaugines*, ci-dessous). La piste cyclable, au gré de nombreux lacets, traverse **Lacoste**

avant de rejoindre **Ménerbes**, un charmant village perché.

Octroyez-vous une pause-déjeuner à la pizzeria **La Bouche à Feu** (☎ *04 90 72 30 17, rue Klébert-Guendon*), qui sert également de copieuses salades.

La piste cyclable reprend ses circonvolutions en direction de Cavaillon, sur de petites routes parfois fort pentues, à travers les villages et les champs. Les falaises de calcaire forment un paysage impressionnant. Au niveau du **chemin de Dorio** (km 43,8), évitez une montée de plus de 800 m en traversant la voie ferrée désaffectée, puis en prenant à gauche sur le VC32.

Une route sans difficulté conduit ensuite à **Cavaillon** (voir le chapitre *Vaucluse* pour tout renseignement sur cette ville). En entrant dans la ville, suivez la direction du centre-ville et de l'office du tourisme.

Détour : Lourmarin et Vaugines
2-3 heures, 34 km
À Bonnieux, quittez la D3 pour la D36 en direction de Lourmarin (220 m d'altitude, voir le chapitre *Vaucluse* page 281). Après une petite montée de 75 m, à 466 m d'altitude, la route descend en lacets dans des gorges profondes (la combe de Lourmarin), entre les massifs du Grand et du Petit Luberon. Des rochers tiennent en équilibre au-dessus de la route. Prenez garde aux bus de touristes qui occupent parfois toute la voie.

Depuis Lourmarin, fournissez un dernier effort (sur les D27, D45 et D56) pour gagner **Vaugines**, où l'on tourna plusieurs scènes de *Manon des Sources* et *Jean de Florette* (1986). Remarquez le gigantesque marronnier et la fontaine couverte de mousse de la place de la Fontaine. Prenez la D56 pour rejoindre Lourmarin directement, puis rebroussez chemin jusqu'à Bonnieux par la route des gorges.

Jour 3 : de Cavaillon à Gordes
1¹/2-2¹/2 heures, 23,4 km
Cette étape courte réserve du temps aux visites et à des circuits supplémentaires, dont un en fin de journée, par exemple.

Vous sortez de Cavaillon par une route passante et sans intérêt, qui s'améliore tou-

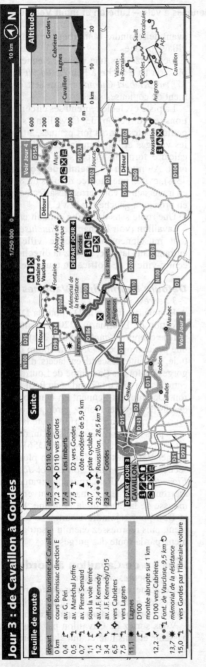

Jour 3 : de Cavaillon à Gordes

Feuille de route

départ		office du tourisme de Cavaillon
0 km		cours Bournissac direction E
0,4	↰	av. G. Péri
0,5	↱	av. Maréchal Joffre
0,7	↱	av. Pierre Semard
1,1	↱	sous la voie ferrée
1,2	↰ ◆	av. J.F. Kennedy
3,4	↱	av. J.F. Kennedy/D15
6,5	↰ ◆	vers Cabrières
7,5	↱	vers Lagnes
11,1	↰ ←	Lagnes
	◀	D100
		montée abrupte sur 1 km
12,2	↱ ★	D100 vers Cabrières
13,7	★	mémorial de la résistance
15,0	↱	vers Gordes par l'itinéraire voiture

Suite

15,5	↗	D110, Cabrières
17,2	↱ ◆	D110 vers Gordes
17,4	↰	Les Imberts
17,5	↱	D2 vers Gordes
		côte modérée de 5,9 km
20,7	↗ ◆	piste cyclable
23,4 ● ● ●	Roussillon, 28,5 km ↻
23,4		Gordes

DÉPART JOUR 3
CAVAILLON

DÉPART JOUR 4
Gordes

tefois après le Coulon, un charmant ruisseau à quelques kilomètres de la ville.

Traversez **Lagnes**, avec ses maisons en pierre jaune et ses rues pavées. Des expositions ont lieu dans l'ancien lavoir, à côté de la place de la Fontaine. Une rude grimpette vous attend si vous prenez la direction de **Fontaine-de-Vaucluse** (voir *Détour 1*, plus bas). Au km 13,7, vous passez devant un **mémorial** en l'honneur des résistants du Luberon.

À **Cabrières-d'Avignon** (km 15,5), au cœur d'une belle forêt de pins et de cèdres, marquez une pause dans **Le Bistrot à Michel** (☎/*fax 04 90 76 82 08*), pour déguster de savoureuses omelettes aux truffes (de novembre à mars) ou d'autres mets inoubliables.

Après les Imberts (km 17,2), suivez la D2, étroite et sans attrait, avant de rejoindre la piste cyclable, bien distincte de la route dans la montée. Vous arrivez bientôt en vue de **Gordes**, accroché à flanc de colline et se détachant sur la vallée de Bonnieux et le massif du Luberon.

Détour 1 : Fontaine-de-Vaucluse
1/2-1 heure, 9,5 km

À la sortie de Lagnes, prenez la D100A, qui, après une belle descente ponctuée de virages en épingle à cheveux, vous conduit à **Fontaine-de-Vaucluse**.

Suivez les panneaux sur la droite, sur la D24, pour gagner la promenade où la Sorgue finit sa course souterraine. Au printemps, après la fonte des neiges, près de 200 m³ d'eau par seconde jaillissent parfois au pied du rocher. Le reste de l'année, un filet d'eau s'écoule doucement de la falaise, et la source n'est plus qu'un bassin tranquille mais très profond (315 m). Le site attire chaque année 1,5 million de personnes, qui se répandent aussi dans les restaurants et les boutiques de souvenirs alentour.

Retournez au croisement de la D100A et de la D24 et suivez celle-ci vers l'ouest jusqu'à la D99, sur la gauche, pour revenir à **Lagnes**. Remontez au village, puis prenez la D100 sur la droite pour poursuivre la randonnée. Pour éviter cette montée, suivez la D99 et la D24 pour vous rendre à Fontaine-de-Vaucluse.

Jour 4 : de Gordes à Sault

1/250 000

10 km

N

Voir Jour 5

Voir jour 3

DÉPART JOUR 5

DÉPART JOUR 4

Feuille de route

départ		route de Murs/D102, Gordes
0 km	↱	route de Murs/D15 direction N vers Murs
7,7	↱	vers Murs
9,4		Murs
	⚐	D4 vers le col de Murs
		côte progressive de 5,4 km
14,8	▲	col de Murs
24,6	●●● ↺	Venasque, 2 km ↺
26,4	↰	D77 vers Malemort
28,1	↰	D5 vers Malemort
28,9	↱	D77 vers Blauvac, Malemort
29,1	↰	D158 vers Blauvac
30,2	↱	D158 vers Blauvac
31,6	↱	D150 vers Blauvac
34,9		Blauvac
38,5	↱↰	D14 vers Villes-sur-Auzon
39,6	↱	D14A vers Villes-sur-Auzon
40,3	↱	D942 vers Villes-sur-Auzon
41,7	↱↰	D942, Villes-sur-Auzon
41,8	↱↰	D942 vers les gorges de la Nesque
42,0	↱	D942 vers les gorges de la Nesque
46,0	▲	gorges de la Nesque montée modérée de 15,3 km
64,9		Monieux
68,9	↰	D942 vers Sault
71,3	↱↰	D942 vers Sault
72,0		office du tourisme de Sault

Vaison-la-Romaine
Forcalquier
Gordes
Apt
Avignon
Cavaillon

Altitude

Col de Murs — Mars — Malemort — Blauvac — Villes-sur-Auzon — Gorges de la Nesque — Monieux — Sault

Détour 2 : Roussillon

1¹/2-3 heures, 28,5 km

Les plus rapides d'entre vous peuvent effectuer cette randonnée en fin de journée. Pour profiter amplement de la promenade, prévoyez une journée supplémentaire.

Depuis le centre de Gordes, suivez la D102 vers l'est en direction de Roussillon, puis prenez la D2, sur la gauche, après 2,5 km. Plus loin, après 3,5 km, tournez à droite dans la D102 pour grimper à **Roussillon** (360 m d'altitude).

Tout le village présente les mêmes tons d'ocre que les falaises sur lesquelles il est construit, créant ainsi un contraste impressionnant avec les alentours couverts de conifères vert vif. Les Romains utilisèrent déjà cette terre pour teinter leurs poteries il y a 2 000 ans.

Empruntez le **sentier des Ocres**, long de 1 km, qui commence à une centaine de mètres au nord du centre du village. Il serpente entre de fabuleuses formations rocheuses, créées au fil des siècles par l'érosion, au milieu d'une forêt de châtaigniers et de pins maritimes (voir la rubrique *Roussillon*, page 264, au chapitre *Vaucluse*).

Quittez Roussillon par la D2 et suivez la D102, plus calme, vers le nord. Après Joucas, empruntez la D102A et la D4 pour gagner **Murs** (20 km). Après ce village, vous attendent 8,5 km de descente (superbes !) pour rejoindre **Gordes**, sur la D15.

Reportez-vous au chapitre *Vaucluse* pour tous les renseignements sur les services proposés dans cette ville.

Jour 4 : de Gordes à Sault

4-7 heures, 72 km

Prenez la splendide D15 jusqu'à Murs, puis continuez sur la D4 pour franchir le **col de Murs** (627 m d'altitude). La descente, qui s'effectue à travers l'épaisse forêt de chênes de Vénasque et dans des gorges calcaires, comporte trois aires de pique-nique.

L'embranchement pour **Vénasque**, un magnifique village, se situe au km 24,6. Redescendez ensuite la colline pour poursuivre la randonnée. Le village suivant, **Malemort-du-Comtat** (km 28,9), organise une fête de la Cerise fin juin. Après une

grande carrière, la route s'élance dans les collines, révélant soudain le sommet dépouillé du **mont Ventoux**. Vous pénétrez là dans la région des vins des côtes du Ventoux.

Sans attrait particulier, **Villes-sur-Auzon** (km 41,7) marque l'entrée des magnifiques **gorges de la Nesque** (voir le chapitre *Vaucluse*). À la différence des gorges du Verdon, cette faille en diagonale n'impressionne pas au premier regard mais présente un aspect isolé et sauvage tout aussi spectaculaire et enchanteur. La route monte en lacets sur des pentes boisées, découvrant des points de vue splendides, et serpente en direction de Sault en passant sous quelques tunnels ou rochers rougeâtres. Ajoutons que la D942 est fort peu fréquentée, surtout le matin.

Sur les 23 km qui séparent Villes de Monieux, vous ne croiserez guère de voitures et ne verrez aucun magasin, hormis un petit stand de cerises vers le belvédère.

L'**aire de pique-nique**, située à 3 km après Villes, offre un beau panorama sur Blauvac. Les oliviers, bien alignés le long de la route, semblent avoir été taillés par un ouvrier méticuleux. Une descente rapide débouche sur une dernière montée de 100 m après Monieux. Au sommet vous attend **Sault** (765 m d'altitude), à deux pas du mont Ventoux.

À 26 km du sommet mythique, Sault représente le plus haut des trois points de départ de l'ascension du mont Ventoux, les deux autres étant Malaucène (377 m d'altitude, au km 21) et Bédoin (275 m d'altitude, au km 21). Village animé, il jouit d'une belle vue sur la vallée du Croc et le plateau de Vaucluse (voir le chapitre *Vaucluse*).

Le sommet du Ventoux restant toujours nettement plus frais que la plaine (il peut y avoir une différence de 20°C) et recevant deux fois plus de précipitations, prévoyez des vêtements chauds et imperméables.

L'office du tourisme et les librairies vendent des guides de **randonnée à VTT** dans la région du Ventoux.

Jour 5 : de Sault à Vaison-la-Romaine

4-6¹/2 heures, 63 km

La journée commence par une courte descente, avant d'attaquer une longue montée, où l'on passe de 700 à 1 912 m d'altitude, pour atteindre le sommet du mont Ventoux. Les bornes kilométriques indiquent également l'altitude.

L'ascension, de 26 km, prend au moins 2 heures 30 et nous conseillons de démarrer de bonne heure. Ne comptez pas trop vivre une expérience en solitaire : des dizaines de cyclistes viennent s'entraîner tous les jours depuis les différents points de départ, et d'autres, arrivés en voiture au **Chalet Reynard** (1 415 m), effectuent les six derniers kilomètres à vélo.

À la sortie de Sault, le mont Ventoux demeure invisible, masqué par une colline de pins. Son sommet couvert de *lauzes*, ces pierres blanches et fines, apparaît au bout d'une quinzaine de kilomètres. Des aires de pique-nique et des abris jalonnent la montée. Au **belvédère** situé au km 13,9 (1 288 m d'altitude), des plaques relatent l'histoire du plateau d'Albion et de ses premiers habitants, les Albici.

Cinq kilomètres après Le Chalet Reynard se dresse le mémorial Tom Simpson, un coureur britannique mort durant l'ascension, lors du Tour de France 1967. Lorsque, enfin, vous franchissez le dernier kilomètre, le plus raide, vous découvrez toute la Provence et les Alpes du Sud, panorama grandiose récompensant largement vos efforts.

Le **mont Ventoux** sert de refuge à plusieurs espèces, notamment des aigles, des araignées et plusieurs variétés de papillons. Les forêts, déboisées pour la construction de bateaux il y a 400 ans, ont été replantées en certains endroits, à partir de 1860, avec différentes variétés d'arbres, en particulier les majestueux cèdres du Liban. Tous ces feuillus parsèment la montagne de touches de couleur en automne.

La descente suit sur 6 km une route étroite et pentue, qui zèbre le flanc de la montagne avant de pénétrer dans la forêt. La pente s'adoucit et la route s'élargit ensuite. Vous n'avez plus qu'à vous laisser descendre sur une vingtaine de kilomètres, et vous déboucherez brusquement en plein centre de **Malaucène** (km 48,1), ville idéale pour une pause déjeuner (voir cette rubrique page 298 au chapitre *Vaucluse*).

Le reste de la randonnée risque de vous paraître fort calme après les émotions du mont Ventoux. Elle aura au moins le mérite d'emprunter des routes ombragées et sans difficulté, de traverser des petits villages, tel **Entrechaux** (km 53,1) et les ruines de son château, que vieux ponts en pierre et même de suivre une portion d'un circuit cyclotouristique. Face à vous se découpent les Dentelles de Montmirail, derrière **Vaison-la-Romaine** Reportez-vous au chapitre *Vaucluse* pour tous les renseignements sur les services proposés dans cette ville.

Jour 6 : de Vaison-la-Romaine à Avignon
4¹/₂-7 heures, 70,4 km

Cette longue randonnée commence sur une nouvelle portion du circuit cyclotouristique, qui suit un chemin étroit et parfois pentu à travers une forêt, avant de déboucher à **Séguret** (km 7,9). Sa ville fortifiée lui vaut de figurer au nombre des plus beaux villages de France. Promenez-vous dans les ruelles pavées. Depuis les hauteurs, l'on aperçoit à l'ouest les tours d'une centrale nucléaire.

Faites éventuellement un crochet jusqu'aux admirables **Dentelles de Montmirail** (voir *Détour* plus bas), puis reprenez la route principale, qui sillonne les vignes et vous fournit moult occasions de déguster des gigondas, avant d'atteindre Orange (voir cette rubrique au chapitre *Vaucluse*).

Vous traversez ensuite d'autres exploitations viticoles, tel le château Mont-Redon, dans la région de Châteauneuf-du-Pape. Ce village, à l'origine un modeste hameau minier, s'est appelé Calcernier en raison de ses carrières de calcaire. En 1317, le pape Jean XXII (1316-1334) y établit sa résidence pontificale et créa un vignoble alentour. Aujourd'hui entouré de quelque 3 200 ha de vigne, le village doit sa réputation mondiale à ses vins rouges. Le premier week-end du mois d'août, on célèbre la maturité des grappes par la fête de la Véraison, puis vient en septembre la fête des Vendanges.

Vous pouvez vous procurer à l'office du tourisme de Châteauneuf-du-Pape (☎ 04 90 83 71 08, www.chato9pape.enprovence. com), place du Portail, une liste des

Jour 5 : de Sault à Vaison-la-Romaine

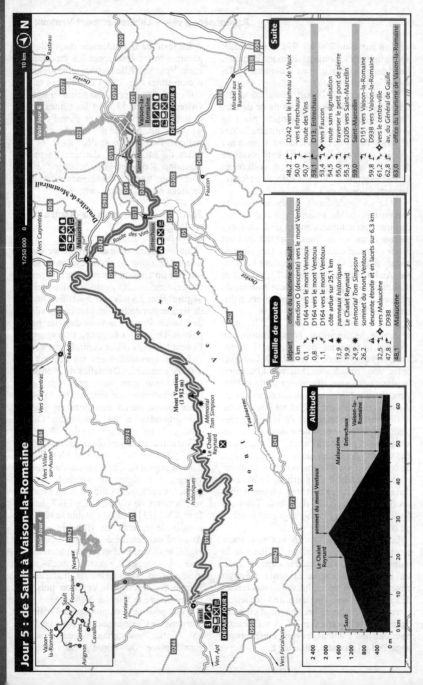

N

1/250 000

0   10 km

Feuille de route

départ	office du tourisme de Sault
0 km	direction O (descente) vers le mont Ventoux
0,1	D164 vers le mont Ventoux
0,8	D164 vers le mont Ventoux
1,1	D164 vers le mont Ventoux
	côte ardue sur 25,1 km
13,9	panneaux historiques
19,9	Le Chalet Reynard
24,9	mémorial Tom Simpson
26,2	sommet du mont Ventoux
	descente étroite et en lacets sur 6,3 km
32,5	vers Malaucène
47,8	D938
48,1	Malaucène

Suite

48,2	vers le Hameau de Vaux
	vers Entrechaux
50,0	route des Vins
50,7	D13. Entrechaux
53,1	vers Faucon
53,4	route sans signalisation
54,5	traverser le petit pont de pierre
55,0	D205 vers Saint-Marcellin
55,3	Saint-Marcellin
59,0	D151 vers Vaison-la-Romaine
	D938 vers Vaison-la-Romaine
59,8	vers le centre-ville
61,2	av. du Général de Gaulle
62,8	office du tourisme de Vaison-la-Romaine
63,0	

Altitude

(profil altimétrique : Sault, Le Chalet Reynard, sommet du mont Ventoux, Malaucène, Entrechaux, Vaison-la-Romaine)

Jour 6 : de Vaison-la-Romaine à Avignon

1/300 000

0   10 km   N

Altitude

— Vaison-la-Romaine — Avignon

1 200
800
400
0 m

Séguret   Violès   Orange   Château Mont Redon   Châteauneuf-du-Pape   Roquemaure   Avignon

0   10   20   30   40   50   60   70

0 km   10 km

Dentelles de Montmirail

Col du Cayron (396 m)

Feuille de route

départ		
0 km		office du tourisme de Vaison
	↰	av. du Général de Gaulle direction E
0,2	↱	zone semi-piétonne
0,5	↰	pont romain vers Avignon
1,1	↱	D977 vers Avignon
2,1	◄	vers le circuit cyclotouristique
2,5	◄	montée difficile de 3,5 km
		revêtement inégal
3,6	↱	route sans signalisation
3,9	↱	route sans signalisation
5,5	↱	route sans signalisation
6,1	↱	vers Séguret
7,3	↱	route sans signalisation
7,7	↱	route sans signalisation
7,9	✱	ville fortifiée de Séguret
8,4		Séguret

✱ Séguret

Suite

8,5	↱	D23 vers Sablet
10,4	↱	D7 vers Gigondas
10,9	↰	D7
13,4	✱↻	Dentelles, 6,3 km ↻
15,1	↱	D80 vers Orange
16,4	↱	D8
17,7	↱	D977
19,1	↱	D67 vers Camaret, Violès
23,9	↱	vers Orange
25,7	↱	Camaret-sur-Aigues
25,9	↱	vers Orange
26,0	↱	D975 vers Orange
31,3	↱	vers le centre-ville
31,9		Orange
32,0	↱	rue Caristie
32,3	↱	place des Frères Mounet
32,4	◇	vers Montélimar/arc de triomphe
32,4	◇	vers l'A7-A9, office du tourisme
32,5	↱	av. des Thermes, vers Nîmes
32,9	↱	rue Saint-Clément
34,4	↱	vers Le Grès
37,4	↱	chemin de Maucoil
		montée modérée de 5,8 km
39,6	✱	château Mont Redon
41,4	↱	route sans signalisation
44,8		Châteauneuf-du-Pape
44,9	↱	D17 vers Roquemaure
45,0	↱	D17 vers Roquemaure
50,8	↱	D976 vers Roquemaure
54,1	↱	D976 vers Roquemaure
54,7		Roquemaure
55,1	↱	D980 vers Sauveterre
57,8	↱	D980 vers Sauveterre
57,8	↱	D980, Sauveterre
65,0		vers Villeneuve
66,5	↱	vers Avignon
67,6	↱	vers Avignon
67,8	↰	vers le pont Édouard Daladier
68,8		suivre les remparts
70,3	↱	à la porte de la République
70,4		gare d'Avignon

Vaison-la-Romaine
DÉPART JOUR 6

Voir jour 5

Ville fortifiée de Séguret

Rasteau

Le Cheval Blanc

Vers Carpentras

Vers Sault   Forcalquier   Apt

Vaison-la-Romaine   Gordes   Cavaillon   Avignon

Vacqueyras

Gigondas

Détour

Sablet

Camaret-sur-Aigues

Bédarrides

Vers Salon-de-Provence

Sorgues

ORANGE

Château Mont Redon

Châteauneuf-du-Pape

Maucoil

Roquemaure

Sauveterre

Rhône

Mondragon

Villeneuve-lès-Avignon

pont Saint-Bénezet
pont Édouard Daladier
Île de la Barthelasse

AVIGNON
ARRIVÉE

Vers Nîmes

D938, D90, D52, D977, D23, D79, D7, D80, D67, D975, D8, D950, D16, D24, D68, D22, D72, A7 E714, N7, D17, D976, D980, D2, A9 E15, N580, N100

RANDONNÉES EN PROVENCE

domaines ouverts à la dégustation et à la vente. Flânez dans ces domaines, avant de traverser le Rhône. Longez-le par Roquemaure et Villeneuve, jusqu'au pont Édouard-Daladier qui marque l'entrée dans **Avignon**.

Prenez garde à la circulation intense entre le pont Saint-Bénezet et la gare ferroviaire. Il vaut mieux suivre l'enceinte extérieure de la ville, dans le sens contraire des aiguilles d'une montre. La gare fait face à la porte de la République.

Reportez-vous au chapitre *Vaucluse* pour tous les renseignements sur les services proposés dans cette ville.

Détour : les Dentelles de Montmirail
20-45 minutes, 6,4 km
Prenez la D79 sur la gauche, en direction de **Gigondas**. Marquez une pause dans le village, à 1,5 km de la D7, le temps de profiter de ses cafés, puis prenez la direction des Dentelles de Montmirail. Après 1,6 km, la route se transforme en un chemin abrupt. Laissez votre vélo et parcourez à pied les derniers 400 m jusqu'au **col du Cayron** (400 m d'altitude), qui offre une vue spectaculaire sur ces dentelles de calcaire. Vous pouvez aussi vous balader sur les sentiers en contrebas.

Pour regagner Gigondas, tournez à droite (au bas de la colline) dans la route qui vient du village. Continuez ensuite tout droit au lieu de prendre la D79. Vous rejoindrez la D7 par une autre route, à 1,2 km au sud de celle de l'aller. Tournez à gauche pour poursuivre la randonnée.

La route des vestiges romains

Durée	3 jours
Distance	206,9 km
Niveau	moyen
Départ/arrivée	Avignon

Cette balade, sans difficulté particulière, est émaillée de vestiges romains et d'autres trésors historiques. La région abrite aussi des sites naturels préservés, comme la Camargue. La randonnée traverse deux

massifs peu élevés ; le plus haut, les Alpilles, culmine à tout juste 280 m.

PRÉPARATION DE LA RANDONNÉE
Le Vélo Saintois (☎/fax 04 90 97 74 56), 19 av. de la République, aux Saintes-Maries-de-la-Mer, fournit une liste des circuits cyclistes en Camargue et loue des VTT.

Pensez à une paire de jumelles pour observer les oiseaux en Camargue, ainsi qu'à un produit répulsif contre les insectes.

Avignon, qui marque la fin de la randonnée *Le Luberon et le mont Ventoux*, constitue aussi le départ de cette balade en boucle.

ITINÉRAIRE
Jour 1 : d'Avignon à Arles
4¹/₂-7 heures, 71,3 km
Depuis la gare d'Avignon, suivez les remparts dans le sens des aiguilles d'une montre. Après le pont Édouard-Daladier, lorsque vous roulez sur la D2 vers le sud, la circulation diminue.

Après **Barbentane**, doté d'un joli château XVIIᵉ, la côte de la Montagnette, qui longe l'**abbaye Saint-Michel-de-Frigolet**, suit une route de forêt très tranquille, jalonnée de tables de pique-nique.

À **Graveson**, arrêtez-vous éventuellement au musée du Parfum ou au marché paysan le vendredi après-midi. Gagnez **Maillane**, qui a transformé en musée la demeure où habita Frédéric Mistral (1830-1914) à partir de 1876.

Saint-Rémy-de-Provence (km 35,5) se dresse au pied des Alpilles. Au sud, le site archéologique de **Glanum** a révélé des vestiges grecs et romains.

Grimpez au sommet des **Alpilles** (280 m), puis laissez-vous descendre à travers une forêt aux mille parfums. Le paysage devient peu à peu plus rocheux, ponctué de falaises aux tons gris-orangé.

À 10 km de Saint-Rémy, le village des **Baux-de-Provence**, perché sur une crête isolée offre une vue imprenable sur tous les environs. Dominé par les ruines de la citadelle, jadis résidence des Grimaldi de Monaco, il attire aujourd'hui des milliers de touristes.

Jour 1 : d'Avignon à Arles

Feuille de route

km		Indication
départ		gare d'Avignon
0 km		suivre les remparts direction O
0,8		pont Édouard Daladier
1,6		descente après le pont
1,9		D2 vers Aramon
12,0		D402 vers Boulbon
12,7		D35 vers Barbentane
15,2	✳	Barbentane
15,3		vers Saint-Michel de Frigolet
15,4		vers Saint-Michel de Frigolet
15,6	◀	montée progressive de 5,1 km
20,7		D81
23,4	✳	abbaye Saint-Michel de Frigolet
25,2		D970 vers Graveson
25,6		D28 vers Graveson
26,1		vers Graveson
26,5	✳	Graveson
27,4		av. du Lieutenant Atger
28,5		vers Maillane
28,6	✳	Maillane
29,0		D5 vers Saint-Rémy-de-Provence
35,5		D5 vers Saint-Rémy-de-Provence
		Saint-Rémy-de-Provence
36,7	◀	montée modérée de 4,1 km
42,7	✳	site archéologique de Glanum
45,6	✳	D27A vers Les Baux de Provence
47,1		Les Baux-de-Provence
50,7		D78F vers Fontvieille
54,6		D17 vers Fontvieille
54,7	✳	D33 vers le centre-ville
		Fontvieille
62,5		D33
68,6		D83 vers Raphèle/Arles
69,9		N453: Pont de Crau
71,3		espl. Charles de Gaulle
71,3		vers le centre-ville
		office du tourisme d'Arles

N

1/325 000

Altitude

Avignon — Graveson — Saint-Rémy-de-Provence — Les Baux-de-Provence — Les Alpilles — Arles

Voir Jour 2

Voir Jour 3

DÉPART AVIGNON

DÉPART JOUR 2

ARLES

Jour 2 : d'Arles à Nîmes

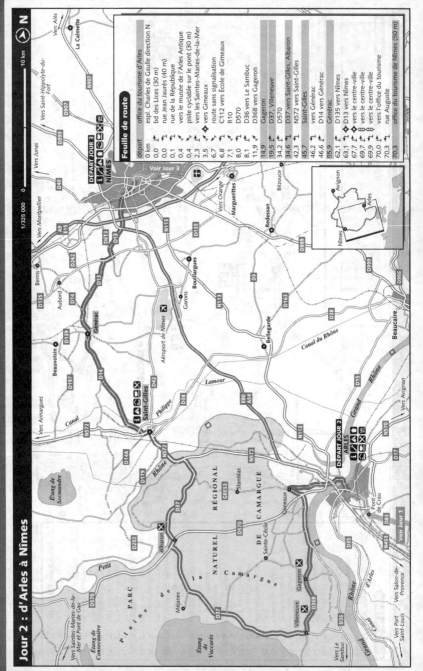

1/325 000

10 km

N

Feuille de route

depart	0 km	office du tourisme d'Arles
	0,0	espl. Charles de Gaulle direction N
	0,0	bd des Lices (30 m)
	0,1	rue Jean Jaurès (40 m)
	0,4	rue de la République
	0,4	vers le musée de l'Arles Antique
	0,4	piste cyclable sur le pont (30 m)
	2,3	vers les Saintes-Maries-de-la-Mer
	3,5	vers Gimeaux
	6,7	route sans signalisation
	6,8	C112 vers École de Gimeaux
	7,1	R10
	8,0	D570
	8,1	D36 vers Le Sambuc
	11,9	D368 vers Gageron
	14,9	Gageron
	19,5	D37, Villeneuve
	34,2	D570
	34,6	D37 vers Saint-Gilles, Albaron
	42,3	N572 vers Saint-Gilles
	45,7	Saint-Gilles
	46,2	vers Générac
	46,6	D14 vers Générac
	55,9	Générac
	62,1	D135 vers Nîmes
	63,1	D13 vers Nîmes
	67,7	vers le centre-ville
	69,7	vers le centre-ville
	69,9	vers le centre-ville
	70,0	vers l'office du tourisme
	70,3	rue Auguste
	70,3	office du tourisme de Nîmes (50 m)

Vers Alès
Vers Saint-Hippolyte-du-Fort
La Calmette
N907
Vers Junas
D999
D907
DÉPART JOUR 3
NÎMES
Voir Jour 3
Vers Orange
Marguerittes
Bézouce
Redessan
D999
Avignon
Arles
Nîmes
Vers Montpellier
A9 E15
D40
D613
N119
D135
D3
Vers Junas
Bernis
Aubord
D135
D14
D139
Générac
D14
Beauvoisin
D197
D262
D13
Bouillargues
Garons
N113
Bellegarde
D163
D38
Canal du Rhône
Aéroport de Nîmes
Vers Aimargues
Canal
Philippe
Saint-Gilles
D38
D42
Lamour
E80 A54
N572
D14A
D179
Rhône
N572
Stanislas
GR653
PARC NATUREL RÉGIONAL DE CAMARGUE
N113
N572
Vers Avignon
Grand Rhône
Beaucaire
D15
D986
D999
N570
D37
D83
Pont de Crau
Voir Jour 1
DÉPART JOUR 2
ARLES
D35
D453
Vers Salon-de-Provence
Étang de Scecmandre
Étang de Vaccarès
Petit
D202
D570
Albaron
Méjanes
D37
Plaine de la Camargue
Sainte-Cécile
Gimeaux
Villeneuve
Gageron
D36
D368
Rhône
Grand
Canal
d'Arles
Vers Le Sambuc
Vers Port Saint-Louis
Vers Saintes-Maries-de-la-Mer et Pont de Gau
Étang de Consecanière
D570

Jour 3 : de Nîmes à Avignon

Feuille de route

départ		office du tourisme de Nîmes
0 km	↱	direction S vers la Maison Carrée
0,0	↰	rue Général Perrier (50 m)
0,6	↱	bd Amiral Courbet
0,7	↰	à l'église Saint-Baudille, vers Uzès
0,8	♦	vers Uzès
1,4	↰	vers Uzès
3,0	◣	côte progressive de 6,9 km
11,1	↱	D135 vers Poulx/Mas Cabane
14,0	↰	D127
14,1	↱	D427 vers Cabrières
14,2		Poulx
18,5	↰	route DC/D3, Cabrières
25,9	↰	D3 vers Remoulins, Collias
26,6	↱	route sans signalisation après rue Alzon
	◣	montée modérée de 1,2 km
29,7	↰	D981 vers le pont du Gard
32,5	↱	Castillon, 5,6 km ↻
34,0	✳	pont du Gard
37,0	↰	N86 (traverser le pont)
37,3		Remoulins
38,6	♦	N100
38,9	↰	D19 vers Aramon
40,6	↱	D19 vers Aramon
40,8	↱	D19B vers Aramon
44,4	↖	D19 vers Aramon
45,6	↱	vers Aramon, Théziers
50,8	♦	vers le centre-ville
51,3	↱	vers Avignon, Aramon
52,1	↰	D126 vers Avignon
52,9	↰	D2 vers Avignon
		rebrousser chemin vers Avignon
65,3		gare d'Avignon

Une dizaine de kilomètres plus loin, **Fontvieille** doit sa célébrité à son moulin, qu'Alphonse Daudet immortalisa dans les *Lettres de mon moulin*. Ce n'est toutefois pas dans celui-ci, qui, sur la gauche à la sortie du village, renferme à présent le **musée Daudet**, que l'écrivain s'enferma pour écrire. Son repaire, le **moulin Tissot**, se dissimule au bout d'un sentier qui longe le moulin Ramet et donne sur toute la plaine des Alpilles.

Vous atteignez ensuite **Arles**. N'oubliez pas de réserver votre hébergement à l'avance. Reportez-vous au chapitre *Bouches-du-Rhône* pour tout renseignement sur les services proposés dans cette ville.

Jour 2 : d'Arles à Nîmes
4-7 heures, 70,3 km
À la sortie d'Arles, traversez le Rhône en suivant la piste cyclable du pont de Trinquetaille. Vous abordez ensuite les routes plates et balayées par le vent de la **Camargue**, dans le delta du Rhône.

Aux abord de l'**étang de Vaccarès**, qui fait partie du parc naturel régional de Camargue, observez les flamants roses et les autres oiseaux (et méfiez-vous des moustiques). Utilisez aussi la plate-forme d'observation, au km 26,6.

À Pont-de-Gau, à environ 4 km au nord des Saintes-Maries-de-la-Mer, sur la D570 (à 19 km de la route de la randonnée), ce **centre d'information** *(☎ 04 90 97 86 32, Pont de Gau ; entrée libre ; ouvert tlj 10h-17h30 avr-sept, 9h30-17h sauf ven oct-mars)* a pour vocation de sensibiliser le public à l'environnement camarguais, à l'aide d'expositions et de supports audiovisuels. Vous apercevrez aussi sans doute des troupeaux de chevaux blancs ou des taureaux noirs, étroitement surveillés par les gardians.

Générac (km 55,9), sur la route de Nîmes, vous attend juste après une petite colline. Au sommet (100 m d'altitude), vous devriez distinguer le haut des grands immeubles de **Nîmes** (voir le chapitre *Nîmes et ses environs*).

Jour 3 : de Nîmes à Avignon
3¹/₂-5 heures, 65,3 km
La route serpente entre plusieurs villages jusqu'à l'imposant aqueduc du **pont du Gard** (km 34).

Vous pouvez emprunter le pont édifié en 1743 à côté du niveau inférieur de l'aqueduc. C'est depuis la colline côté nord (sur la rive gauche), à 200 m de l'aqueduc (suivez les flèches) que l'on jouit de la plus belle vue sur le pont (reportez-vous au chapitre *Nîmes et ses environs* pour plus de détails).

Éloignez-vous du bruit de **Rémoulins** pour reprendre les tranquilles petites routes de campagne et finalement rejoindre la D2 pour retourner à **Avignon**.

Détour : Castillon-du-Gard
20-30 minutes, 5,6 km
Castillon-du-Gard se situe au nord-est du pont du Gard, en suivant les D19, D19A, puis la D228. Son **musée du Vélo et de la Moto** (☎ 04 66 37 30 64) renferme des machines du XIXe à nos jours, notamment les vélos de Tony Rominger et Chris Boardman, qui battirent le record du monde du contre la montre.

Castillon mérite aussi amplement une visite pour son panorama magnifique et son charme médiéval. Juste avant le village, la **chapelle Saint-Caprais**, joliment restaurée, se dresse au milieu des vignes. Reprenez la route de la randonnée par le même chemin qu'à l'aller.

Bouches-du-Rhône

C'est un département multiple, un kaléido-scope, une savante mosaïque, un transformiste capable d'endosser tous les costumes. S'y côtoient des champs d'oliviers produisant la meilleure huile de France, l'huile de la vallée des Baux, et l'un des plus petits vignobles de l'Hexagone, le respectable AOC Palette ; les seuls fjords de la Méditerranée – les calanques – et une campagne tissée de villages, gaillardement méridionaux ; des étendues sauvages plates comme la main – la Camargue ou la Crau – et des massifs rugueux dépassant les 1 000 m – la Sainte-Victoire ou la Sainte-Baume ; des cités bourgeoises et cossues – Aix, Salon – et des villes populaires – Tarascon ou La Ciotat ; des sites touristiques aux charmes faciles – Cassis, Les Baux-de-Provence, Les Saintes-Maries-de-la-Mer – et des lieux plus pudiques – la Montagnette, la Côte Bleue ; des terres encore vierges de toute urbanisation incontrôlée – le delta camarguais – et des sites rongés par l'activité industrielle – l'étang de Berre. On y croise les mânes d'écrivains célèbres, dont Daudet et Mistral, et les visions d'une escouade de peintres, de la trempe de Van Gogh et de Cézanne, qui tous ont magnifié cette Provence éternelle par leur plume ou leur pinceau.

Et puis il y a Marseille, l'inclassable, sortie de son superbe isolement, passée en quelques années du statut de paria à celui de chouchou. Louées soient les Bouches-du-Rhône, qui rassemblent ce que la Provence a de plus divers à offrir.

À ne pas manquer

- Le site archéologique de Glanum, à Saint-Rémy-de-Provence
- L'impressionnant château des Baux, aux Baux-de-Provence
- La chapelle Saint-Sixte, près d'Eygalières, dans les Alpilles
- Aix-en-Provence et son patrimoine architectural
- Les vestiges romains d'Arles, dont les arènes et le théâtre sont les plus représentatifs
- Une promenade dans les rues du vieil Arles et dans le quartier de la Roquette, peu fréquenté par les touristes
- Une balade en VTT sur les sentiers de Camargue
- Le parc ornithologique du pont de Gau, en Camargue
- Les paysages féeriques des calanques, entre Marseille et Cassis
- Les villages de la Montagnette, au nord de Tarascon
- La montagne Sainte-Victoire, aux portes d'Aix, immortalisée par Cézanne
- Une randonnée dans le massif de la Sainte-Baume, près d'Aubagne

Les Alpilles

C'est le rectangle magique des Bouches-du-Rhône. À l'est de Tarascon, la chaîne des Alpilles, continuum géologique du Luberon, forme une étrave rocheuse orientée est-ouest, perlée de villages débordant de charme, dont la simple évocation véhicule une certaine idée de la Provence mistra-lienne : Les Baux-de-Provence, Saint-Rémy-de-Provence, Eygalières, Le Paradou, Maussane-les-Alpilles, Fontvieille… C'est un roulis de collines blanches, aveuglantes sous la lumière estivale, un monde de calcaire et de garrigue, de vignobles et d'oliviers, de vallons escarpés et de crêtes dentelées, où l'altitude n'excède pas 490 m. Reste que, en dépit de leur incontestable attrait, les Alpilles peuvent décevoir. Moins par leurs paysages, authentiquement méri-

LES BOUCHES-DU-RHÔNE

dionaux, que par le type de tourisme qu'elles ont engendré, résolument élitaire, voire élitiste. Américains, Suisses, Belges et Parisiens fortunés, en succombant en nombre à l'ardente beauté de ce massif, en ont fait une enclave touristique pour *happy few*, lisse et apprêtée.

Les tarifs de l'immobilier ont flambé et les prestations touristiques ont suivi la tendance. Restaurants, hôtels et chambres d'hôtes sembleront surévalués aux yeux de nombreux visiteurs. Peut-on encore s'imprégner de l'esprit originel des Alpilles ? Peut-être. À condition de privilégier l'avant ou l'après saison, plus propices à des découvertes moins stéréotypées.

Prenez le temps de sillonner le massif en empruntant les routes secondaires ou les sentiers, à pied, à vélo ou à cheval, pour surprendre quelques mas cachés ou une récolte d'olives en automne, visiter un moulin à huile ou un domaine viticole et profiter des superbes points de vue qui dévoilent une partie de l'intimité de cette région.

Consultez la carte *Les Alpilles et la Montagnette* plus loin dans ce chapitre.

SAINT-RÉMY-DE-PROVENCE

Principale localité des Alpilles avec 10 000 habitants, Saint-Rémy-de-Provence mérite une halte prolongée. Les infrastructures touristiques y sont particulièrement bien développées, sans que la physionomie de la ville en pâtisse. La vieille ville, enserrée par un boulevard circulaire, s'enorgueillit d'un riche patrimoine architectural. Sur les boulevards, les terrasses des cafés offrent une animation bienvenue en période estivale. À la périphérie de la ville se déploie Glanum, un site archéologique de grande ampleur.

Renseignements

L'office du tourisme (☎ 04 90 92 05 22, fax 04 90 92 38 52, www.saintremy-de-pro-

Que faire avec des enfants dans les Bouches-du-Rhône ?

Les Bouches-du-Rhône offrent un bel éventail d'activités à pratiquer avec des enfants. Voici quelques suggestions :

VALÉRIE POLICE

- une promenade à cheval en Camargue ou dans les Alpilles
- une balade en VTT dans les Alpilles
- une excursion en bateau dans les calanques, au départ de Marseille
- la visite d'un atelier de santons ou d'une exposition sur les santons (Aubagne, Le Paradou)
- la visite du château des Baux et un spectacle à la cathédrale d'Images aux Baux-de-Provence
- la baignade sur les plages des Saintes-Maries-de-la-Mer ou de la Côte Bleue (Carry-le-Rouet, Sausset-les-Pins)
- le parc ornithologique du Pont de Gau, en Camargue, pour approcher au plus près les oiseaux
- la visite d'une manade, en Camargue
- un baptême de plongée, à Cassis ou à Marseille
- un stage de voile, aux Saintes-Maries-de-la-Mer

Reportez-vous aux rubriques des lieux cités pour les coordonnées des prestataires.

vence.com), place Jean-Jaurès, ouvre du lundi au samedi, de 9h à 19h, et le dimanche, de 9h à 16h, de mi-juin à mi-septembre ; le reste de l'année, du lundi au samedi, de 9h à 12h et de 14h à 18h. Il organise des visites guidées d'avril à mi-octobre sur le thème de Van Gogh.

Fêtes et festivals

À l'occasion de la Fête de la Transhumance, l'événement majeur de Saint-Rémy, le lundi de Pentecôte, des bergers se rassemblent, accompagnés de milliers de brebis et de chèvres. La Féria provençale, aux alentours du 15 août, célèbre le taureau, sans mise à mort ; au programme : *abrivado, bandido, encierro*, courses camarguaises, etc. Le matin du 15 août, la Carreto Ramado est un spectacle haut en couleur, au cours duquel une charrette chargée de fruits, de légumes et de feuillages d'arbres fruitiers, est tirée par

50 chevaux de trait magnifiquement harnachés dans les rues de la localité.

À voir et à faire

Marché provençal. Le marché se tient le mercredi.

Sites et monuments. Saint-Rémy-de-Provence, localité étonnante, compte de multiples centres d'intérêt, à commencer par le superbe site archéologique de **Glanum** (☎ *04 90 92 23 79 ; entrée 6 €, gratuit moins de 18 ans ; ouvert tlj 9h-19h avr-sept, 9h-12h et 14h-17h oct-mars*), à environ 1,5 km au sud du centre-ville, en direction des Baux-de-Provence. Il s'agit des vestiges d'une ville qui fut successivement gauloise (les Saliens), grecque (par ses contacts avec Marseille), puis romaine, soit près de huit siècles d'occupation humaine, du VIe siècle av. J.-C. au IIIe siècle de notre ère, période des inva-

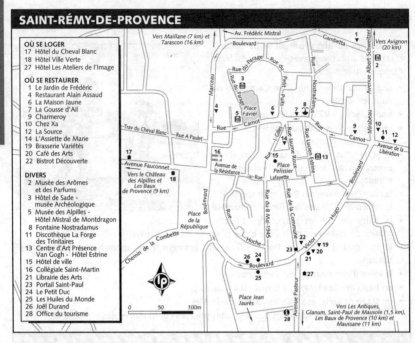

SAINT-RÉMY-DE-PROVENCE

OÙ SE LOGER
17 Hôtel du Cheval Blanc
18 Hôtel Ville Verte
27 Hôtel Les Ateliers de l'Image

OÙ SE RESTAURER
1 Le Jardin de Frédéric
4 Restaurant Alain Assaud
6 La Maison Jaune
7 La Gousse d'Ail
9 Charmeroy
10 Chez Xa
12 La Source
14 L'Assiette de Marie
19 Brasserie Variétés
20 Café des Arts
22 Bistrot Découverte

DIVERS
2 Musée des Arômes
    et des Parfums
3 Hôtel de Sade -
    musée Archéologique
5 Musée des Alpilles -
    Hôtel Mistral de Montdragon
8 Fontaine Nostradamus
11 Discothèque La Forge
    des Trinitaires
13 Centre d'Art Présence
    Van Gogh - Hôtel Estrine
15 Hôtel de ville
16 Collégiale Saint-Martin
21 Librairie des Arts
23 Portail Saint-Paul
24 Le Petit Duc
25 Les Huiles du Monde
26 Joël Durand
28 Office du tourisme

sions barbares. Cette cité antique a été mise au jour grâce à plusieurs campagnes de fouilles, dont la première a débuté en 1921. On admirera des ruines de monuments religieux, dont des temples (avec une reconstitution partielle d'un temple à colonnade), d'un forum, des thermes, des dallages de rues ou d'habitations.

De l'autre côté de la route, à l'extérieur du site, votre regard s'arrêtera sur les **Antiques** (*entrée libre*), deux splendides monuments qui, contrairement à la ville antique de Glanum, n'ont jamais été enfouis sous les sédiments et présentent un état exceptionnel de conservation. Le premier est un arc de triomphe, édifié au début de notre ère, qui signalait l'entrée de la ville côté nord. Sa partie supérieure a disparu ; il comporte des façades ornées de sculptures en bas-relief et une jolie voûte à caissons. À quelques mètres en retrait s'élève un mausolée, d'une hauteur de 18 m, dont on remarquera le socle agrémenté de bas-reliefs figurant des scènes

mythologiques. La noble allure de ces deux témoignages du passé n'a pu qu'attiser la veine artistique de nombreux peintres.

Juste avant le site de Glanum, une visite s'impose au cloître **Saint-Paul-de-Mausole** (☎ *04 90 92 77 00 ; entrée 2,60 €, gratuit moins de 12 ans ; ouvert tlj 9h30-15h avr-oct, mar-ven 10h30-13h et 13h30-17h nov-mars*). Ici, c'est le promenoir entourant un jardin fleuri qui séduit l'œil, ainsi que le clocher roman à deux niveaux, de forme carrée, couronné par un toit pyramidal. Outre un monastère, le site abrite une maison de santé pour les personnes souffrant de troubles psychiatriques. Van Gogh y fut d'ailleurs interné pendant un an en 1889-1890, après qu'il se fut coupé l'oreille. Au cours de cette période, il produisit plus de 150 toiles, dont *La Nuit étoilée, Les Blés jaunes, Les Iris*. L'entrée inclut l'accès à une galerie où sont exposées les peintures de patientes.

Tout proche, le **Mas de la Pyramide** (☎ *04 90 92 00 81, chemin des Carrières ;*

entrée 3 € ; ouvert tlj 9h-12h et 14h-19h en été, 9h-12h et 14h-17h en hiver), un mas troglodyte installé dans les carrières romaines de Glanum, comporte un petit musée rural et agricole.

Le centre-ville, enclos dans des boulevards, veiné de ruelles étroites et de placettes, possède de nombreux attraits. Plusieurs hôtels particuliers témoignent d'une remarquable finesse d'exécution. L'**hôtel de Sade** (☎ 04 90 92 64 04, 1 rue du Parage ; entrée 2,45 €, gratuit moins de 18 ans ; ouvert tlj 10h-12h et 14h-18h avr-juin, 10h-12h et 14h-19h juil-août, 10h-12h et 14h-18h sept, 10h-12h et 14h-17h oct-mars), élevé à la Renaissance sur les ruines d'un monument romain, forme un complément indispensable à la visite du site de Glanum, puisqu'il présente le mobilier archéologique exhumé lors des fouilles – fragments d'architecture, sculptures, mosaïques, vaisselle, bornes, autels, outils, bijoux et bas-reliefs.

L'**hôtel Estrine** (☎ 04 90 92 34 72, 8 rue Estrine ; entrée 3/2,30 € adultes/enfants ; ouvert tlj sauf lun 10h30-12h30 et 14h30-18h30), bel édifice du XVIIIᵉ siècle, il accueille le **Centre d'Art Présence Van Gogh**, où sont exposées des reproductions de tableaux, en taille réelle, de Van Gogh, en guise d'hommage permanent à l'artiste.

Le **musée des Alpilles** (☎ 04 90 92 68 24, place Favier), consacré aux arts et aux traditions populaires de la région, occupe l'**hôtel Mistral de Montdragon**, une très belle demeure du XVIᵉ siècle toute proche de l'hôtel de Sade. D'importants travaux de rénovation, prévus pour une durée de 2 ans, étaient en cours lors de notre passage.

Le petit **musée des Arômes et des Parfums** (☎ 04 90 92 48 70, bd Mirabeau ; entrée gratuite ; ouvert Pâques-15 sept lun-ven 9h-12h30 et 14h-19h, sam-dim 10h-12h30 et 15h-19h, 15 sept-avril lun-ven 9h-12h et 14h-18h, sam 10h-12h et 15h-18h) présente des collections d'alambics et de flacons.

Randonnées pédestres. Le GR6 traverse le massif d'ouest en est, par les crêtes. Il procure des points de vue avantageux sur la région. Par temps clair, le regard porte jusqu'à la Camargue au sud, au mont Ventoux au nord et aux Cévennes à l'ouest. D'autres sentiers secondaires parcourent les Alpilles. L'office du tourisme vous remettra un dépliant présentant quelques circuits pédestres dans le massif.

Reportez-vous à la randonnée *Les Baux et la chaîne des Alpilles* décrite en détail dans le chapitre *Randonnées en Provence*, en début d'ouvrage. Avec un peu de chance, vous apercevrez des rapaces dans les vallons ou au voisinage des falaises. La flore, très diversifiée, comprend de multiples plantes aromatiques (thym et romarin, notamment).

Cyclotourisme. Les Alpilles se prêtent magnifiquement bien au cyclotourisme. Elle offrent un terrain varié, alternant collines et plaines, sans grande difficulté, sur des routes secondaires relativement tranquilles. En VTT, vous emprunterez les sentiers balisés du massif. L'office du tourisme édite une brochure proposant divers circuits au départ de Saint-Rémy, pour tous les niveaux. Attention ! Vous ne pourrez pas rouler sur les chemins entre mi-juin et mi-septembre en raison des risques d'incendie.

Reportez-vous à la randonnée *La Route des vestiges antiques*, dans le chapitre *Randonnées en Provence*, en début d'ouvrage : cette balade à vélo traverse le massif des Alpilles et relie Avignon à Arles *via* Saint-Rémy et les Baux-de-Provence.

Pour la location, **Florélia** (☎ 04 90 92 10 88, 35 av. de la Libération) demande de 10 à 12 € la demi-journée selon les modèles (de 15 à 18 € la journée). **Télécycles** (☎ 04 90 92 83 15, 06 11 64 04 69) loue des VTT, des VTC et des vélos de ville, en bon état. Sur simple appel, 7j/7, ils vous seront livrés gratuitement dans un rayon de 15 km autour de Saint-Rémy-de-Provence. Une caution de 153 € est demandée. Vous paierez 15/25/30/39/45 € pour 1/2/3/4/5 jours de location. On vous remettra gracieusement des plans du secteur avec des suggestions de circuits.

Promenades équestres. Le **Club hippique des Antiques** (☎ 04 90 92 30 55, rue

Étienne-Astier ; ouvert à l'année) organise des promenades à l'heure (19 €) et à la demi-journée (46 €), sous forme de circuits dans les Alpilles (hors zone rouge). Les enfants opteront pour la balade en poney ou en double poney (16 € l'heure) et les tout-petits pour la promenade d'une demi-heure (10 €) dans le centre. Autre prestation : des promenades (1 heure 30, 23 €) et des randonnées à thème en calèche, telle la dégustation de vins dans des domaines viticoles (49 €). Informez-vous sur le site www .franceweb.org/antiques.

Vol à voile. Les conditions aérologiques dans les Alpilles sont exceptionnelles : le mistral, en butant contre le massif, orienté perpendiculairement à la direction du vent, crée des courants ascendants.

L'**aéroclub de Romanin** (☎ *04 90 92 08 43, route de Marseille)* propose des vols d'initiation de 30 minutes (46 €, 39 € pour les moins de 25 ans).

Où se loger

Forte de sa réputation de ville touristique, Saint-Rémy-de-Provence compte de nombreuses structures d'hébergement. Rançon de ce succès : les tarifs pratiqués sont nettement surévalués par rapport à des prestations équivalentes dans le reste de la région.

Camping municipal Mas de Nicolas *(☎ 04 90 92 27 05, fax 04 90 92 36 83, camping-mas-de-nicolas@wanadoo.fr, av. Plaisance-du-Touch ; forfait 2 pers, véhicule, tente et emplacement 14,50 € ; ouvert 15 mars-15 oct).* À environ 800 m du centre de Saint-Rémy, ce quatre-étoiles d'une capacité de 140 emplacements délimités possède d'excellentes infrastructures, dont une piscine. Le cadre est verdoyant, tranquille et agréable.

Hôtel de la Caume *(☎ 04 90 92 43 59, fax 04 90 92 06 11, route de Cavaillon ; doubles 29-52 € ; ouvert 15 mars-15 nov).* Pas vraiment de quoi s'extasier sur la décoration des chambres de cet établissement familial, installé dans un mas, à 2,5 km du centre de Saint-Rémy, mais le rapport qualité/prix reste correct pour le secteur. Toutes les chambres sont dotées d'une TV et de

sanitaires privatifs, sauf deux, les moins chères. À signaler : il borde la route de Cavaillon, fréquentée et bruyante. Une petite piscine permet de se rafraîchir.

Hôtel du Cheval Blanc *(☎ 04 90 92 09 28, fax 04 90 92 69 05, 6 av. Fauconnet ; simples/doubles 40/45-49 € ; fermeture annuelle 15 nov-fin fév).* Bon deux-étoiles bien tenu, avec un petit parking, en plein centre de la localité, l'Hôtel du Cheval Blanc tire correctement son épingle du jeu. Les chambres, sans fioritures, disposent d'une s.d.b. et de la TV.

Hôtel Canto Cigalo *(☎ 04 90 92 14 28, fax 04 90 92 24 48, hotel.cantocigalo@ wanadoo.fr, http://perso.wanadoo.fr/ hotel .cantocigalo, chemin de Canto Cigalo ; doubles 50-61 € en haute saison ; ouvert mars-15 nov et fêtes de fin d'année).* À 800 m du centre-ville, dans un quartier résidentiel et calme, le Canto Cigalo, classé deux-étoiles, est aménagé dans une propriété verdoyante. Il propose 20 chambres, fonctionnelles et standard, avec s.d.b., et un parking gratuit.

Hôtel L'Amandière *(☎ 04 90 92 41 00, fax 04 90 92 48 38, av. Théodore-Aubanel ; doubles 48-57 € ; ouvert 15 mars-fin oct).* Ce deux-étoiles excentré, dans un quartier quelconque, mais calme, s'agrémente d'une piscine à l'arrière. Les 26 chambres, fonctionnelles, modernes et de bon confort, se répartissent sur deux niveaux.

Hôtel du Soleil *(☎ 04 90 92 00 63, fax 04 90 92 61 07, hotelsoleil@wanadoo.fr, 35 av. Pasteur ; chambres 50-63 € ; fermeture annuelle nov-fin mars).* À une enjambée de l'office du tourisme, cet hôtel familial, bien tenu, agencé autour d'une grande cour fermée, loue 21 chambres et 3 appartements, fonctionnels et modernes, au confort très acceptable. Une piscine est à la disposition de la clientèle.

Hôtel Les Ateliers de l'Image *(☎ 04 90 92 51 50, fax 04 90 92 43 52, ateliers-images@pacwan.fr, www.hotelphoto.com, 5 av. Pasteur ; chambres avec petit déj 120-290 € ; fermeture annuelle 1 sem en nov et en fév).* Lieu hors norme, à une coudée du centre-ville, cet hôtel trois-étoiles de 18 chambres se distingue du tout-venant par son concept, original et réussi. Son créateur, Antoine Godard, est diplômé de l'École nationale de la photographie d'Arles et tout tourne autour de l'image : galerie, mini-expos dans les chambres et équipement technique. Les passionnés de l'image, amateurs ou professionnels, se retrouvent autour de leur centre d'intérêt. Des stages ont lieu toute l'année (un superbe labo avec 12 agrandisseurs est à disposition). Les chambres, dans lesquelles des persiennes en bois autorisent des jeux de lumière, se signalent par leur décoration épurée, zen, un brin sophistiquée. Lors de notre passage, un bâtiment d'une capacité de 14 chambres ainsi qu'une piscine étaient en construction à l'arrière.

Le Mas des Carassins (☎ 04 90 92 15 48, *fax 04 90 92 63 47, carassin@pacwan.fr, 1 chemin Gaulois ; chambres 68-120 € ; ouvert fin mars-début janv).* Mention très bien pour ce trois-étoiles qui a su raison garder en matière tarifaire. À un quart d'heure à pied du centre de Saint-Rémy, dans un quartier tranquille, cet hôtel de charme, entièrement rénové, est aménagé dans un ancien mas qui respecte au mieux son architecture campagnarde. Les 14 chambres, toutes personnalisées, intimes, s'égayent de discrètes touches provençales (*boutis,* sol en grès, etc.), sans faire l'impasse sur des aspects fonctionnels (clim., TV, minibar, prise d'accès à Internet). Le parc, généreusement arboré, invite à la détente (plusieurs transats sont à disposition), à moins que vous ne préfériez piquer une tête dans la piscine. Une formule table d'hôtes, par une cuisinière locale, est proposée trois fois par semaine. Un petit plus à signaler : on peut venir vous chercher à l'aéroport ou à la gare TGV les plus proches.

Hôtel Château des Alpilles (☎ 04 90 92 03 33, fax 04 90 92 45 17, château.alpilles @wanadoo.fr, D31, ancienne route du Grès ; chambres 110-328 € ; fermeture annuelle 15 nov-15 fév sauf fêtes de fin d'année). À 1,5 km du centre-ville, élégance, intimité et raffinement sont les maîtres mots de ce château du début du XIXᵉ siècle, classé quatre-étoiles, précédé d'une magnifique allée de platanes séculaires. Chateaubriand et Lamartine y ont séjourné. On se prend à marcher sur leurs pas, dans le parc de 8 ha… à moins de s'adonner à des pratiques plus contemporaines, tels le tennis ou la baignade dans la piscine. Les 20 chambres, toutes différentes, ennoblies de belles étoffes, respirent le confort cossu et le bon goût. Des meubles de la meilleure facture voisinent avec des éléments dénichés chez les antiquaires. Bref, une oasis grand style pour voyageurs esthètes et fortunés !

Où se restaurer

La Source (☎ 04 90 92 44 71, 13 av. de la Libération ; menus 15 € le midi sauf week-end, 18,50/26/36 € ; fermé mer). Cet établissement sérieux, légèrement en retrait du boulevard de ceinture, sert une cuisine appliquée, sans rodomontades inutiles, dans un cadre sobre et classique. Le menu propose ainsi un carré d'agneau rôti, un filet de bœuf au Châteauneuf du Pape ou une escalope de saumon et crème au thym. Une petite terrasse est aménagée à l'arrière.

Grain de Sel (☎ 04 90 92 00 89, 25 bd de la Libération ; plats 9-15 €, menu 23 € ; fermé mar soir, mer, jeu soir et sam midi). L'un des derniers-nés de la restauration à Saint-Rémy-de-Provence, situé face à Chez Xa. Plutôt que de se hausser du col, le Grain de Sel mise sur la discrétion, avec une petite salle et une décoration minimaliste. La cuisine, en revanche, est colorée et inventive, avec de copieuses "assiettes", inspirées des trouvailles du marché. La "panaché Grain de Sel" (15 €), spécialité de la maison, est un patchwork culinaire où cousinent un parfait d'épinard et saumon fumé, une brochette de poulet au citron et épices, des petits farcis provençaux, un crostini de mousse de volailles et diverses crudités (le contenu varie tous les jours).

La Gousse d'Ail (☎ 04 90 92 16 87, 25 rue Carnot ; plats 8-19 €, menus 15/28 €, menu enfant 12 € ; ouvert tlj midi et soir en saison, fermeture annuelle nov-mars). Une cuisine goûteuse, un cadre chaleureux, un service efficace et des prix très sages : la Gousse d'Ail doit figurer sur votre carnet gourmand. Aux murs, divers bibelots, dont des poupées de chiffons, des maquettes de bateau, des instruments de

Achats gourmands à Saint-Rémy

À Saint-Rémy, remplissez votre panier de quelques gourmandises fines :
• des chocolats parfumés (au thym, à la lavande, etc.), chez **Joël Durand** (☎ 04 90 92 38 25), 3 bd Victor-Hugo, l'un des meilleurs chocolatiers de l'Hexagone
• des biscuits fabriqués selon des recettes anciennes, à la boutique **Le Petit Duc** (☎ 04 90 92 08 31), 7 bd Victor-Hugo
• de l'huile d'olive et ses produits dérivés (des cosmétiques à la tapenade), à la boutique **Huiles du Monde** (☎ 04 90 92 53 93), 16 bd Victor-Hugo, située dans un hôtel particulier
• de l'huile "première pression à froid vierge extra" en provenance directe du moulin, au **moulin du Calanquet** (☎ 04 32 60 09 50), chemin du Calanquet
• des fruits confits à la **confiserie Lilamand** (☎ 04 90 92 11 08, www.lilamand.com), 5 av. Albert-Schweitzer, une entreprise familiale créée en 1866

musique et des gravures ; dans l'assiette, des mets typés aux accents provençaux, comme la pissaladière, des pâtes à la crème de pistou et amandes et, en dessert, des pommes aux épices. Le menu à 15 €, servi à midi même le week-end, est à recommander. Seul l'espace limité entre les tables risque de déplaire. La Gousse d'Ail organise une soirée jazz le jeudi (réservation impérative).

Le Mas de la Pyramide (☎ 04 90 92 00 81 ; menu 18,50 € le midi ; ouvert à l'année sur réservation). Sans doute l'adresse la plus atypique du secteur. À 250 m du site de Glanum, près du monastère Saint-Paul-de-Mausole (suivre le fléchage), vous découvrirez un univers étrange, celui de Joseph Mauron, un "personnage" qui habite dans une maison troglodytique. Au déjeuner, il propose une table d'hôtes dans une grotte, ou devant sa maison, sur des tables en pierre. Comme le précise un panneau, il s'agit d'un "repas à la ferme", "à la bonne franquette", avec de nombreux légumes du jardin. Le tarif inclut un apéritif, du vin à volonté et un café, ainsi que la visite de son petit musée rural (voir *À voir et à faire*).

Chez Xa (☎ 04 90 92 41 23, 24 bd Mirabeau ; menu 23 € ; fermé mer). Chez Xa recueille beaucoup d'éloges. Il ne s'agit pas d'un restaurant chinois, mais d'un établissement classique, installé dans une sorte d'appartement, au rez-de-chaussée d'une maison bourgeoise, à la décoration revue et corrigée façon bistrot chic (nappes à carreaux, casier à bouteilles, etc.). Vous vous régalerez d'une chère toute provençale, où le gratin de la mer au safran côtoie des sardines grillées à la sicilienne et des filets de petits rougets.

La Maison Jaune (☎ 04 90 92 56 14, 15 rue Carnot ; plats 18,50-28,50 €, menus 18,50 € le midi sauf week-end, 27,50/43,50/50 € ; fermé lun-mar le midi). La Maison Jaune passe pour l'une des valeurs sûres de la ville. On en appréciera le cadre, celui d'un hôtel particulier. Le contenu de l'assiette fleure bon une cuisine fine et provençale : aïoli chaud de poulet fermier, selle d'agneau caramélisée au miel, grecque de légumes nouveaux, etc. Petit plus appréciable : le patio-terrasse, à côté de la salle, à l'étage, donne sur l'hôtel de Sade.

Charmeroy (☎ 04 32 60 01 23, 51 rue Carnot ; plats 8,50-10,50 €, plat du jour 13 € le midi, menu 18,50 € le midi, 23 € le soir ; ouvert mar-dim 10h-19h et le soir juil-août, fermetures annuelles 15-30 nov et 15 janv-15 fév). La propriétaire de cet établissement, une ex-directrice marketing originaire de Paris, ne manque pas de flair : elle a aménagé une "maison de goûts". Ce concept trouve sa traduction dans l'ambiance, à la fois néo-zen et "tendance", le décor, couleur anis et prune, un brin sophistiqué, et la cuisine, élaborée à base de produits bio. Autre signe particulier : les plats chauds sont accompagnés d'un légume cuisiné au thé. Charmeroy fait également office de salon de thé, où l'on pourra succomber à des pâtisseries maison en dégustant un thé, un chocolat maison ou un café.

Restaurant Alain Assaud (☎ 04 90 92 37 11, 13 bd Marceau ; plats 16-23 €, menus 23/36 € ; fermé mer, jeu midi et sam midi, fermeture annuelle 15 nov-15 mars). À quelques pas de l'église Saint-Martin, cet établissement jouit d'un bouche à oreille favorable. La chère servie est largement tournée vers les spécialités de la région (filets de sole au bouillon d'oursin, daube de bœuf à l'ancienne, aïoli de morue fraîche, canard aux figues, etc.). Le décor a des accents rustiques, avec pierres et poutres apparentes.

Le Café des Arts (☎ 04 90 92 13 41, 30 bd Victor-Hugo ; plat du jour 10 €, menus 11/16 € ; ouvert tlj sauf mar, midi et soir en saison, midi hors saison). Lieu incontournable de Saint-Rémy, où il est de bon ton de se montrer, au bar ou en terrasse, cette brasserie propose également diverses formules de restauration, à tous les tarifs.

Les Variétés (☎ 04 90 92 42 61, 32 bd Victor-Hugo ; plats 5-32 €, menus 15/21/31/39 €, menu enfant 7 € ; ouvert tlj en saison, fermé lun-mar hors saison). Attenante à la précédente, cette brasserie jouit également d'un franc succès. La terrasse est tout aussi stratégique que celle du Café des Arts. Quant à la cuisine, elle conviendra à toutes les bourses et à tous les appétits, avec un large choix de viandes, de poissons, de tartares, d'omelettes et de salades.

Comment s'y rendre

La société Ceyte Tourisme Méditerranée (☎ 04 90 93 74 90) exploite la ligne Tarascon-Saint-Étienne-du-Grès-Saint-Rémy-de-Provence, et Les Rapides du Sud-Est (☎ 04 32 76 00 40) relient Saint-Rémy à Avignon.

LES BAUX-DE-PROVENCE

Sans conteste le joyau des Alpilles, voire des Bouches-du-Rhône, à 8 km au sud de Saint-Rémy, au cœur du massif, ce village touché par la grâce, entièrement classé monument historique, se pare légitimement du titre de l'un des "plus beaux villages de France". En arrivant par la D27, l'effet est magique : on découvre un village campé sur un éperon

---

Visite de vignobles

Les Alpilles sont une région viticole. L'AOC Les-Baux-de-Provence, obtenue en 1995, jouit d'une excellente réputation (voir la section *Saveurs provençales* au chapitre *Renseignements pratiques*). Vous aurez le choix entre des vins rouges et des vins rosés. Plusieurs domaines sont ouverts à la dégustation-vente, dont Château Romanin (☎ 04 90 92 45 87), à l'est de Saint-Rémy-de-Provence, sur la D99 en direction de Plan d'Orgon ; Château d'Estoublon Mogador (☎ 04 90 54 64 00), à Fontvieille ; Domaine de Terres Blanches (☎ 04 90 95 91 66), non loin de Château Romanin, à l'est, sur la D99 ; et Mas de la Dame (☎ 04 90 54 32 24), aux Baux-de-Provence.

Appelez au préalable pour connaître les heures d'ouverture.

---

rocheux, encadré de part et d'autre par deux ravins (le vallon d'Entreconque et le vallon de la Fontaine) avec, en surplomb, les vestiges d'un château. Cette étonnante mise en scène minérale, alliée à l'atmosphère générale du site et à la qualité des infrastructures touristiques, attire les foules ; jusqu'à l'asphyxie, sans doute.

C'est la loi d'airain des icônes touristiques, comme le mont Saint-Michel : de Pâques à la Toussaint, on doit jouer des coudes pour se frayer un passage dans les ruelles tortueuses de la cité. Certains déplorent cette surexploitation, qui réduirait le village à un produit touristique momifié. À vous de juger.

Histoire

L'éperon rocheux sur lequel est bâti l'actuel village a toujours rempli une fonction défensive. À l'époque romaine, on exploitait également la pierre des environs. Au Moyen Âge, le site appartient à la puissante famille des Baux, qui règne sur toute la région puis, à la fin du XVe siècle, passe sous la domination des comtes de Provence et du roi de France, qui fait démanteler la forteresse dont il redoute la puissance. La

LES ALPILLES ET LA MONTAGNETTE

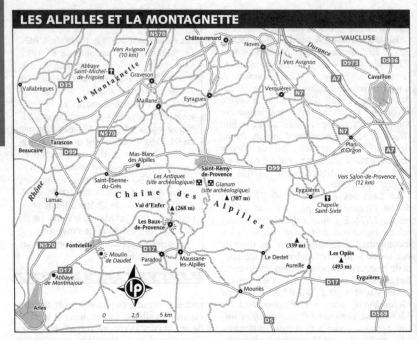

cité est alors sous l'égide de la famille Gri-maldi, jusqu'à la Révolution française. En 1822, le chimiste Berthier découvre un minerai dans le secteur, qu'on appelle "bauxite". Le village ne renaîtra de ses cendres qu'à partir des années 1960, sous l'impulsion d'André Malraux.

Renseignements

L'office du tourisme (☎ 04 90 54 34 39, fax 04 90 54 51 15, tourisme@lesbauxdepro-vence.com, www.lesbauxdeprovence.com), rue Porte-Mage, ouvre tous les jours, de 9h à 19h d'avril à octobre et de 9h à 18h le reste de l'année.

Fêtes et festivals

L'événement majeur, le Festival des Baux-de-Provence, a lieu pendant trois semaines en juillet. Il s'agit d'un festival de musique classique, où se produisent des interprètes prestigieux, dans des lieux exceptionnels, dont la cathédrale d'Images.

À voir et à faire

La visite du **château des Baux** (☎ 04 90 54 55 56, www.chateau-baux-provence.com ; entrée 6,50/3,50 € adultes/enfants ; ouvert tlj 9h-20h30 en été, 9h-18h30 en automne et au printemps, 9h-17h en hiver), perché tel un nid d'aigle en surplomb du village, est incontournable, tant par le côté grandiose du cadre et du panorama (la vue porte jus-qu'à la Camargue et à la mer, au sud) que par l'intérêt patrimonial et historique du site, qui se déploie sur 7 ha.

Il englobe le **musée d'Histoire des Baux**, qui détaille l'histoire des Baux depuis le néo-lithique et l'évolution architecturale du châ-teau à l'aide de panneaux et de maquettes.

Son également mis en lumière divers ves-tiges du passé tumultueux de la cité : la cha-pelle Saint-Blaise (XIIᵉ siècle), des tours défensives, des fortifications, une chapelle, un donjon (XIIIᵉ siècle), auxquels s'ajoutent des reconstitutions grandeur nature de machines de siège (catapulte, trébuchet, bélier), entre autres. Cette ancienne forteresse des seigneurs des Baux, qui connut son apogée au Moyen Âge, fut démantelée en 1632 sur ordre de Richelieu, qui redoutait la puissance de ces seigneurs peu coopératifs.

Les grands travaux de restauration et de mise en valeur du site ont débuté en 1991. On vous remettra gratuitement à l'entrée un audioguide interactif, très utile, qui vous donnera des clés d'interprétation pour chaque partie du site. Des visites guidées sont également possibles, sur réservation (pour en savoir plus, consultez le site Internet du château).

En contrebas de l'édifice, le village mérite une découverte approfondie. Qu'il ferait bon musarder dans ses ruelles bordées de robustes maisons de pierre, n'était la surfréquentation en période estivale !

Parmi les monuments qui retiennent l'attention, signalons l'**hôtel Jean de Brion**, une belle demeure Renaissance qui abrite la **fondation Louis Jou** (☎ 04 90 54 34 17 ; *entrée 3,50 € ; visites 8h-22h sur rendez-vous*), où sont exposées les collections de ce typographe, imprimeur et éditeur d'origine espagnole (1881-1968) ; l'**hôtel de Manville**, élevé par une riche famille protestante dans la seconde moitié du XVIᵉ siècle, qui loge aujourd'hui la mairie ; et l'**hôtel des Porcelet** (XVIᵉ siècle), dans lequel est installé le **musée Yves Brayer** (☎ 04 90 54 36 99 ; *entrée 3,50/1,75 € adultes/enfants ; ouvert tlj 10h-12h30 et 14h-18h30 Pâques-oct, 10h-12h30 et 14h-17h30 nov-Pâques, fermeture annuelle janv-15 fév*).

Ce musée présente une rétrospective des œuvres majeures du peintre éponyme (1907-1990), l'un des grands noms de la figuration contemporaine. On verra des peintures retraçant son riche itinéraire, autant géographique que thématique : Espagne, Maroc, Italie, Camargue, tauromachie, lithographies, eaux-fortes, etc. Selon son désir, il est enterré dans le cimetière des Baux-de-Provence. Yves Brayer a également réalisé les superbes fresques évoquant les bergers et la Nativité à l'intérieur de la **chapelle des Pénitents Blancs**, toute proche, construite au milieu du XVIIᵉ siècle.

La **porte Eyguières**, la seule entrée du village jusqu'en 1866, permet de descendre à pied dans le vallon de la Fontaine.

À l'extérieur des Baux, ne manquez pas la **cathédrale d'Images** (☎ 04 90 54 38 65, *www.cathedrale-images.com ; entrée 7/ 4,50 € adultes/enfants ; ouvert tlj 10h-19h mars-sept, 10h-18h oct-déc et fév, fermeture annuelle début janv-début fév*), un spectacle audiovisuel qui se déroule dans d'anciennes carrières désaffectées. Les parois blanches font office d'écrans géants naturels, sur lesquels sont projetées des images agrandies, dont la thématique varie chaque année. Le spectacle dure environ 30 minutes.

Le **Val d'Enfer** désigne le prolongement du vallon de la Fontaine, à l'ouest du village. Il se caractérise par un univers chaotique, criblé de blocs rocheux, parcouru de falaises et percé de grottes, qui a emballé l'imagination de plusieurs écrivains ; Dante lui-même s'en inspira pour camper le décor de la *Divine Comédie*.

Où se loger et se restaurer

Petits budgets, passez votre chemin. Les Baux-de-Provence s'enorgueillissent d'excellentes infrastructures, qui se paient au prix fort, et visent une clientèle résolument aisée. Cette petite commune compte plusieurs hôtels et restaurants, tels que la Cabro d'Or ou l'Oustau de Baumanière, dont la réputation a largement dépassé le cadre de l'Hexagone. Les adresses ci-dessous, retenues pour leur bon rapport qualité/prix, ne sont qu'un échantillon des prestations disponibles.

Le Mas de l'Oulivié (☎ 04 90 54 35 78, *fax 04 90 54 44 31, contact@masdeloulivie.com, www.masdeloulivie.com ; doubles 113-221 € haute saison, 96-175 € basse saison ; fermeture annuelle déc-fin mars*). À l'écart du village, sur la route d'Arles et de Fontvieille, cet établissement de charme, trois-étoiles, a plus l'allure d'une grande maison que celle d'un hôtel. Aux chambres respirant le bon goût et le raffinement s'ajoutent une piscine et un cadre bucolique.

Hostellerie de la Reine Jeanne (☎ 04 90 54 32 06, *fax 04 90 54 32 33, reine.jeanne @wanadoo.fr, www.la-reinejeanne.com ; doubles avec douche, WC palier 44 €, avec* *sdb 50-60 € ; restauration : plat du jour 10-12 €, plats 10-20 €, formule déj 14 €, menus 19/26 € ; ouvert tlj, fermeture annuelle deux mois en hiver).* Un classique des Baux, au cœur du village, qui, à défaut de proposer une cuisine sortant des sentiers battus, ne réserve pas de mauvaise surprise. Avouons tout de même que lors du passage (fréquent) de groupes, la salle de restaurant, noyée dans une cacophonie, perd toute intimité. Optez pour la terrasse, ou pour une table près des baies vitrées. Côté héberge-ment, les 10 chambres, avec TV, sont convenables. Trois d'entre elles partagent des sanitaires sur le palier. En haut de l'échelle des prix, deux chambres bénéfi-cient d'une terrasse et d'une vue panora-mique sur le Val d'Enfer.

La Riboto de Taven *(☎ 04 90 54 34 23, fax 04 90 54 38 88, contact@riboto-de-taven.fr, www.riboto-de-taven.fr, Le Val d'Enfer, Les Baux-de-Provence ; doubles 140-230 € ; restaurant : menu unique 46 €, sur réservation ; fermeture annuelle janv).* Le couple qui préside depuis 1960 aux des-tinées de la Riboto de Taven défend une certaine idée de la tradition hôtelière à la française, qu'elle perpétue avec beaucoup de savoir-faire et d'engagement. Ainsi, cette auberge de luxe de seulement 6 chambres, installée dans un magnifique berceau de verdure, porte l'art de vivre à son pinacle. Les chambres, tout confort, personnalisées, possèdent un cachet roman-tico-rustique. Deux d'entre elles (à 230 €), troglodytiques, avec jardin privatif, sont exquises. Le restaurant, lui aussi coté, sert une cuisine fine dans un décor médiéval et intimiste, en accord avec l'atmosphère du lieu. Pour se rafraîchir, une piscine fait par-tie des équipements.

Café Cinarca *(☎ 04 90 54 33 94, 26 rue Trencat ; plat du jour 11,50 €, menu 20 € ; fermé mar, fermeture annuelle 11 Nov-20 déc).* Près de l'entrée du château, on ne s'attendrait pas à découvrir presque par hasard cette oasis, partiellement protégée des regards par un mur, servie par un cadre attrayant et intimiste – pas tant la salle, à la décoration hétéroclite, que la cour inté-rieure, ombragée, au décor de pierre ravivé

par les touches colorées du mobilier et des nappes à carreaux. La carte, aux accents pro-vençaux, est limitée, mais on trouvera faci-lement son bonheur : gigot d'agneau de Provence, petits farcis, faux-filet ou, mieux encore, une belle assiette provençale à 12 €.

Comment s'y rendre

La société Ceyte Tourisme Méditerranée (☎ 04 90 93 74 90) exploite la ligne de bus Arles-Fontvieille-Le Paradou-Maussane-Les Baux-Mouriès.

EYGALIÈRES

À l'est des Alpilles, Eygalières, l'enfant chéri des peintres et des photographes, s'étage en partie sur une colline. Ses rues tortueuses conduisent à un château en ruine et à un donjon, qui dominent le village, d'où l'on jouit d'un beau point de vue sur le mas-sif. À environ 1,5 km en direction d'Orgon, la **chapelle Saint-Sixte** mérite une visite. Isolé sur le flanc d'une colline, entouré de cyprès qui dressent leur fuselage sombre, cet édifice roman du XIIe siècle dégage une impression d'une poignante beauté.

Où se loger et se restaurer

Chez Bru – Le Bistrot d'Eygalières *(☎ 04 90 90 60 34, fax 04 90 90 60 37, sbru@club-internet.fr, rue de la République ; plats 27-50 €, menus 64/74 € ; chambres 115/130/160 € ; restaurant fermé lun-mar le midi juin-sept, dim soir et lun oct-déc et 15 mars-mai, fermeture annuelle janv-15 mars).* En fait de "bistrot", attendez-vous à une adresse sélect et élégante, très renommée, dans une demeure pleine de charme au centre du village. Côté restau-rant, les tarifs provoquent un froncement de sourcils (on peut se contenter du Petit Bru, voir ci-dessous), mais on s'y restaure délec-tablement, au dire des gourmets. À l'étage, il propose plusieurs chambres, à la décora-tion délicieusement raffinée, égayées de parquet et de mobilier rustique.

Le Petit Bru *(☎ 04 90 95 98 89, 18 av. Jean-Jaurès ; menu 28 € ; fermeture annuelle 15 nov-janv).* Le Petit Bru désigne l'annexe de Chez Bru – Le Bistrot d'Eyga-lières, le restaurant chic (et cher) du village, à 30 m de là. Certes, au Petit Bru, le cadre n'a pas le même cachet que chez son prestigieux aîné, mais le menu à 28 €, vins compris, mérite considération.

Sous les Micocouliers (☎ 04 90 95 94 53, *traverse Montfort ; plat du jour 11 €, menu-carte 13-20 € ; ouvert tlj sauf mar et mer midi 15 mars-15 oct, ouvert ven soir, sam-dim et lun soir 15 oct-déc, fermeture annuelle janv-15 mars*). Ce lieu plaisant, dont la terrasse s'ombrage généreusement de micocouliers, offre le choix entre divers plats aux senteurs de la Provence.

Le Mas dou Pastre (☎ 04 90 95 92 61, *fax 04 90 90 61 75, quartier Saint-Sixte ; doubles 61-130 €, petit déj 9,50 € ; fermeture annuelle 15 nov-15 déc*). La même famille occupe ce superbe mas du XVIIIᵉ siècle, face à la chapelle Saint-Sixte, depuis quatre générations. Ferme de berger à l'origine, diverses dépendances lui ont été ajoutées plus tardivement. C'est aujourd'hui une auberge conviviale, qui a du charme à revendre. Les 12 chambres, tout confort, aux noms évocateurs ("La bergère des collines", "Le pré du verger", "La belle étoile", etc.), se distinguent par leur décoration et leur conception personnalisées ; certaines possèdent une baignoire à l'ancienne, d'autres un lit à baldaquin, d'autres encore un lit en fer forgé ou du carrelage ancien… Bref, un superbe répertoire d'idées si vous êtes en panne d'inspiration pour décorer votre intérieur. La touche de fantaisie vient des deux roulottes, dans le jardin, colorées, impeccablement rénovées, avec s.d.b. Sans oublier une piscine, un superbe jardin d'hiver, équipé d'un jacuzzi chauffé, et une petite boutique de produits régionaux à la réception.

Mas des Moulins (☎/fax 04 90 95 98 51, *raimondo.capitanio@libertysurf.fr, chemin du Cèbe ; doubles 57, 77 et 115 €, réduction de 20% en hiver ; ouvert en principe à l'année*). Le cadre, calme et enchanteur, mettra du baume sur les esprits stressés. À 2,5 km du centre d'Eygalières (prendre la D74a en direction de Saint-Rémy, tourner à droite dans le chemin des Grands Jardins et à gauche à 50 m, puis à droite dans le chemin du Cèbe), ce très

beau mas trône dans une propriété comportant 6 ha de prés arborés, un court de tennis et une grande piscine de 18 m x 9 m. Dans cet ancien moulin du XVIIIᵉ siècle, vous aurez le choix entre plusieurs chambres et une suite, spacieuses et de bon standing, toutes personnalisées, à la décoration subtilement provençale, avec entrée indépendante et terrasse. L'intimité est privilégiée : les hôtes prennent leur petit déjeuner séparément.

FONTVIEILLE

Le nom de Fontvieille, à 10 km au nord-est d'Arles, sur les flancs orientaux du massif des Alpilles, est indissociable de celui d'Alphonse Daudet, qui a immortalisé cette charmante localité typiquement provençale dans *Les Lettres de mon Moulin*. Lequel moulin trône à la sortie de l'agglomération et compte parmi les principaux atouts touristiques du secteur.

La commune a connu son heure de gloire au XIXᵉ siècle avec la mise en exploitation des carrières de calcaire des environs.

Renseignements

L'office du tourisme (☎ 04 90 54 67 49, fax 04 90 54 69 82, ot.fontvieille@visitprovence .com, www.fontvieille-provence.com), rue Marcel-Honorat, ouvre tous les jours, de 9h à 12h30 et de 14h à 19h, en saison. Hors saison, il est ouvert du lundi au samedi, de 9h à 12h15 et de 14h à 18h30.

Fêtes et festivals

Le premier week-end d'août, la fête votive de la saint Pierre est la fête du village ; au programme : bals, courses camarguaises, spectacles taurins, soirées music-hall, concours de pétanque, etc. Le deuxième dimanche d'août, la fête Alphonse Daudet célèbre la mémoire de l'écrivain.

Fin août, la Bouvine ravira les amateurs de courses camarguaises et d'animations taurines.

Début novembre, la Foire aux Santons attire les foules.

Marché provençal

Il a lieu les lundi et vendredi matin.

Daudet en son pays

À l'instar de Pagnol et de Mistral, autres chantres de la provençalité, Alphonse Daudet a contribué à façonner une certaine idée du "Midi", parfois taxée d'outrancière. Toute son œuvre respire une Provence écrasée de lumière où résonne le bruit des cigales et où embaume l'odeur enivrante de la garrigue.

Né à Nîmes en 1840, le jeune Daudet monte à Paris en 1857, où il pense s'inventer un destin. Il y mène une vie de bohème, et assure sa subsistance en collaborant au *Figaro*. Il fait la connaissance de plusieurs gens de plume, dont Flaubert, Zola et les frères Goncourt. L'année 1859 marque un tournant puisqu'il rencontre Frédéric Mistral, qui réveille en lui son attirance pour sa terre natale. Daudet dira : "En écoutant cette belle langue (celle de Mistral), sonore et musicale, je retrouvais ce délicieux parfum de la Provence". Il se détourne de Paris et effectue de fréquents séjours à Fontvieille, dans les Alpilles, où il a passé une bonne partie de son enfance. Le château de Montauban, qu'il connaît bien, ainsi que les moulins des environs, stimulent sa fibre littéraire et ses dons de conteur. En 1866, il livre les *Lettres de mon moulin* et *Le Petit Chose*. La ville de Tarascon constitue une autre source d'inspiration, avec *Tartarin de Tarascon* (1870), sans doute son œuvre la plus connue, bien que réputée caricaturale. Alphonse Daudet s'est éteint en 1897.

À Fontvieille, marchez sur les traces de l'écrivain en visitant le château de Montauban, le moulin de Daudet et en suivant le parcours découverte mis en place par l'office du tourisme.

À voir et à faire

Symbole et souvenir de lecture de jeunesse pour de nombreux francophones, le **moulin de Daudet** se dresse sur une petite butte, à environ 1 km au sud du centre de la localité. Construit en 1814, il a fonctionné jusqu'en 1915. Les Amis de Daudet, une association fondée en 1935, l'ont remis en état et y ont installé un petit **musée** (☎ 04 90 54 60 78 ; *1,50/1 € adultes/enfants ; ouvert tlj 10h-12h et 14h-17h fév-avr et oct-déc, 9h-12h et 14h-18h avr-juin, 9h-19h juil-sept, fermeture annuelle janv)* consacré à l'écrivain. Le parking (2 €), en contrebas, est surveillé d'avril à fin septembre.

Au village, ne manquez pas le **château de Montauban**, magnifique bâtisse de la fin du XVIIIᵉ siècle, qui s'élève dans un parc. Daudet, qui avait coutume d'y séjourner, s'en est également inspiré dans son œuvre. D'avril à fin septembre, le château présente une exposition thématique consacrée à l'écrivain. Autre édifice marquant dans le village : la tour des Abbés, une tour d'observation et de défense, édifiée au XIVᵉ siècle pendant la guerre de Cent Ans.

L'office du tourisme a élaboré un **parcours Daudet**, une superbe balade sur les pas de l'écrivain, vers les lieux qui ont alimenté son imaginaire : le moulin et le musée, le moulin Ramet, le moulin Tissot et le château de Montauban. Des visites accompagnées sont possibles.

À environ 3 km au sud de Fontvieille (prenez la D33 qui conduit au moulin de Daudet et continuez tout droit), vous pourrez observer des vestiges d'**aqueducs romains**, ainsi qu'une ancienne **meunerie romaine**.

Le centre équestre **Les Alpilles à cheval** (☎ 04 90 54 65 29, *vallon de Parisot)*, entre Fontvieille et Le Paradou, à hauteur du croisement de la route des Baux, propose des promenades à cheval (13 € l'heure, 23 € les deux heures, 58 € la journée avec pique-nique), ainsi que des stages pour enfant.

Où se loger

On recense quelque 5 chambres d'hôtes dans le secteur de Fontvieille, dont plusieurs au centre du village. Toutes sont confortables et bien tenues, mais n'appellent pas d'autres commentaires particuliers. Demandez la liste à l'office du tourisme.

Camping municipal Les Pins (☎ 04 90 54 78 69, fax 04 90 54 81 25, *rue Michelet ; 7 € pour un adulte et un enfant ; ouvert*

Pâques-15 oct). Légèrement excentré, au sud-est du village et à proximité du château de Montauban, ce camping trois-étoiles jouit d'un cadre agréable et verdoyant, dans une pinède.

Le Bernard *(☎ 04 90 54 70 35, fax 04 90 54 71 86, 6 cours Bellon ; simples/doubles avec douche 25/29 €, avec sdb 32-42 € ; ouvert à l'année)*. Meilleure affaire pour les petits budgets dans un secteur où les établissements bon marché sont réduits à la portion congrue, il offre un confort sans superflu et une décoration anodine mais, à ce tarif, on se montrera magnanime.

La Peiriero *(☎ 04 90 54 76 10, fax 04 90 54 62 60, info@hotel-peiriero.com, www. hotel-peiriero.com, 34 av. des Baux ; doubles 75-101 € ; ouvert Pâques-Toussaint)*. À la sortie du village, cette imposante bâtisse donne sur une vaste pinède et une grande piscine (chauffée) à l'arrière. Vous logerez dans des chambres pimpantes, chaleureuses, dotées de tout le confort digne d'un trois-étoiles (clim., TV, téléphone, s.d.b.). Préférez celles donnant sur le parc. Sauna, ping-pong, badminton peuvent être pratiqués sur la propriété.

Hôtel Le Daudet *(☎ 04 90 54 76 06, fax 04 90 54 76 95, 7 av. de Montmajour ; doubles 54 et 61 €, duplex 92 € ; ouvert Pâques-Toussaint)*. Un bon point pour le cadre, verdoyant, agrémenté de pins, de lauriers et de pelouses, et la conception générale de l'établissement, qui comporte plusieurs bâtiments de plain-pied organisés en patio autour de la piscine. Les façades, ocre et lavande, attirent également l'œil. Quant aux chambres, de bon confort, plutôt petites (sauf les duplex), elles ne possèdent pas de fantaisie décorative particulière.

Château de Barbegal *(☎ 04 90 54 75 89, fax 04 90 54 73 44, château@barbegal.com, www.barbegal.com, Raphèle ; doubles avec petit déj 110-225 € ; ouvert à l'année)*. Et si, l'espace de quelques nuits, vous vous offriez une vie de châtelain ? Ce rêve peut devenir réalité dans cette imposante demeure provençale du XIXe siècle, qui s'élève au milieu d'un superbe parc arboré de 7 ha, à environ 4 km de Fontvieille, en direction de Raphèle. Les 7 chambres, cossues et raffinées, ont le charme du rétro mais intègrent subtilement tous les éléments du modernisme (TV, clim., téléphone, etc.). Dans le parc, une belle piscine est à la disposition des hôtes.

Où se restaurer

La Table du Meunier *(☎ 04 90 54 61 05, 42 cours Bellon ; plats 8-13 €, menus 20/27 € ; fermé mer juil-août, mar soir et mer hors saison ; fermeture annuelle nov, 15-31 déc et fin janv-fin fév)*. À une enjambée de l'office du tourisme, la Table du Meunier constitue l'une des valeurs sûres de Fontvieille. La salle donnant sur la rue est relativement banale mais, aux beaux jours, vous pourrez prendre place sur la petite terrasse, à l'arrière, ou dans un ancien poulailler, juste à côté. La cuisine fait honneur aux spécialités régionales telles que le carré d'agneau au pistou, la *gardiane de toro* (daube) et un original *crespeou* comtadin, servi en entrée, une vieille recette provençale composée de sept petites omelettes de sept légumes superposés, rappelant les sept repas des bergers qui partaient en transhumance.

La Cuisine au Planet *(☎ 04 90 54 63 97, 144 Grand-Rue ; plats 19 €, menus 24/30 €, menu enfant 11 € ; fermé lun midi et mar midi 15 juin-15 sept, lun et mar midi hors saison ; ouvert mars-oct)*. Le regard s'arrête sur la façade, enguirlandée de vigne vierge. L'intérieur se répartit entre une salle rustique au rez-de-chaussée et une pièce à l'étage, plus petite, dans la même style. La carte n'est pas très étoffée, mais la cuisine, d'inspiration résolument provençale, ne déçoit pas, si l'on en croit les échos recueillis.

Le Patio *(☎ 04 90 54 73 10, 117 rue du Nord ; menus 15/22/26 € ; ouvert tlj juil-août, fermé mar soir et mer hors saison, fermeture annuelle fév)*. De la rue, rien ne laisse présager un décor aussi surprenant : une ancienne bergerie et écurie à chevaux, aux murs patinés, garnie d'un bric à brac savamment arrangé – outils agricoles, animaux empaillés, guitares et autres instruments, portraits de Brassens, sans parler d'une splendide cheminée. On se croirait presque sur le lieu de tournage d'un film. Lorsque vos yeux auront détaillé l'ensemble, laissez vos papilles entrer en action et savourer une cuisine provençale bien enlevée, de type civet de toro, agneau grillé, *bourride* de filet de cabillaud ou aïoli.

Au Chat Gourmand (☎ 04 90 54 73 17, *14 rue du Nord ; plats 13-18 €, menus 19/26 €, menu enfant 10 € ; ouvert tlj sauf mer midi juil-sept, fermé mar soir et mer hors saison, fermeture annuelle nov, janv et fév*). Un intérieur pimpant, une petite terrasse à l'arrière, une cuisine honnête couplée à des tarifs qui restent dans la moyenne désignent ce restaurant comme une halte possible. La carte propose filet de toro, selle d'agneau farcie aux herbes, croustillant de sole et saumon à l'émulsion d'oseille, entre autres mets.

Comment s'y rendre
La société Ceyte Tourisme Méditerranée (☎ 04 90 93 74 90) exploite la ligne de bus Arles-Fontvieille-Le Paradou-Maussane-Les Baux-Mouriès.

LE PARADOU
Juste avant Maussane en venant de Font-vieille, Le Paradou présente l'aspect épanoui d'une localité paisible, dotée de quelques structures d'hébergement et de restauration. De nombreux artistes ont fort logiquement succombé à son charme.

À voir et à faire
La Petite Provence du Paradou (☎ 04 90 54 35 75, fax 04 90 54 35 67, 75 av. de la Val-lée-des-Baux ; entrée 4/2,50 € adultes/enfants ; ouvert tlj 10h-19h), à l'entrée du village en venant de Fontvieille, abrite la reconstitution d'un village provençal sur 500 m², avec 32 maquettes et plus de 300 santons de taille respectable, présentés dans des scènes de la vie quotidienne. La boutique vend des santons et divers produits provençaux.

Où se loger et se restaurer
Le Relais des Alpilles (☎ 04 90 54 40 63, 06 80 68 29 36, av. de la Vallée-des-Baux ; lit avec petit déj 18,50 €, draps 3 € ; ouvert en principe à l'année*). Ouf ! Enfin une adresse à prix doux dans les Alpilles… Ce gîte d'étape, ouvert en 2001, installé au bord de

la route entre Fontvieille et Le Paradou, mettra du baume au cœur des petits budgets. Les chambrées, dotées de quatre ou six lits de fer, aux murs uniformément blancs, sont minimalistes et dépouillées mais le bâtiment et les sanitaires communs sont neufs ou presque et l'ensemble, fonctionnel.

Le Bistrot du Paradou (☎ 04 90 54 32 70 ; menu 33 € le midi, 38 € le soir ; ouvert tlj midi et soir sauf dim 15 juin-sept, lun-sam midi oct-15 juin, fermeture annuelle 3 semaines nov et 2 semaines fév*). Au centre du village, au bord de la route principale, s'élève une belle bâtisse ancienne, à la façade vaguement jaune, sur laquelle s'étale en beaux déliés peints l'enseigne Le Bistrot du Paradou. L'intérieur a des allures d'auberge campagnarde, mais ne vous y trompez pas, le lieu est couru, notamment par les VIP qui hantent les Alpilles. Une adresse néo-branchée, donc, voire un brin snob, avec un menu fixe (entrée, plat, fromage, dessert, vin et café), qui fait la part belle aux spécialités régionales.

Le Mazet des Alpilles (☎ 04 90 54 45 89, 06 12 14 93 06, fax 04 90 54 44 66, route de Brunelly ; doubles avec petit déj 46 et 52 € ; ouvert à l'année*). Légèrement excentré, ce *mazet* (petit mas), que prolonge à l'arrière un agréable jardin fleuri, n'est pas dénué de charme. Il offre deux chambres, confortables et plaisantes, bien que sans réel caractère (préférez la Ciga-loun, plus spacieuse).

Comment s'y rendre
La société Ceyte Tourisme Méditerranée (☎ 04 90 93 74 90) exploite la ligne de bus Arles-Fontvieille-Le Paradou-Maussane-Les Baux-Mouriès.

MAUSSANE-LES-ALPILLES
Autre localité pétrie de charme, Maussane-les-Alpilles s'étire le long de la rue principale, où s'interpose une place traditionnelle ombragée de platanes. La commune vit du tourisme et de l'oléiculture.

Renseignements
L'office du tourisme (☎ 04 90 54 52 04, fax 04 90 54 39 44, contact@maussane.com,

www.maussane.com), place Laugier-de-Monblan, face à l'église, ouvre tous les jours, sauf le dimanche et les jours fériés, de 9h à 12h30 et de 13h30 à 19h, en saison ; hors saison, du lundi au vendredi, de 9h à 12h et de 14h à 18h, et le samedi, de 14h à 18h.

À voir et à faire
Un marché provençal se tient chaque jeudi.

Le musée des Santons animés (☎ 04 90 54 39 00, route de Saint-Rémy ; entrée 3/1,50 € ; ouvert tlj 10h-19h avr-sept, 13h30-19h oct-mars) expose une immense fresque évoquant un paysage provençal, dans lequel des santons animés effectuent les gestes de la vie d'antan. Une boutique termine la visite.

Où se loger
Camping. Camping municipal Les Romarins (☎ 04 90 54 33 60, fax 04 90 54 41 22, route de Saint-Rémy ; forfait 2 pers, emplacement et tente 13 € ; ouvert 15 mars-15 oct). Sur la route de Saint-Rémy, proche du centre du village, ce camping quatre-étoiles, parfaitement aménagé, possède d'excellentes infrastructures et 145 emplacements sur gazon, ombragés et délimités par des haies.

Chambres d'hôtes. Mas Monblan (☎/fax 04 90 54 47 43, ☎ 06 80 41 59 39, La Grande Terre de la Pompe ; chambres 85/100 € ; ouvert à l'année). Excellente adresse que cette chambre d'hôtes, à environ 3 km au sud de Maussane, sur la route de Saint-Martin-de-Crau, tenue par un couple qui pratique avec bonheur l'art de recevoir. On se sentira rapidement chez soi dans ce mas de caractère, bien agencé, au milieu d'une très belle propriété d'un hectare, plantée d'essences diverses. Les trois chambres (deux au rez-de-chaussée, une à l'étage), tout confort, sont pimpantes et colorées – voyez la Roussillon, qui ressemble à un bonbon acidulé –, et d'une propreté exemplaire. Un peu partout dans le mas (entièrement ouvert aux hôtes), des tableaux d'artistes locaux agrémentent les murs. Divin plaisir : prendre son petit déjeuner (copieux) sous la véranda ou, mieux encore,

au bord de la piscine. Vos hôtes mettent gratuitement des VTT à disposition.

Le Mas d'Isis (☎ 04 90 54 22 81, fax 04 90 54 22 83 masisis@club-internet.fr, route du Destet ; doubles avec petit déj 95 € ; ouvert à l'année). Un couple de Suisses tient cette chambre d'hôtes de bon standing, installée dans un mas du XVIIIe siècle, à 2 km de Maussane, en direction du Destet. Les deux chambres, l'une de plain-pied, l'autre à l'étage, ont un côté design, épuré, et se caractérisent par leur propreté aseptisée. Le cadre – un jardin d'agrément, une oliveraie, les contreforts des Alpilles – invite à la villégiature.

Le Mas des Fontaines (☎ 04 90 54 22 81, fax 04 90 54 22 83, mas.des.fontaines@free.fr, www.mas-des-fontaines.com, route du Destet ; doubles 125 €, petit déj 10 € par pers ; ouvert à l'année). Il flotte une ambiance plutôt sélect, un brin "Figaro Madame", dans ce mas tenu par Étienne et Dominique Hardy, environné d'un cadre sauvage et bucolique, à 2,5 km de Maussane, en direction du Destet, à 300 m après le Mas d'Isis (voir ci-dessus). Les cinq chambres mitoyennes, toutes climatisées, donnent de plain-pied sur le jardin et une oliveraie. Lumineuses, spacieuses (environ 25 m2), avec accès indépendant, elles offrent un grand confort. La décoration épurée est élégante et la propreté, chirurgicale. L'ensemble conviendra à une clientèle aisée soucieuse de tranquillité. Aux beaux jours, le petit déjeuner est servi sous la tonnelle. Une piscine est à disposition.

Le Vallon Rouge (☎ 04 90 54 47 13, Le Vallon Rouge ; doubles avec sdb et petit déj 49-65 € ; ouvert à l'année). Pourquoi mentionner cette chambre d'hôtes, dotée de deux petites unités attenantes au confort simple ? Pour le cadre, incontestablement, et la simplicité de l'accueil du propriétaire, qui contraste avec le côté trop empesé de certains hébergements du même type dans le secteur. Le décor est une véritable image d'Épinal de la Provence : le mas, isolé dans une belle pinède, se situe au milieu d'un paysage montueux, à 1,5 km du village, en direction de Saint-Rémy par la D5. Une piscine permet de se rafraîchir.

L'Oustau de Moungran (☎ 04 90 54 21 86, 06 16 98 00 21, *oustaudemoungran @fr.st, www.oustaudemoungran.fr.st, mas d'Astres ; doubles 80 €, petit déj 8 € ; ouvert en principe à l'année*). Dans un quartier excentré (prendre la direction de Saint-Martin de Crau sur 400 m puis tourner à droite dans le chemin du mas d'Astres), calme mais sans charme particulier, L'Oustau de Moungran occupe un mas impeccablement rénové. Il propose quatre chambres à la propreté sans défaut, modernes et tout confort, avec sol en terre cuite et murs uniformément blancs. Les clients ont accès à une petite piscine.

Hôtels. Hôtel Le Pré des Baux (☎ 04 90 54 40 40, fax 04 90 54 53 07, 8 rue du Vieux-Moulin ; doubles 85-115 €, petit déj 10 € ; ouvert fin mars-fin oct). À 100 m de la rue principale, qui devinerait que se cache une petite enclave exotique ? Ni vraiment hôtel, ni vraiment chambre d'hôtes, ce complexe de 10 chambres concilie confort, charme et fonctionnalité. Les chambres, de plain-pied avec terrasse, lumineuses et très propres, donnent toutes sur la piscine et le jardin, planté de palmiers et de cyprès et agrémenté d'une pelouse. La décoration est volontairement minimaliste, avec des murs blancs et des plafonds hauts.

Hostellerie L'Oustaloun (☎ 04 90 54 32 19, fax 04 90 54 45 57, place de l'Église ; chambres 44-65 € ; fermeture annuelle nov-15 déc et fév). Difficile d'être plus central que L'Oustaloun, sur la place principale du village. Ce deux-étoiles, installé dans une bâtisse de caractère, possède un certain cachet, à condition d'aimer le style provençal rustique. Concession au modernisme, les 9 chambres possèdent TV et téléphone.

Où se restaurer

La Pitchoune (☎ 04 90 54 34 84, 21 place de l'Église ; menus 11 € le midi sauf dim, 14/17/23 € ; fermé lun, mar midi et ven midi, fermeture annuelle en principe deux mois en hiver). Mais qu'ont-ils tous dans le secteur à recommander ce restaurant au centre de Maussane, logé dans une demeure bourgeoise, face à l'office du tourisme ? Le jour

de notre passage, la cuisine nous a paru très moyenne et le service, peu empressé. Disons que le rapport qualité/prix, pour les Alpilles, est un argument à prendre en considération.

Le Margaux (☎ 04 90 54 35 04, 1 rue Paul-Revoil ; plats 20-25 €, menus 26/33 € ; fermé mar et mer midi). À deux pas de l'église, dans une ruelle discrète, ce restaurant conjugue agrément des lieux et cuisine provençale de qualité. Sur la carte, la daube de taureau de Camargue au vin de Châteauneuf du Pape fait bon ménage avec un filet de morue à la fondue de poireaux ou une fricassée de poularde aux pleurotes. Le cadre, un joli mas aux volets bleus précédé d'un jardin intérieur ombragé, avec un mobilier en fer forgé, plaît beaucoup. Les tarifs s'en ressentent.

Le Mas Teulière (☎ 04 90 54 46 19, route de Saint-Rémy ; menu 32 € ; fermé mer en saison, mer et dim soir en hiver, fermeture annuelle 15 fév-15 mars). Les fins palais recommandent le Mas Teulière. La lecture de la carte ne laisse planer aucune doute quant à l'orientation provençale de la cuisine – à titre d'exemple, citons le paqueton de lapin à l'arlésienne et le panaché de poissons à la concassée de tomates au pistou. Dommage que ce restaurant, situé juste après le musée des Santons animés, sur la route de Saint-Rémy, soit desservi par un intérieur très conventionnel. La terrasse, ombragée et fleurie, peut compenser.

Comment s'y rendre

La société Ceyte Tourisme Méditerranée (☎ 04 90 93 74 90) exploite la ligne de bus Arles-Fontvieille-Le Paradou-Maussane-Les Baux-Mouriès.

SAINT-ÉTIENNE-DU-GRÈS

Première localité des Alpilles quand on vient de Tarascon, à 8 km, elle constitue une belle entrée en matière.

Où se loger

Aux Deux Sœurs (☎ 04 90 49 10 18, fax 04 90 49 10 30, ads.wood.gites@infonie.fr, Vieux Chemin d'Arles ; doubles avec petit déj 100, 115 et 150 €, table d'hôtes 31 € ; ouvert à l'année). Les amateurs de retours aux sources se sentiront comme chez eux dans ce paradis chic, qui s'épanouit dans un site sauvage des Alpilles, à environ 2,5 km du centre de Saint-Étienne-du-Grès (face à la mairie, prendre la route qui part sur la gauche puis, au bout de 2 km environ, bifurquer dans un chemin de terre et le suivre sur 500 m). Un couple de Britanniques vous recevra dans cette imposante bastide, de style villa à l'italienne, sur quatre niveaux, égayée d'une façade saumon et de volets tilleul, environnée de 11 ha de garrigue et de collines verdoyantes. La suite et les deux chambres expriment un confort soigné et un luxe discret. Vous pourrez piquer une tête dans la piscine, légèrement à l'écart, face à une forêt de pins. Un court de tennis, une table de ping-pong et des vélos à disposition ajoutent à son agrément. Le GR6 se trouve à 10 minutes à pied. La table d'hôtes, sur réservation, privilégie les poissons et les légumes, et inclut le vin.

VERQUIÈRES

Verquières ne s'inscrit pas *stricto sensu* dans les Alpilles, mais dans une plaine agricole, à quelques kilomètres au nord du massif. C'est un bon lieu de villégiature, idéalement situé, loin des foules des villages trop touristiques du massif.

Où se loger et se restaurer

Mas de Castellan *(☎ 04 90 95 08 22, fax 04 90 95 44 23, www.mas-de-castellan.net, Verquières ; doubles 77 € avec petit déj ; fermeture annuelle janv-fév).* Cette belle bâtisse bourgeoise, un vieux mas du XVIIIe siècle isolé dans un environnement champêtre, invite à la villégiature tranquille. Pour y accéder, suivez la D30a qui relie Saint-Andiol à Saint-Rémy-de-Provence. Votre hôte, René Pinet, est antiquaire. C'est peu de dire que l'intérieur est un ravissement, surtout le salon, embelli d'une multitude d'objets divers, et le jardin d'hiver, superbement fleuri, où sont servis les petits déjeuners en basse saison. Les quatre chambres, tout confort et personnalisées, sont plus sobres mais intègrent des touches provençales subtiles, d'inspiration rustique. La propriété possède une piscine.

Bergerie de Castellan *(☎/fax 04 90 95 02 07, labergerie@net-up.com, Verquières ; doubles avec petit déj 61 € ; ouvert à l'année).* À 300 m après le mas de Castellan, c'est une belle propriété de 3 ha, dotée d'une piscine clôturée et plantée de diverses essences. Vos hôtes vous recevront avec aménité dans leur ancienne bergerie, à la façade ocre, à laquelle ils ont su redonner vie avec beaucoup de goût. Deux chambres doubles, confortables, et une chambre pour quatre, avec mezzanine, lumineuses et gaies, vous attendent. L'été, près de la piscine, une cuisine d'été est à disposition.

Mas de Jauffret *(☎/fax 04 32 61 09 76, Paluds-de-Noves ; doubles avec petit déj 70 €, suite 91 € ; ouvert à l'année).* À la limite de Verquières, sur la commune de Paluds-de-Noves, à 1 km après le mas de Castellan en direction de Saint-Rémy, sur la D30a (signalé), cette maison d'hôtes de bon standing, ouverte en 2001, tenue par Sylviane et Nicolas Lascombes-Rousseau, se compose de deux chambres ("Anis" et "Clémentine") et d'une suite ("Aurore"), rustiques, sobres et agréables, avec nattes en jonc de mer et couleurs pastel. La propriété, fort calme, comporte une piscine.

Le Croq Chou *(☎ 04 90 95 18 55, place Lucien-Pellegrin ; menus 30/35 €, menu enfant 20 € ; fermé lun-mar).* Voici l'étape gastronomique du secteur, installée dans une demeure de caractère, au centre de Verquières, face à l'église. Le répertoire courtise les beaux produits de la Provence, avec une touche d'inventivité ; nous avons notamment relevé la dorade rôtie au vin rouge et le chausson de caille à l'essence de truffe. Paiement en espèces ou par chèque uniquement.

Aix-en-Provence et le pays aixois

Luxe, calme et volupté : voilà la trilogie qui caractérise avec pertinence Aix-en-Provence, deuxième ville du département des Bouches-du-Rhône avec près de 130 000 habitants (dont 40 000 étudiants), à

BOUCHES-DU-RHÔNE

Le calisson

Véritable ambassadeur gourmand de la ville, le calisson est une confiserie à laquelle vous succomberez sans doute lors de votre séjour à Aix. On ne connaît pas exactement ses origines ; tout juste suppose-t-on qu'il daterait du XVIe siècle (voir la section *Saveur provençales* du chapitre *Renseignements pratiques* pour plus de renseignements).

Une vingtaine de fabricants perpétuent la tradition, parmi lesquels Béchard, 12 cours Mirabeau, les Calissons du Roy René, 10 rue Georges-Clémenceau et la confiserie Entrecasteaux, 2 rue d'Entrecasteaux.

30 km au nord de Marseille. Capitale historique de la Provence, elle affiche une séduction tout aristocratique, qui repose notamment sur l'inimitable cachet de ses hôtels particuliers (environ 200 !) aux façades ocre finement ouvragées, sur ses fontaines qui agrémentent le centre historique, sur son remarquable patrimoine muséal, artistique et culturel, sans parler des cafés, restaurants et boutiques en tout genre, autant de manifestations d'un art de vivre inégalé, qui s'exprime dans les étroites ruelles du centre. Ville d'art et d'histoire qui étale sans complexe ses richesses, elle n'est pas pour autant corsetée dans son passé mais affiche, au contraire, un dynamisme culturel, économique et universitaire bien tangible.

Aix, cité des arts, des lettres et de la culture, face à Marseille, ville portuaire vouée au négoce et à l'industrie : la comparaison, bien que tentante, est vaine et sans intérêt. Au mieux, toutes deux se complètent, au pire elles s'ignorent. Cette opposition de style donne d'ailleurs tout son piquant à une visite combinée des deux villes.

HISTOIRE

Avant la conquête romaine, la région est occupée par des tribus celto-ligures. Le siège de leur pouvoir est l'oppidum d'En-tremont, sur une hauteur à quelques kilomètres du centre-ville (on pourra se faire une idée de cette civilisation au musée Granet). Les Grecs de Massalia (l'actuelle Marseille) voient d'un mauvais œil la prospérité de ces Celto-Ligures dans la région, qu'ils perçoivent comme une menace. Ils font alors appel à Rome, avec qui ils entretiennent d'excellentes relations. Les Romains, en pleine conquête, ne se font pas prier ; Caius Sextius détruit Entremont et fonde Aquae Sextiae ("les eaux de Sextius", en raison de la présence de sources thermales), vers 123 av. J.-C. Aix devient une colonie romaine, prospère, idéalement située entre l'Italie et l'Espagne.

Les invasions barbares lui sont fatales et dévastent une grande partie de son patrimoine architectural. Elle renaît progressivement lorsque le royaume de Provence est constitué, à la fin du IXe siècle. À la fin du XIIe siècle, elle devient la capitale des comtes de Provence. S'ouvre alors une période faste, qui culminera sous le règne du "bon roi René" au XVe siècle, un monarque éclairé dont la cour attire des artistes et des érudits venus de toute l'Europe, et qui fera de la ville une capitale culturelle et un foyer artistique de première importance (voir l'encadré qui lui est consacré dans le chapitre *Présentation de la Provence*). Par la suite, Aix subira des fortunes diverses, notamment des épidémies de peste qui ralentiront sa croissance démographique. Malgré ces vicissitudes, les XVIIe et XVIIIe siècles constituent son âge d'or. Les notables font construire de somptueux hôtels particuliers, qui donnent à la ville sa physionomie actuelle.

La Révolution sonne l'heure du déclin. Aix perd son statut de capitale de la Provence pour ne devenir que la sous-préfecture des Bouches-du-Rhône. Son rayonnement s'étiole, provisoirement. Le XIXe siècle achève de lui donner son identité : alors que Marseille profite des nouvelles infrastructures ferroviaires et du développement du commerce avec l'empire colonial, Aix affermit résolument sa vocation universitaire et culturelle, toujours d'actualité. Les deux villes développent ainsi chacune leur spéci-

AIX-EN-PROVENCE

OÙ SE LOGER
1 Hôtel Paul
21 Hôtel du Globe
36 Café-Bastide du Cours
37 Grand Hôtel
  Nègre Coste
39 Hôtel des Augustins
37 Hôtel Cardinal
40 Hôtel de France
46 Hôtel Saint-Christophe
47 Hôtel Cardinal
48 Hôtel Cardinal
  (annexe)
51 Hôtel des Quatre
  Dauphins
52 Hôtel Concorde
53 Grand Hôtel
  Mercure Roi René

OÙ SE RESTAURER
6 Le Basilic Gourmand
7 Autour d'une tarte
8 Du Côté de Sienne
12 Chez Féraud
18 La Pêche aux Moules
20 La Bosque d'Antonelle
25 Chez Maxime
27 Chimère Café
28 Le Saf
29 L'Aixquis et
  Planète Web (cybercafé)
30 Laurane et sa Maison
31 Les Bacchanales
33 Le Verdun
35 Le Grillon
43 Chez Gu et Fils
  et discothèque Le Mistral

MUSÉES
2 Musée des Tapisseries
4 Musée du Vieil Aix
42 Musée Paul-Arbaud
50 Musée Granet

DIVERS
3 Galerie du Festival
5 Pavillon Vendôme
9 Aix Games (cybercafé)
10 Cycles Zammit
11 Chapelle Sainte-Catherine
13 Place de l'Hôtel de Ville
14 Librairie Vent du Sud
15 Scat Club
  (lieu de musique)
16 Discothèque Le Richelm
17 Cave du Félibrige

19 Red Clover (pub)
22 Mediterranean Boys
  (bar)
23 Bistrot Aixois
24 Pôle judiciaire
26 Net Games (cybercafé)
32 Place Saint-Honoré
34 Les Deux Garçons
  (bar brasserie)
38 Librairie de Provence
41 Béchard (calissons)
44 Poste
49 Église Saint-
  Jean de Malte
54 Boulodrome
55 Gare ferroviaire
56 Parc Jourdan

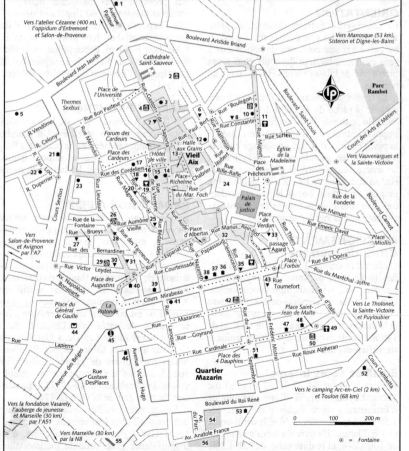

ficité, renonçant à se faire concurrence. Épargnée par le développement industriel, elle tire désormais avantage de sa localisation et de son prestige artistique et culturel, qui s'étend bien au-delà des frontières de l'Hexagone. Quelques grands noms de la littérature et de la peinture françaises ont également contribué à lui donner ses lettres de noblesse, principalement Cézanne et Zola.

Ville du bien-vivre, ouverte sur l'extérieur, elle a également la chance de ne pas souffrir d'un déficit d'image comme sa grande voisine marseillaise.

ORIENTATION

Le centre-ville, petit et compact, se prête admirablement à une découverte à pied. Il est cerné par une couronne de boulevards à sens unique, à hauteur desquels vous serez bien avisé de laisser votre véhicule dans un parking.

Le cours Mirabeau, l'artère principale, part de la place du Général-de-Gaulle, sur laquelle se dresse la Rotonde, où trône une imposante fontaine. Il file vers l'est jusqu'à la place Forbin. Il forme une césure entre le Vieil Aix, en grande partie piétonnier et commerçant, au nord, et le quartier Mazarin, au sud, construit au XVIIe siècle selon un plan en damier, cossu, huppé et résidentiel. Les rues commerçantes se situent aux alentours de la rue Espariat.

RENSEIGNEMENTS
Office du tourisme

L'office du tourisme d'Aix (☎ 04 42 16 11 61, fax 04 42 16 11 62, infos@aixenprovence-tourism.com, www.aixenprovencetourism.com), 2 place du Général-de-Gaulle, ouvre de 8h30 à 19h (jusqu'à 22h en juillet-août) et le dimanche, à l'année, de 10h à 13h et de 14h à 18h. Il organise des visites guidées sur différents thèmes.

Email et accès Internet

Pl@net Web (☎ 04 42 26 83 01), 20 rue Victor-Leydet, dispose d'une quarantaine d'ordinateurs avec écran plat. Comptez 1,50 € les 15 minutes, 2,50 € la demi-heure et 4 € l'heure. Il ouvre du lundi au samedi, de 10h à 24h, et le dimanche, de 13h à 24h.

Net'Games (☎ 04 42 26 60 41), 52 rue Aumône-Vieille, est ouvert tous les jours, de 10h à 1h, et pratique les mêmes tarifs que le cybercafé précédent.

Aix Games (☎ 04 42 21 01 34), 31 rue Mignet, également au centre-ville, facture 1,50 € la demi-heure et 3 € l'heure (ouvert du lundi au samedi, de 9h à 22h, et le dimanche, de 9h à 20h).

FÊTES ET FESTIVALS

L'événement le plus prisé est le Festival international d'art lyrique au mois de juillet, qui présente dans plusieurs lieux des concerts classiques, de l'opéra et des ballets. On peut également citer le Festival du tambourin, qui dure deux jours à la mi-avril, l'Aix Jazz Festival, début juillet, et la Fête mistralienne qui célèbre, le 13 septembre, la naissance de l'écrivain régionaliste Frédéric Mistral.

MARCHÉ PROVENÇAL

Aix figure parmi les villes de Provence les mieux pourvues en marchés. Un marché d'alimentation se tient sur la place des Prêcheurs les mardi, jeudi et samedi matin, ainsi que sur la place Richelme tous les jours.

PROMENADE À PIED

La vie sociale aixoise se concentre autour du **cours Mirabeau** qui, toutes proportions gardées, est à Aix ce que les Champs-Élysées sont à Paris. Cette magnifique promenade, ombragée par de généreuses frondaisons de platanes et jalonnée de fontaines, fut tracée dans la seconde moitié du XVIIe siècle à la place des anciens remparts. Elle est bordée d'une succession ininterrompue de cafés branchés côté nord – dont le mythique Les Deux Garçons, où Cézanne avait ses habitudes – et d'anciens hôtels particuliers de grande classe côté sud. L'avenue doit son nom au célèbre comte de Mirabeau (1749-1791), représentant du tiers état de la ville en 1789.

Les grandes familles de la noblesse, soucieuses d'afficher leur réussite et leur rang, firent élever des hôtels particuliers, à la magnificence architecturale incontestable.

Différentes tendances ressortent : baroque et classique essentiellement. Ne manquez pas, au n°38, l'**hôtel Maurel de Pontevès**, dit aussi hôtel d'Espagnet (1647), aujourd'hui occupé par le tribunal de commerce, où vous admirerez les deux atlantes supportant le balcon ; l'**hôtel Isoard de Vauvenargues** (1710), au n°10, où le marquis d'Entrecasteaux assassina son épouse ; l'**hôtel Forbin** (1656), au n°20, au bel ordonnancement ; et l'**hôtel du Poët** (1730), qui ferme le cours, à l'est, précédé de la **statue** (XIXᵉ siècle) du roi René brandissant une grappe de raisin muscat, une variété qu'il aurait introduite dans la région. L'hôtel du Poët se distingue par sa riche ornementation (mascarons, agrafes, ferronneries).

À l'autre bout du cours se dresse l'imposante **fontaine de la Rotonde** (1860), ornée de fonte. Au croisement du cours Mirabeau et de la rue Clemenceau, l'eau de la **fontaine d'eau chaude** (1734), couverte de mousse, jaillit à 34°C.

Faites une incursion dans le **quartier Mazarin**, au sud du cours Mirabeau, pour vous imprégner de l'ambiance de ce bastion aristocratique, où s'entremêlent harmonieusement élégance feutrée et austérité de bon aloi. La **rue Mazarine**, la **rue du Quatre-Septembre** et la **rue Cardinale**, que borne à l'est l'**église Saint-Jean-de-Malte**, une église gothique fortifiée construite à la fin du XIIᵉ siècle, sont les plus représentatives. Les deux dernières se croisent à hauteur de la **place des Quatre-Dauphins**, agrémentée d'une fontaine du XVIIᵉ siècle. À l'angle se dresse l'**hôtel de Boisgelin** (1650), de style classique, habillé d'agréables ferronneries ajoutées au XVIIIᵉ siècle.

Quittez le quartier Mazarin, traversez le cours Mirabeau et, à hauteur du n°55, empruntez le discret **passage Agard** qui vous mènera au **palais de justice**, achevé en 1832, à l'emplacement de l'ancien palais comtal. Remontez l'esplanade jusqu'à l'**église de la Madeleine** (XVIIᵉ siècle), qui abrite de nombreux tableaux religieux, dont le magnifique Retable de l'Annonciation (1444). Poursuivez vers le nord par la rue Mignet, où s'égrènent une suite d'hôtels particuliers, dont les détails de l'ornementation monopoliseront votre regard. Tournez à gauche dans la rue Boulegon, où vécut Cézanne (au n°23), puis à nouveau à gauche dans la rue Matheron, qui débouche sur la jolie placette triangulaire des **Trois-Ormeaux**, dotée d'une fontaine. Suivez ensuite les rues Jaubert et Chabrier et vous parviendrez sur la magnifique **place Richelme**, souvent envahie par les badauds, flanquée au nord par la **halle aux grains** (XVIIIᵉ siècle), qui symbolise l'importance du blé à cette époque. Notez le fronton allégorique qui couronne la façade nord et la riche symbolique décorative liée à la fonction du bâtiment (fruits, olives, céréales et autres icônes). Continuez vers le nord ; cent mètres plus loin se dresse le monumental **hôtel de ville** (XVIIᵉ siècle), remarquable pour l'exubérance baroque de sa décoration, précédé par une belle place. L'hôtel de ville est dominé par la **tour de l'Horloge**, l'ancien beffroi de la ville. De là, la rue Gaston-de-Saporta vous conduit au **musée du Vieil Aix** et à la **cathédrale Saint-Sauveur**, présentés plus en détail dans les rubriques ci-dessous. Au passage, dans la rue Saporta, attardez-vous sur les hôtels particuliers des n°17 (occupé par le musée du Vieil Aix), 19, 21 et 23.

Plutôt que de revenir sur vos pas, poussez vers l'ouest *via* la rue du Bon-Pasteur jusqu'aux **thermes Sextius**, qui s'élèvent à l'emplacement des anciens thermes romains de Sextius. Redescendez par la rue Mérindol, qui débouche sur la **place des Cardeurs**, ouverte en 1963, autre lieu très animé. Remontez la place vers l'est, contournez l'hôtel de ville et descendez la rue du Maréchal-Foch (derrière la halle aux grains), qui se prolonge par la rue Aude, jusqu'au joyau de la ville : la **place d'Albertas**, au charme ineffable (bien que les façades auraient besoin d'une cure de jouvence), qui vous plongera dans un autre temps. Suivez l'avenue Espariat, très commerçante, pour arriver à la Rotonde.

MUSÉES

L'office du tourisme vend la carte "Visa pour Aix" (1,50 €) aux multiples avantages : un tarif préférentiel sur les entrées de certains musées, un demi-tarif sur la visite commentée de la ville et un titre de transport à prix réduit, qui permet de se déplacer toute la journée sur le réseau d'Aix en Bus.

Musée Granet

Le plus important de la ville, le **musée Granet** (*☎ 04 42 38 14 70, place Saint-Jean-de-Malte ; 2 € ; ouvert tlj sauf mar 10h-12h et 14h-18h*) occupe un prieuré du XVIIe siècle de l'ordre des chevaliers de Malte. Il expose des éléments des fouilles de l'oppidum celto-ligure d'Entremont, ainsi qu'une remarquable collection de peintures françaises, italiennes et flamandes du XVIe au XIXe siècle. Vous pourrez admirer, entre autres, plusieurs toiles et aquarelles mineures de Paul Cézanne, natif d'Aix. Il vous faudra malheureusement prendre votre mal en patience avant de voir l'intégralité des collections, car des travaux d'agrandissement ont lieu jusqu'en 2006. En juin 2002, huit salles seront accessibles. D'autres salles ouvriront chaque année, jusqu'à la réouverture complète en 2006.

Musée du Vieil Aix

Installé dans un magnifique hôtel particulier du XVIIe siècle, le **musée du Vieil Aix** (*☎ 04 42 21 43 55, 17 rue Gaston-de-Saporta ; entrée 2,30 €, gratuit moins de 14 ans ; ouvert tlj sauf lun 10h-12h et 14h-17h, avr-oct 10h-12h et 14h30-18h*) renferme des objets et des documents liés à l'histoire et aux traditions d'Aix et de sa région. Marionnettes de bois, mobilier, santons et costumes cohabitent avec des tableaux, des paravents et des faïences.

Musée des Tapisseries

Le **musée des Tapisseries** (*☎ 04 42 23 09 91, 28 place des Martyrs-de-la-Résistance ; entrée 2 € ; ouvert tlj sauf mar 10h-12h et 14h-17h45*), logé dans l'ancien archevêché, expose des ensembles rares de tapisseries françaises des XVIIe et XVIIIe siècles, dont la série appelée *Grotesques*, un décor théâtral réalisé à Beauvais vers 1689, *Les Jeux reussins* (XVIIIe siècle), ainsi que l'exemplaire unique au monde de *L'Histoire de Don Quichotte* (1735).

Musée Arbaud

Ce **musée** (*☎ 04 42 38 38 95, 2A rue du Quatre-Septembre ; entrée 2,50 € ; ouvert tlj sauf dim 14h-17h, fermeture annuelle janv*) présente des livres, des manuscrits et des faïences provençales.

CATHÉDRALE SAINT-SAUVEUR

L'architecture composite de la cathédrale d'Aix comprend des éléments allant du Ve au XVIIIe siècle. La nef romane de l'édifice primitif forme aujourd'hui le bas-côté sud de la structure principale de style gothique (1285-1350). Les chapelles constituent des ajouts du XIVe et du XVe siècle et l'abside contient un sarcophage du Ve siècle. La cathédrale ouvre de 8h à 12h et de 14h à 18h.

Dans la nef, le Triptyque du Buisson ardent (XVe siècle), de Nicolas Froment, n'est ouvert en général que pour les groupes. À côté, un autre triptyque illustre la Passion du Christ. La tapisserie qui décore le mur du chœur remonte au XVIIIe siècle et le superbe orgue doré est de style baroque. L'été, un spectacle son et lumière se déroule presque tous les soirs à 21h30.

FONDATION VASARELY

La Fondation Vasarely (*☎ 04 42 20 01 09, fax 04 42 59 14 65, www.netprovence.com/fondationvasarely, 1 av. Marcel-Pagnol ; entrée 6/3,80 € ; lun-ven 10h-13h et 14h-19h, sam-dim 10h-19h*) se trouve à environ 4 km à l'ouest de la ville, non loin de l'auberge de jeunesse. Il s'agit d'une création du peintre d'origine hongroise Victor Vasarely (1908-1997), l'un des maîtres de l'art cinétique (appelé op art) basé sur l'illusion d'optique. Ses œuvres sont exposées dans plusieurs espaces hexagonaux, reconnaissables de loin à leurs motifs géométriques noir et blanc. Prenez le bus n°12 et descendez à l'arrêt Vasarely.

SENTIER PAUL-CÉZANNE

Cézanne (1839-1906), le plus célèbre des enfants d'Aix (du moins après sa mort), réalisa la plupart de ses tableaux dans la ville et aux environs. Suivez le circuit Cézanne, balisé par des plaques de bronze sur le sol, qui débute devant l'office du tourisme. Ce dernier met à votre disposition un guide gratuit qui éclaire l'itinéraire. Cézanne était l'ami d'Émile Zola (1840-1902), qui vécut également son enfance et son adolescence à Aix.

Vous pourrez découvrir l'**Atelier Paul Cézanne** (☎ 04 42 21 06 53, 9 av. Paul-Cézanne ; entrée 5,50 €, gratuit moins de 16 ans ; ouvert tlj 10h-12h et 14h30-18h avr-15 juin, 10h-18h30 15 juin-sept, 10h-12h et 14h-17h oct-mars) en haut d'une colline, à environ 1,5 km au nord du centre-ville. Il est resté dans l'état où le peintre le laissa à sa mort. Prenez le bus n°1 jusqu'à l'arrêt Cézanne.

OÙ SE LOGER

L'office du tourisme offre un service de réservation pour la quasi-totalité des hébergements (☎ 04 42 16 11 84 ou 85, fax 04 42 16 11 79, resaix@aixenprovencetourism .com, aixbooking@icor.fr).

Petits budgets

Camping Arc-en-Ciel (☎ 04 42 26 14 28 ; 11 € adulte ; ouvert avr-15 oct). Ce quatre-étoiles se situe au Pont-des-Trois-Sautets, à 2 km au sud-est de la ville, sur la route de Nice (bus n°3, arrêt Les Trois-Sautets).

Auberge de jeunesse – le Jas de Bouffan (☎ 04 42 20 15 99, fax 04 42 59 36 12, 3 av. Marcel-Pagnol ; première nuitée avec petit déj 12,50 €, nuitées suivantes 11 €, draps fournis ; fermeture annuelle fin déc-fin janv). À 2 km du centre-ville, à deux pas de la fondation Vasarely, l'auberge de jeunesse est desservie par le bus n°4 (arrêt Vasarely-auberge de jeunesse). Elle occupe un bâtiment flambant neuf, doté de chambres à 4 lits avec sanitaires privatifs. Des courts de tennis et une laverie sont à disposition. La réception est fermée entre 10h et 17h.

Hôtel du Globe (☎ 04 42 26 03 58, fax 04 42 26 13 68, 74 cours Sextius ; simples de 30 €, avec lavabo-wc, à 53 €, avec sdb, doubles 48-57 €). L'Hôtel du Globe est l'un des plus avantageux de sa catégorie. Ne vous fiez pas à la façade, un brin austère, qui cache un intérieur gai et des chambres très bien tenues, avenantes et modernes, avec double vitrage, TV, téléphone et prise

ordinateur. Les s.d.b. brillent par leur propreté. Un garage est à disposition. L'hôtel se situe à 5 minutes à pied des principaux centres d'intérêt du centre-ville.

Hôtel Le Concorde (☎ 04 42 26 03 95, fax 04 42 27 38 90, 66-68 bd du Roi-René ; chambres 40-63 € ; fermeture annuelle déc). Il donne sur un boulevard fréquenté, mais possède plusieurs bâtiments dans une cour calme, à l'arrière. Les chambres offrent un confort très acceptable. Un parking privé est à disposition.

Hôtel Paul (☎ 04 42 23 23 89, fax 04 42 63 17 80, hotel.paul@wanadoo.fr, 10 av. Pasteur ; doubles 32 et 41 €). Bien tenu, l'hôtel Paul, une-étoile, tout proche du centre-ville, constitue une bonne affaire pour les petits budgets. À défaut d'un quelconque caractère, les chambres sont très correctes, notamment celles situées côté jardin. Le parking Pasteur se trouve dans le voisinage immédiat de l'hôtel.

Catégories moyenne et supérieure

Hôtel des Quatre Dauphins (☎ 04 42 38 16 39, fax 04 42 38 60 19, 54 rue Roux-Alphéran ; simples/doubles 45/55-70 €). À 50 m de la place des Quatre-Dauphins, dans un quartier très calme, cet établissement classé deux-étoiles possède le charme de l'ancien. Les chambres ne sont pas très spacieuses mais coquettes, gentiment surannées, agrémentées de meubles peints, et équipées de la TV et du téléphone.

Hôtel Cardinal (☎ 04 42 38 32 30, fax 04 42 26 39 05, 24 rue Cardinale ; simples/ doubles 54/58-74 €). Au cœur du quartier Mazarin, tranquille et agréable, le Cardinal occupe un immeuble du XVIIIe siècle. Les chambres, tout confort, se caractérisent par leur côté rétro et douillet, qui rappelleront à certains des vacances chez leurs grands-parents. Reste que les parties communes auraient besoin d'un coup de peinture.

Hôtel Saint-Christophe (☎ 04 42 26 01 24, fax 04 42 38 53 17, saintchristophe@ francemarket.com, www.francemarket. com/st_christophe, 2 av. Victor-Hugo ; simples 64-96 €, doubles 70-104 €). À deux pas du cours Mirabeau et de l'office du tourisme, le Saint-Christophe arbore deux étoiles. Les 58 chambres, de style Art déco, sont confortables et bien aménagées (TV, clim., téléphone, s.d.b. immaculée), et certaines s'agrémentent d'une terrasse. L'hôtel possède un garage privé. La brasserie Léopold occupe le rez-de-chaussée.

Hôtel de France (☎ *04 42 27 90 15, fax 04 42 26 11 47, 63 rue Espariat ; simples 36-54 €, doubles 51-61 €*). Bien qu'en plein cœur de l'animation aixoise, l'Hôtel de France, classé deux-étoiles, pratique des tarifs avantageux. Deux chambres sont louées respectivement 36 € (avec lavabo) et 39 € (avec douche), mais il est prévu de les équiper d'une s.d.b. (et donc de majorer les tarifs). Les autres, avec douche, toilettes, TV et téléphone, font très bien l'affaire, même si leur conception ne dégage aucun charme particulier. Garez votre voiture dans le parking de la Rotonde.

Grand Hôtel Roi René (☎ *04 42 37 61 00, fax 04 42 37 61 11, H1169@accor-hotels.com, 24 bd du Roi-René ; chambres 152-290 €*). Rien de particulier pour ce quatre-étoiles de la chaîne Accor, que privilégie une clientèle d'affaires : l'ensemble est moderne, impeccable, presque aseptisé, mais manque de ce petit plus qu'on appelle le cachet. Une piscine extérieure, découverte, est à disposition aux beaux jours.

Grand Hôtel Nègre Coste (☎ *04 42 27 74 22, fax 04 42 26 80 93, 33 cours Mirabeau ; chambres 64-122 €*). Ce trois-étoiles, au milieu du cours Mirabeau, se trouve au cœur de l'action. Il pratique des tarifs quelque peu surévalués en regard des prestations offertes, mais l'emplacement ainsi que l'histoire du lieu (l'hôtel date du XVIIIe siècle) valent leur prix. La touche rustique et cosy des chambres n'est pas déplaisante. Les parties communes auraient besoin d'une petite cure de jouvence. Un garage privé est à disposition.

Hôtel des Augustins (☎ *04 42 27 28 59, fax 04 42 26 74 87, 3 rue de la Masse ; doubles 92-230 € en haute saison*). Le hall d'entrée et la réception, aménagés dans un ancien couvent du XVe siècle admirablement restauré, font forte impression. Les chambres les moins chères, tout confort,

restent relativement conventionnelles. En haut de l'échelle des prix, les Confort Supérieur, les Confort Jacuzzi et les De luxe avec jacuzzi possèdent un réel cachet. Deux d'entre elles disposent d'une terrasse ouvrant sur le clocher et les toits. Pour garer votre voiture, vous devrez utiliser le parking public Mignet.

Café-Bastide du Cours (☎ *04 42 26 10 06, fax 04 42 93 07 65, info@cafebastideducours .com, www.cafebastideducours.com, 43-47 cours Mirabeau ; chambres de 225-330 € en basse saison à 345-455 € en juil*). Qui imaginerait qu'en plein cours Mirabeau, juste au-dessus du Café du Cours, se cache un nid douillet comprenant quatre chambres respirant un luxe feutré et cossu, délicieusement aménagées et personnalisées, au charme d'antan du meilleur effet ? La magie opère. Pour autant, les éléments du modernisme n'ont pas été oubliés – clim. coffre-fort, jacuzzi, TV, mini-bar, insonorisation, etc. Certes, les tarifs peuvent donner quelques hoquets, même aux visiteurs fortunés, mais il s'agit sans doute de l'un des meilleurs hébergements de la ville. Par ailleurs, l'emplacement est idéal.

La Pauline (☎ *04 42 17 02 60, fax 04 42 17 02 61, la-pauline@wanadoo.fr, www.la-pauline.com, Les Pinchinats, chemin de la Fontaine-des-Tuiles ; roulottes 61 €, chambres 122-137 €, suites 244 € ; fermeture annuelle 15 nov-fév*). À 3 km du centre d'Aix (depuis le boulevard circulaire, prendre la direction Venelles puis, à 1 km aux feux, Les Pinchinats), on plonge dans un autre monde. La Pauline n'est pas une chambre d'hôtes, mais une demeure d'hôtes. Nuance ! Le cadre exceptionnel, le standing et la qualité des prestations font de cette demeure historique de la fin du XVIIIe siècle, qui abrita les amours provençales de Pauline Bonaparte, une adresse romantique et de bon goût. La bastide, magnifique, et les dépendances se fondent harmonieusement dans un vaste parc de 8 ha comportant jardin de buis, bassins, fontaines et statues, auxquels s'ajoute une piscine. Les quatre chambres d'hôtes, de grand confort, aménagées dans les dépendances, mitoyennes et de plain-pied, versent dans le style provençal (sans excès). La suite occupe un pavillon. Il y a même des roulottes gitanes rénovées, pour les enfants !

OÙ SE RESTAURER

Chez Gu et Fils *(☎ 04 42 26 75 12, 3 rue Frédéric-Mistral ; plats 13-27 € ; fermé sam midi et dim)*. Amateurs de viandes et de pâtes, vous serez comblés ! Dans un cadre d'allure rustique, vous aurez le choix entre une vingtaine de plats de viande, dont le pavé de bœuf truffé aux morilles et le filet au beurre d'anchois.

L'Aixquis *(☎ 04 42 27 76 16, 22 rue Victor-Leydet ; plats 19,50-40 €, menus 15/23 € le midi, 31/43/58 € ; fermé dim et lun midi)*. L'Aixquis fait partie des valeurs sûres de la gastronomie aixoise. La cuisine, placée sous le signe de la Provence, varie selon la saison et les humeurs du chef. Lors de notre passage, les poissons avaient les honneurs de la carte, avec notamment un filet de dorade grillé et un dos de loup aux pointes d'asperge vertes. Le menu à 15 €, servi au déjeuner, comprend un plat, un dessert, un verre de vin et un café – une bonne affaire, qui permet de savourer une cuisine de haute volée à petits prix.

Chez Maxime *(☎ 04 42 26 28 51, 12 place Ramus ; plats 12-23 €, menus 12/15 € le midi et 21-42 € ; fermé dim et lun midi)*. Que dire de Chez Maxime, sinon qu'il fait partie des incontournables de la scène culinaire aixoise ? Les touristes s'y pressent en été, séduits par le cadre rusticoclassique, savamment arrangé pour plaire à "l'estranger", et la terrasse ombragée, au cœur du vieil Aix, dans une ruelle tranquille. On y perd cependant en authenticité. On signalera un bon choix de viandes, travaillées de moult façons (filet, épaule, bavette, daube, etc.), à des tarifs légèrement supérieurs à la moyenne.

La Pêche aux Moules *(☎ 04 42 26 02 79, 9 rue Félibre Gaut ; plats 8,50-23 €, menus 13,50-24 € ; ouvert tlj le soir sauf dim)*. On passerait devant sans le voir, tant ce modeste restaurant de quelques couverts se fait discret. Deux volets bleus, les nappes de la même couleur, un gouvernail au mur : pas de doute, la cuisine lorgne du côté de la

Grande Bleue. Les moules sont à l'honneur, déclinées de multiples façons (indienne, charentaise, norvégienne, rustique, des calanques…) et proposées en casseroles et en marmites (les marmites sont accompagnées de langoustines, de gambas et de filets de poisson). On ne lésine pas sur les quantités : comptez 1 kg de moules par convive.

Laurane et sa Maison *(☎ 04 42 93 02 03, 16 rue Victor-Leydet ; plats 11-15,50 €, menu 12,50 € le midi et 27,50 €, menu enfant 11 € ; ouvert tlj sauf dim et lun midi)*. Poussez la porte. Traversez la première salle et demandez une table dans le patio, à l'arrière. Vous ressentez un choc, n'est-ce pas ? On se croirait dans une maison de poupée, ou dans un décor de théâtre – surtout le soir, quand les photophores sont allumés sur les tables. Accrochés aux murs, dans un désordre judicieusement calculé, des cages à oiseaux, des arrosoirs, du linge, des outils agricoles… Un décor qui traduit un petit grain de folie, bienvenu dans cette ville à la retenue toute bourgeoise. Sur la carte, les intitulés sont de la même veine : "La mer qu'on voit danser", "À la folie ou pas du tout", "Les oiseaux à la ficelle", etc. Nous avons retenu "La mer qu'on voit danser", qui cache un loup au fenouil des garrigues accompagné d'un gratin de saison, cuit avec précision et bien présenté. La propriétaire réinvente une cuisine du bonheur, dans un esprit de simplicité, basée sur des produits frais. En hiver, le patio est couvert et chauffé.

Du Côté de Sienne *(☎ 04 42 96 41 03, 14-16 rue Constantin ; plats 5,50-13 €, menus 10 et 12 € le midi, sauf week-end, 17 € ; ouvert tlj sauf dim)*. Du vert, du rouge, de l'ocre, l'intérieur de ce restaurant italien interpelle le regard par son décor ludique et coloré. Au menu : de bons plats de pâtes, notamment des tagliatelles et des rigatonis au pistou, ainsi que des salades, à des prix attractifs.

Autour d'une Tarte *(☎ 04 42 96 52 12, 13 rue Gaston-de-Saporta ; plats 2,75-10 €, menu 8,50-13 € ; ouvert lun-sam 10h-19h)*. Cette petite pause salée-sucrée bien plaisante, au cœur d'Aix, vous permettra de choisir parmi un bel assortiment de tartes (de 3 à 5,50 €) et de salades. Aux beaux jours, on installe quelques tables sur le trottoir.

BOUCHES-DU-RHÔNE

La Brocherie (☎ 04 42 38 33 21, *5 rue Fernand-Dol ; plats 8,50-25 €, formules 10 et 12 € le midi, menus 15/22 € ; fermé samdim en hiver, dim en saison*). Les restaurants ne sont pas légion dans ce secteur de la ville. La Brocherie est une adresse à retenir, ne serait-ce que pour ses formules déjeuner, imbattables. Moyennant 12 €, vous vous régalerez d'un buffet en entrée, généreusement garni, et d'un plat du jour. Spécialités de la maison, les pâtes et les viandes sont cuites au feu de bois dans une cheminée, au milieu de la salle d'allure rustique, mariant avec bonheur le bois et la pierre.

Le Saf (☎ 04 42 26 94 25, *16 rue de la Couronne ; plats 8,50-11 €, menus 16/20 € ; ouvert mar-dim soir*). Faites une infidélité à la cuisine provençale et mettez-vous à l'heure africaine, sénégalaise plus exactement. Foin des aromates et de l'huile d'olive, exit les daubes et autres filets de bœuf aux morilles, envolez-vous du côté de Dakar l'espace d'une soirée et faites un sort au couscous sénégalais (couscous de mil pilé sauce rouge à l'agneau et aux légumes ; 11 €), au yassa et autre maffé, voire au thiebou djenn, qui est à la cuisine sénégalaise ce que la bouillabaisse est à Marseille – riz rouge, mérou farci à l'ail et au persil et légumes. Musique de là-bas en fond sonore, bien entendu. Dommage que le décor soit quelque peu fade.

La Chimère Café (☎ 04 42 38 30 00, *15 rue Brueys ; menu 15 € ; fermé lun*). Une bonne adresse, loin des figures imposées des parcours gourmands, qui bénéficie d'un bouche-à-oreille favorable, et pour cause : le rapport qualité/prix défie toute concurrence. Pas de carte, mais un menu éclectique, avec de nombreuses entrées, plats et desserts, qui devraient satisfaire tous les palais. Si l'on en juge par la *pastilla* de chèvre frais au sésame et la *parrillada* de sole et de rougets, savoureuses et joliment présentées, la cuisine a du caractère. Le décor, curieux et amusant, n'est pas en reste : dans la première salle, des angelots et deux lustres de cristal ; la seconde est peinte en rouge ; et la troisième, au sous-sol, ressemble à une cave voûtée, toute en bleu, égayée d'étoiles dorées. Deux bémols, cependant : l'espace est compté entre les tables (mais la convivialité y gagne), et les tarifs des vins sont décourageants (4,50 € le verre, 14 € minimum la demi-bouteille).

Le Basilic Gourmand (☎ 04 42 96 08 58, *6 rue Griffon ; plats 10-23 €, formule 11,50 € le midi ; ouvert tlj sauf sam midi et dim*). Dès l'arrivée, on se sent à l'aise dans ce discret repaire gourmand, à deux pas de la rue de Saporta, et pourtant loin de l'empressement citadin. On prend plaisir à s'attabler sur la petite terrasse, ou à l'intérieur, aux couleurs de la Provence. Vous vous délecterez d'une cuisine du soleil, inspirée des trouvailles du marché, à des tarifs qui ne malmèneront pas votre budget. Nous nous sommes laissés tenter par l'assiette de mesclun et de blancs de volaille, accompagnée d'une vinaigrette au roquefort, et par une tarte tatin aux pommes et à la lavande, bien réussis.

Poivre d'Ane (☎ 04 42 93 45 56, *7 rue Couronne ; plat 15 €, formules 20 et 26 € ; fermé dim-lun*). Les fins palais d'Aix parlent de cet établissement en termes plutôt flatteurs. Finesse des préparations, justesse des cuissons et élégance dans la présentation, voilà le tiercé gagnant. Le cadre réchauffe le cœur et l'esprit, avec des murs jaunes tournesol, quelques livres et tableaux et, le soir, un bel éclairage tamisé. L'assortiment des plats proposés, d'inspiration résolument méditerranéenne, n'est pas très vaste, mais contentera tous les goûts : tajine de rougets aux carottes et courgettes glacées à l'orange et au cumin, pistou de coriandre, poitrine de veau confite farcie au pistou, mousseline de cocos sauce crémeuse au basilic, etc.

Chez Féraud (☎ 04 42 63 07 27, *8 rue du Puits-Juif ; plats 12-21 €, menus 19/24 € ; fermé dim et lun midi*). On ne se rend pas Chez Féraud par hasard, caché dans une venelle, près de la rue Paul-Bert. Les amateurs de bonne chère provençale l'ont inscrit sur leurs tablettes. Le cadre est classique et la cuisine, sans mauvaise surprise : daube provençale, alouettes sans tête, morue grillée au fenouil, poulet à l'estragon, lapin au basilic…

Amandine (☎ 04 42 27 46 46, *7 place Ramus ; plats 8-10 €, menus 12/14/17 €, menu enfant 5 € ; fermé dim*). Toute petite

Amandine, qui résiste vaillamment à Maxime, le poids lourd de la restauration aixoise, à quelques mètres… La propriétaire vous mitonnera une cuisine du cœur, généreuse et inspirée, avec de grandes salades tièdes, copieuses (dont la Cézanne, à base de légumes provençaux, de tapenade maison, de cubes de polenta et de tomates), des omelettes ou des tourtes.

Les Bacchanales (☎ 04 42 27 21 06, 10 rue Couronne ; menus 16-54 € ; fermé mar et mer midi). Une étape obligée de la restauration aixoise, "recommandée par de nombreux guides", comme indiqué à l'entrée. La cuisine valorise les spécialités provençales. Dommage que le décor (une salle tout en longueur, avec des poutres), pourtant soigné, reste relativement impersonnel.

La Bosque d'Antonelle (☎ 04 42 38 32 08, 16 rue Félibre-Gaut ; menus 10 € le midi, 13/15/21/31 €, menu enfant 7,50 € ; fermé sam midi, dim et lun). Si l'on en juge par la lecture de la carte, la cuisine a du tempérament : agneau confit et jus parfumé au miel, poisson en filet suivant pêche et un menu "spécial Truffes" (31 €), servi le soir, bien tentant. Dommage que le décor fasse pâle figure.

Le Grillon (☎ 04 42 27 58 81, 49 cours Mirabeau ; plats 4-19 €, plat du jour 12-19 € ; ouvert tlj 6h-2h). Moins institutionnel que Les Deux Garçons (voir Où sortir) mais tout aussi bien situé, sur la principale artère aixoise, Le Grillon est une agréable brasserie où l'on se restaurera d'un plat du jour ou sur le pouce à des tarifs acceptables, à toute heure. À l'étage, le salon de thé vaut le coup d'œil. Délicate attention, un "plat minceur", de style étuvée de thon aux fines herbes, est proposé à 12,50 €.

Le Verdun (☎ 04 42 27 03 24, 20 place de Verdun ; plats 9-15 €, menu 20 € ; ouvert tlj 6h-2h). Voici un café-brasserie bien tenu et bien situé, presqu'en face du palais de justice, et que l'on peut conseiller pour caler un petit creux avec une salade, un plat de viande ou des spaghettis.

Café-Bastide du Cours (☎ 04 42 26 10 06, 43-47 cours Mirabeau ; plats 11-20 €, plat du jour 12 €, suggestion 11 €, menus 19/27 € ; ouvert tlj midi et soir). Sur le cours Mirabeau,

vous serez aux premières loges pour observer l'animation de la rue. La cuisine est simple, le service efficace, les tarifs corrects.

OÙ SORTIR
Pour savoir où et quand les choses se passent, procurez-vous à l'office du tourisme un exemplaire du mensuel culturel gratuit *Le Mois à Aix*.

Les Deux Garçons (53 cours Mirabeau ; ouvert tlj). Pas de séjour à Aix sans une petite escale dans ce café-brasserie, le plus médiatique de la ville, du côté ensoleillé de la promenade. Ancien lieu de rendez-vous des intellectuels, cet endroit chic fondé en 1792 fait partie des nombreux établissements de l'avenue où l'on vient se montrer ou observer le flot incessant des badauds.

Red Clover (30 rue de la Verrerie ; ouvert lun-sam). Au cœur de la vieille ville, un pub branché de la jeunesse étudiante, où l'on trouvera sa bière préférée.

Scat Club (11 rue de la Verrerie ; ouvert mar-sam à partir de 23h). L'endroit rassemble les amateurs de jazz et de rock. Des groupes s'y produisent régulièrement.

Le Bistrot Aixois (37 cours Sextius ; ouvert mar-sam). Ce bar-discothèque nous a été recommandé pour son ambiance. À midi, il fait office de restaurant.

Le Richelm (24 rue Verrerie ; ouvert mar-sam) et **Le Mistral** (3 rue Mistral ; ouvert mar-sam). Deux discothèques en vogue, au centre-ville. On y entend toutes les musiques dansantes. L'entrée est payante le vendredi et le samedi (de 12 à 15 €, avec une consommation).

Mediterranean Boy (6 rue de la Paix ; ouvert tlj). Ce bar discret est un lieu de rendez-vous pour la communauté gay.

Les cafés en plein air sur les places un peu en retrait connaissent moins d'affluence, tels ceux de la place des Cardeurs, du forum des Cardeurs, de la place de Verdun ou de la place de l'Hôtel-de-Ville.

COMMENT S'Y RENDRE
Desserte de l'aéroport
Des bus font la navette depuis l'aéroport de Marseille-Provence, jusqu'à Aix-en-Provence, distante de à 25 km.

Bus

La gare routière se situe au bout de l'avenue des Belges, non loin de la gare SNCF. Son bureau d'information (☎ 04 42 91 26 80, 04 42 91 26 81) ouvre de 7h à 18h tous les jours, sauf le dimanche (en juillet-août, également le dimanche, de 9h à 13h et de 14h à 18h).

Aix est reliée à Marseille par des navettes circulant pratiquement toutes les 10 minutes (4 €, 35 minutes).

Apt, Arles, Avignon, Castellane, Toulon et les gorges du Verdon sont également desservies au départ d'Aix.

Train

La petite gare ferroviaire d'Aix se situe à l'extrémité sud de l'avenue Victor-Hugo, qui part de la Rotonde. Au moins 18 trains régionaux circulent chaque jour entre Marseille et Aix (35-40 minutes). Vous pourrez également rejoindre Manosque, dans les Alpes-de-Haute-Provence.

La gare TGV se trouve à l'écart de la ville, entre Aix et Marignane. Un service de navettes la relie à la gare routière.

COMMENT CIRCULER

Aix-en-bus (☎ 04 42 26 37 28) gère les transports publics de la ville. Procurez-vous le plan du réseau au bureau d'information de la compagnie, à l'intérieur de l'office du tourisme, ouvert de 8h30 à 19h le lundi au samedi. La Rotonde constitue le principal nœud de communication. La plupart des lignes fonctionnent jusqu'à 20h.

Des taxis attendent à l'extérieur de la gare routière. Pour en commander un, contactez Taxi Radio Aixois (☎ 04 42 27 71 11) ou Taxi Mirabeau (☎ 04 42 21 61 61).

Cycles Zammit (☎ 04 42 23 19 53), 27 rue Mignet, loue des VTC ou des VTT pour 13 € la journée. La boutique ouvre de 9h à 12h30 et de 15h à 19h30 du mardi au samedi.

MASSIF DE LA SAINTE-VICTOIRE

Avec près de 60 toiles, Cézanne en avait fait l'un de ses motifs de prédilection. Ce massif de pierre, campé tel un Sphinx à quelques kilomètres à l'est d'Aix, n'a cessé d'inspirer les artistes, sans doute sensibles à son allure dense, puissante et trapue. Il culmine au pic des Mouches (1 011 m). Cette majestueuse forteresse minérale, orientée est-ouest sur une douzaine de kilomètres, forme une toile de fond incomparable. Pour les Aixois, la Sainte-Victoire constitue un espace naturel et sauvage inestimable.

Le versant nord, boisé, accuse une pente plus douce que le flanc sud, abrupt et aride. Pour en découvrir les multiples facettes, vous pouvez en faire le tour en voiture par des routes secondaires. D'Aix, prenez la D10 en direction de **Saint-Marc Jaumegarde**. À la sortie du village, une route mène au **barrage de Bimont**, d'où l'on jouit d'un panorama superbe. Reprenez la D10, qui conduit à **Vauvenargues**, charmante localité tout en longueur, où l'on admirera le château où Picasso séjourna (il est enterré dans la propriété). Après Vauvenargues, le paysage prend une tournure nettement plus sauvage. On franchit le **col des Portes** (631 m), avant de rejoindre la D23, qui mène à **Pourrières**, au sud-est du massif. Suivez la direction de **Puyloubier**, village blotti au pied du massif, environné de vignobles. La D17 longe de près le versant sud de la Sainte-Victoire et rejoint Aix *via* **Le Tholonet**.

Le massif est parcouru de nombreux sentiers de **randonnée** balisés, dont le GR9 qui suit la crête. L'office du tourisme d'Aix vous remettra des dépliants. Attention, en raison des risques d'incendie, des restrictions d'accès sont imposées en période estivale. Renseignez-vous sur place.

Où se loger et se restaurer
Secteur de Tholonet-Beaurecueil.

Camping Sainte-Victoire (*☎ 04 42 66 91 31, fax 04 42 66 96 43, quartier Le Paradou, Beaurecueil ; forfait 2 pers, tente et véhicule 10,50 € en haute saison ; ouvert à l'année*). À 8 km d'Aix, ce camping à taille humaine (85 emplacements) s'enorgueillit d'un cadre attrayant, verdoyant et généreusement arboré. On peut louer des VTT.

Le Mas de Bayeux (*☎ 04 42 66 92 33, fax 04 42 66 83 15, route de Beaurecueil ;*

*suites 2 pers avec petit déj 107/138 €
basse/haute saison, doubles 77/107 € ;
ouvert à l'année).* C'est un mas isolé dans
une belle propriété, à l'écart de la commune
de Tholonet, à 8 km d'Aix (suivre la direction Beaurecueil, puis la D58 en direction de
Pont de Bayeux). Le cadre, agreste, incite au
repos. De style moderne, trois chambres et
deux appartements avec kitchenette, confortablement aménagés, s'égayent de tissus
provençaux. De la terrasse couverte où l'on
prend le petit déjeuner, le regard porte sur le
massif du Cengle, tandis qu'à l'arrière se
profile la Sainte-Victoire. Parmi les petits
plus : une piscine, une table de ping-pong,
deux VTT à disposition et… quelques
chèvres, qui amuseront les enfants.

Le Relais Sainte-Victoire (☎ *04 42 66 94
98, fax 04 42 66 85 96, Beaurecueil ;
doubles avec clim 61-92 € ; menus
33/41/51 €, menus enfant 13/22 € ; fermé
dim soir, lun et ven nov-fév).* Cette vénérable institution, signalée par un imposant
portail à la sortie de Beaurecueil, sur la
D46, est tenue par une famille depuis trois
générations. Elle comporte dix chambres
agencées dans un style provençal traditionnel, tout confort. Le restaurant jouit d'une
excellente réputation. Le chef mitonne une
cuisine bourgeoise, classique, à base de produits du terroir – mousseline de rougets,
filet mignon de porc poêlé, œufs pochés à la
crème de truffes, etc.

Café-restaurant Chez Thome (☎ *04 42
66 90 43, Le Tholonet ; plats 11-22 €, menu
22 € ; fermé dim soir et lun).* Au centre du
hameau, Chez Thome attire aussi bien une
clientèle d'habitués que de visiteurs, qui
apprécient le cadre rustique et campagnard
de cet ancien relais de chasse, reconverti en
restaurant depuis une centaine d'années.
Vous prendrez place dans l'une des trois
petites salles, ou dans la grande, ou encore,
aux beaux jours, sur une belle terrasse
ombragée. Ragoût d'agneau au basilic,
épaule d'agneau farcie à la tapenade, côte
de bœuf ou entrecôte sont quelques
exemples d'une cuisine plutôt classique.

Saint-Marc Jaumegarde. La Quinta des
Bambous *(☎ 04 42 24 91 62, berthier.phi-*

*lippe@free.fr, chemin des Ribas ; doubles
avec petit déj 95/105 € ; ouvert à l'année).*
Un esprit zen et *fengshui* souffle sur cette
très belle chambre d'hôtes, à l'originalité
revendiquée, idéale pour recharger ses *cha-
kra*. L'architecture de la villa allie subtilement le style des *quintas* portugaises et des
demeures japonaises, dans une propriété
sauvage, ceinturée par la forêt, devant la
montagne Sainte-Victoire (au lieu-dit Les
Bonfillons, prendre le deuxième chemin sur
la droite après les feux tricolores). Le jardin, composé d'îlots de rochers plantés de
bambous, comprend une piscine, avec bassin à lotus. La décoration épurée, placée
sous le signe de l'ethno-design, intègre du
mobilier asiatique. Vous choisirez l'une des
trois chambres, aménagées dans un style
japonisant : la Lotus, aux tons verts, agrémentée d'une terrasse et d'une jolie s.d.b.
de couleur bleue, la Pivoine, plus portée sur
des nuances jaunes et rouges et la Jasmin,
qui ouvre sur le patio. Les hôtes se font eux-
mêmes leur petit déjeuner avec un panier de
mariage chinois apporté la veille au soir par
la maîtresse des lieux. Le lac de Bimont
n'est qu'à 5 minutes à pied.

Secteur de Vauvenargues. La Dame d'Oc
*(☎ 04 42 66 02 36, Claps ; simples/doubles
avec petit déj 55/61 € ; ouvert à l'année).*
Cette chambre d'hôtes, à 4 km à l'est de
Vauvenargues, peu après le col de Claps,
sur la D10, vous fera l'effet d'un bain de
nature et de tranquillité. La villa principale,
ainsi que les deux petits pavillons, sont
noyés dans un jardin agréablement fleuri.
L'ensemble est impeccablement tenu et tout
confort. Préférez cependant les pavillons,
plus spacieux (deux pièces), à la chambre
assez petite, sous la maison principale.

Le Garde *(☎ 04 42 24 97 99, quartier des
Plaines ; menu 21 €, 23 € le week-end ;
ouvert tlj sauf lun midi mai-sept et mar
midi, mer midi, jeu-ven-sam midi et soir et
dim midi hors saison).* En venant d'Aix, à
environ 1 km avant le village, sur le bord
gauche de la D10, on a plaisir à prendre
place sur la terrasse, ombragée d'une
canisse, ou dans la salle de ce restaurant au
décor d'auberge campagnarde. La cuisine,
typée, provençale en diable, mérite des

éloges, autant que le cadre, bucolique à souhait, qui fait face à la Sainte-Victoire. À l'aune de ce que nous avons dégusté (assortiment d'entrées servies dans des tians, tajine d'agneau aux pruneaux et abricots, fondant au chocolat), le menu vaut son prix.

Puyloubier. Camping Le Cézanne *(☎/fax 04 42 66 36 33, Puyloubier ; 3,10/1,60 € adulte/enfant, 2,50 € tente, 1,60 € voiture, 26 € caravane ; ouvert avr-Toussaint).* Ce deux-étoiles possède 25 emplacements et loue des caravanes équipées pour deux personnes.

L'Oustau de Garagaï *(☎ 04 42 66 35 05, 06 14 79 35 95, 06 10 16 39 59 ; 5 impasse du Figuier ; lit en dortoir 7-8 €, demi-pension 26 € par pers ; ouvert à l'année).* Au cœur du village, ce gîte est tout indiqué pour les petits budgets, qui pourront s'installer dans l'un des divers dortoirs, de 2 à 10 places. Le propriétaire, Daniel Gorgeon, moniteur d'escalade et accompagnateur en moyenne montagne, propose des sorties dans la Sainte-Victoire.

Les Sarments *(☎ 04 42 66 31 58, rue Qui-Monte ; menu 24 € ; fermé lun 15 mars-fin oct, ouvert jeu soir, ven-dim midi et soir en hiver).* Si l'on en croit les échos recueillis, ce restaurant tapi dans une venelle, au cœur du village, à 50 m de la place principale, est incontestablement une bonne halte gourmande, axée sur une cuisine provençale joliment fignolée. Le menu comprend un apéritif, deux entrées, un plat, un dessert et une demi-bouteille de vin par personne, et change chaque week-end. Paiement en espèces ou en chèque uniquement.

Domaine Genty *(☎/fax 04 42 66 32 44, domaine-genty@wanadoo.fr, www.guideweb .com/provence/bb/domaine-genty, route de Saint-Antonin, Puyloubier ; simples/doubles avec petit déj 54/61-69 € ; ouvert avr-oct).* Difficile d'imaginer un site aussi exceptionnel que celui-ci. Entre Puyloubier et Saint-Antonin, le domaine semble adossé à la voiture minérale de la Sainte-Victoire et surplombe toute la région de Trets. Le panorama, magnifique, embrasse le vignoble, les monts Auréliens et la Sainte-Baume. Quiétude garantie : la villa est isolée, en retrait de

la route. Bref, un cadre sublime, digne de celui évoqué dans *Le Désert des Tartares*. Les cinq chambres, très confortables, présentent un aspect sobre et soigné, dans l'esprit du Sud. La terrasse se prolonge par une piscine. Plusieurs sentiers de randonnée passent à proximité.

CAMPAGNE AIXOISE
Entre Aix, Salon à l'ouest et la Durance au nord, la campagne aixoise, piquetée de bourgs paisibles au charme certain, de bastides et de vignobles, mérite une incursion. Pour en apprécier les subtiles nuances, il faut se laisser porter par les départementales. En direction de la Durance, la D556 puis la D561 mènent au **Puy Sainte-Réparade**, village viticole et agricole. Au nord se profile la silhouette du Luberon, au sud-ouest s'étire la chaîne de la Trévaresse. Rejoignez ensuite **La Roque d'Anthéron**, réputé pour son festival de piano, au mois d'août, qui draine les mélomanes du monde entier. Toute proche, l'**abbaye de Silvacane**, un bel édifice cistercien du XIIe siècle admirablement restauré, mêle le roman et le gothique. La D67 file plein sud vers **Lambesc**, une bourgade dotée de plusieurs hôtels particuliers. À 7 km par la D15, **Rognes**, une localité environnée de vignes, présente fièrement plusieurs belles bastides. De là, filez vers le sud par la D543, sur 20 km, et bifurquez à droite dans la D65 jusqu'à l'**aqueduc de Roquefavour**, le plus grand aqueduc en pierre du monde, qui enjambe la vallée de l'Arc sur 375 m. Le pittoresque village de **Ventabren**, bâti sur une colline, n'est qu'à une encablure. Revenez ensuite à Aix, à environ 15 km à l'est.

Où se loger et se restaurer
Le Puy Sainte-Réparade. Le Mas des Olivades *(☎ 04 42 61 89 39, fax 04 42 50 07 25, chemin des Taillades ; doubles 69 € ; plats 10-19 €, menu 12,50 € le midi en sem, 22 € ; fermé dim soir et lun en hiver, lun soir en été).* Voici une bien belle adresse, sur les hauteurs du village, où l'on se régale de spécialités provençales témoignant d'un réel savoir-faire, comme la gigolette de volaille farcie à la purée d'olives ou

la papillote de filets de rougets à la proven-çale. Côté hébergement, vous aurez le choix entre trois chalets de bon confort. La piscine jouit d'une belle vue sur le Luberon.

La Verdolette (☎ *04 42 61 70 94, fax 04 42 50 01 56, verdolette@wanadoo.fr, www.verdolette.com, Les Danjauds ; doubles avec petit déj 61/92 € ; table d'hôtes 22 € 6 soirs/sem ; ouvert à l'année sauf 2 sem en nov).* Vos hôtes, un couple franco-vietnamien à la retraite, vous accueilleront dans leur attrayante villa, à la façade et aux volets vert olive, installée dans un parc de 6 ha, à quelques kilomètres du village (suivre la D13 en direction de Saint-Canadet). Cette ancienne ferme res-taurée comporte six chambres, réparties dans la bâtisse principale et dans une annexe. Chacune est personnalisée, meu-blée avec goût et recherche : céramiques, belles matières, tissus, sol en terre cuite. Notre coup de cœur irait plutôt vers deux petits nids douillets, aménagés sous les mansardes du bâtiment annexe : "la Méditerranéenne", aux tonalités bleues et blanches, et "l'Asiatique", dotée d'un lit à baldaquin et égayée de touches décoratives inspirées d'Asie. Celles du bâtiment princi-pal sont plus classiques et plus spacieuses (30 m²). Une piscine est à disposition. La table d'hôtes privilégie les produits locaux avec quelques incursions du côté du Viet-nam. L'été, les repas se prennent sous une agréable treille.

Rognes. La Chêneraie – Bastide du Plan (☎/fax *04 42 50 19 01, route de la Roque-d'Anthéron ; simples/doubles avec petit déj 77/84 € haute saison ; ouvert à l'année).* Une véritable petite merveille que cette demeure d'hôtes, à 3,5 km de Rognes (suivre la direction de La Roque d'Anthé-ron), sertie dans un cadre champêtre aux effets émollients. Vous logerez dans une magnifique bastide du XVIIIᵉ siècle, cam-pée dans un parc arboré de 1,5 ha, envi-ronné de vignobles, au pied d'une colline. Les cinq chambres (dont une suite), tout confort, débordent de charme : décorées avec des tons différents, elles mâtinent des influences romantico-provençales d'une

touche rétro de la meilleure facture. Hors saison, un appartement équipé, très spa-cieux, voûté, aux murs jaunes pastel, est également loué en chambre d'hôtes. Le matin, le petit déjeuner est servi au bord de la piscine, sur la pelouse. Comment mieux commencer la journée ?

Salon-de-Provence et pays salonais

En général, on n'y fait que passer. Pourtant, Salon-de-Provence (40 000 habitants), ville de Nostradamus et fief de la savonnerie, mérite bien mieux qu'une visite au pas de course. Certes, elle ne jouit pas de la noto-riété de Marseille, d'Aix ou d'Arles, mais sa situation géographique – en plein centre du département –, son dynamisme, la qua-lité et la diversité de ses infrastructures ainsi que la richesse de son patrimoine architec-tural en font une base idéale pour rayonner dans le département. Tout semble à portée de roues : les Alpilles, la Camargue, le pays d'Aix, le Luberon, la Crau et la côte. Autre avantage : la ville subit moins la pression touristique que ses consœurs.

RENSEIGNEMENTS
Office du tourisme
L'office du tourisme (☎ 04 90 56 27 60, fax 04 90 56 77 09, ot.salon@visitprov-ence.com, www.salon-de-provence.org), 56 cours Gimon, près de l'hôtel de ville, ouvre du lundi au samedi, de 9h à 12h et de 14h à 18h30 en hiver ; en été, du lundi au samedi, de 9h à 13h et de 14h à 19h, ainsi que le dimanche, de 10h à 14h.

Email et accès Internet
Le Cybercafé L'Oriental (☎ 04 90 56 00 10), place Crousillat, dans une brasserie, ne possède qu'un terminal mais ouvre du lundi au samedi, de 11h à 14h et de 16h à 1h (4,50 € la demi-heure). Ordikid (☎ 04 90 44 99 15), 30 rue du Concert, demande 3 € de l'heure seulement et ouvre de 12h à 20h du lundi au jeudi, de 12h à 22h le vendredi et de 14h à 24h le samedi.

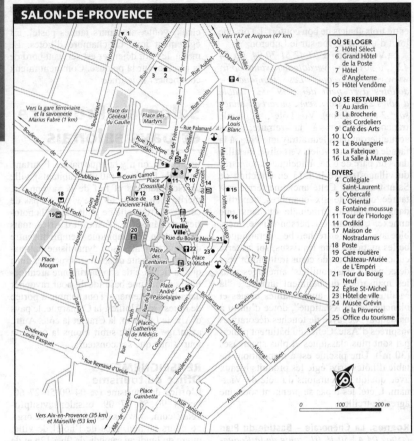

SALON-DE-PROVENCE

OÙ SE LOGER
2 Hôtel Sélect
6 Grand Hôtel
  de la Poste
7 Hôtel
  d'Angleterre
15 Hôtel Vendôme

OÙ SE RESTAURER
1 Au Jardin
3 La Brocherie
  des Cordeliers
9 Café des Arts
10 L'Ô
12 La Boulangerie
13 La Fabrique
16 La Salle à Manger

DIVERS
4 Collégiale
  Saint-Laurent
5 Cybercafé
  L'Oriental
8 Fontaine moussue
11 Tour de l'Horloge
14 Ordikid
17 Maison de
  Nostradamus
18 Poste
19 Gare routière
20 Château-Musée
  de L'Empéri
21 Tour du Bourg
  Neuf
22 Église St-Michel
23 Hôtel de ville
24 Musée Grévin
  de la Provence
25 Office du tourisme

À VOIR ET À FAIRE

Le patrimoine architectural de la ville retiendra votre attention, à commencer par le **château-musée de l'Empéri** (☎ 04 90 56 22 36 ; entrée 3/2,30 € adulte/enfant ; déc-janv 10h-12h et 14h-17h, fév-juin et sept-nov 10h-12h et 14h-18h, juil-août 10h-18h). Perché sur une éminence rocheuse, au cœur de la cité, il se distingue par ses tours crénelées et l'auguste majesté de ses volumes. Édifié à partir du Xᵉ siècle, il est le plus ancien château fort de Provence. Son importance le classe parmi les édifices les plus emblématiques de la région, à l'instar

du palais des Papes en Avignon ou du château du roi René à Tarascon. Il a connu plusieurs remaniements et diverses affectations. Sous le Saint-Empire romain germanique (d'où son nom), il servit de résidence aux archevêques d'Arles, puis de résidence d'été aux rois de France. Il renferme aujourd'hui un musée d'histoire militaire réputé, qui couvre près de quatre siècles, avec notamment d'impressionnantes collections se rapportant à l'époque napoléonienne.

Les rues du centre-ville s'enlacent autour du château, en contrebas. Parmi les pièces d'architecture les plus marquantes, signalons la **Tour de l'Horloge**, élevée au XVIIᵉ siècle à l'emplacement de la porte nord des remparts, surmontée d'un élégant campanile en fer forgé. En face, sur la place Crousillat, se dresse la célèbre **Fontaine moussue**, dont les vasques calcaires, en forme de gros champignon, sont enveloppées d'un étonnant manteau végétal. À l'est, la **Tour du Bourg Neuf** constitue l'un des vestiges des remparts du XIIᵉ siècle. À deux pas de là, l'**Hôtel de ville**, élevé au XVIIᵉ siècle, présente une architecture classique harmonieuse, d'inspiration italienne. Plus excentrée, au nord du centre-ville, la **collégiale Saint-Laurent**, de facture gothique provençal et édifiée à partir de 1344, abrite le tombeau de Nostradamus. En la voyant, Louis XIV aurait dit : "Voilà la plus belle chapelle de mon royaume".

De retour au centre-ville, attardez-vous devant l'**église Saint-Michel** (XIIIᵉ siècle) sur la place éponyme, remarquable par son porche sculpté et son clocher. À quelques mètres de là, le **musée Grévin de la Provence** (☎ 04 90 56 36 30, place des Centuries ; entrée 3/2,30 € adulte/enfant ; lun-ven 9h-12h et 14h-18h, sam-dim 14h-18h), conçu dans le même esprit que son homologue parisien, présente 54 personnages de cire appartenant à l'histoire de la Provence (peintres, poètes, hommes politiques…). Proche de là, la **maison de Nostradamus** (☎ 04 90 56 64 31, rue Nostradamus ; 3/2,30 € adulte/enfant ; lun-ven 9h-12h et 14h-18h, sam-dim 14h-18h) mérite une visite. La vie de l'astrologue est évoquée par divers espaces d'exposition. Il résida dans cette maison de 1547 jusqu'à sa mort et y rédigea ses célèbres prophéties.

Salon-de-Provence a longtemps brillé par son industrie savonnière. À l'écart du centre-ville, la **savonnerie Marius Fabre** (☎ 04 90 53 24 77, www.marius-fabre.fr, 148 av. Paul-Bourret ; entrée 3,85 €, gratuit moins de 15 ans ; lun-ven 9h30-11h30 et 14h-17h, sauf ven 16h), en fonction depuis 1900, abrite un musée consacré à l'histoire du savon en Provence. Une visite de la savonnerie proprement dite est organisée les lundi et jeudi à 10h30. Une boutique est à disposition.

Le **musée de Salon et de la Crau**, consacré à l'ethnographie rurale et industrielle, était fermé lors de notre passage. Il est prévu de le déplacer dans l'une des salles du château de l'Empéri. Renseignez-vous auprès de l'office du tourisme.

OÙ SE LOGER

Hôtel Vendôme (☎ 04 90 56 01 96, fax 04 90 56 48 78, hotelvendome@ifrance.com, www. ifrance.com/hotelvendome, 34 rue du Maréchal-Joffre ; doubles 40-48 €). Central, mais dans une rue calme, ce deux-étoiles propose des chambres de bon confort et bien équipées. Une cour intérieure, fleurie, fait office de patio où l'on peut prendre le petit déjeuner aux beaux jours.

Grand Hôtel de la Poste (☎ 04 90 56 01 94, fax 04 90 56 20 77, 1 rue Kennedy ; simples/doubles 37/40 €). Très central, face à la Fontaine moussue, cet hôtel occupe une demeure chargée d'histoire, puisque le bâtiment fit office de relais de poste au XIXᵉ siècle. Les 23 chambres, insonorisées, de bon confort, avec TV et téléphone, ont été rénovées. Le résultat est convaincant.

Hôtel d'Angleterre (☎ 04 90 56 01 10, fax 04 90 56 71 75, 98 rue Carnot ; simples/doubles avec clim 30-45/42-53 €). Également bien situé, proche de tout, ce deux-étoiles offre des prestations très correctes, dans un cadre où l'on remarquera quelques touches historiques, comme la salle du petit déjeuner, sous une coupole. Les chambres, insonorisées, disposent d'une TV et d'un téléphone.

Hôtel Sélect (☎ 04 90 56 07 17, fax 04 90 56 42 48, 35 rue Suffren ; doubles 36-42 €). Légèrement excentré, l'hôtel Sélect est le prototype du deux-étoiles passe-partout, avec des chambres fonctionnelles, dotées d'une douche, de sanitaires et d'une TV. Un garage payant est à disposition.

OÙ SE RESTAURER

La Salle à Manger (☎ 04 90 56 28 01, 6 rue du Maréchal-Joffre ; menus 14 € le midi en sem et 22 € ; fermé dim et lun en saison, dim soir et lun hors saison). Assurément un restaurant d'exception, aménagé dans un ancien hôtel particulier, tenu de main de maître par une famille. L'intérieur, avec ses dorures, ses moulures et toutes ses ornementations rococo, procure un réel transport esthétique. On se croirait dans un petit salon à Versailles… La cuisine est à l'unisson : on se régale de spécialités pleines de caractère et de saveurs, avec de belles envolées du côté de la Provence, comme ce carpaccio de taureau aux airelles, ou des échappées plus inventives, tel ce filet d'empereur dans une feuille de banane. On se pâme devant la carte des desserts : au choix, une quarantaine de douceurs – tartes, entremets, charlottes et glaces –, que l'on déguste avec une gourmandise de prélat ; savourez la tarte chaude au chocolat coulant sauce café grillé (7,50 €). À noter également, une belle carte des vins et, aux beaux jours, une terrasse déployée dans le patio.

L'Ô (☎ 04 90 44 70 82, 1 place Crousillat ; plats 10-20 €, plat du jour 10 € le midi, plateau de fruits de mer 37, 60 et 104 € pour 2 ; fermé dim soir et lun). L'Ô est le paradis des amateurs de poissons. Fraîcheur garantie, puisque les cinq salles de ce restaurant, à la décoration personnalisée, surplombent une poissonnerie. Espadon ou thon de Méditerranée, limande grillée, etc. garniront généreusement votre assiette, à moins que vous ne résistiez à un plateau de fruits de mer.

Café des Arts (☎ 04 90 56 00 07, place Crousillat ; plats 11-16 €, formule midi et soir 13 € ; fermé mer soir et dim). Le bouche à oreille est favorable à cet établissement, qui sert une cuisine de marché à des tarifs raisonnables, dans un cadre de bon ton. Vous aurez le choix entre des plats "Côté cheminée", à base de viande, et d'autres "Côté marée", à base de poisson.

La Fabrique (☎ 04 90 56 07 39, 75 rue de l'Horloge ; plats 11-26 € ; fermé dim midi). Des pâtes, rien que des pâtes… Ce restaurant convivial et sympathique, à la décoration avenante, ravira les amateurs du genre. Au choix : une quinzaine de sortes de tagliatelles (aux cèpes, à la fleur de thym, à la saucisse piémontaise), des cannellonis et, bien entendu, des raviolis.

La Boulangerie (☎ 04 90 56 62 81, 12 rue du Portalet ; plats 14,50-26 €, menus 19/22 € ; fermé sam midi, dim et lun). Oubliez, l'espace d'un dîner, tapenade et autres mets aux accents provençaux. Dans ce fief de la cuisine du Sud-Ouest, vous vous régalerez de spécialités qui tiennent au corps, avec les classiques cassoulet, confits et magret. La décoration est chargée mais chaleureuse.

Au Jardin (☎ 04 90 56 73 86, 1 rue Suffren ; plats 10-18 €, plat du jour 8 € à midi en semaine, menus 12,50 € le midi en semaine, 21/29 €, menu enfant 8,50 € ; fermé dim soir et lun). C'est une cuisine sans surprise mais ensoleillée (pavé de saumon à la crème de tapenade, raie au beurre blanc, daube de toro…) qui vous attend dans cet agréable établissement, légèrement excentré et doté d'un patio ombragé.

La Brocherie des Cordeliers (☎ 04 90 56 53 42, 20 rue d'Hozier ; plat du jour 10 € à midi en semaine, formule grill 10-18 €, menus 15/18/28 € ; fermé sam midi et dim). L'extérieur ne paie pas de mine, mais l'intérieur est plus surprenant, puisque ce restaurant occupe une chapelle du XIIIe siècle. Les viandes tiennent le haut du pavé, avec une formule grill (entrée et plat) particulièrement intéressante.

COMMENT S'Y RENDRE

Des bus desservent régulièrement Aix-en-Provence, Arles et Avignon. La gare routière (☎ 04 90 56 50 98) jouxte la place Jules-Morgan, à l'angle du bd Maréchal-Foch et du bd Victor-Joly.

La gare SNCF se trouve dans l'avenue Émile-Zola. Salon est reliée à Marseille et à Avignon.

ENVIRONS DE SALON-DE-PROVENCE

La discrète campagne salonaise, dans un rayon d'une dizaine de kilomètres, abrite quelques petits trésors aux noms ensoleillés. Vers l'est, faites figurer sur votre itinéraire les villages d'**Aurons**, juché sur une butte au-dessus de la superbe abbaye Saint-Pierre-des-Canons, **Alleins**, **Vernègues** et **La Barben**, où vous visiterez le superbe château et son parc animalier (vos enfants seront séduits).

Vers le sud, en direction de l'étang de Berre, on fera halte à **Lançon-de-Provence**, pittoresque localité bâtie sur un éperon rocheux, riche d'un patrimoine architectural diversifié, **Cornillon-Confoux**, village perché d'où l'on bénéfice d'un ample panorama sur la région, et **Grans**, autre charmante bourgade, traversée par la Touloubre.

L'office du tourisme de Salon-de-Provence vous renseignera sur les possibilités de restauration et d'hébergement dans ce secteur, notamment sur les chambres d'hôtes.

Tarascon et la Montagnette

Aux confins nord-ouest du département, déjà dans la sphère d'attraction d'Avignon, ce secteur relativement méconnu, encore peu galvaudé par un tourisme tapageur, réserve d'excellentes surprises. Tirez-en avantage : vous éviterez les foules et bénéficierez de prestations à tarifs attractifs, tout en restant à portée de roues des autres fleurons du tourisme provençal.

TARASCON

Bien qu'immortalisée par Alphonse Daudet, Tarascon souffre d'un déficit d'image et de reconnaissance. Sans doute éclipsée par le trio glamour Avignon-Camargue-Alpilles, à quelques kilomètres, cette ville de 13 000 habitants, postée au bord du Rhône, éprouve quelques difficultés à valoriser ses atouts, pourtant importants, avec, comme site majeur, le château du Roi René, auquel s'ajoutent d'autres richesses architecturales. Il est vrai qu'on la dit "populaire", par opposition aux villes des environs, qui respirent une opulence parfois ostentatoire. En nourrirait-elle un complexe ? Par contrecoup, les touristes semblent la bouder. C'est lui faire injure. Tarascon mérite une visite, voire un séjour, loin des foules touristiques et des tarifs surévalués des Alpilles. Sa situation géographique privilégiée en fait par ailleurs une base idéale pour rayonner dans la partie occidentale du département.

Renseignements

Office du tourisme. D'avril à septembre, l'office du tourisme (☎ 04 90 91 03 52, fax 04 90 91 22 96, tourisme@tarascon.org, www.tarascon.org), 59 rue des Halles, ouvre du lundi au samedi, de 10h à 19h, et le dimanche, de 10h à 12h ; d'octobre à fin mars, du lundi au vendredi, de 9h à 12h et de 14h à 18h, et le samedi, de 10h à 12h et de 14h à 17h.

Email et accès Internet. La Mutuelle de Tarascon (☎ 04 90 43 59 43), 37 rue des Halles, à 50 m de l'office du tourisme, propose un accès à Internet les lundi, mardi, jeudi et vendredi, de 14h à 18h, moyennant 3,80 € la demi-heure.

Fêtes et festivals

Toute la ville entre en ébullition lors de la fête de la Tarasque, le dernier week-end de juin. Au programme : défilés, groupes folkloriques, spectacles équestres et taurins, ou feux d'artifice. On sort à cette occasion la Tarasque, un dragon effrayant et terrible dompté par Marthe de Béthanie, venue avec les saintes Maries évangéliser la contrée.

À voir et à faire

C'est bien sûr le **château de Tarascon** (☎ 04 90 91 01 93 ; entrée 5,50 €, gratuit moins de 18 ans ; ouvert tlj 9h-19h avr-sept, tlj 9h-12h et 14h-17h oct-mars) qui retiendra prioritairement votre attention. Ce magnifique ouvrage défensif, posé au bord du Rhône, a fière allure et compte parmi les plus beaux ouvrages de ce type dans le Sud de la France. Déjà à l'époque romaine, un castrum occupait ce site. Au XIIIe siècle, Charles Ier d'Anjou fit élever une forteresse, démolie par Louis II d'Anjou, qui préféra bâtir un nouvel ouvrage à partir de 1400, l'actuel château. Les travaux furent achevés en 1449 par son successeur le roi René. À l'intérieur, on admirera des tapisseries du XVIIe siècle, ainsi qu'une boutique d'apothicaire et ses pots de faïence du XVIIIe siècle. Presqu'en face, de l'autre côté du boulevard, se dresse l'**église Sainte-Marthe**, édifice d'une incontestable élégance, dont l'architecture emprunte à différents styles, témoins des remaniements qui l'affectèrent du XIIe au XVe siècle.

Prenez le temps de flâner dans le centre-ville qui, outre un aspect typiquement méditerranéen, laisse apparaître des trésors d'architecture, à commencer par l'**hôtel de ville**, place du Marché, dont la façade, classée, date de 1648, et le **théâtre municipal** du XIXe siècle, rue Eugène-Pelletan, de style baroque, surmonté d'un fronton harmonieux. Des vieilles ruelles émanent un charme certain : la rue des Halles, à arcades, la rue Arc-de-Boqui, couverte, la rue des Juifs, la rue de la Poissonnerie, et bien d'autres. Ici et là, dans le quartier du château, de superbes **hôtels particuliers** des XVe, XVIIe et XVIIIe siècles témoignent de la fortune passée de la cité.

Ne manquez pas le **musée Souleïado** (☎ 04 90 91 50 11, 39 rue Proudhon ; entrée 6,10 € ; ouvert tlj 10h-17h en été, mar-sam 10h-17h hors saison), installé dans un bel hôtel particulier, où sont fabriqués ces tissus provençaux, dont la notoriété dépasse largement le cadre de la région. On se familiarisera avec l'histoire de ces étoffes, des *indiennes* à nos jours. Une boutique est à disposition.

Sur les boulevards enserrant la vieille ville, faites halte à la **maison de Tartarin** (☎ 04 90 91 05 08, 55bis bd Itam ; entrée 1,50/1 € adultes/enfants ; ouvert 10h-12h et 14h-19h en été, 10h-12h et 13h30-17h en basse saison, fermé dim, fermeture annuelle 15 déc-15 mars), qui vous plongera dans l'univers de vos lectures d'enfance et fera revivre le personnage de Daudet.

Non loin de là, face à la route d'Avignon, l'imposante **porte Condamine**, de 1379, l'une des trois portes principales des anciens remparts de Tarascon, s'offre au regard. En longeant le boulevard Itam, en direction du château, vous passerez devant la **porte Jarnègues**, du XVIIe siècle, plus discrète. La troisième porte de la ville, la **porte Saint-Jean**, située plus au sud, est surmontée d'une vierge en or.

Où se loger
Camping de Tartarin (☎ 04 90 91 01 46, fax 04 90 91 10 70, route de Vallabrègues ;

tente 2,75 €, voiture 1,50 €, adultes/enfant 3,05/2 € ; ouvert avr-oct). Ce deux-étoiles ombragé, en bord de rivière, d'une capacité de 90 emplacements, comprend de bonnes infrastructures.

Auberge de jeunesse (☎ 04 90 91 04 08, fax 04 90 91 51 57, tarascon@fuaj.org, 31 bd Gambetta ; lit 8 €, petit déj 3 €, loc draps 3 € ; fermeture annuelle déc-fév). Proche de la gare SNCF, au centre-ville, cette auberge comprend 65 lits répartis dans des chambrées de 8 à 12 places, au confort simple mais bien tenues. La réception ouvre de 7h à 10h et de 17h30 à 22h30. Carte d'adhérent Fuaj obligatoire (en vente sur place).

Hôtel du Viaduc (☎ 04 90 91 16 67, 06 14 37 38 06, hotel.duviaduc@laposte.net, 9 rue du Viaduc ; doubles 20 € avec lavabo, 25 € avec douche, 28 € avec douche et wc). Bien caché, de l'autre côté du viaduc, près de la gare SNCF, cet hôtel simple mais convenable est une aubaine pour les petits budgets. Les chambres, sans prétention, étaient en cours de rénovation lors de notre passage. L'hôtel possède un parking gratuit.

Hôtel de Provence (☎ 04 90 91 06 43, fax 04 90 43 58 13, 7 bd Victor-Hugo ; doubles 43-70 € en basse saison, 54-92 € en haute saison). Ce trois-étoiles bien tenu occupe une imposante demeure bourgeoise du XIXe siècle. Les chambres, du moins celles qui ont été rénovées, offrent un confort feutré de bon aloi. Certaines disposent d'un balcon-terrasse. À noter : cet établissement est *gay friendly*.

Hôtel Le Provençal (☎ 04 90 91 11 41, fax 04 90 91 19 29, 12 cours Aristide-Briand ; simples/doubles 25/31-43 €). Ne vous fiez pas au cadre, quelque peu austère. Les chambres, rénovées, sont pimpantes.

Rue du Château (☎ 04 90 91 09 99, fax 04 90 91 10 33, yalaraison@wanadoo.fr, www.chambres-hotes.com, 24 rue du Château ; simples/doubles 64/76 € ; ouvert en principe à l'année). Qu'il fait bon poser ses valises dans cette maison d'hôtes, placée sous le signe de l'art de vivre et du bien-être, dans la vieille ville, à deux pas du château. Yann et Martine, tous deux passionnés de voyages, ont magnifiquement mis en valeur ce superbe hôtel particulier du XVIIIe siècle. On pousse la lourde porte de bois pour entrer dans un univers coloré, paisible et de bon goût. Les cinq chambres possèdent toutes une touche personnelle : patines aux diverses nuances, vue rasante sur les toits pour certaines, poutres, souvenirs de voyages distillent un charme suave. Le patio, magnifique, très "sud", pourrait servir de studio pour un magazine de décoration. En hiver, le petit déjeuner est servi dans une superbe salle à manger, dotée d'une cheminée, et dans le patio aux beaux jours.

Mas de Gratte Semelle (☎ *04 90 95 72 48, fax 04 90 90 54 87, route d'Avignon ; doubles avec petit déj 77 €, table d'hôtes 26 € ; ouvert à l'année).* Thécla Fargepallet gère de main de maître sa maison d'hôtes, située dans la campagne tarasconaise, à environ 5 km de la ville (suivre la D970, en direction de Graveson). Ce mas ancien, plein de caractère, égayé d'un cadran solaire et de volets bleu lavande, est serti dans une oliveraie, sur l'arrondi d'une petite colline ; on embrasse ainsi un vaste panorama sur les Alpilles. Deux chambres tout confort, meublées avec goût, sont à disposition. L'une d'elles, "Les Amandiers", équipée et spacieuse, possède une terrasse et un jardin privé. Une agréable piscine adoucit les ardeurs du soleil. La table d'hôtes (ouverte aux non-résidents sur réservation) a bonne réputation. À titre d'exemple, des aubergines de Thécla et des cuisses de grenouille confites figurent au menu.

Où se restaurer
Le Bistrot des Anges (☎ *04 90 91 05 11, place du Marché ; plats 10 et 11 €, menus 13/16 € ; ouvert lun-sam midi et sam soir).* L'adresse "tendance" de Tarascon (tout est relatif), au cœur de la vieille ville, jouit d'un cadre seyant, avec des murs patinés garnis de quelques tableaux. Dans l'assiette, une cuisine provençale bien réalisée, à des tarifs très sages.

Le Terminus (☎ *04 90 91 18 95, place du Colonel-Berrurier ; plats 7-17 €, menus 13/16/20 €, formule express le midi sauf*

dim 8/9 €, menu enfant 8 € ; fermé mer et sam midi). On retiendra cette adresse pour son rapport qualité/prix. La cuisine est à l'image du cadre, simple et sans façon. La carte, bien étoffée, se partage entre viandes, poissons, pizzas et pâtes.

Restaurant de l'hôtel Le Provençal (☎ *04 90 91 11 41, voir Où se loger ; plat du jour 10 €, menus 15/23 €, fermé dim soir et lun).* Ne vous fiez pas à son cadre austère, l'établissement passe pour l'une des meilleures tables de la ville.

Comment s'y rendre
Des bus réguliers desservent Arles (à 17 km) au départ de Tarascon (avec des correspondances pour les autres villes du département), ainsi qu'Avignon (à 23 km) et Nîmes. Les départs ont lieu devant la gare SNCF.

La gare SNCF (☎ 04 90 91 59 06) se trouve place du Colonel-Berrurier, en bordure du centre-ville. Une ligne TER fait le parcours Marseille-Miramas-Arles-Tarascon-Avignon.

LA MONTAGNETTE ET SES ENVIRONS
La Montagnette ? Ne voyez aucune nuance péjorative dans ce diminutif. Certes, le relief ne dépasse guère les 165 m, mais les fins connaisseurs et les amoureux de la Provence ne tarissent pas d'éloges sur ces curieuses collines calcaires situées aux portes du Vaucluse, entre Tarascon et Avignon. On y découvre des paysages harmonieux, où transpire une indéniable poésie, magnifiée par la plume de Daudet et de Mistral.

Consultez la carte *Les Alpilles et la Montagnette* page 120, en début de chapitre.

Renseignements
L'office du tourisme de Graveson (☎ 04 90 95 71 05 ou 04 90 95 88 44, fax 04 90 95 81 75, ot.graveson@visitprovence.com) répondra à vos demandes sur la Montagnette. Il ouvre tous les après-midi, de 14h à 18h de Pâques à la Toussaint ; le reste de l'année, en période scolaire, les lundi et jeudi, de 14h à 17h.

BOUCHES-DU-RHÔNE

À voir et à faire

Au départ de Tarascon, prenez la D970 en direction de Graveson et Rognonas ou la D35 en direction de Barbentane. Ces deux routes prennent en tenaille la Montagnette, avant de se rejoindre juste après Rognonas, aux portes d'Avignon.

Boulbon est un village au charme irrésistible, pelotonné au pied d'un château partiellement en ruine. Plusieurs édifices religieux, dont la chapelle Saint-Marcellin, classée monument historique, datant du XIIe siècle, enjolivent les lieux. On usera des mêmes qualificatifs pour évoquer **Barbentane**, tapi sur le flanc nord de la Montagnette, dominé par la tour Anglica, donjon d'un château du XIVe siècle. En contrebas, le **château de Barbentane** (☎ 04 90 95 51 07 ; entrée 5,50/3,80 € adultes/enfants ; ouvert Pâques-Toussaint, tlj 10h-12h et 14h-18h juil-sept, fermé mer avr-juin et oct), classé monument historique, fait forte impression. Résidence des marquis de Barbentane, il est surnommé le "petit Trianon du Soleil", tant sont mises en évidence l'élégance de ses volumes et la finesse du mobilier.

De Barbentane, prenez l'étroite D35E, qui vous mènera au cœur de la Montagnette, dans un paysage verdoyant alternant forêts et garrigues. Apparaît alors l'**abbaye Saint-Michel-de-Frigolet** (☎ 04 90 95 70 07, abbayedefrigolet@frigolet.com, www. frigolet.com ; entrée gratuite ; abbatiale et chapelle ouvertes tlj 8h-11h et 14h-18h). Les deux flèches de la basilique abbatiale percent la végétation. D'emblée, la quiétude et l'harmonie des lieux sont palpables. Presque un décor de contes de fées… Une communauté monastique appartenant à l'ordre des Prémontrés, qui suit la règle de vie de Saint-Augustin, occupe le site depuis 1858. L'abbatiale a été construite entre 1863 et 1866, dans le style néogothique. On peut visiter l'église Saint-Michel et le cloître, bien plus anciens (XIIe siècle), attestant la vocation spirituelle du site depuis près de mille ans. L'abbaye se double d'une vocation résolument touristique, puisqu'elle abrite un hôtel et un restaurant (voir *Où se loger et se restaurer*,

ci-dessous). À signaler : une excellente liqueur, appelée Frigolet, produite par les moines.

La D81 descend ensuite jusqu'à la D970, qu'elle rattrape au bout de 3 km. Prenez à gauche et roulez 2 km jusqu'à **Graveson**, localité postée à l'est de la Montagnette. Cette commune paisible est réputée pour son superbe **marché paysan**, qui se tient tous les vendredi de 16h à 20h, de mai à fin octobre. Seuls les producteurs peuvent y écouler leurs produits. C'est l'occasion de déguster d'excellentes spécialités régionales, dont des fruits et des légumes de saison, de la charcuterie, du fromage de chèvre, des volailles fermières, du vin, de l'huile d'olive, du miel et des confitures. Ce marché haut en couleur possède même son site Internet, www.lemarchepaysan.com.

Au centre du village, le **musée Auguste Chabaud** (☎ 04 90 90 53 02, cours National ; entrée 3,80/2,30 € adultes/enfants ; ouvert tlj 10h-12h et 13h30-18h30 juin-sept, 13h30-18h30 oct-mai) évoque la vie de ce peintre de la famille des Fauves, avec Matisse et Derain. Né à Nîmes en 1882, il a vécu près de la Montagnette et n'a cessé de peindre, de sculpter et d'écrire jusqu'à sa mort en 1955. Une cinquantaine de ses œuvres sont exposées.

À l'écart de Graveson, sur la route d'Arles, le **musée des Arômes et du Parfum** (☎ 04 90 95 81 55 ; entrée 3,05 €, gratuit moins de 12 ans ; ouvert tlj 10h-12h et 14h-18h) occupe l'ancienne cave à vins de l'abbaye de Frigolet et présente les secrets de la distillation des essences.

Poussez jusqu'à **Maillane**, à quelques kilomètres, un village où vécut Frédéric Mistral, le chantre du provençalisme. Dans une belle bâtisse du XIXe siècle, siège de l'actuelle mairie, un petit **musée** (☎ 04 90 95 74 06 ; entrée 3 € ; avr-sept 9h30-11h30 et 14h30-18h30, oct-mars 10h-11h30 et 14h-16h30, fermé lun) lui est consacré.

Où se loger et se restaurer

Barbentane. Mas de Bassette (☎/fax 04 90 95 63 85, bassette@club-internet.fr ; doubles avec clim 70 € nov-Pâques, 90 € en haute saison ; ouvert à l'année). Cette chambre d'hôtes, tenue par Marie et François Veilleux, est une adresse d'esthètes et de bons vivants. Elle se situe à l'écart du village, dans un cadre paisible (empruntez la direction de l'abbaye Saint-Michel de Frigolet puis, à hauteur du moulin sur la gauche, prenez à gauche et suivez le panneau Tennis club). La bâtisse, garnie de vigne vierge, a beaucoup de cachet et donne sur un magnifique parc planté d'essences diverses et de pelouse. Les deux chambres, confortables, se caractérisent par une décoration sobre et soignée, avec sol ancien et murs blancs rehaussés de textes d'écrivains. Parmi les petits plus : la piscine, à côté de laquelle on peut prendre son petit déjeuner, la proximité d'un sentier de randonnée, l'accès gratuit au court de tennis, à 100 m du mas, et le prêt de bicyclettes.

Graveson. Le Cadran Solaire (☎ 04 90 95 71 79, fax 04 90 90 55 04, cadransolaire@wanadoo.fr, www.hotel-en-provence.com, rue du Cabaret-Neuf ; chambres 45-71 € ; ouvert 15 mars-fin oct et l'hiver sur réservation). Une adresse en or que ce Cadran Solaire, excellemment tenu, au calme, qui associe avec justesse charme, personnalité, fonctionnalité et confort. Les 12 chambres occupent une très jolie structure, qui fit autrefois office de relais de poste et de magnanerie, étagée sur deux niveaux, en pierre, enjolivée partiellement de vigne vierge. Chaque chambre s'agrémente d'une décoration personnalisée, dans un style provençal revisité (sol en terre cuite, poutres, boutis, etc.). Que dire de plus ?

Le Mas des Amandiers (☎ 04 90 95 81 76, fax 04 90 95 85 18, contact@hotel-des-amandiers.com, www.hotel-des-amandiers.com, route d'Avignon ; simples/ doubles 51/52-66 € ; fermeture annuelle 15 oct-15 mars). Ce deux-étoiles bien tenu, en retrait de la route, se déploie sur une propriété verdoyante d'un hectare. Il loue 28 chambres confortables et fonctionnelles, à la décoration colorée. Une piscine chauffée est à la disposition des clients. Un parcours botanique, riche de 54 essences, est aménagé dans la propriété.

Hôtel du Moulin d'Aure (☎ 04 90 95 84 05, fax 04 90 95 73 84, hotel-moulin-d-aure@wanadoo.fr, www.franceweb.org/moulin-aure, quartier Cassoulen ; doubles 46-69 € en basse saison, 61-84 € en haute saison ; fermeture annuelle janv). Ce deux-étoiles de bon standing dans un bâtiment de belle allure, possède 14 chambres réparties sur deux niveaux, à l'angle de la D5 et de la D28, dont il est fort heureusement séparé par une haie de cyprès. Ce lieu villégiature s'intègre harmonieusement dans une propriété de 1,5 ha. Les chambres, orientées au sud, avenantes et tout confort, se caractérisent par leur style subtil, agrémenté de boutis, de fer forgé, de couleurs pastel, d'un sol en terre cuite et, dans certaines, de poutres. Aux beaux jours, une restauration légère est proposée dans une salle agréable, devant la piscine (chauffée).

Le Mas Ferrand (☎ 04 90 95 85 29, fax 04 90 95 86 51 ; 7 av. Auguste-Chabaud ; simples/doubles avec petit déj 40/50 € ; ouvert à l'année). Aimez-vous le charme du rétro, les lits anciens en fer forgé et le mobilier rustique ? Optez alors pour le Mas Ferrand, à 200 m du centre du village. Vous poserez vos valises dans l'une des trois chambres-appartements, dont le style vous plongera dans un autre temps, celui des vacances à la campagne chez une grand-mère. Le vaste jardin, vert et fleuri, invite au farniente et vous apprécierez d'y prendre votre petit déjeuner, voire un apéritif-dînatoire. Les propriétaires, accueillants et bons vivants, vous proposeront des circuits thématiques (autour des vins ou de l'olive) ou de découverte.

Domaine de Fontbelle (☎/fax 04 90 49 02 18, 06 21 30 10 02, fontbelle@wanadoo.fr, www.guideweb.com/provence/bb/fontbelle ; ancien chemin d'Arles ; chambres 76-150 € en basse saison, 90-175 € en haute saison ; ouvert à l'année). On peut recommander cette chambre d'hôtes, tenue par une famille sympathique, pour la chaleur de l'accueil et la qualité des prestations. À quelques kilomètres de Graveson (suivre la direction d'Avignon, puis du musée des Arômes, le domaine est à 500 m sur la gauche), dans un cadre champêtre très reposant (la propriété s'étend sur 16 ha), vous aurez le choix entre trois chambres bien aménagées, une suite de 60 m², installée dans un ancien fenil, et la "cabane du gardian", une unité séparée de 40 m², avec jardin privé. Parmi les petits plus : des soirées poésie-lecture avec un écrivain provençal, des sorties œnologiques et des cours de cuisine avec le propriétaire, des promenades équestres (deux chevaux à disposition), le prêt de VTT, la prise en charge possible à l'aéroport ou à la gare, une formule table d'hôtes à 25 ou 35 € ou un plateau fraîcheur à déguster au bord de la piscine (10 ou 15 €). De belles vacances provençales en perspective !

Le Clos des Cyprès *(☎ 04 90 90 53 44, route de Châteaurenard ; menus 32/44 € ; fermé dim soir et lun).* Ce restaurant bien coté, installé dans un grand mas à l'écart du village, concocte une cuisine goûteuse, puisant largement son inspiration dans le répertoire régional; Vous dégusterez, au choix, un filet de taureau rôti au vin rouge, un carré d'agneau "contes de Provence", un pavé de bar de ligne aux pois gourmands, un gaspacho de queues de langoustines rôties à l'huile d'olive. Le cadre est classique.

Secteur de Boulbon. Hostellerie de l'abbaye Saint-Michel de Frigolet *(☎ 04 90 90 52 70, fax 04 90 95 75 22, hotellerie.frigolet@free.fr, abbaye Saint-Michel de Frigolet ; chambres 19 et 39 €, avec sdb 42 et 54 € ; menus 12,50/17 €, menu enfant 5 €).* Se loger et se restaurer dans le cadre bucolique et reposant de l'abbaye Saint-Michel de Frigolet, pourquoi pas ? D'autant plus que les tarifs sont très abordables. Les chambres les moins chères, à la décoration quelque peu fanée, occupent une aile du bâtiment ; les chambres rénovées, plus onéreuses, sont très correctes, mais sans cachet particulier. Les repas se prennent dans une salle ou sur une agréable terrasse aux beaux jours.

L'Ouliveto *(☎/fax 04 90 43 90 40, route de Frigolet ; simples/doubles avec petit déj 41/49 € ; ouvert à l'année).* À environ 3 km de l'abbaye de Frigolet, en direction de Boulbon, Marité de Brunélis loue trois chambres, coquettes, lumineuses et confortables, égayées de subtiles touches colorées

et d'un mobilier plutôt ancien. Chaque chambre, de plain-pied, bénéficie d'une entrée indépendante. Au bord de la piscine, à l'ombre des cyprès, des oliviers et des micocouliers, vous profiterez du calme de la propriété, un petit mas en bord de route.

Comment s'y rendre
Les gares SNCF les plus proches sont Tarascon et Avignon. En bus, Boulbon et Barbentane sont sur la ligne Nîmes-Avignon, *via* Tarascon (☎ 04 66 29 27 29). Graveson et Maillane sont reliés à Tarascon (☎ 04 32 76 00 40).

La Crau

C'est un monde à part, fascinant mais méconnu, une enclave secrète, au cœur de la Provence mais obstinément ignorée des brochures publicitaires – et c'est tant mieux. Un terroir âpre, rêche, déroutant, désertique, impassible comme le Sphinx, ploie sous un horizon désespérément étale, avec pour seuls repères quelques bergeries éparses. La plaine de la Crau forme un triangle oublié entre Arles et Salon-de-Provence au nord, et l'étang de Berre au sud. Elle déroule un paysage inhabituel, celui d'une steppe, la dernière d'Europe de l'Ouest.

La Crau possède une histoire : voici plusieurs millions d'années, la Durance n'était pas tributaire du Rhône et se jetait directement dans la mer, charriant des milliers de tonnes de cailloux. Suite à diverses transformations géologiques, le cours de la Durance se modifia pour devenir un affluent du Rhône. La Crau n'est autre que le delta fossile de la Durance, son ancien lit. Sa physionomie présente un double visage : au nord dominent les prairies, des espaces bocagers et les vergers, cultures rendues possible par des travaux d'irrigation entrepris dès le XVIᵉ siècle ; le sud, voué au pastoralisme (élevage de moutons), est le royaume du *coussous*, formé d'une étendue de galets polis par le vent et d'une végétation rase, où pâturent près de 100 000 moutons pendant les mois de printemps, qui se transforme en désert caillouteux pendant l'été.

Le foin, trésor de la Crau

Le saviez-vous ? Les quelque 13 000 ha de prairies de la Crau produisent un foin de qualité exceptionnelle, qui bénéficie d'un label AOC. Chaque année, près de 100 000 tonnes sont ainsi récoltées, dont une partie est exportée dans le Golfe persique, en Angleterre, en Suède, en Irlande ou en Autriche.

Raisons du succès : la qualité des sols, limoneux (l'eau ne stagne pas), l'irrigation par canaux, qui apporte de l'eau chargée d'éléments fertilisants, un climat sec et chaud, et l'expérience humaine acquise dans cette production (on travaille le foin depuis plusieurs siècles dans la région).

Le foin est produit en 3 coupes ; la première, riche en graminées, est principalement destinée aux chevaux de course. Les deux autres, plus riches en légumineuses et en matières azotées, conviennent plutôt aux bovins et aux petits animaux.

Cette parenthèse géographique, ce plat pays entre Camargue, étang de Berre et Méditerranée, ne retient d'ordinaire pas le regard. On la traverse sans y prendre garde, généralement en suivant la N113 ou la N568, qui fend le paysage comme une lame. Il suffirait pourtant de faire quelques kilomètres sur une route de traverse pour basculer dans cette "Crau immense et pierreuse", selon les termes de Mistral, et découvrir ces paysages inhabituels.

Cette steppe, entretenue par le pâturage des moutons, constitue un biotope exceptionnel pour des dizaines d'espèces d'oiseaux et d'insectes. Malheureusement, ce fragile écosystème est mis à mal par de multiples agressions humaines : à l'est, les installations chimiques et sidérurgiques de Fos-sur-Mer grignotent toujours davantage de terrain, et la décharge d'Entressen, la plus grande d'Europe, n'est qu'à quelques kilomètres. Le coussous régresse : il est passé de 60 000 ha à l'origine à 11 500 actuellement.

RENSEIGNEMENTS

L'office du tourisme de Saint-Martin-de-Crau (☎ 04 90 47 38 88, fax en mairie 04 90 47 34 52), 2 av. de la République, ouvre du lundi au vendredi, de 9h à 12h et de 15h à 18h, et le samedi, de 9h à 12h.

À VOIR ET À FAIRE

Il n'est pas très facile de découvrir la Crau par ses propres moyens. Une bonne partie de ce territoire est en effet propriété privée ou terrain militaire. Empruntez la N568 vers Fos et la N113 vers Salon-de-Provence, qui vous donneront un aperçu du paysage.

À Saint-Martin-de-Crau, visitez impérativement l'**écomusée de la Crau** (*☎ 04 90 47 02 01, bd de Provence ; entrée gratuite ; ouvert tlj 9h-12h et 14h-18h*), bien conçu et fort instructif. Il a pour vocation de faire connaître les traditions et le patrimoine humain et naturel de la Crau (histoire, flore, faune, géologie, etc.). Divers outils anciens ainsi que des expositions temporaires complètent la visite. L'écomusée délivre des autorisations d'accès au site protégé de **Peau de Meau** (2,30 €), une ancienne bergerie restaurée à 12 km de Saint-Martin-de-Crau, en plein cœur de la steppe, au milieu du coussous. Elle comporte un observatoire d'où l'on aura de bonnes chances d'apercevoir plusieurs espèces d'oiseaux. On peut rejoindre le site en voiture. Du parking aménagé, comptez une demi-heure de marche jusqu'à la bergerie, par un sentier balisé. Des visites guidées sur le terrain sont possibles (à partir de 7 personnes).

OÙ SE LOGER ET SE RESTAURER

Domaine de Vergières (*☎ 04 90 47 05 25, 04 90 47 17 16, vergieres@vergieres.com, www.vergieres.com, domaine de Vergières, Saint-Martin-de-Crau ; doubles avec petit déj 150 € ; ouvert janv-oct*). Le grand jeu ! Ce domaine agricole de 350 ha, à 10 km de Saint-Martin-de-Crau est complètement isolé au milieu de la Crau (empruntez la direction de Salin-de-Giraud et Fos puis, au bout de 5 km, prenez la route à gauche sur 4,5 km). Il ravira ceux qui ignorent les budgets réduits. La bâtisse, une superbe demeure de la fin du XVIIIe siècle, s'élève dans un parc entouré d'arbres centenaires, qui se prolonge jusqu'aux prairies. Les six chambres et la suite offrent bien entendu tout le confort souhaité, avec du mobilier provençal traditionnel et une décoration personnalisée et raffinée. Une piscine est à disposition et l'on peut louer des vélos.

L'Oustau de Mamette (☎ *04 90 47 04 03, 13 av. de la République ; menus 13/17/23/32 € ; fermé dim soir et lun*). C'est une maison nette, bien conduite, d'allure bourgeoise rassurante, au centre du village. La cuisine est au diapason : soignée, classique, un brin bourgeoise, à base de spécialités régionales. Mention très bien pour la soupe de poisson et sa rouille, entre autres. On appréciera également la touche cosy de l'intérieur et, aux beaux jours, la discrète terrasse ombragée à l'arrière.

Mas de la Closière (☎ *04 90 47 31 09, Caphan, route de Moulès ; plats 5-13 €, formule 9,50 € le midi, menus 16/25 € ; fermé mer*). Situé à 2,5 km du centre de Saint-Martin-de-Crau (en direction de Moulès et Caphan, par la D83b) et légèrement en retrait de la route, cet établissement est d'un bon rapport qualité/prix. Le cadre est simple, un tantinet campagnard. La cuisine, d'inspiration familiale, propose des pizzas et un bon choix de plats de viande.

COMMENT S'Y RENDRE

Saint-Martin-de-Crau est reliée à Arles, Aix-en-Provence, Salon-de-Provence et Marseille par le réseau Cartreize (☎ 04 90 96 94 78).

Arles et la Camargue

ARLES

Comble des paradoxes : Arles, la plus grande commune de France par sa superficie, a gardé des allures de village d'irréductibles. Capitale de la Camargue magnifiée par Van Gogh, Arles séduit d'emblée le visiteur par ses maisons provençales et ses vestiges romains, dont l'en-chevêtrement lui confère un charme inimitable, mais également par sa personnalité singulière et son caractère intraitable. La tradition taurine y est sans doute pour quelque chose : ses férias comptent parmi les plus célèbres de France et rythment le calendrier local. Volontiers festive, Arles se veut la farouche gardienne des coutumes camarguaises. Pourtant, loin d'être seulement tournée vers le passé, elle fait aujourd'hui figure de modèle en matière de renouveau culturel. Terre d'élection des éditions Actes Sud et du label de disque Harmonia Mundi, Arles accueille plusieurs manifestations de grande ampleur, comme les Rencontres internationales de la photo ou les Suds, festival de musique du monde. Malgré cela, ses ruelles attachantes n'ont rien perdu de leur intimité, et il fait toujours bon s'y perdre.

Histoire

Bâti sur un rocher qui dominait les marais du delta du Rhône, le site fut occupé dès la Préhistoire. Sa position stratégique, aux confins de la Méditerranée et de la Gaule, attire les Phéniciens (IXe siècle av. J.-C.), puis les Grecs (VIe siècle av. J.-C.) qui y établissent un comptoir. Cependant, c'est la conquête romaine qui lui donnera un nouvel élan. En 49 av. J.-C., alors que Marseille prend le parti de Pompée contre Jules César, Arles soutient le second. Victorieux, l'empereur récompense *Arelate*, qui devient alors seconde capitale du monde romain. Jouissant d'une grande prospérité, elle se dote de prestigieux monuments sous Auguste. L'empereur Constantin y élit résidence. Christianisée dès le Ier siècle, Arles se voit attribuer par le pape le titre de primatie des Gaules en 417 et devient le siège de plusieurs conciles dès le IVe siècle. Ce rôle religieux renforce le poids de l'Église et le rôle des abbayes dans la vie économique de la ville. Au IXe siècle, elle devient la capitale du "royaume d'Arles", nom donné au royaume de Bourgogne-Provence. Ville impériale au XIe siècle, République au XIIIe siècle, Arles perd son autonomie quand elle est rattachée en 1251 aux terres des comtes de Provence.

Orientation

Administrativement, Arles est la commune la plus étendue de France, car elle comprend la majeure partie du delta du Rhône. Le centre-ville lui-même est délimité par le Rhône au nord, le boulevard Émile-Combes et les fortifications à l'est et le boulevard des Lices au sud. Moins touristique, le quartier de la Roquette, ancien lieu d'habitation des mariniers du Rhône, s'étend à l'ouest, au delà de la rue Gambetta et du pont de Trinquetaille. Il est bordé par la voie express qui relie Arles à Montpellier et à Nîmes. La gare SNCF est située au nord-est, à moins de 500 m de la vieille ville.

Renseignements

Office de tourisme. Le bureau principal (☎ 04 90 18 41 20, fax 04 90 18 41 29, ot.arles@visitprovence.com), bd des Lices, est ouvert tous les jours de 9h à 18h45, du 1er avril au 30 septembre ; du lundi au samedi de 9h à 17h45 et le dimanche et jours fériés de 10h30 à 14h30, du 1er octobre au 31 mars.

À la gare, l'accueil est ouvert du lundi au samedi de 9h à 13h et de 14h à 18h entre le 1er avril et le 30 septembre et de 9h à 13h du 1er octobre au 31 mars.

Librairies. Les éditions Actes Sud, installées à Arles depuis 1983, donnent une tonalité très littéraire à la ville. Elles possèdent trois bonnes librairies : l'une est tout près des quais du Rhône (☎ 04 90 49 56 77), passage Le Méjan, 43 rue du Docteur-Fanton, consacrée à la littérature générale, et une autre à l'espace Van Gogh (☎ 04 90 96 86 65), davantage tournée vers la région. Au même endroit, la librairie Actes Sud junior (☎ 04 90 96 12 45) propose des ouvrages pour enfants sur le thème de la Provence.

La librairie-disquaire Forum Harmonia Mundi (☎ 04 90 93 65 39, fax 04 90 93 38 00), 3-5 rue du Président-Wilson, commercialise le label Harmonia Mundi, dédié à la musique classique, et installé depuis plus de 40 ans en Camargue.

Internet. La Poste (☎ 04 90 18 41 00), 5 bd des Lices, possède une borne Internet (carte d'une heure/recharge 8/4,60 €). Près de la gare, PC futur (☎ 04 90 18 99 24), 31 avenue Stalingrad, propose des connexions de 10h à minuit, 7j/7, pour 3,80 € l'heure.

Fêtes et festivals

Le calendrier arlésien est marqué par une série de fêtes liées à la tauromachie et aux célébrations camarguaises. Le 1er mai, les *gardians* (gardien de bœufs, de chevaux ou de taureaux en Camargue) fêtent leur patron Saint-Georges à travers un défilé en costume traditionnel. La **féria de Pâques**, la plus célèbre, accueille chaque année les grands noms de la corrida. La **féria du riz**, appelé aussi les Prémices du riz, en septembre, célébrait à l'origine la récolte du riz. C'est le deuxième rendez-vous tauromachique de la ville.

Fin juin-début juillet, durant dix jours, les **fêtes d'Arles** associent corridas, folklore arlésien et courses camarguaises. Pour plus d'informations, consultez la section *Taureaux, taurom
achie et férias* au chapitre *Présentation de la Provence*, ainsi que l'encadré *Course et jeux taurins en Camargue*, plus loin dans ce chapitre.

Si vous souhaitez assister à une corrida, contactez le bureau des Arènes (☎ 04 90 96 03 70, fax 04 90 96 64 31), situé dans l'amphithéâtre (voir ci-dessous).

Arles compte aussi plusieurs rendez-vous culturels de prestige, dont les **Rencontres Internationales de la Photographie** (☎ 04 90 96 63 69, www.rip-arles.org), 10 rond-point des Arènes, qui organisent des dizaines d'expositions à travers toute la ville début juillet (voir la section *Provence, terre de festivals* du chapitre *Renseignements pratiques* pour des informations détaillées). En juillet également, le festival **Les Suds** chauffe la ville au son des musiques du monde (☎ 04 90 96 06 27, www.suds-arles.com).

À voir et à faire

En vente à l'office de tourisme et dans les musées, une carte-pass de 10 € (tarif réduit 7,60 €) permet de visiter les vestiges antiques et tous les musées de la ville. Ceux qui ont moins de temps pourront se procurer

BOUCHES-DU-RHÔNE

ARLES

OÙ SE RESTAURER
8 L'Olivier
12 L'Entrevue
14 La Paillotte
20 Huiles Jamard
22 La Charcuterie
23 La Gueule du loup
30 La Fuente
33 Les Saladelles
45 Lou Caleu
47 Plein sud
48 La Môle blanche
53 La Comédie

OÙ SE LOGER
3 Hôtel Le Rhône
4 Chez Erick
   et Madeleine Vedel
7 Hôtel du musée
9 Hôtel d'Arlatan
15 Hôtel de la Muette
27 Hôtel de l'amphithéâtre
29 Hôtel Saint-Trophime
32 Grand hôtel Nord-Pinus
40 Hôtel le Calendal
44 Hôtel du cloître
59 Hôtel Jules César

À VOIR
5 Musée Réattu
6 Les thermes de Constantin
16 Entrée et billetterie des arènes
24 Galerie la Rose des vents

25 Fondation Van Gogh
26 Église Notre-Dame de
   la Major
35 Les cryptoportiques
36 Hôtel de ville
37 Primatiale Saint-Trophime
38 Entrée du théâtre antique
39 Théâtre antique
41 Cloître Saint-Trophime
42 Musée Arlaten
46 Abbaye de Saint-Césaire
51 Espace Van Gogh

OÙ SORTIR
31 Café La nuit
54 Le Salon
55 L'Andalucia Café
56 Le Bar du marché
57 Le Malarte
61 Le Cargo de nuit

DIVERS
1 Gare routière
2 PC futur
10 La Boutique des passionnés
11 Charcuterie Pierre Milhau
13 Passage Le Méjan
   Librairie Actes Sud
17 Bureau des rencontres
   internationales de
   la photographie
18 École nationale de
   la photographie

19 Derrieux Boutique
21 Cycles Peugeot
28 Camargue organisation
34 La Farandole
43 Boutique Christian Lacroix
49 Librairie Forum Harmonia
   Mundi
50 L'Arlésienne
52 Arrêts de bus
58 Poste
60 Office du tourisme

L'éternel retour de l'Arlésienne

"C'est l'Arlésienne !". Ainsi désigne-t-on en général un phénomène que l'on annonce sans arrêt, mais qui ne se produit jamais. À l'origine de cette exclamation célèbre : *L'Arlésienne*, un opéra de Georges Bizet, tiré d'une nouvelle des *Lettres de mon Moulin* d'Alphonse Daudet et joué pour la première fois en 1872. L'intrigue relate l'amour tragique d'un jeune paysan pour une belle Arlésienne, femme dont on parle durant toute la représentation, mais qui n'apparaît jamais sur scène. L'œuvre a donné naissance à la fameuse expression, tout en alimentant une rumeur : celle qui attribue aux femmes d'Arles une beauté et une élégance hors du commun. Certains pensent que cette réputation remonte à l'Antiquité. En 1661, la découverte de la Vénus d'Arles, statue romaine d'une grande finesse, contribue sans doute à cette fabuleuse renommée. Au XVIIIe siècle, la légende prend une tournure plus tangible. Les étoffes dites *indiennes* débarquent en Provence, et plusieurs récits de voyage témoignent de l'extraordinaire allure des Arlésiennes, séduites par les nouvelles étoffes. Cet attrait pour la mode sauve en quelque sorte le costume local au siècle suivant. Alors que la plupart des coutumes vestimentaires régionales disparaissent, les femmes d'Arles intègrent certains éléments locaux aux robes venues de Paris.

Le félibrige et Frédéric Mistral (1830-1914), auteur de *Mireille* (1859), un poème lyrique à la gloire de la Camargue, font alors du personnage de l'Arlésienne une icône du renouveau provençal. Son habit traditionnel devient un symbole. Le dessinateur Léo Lelée (1872-1947) l'immortalise sur de nombreuses toiles. D'autres peintres plus célèbres représenteront l'Arlésienne : Van Gogh, mais aussi Gauguin et Picasso.

Le costume se fixe au début du siècle et rentre dans le domaine du folklore. Parmi ses caractéristiques, on note le ruban de velours de soie enroulé autour de la coiffe, comme un turban, la jupe longue serrée à la taille et le châle de dentelle blanche. En 1903, Mistral crée la *Fèsto Vierginenco*. Cette "fête des vierges" met à l'honneur les jeunes Arlésiennes qui portent le ruban pour la première fois, une célébration toujours en vigueur aux Saintes-Maries-de-la-Mer.

Aujourd'hui encore, une "reine d'Arles" est élue tous les trois ans, lors des fêtes d'Arles, et les Arlésiennes sont nombreuses à porter l'habit traditionnel lors des férias et des cérémonies.

En s'en inspirant, dès ses premières collections, le couturier Christian Lacroix a récemment mis en lumière l'attachement régional à cette tradition, qu'il a lui-même imposé comme un style.

VALÉRIE POLICE

une carte donnant accès aux seuls monuments romains (8,50 € ; tarif réduit 6 €).

Amphithéâtre *(entrée 3/2,25 € ; ouvert tlj 10h-17h 1er nov-28 févr, 9h-18h 1er mars-30 avr, 9h-19h 2 mai-30 sept et 9h-18h oct)*. Très bien conservé, cet amphithéâtre est classé 20e monument du monde romain par sa taille. Il est composé 60 arcades formant une ellipse de 136 m de

BOUCHES-DU-RHÔNE

long sur 107 m de large, réparties sur 2 niveaux. Édifié au Ier siècle, sur le flanc nord de la colline de l'Hauture, il pouvait accueillir jusqu'à 20 000 personnes. Il servait alors aux spectacles de gladiateurs ou aux combats de fauves. Au Moyen Âge, des maisons d'habitation furent construites dans son périmètre, formant une vraie petite ville délimitée par les arènes. Plus de 212 bâtiments et deux églises y furent dénombrés en 1826 lors du dégagement des vestiges. La première course de taureau fut donnée en juillet 1830, pour célébrer la prise d'Alger.

Théâtre antique *(entrée/tarif réduit 3/2,25 € ; ouvert tlj 10h-12h et 14h-17h 1er nov-28 févr, 9h-12h et 14h-18h 1er mars-30 avr et 9h-19h 2 mai-30 sept).* Construit au sommet de la colline de l'Hauture à la fin du Ier siècle av. J.-C., le théâtre antique témoigne de l'importance de la colonie d'Arles dès le règne d'Auguste. Quelque 12 000 personnes pouvaient y prendre place. Converti en carrière au Ve siècle pour la construction d'édifices religieux, il fut peu à peu intégré aux remparts de la ville. Les Jésuites édifièrent dans l'enceinte un collège pour les sœurs de la Miséricorde. En 1833 débuta l'exhumation des vestiges, qui ne s'acheva qu'en 1908. Aujourd'hui, une partie des gradins a été dégagée. Seules deux colonnes de marbre subsistent de l'ancien mur de scène. Pourtant, sa situation au cœur de la ville et la végétation qui l'entoure lui confèrent un charme éminemment romantique.

Primatiale et cloître Saint-Trophime. C'est aux XIe et XIIe siècles que fut construite la primatiale, également désignée comme cathédrale. Véritable Bible de pierre, son portail, qui illustre le Jugement dernier, est un magnifique exemple d'art roman. On remarquera le tribunal céleste, sur le tympan, les damnés entraînés vers l'enfer sur la frise de droite et les élus cheminant vers le ciel sur la frise de gauche. Parmi les statues de saints sculptées entre les colonnes de la façade, la troisième en partant de la gauche représente saint Trophime,

premier évêque d'Arles, ici surmonté de deux anges qui le coiffent de sa mitre. À l'intérieur, la nef de style roman s'élève à plus de 20 m, ornée de chaque côté par des tapisseries d'Aubusson du XVIIe siècle.

Le **cloître** *(entrée 3/2,25 € ; mêmes horaires et jour d'ouverture que l'amphithéâtre)* est accessible depuis les anciens bâtiments de l'archevêché qui jouxtent le flanc sud de la primatiale. C'est là que vivait la communauté des chanoines auxquels était confiée la gestion de la cathédrale. Construites à la fin du XIIe et au début du XIIIe siècles, deux des galeries (nord et est) sont de style roman et les deux autres (sud et ouest), édifiées vers 1380-1390, de style gothique. Les chapiteaux des colonnes sont des chefs-d'œuvre de minutie et d'expressivité.

Cryptoportiques du Forum. Accessibles depuis une église jésuite du XVIIe siècle, les cryptoportiques *(rue Balze, entrée 3/2,25 € ; mêmes horaires que le théâtre antique)* sont les vestiges les mieux conservés du forum romain d'Arles. Ils constituaient la partie souterraine du portique qui le constituait. Cette galerie, formée par une succession d'arcades éclairée par des soupiraux, aurait été construite de 30 à 20 av. J.-C. On ne sait si elle servait de grenier à blé, de promenade ou de lieu de culte. La visite peut décevoir tant la lumière est faible, l'humidité importante et l'absence d'informations totale.

Thermes de Constantin. Tout près des quais du Rhône, les vestiges des bains romains *(entrée 3/2,25 € ; mêmes horaires que le théâtre antique)* méritent un détour. Construits au IVe siècle sous le règne de l'empereur Constantin, qui séjourna à Arles, ces thermes, les plus grands de la Gaule narbonnaise, donnent une idée assez précise des établissements de ce type dans le monde romain. Les piliers en brique, aujourd'hui dégagés, soutenaient les foyers qui servaient à chauffer l'eau, notamment celle de la piscine, dont la coupole est très bien conservée.

Musée Réattu *(☎ 04 90 96 37 68, rue du Grand-Prieuré ; entrée 3/2,25 € ; ouvert tlj 9h-12h30 et 14h-19h avr-sept, 10h-12h et 14h-17h oct-mars en principe).* Ce musée des Beaux-Arts mérite une visite à la fois pour son architecture et pour les peintures, sculptures et photographies qu'il recèle. Ancien grand Prieuré des Chevaliers de l'ordre de Malte, construit entre le XVe et le XVIIe siècles, le bâtiment fut racheté après la Révolution française par Jacques Réattu (1760-1833), peintre arlésien, avant de devenir un musée. Outre les œuvres de peintres provençaux, qui témoignent de la vie à Arles autrefois, une belle collection d'art contemporain occupe également l'espace, dont des sculptures de Zadkine et de Germaine Richier. Remarquez en particulier la salle consacrée aux dessins de Picasso et le portrait de *Lee Miller en Arlésienne* (1937). Lors de la visite, ne manquez pas les effrayantes gargouilles qui ornent les cours intérieures et l'imposante façade qui longe le Rhône.

Museon Arlaten *(☎ 04 90 93 58 11, 29 rue de la République ; entrée 4/3 € ; ouvert 9h30-12h30 et 14h-17h 1er oct-31 mars, jusqu'à 18h 1er avr-31 mai et sept, 9h30-13h et 14h-18h30 juin-août ; fermé lun sauf juil, août et sept).* Ce bâtiment est lui-même une pièce de musée, et vaut en

cela le détour. Fondé par Frédéric Mistral en 1896 à la gloire de la Provence, il reflète avant tout l'esprit du régionalisme de la fin du XIXe siècle. Costumes, berceaux, panetières, outils de bois sculptés et autre objet usuel y sont rassemblés dans une perspective ethnographique qui semble bien naïve aujourd'hui. Ce bric-à-brac un peu poussiéreux marquait à l'époque une volonté farouche de garder en mémoire un mode de vie traditionnel, mythique et édulcoré. À remarquer également : l'architecture Renaissance du bâtiment qui l'abrite, l'hôtel de Laval-Castellane (XVe et XVIe siècles), et les vestiges de l'ancien forum romain dégagés dans la cour intérieure.

Fondation Van Gogh *(☎ 04 90 49 94 04, fax 04 90 49 61 32, palais de Luppé, 24bis rond-point des Arènes ; entrée 4,60/3 € ; ouvert 10h-19h 1er avr-15 oct, 9h-12h et 14h-17h30 hors saison).* Ce lieu rassemble des œuvres d'artistes contemporains inspirés directement ou indirectement par les toiles de Van Gogh. Parmi les plus prestigieux figurent David Hockney, Roy Lichstenstein, Fernando Botero ou Arman.

Espace Van Gogh. Avec sa galerie en arcade au style arabisant, cet ancien hôtel-dieu, où séjourna Van Gogh, est aujourd'hui un lieu agréable, où il fait bon flâner. Il fut transformé en 1989 en médiathèque et en espace d'exposition. Le parterre de fleur fut reconstitué à partir du tableau du peintre intitulé *Le Jardin de la maison de santé* (avril 1889). La terrasse du café **Les Deux Sud** *(☎ 04 90 93 34 56)* permet de prendre un verre dans ce havre de calme et de fraîcheur. Les bâtiments abritent également une annexe de l'université d'Aix-Marseille et un collège de traducteurs.

Galerie La Rose des Vents *(☎ 04 90 96 15 85, 18 rue Diderot ; entrée libre ; ouvert mar-dim matin Pâques-oct, 10h30-12h30 et 15h-19h).* Des lettres de Van Gogh et 33 reproductions de ses œuvres sont exposées dans cette petite maison arlésienne. La visite tient autant pour cette évocation du peintre que pour la personnalité de Maïté

Dubocquet, collectionneuse passionnée qui semble habitée par la voix de l'artiste.

Promenade dans la ville monumentale. Le centre d'Arles est un entrelacs de ruelles agréables à parcourir, bordées tantôt par de petites maisons provençales, tantôt par des hôtels particuliers. Pour découvrir la ville au départ des arènes, empruntez la rue Renan, à l'est de l'amphithéâtre, ornée d'une succession de balconnets et de volets colorés ; elle débouche sur l'**église-Notre-Dame-de-la-Major** (XIIᵉ siècle). De l'esplanade, le panorama est superbe sur le mont Ventoux et la campagne environnante. La rue de la Madeleine vous mène ensuite à la **porte d'Auguste**. C'est dans ce secteur que les **remparts** romains ont été le mieux conservés. Empruntez alors la rue Émile-Barrère.

Sur la gauche, passez le porche du Grand Couvent, par lequel on accède à l'ensemble des vestiges de l'**abbaye de Saint-Césaire**, premier couvent de femmes en Occident, fondé en 508. Du XVᵉ au XVIIᵉ siècle, l'institution accueillit les jeunes arlésiennes issues de la noblesse. Une fois dépassée la charmante placette où s'élèvent les **chapelles Saint-Blaise** et **Saint-Jean-de-Moustier**, la montée Vauban domine le **jardin d'Été**, avant de déboucher sur la rue de la Porte-Laure, bordée de restaurants, qui donne sur l'amphithéâtre.

Depuis le rond-point, empruntez la **rue des Arènes** où se succèdent des demeures historiques. Au n°16, remarquez l'**Hôtel Quiqueran de Beaujeu** (XVIIIᵉ siècle), siège de l'École Nationale de la Photographie et, presqu'en face, au n°29, la **maison des Amazones** (XVIᵉ siècle), ornée d'une frise antique. Vous accédez à la **place du Forum**, l'un des endroits les plus animés du vieil Arles. Occupant le site de l'ancien forum romain, elle n'a gardé de son passé antique que deux colonnes du portique, aujourd'hui encastrées dans la façade du grand hôtel Nord-Pinus, devant laquelle se dresse la statue de Frédéric Mistral.

Prenez la rue du palais pour rejoindre la place de la République, encadrée au nord par l'**hôtel de ville**, à l'est par la **primatiale** Saint-Trophime et les bâtiments de l'archevêché, à l'ouest par l'**église Sainte-Anne** transformée en musée après la Révolution. Au centre de la place, une grande fontaine coule autour d'un obélisque en granit de Turquie, provenant du cirque romain et érigé en 1676 à la gloire de Louis XIV.

Quartier de la Roquette. Situé en bordure du Rhône, entre la rue Gambetta et le musée de l'Arles antique, à l'écart des flux touristiques, l'ancien quartier des mariniers du Rhône a su garder son âme de village. Avec ses placettes et ses cours intérieures, ses ruelles restent un lieu de vie cosmopolite, au patrimoine architectural peu connu des visiteurs. Pour en goûter tout le charme, vous pourrez suivre la rue des Porcelets, avant de gagner la jolie place Paul-Doumer et longer la rue de la Roquette.

Sur la droite, la rue du Roure et la rue Baudanoni réservent une agréable balade avet de rejoindre les quais du Rhône. Remarquez notamment les superbes statues de niche datant des croisades, aux deux extrémités de la rue des Frères-Vieux.

Alyscamps. Alignement de sarcophages noyé dans la verdure, les Alyscamps *(entrée 3/2,25 € ; mêmes horaires que le théâtre antique)*, ou "Champs-Élysées", dégagent une impression de calme et de mystère, à 1 km seulement du centre-ville. Cet ancien cimetière romain, construit en dehors des remparts, prit de l'ampleur à partir du IIIᵉ siècle après J.-C. Le martyr saint Genest et les différents évêques d'Arles y furent inhumés. Étape des chemins de Saint-Jacques-de-Compostelle, la nécropole jouissait d'une grande notoriété, notamment grâce aux miracles à laquelle on l'associait. Le lieu tomba en désuétude à la Renaissance. Il ne reste aujourd'hui qu'une allée ombragée, bordée de tombeaux et de quelques chapelles. Elle mène aux vestiges de l'église Saint-Honorat, dont l'architecture romane du XIIᵉ siècle et la tour lanterne octogonale inspirent une grande sérénité. Le charme des lieux n'échappa pas à Van Gogh et Gauguin, qui y plantèrent chacun leur chevalet en 1888.

Musée de l'Arles Antique (☎ 04 90 18 88 88, fax 04 90 18 88 93 ; entrée 5,50/4 € ; ouvert tlj 9h- 19h 1ᵉʳ mars-31 oct et 10h-17h 1ᵉʳ nov-28 fév) est construit à l'ouest du centre-ville, à l'emplacement de l'ancien cirque romain édifié au IIᵉ siècle après J.-C. Ce bâtiment ultra-moderne retrace de manière claire et didactique l'histoire d'Arles, de la Préhistoire à l'Antiquité tardive. Elle regroupe notamment des collections de statue romaines, d'objets usuels et de sarcophages. Maquettes et panneaux historiques composent un itinéraire chronologique et thématique, permettant de bien imaginer ce qu'était Arles à cette époque. Parmi les plus belles pièces, toutes éclairées par la lumière naturelle, signalons la *Vénus d'Arles*, statue qui ornait le théâtre et dont l'original est au Louvre, l'*acrotère* en forme de masque tragique, provenant sans doute d'un mausolée, et les belles mosaïques des IIIᵉ et IVᵉ siècles exposées en fin de parcours. Pour accéder au musée, prenez le bus n°1 depuis la place Lamartine ou du boulevard Clemenceau.

Abbaye de Montmajour. Ce superbe ensemble monastique (☎ 04 90 54 64 17 ; entrée 5,50/4,50 €, gratuit moins de 18 ans ; ouvert 9h-19h 1ᵉʳ avr-30 sept, 10h-13h et 14h-17h 1ᵉʳ oct-31 mars, fermé mar en hiver) dresse son architecture massive sur un promontoire rocheux, autrefois entouré de marais, à 5 km au nord-est d'Arles, sur la route de Fontvieille (D17) – l'accès se fait en bus de la CTM, en direction de Marseille.

Les bénédictins construisirent une première chapelle dédiée à saint Pierre au XIᵉ siècle. L'abbatiale Notre-Dame, chef-d'œuvre d'art roman provençal, date du siècle suivant. Le cloître fut construit du XIIᵉ au XIVᵉ siècle. Le pouvoir matériel et spirituel de l'abbaye était alors à son apogée, notamment grâce au pèlerinage du pardon de la Sainte-Croix, qui attirait de nombreux fidèles. La tour de l'abbé Pons-de-l'Orme, haute de 26 m, est le vestige le plus visible des fortifications du XIVᵉ siècle, élevées pour protéger les moines des pilleurs. Au XVIIᵉ siècle, l'abbaye fut réformée par la congrégation de Saint-Maur, dont on peut également visiter le monastère. Tous les bâtiments sont inscrits depuis 1968 sur la liste du Patrimoine mondial de l'humanité de l'Unesco.

Environs d'Arles
Parc naturel de Camargue. Pour ceux qui ne sont pas motorisés, Camargue organisation (☎/fax 04 90 96 94 44, www.camargue-organisation.com), 14bis rue de la Calade, propose des excursions de 1 heure (12 €) à 3 heures 30 (34,50 €) dans le parc naturel de Camargue, de mars à octobre. Pour plus d'informations sur le parc naturel, consultez la rubrique *Camargue* plus loin.

Où se loger
Camping et auberge de jeunesse. Camping City (☎ 04 90 93 08 86, 04 90 93 91 07, www.camping-city.com, 67 route de la Crau ; 2,75 € par véhicule, 4/2,60 € par adulte/enfant). C'est le camping le plus proche de la ville – prenez le bus n°2, arrêt Hermite. L'ombre est rare mais la piscine permet de se rafraîchir. Le camping bénéficie d'un accès pour handicapés.

Auberge de jeunesse (☎ 04 90 96 18 25, fax 04 90 96 31 26, 20 av. Maréchal-Foch ; 12,5 € la 1ʳᵉ nuit puis 10,60 €, avec draps et petit déj). Installée dans une grande bâtisse à 2 km au sud du centre-ville, cette auberge est réservée aux détenteurs de la carte de la Fuaj. Les dortoirs de 8 personnes et les sanitaires sont d'une propreté impeccable. Prenez le bus n°4 (arrêt Fournier) ou n°2 (arrêt Bigot).

Chambres d'hôtes. Erick et Madeleine Vedel (☎/fax 04 90 49 69 20, 30 rue Pierre-Euzeby; double 38 € avec petit déj). En haut d'un escalier étroit et raide, ce couple franco-américain a choisi d'accueillir leurs hôtes dans une petite chambre bleue peinte au pochoir, aussi intime que l'ensemble de cette maison provençale. Vous voilà dans une vraie famille, où l'art de vivre fait partie du quotidien, en toute simplicité. Erick fait même partager son savoir-faire culinaire en organisant des stages gastronomiques dans sa cuisine.

Frédérique Mercadal (☎ *04 90 49 85 18, http://perso.worldonline.fr/chezfrederique/, 4 rue du Crau ; double 38 € avec petit déj).* Au rez-de-chaussée d'une ancienne maison de marinier du Rhône, entre bibliothèque et objets personnels, cette chambre d'hôte ressemble à une chambre d'ami, avec s.d.b. et WC privés. Une impression confirmée par l'accueil chaleureux de Frédérique, qui, amoureuse de son quartier, ne manquera pas de vous faire découvrir la Roquette.

Hôtels. **Hôtel Le Rhône** (☎ *04 90 96 43 70 ou 04 9093 87 03, 11 place Voltaire ; doubles avec douche 28 €, avec douche et WC 33,50 €).* Voici l'un des établissements bon marché de la place Voltaire et des rues avoisinantes. Les vieilles affiches et le gramophone à l'entrée contrastent avec l'aménagement de cette maison moderne, dont la façade est sans attrait. L'accueil sympathique rattrape l'aspect brinquebalant des chambres. Préférez celles de l'arrière à celles donnant sur la place, très bruyantes en été.

Hôtel du Musée (☎ *04 90 93 88 88, fax 04 90 49 98 15, 11 rue du Grand-Prieuré ; simples/doubles 38/40-60 €, triples 64 €, quadruples 76 € ; fermeture annuelle déc-15 février).* Cette charmante adresse, accessible aux budgets moyens, est située en face du musée Réattu. Même si la décoration intérieure est un peu vieillotte, les quelques belles cheminées rappellent que ce superbe hôtel particulier date des XVIIe-XVIIIe siècles. Une autre aile du bâtiment, aménagée plus récemment, propose un confort standard. Toutes les chambres sont climatisées. Le patio fleuri offre un cadre idyllique pour le petit déjeuner.

Hôtel Saint-Trophime (☎ *04 90 96 88 38, fax 04 90 96 92 19, 16 rue de la Calade ; simples 33,50-36,50 €, doubles 46-53,50 €, triples 60 €, quadruples à partir de 65,50 € ; fermé nov-fév).* Très bien situé, entre les arènes et la primatiale Saint-Trophime, cet ancien hôtel particulier du XVIIe siècle allie le confort d'un hôtel moderne et le charme des vieilles pierres. Une agréable petite cour intérieure donne un certain cachet à l'endroit, d'un bon rapport qualité/prix, malgré un accueil très inégal.

Hôtel Le Cloître (☎ *04 90 96 29 50, fax 04 90 96 02 88, 16 rue du Cloître; double avec WC-douche/WC-bain à partir de 43/46 €, triples/quadruples 60/65,50 €).* À côté de l'ancienne porte des Chanoines, un hôtel simple mais historique, s'est installé dans les dépendances du cloître, dont les voûtes datent du Moyen Âge. Les amateurs de vieilles demeures préféreront les chambres du 1er étage, qui ont gardé leurs murs d'époque et leurs poutres en bois ; ils pourront même dormir dans celle qu'occupait le prévôt.

Hôtel de la Muette (☎ *04 90 96 15 39, fax 04 90 49 73 16, 15 rue des Suisses ; doubles avec douche ou bain, WC et TV 50,50-56,50 €).* Ne vous fiez pas à la façade austère du XIIe siècle : c'est avec le sourire que l'on vous accueille ici. Et un peu de fierté : avec leurs poutres d'époque et leurs murs de pierre, les chambres ont été restaurées avec soin, mobilier rustique et tissus provençaux à l'appui. Elles sont toutes équipées de ventil. et de double vitrage.

Hôtel de l'Amphithéâtre (☎ *04 90 96 13 30, fax 04 90 93 98 69, www.hotelamphitheatre.fr, 5 rue Diderot ; simple 41,25 €, double 47,25-64,30 €, triple 84 €).* Dans une demeure du XVIIe siècle, aux couleurs chaudes soulignées de fer forgé, de jolies chambres, calmes et climatisées, tournent autour d'un vieil escalier de pierre voûté. D'un très bon rapport qualité/prix, cette maison discrète dégage une atmosphère de simplicité et d'intimité.

Hôtel le Calendal (☎ *04 90 96 11 89, fax 04 90 96 05 84, www.lecalendal.com ; simples/doubles/triples/quadruples 73/73/75/81 €).* Toutes climatisées, tapissées de moquettes fleuries dans une symphonie de couleurs pastel et meublées en bois peint, les chambres de cette jolie demeure provençale ressemblent à un nid douillet. Certaines d'entre elles, dotées de terrasses privées, offrent une vue superbe sur les arènes ou le théâtre antique. Pour le petit déjeuner, vous aurez le choix entre de coquets salons où trônent de confortables bergères et le jardin, très bien aménagé pour les enfants. L'hôtel fait aussi salon de thé.

Hôtel d'Arlatan (☎ *04 90 93 56 66, fax 04 90 49 68 45, www.hotel-arlatan.fr,* *hotel-arlatan@provnet.fr, 26 rue du Sauvage ; double/suite/appart à partir de 76/132/150 €)*. Transformée en hôtel dans les années 1920, l'ancienne demeure du comte d'Arlatan de Beaumont, intendant du roi René au XVe siècle, vous plonge dans l'atmosphère intime des boudoirs d'autrefois. Lits à baldaquin, lustres en étain, tomettes au sol, s.d.b. en faïence, les chambres, aménagées avec un grand raffinement, ont chacune leur caractère. Certaines donnent sur la piscine et le jardin intérieur, oasis de calme au cœur de la ville.

Hôtel Jules César *(☎ 04 90 52 52 52, fax 04 90 52 52 53, www.hotel-julescesar.fr, 9 bd des Lices ; doubles 130-190,50 €)*. Derrière une façade à colonnes un peu pompeuse, cet établissement a conservé le charme des vieilles bâtisses. Installé dans un couvent du XVIIe siècle, il possède une chapelle privée et plusieurs jardins intérieurs, dont l'un cache une piscine. Avec leurs murs en pierre apparente et leurs grandes armoires de campagne, ses chambres donnent l'impression d'être comme "à la maison". Le restaurant de l'hôtel, le **Lou Marques**, permet de déguster, sous les boiseries d'époque, une cuisine tantôt classique tantôt provençale, mais toujours recherchée (menus à 32, 50 et 64 €).

Grand Hôtel Nord-Pinus *(☎ 04 90 93 44 44, fax 04 90 93 34 00, nord-pinus.com, place du Forum ; simples/doubles à partir de 118/129 €, suites 260 €)*. Autrefois temple des toreros, cette institution arlésienne a reçu Picasso, Cocteau et Hemingway, dont on peut voir les photos sur les murs. Grande voyageuse, la propriétaire des lieux rapporte de ses périples des dizaines d'objets qui trouvent leur place dans les salons du rez-de-chaussée, meublés de grands fauteuils de cuir aux tonalités africaines. Une même atmosphère se retrouve à l'étage : de la chambre baroque-espagnole à la chambre-bibliothèque, chaque clef ouvre la porte d'un univers différent au décor insensé. L'accueil, en revanche, n'est pas toujours à la hauteur pour un établissement de ce type.

Où se restaurer

Capitale gastronomique de la Camargue, Arles compte quelques bonnes spécialités.

Fabriqué à partir de bœuf et de porc, parfumé aux aromates, le saucisson d'Arles, inventé en 1655, en est la plus fameuse. Le taureau, plus ferme et plus fort que le bœuf, servi en daube ou en filet, figure sur la plupart des menus arlésiens. AOC depuis 1995, la viande ne provient pas des bêtes des corrida, mais des troupeaux élevés en plein air. On peut également déguster du saucisson de taureau, à ne pas confondre avec le saucisson d'Arles. Les amateurs de fruits de mer apprécieront les *tellines*, petits coquillages de sable. Le riz de Camargue fait aussi partie des fiertés régionales.

Les Huiles Jamard *(☎ 04 90 49 70 73, fax 04 90 49 69 05, 46 rue des Arènes ; 3-4 €)*. Voici la meilleure adresse pour manger sur le pouce près de la place du Forum. Ce producteur d'huile prépare de délicieux et originaux sandwiches, frottés à l'ail et à l'huile d'olive fraîche.

La Comédie *(☎ 04 90 93 74 97, 10 bd Georges-Clemenceau ; menu 14,50 €, plat principal 10 € ; ouvert tlj sauf dim-lun midi)*. Tout près du théâtre municipal, la petite salle jaune de cette adresse discrète a fait des pâtes fraîches sa spécialité. Vous pourrez déguster en terrasse lasagnes au pistou ou spaghettis aux palourdes, à moins que vous ne préfériez la charlotte d'aubergine et les très bonnes salades composées à partir des produits du marché, situé à deux pas.

La Mule blanche *(☎ 04 90 93 98 54, fax 04 90 93 09 74, 9 rue du Président-Wilson ; plats 9-13,07 € ; ouvert tlj sauf dim)*. À l'ombre des platanes d'une charmante petite place, ce bar à vin offre une version provençale du bistrot. À la carte, le gigot d'agneau à la crème d'ail côtoie quelques mets plus recherchés comme le filet de loup de mer à l'anis ou la charlotte au chèvre et à la ricotta, délicatement parfumée aux herbes fraîches. Ces subtiles compositions sont à savourer de préférence en terrasse.

Les Saladelles *(☎ 04 90 93 13 56, fax 04 90 49 51 24, 17 rue de la République ; menus 10-17,50 € ; ouvert tlj sauf dim 10h-19h00)*. Installé dans un hôtel particulier, cette épicerie bio fait aussi restaurant, le seul du genre à Arles. En terrasse ou près de l'ancienne cheminée, vous pourrez déguster du melon de Beaucaire, du merlan à la tapenade ou quelques crêpes et salades garanties 100% nature.

Plein sud (☎/fax 04 90 96 94 76, 6 rue de la Rotonde ; plats 12 € environ, repas à la carte 22 € ; ouvert tlj sauf mer). Sous les affiches de férias sévillanes et les arcades de pierre, on se croirait presque dans une auberge espagnole. La carte ne dément pas l'influence ibérique : vous pourrez commencer par un très bon gaspacho bien frais, puis opter pour le lapin grillé à l'origan avant de savourer la tarte mauresque faite maison.

La Paillotte (☎ 04 90 96 33 15, fax 04 90 96 56 14, 28 rue du Docteur-Fanton ; menus 15/17/23 €, plats 12,50 € ; ouvert tlj sauf jeu). Juste derrière la place du Forum mais un peu à l'écart du brouhaha estival, voici une bonne adresse pour goûter aux saveurs du terroir à prix raisonnable. Rouille d'encornets, saucisson d'Arles, aïoli provençal, daube camarguaise…, rien ne manque sur la carte de cette cuisine familiale concoctée avec soin. Jean-Claude Tell, l'accueillant patron des lieux, est intarissable sur la viande de taureau.

La Charcuterie (☎ 04 90 96 56 96, 51, rue des Arènes ; plats à partir de 11 € ; ouvert tlj sauf dim-lun). Avec ses guirlandes clignotantes et un bric-à-brac en guise de décor, cet ancien temple de la cochonnaille est devenu l'un des restaurants mode du moment, et l'un des meilleurs. La carte revendique volontiers son enseigne de bouchon lyonnais et met à l'honneur andouillettes, magrets et autre cervelle de canut. Parmi tous ces plats très bien préparés, se distingue une spécialité locale : la saucisse d'Arles, à base de chair de taureau.

L'Entrevue (☎ 04 90 93 37 28, 23 quai Marx-Dormoy ; menu 23 €, plats 11-14 €). En bordure du Rhône, cette adresse orientale est intégrée à l'espace culturel comprenant la librairie Actes Sud et le cinéma Art et Essai Le Méjan. Ce lieu aux couleurs ocre et aux fines arabesques attire une clientèle venue discuter littérature dans de moelleuses banquettes vertes, entre photos et vieilles affiches. Ici, tout est fait pour le bien-être. Celui du palais, avec de multiples

tagines, couscous et pâtisseries orientales. Celui du corps ensuite : le **hammam Chifa** (☎ 04 90 96 10 32, 4 rue du Séminaire) qui jouxte la salle à manger, prendra soin de vous, avant ou après le repas.

La Fuente (☎ 04 90 93 40 78, 20 rue de la Calade ; menus 14,50-20 €, plat 8,50-18,50 € ; ouvert tlj sauf dim soir-lun). La fuente ("fontaine" en espagnol) mise avant tout sur son cadre, une petite cour bien agréable, ornée de feuilles d'acanthe et d'herbes folles. Du homard grillé au Pernod aux tellines aux saveurs un peu acides, la carte privilégie une cuisine légère et maritime, tantôt citronnée, tantôt anisée, mais qui ne tient pas toujours toutes ses promesses.

La Gueule du Loup (☎ 04 90 96 96 69, 39 rue des Arènes ; menu 23 €, plat 15,50-20 € ; ouvert tlj sauf dim-lun midi). Dans la petite salle du 1er étage, les affiches anciennes évoquant d'effrayants spectacles de magie vous surplombent. Dans l'assiette, rien de terrifiant bien au contraire : toutes les spécialités camarguaises sont au rendez-vous. Riz rouge, caillette d'agneau aux herbes, filet de taureau, le tout mitonné avec attention, sans céder aux sirènes de la cuisine diététique. Seul l'accueil laisse un peu à désirer.

Lou Caleu (☎ 04 90 49 71 77, fax 04 90 93 75 30, 27 rue Porte-de-Laure ; menus 15,20/25 €). Parmi la pléiade de restaurants touristiques bordant la rue, Lou Caleu sort du lot. Sa recette : des produits de toute première fraîcheur, savamment mis en valeur par le maître des fourneaux, le chef Christian Gimenez. Croustillant de rouget, suprême de volaille au citron au miel de romarin ou mignon de porcelet figurent entre autres délices sur une carte raffinée et variée.

Brasserie Nord-Pinus (☎ 04 90 93 02 32, fax 04 90 93 34 00, www.nord-pinus.com, 6 rue du Palais ; menu midi 15 €, plat 20 €). Ce restaurant, très chic, dans le même esprit que l'hôtel éponyme (voir *Où se loger*), affiche une carte à des prix plus raisonnables qu'on pourrait le penser. Côté gastronomie, un subtil mélange de sobriété et d'innovation contenteront les palais raffinés. Après un croustillant de brie à la crème de noix et le pavé de saumon au champagne, les amateurs de couleur locale apprécieront la faisselle à la confiture de figue noire.

L'Olivier *(☎ 04 90 49 64 88, fax 04 90 93 85 42, www.restaurant-olivier.com; menus 26/38/55 €, plat 20 € ; ouvert tlj sauf dim-lun midi).* C'est l'une des adresses les plus réputées d'Arles pour déguster des classiques de la cuisine régionale, dans l'ambiance feutrée d'une salle élégante ou d'un petit patio. Au menu, des spécialités tantôt provençales, comme le rouget poêlé à l'huile d'olive, tantôt plus spécifiquement arlésiennes, comme la fine tranche de taureau camarguais en carpaccio.

Où sortir

La place du Forum est sans doute l'endroit le plus agréable à Arles pour prendre un verre. Parmi les grandes terrasses qui la jalonnent, le café **La nuit** *(☎ 04 90 96 44 56, fax 04 90 49 83 30, 11 place du Forum),* doit son nom à une toile de Van Gogh, *Le café, la nuit* (1888). Malgré la façade jaune canari, ne vous y trompez pas : le tableau n'a pas été peint à cet endroit, mais dans un autre café, situé place Lamartine et disparu depuis. En revanche, c'est bien cet établissement que représente la toile intitulée *Le Café, le soir, place du Forum,* exécutée la même année.

Le boulevard des Lices comprend aussi un certain nombre de grandes brasseries. Parmi elles, le **Malarte** *(☎ 04 90 96 03 99, 2 bd des Lices)* est l'une des plus connues. À deux pas, le **Bar du marché** rassemble des amateurs de pastis et de rugby. Il ouvre une bodega très animée lors des férias.

Citons également quelques adresses plus spécifiques : **Andalucia Café** *(☎ 04 90 96 40 72, 14 bd des Lices),* une nouvelle enseigne qui entend bien devenir le point de ralliement de tous les aficionados d'Arles. Dans un décor kitsch et hispanisant, sous un ciel étoilé d'ampoules blanches, sa piste de danse attire déjà les amateurs de sévillanes et de flamenco dans une ambiance survoltée le samedi soir. Des groupes folkloriques viennent s'y produire le week-end et la télévision andalouse y est diffusée sur écran géant.

Le Salon *(☎ 04 90 18 99 23, 4 bd Clemenceau).* Entre sa vieille TSF et ses portemanteaux années 1940, le décor mélange volontiers rétro et sophistication. Côté musique, la techno-dance attire une clientèle plutôt branchée. En été, les grands fauteuils d'osier de la terrasse sont particulièrement accueillants.

Cargo de nuit *(☎ 04 90 49 55 99, fax 04 90 18 96 19, www.cargodenuit.com, 7 av. Sadi Carnot ; entrée 6-8 € environ en fonction du concert ; fermeture annuelle juil-août).* À la fois salle de concert et boîte de nuit où viennent mixer des DJ, ce lieu associatif et chaleureux est le principal point de ralliement des noctambules. Son excellente programmation musicale privilégie la world, mêlant salsa, raï, reggae, house et dub electro. Un bar permet également de vous restaurer (11-14 € le plat). L'endroit n'est ouvert que lorsque des groupes s'y produisent, en général les vendredi et samedi soirs.

Achats

Un marché animé se tient le mercredi et le samedi sur le boulevard des Lices. Les amateurs de charcuteries feront un tour chez le **Charcutier Pierre Milhau** *(☎ 04 90 96 16 05, 11 rue Réattu),* l'adresse de référence pour connaître les secrets du saucisson d'Arles, fabriqué ici de façon artisanale. Également à l'étal : le saucisson d'âne, les caillettes, la terrine et le saucisson de taureau, dont Pierre Milhau est le créateur. **La Farandole** *(☎ 04 90 96 01 12, 11 rue des Porcelets)* est une autre charcuterie spécialiste du véritable saucisson d'Arles.

Les Huiles Jamard *(☎ 04 90 49 70 73, fax 04 90 49 69 05, 46 rue des Arènes).* Cette petite échoppe commercialise sa propre production. Entre bidons et entonnoirs, ce fabricant propose aussi des dégustations.

Dervieux Boutique *(☎ 04 90 96 15 04, 12 rue Vernon),* le plus ancien des antiquaires, contentera les amateurs de vaisseliers provençaux et de costumes traditionnels. D'autres antiquaires sont regroupées aux alentours de la rue de Grille et du musée Réattu, en bordure du Rhône.

La Boutique des Passionnés (☎ 04 90 96 59 93, www.passionnes.com, 14 rue Réattu), lieu incontournable pour qui s'intéresse à la culture régionale, rassemble musique tsigane, vidéo de corrida, encyclopédies sur la tauromachie…

L'Arlésienne (☎/fax 04 90 93 28 05, 12 rue du Président-Wilson), est l'une des meilleures boutiques pour acheter des indiennes. Ceux qui préfèrent les châles et les chemises anciennes se rendront plutôt au marché à la brocante, le premier mercredi du mois sur le boulevard des Lices.

Boutique Christian Lacroix (☎ 04 90 96 11 16, 52 rue de la République) : une enseigne de prestige qui rappelle l'inspiration et l'origine arlésiennes du couturier.

Comment s'y rendre

Bus. La gare routière est située av. Paulin-Talabot, devant la gare ferroviaire (☎ 04 90 49 38 01), mais tous les bus stationnent bd Georges-Clemenceau, où les compagnies ont leur bureau d'accueil.

Les Cars de Camargue (☎ 04 90 96 36 25), 24 bd Georges-Clemenceau, relient Arles au sud de la Camargue, à Aix, Marseille, Saintes-Marie-de-la-Mer, Nîmes, Port-Saint-Louis du Rhône et Saint-Gille.

Les bus Ceyte Tourisme Méditerranée (CTM, ☎ 04 90 93 74 90), 12 bd Georges-Clemenceau, desservent Tarascon, Salon-de-Provence, Aix et Marseille.

Train. Arles est reliée à toutes les villes de la région, ainsi qu'à Paris (comptez 4 heures de trajet depuis Paris-gare de Lyon). La SNCF a mis en place des navettes entre la gare TGV d'Avignon et Arles afin de faire bénéficier la ville du TGV Méditerranée (1 heure de trajet). Pour plus de renseignements, contactez la CTM au ☎ 04 90 93 74 90.

Aéroport. L'aéroport international de Nîmes Arles Camargue (☎ 04 66 70 49 49, fax 04 66 70 49 46) est desservi par Air Littoral, qui assure 4 liaisons quotidiennes avec Paris-Orly. Situé à 15 km au nord-ouest de la ville, il est accessible par la route de Nîmes (A54). Il n'existe pas de navette pour s'y rendre depuis Arles.

Pour appeler un taxi, composez le ☎ 04 90 96 90 78 (Arles Taxis), le ☎ 04 90 93 31 16 (Alan Taxis) ou le ☎ 06 08 89 52 40 (Chassang Taxis). Il vous en coûtera environ 30 à 35 euros.

Comment circuler

Il est facile de parcourir la ville à pied. Le réseau des bus urbains de la Star (☎ 04 90 96 87 47), 16 bd Georges-Clemenceau, couvrent les environs proches. Des départs ont lieu toutes les heures en juillet-août, toutes les 30 minutes entre septembre et juin. Une navette, la Starlette, assure la liaison avec la gare.

Vous pouvez louer un vélo aux Cycles Peugeot (☎ 04 90 96 03 77), 15 rue du Pont, pour 12 € par jour et 46 € la semaine. La boutique est ouverte du mardi au samedi.

LA CAMARGUE

Elle est synonyme de liberté et de grands espaces, de marais et de lagunes, de rizières et de salines, de taureaux et de chevaux, de manades et de gardians, d'horizons flamboyants et de petits matins brumeux. Née du mariage de la mer et du Rhône, cette terre sauvage, ingrate, à la forte identité, un brin rebelle, forme un monde amphibie, complexe, mouvant, une interface incertaine entre la terre et la mer, comme un radeau qui n'aurait jamais totalement réussi son accostage. On prendra un immense plaisir à se perdre dans cet espace d'aventure et d'émotions, qui offre un vaste éventail d'habitats à une faune diversifiée.

La médaille a son revers. La Camargue forme un territoire aujourd'hui sous pression, malgré diverses mesures de protection, dont son classement en parc naturel régional et l'existence d'une réserve nationale. Pression du tourisme, de l'agriculture, de la pollution…, ce territoire fragile est la proie d'intérêts divergents. La Camargue est à la croisée des chemins.

Géographie

La Camargue n'est autre que le delta du Rhône. Celui-ci a longtemps eu un cours facétieux, peu propice au développement de la région, jusqu'à ce qu'on décide d'endiguer ses deux bras en 1870 (le Petit Rhône,

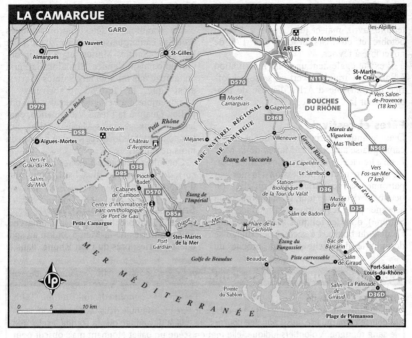

LA CAMARGUE

qui coule à l'ouest, et le Grand Rhône, à l'est) et de construire une digue au sud (la Digue à la mer), pour isoler le secteur des assauts de la mer. Au centre se déploient l'étang de Vaccarès, ainsi qu'une multitude d'autres pièces d'eau. Au sud-est, des marais salants et au nord s'étend la Camargue sèche, vouée à l'agriculture, notamment la riziculture. Le sud, partie la plus sauvage, est un univers marécageux. Partout, le relief est uniformément plat.

Faune

L'étonnante diversité des milieux (marais, lagunes, roselières, pelouses, dunes, etc.) a permis l'épanouissement d'une faune riche, notamment en oiseaux. Taureaux et chevaux font également partie intégrante du paysage camarguais. En Camargue, chevaux et taureaux sont élevés dans des *manades* (l'équivalent de camarguais des "ranchs"), en semi-liberté. Ils sont surveillés par les *gardians*, version locale du cow-boy.

Le cheval de race Camargue réveille de vieux souvenirs d'enfance, car il a tout de Crin Blanc. Paré d'une belle robe blanche, il fait le bonheur des touristes et des gardians. Pour les uns, il est synonyme de balades sur les plages ou dans les marais, pour les autres c'est une monture de travail, appréciée pour sa robustesse.

Quant au taureau camarguais, il se remarque à son pelage noir et à ses cornes en forme de lyre. Vif, de petite taille, il est élevé principalement pour les courses et les autres spectacles taurins (voir l'encadré *Courses et jeux taurins de Camargue*). Sa viande est également consommée. Le mâle, s'il est castré, est appelé *biou*. Il pâture dans les manades, et n'est jamais placé en étables.

Renseignements

L'office du tourisme des Saintes-Maries-de-la-Mer (☎ 04 90 97 82 55, fax 04 90 97 71 15, saintes-maries@enprovence.com, www. saintesmariesdelamer.com), 5 av. Van-Gogh, sur le front de mer, ouvre tous les jours, de 9h à 20h en juillet-août, de 9h à 19h en septembre, avril, mai et juin, de 9h à 18h en octobre et en mars et de 9h à 17h de novembre à février.

Il existe également un point information à Salin-de-Giraud, ouvert en saison. L'office du tourisme d'Arles dispose de brochures sur la Camargue.

Fêtes et festivals

Deux grands pèlerinages marquent la vie camarguaise aux Saintes-Maries-de-la-Mer. L'un a lieu les 24 et 25 mai. Le premier jour, les gitans mènent en procession à la mer leur patronne, sainte Sarah, pour qu'elle soit bénite. Le deuxième jour, c'est la procession à la mer pour les saintes Marie (Jacobé et Salomé), dont les reliques se trouvent dans l'église du bourg. Le second pèlerinage se déroule le dimanche le plus proche du 22 octobre et, cette fois, seules les statues des saintes sont conduites à la mer.

De nombreuses fêtes tauromachiques (courses camarguaises, *abrivado*, etc.) ont lieu aux Saintes-Maries et à Salin-de-Giraud pendant l'année. Signalons la Féria du taureau à la mi-août aux Saintes-Maries, ainsi que le festival d'abrivado le 11 novembre. La Féria du cheval a lieu mi-juillet. Quant à la Fiesta Vierginenco, également aux Saintes-Maries, elle fait honneur au folklore régional à la fin du mois de juillet.

Consultez l'encadré *Courses et jeux taurins de Camargue*, plus haut, pour plus d'informations.

Saintes-Maries-de-la-Mer

Capitale autoproclamée de la Camargue, Saintes-Maries-de-la-Mer, à 38 km au sud-ouest d'Arles, près du Petit Rhône, dans le

Courses et jeux taurins en Camargue

La course à la cocarde

Moins sanglante puisque sans mise à mort, peut-être moins noble mais tout aussi populaire, la course camarguaise, aussi appelée course libre, plaira davantage que la corrida à ceux que le sang répugne. Volontiers ludique, elle met en scène un ballet étonnant mais obscur pour le néophyte : des hommes habillés tout en blanc évoluent autour du taureau camarguais, lâché dans l'arène. Ils sont en fait divisés en deux catégories : les *tourneurs*, qui doivent détourner l'attention du taureau ; les *raseteurs*, qui, à l'aide d'un crochet (un gant aux quatre extrémités acérées), doivent décrocher l'un des attributs des taureaux. On compte quatre attributs, décrochés toujours dans le même ordre : la *cocarde*, petit morceau de tissu rouge disposé entre les cornes du taureau ; les *glands*, petits pompons blancs accrochés aux cornes ; le *frontal*, ficelle attachée au deux cornes, qu'il s'agit de couper ; les *ficelles*, enroulées autour des cornes. Lors d'une course, six taureaux se succèdent.

Avant la course, les raseteurs défilent pour saluer le public : c'est ce qu'on appelle la *capelado*. Le son de la trompette annonce la sortie du taureau (le *biou*, s'il n'est pas castré), qui déboule du toril. Le président annonce alors à quelle *manade* (troupeau) appartient la bête, et le prix de chaque attribut. Les taureaux de 7-8 ans sont appelés les *cocardiers* : ce sont les taureaux qui se font respecter. Des jeunes de 4-5 ans peuvent déjà participer. Le tourneur, sans crochet, doit détourner le taureau, par des gestes ou des cris, afin qu'il ne voit pas le raseteur arriver. Le taureau charge ensuite vers le raseteur. Ce dernier croise l'animal (c'est la figure du *raset*) et tente de lui enlever un atttribut. Puis le taureau tourne et les hommes en blanc sautent par dessus les barrières, dans un mouvement tenant à la fois de l'acrobatie et de la danse, tandis que les cornes de la bête viennent s'entrechoquer contre les planches de l'arène. L'attribut d'un taureau ne doit être retiré que s'il est en mouvement. Pendant la course, les primes sont annoncées au micro pour chaque attribut, les enchères montent en fonction des donateurs et de la qualité de la course. Le taureau regagne le toril une fois tous les attribut ôtés, ou au bout de 15 minutes maximum

secteur ouest de la Camargue, doit porter le lourd fardeau d'une série de clichés ; on s'attend à une cité de caractère, typiquement camarguaise, mâtinée d'influences gitanes, alors qu'il s'agit d'une station balnéaire surfréquentée, largement dénaturée par le tourisme de masse, décevante à maints égards. Pour retrouver un minimum d'authenticité, évitez la saison estivale.

Impossible de ne pas poser son regard sur l'**église**, au centre du bourg, qui abrite les reliques de Marie-Jacobé et Marie-Salomé, vénérées lors d'importants pèlerinages (voir *Fêtes et festivals*). On peut monter sur la terrasse (1,50 €). À quelques pas de là, le modeste **musée Baroncelli** présente quelques éléments du folklore, des traditions et de l'histoire de la Camargue.

À l'est et à l'ouest, d'immenses **plages** se déploient à perte de vue, dont une zone réservée aux naturistes à l'est.

Salin-de-Giraud et les salins

À l'autre bout de la Camargue, côté est, à l'embouchure du Rhône, Salin-de-Giraud s'apparente à une cité ouvrière, avec ses maisonnettes mitoyennes, rappelant les corons de l'Est ou du Nord. C'est le fief de la Compagnie des Salins du Midi, qui exploite les marais salants des environs. Les salins s'étendent sur 11 000 ha, au sud de la ville. Le spectacle de ces monticules de sel, savamment ordonnés, vaut le coup d'œil. En direction de La Palissade, un point de vue est aménagé pour observer les installations.

À 12 km au sud de Salin-de-Giraud, la D36d se termine sur l'immense **plage de Piémanson**, très fréquentée l'été.

Pointe de Beauduc

De Salin-de-Giraud, une route goudronnée (jusqu'à Faraman), puis une piste carros-

Courses et jeux taurins en Camargue

Bien que des jeux taurins aient été attestés en Camargue dès le XVᵉ siècle, les règles régissant la course camarguaise ne furent établies que vers 1890. Il existe aujourd'hui deux grandes compétitions : le trophée des As, où l'on accumule les point de mars à octobre, et dont la finale se déroule, une année sur deux, à Nîmes ou à Arles (Nîmes en 2002, Arles en 2003, etc) ; la Cocarde d'or, créée en 1928, qui a lieu chaque année à Arles : la cocarde, la doyenne des compétitions taurines, a lieu le premier lundi du mois de juillet dans les arènes d'Arles et comprend sept courses.

Détail pratique important : si vous assistez à une course à la cocarde dans une arène de grande dimension, n'oubliez pas vos jumelles, car vous risquez de ne rien voir aux lots que décrochent les uns et les autres.

Abrivado, bandido et autres jeux taurins

Lors d'une *abrivado* (prononcez abrivade), les *gardians*, gardiens de troupeaux camarguais, mènent leur manade au galop d'un point à un autre de la ville. À cheval, fiers dans leur chemise colorée et leur veste de velours sombre, le chapeau noir sur la tête, ils encadrent les bêtes dans un cortège en formant la lettre V (un triangle). Objectif : ne perdre aucun animal en route. Les enfants courent en général derrière pour tenter d'en détourner un du droit chemin. Autrefois, cette course avait lieu le matin uniquement, pour mener les taureaux aux arènes. Le principe est le même lors d'une *bandido* (prononcez bandide), sauf que les gardians qui les accompagnent forment cette fois deux colonnes parallèles autour de la manade. Traditionnellement, les bandidos avaient lieu le soir, pour ramener le troupeau au champ. Une coutume : les *ancierros*, des lâchers de taureaux sur un trajet circulaire dans la ville. Les *ferrades*, au cours desquelles on marque les troupeaux de taureaux camarguais, donnent également lieu à d'autres jeux taurins.

sable, mène à la pointe de Beauduc, qui s'ouvre sur la mer à 17 km à l'ouest de Salin-de-Giraud. En chemin, vous découvrirez des paysages sauvages, dont l'étang du Fangassier, lieu de prédilection d'une belle population de flamants roses.

La plage de Beauduc présente tous les ingrédients d'un bout du monde, même si de vieilles caravanes et des cabanons faits de bric et de broc, à l'existence plus ou moins légale, ont poussé à l'abri des dunes depuis les années 1970. Leurs "propriétaires" y passent plusieurs mois de l'année, sans eau ni électricité.

Dans ce village d'irréductibles, on trouve deux bons restaurants de poissons (voir *Où se loger et se restaurer*).

Vaccarès

L'étang de Vaccarès est la pièce maîtresse de la géographie camarguaise. Cet immense étang, naturellement salé, est classé réserve nationale. C'est un paradis ornithologique, où des chercheurs du CNRS ont installé une station d'observation. La D37 et la D36b le longent en partie et ménagent de superbes points de vue.

Digue à la mer

Construite à la fin du XIXᵉ siècle pour protéger le delta de l'influence de la mer, la Digue à la mer forme un trait d'union d'une quinzaine de kilomètres entre les Saintes-Maries-de-la-Mer, à l'ouest, et le **phare de la Gacholle**, à l'est (accessible en voiture par une route puis une piste cahoteuse depuis Salin-de-Giraud ; le parking, au terminus, se trouve à 1 km du phare). Fort heureusement interdite à tout véhicule motorisé, elle constitue un terrain idéal pour les randonneurs à pied ou en VTT.

Musée du Riz

Ce petit **musée** (☎ 04 90 97 20 29, *rizerie du Petit Manusclat, Le Sambuc ; entrée 3,50 € ; ouvert tlj 8h30-12h et 13h30-17h sur rendez-vous*), installé chez un riziculteur à environ 3 km au sud du Sambuc, en direction de Salin-de-Giraud, présente l'histoire et les techniques de la riziculture en Camargue.

Domaine de la Palissade

Aux confins sud-est du delta camarguais, à environ 8 km au sud de Salin-de-Giraud, en direction de la plage de Piémanson, le **Domaine de la Palissade** (☎ 04 42 86 81 28 ; *entrée 2,30 € ; ouvert tlj 9h-17h sauf jours fériés*) s'étend sur 702 ha. Le centre d'accueil présente des expositions et des montages audiovisuels relatifs à la biodiversité camarguaise. À l'extérieur, quatre sentiers-découvertes, d'une longueur de 1 à 8 km, ont été aménagés, et permettent d'observer la faune et la flore camarguaises dans l'un des secteurs les plus sauvages du delta.

Sur place, vous pourrez également faire des promenades équestres, à l'heure (14 €), à la demi-journée ou à la journée (55 €), d'avril à fin octobre.

Musée camarguais

La visite de ce **musée** (☎ 04 90 97 10 82, *mas du Pont de Rousty ; entrée 4,60/2,30 € adultes/enfants 10-16 ans ; ouvert tlj 9h15-18h45 juil-août, 9h15-17h45 avr-juin et sept, 10h15-16h45 janv-mars et oct-déc*), à une dizaine de kilomètres d'Arles, sur la D570 (la route des Saintes-Maries), didactique et bien conçu, vous donnera des clés pour appréhender la complexité du patrimoine naturel et humain de la Camargue. Aménagé dans une ancienne bergerie, il présente l'évolution des paysages et des activités humaines depuis la formation géologique du delta du Rhône jusqu'à nos jours. C'est une excellente introduction à un séjour en Camargue. Un circuit pédestre balisé, de 3,5 km, permet de se familiariser avec les activités et le milieu traditionnels en Camargue.

Château d'Avignon

Le **château d'Avignon** (☎ 04 90 97 58 58 ; *entrée 3,50 € ; visites guidées toutes les heures de 10h à 17h, fermé mar, fermeture annuelle nov-mars*) dresse son élégante silhouette à environ 25 km d'Arles, au bord de la D570 menant aux Saintes-Maries. Il est entouré d'un parc magnifique (entrée gratuite). L'intérieur de ce château, construit au XVIIIᵉ siècle, est agrémenté d'une superbe décoration.

Camargue : un tourisme nature dénaturé ?

Il faut se rendre à l'évidence : la Camargue, sanctuaire naturel exceptionnel, se cherche encore une identité en matière touristique. Pour l'heure, on doit se contenter de prestations standardisées et de produits touristiques au caractère folklorique parfois douteux. Ainsi les promenades à cheval, proposées à la chaîne, les vraies-fausses journées camarguaises dans les manades, les "safaris" 4x4, les mini-croisières façon bateau-mouche sur le Petit Rhône... qui tous laissent un goût amer à ceux qui croyaient saisir une parcelle d'authenticité camarguaise.

Il faut en convenir : la "vraie" Camargue ne s'offre pas, elle s'apprivoise. Pour y parvenir, évitez la haute saison estivale, période de toutes les désillusions, et privilégiez une découverte en profondeur, sur la durée. Ainsi, au lieu d'une énième promenade équestre d'une heure, optez pour la randonnée à la journée, plus engageante. Inscrivez-vous également à des sorties encadrées par des naturalistes, choisissez la marche et la découverte à vélo, qui vous permettront de fuir les lieux convenus où se fixent les foules et de prendre les chemins de traverse.

Centre d'information du Parc naturel régional de Camargue

À Pont-de-Gau, à environ 4 km au nord des Saintes-Maries-de-la-Mer, sur la D570, ce **centre d'information** (☎ *04 90 97 86 32, Pont de Gau ; entrée libre ; ouvert tlj 10h-17h30 avr-sept, 9h30-17h sauf ven oct-mars*) a pour vocation de sensibiliser le public à l'environnement camarguais, à l'aide d'expositions et de supports audiovisuels.

Une salle panoramique, conçue comme un diorama naturel, donne sur le marais de Ginès.

Parc ornithologique du pont de Gau

À ne pas manquer ! Ce **parc ornithologique** privé (☎ *04 90 97 82 62, Pont de Gau ; entrée 6/3 € adultes/enfants ; ouvert tlj de 9h au coucher du soleil avr-sept, de 10h au coucher du soleil oct-mars*), très bien conçu, à 4 km des Saintes-Maries, sur la D570, à côté du Centre d'information du Parc naturel régional de Camargue, couvre 60 ha d'espace protégé. Plusieurs sentiers-découvertes, aménagés au milieu de marais et de roselières, d'une vingtaine de minutes à quelques heures, dotés de panonceaux explicatifs et d'observatoires, permettent d'approcher une multitude d'espèces d'oiseaux, dont des flamants roses et des limicoles. D'autres espèces sont hébergées dans de grandes volières.

Réserve nationale – La Capelière et Salin de Badon

Au centre de la Camargue, en bordure de l'étang du Vaccarès (accès par la D36 puis la D36b au départ d'Arles), la **Capelière** (☎ *04 90 97 00 97 ; entrée 3 €, gratuit moins de 12 ans ; ouverte tlj 9h-13h et 14h-18h avr-sept, tlj sauf mar 9h-13h et 14h-17h oct-mars*) désigne le centre administratif de la Réserve nationale de Camargue. Un centre d'information sur la nature, une exposition sur les milieux naturels camarguais, un sentier découverte équipé de panneaux explicatifs ainsi que des observatoires ont été aménagés à l'intention du public. La visite, réellement intéressante, séduira les amoureux de la nature. La meilleure période pour observer les oiseaux s'étend d'août à mars.

La Réserve nationale gère également d'autres observatoires à Salin de Badon, à quelques kilomètres plus au sud. Le site est ouvert au public, après autorisation à demander à La Capelière, du lever du soleil à 10h et de 16h à la nuit de mars à octobre, du lever du soleil à 11h et de 15h à la nuit de novembre à février.

Marais du Vigueirat

Cet espace naturel protégé (☎ *04 90 98 70 91, mas Thibert ; entrée 1,50 €, gratuit moins de 12 ans ; ouvert tlj 9h-18h mars-sept, 10h-17h oct-15 déc et fév, fermeture* annuelle *15 déc-janv*) se déploie à l'est du Grand Rhône, à environ 17 km au sud-est d'Arles, par la D35 (prendre la direction de Port-Saint-Louis-du-Rhône). Il donne un bon aperçu de l'écosystème camarguais. Le sentier des Cabannes, sans difficulté, traverse des bois et des marais. Pour une découverte plus en profondeur, participez à une visite pédestre guidée (sur réservation) : accompagné par un naturaliste, vous observerez des élevages de taureaux et de chevaux et de nombreuses espèces d'oiseaux (d'avril à septembre, 8,50/5 € adultes/enfants, 3 heures 30). Des visites en calèche sont également proposées.

Activités sportives

Promenades équestres. Les promenades à cheval sont l'activité phare de la Camargue – d'aucuns diront la plus touristique –, et l'un des moyens privilégiés d'approche de la nature camarguaise (rizières, étangs, élevages de taureaux, bord de mer, etc.). L'Association camarguaise de tourisme équestre (☎ 04 90 97 86 32) regroupe plus d'une trentaine de prestataires, qui proposent différentes formules, de la balade d'une heure (de 12 à 15 €) à la demi-journée (de 35 à 45 €) ou à la journée (de 60 à 70 €, avec repas), encadrées par un accompagnateur, en principe un gardian. Les promenades d'une heure sont le produit le plus "touristique" ; préférez les sorties plus longues, qui permettent de s'enfoncer dans des lieux plus sauvages. Elles conviennent à tous les niveaux, du débutant au confirmé.

Difficile de recommander tel ou tel prestataire. Vous aurez l'embarras du choix : la route entre Arles et les Saintes-Maries est littéralement constellée de panneaux portant la mention "promenades à cheval" et la plupart des hôtels sont partenaires d'un centre équestre. Un bon conseil : préférez les prestataires situés à l'écart des grands axes, qui pourront vous conduire dans des sites plus sauvages.

Signalons Les Cabanes de Cacharel (☎ 04 90 97 84 10), route de Cacharel, La Grenouillère (☎ 04 90 97 90 22), route d'Arles, les Chevaux de la Manade des Baumelles (☎ 06 14 90 43 78), aux Cabanes de Cambon, et les Chevaux des Salicornes (☎ 04 90 97 83 41), route d'Arles.

Le secteur de Salin-de-Giraud a l'avantage d'être moins touristique. Contactez le centre L'Escapade (☎ 04 42 48 81 75), au mas Constantin, qui organise des sorties à Beauduc, et le Domaine de la Palissade (☎ 04 42 86 81 28), réputé pour ses excursions dans un cadre sauvage.

Randonnées pédestres. En Camargue, les randonnées pédestres suivent essentiellement des sentiers-découvertes thématiques, comme au musée Camarguais, au parc ornithologique du Pont de Gau, au domaine La Palissade, et dans la réserve de

---

La Camargue en VTT : démarquez-vous !

Plutôt que de subir les foules d'estivants, optez pour le VTT, sans doute le moyen le plus adéquat pour partir à la découverte de la Camargue. Aux Saintes-Maries-de-la-Mer, deux sociétés, Le Vélo Saintois (☎ 04 90 97 74 56), 19 av. de la République, et Le Vélociste (☎ 04 90 97 83 26), place des Gitans, louent des VTT et des VTC (ainsi que des VTT pour enfants) pour une durée allant de 2 heures (6,50 €) à une semaine (61 €). Plusieurs itinéraires vous seront suggérés : le circuit Méjanes (36 km), le circuit La Gacholle (20 km), le long de la Digue à la mer, le circuit Petite Camargue (20 km), le tour de Vaccarès (70 km), le circuit Beauduc (38 km) et le circuit Bac du Sauvage-Cacharel (30 km). Ces itinéraires empruntent les routes goudronnées et/ou des pistes.

Les vélos peuvent être livrés gratuitement à votre hôtel, à condition que la durée de location soit au moins d'une journée. Le Vélociste propose également une formule vélo-canoë et vélo-cheval.

la Capelière (voir ces rubriques). On peut également emprunter la Digue à la mer, ou rejoindre Beauduc depuis Salin-de-Giraud.

Activités nautiques. Le littoral camarguais, battu par les vents, offre d'excellentes conditions. Contactez l'École de voile des Saintes-Maries-de-la-Mer (☎ 04 90 97 85 87), qui programme des stages et des cours de voile et de planche à voile, et le Camargue Wind Club (☎ 04 90 97 98 28).

Canoë-kayak. Kayak Vert, situé au Mas de Sylvéréal (☎ 04 66 73 57 17 ou 06 09 56 06 47), sur la D38c qui mène à Aigues-Mortes, à la limite du Gard, dispose d'un parc de canoës-kayaks que l'on peut louer à l'heure (9,50 €), à la demi-journée (16 €) ou à la journée (23 €), d'avril à octobre. Plusieurs parcours sont envisageables le long du Petit Rhône, pour tout niveau. Le retour en minibus peut être assuré.

Excursions en 4x4
Autre possibilité de découverte de la Camargue, les excursions en 4x4 rencontrent un certain succès. Ces "safaris", de 1 heure à une journée, fonctionnent selon le même principe que les promenades à cheval : vous découvrirez quelques échantillons représentatifs des milieux naturels camarguais et observerez des élevages de chevaux et de taureaux. Aux Saintes-Maries-de-la-Mer, adressez-vous à la société Le Gitan (☎ 04 90 97 89 33, 13 av. de la Plage) ou à Camargue Safaris 4x4 Gallon (☎ 04 90 97 86 93, 22 av. Van-Gogh). À Arles, contactez Camargue-Organisation (☎ 04 90 96 94 44). Comptez 13 € l'heure, 92 € la journée avec repas.

Visites de manades
Quelques *manades* organisent des journées camarguaises avec spectacles et animations taurines. Cette prestation est proposée certains jours en période estivale, pour des groupes. Les individuels pourront se renseigner sur les dates et se joindre aux groupes. Au programme : *ferrades* (triage et marquage des jeunes taureaux), courses à la cocarde, jeux gardians, dressage, etc., sans

compter des prestations plus classiques, de type menu camarguais, promenade équestre ou en 4x4.

Contactez la manade des Baumelles (☎ 04 90 97 84 37, 06 13 08 05 38), aux Cabanes de Cambon, qui jouit d'une bonne réputation, la manade Cavallini (☎ 04 90 97 55 51, 04 90 97 50 06, 06 12 86 55 58, mas de Pioch, route d'Arles), le domaine de Méjanes (☎ 04 90 97 10 62, 04 90 97 10 60), en lisière de Vaccarès, sur la D37 entre Albaron et Villeneuve, ou la manade Arnaud (☎ 04 90 97 52 52), sur la route de Sylvéréal.

Promenades en bateau
Plusieurs prestataires organisent des mini-croisières de 1 heure 30 environ sur le Petit Rhône, au départ des Saintes-Maries-de-la-Mer, à bord de vedettes de 90 à 140 places. "Produit touristique" par excellence, c'est néanmoins un bon moyen de se familiariser, en famille, avec quelques-uns des aspects les plus caractéristiques de la région, puisque les rives sont bordées par des manades de chevaux et de taureaux. Les bateaux remontent approximativement jusqu'au bac du Sauvage, où ils font demi-tour.

À Port Gardian, le port des Saintes-Maries, contactez Hervé Villevieille (☎ 04 90 97 84 72, 06 17 95 81 96) ou Les Quatre Maries I et II (☎ 04 90 97 70 10, 06 16 17 21 60) ; un peu plus loin, à 1,5 km des Saintes-Maries, sur la D38 en direction d'Aigues-Mortes, le Tiki III (☎ 04 90 97 81 68, 04 90 97 81 22) propose la même prestation à bord d'un bateau à aubes. Ces croisières fonctionnent d'avril à octobre, à raison de un à cinq départs quotidiens selon la saison. Comptez environ 10/5 € par adulte/enfant.

Soirées gitanes
Un repas à base de spécialités camarguaises et une animation musicale assurée par un groupe de gitans– rythmes flamenco de rigueur : le décor est planté. Certes, il s'agit d'une prestation folklorico-touristique, mais que l'on nous a recommandée. Quelques établissements organisent ces soirées le vendredi ou le samedi soir, dans le

secteur des Saintes-Maries. Celles du Mas du Sauvageon (☎ 04 90 97 89 43), du Mas des Salicornes (☎ 04 90 97 83 41) et du Mas des Baumelles (☎ 04 90 97 86 96) sont les plus réputées. Comptez de 25 à 55 € par personne.

Où se loger et se restaurer

Les hôtels camarguais se caractérisent par leurs constructions basses. Il s'agit généralement d'habitations de style "hacienda" (sauf au centre des Saintes-Maries ou à Salin-de-Giraud, où l'on trouve des bâtiments plus classiques).

Camargue ouest – secteur des Saintes-Maries-de-la-Mer. Camping **La Brise** (☎ *04 90 97 84 67, fax 04 90 97 72 01, Les Saintes-Maries-de-la-Mer ; forfait 2 pers, véhicule et tente 17/11 € en haute/basse saison ; fermeture annuelle 15 nov-15 déc).* Voici un bon trois-étoiles, à hauteur de la plage Est, bien équipé avec notamment deux piscines et des aires de jeux pour les enfants.

Camping Le Clos du Rhône (☎ *04 90 97 85 99, fax 04 90 97 78 85, Les Saintes-Maries-de-la-Mer ; forfait 2 pers, véhicule et tente 20/15 € en haute/basse saison ; ouvert Pâques-fin sept).* À l'ouest de la ville, à environ 2,5 km du centre en bord de mer (prendre la direction Aigues-Mortes), ce camping quatre-étoiles possède d'excellentes infrastructures (piscine avec pataugeoire, équipe d'animation, etc.). Des mobil-homes et des bungalows sont également proposés en location à la semaine.

Hôtel Méditerranée (☎ *04 90 97 82 09, 4 av. Frédéric-Mistral, hotel_le_mediterranee @worldonline.fr ; doubles avec WC palier 35 € en haute saison, 43 € avec sdb, 46 € avec sdb et terrasse ; ouvert à l'année).* Dans l'une des rues les plus fréquentées des Saintes-Maries, où s'égrènent les restaurants, cet hôtel, repérable à sa façade fleurie, a réussi à garder une certaine personnalité. La plupart des quatorze chambres ont fait l'objet d'une rénovation, qui leur donne une allure fraîche et pimpante. Insistons sur la qualité des prestations et les prix très favorables pour un hôtel bénéficiant

d'un tel emplacement. Le petit déjeuner est servi sous un patio ombragé.

Hôtel Le Castelet (☎ *04 90 97 83 47, fax 04 90 97 71 30, 10 rue des Launes ; doubles avec douche 29/40 € en basse/ haute saison, avec douche et WC 37/45 € ; ouvert à l'année).* À 100 m du bord de mer, dans une rue calme près du port de plaisance, cet hôtel simple, discret et familial présente un rapport qualité/prix correct. Sur les quinze chambres, dix ont été rénovées.

Hôtel Les Palmiers (☎ *04 90 97 85 60, fax 04 90 97 87 15, palmiers@club-inter-net.fr, www.hotel-lespalmiers.com, 16 rue Alphonse-Daudet ; doubles 38-51/56-66 € en basse/haute saison ; ouvert à l'année).* À 50 m du précédent, dans une petite rue, ce deux-étoiles tire honorablement son épingle du jeu, avec des chambres sans grande originalité mais très convenables, avec sanitaires privés et TV. Certaines disposent d'un balcon.

Hôtel-Restaurant Le Delta (☎ *04 90 97 81 12, fax 04 90 97 72 85, 1 pl. Mireille ; simples/doubles 29/33 € ; restauration : plat du jour 9 €, plats 9-19 €, menus 15/22/26 €, menu enfant 6 € ; ouvert tlj midi et soir en saison, fermé mer hors saison, fermeture annuelle début janv-début fév).* Au centre des Saintes-Maries, on pourrait croire que Le Delta n'est qu'un établissement touristique de plus. Or, c'est une cuisine méritoire, solide et sans esbroufe qui est concoctée, à des tarifs qui n'écornent pas le porte-monnaie. La carte associe viandes et poissons. En entrée, les tellines de Beauduc à l'ail se sont révélées excellentes, tout comme le steak de taureau aux échalotes, consistant, à la cuisson précise. L'établissement possède également plusieurs chambres, au confort simple, avec douche et WC, à des tarifs attractifs.

Mas des Salicornes (☎ *04 90 97 83 41, fax 04 90 97 85 70, info@hotel-salicornes.com, www.hotel-salicornes.com, route d'Arles ; doubles 39/48 € en basse/haute saison ; fermeture annuelle 15 nov-fin mars).* Ce mas se déploie sur un terrain sauvage de 1,5 ha, bordé de canaux, aux portes des Saintes-Marie-de-la-Mer, à 800 m de la plage. Les chambres sont réparties dans des petits bungalows blancs, très corrects. Des balades à cheval sont proposées au départ de l'hôtel. Une piscine est à disposition. Le restaurant est ouvert le soir aux non-résidents, sur réservation. Le chef et propriétaire, Roger Merlin, mitonne une cuisine appréciée, à base de spécialités camarguaises et provençales (menu à 16 €). Une soirée gitane (25 €) est organisée une fois par semaine, ainsi qu'une soirée animée par un conteur provençal.

Mas des Colverts (☎ 04 90 97 83 73, fax 04 90 97 74 28, info@hotel-salicornes.com, route d'Arles ; studio 36-40 €, appartement 54-57 € ; ouvert à l'année). Les propriétaires du mas des Salicornes (voir ci-dessus) louent une maison comprenant un studio équipé de 20 m², à l'étage, d'où l'on bénéficie d'une vue panoramique sur les marais, et un appartement de 54 m², au rez-de-chaussée, lui aussi tout équipé, avec terrasse privative. La bâtisse se trouve en retrait de la route (passer le pont situé avant l'entrée de l'Auberge Cavalière), à 1,5 km des Saintes-Maries-de-la-mer, dans un grand terrain arboré, sauvage, bordé de *roubines* (canaux). La location à la nuit est proposée toute l'année, sauf en juillet-août où les locations à la semaine sont privilégiées.

Hôtel de Cacharel (☎ 04 90 97 95 44, fax 04 90 97 87 97, mail@hotel-cacharel. com, www.hotel-cacharel.com, route de Cacharel, Saintes-Maries-de-la-Mer ; simples/doubles avec petit déj 110/121 € ; ouvert à l'année). Cet établissement bien tenu a l'avantage d'être à l'écart du tumulte des Saintes-Maries-de-la-Mer, dans un cadre préservé et sauvage, sur la route de Cacharel, à 5 km. Il offre un niveau de confort très honorable, avec 16 chambres sobres, rustiques et bien conçues. Le centre équestre attenant organise des promenades à cheval, accompagnées par un gardian (20 € l'heure, 38 € la demi-journée, maximum 8 personnes). Une piscine complète les infrastructures.

Hôtel des Rièges (☎ 04 90 97 85 07, fax 04 90 97 72 26, hoteldesrieges@wanadoo.fr, route de Cacharel, Saintes-Maries-de-la-Mer ; doubles 58-69 € ; fermeture annuelle 15 nov-15 déc et début janv-début fév). On peut recommander sans hésiter ce trois-étoiles de bon standing, situé à l'orée des Saintes-Maries, mais au calme, dans une propriété isolée où la nature a gardé tous ses droits. La dynamique propriétaire, passionnée de tauromachie, a judicieusement ordonnancé l'ensemble autour d'une thématique inspirée de l'Espagne ; on se croirait dans une hacienda. Les vingt chambres, en rez-de-jardin, avec terrasse et TV, sont plaisantes et les parties communes, chaleureuses. Aux beaux jours, on pourra prendre son petit déjeuner ou un repas dans le patio ou dans une agréable bodega, puis piquer une tête dans la piscine. L'hôtel abrite également un institut de beauté, avec hammam et balnéothérapie, un centre équestre et organise une soirée flamenco le samedi soir.

Mas du Sauvageon (☎ 04 90 97 89 43 ; menus 18/25 € ; ouvert tlj en saison, midi tlj hors saison, fermeture annuelle janv). À 4 km des Saintes-Maries, en direction d'Aigues-Mortes, près du bac du Sauvageon, cet établissement doit surtout sa réputation à ses soirées gitanes du samedi soir (35 €, sur réservation). La carte, éclectique, favorise les plats régionaux (taureau, agneau, supions, poissons, etc.).

Mazet du Maréchal Ferrant (☎/fax 04 90 97 84 60, babeth@showlorenzo.com, www. showlorenzo.com, route du Bac ; doubles 50 € ; ouvert à l'année). Babeth, la joviale propriétaire, cultive une ambiance chaleureuse, sans luxe inutile, à l'image du lieu, un *mazet* à 200 m du mas du Sauvageon (voir ci-dessus), isolé dans une propriété paisible. Les trois chambres offrent un confort rustique, coloré et chaleureux.

Manade Cavallini – mas de Pioch (☎/fax 04 90 97 55 51, ☎ 04 90 97 50 06, contact@manadecavallini.com, route d'Arles ; doubles 41-47/44-50 € en basse/haute saison ; ouvert à l'année). À 11 km au nord des Saintes-Maries, au bord de la D570, cette manade loue plusieurs chambres de style rustique dans un mas du XVIIIᵉ siècle. C'est un bon endroit pour découvrir la vie d'une manade typiquement camarguaise.

Hôtel Mangio Fango (☎ 04 90 97 80 56, fax 04 90 97 83 60, mangio.fango@wanadoo.fr, route d'Arles ; doubles 58-88/84-

107 € en basse/haute saison, demi-pension obligatoire en août ; fermeture annuelle janv). Ce trois-étoiles de caractère, à 800 m des Saintes-Maries, est installé dans une agréable propriété verdoyante, légèrement en retrait de la route, au bord d'un étang. Vous serez conquis par la décoration des quatorze chambres, spacieuses et lumineuses, qui allie avec bonheur des touches actuelles à des éléments plus traditionnels. Toutes possèdent un balcon ou un patio privé avec de grandes baies ouvrant sur les jardins, la piscine, le marais ou l'étang. Diverses activités sont proposées au départ de l'hôtel, dont une visite de manade en 4x4.

Hostellerie du Pont de Gau *(☎ 04 90 97 81 53, route d'Arles ; plats 19-40 €, menus 17/23/35/45 € ; fermé mer 15 nov-Pâques).* Juste à côté du parc ornithologique, à Pont de Gau, cette hostellerie est desservie par son emplacement, au bord de la D570, passante. Reste que la cuisine, régionale et judicieusement élaborée (marinade de taureau à la provençale avec riz de Camargue, mousseline de poisson tiède sur lit d'épinards), à prix raisonnables, fait oublier le cadre plutôt conventionnel. La carte, bien pensée, contentera les amateurs de viande (colvert, taureau, lièvre, agneau, veau) et de poisson.

Manade des Baumelles *(☎/fax/rep 04 90 97 84 37, 06 17 47 44 62, Cabanes Cambon, route d'Aigues-Mortes ; menu 23 € ; ouvert tlj à midi sur réservation).* Voilà une adresse qui réconcilie tourisme et tradition. Immersion garantie dans un univers typiquement camarguais, celui d'une manade, à 9 km environ au nord des Saintes-Maries. Les propriétaires, passionnés de taureaux, proposent une prestation complète, dont la formule table d'hôtes au déjeuner n'est qu'une des facettes. Dans une ancienne écurie restaurée, les convives se retrouvent autour d'une large table fermière, en compagnie des gardians, et dégustent une consistante cuisine familiale, préparée par Chico, avec vin de pays à volonté et café. Les repas s'éternisent souvent jusqu'au milieu de l'après-midi. On vous expliquera tout sur l'élevage des taureaux et les courses camarguaises, et vous visiterez la

manade. D'autres activités sont possibles sur place, notamment des promenades à cheval (16 €, 1 heure 30).

Camargue est – de Gageron à Salin-de-Giraud. Mas Saint-Germain

(☎ 04 90 97 00 60, fax 04 90 97 01 85, vadon.st-germain@wanadoo.fr, mas Saint-Germain ; simple/double avec petit déj 46/49 € ; ouvert à l'année). Sur une exploitation agricole toute proche de l'étang de Vaccarès, vous logerez dans une maisonnette-studio équipée, très calme, avec s.d.b., face à un pré. Le repas en table d'hôtes revient à 14,50 €. Vous pourrez vous promener à cheval (12,50 € l'heure) ou louer un vélo (6,50 € la demi-journée). En hiver, les hôtes ont l'occasion de participer aux soins des taureaux. Pour vous rendre au Mas Saint-Germain depuis Arles, empruntez la direction Salin-de-Giraud, puis Gageron ; passé ce village, continuez jusqu'au hameau de Villeneuve ; au carrefour, prenez la direction de l'étang de Vaccarès (C134) : le mas est dans le premier chemin à droite, à 300 m du carrefour.

La Grand Mar *(☎ 04 90 97 00 64, Gageron ; plats 11-14 € ; fermé lun-mar, fermeture annuelle 15 jours en nov et 3 sem en fév-mars).* À une dizaine de kilomètres d'Arles, au hameau de Gageron (prendre la D36 pour Salin-de-Giraud puis la bifurcation pour Villeneuve par la D36b), cet établissement s'est forgé une belle réputation. La carte a l'accent du terroir camarguais, avec les incontournables spécialités de toro, des poissons grillés au feu de bois, et quelques exclusivités comme l'anguille, le sandre au feu de bois (l'hiver) ou les crevettes de Vaccarès.

Chez Bob *(☎ 04 90 97 00 29, Villeneuve ; menu 29 € ; fermé lun-mar).* Cette demeure craquante, en tous points excellente, occupe l'arrière d'une maison, près de Villeneuve. Les produits du terroir règnent ici en maître et les mets typiques de la cuisine camarguaise sont préparés avec maîtrise et sans esbroufe. Le cadre est en accord avec la cuisine : on prend place dans un vrai décor d'auberge campagnarde, chaleureuse et intimiste, avec des boiseries, une cheminée, et de nombreuses affiches en l'honneur du toro. Le service est efficace et attentionné. Le menu comprend une entrée, le choix entre plusieurs plats, du fromage et un dessert, le tout servi en généreuses proportions. Paiement par espèces ou chèques uniquement.

Chez Marc et Mireille (☎ 04 42 48 80 08, plage de Beauduc ; poisson 1,50-4,50 € les 100 gr, menu 15 € ; ouvert tlj sauf mer à midi uniquement, le week-end en janv et mars). L'une des deux adresses fétiches de Beauduc : dans une salle sobrement aménagée, on se délecte d'une cuisine familiale et ultra-fraîche, à base de poisson grillé accompagné d'aïoli et de tellines du golfe de Beauduc.

Chez Juju (☎ 04 42 86 83 86, plage de Beauduc ; plats 8-15 € ; fermé en hiver). À quelques mètres de son "concurrent" Chez Marc et Mireille, Chez Juju propose une cuisine similaire, à base de produits de la mer, dans un décor simple et sans façon, de style "cabanon". À ne pas manquer.

Hôtel-restaurant La Camargue (☎ 04 42 86 88 52, fax 04 42 86 83 95, 58 bd Camargue, Salin-de-Giraud ; doubles 29 € avec lavabo-WC, 38 € avec douche et WC, 57 € avec baignoire et WC ; plats 8-19 €, menus 13/15/20 €, menu enfant 15 € ; hôtel fermeture annuelle 15 oct-Pâques, restaurant ouvert tlj sauf dim soir ou lun soir mars-15 oct, sam midi et dim midi hors saison, fermeture annuelle 2 sem à la Toussaint). L'hôtel, d'une architecture surprenante, occupe un ancien bâtiment de la Compagnie des Salins du Midi. Côté restauration, la bouillabaisse a fait la réputation de l'établissement (sur commande 48 heures à l'avance, minimum deux personnes), mais il existe bien d'autres options, plus classiques, tournées vers la mer ou les plats de viande.

L'Escapade (☎/fax 04 42 48 81 75 ou 06 81 88 28 90, mas Constantin, D36, Salin-de-Giraud ; doubles avec sdb et petit déj 55/50 € en haute/basse saison, table d'hôtes 13 € ; ouvert à l'année). Au bord de la route menant à Salin-de-Giraud (à environ 3 km), cette adresse conviendra aux amoureux du cheval. L'hébergement de cinq chambres est fonctionnel et convenable, mais c'est le centre équestre qui

constitue le point fort de L'Escapade (voir la rubrique *Promenades équestres*, plus haut). La table d'hôtes privilégie les spécialités régionales.

Domaine de l'Amérique (☎ 04 42 86 87 88, fax 04 42 86 86 24, domaine.amerique@free.fr, www.provenceweb.fr/13/domaine-amerique, Salin-de-Giraud ; studios 45-60/69-99 € en basse/haute saison, suites 83-125/115-167 € en basse/haute saison ; ouvert à l'année). À hauteur de L'Escapade, de l'autre côté de la route, s'étend ce vaste domaine, où trône une imposante bâtisse blanche. Signe particulier : les unités mises à disposition sont des studios, des suites ou des appartements spacieux et tout équipés – l'idéal pour des familles qui souhaitent être indépendantes. L'ensemble est propre, très fonctionnel, un brin aseptisé. Une grande salle commune, un accès Internet (sur demande), un lave-linge et un sèche-linge sont à la disposition des clients.

Comment s'y rendre

Arles est la principale porte d'entrée de la Camargue. Les Saintes-Maries-de-la-Mer se situent à 38 km au sud-ouest, Salin-de-Giraud à 32 km. Des bus circulent régulièrement entre Arles et Salin-de-Giraud *via* Gageron, Villeneuve et Le Sambuc (et jusqu'à la plage de Piémanson en été), entre Arles et Les Saintes-Maries-de-la-Mer, entre les Saintes-Maries-de-la-Mer et Montpellier *via* Aigues-Mortes (en juillet-août seulement) et entre Les Saintes-Maries-de-la-Mer et Nîmes *via* Saint-Gilles (de juin à septembre). Renseignez-vous à l'office du tourisme pour les horaires.

En voiture, on peut venir par le sud-est (Martigues, Fos, etc.) en prenant le bac de Barcarin, qui permet de rallier Salin-de-Giraud. Il fonctionne tous les jours de 4h30 à 2h, toutes les 10 à 20 minutes (4 €). À l'ouest, le bac du Sauvage (gratuit) permet de franchir le Petit Rhône et de rejoindre Aigues-Mortes. D'avril à septembre, il est en service de 6h30 à 12h et de 13h30 à 20h ; en basse saison, de 7h ou 7h30 à 12h et de 13h30 à 18h ou 18h30 (un passage toutes les 30 minutes).

Marseille et les Calanques

C'est désormais un fait acquis : Marseille est à la mode. L'heure du renouveau a sonné. Depuis quelques années, médias, politiques, agences de voyages et entreprises lui font les yeux de Chimène et vantent à l'envi son aura régénératrice de métropole en pleine mutation. On (re)découvre son cadre de vie, idéal, et les bonnes ondes qui émanent de son dynamisme culturel et de son cosmopolitisme étonnant. La belle méditerranéenne semble désormais prête à assumer sans complexe son statut de deuxième ville de France.

Aussi reconnue soit-elle, la cité phocéenne reste une ville inclassable, qui déconcerte l'"estranger". Comme si un irréductible atavisme la distinguait du reste du pays. Au lieu de procurer un choc esthétique instantané, elle dégage une séduction discrète et charme par imprégnation progressive. L'incroyable multiplicité des quartiers (111 !) qui la composent, microcosmes possédant chacun leurs spécificités, n'y est pas étrangère (voir l'encadré).

Marseille, donc, regarde vers l'avenir. En parallèle, la doyenne des villes de France met en avant son passé et valorise tous les monuments qui en témoignent.

Et puis il y a sa botte secrète, son atout phare : son cadre naturel exceptionnel. Imaginez des îles sauvages à quelques minutes au large, des plages de sable ou de galets et, surtout, les calanques, fjords marmoréens d'une beauté féerique, presque aux portes du centre-ville… Comment résister à tant d'attraits ?

HISTOIRE

Avec 2 600 ans d'histoire, Marseille est la doyenne des villes de France. Un particularisme rebelle envers tous les pouvoirs centralisateurs constitue le fil conducteur de son parcours.

Selon la légende, elle est née d'une idylle : en 600 av. J.-C., des navigateurs grecs venus de Phocée s'établissent dans cette calanque avenante. Leur chef Protis s'unit à la fille du roi ligure local, Gyptis. En guise de dot, Protis reçoit les territoires sur lesquels il installe sa colonie, Massalia, qui se développe rapidement grâce à son dynamisme commercial. Afin de ne pas rester isolés, les Massaliotes s'allient avec Rome.

On pense que l'évangélisation de la ville a eu lieu au IVe siècle, à partir de l'actuel site de l'abbaye Saint-Victor. Lors des invasions barbares, la ville réussit à tirer son épingle du jeu, mais dans l'Empire carolingien, mal défendue, elle connaît des heures sombres, marquées par les pillages. À l'époque où la Provence est administrée par des comtes, Marseille réussit, une fois de plus, à négocier une certaine indépendance, qui permettra son renouveau économique. Lorsque la Provence est rattachée à la France en 1481, la ville conserve certaines libertés et franchises.

Sous Louis XIV, c'en est fini de ce statut particulier. Le roi la fait rentrer dans le rang, par la force. Parallèlement, il a le souci de la développer, pour la rendre conforme à ses ambitions. Il y installe ses galères et fait procéder à l'aménagement de plusieurs quartiers. C'est l'époque où Marseille devient un port mondial très actif. Seule la peste de 1720 stoppera momentanément cet élan.

La ville pâtit de la Révolution et de la période napoléonienne, qui entravent le commerce. La reprise économique se fait

Suivez le guide !

Lonely Planet consacre tout un guide à la cité phocéenne et à son bord de mer. Écrit par un jeune auteur marseillais et un "vétéran" de Lonely Planet tombé amoureux de cette ville, le guide *Marseille et les calanques* (208 pages), paru en avril 2002, comblera la curiosité de ceux qui veulent découvrir toutes les facettes de Marseille, grâce à des informations exhaustives sur les musées, les monuments, les hébergements, les restaurants et les lieux de sortie, sans oublier les activités de loisir et les excursions.

sentir à partir de 1830. Sous Napoléon III, une série de grands travaux est engagée. Avec l'ouverture du canal de Suez en 1869, Marseille, devenue une plaque tournante du commerce international, est surnommée "la porte de l'Orient". La situation se dégrade entre les deux guerres, période trouble pendant laquelle la cité acquiert une réputation douteuse et s'essouffle, distancée par d'autres métropoles portuaires. Pendant la Seconde Guerre mondiale, la destruction partielle de la vieille ville par les Allemands provoquera un traumatisme durable.

Depuis quelques années, la cité phocéenne est entrée dans une nouvelle ère. L'effet "Coupe du Monde" en 1998, la réhabilitation de vieux quartiers et d'anciennes zones industrielles, le développement du tourisme et la mise en valeur de son patrimoine l'ont propulsée sur le devant de la scène.

ORIENTATION

Marseille est une ville très étendue. De l'Estaque, au nord, au hameau des Goudes, au sud, on compte 15 km. Cernée par plusieurs massifs montagneux, la cité phocéenne se compose d'une nébuleuse de 111 villages, satellisés autour du Vieux-Port, qui forme un U parfait, au milieu duquel commence la Canebière, l'artère centrale, orientée est-ouest. Au nord s'étendent les quartiers populaires ainsi que les zones industrielles et portuaires ; au sud, les secteurs chic et balnéaires. Les principaux axes de circulation sont orientés nord-sud. La Corniche serpente le long du littoral et des plages jusqu'aux portes des calanques. Sur le plan administratif, Marseille est divisée en 16 arrondissements. L'essentiel des infrastructures touristiques se concentrent dans les arrondissements centraux, à l'intérieur d'un quadrilatère délimité par la gare Saint-

Le savon de Marseille

Naturel, doux, efficace et économique : on ne tarit pas d'éloges sur ce petit cube de savon. On situe l'origine du savon en Gaule : Pline l'Ancien, un auteur latin du Ier siècle, utilise pour la première fois le mot *sapo* dans son ouvrage *Histoire naturelle* pour décrire une pâte composée de suif de chèvre et de cendres de hêtre dont les Gaulois se servaient pour décolorer leurs cheveux en roux. Cette recette, mélange d'un alcali (cendres) et d'un corps gras, reste inchangée pendant des siècles.

Au Moyen Age, la Provence devient la région de la savonnerie par excellence car elle a l'avantage de produire les ingrédients nécessaires : l'huile d'olive, les cendres sodiques et les sels de Camargue. Au XIVe siècle apparaît le premier savonnier officiel marseillais, Crescas Davin, et, à partir du XVIe siècle, Marseille, carrefour de tous les échanges, devient le premier fabricant de savon français.

En 1688, l'édit de Colbert fixe les règles de fabrication et de marquage du savon ; il proscrit notamment toute utilisation de graisse, seule l'huile d'olive pure devant être utilisée.

Au XIXe siècle, l'augmentation du prix de l'huile d'olive oblige les fabricants à trouver de nouvelles recettes en ajoutant de l'huile de palme ou de coco, puis des huiles d'arachide.

Avec le XXe siècle, les notions d'hygiène et de confort se répandent et le rôle du savon grandit dans l'économie domestique. Utilisé pour la lessive, il devient également produit pour le corps. Mais une nouvelle concurrence arrive : les détergents synthétiques venus d'Amérique et les parfumeurs parisiens. Pour s'adapter, la savonnerie s'industrialise et adopte notamment des procédés de fabrication en continu.

Résistant aux aléas économiques comme à l'évolution des tendances de la consommation, le savon de Marseille, respectueux de l'environnement et recommandé aujourd'hui par les pédiatres et les dermatologues pour ses vertus bactéricides et hypoallergéniques, est plus que jamais dans l'air du temps.

Géraldine Paqueron

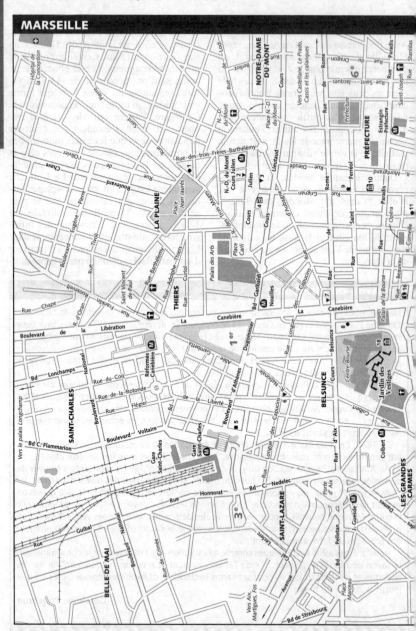

MARSEILLE

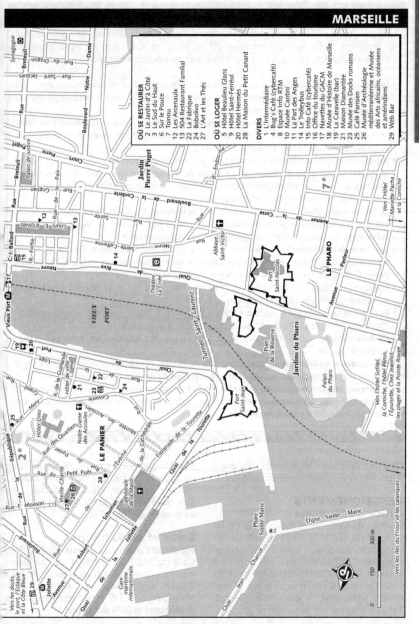

MARSEILLE

OÙ SE RESTAURER
2 Le Jardin d'à Côté
3 Le Sud du Haut
6 Sur le Pouce
7 Toinou
12 Les Arcenaulx
13 504 Restaurant Familial
22 La Fabrique
24 Bobolivo
27 L'Art et les Thés

OÙ SE LOGER
5 Hôtel Beaulieu Glaris
9 Hôtel Saint-Ferréol
20 Hôtel Hermès
28 La Maison du Petit Canard

DIVERS
1 L'Intermédiaire
4 Bug's Café (cybercafé)
8 Espace Info RTM
10 Musée Cantini
11 La Part des Anges
14 Le Trolleybus
15 Info Café (cybercafé)
16 Office du tourisme
17 Navettes du GACM
18 Musée d'Histoire de Marseille
19 La Caravelle (bar)
21 Maison Diamantée
23 Musée des Docks romains
25 Café Parisien
26 Musée d'Archéologie
   méditerranéenne et Musée
   des Arts africains, océaniens
   et amérindiens
29 Web Bar

Les quartiers de Marseille

La grande originalité de la cité phocéenne tient à l'incroyable diversité des 111 quartiers qui la composent. Ils forment une mosaïque autour du centre-ville, lui-même assez disparate. Chacun a ses codes, ses rites et ses particularismes. En voici un échantillon :

- **Le Vieux-Port :** cœur historique de la cité, sur l'emplacement de l'ancien port antique, il est aujourd'hui l'épicentre de la vie sociale marseillaise. Le long de ses trois rives s'égrènent de multiples cafés, bars et restaurants.
- **Le Panier :** sur la rive nord du Vieux-Port, le Panier constitue l'âme et la mémoire de Marseille. C'est un autre monde, fait d'un écheveau de venelles, de montées, de voies pentues et de placettes typiquement méditerranéennes.
- **Belsunce :** délimité par la gare Saint-Charles, la Canebière et la porte d'Aix, Belsunce a longtemps été le mal-aimé de Marseille, en raison de sa mauvaise réputation et de ses ruelles peu engageantes. La réhabilitation des habitations est amorcée et il devrait se présenter sous un jour nouveau d'ici à quelques années.
- **La Plaine-cours Julien :** c'est le secteur un brin bohème de Marseille. Perché sur une butte, entre le cours Julien, la place Jean-Jaurès et la place Notre-Dame du Mont, il rassemble cafés, bars, restaurants, librairies, galeries et boutiques de mode.
- **Les Docks de la Joliette :** les Docks de la Joliette sont à Marseille ce que les Docklands furent à Londres : d'immenses entrepôts portuaires remis au goût du jour, grâce à l'ambitieux projet Euroméditerranée, destiné à rénover radicalement le centre-ville.
- **Endoume :** en étage sur une butte, près de Notre-Dame de la Garde, Endoume forme un lacis de ruelles qui dévalent vers la Corniche et la mer, à l'ouest.
- **La Corniche :** elle désigne la route qui épouse la portion de littoral comprise entre le palais du Pharo et les plages du Prado. C'est un peu la "riviera marseillaise".
- **Castellane-Prado :** au sud de la ville, ce secteur est l'envers cossu, policé, balnéaire et résidentiel de la ville.
- **Les Goudes et Callelongue :** à l'extrémité sud de la ville, ces deux hameaux appartiennent déjà à l'univers des calanques. Ils s'enroulent autour de deux criques miniatures.
- **L'Estaque :** aux confins nord de Marseille, après la zone portuaire, les pieds dans l'eau mais adossé à la montagne, ce quartier exhale un parfum de bout du monde intemporel. Les Marseillais aiment y venir le week-end.

Charles, la place Jean-Jaurès, l'abbaye Saint-Victor et la cathédrale de la Major.

RENSEIGNEMENTS
Office du tourisme
L'office du tourisme et des congrès (☎ 04 91 13 89 00, fax 04 91 13 89 20, info@marseille-tourisme.com, www.marseille-tourisme.com), 4 La Canebière, ouvre de 9h à 19h (de 10h à 17h les dimanche et jours fériés) et jusqu'à 19h30 de 15 juin à 15 septembre (dimanche et jours fériés jusqu'à 18h). Il dispose de deux autres guichets,

l'un à la gare Saint-Charles, ouvert du lundi au samedi, de 10h à 17h, l'autre dans le quartier du Panier, place des Pistoles, en face de la Vieille-Charité, ouvert du mardi au samedi, de 10h à 17h.

Email et accès Internet
Idéalement situé, sur le Vieux-Port, le Web Café (☎ 04 91 33 53 05), 1 quai de Rive-Neuve, ouvre du lundi au samedi, de 9h à 22h, et le dimanche, de 14h30 à 19h30. Vous paierez 1,5 € les 15 minutes, 2 € la demi-heure et 3,80 € l'heure.

Dans le secteur La Plaine-cours Julien, le Bug's Café (☎ 04 96 12 53 43), 80 cours Julien, demande 4,60 € l'heure, ou 0,76 € la minute, avec une facturation minimale de 5 minutes. Ouvert du lundi au samedi, de 10h à 23h, et le dimanche, de 14h à 19h.

FÊTES ET FESTIVALS

En février, le pèlerinage de la Chandeleur, à l'abbaye Saint-Victor, attire des milliers de fidèles. Les festivités durent une semaine. En juillet, ne manquez pas le Mondial La Marseillaise à pétanque, un championnat de pétanque où s'affrontent des représentants d'une vingtaine de pays, et le concours de boules La Provence, un tournoi de boules qui rassemble environ 6 000 joueurs au parc Borély. À l'Assomption, en août, des fidèles sortent la statue de la Vierge de la cathédrale de la Major et la portent en procession dans les rues du Panier. En octobre, la Fiesta des Suds est un grand rendez-vous musical, artistique et festif qui se tient chaque week-end aux Docks des Suds (voir la section *Provence, terre de festivals* au chapitre *Renseignements pratiques*). En décembre, des artisans santonniers exposent leur production pendant la foire aux Santons.

À VOIR ET À FAIRE
Sites et monuments
La basilique Notre-Dame de la Garde *(ouverte tlj 7h-19h en hiver, 7h-20h en été, 7h-22h 15 juin-15 août)*, perchée sur une colline culminant à 162 m (le plus haut point de la ville), visible à des kilomètres à la ronde, est affectueusement surnommée la "Bonne Mère" par les habitants. Du parvis, la vue est extraordinaire. À l'origine, le site avait une fonction défensive. Au XIXe siècle, l'évêque, prenant acte de la propagation du culte de Marie, décide d'en faire un grand sanctuaire, après négociation avec les autorités militaires. La construction de l'actuelle basilique a duré de 1852 à 1880. Elle est accessible par une route escarpée ou des escaliers. En bus, prenez le n°60 du Vieux-Port.

Aux abords immédiats du Vieux-Port, la **maison Diamantée** *(rue de la Prison)* se singularise par sa façade comportant des bossages taillés en pointe de diamant. Cet hôtel particulier daterait du début du XVIIe siècle et aurait appartenu à des négociants. Proche de là, dans le quartier du Panier, l'**Hôtel-Dieu** *(place Daviel)* déploie sa belle architecture en fer à cheval, scandée d'élégantes arcades. Aménagé au XVIIIe siècle sur le site d'anciens hôpitaux de l'époque médiévale, il fut remanié sous le Second Empire. À quelques rues, au cœur de ce sympathique quartier, attardez-vous dans le complexe de la **Vieille Charité** *(2 rue de la Charité ; ouvert 10h-17h oct-mai, 11h-18h juin-sept)*, œuvre de l'architecte marseillais Pierre Puget (1620-1694). Il se compose d'un vaste quadrilatère divisé en trois niveaux d'arcades superposés et, au milieu de la cour, d'une magnifique chapelle en forme de rotonde, coiffée d'une coupole ovoïde. Ce chef-d'œuvre de l'architecture baroque, achevé en 1745, a failli être démoli au XXe siècle. Un important programme de restauration lui a redonné tout son lustre et, aujourd'hui, il abrite deux musées, un restaurant, une librairie et diverses institutions culturelles et artistiques. La chapelle prête également son cadre à des expositions et à des concerts.

Dominant l'autre rive du port, l'**abbaye Saint-Victor** *(rue de l'Abbaye ; entrée crypte 1,50 € ; ouverte tlj 8h30-19h)*, repérable à ses tours crénelées, s'élève sur un site dont la vocation religieuse est attestée dès le Ve siècle. L'édifice se compose de deux parties bien distinctes : l'église haute et les cryptes. Ces dernières comportent des éléments datant du Ve siècle et même des inscriptions et des sarcophages du IIe siècle. L'église haute a connu divers remaniements, du XIe au XIVe siècle. Dans le même secteur, le **palais du Pharo** *(58 bd Charles-Livon)*, trônant sur le promontoire éponyme, bénéficie d'un emplacement exceptionnel. Sa construction, décidée par Napoléon III, fut achevée en 1870. Il devait servir de lieu de résidence à l'empereur et à l'impératrice. En réalité, ils ne l'occupèrent jamais et l'impératrice en fit don à la ville de Marseille en 1903.

Postés respectivement sur les lèvres sud et nord du goulet du Vieux-Port, endroits stratégiques par excellence, le **fort Saint-**

Nicolas et le **fort Saint-Jean** ont longtemps rempli une fonction défensive, en commandant l'accès au Vieux-Port. Le fort Saint-Jean résulte de constructions successives ; la grosse tour carrée date du XVe siècle, le fanal de 1644 et le fort proprement dit de la fin des années 1660. En face, sur la rive sud, le fort Saint-Nicolas a également été élevé sur ordre de Louis XIV, à la même époque. Ils ne se visitent pas.

Bordant la zone portuaire, la majestueuse **cathédrale Sainte-Marie-Majeure** *(place de la Major ; ouverte tlj 9h-12h et 14h-17h30)*, également appelée Nouvelle Major, constitue l'une des visions les plus marquantes pour le visiteur découvrant Marseille. Unique en son genre, elle évoque l'Orient par son style romano-byzantin. C'est l'évêque de Marseille qui décida, au milieu du XIXe siècle, de doter la ville d'une cathédrale digne de son rayonnement. Les travaux furent terminés en 1893. Son style architectural marie les arts roman et byzantin, pour mieux souligner la vocation de Marseille comme "porte de l'Orient".

À l'est du centre-ville, le **palais Longchamp** *(bd Longchamp)*, construit entre 1862 et 1869, représente sans doute le monument le plus grandiose de la cité phocéenne. À l'époque, Marseille vivait un âge d'or, qu'il fallait illustrer par des réalisations architecturales de grande ampleur. L'effet est réussi : on reste saisi par ce magnifique ensemble de jeux d'eaux, de colonnades, de bassins, ainsi que par l'exceptionnelle ornementation sculptée. Qui se douterait que ce "palais" est un château d'eau, qui célèbre l'arrivée de l'eau à Marseille grâce à la canalisation de la Durance en 1839 ? Ses deux ailes abritent le muséum d'Histoire naturelle et le musée des Beaux-Arts (voir *Musées* ci-dessous).

Musées

Marseille est la deuxième ville de France pour le nombre de ses musées. Le complexe de la Vieille Charité, dans le quartier du Panier, abrite le **musée des Arts africains, océaniens et amérindiens** *(☎ 04 91 14 58 80, 2 rue de la Vieille-Charité ; entrée 1,83/0,92 € adultes/enfants ; ouvert 10h-17h oct-mai et 11h-18h juin-sept, fermé lun et jours fériés)*, consacré aux expressions artistiques de l'Afrique, de l'Océanie et des Amériques (objets sculptés, peints, tissés, gravés, etc.) et le **musée d'Archéologie méditerranéenne** *(☎ 04 91 14 58 80, 2 rue de la Vieille-Charité ; entrée 1,83/0,92 € adultes/enfants ; ouvert 10h-17h oct-mai et 11h-18h juin-sept, fermé lun et jours fériés)*, qui propose un tour d'horizon des civilisations antiques riveraines de la Méditerranée, dont une remarquable collection égyptologique (la deuxième de France). L'une des salles est consacrée à la protohistoire régionale du VIIe au Ier siècle av. J.-C.

Le **musée des Docks romains** *(☎ 04 91 91 24 62, place Vivaux ; entrée 1,83/0,92 € adultes/enfants ; ouvert 10h-17h oct-mai et 11h-18h juin-sept, fermé lun et jours fériés)*, derrière l'hôtel de ville, présente les vestiges, *in situ*, d'une partie des entrepôts commerciaux romains qui occupaient ce même emplacement entre le Ier et le IIIe siècle, dont des grandes jarres qui servaient au stockage du vin. Aménagé au rez-de-chaussée du Centre-Bourse, le **musée d'Histoire de Marseille** *(☎ 04 91 90 42 22, Centre-Bourse ; entrée 1,83/0,92 € adultes/enfants ; ouvert tlj sauf lun 12h-19h)* évoque les principaux faits qui ont marqué l'histoire de la ville depuis sa fondation au VIe siècle av. J.-C. jusqu'au XVIIIe siècle, avec une nette prédominance de la période antique.

Attenant, le **jardin des Vestiges** est un ensemble archéologique de première importance, en plein air. On peut y admirer des vestiges des époques grecques et romaines de Massalia, mis au jour lors des travaux de terrassement du centre commercial Centre-Bourse.

L'aile gauche du prestigieux palais Longchamp héberge le **musée des Beaux-Arts** *(☎ 04 91 14 59 30, palais Longchamp ; entrée 1,83/0,92 € adultes/enfants ; ouvert 10h-17h oct-mai et 11h-18h juin-sept, fermé lun et jours fériés)*, qui présente un large panorama de l'histoire de l'art, de toutes les écoles et de tous les genres avec, entre autres, des chefs-d'œuvre de Michel Serre, Pierre Puget, Jean-François Millet et Gustave Courbet.

Au centre-ville, le **musée Cantini** (*☎ 04 91 54 77 75, 19 rue Grignan ; entrée 1,83/0,92 € adultes/enfants ; ouvert 10h-17h oct-mai et 11h-18h juin-sept, fermé lun et jours fériés*) occupe un bel hôtel particulier du XVIIe siècle et rassemble des œuvres des grands courants artistiques du XXe siècle, dont le fauvisme et le surréalisme, lors d'expositions temporaires.

Îles

À quelques minutes du Vieux-Port, l'**archipel du Frioul** se compose de trois îles, If, Pomègues et Ratonneau, propices à une escapade balnéaire.

La minuscule **If** (à peine 200 m de long) est la plus connue grâce à Alexandre Dumas, qui y campa une partie des péripéties de son roman *Le Comte de Monte Cristo*. Cet îlot est occupé par un château à vocation défensive, construit vers 1530. **Ratonneau**, la plus grande (2 100 m), et Pomègues sont reliées par une digue de 360 m de long depuis le XVIIIe siècle. Ces îles présentent un aspect désertique. Il existe des possibilités de randonnée sur **Pomègues** et Ratonneau, et les criques sablonneuses se prêtent merveilleusement bien à la baignade. Les navettes du GACM (☎ 04 91 55 50 09) les desservent du Vieux-Port, sur le quai des Belges (7,62 € l'aller-retour), ainsi qu'If (12,20 €, 30 minutes de trajet).

À l'extrémité sud de la ville, l'**archipel de Riou** se déploie au large des Goudes et de Callelongue. Il se compose de six îles, classées sanctuaires ornithologiques, où il est interdit de débarquer.

Plages

De l'Estaque au nord aux Goudes au sud, on dénombre pas moins d'une vingtaine de lieux aménagés pour la baignade, dont la plage des Catalans, à hauteur de l'anse des Catalans, la plage du Prophète, en contrebas d'Endoume, et les plages du complexe balnéaire du Prado.

Plongée sous-marine

La cité phocéenne compte des sites exceptionnels et très variés, dans un cadre magique, celui des îles au large de la rade (Frioul, Planier et Riou) et des calanques. Elle bénéficie d'une richesse sous-marine inégalée sur le littoral méditerranéen.

Par ailleurs, de nombreuses épaves, facilement accessibles, renforcent l'attrait de ce secteur. Signalons notamment le *Dalton*, entre -12 et -32m, le *Chaouen*, entre -3 et -26m, tous deux au pied de l'île de Planier, et le *Liban*, à hauteur de l'île Maïre, entre -25 et -36m. La meilleure saison s'étend de juillet à novembre.

On compte une quinzaine de centres de plongée, qui accueillent les plongeurs de tous les niveaux. Parmi eux, mentionnons Abyss Adventures (☎ 04 91 91 98 07), Archipel (☎ 04 91 25 23 64), le Centre de loisirs des Goudes (☎ 04 91 25 13 16), Massilia Dive (☎ 04 96 14 00 15) et No Limit Plongée (☎ 04 91 25 32 77).

La grotte Cosquer, le "Lascaux provençal"

En octobre 1991, Henri Cosquer, directeur d'un centre de plongée de Cassis, fait une découverte renversante : sur la façade ouest de la crête de Morgiou, à environ 35m de profondeur, il découvre l'entrée d'une immense grotte sous-marine, ornée de stalactites, de stalagmites et, surtout, d'un magnifique florilège de peintures rupestres représentant, entre autres, des pingouins, des bisons, des cerfs, des bouquetins et des empreintes de mains. Toutes ces peintures, admirablement conservées, datent du paléolithique (de -25 000 ans à -18 000 environ et attestent le peuplement des calanques à cette époque.

L'accès à la grotte étant particulièrement dangereux (plusieurs plongeurs y ont laissé la vie), l'entrée est condamnée et on ne peut la visiter.

Les calanques

Le féerique massif des calanques s'étale majestueusement entre Marseille et Cassis. Ce paradis naturel fait partie intégrante de la ville : il débute à la périphérie sud de la cité phocéenne et il est accessible par les bus urbains, à partir du Vieux-Port.

Les calanques (du provençal *calanco*) désignent de profondes indentations qui perforent le littoral. On peut les comparer à des fjords. Cette côte magnifique, restée sauvage, est le paradis des randonneurs, des amateurs d'escalade ou tout simplement de baignade et de farniente.

Le massif est parcouru de sentiers balisés, dont un tracé en grande partie côtier, le GR98-51. La traversée Marseille-Cassis par ce sentier, assez éprouvante, demande de 12 à 13 heures – cette randonnée est décrite au chapitre *Randonnée à pied et à vélo*, en début d'ouvrage. L'essentiel du parcours longe le littoral, avec cependant quelques incursions vers l'intérieur du massif. La formule idéale consiste à le parcourir en deux jours : Callelongue-Luminy le premier jour, Luminy-Cassis le lendemain. Vous découvrirez successivement les calanques de Marseilleveyre, Podestat, Cortiou, Sormiou, Morgiou, Sugiton, de l'Œil de Verre, du Devenson, de l'Oule, d'En-Vau, de Port-Pin et de Port-Miou, toutes aux physionomies très différentes. Attention ! les itinéraires pédestres sont interdits d'accès de juin à septembre, en raison des risques d'incendie. Renseignez-vous auprès des offices du tourisme de Cassis ou de Marseille.

Les calanques se découvrent également en bateau, au départ de Marseille ou de Cassis. Des vedettes spécialement aménagées embarquent des dizaines de personnes et enchaînent les calanques les unes à la suite des autres. À Marseille, renseignez-vous auprès du GACM (☎ 04 91 55 50 09), sur le quai des Belges. À Cassis, les bateaux sont amarrés au port. Comptez de 9 à 19 € selon la formule choisie.

Les calanques de Callelongue, Sormiou, Morgiou et Port-Miou sont également accessibles en voiture. Celles de Sormiou et Morgiou sont fermées aux véhicules jusqu'à 19h en période estivale.

OÙ SE LOGER
Petits budgets

Auberge de jeunesse de Bonneveine *(☎ 04 91 17 63 30, fax 04 91 73 97 23, marseille-bonneveine@fuaj.org, impasse du Docteur-Bonfils, 13008 Marseille ; lit en double 15,40/16,40 € en basse/haute saison, lit en dortoir 12,80/13,60 €, draps et petit déj inclus ; fermé fin déc-début fév).* À deux pas du parc Borély, dans un quartier calme, à moins de 10 minutes à pied de la plage, cette auberge comporte des chambres à deux lits et des petits dortoirs de quatre à six lits, dont certains équipés d'une douche privative. À noter : les tarifs fluctuent légèrement suivant la saison (la période avril-août étant considérée comme la haute saison) et le nombre de nuitées ; à partir de la deuxième nuit consécutive, le prix baisse d'environ 1,50 à 2 €. La réception ouvre de 7h à 1h. Par les transports en commun, prenez le métro jusqu'au Rond-Point du Prado, puis le bus n°44. Cartes de crédit acceptées. Carte de membre FUAJ obligatoire (en vente sur place).

Hôtel Beaulieu Glaris *(☎ 04 91 90 70 59, fax 04 91 56 14 04, hotel.beaulieu@wanadoo.fr, http://hotel.beaulieu.free.fr ; 1 place des Marseillaises ; simples avec lavabo 20 et 23 €, doubles avec lavabo 25 €, avec douche 36 €, avec douche et wc 39 et 49 €).* Face aux escaliers d'accès de la gare Saint-Charles, cet hôtel une-étoile, correct, est bien pratique pour prendre un train tôt le lendemain. Les chambres les moins chères, sobres, ne comportent qu'un lavabo, avec les toilettes sur le palier et la douche à l'étage, d'une propreté convenable.

Hôtel Lutia *(☎ 04 91 17 71 40, fax 04 91 17 71 55, 31 av. du Prado ; simples avec* *lavabo 23 €, doubles avec douche privative et wc palier 29 €, doubles avec sdb 34 €).* À un jet de pierres de la place Castellane, cet hôtel familial loue 12 chambres, propres et bien tenues, avec TV et téléphone.

La Cigale et la Fourmi *(☎ 04 91 40 05 12 ou 06 11 53 36 79, 19 rue Théophile-Boudier ; simples/doubles 15/25 €, studios à partir de 35 €).* Une bonne adresse de charme, tenue par un couple sympathique. La demeure se compose de plusieurs chambres et studios, simples et propres, agréablement décorés, dont certains possèdent une petite s.d.b. L'ambiance est plutôt jeune et décontractée.

Catégorie moyenne

Hôtel Hermès *(☎ 04 96 11 63 63, fax 04 96 11 63 64, hotel.hermes@wanadoo.fr, 2 rue Bonneterie ; simples 43 €, doubles 50-66 €, nuptiale 78 €).* Ce deux-étoiles loue des chambres fonctionnelles et douillettes, avec TV, clim. et s.d.b. Certaines jouissent d'une vue latérale sur le port. Les romantiques s'offriront la chambre nuptiale, au dernier étage, un nid agréable doté d'un balcon, d'où la vue sur le Vieux-Port est incomparable.

Hôtel Mariette Pacha *(☎ 04 91 52 30 77, fax 04 91 59 43 65, mpacha@hotelselection.com, www.hotelselection.com, 5 place du 4-Septembre ; doubles avec wc palier 40/45 € en basse/haute saison, avec sdb 46/54 €).* Légèrement excentré mais très bien tenu, le Mariette Pacha s'enorgueillit de chambres rénovées, insonorisées, lumineuses, avec TV et téléphone, réparties sur quatre niveaux (sans ascenseur). Du Vieux-Port, prenez le bus n°81 ou n°83.

Hôtel Saint-Ferréol *(☎ 04 91 33 12 21, fax 04 91 54 29 97, hotelstferreol@hotmail.com, www.hotel-stferreol.com, 19 rue Pisançon ; simples 54-83 €, doubles 69-89 €).* Situé à l'angle de la plus belle rue piétonnière de la ville, à deux pas de la Canebière et du Vieux-Port, dans le quartier des boutiques à la mode, le Saint-Ferréol possède un confort feutré et des chambres intimistes et douillettes, dotées de s.d.b. de marbre rutilantes.

Hôtel Péron *(☎ 04 91 31 01 41, fax 04 91 59 42 01, 119 corniche Kennedy ; simples/doubles 49-56/52-80 €).* Tenu par la même famille depuis quatre générations, le Péron contraste avec la froideur impersonnelle des hôtels de chaîne. Les 29 chambres, au charme suranné, jouissent toutes d'une décoration personnalisée (asiatique, hollandaise, mauresque, provençale, bretonne, etc.). La plupart donnent côté mer et les moins chères partagent les toilettes sur le palier. Du Vieux-Port, prenez le bus n°83.

La Maison du Petit Canard *(☎ 04 91 91 40 31, maison.petit.canard.free.fr, http://maison.petit.canard.free.fr, 2 impasse Sainte-Françoise ; simples/doubles 30/46 €).* Au cœur du Panier, la Maison du Petit Canard est tenue par un sympathique jeune couple qui a su donner du caractère et de l'originalité à sa demeure. Les deux chambres, propres et colorées, partagent une s.d.b. Pour ceux qui préfèrent plus d'indépendance, deux studios rénovés de 25m², avec s.d.b., sont également à disposition dans la maison d'en face.

Catégorie supérieure

Hôtel Sofitel *(☎ 04 91 15 59 00, fax 04 91 15 59 50, H0542@accor-hotels.com, 36 bd Charles-Livon ; simples/doubles/suites 175-320/190-330/535-955 €).* Classé quatre-étoiles, le Sofitel jouit d'un emplacement privilégié, en surplomb du Vieux-Port, légèrement à l'écart du centre-ville. Les 130 chambres offrent tout le confort souhaité. Choisissez les "Vieux-Port" ou les "Terrasse", qui s'ouvrent sur une perspective incomparable. Un bar et une piscine découverte ajoutent à son agrément.

Hôtel-Restaurant New Hotel Bompard *(☎ 04 91 99 22 22, fax 04 91 31 02 14, marseillebompard@new-hotel.com, www.new-hotel.com, 2 rue des Flots-Bleus ; simples/doubles 78-168/90-199 €).* Voici l'un des rares hôtels de la cité phocéenne pouvant être considéré comme un établissement de charme. Ce havre de paix, classé trois-étoiles, se perche sur les hauteurs d'Endoume, dans un quartier résidentiel où l'ambiance villageoise est encore perceptible. Les 50 chambres, tout confort, sont réparties dans trois bâtisses, dont un joli mas restauré d'une capacité de 4 chambres, au milieu d'un petit parc arboré et fleuri.

Les petits plus : un restaurant d'appoint, un parking privé, gratuit, et une piscine. Le bus n°61 s'arrête à proximité (arrêt Beaulieu).

OÙ SE RESTAURER

Les Arcenaulx (☎ 04 91 59 80 30, 25 cours d'Estienne-d'Orves ; plats 17-34 €, plat du jour midi 11 €, formules 20/24 €, menus 25/45 €, menu enfant 10 € ; ouvert tlj sauf dim). Les notables marseillais y ont leurs habitudes. Il faut dire que le cadre impressionne : on prend place dans un superbe lieu chargé d'histoire (l'ancien arsenal des galères de Louis XIV), dans une salle rustique, feutrée, agrémentée de bibliothèques. Dans l'assiette, on dégustera une cuisine classique, à base de poisson ou de viande.

Bobolivo (☎ 04 91 90 20 68, 29 rue Caisserie ; plats 10-15 €, menu 9 € le midi ; fermé dim, lun, mar soir et sam midi). En retrait du Vieux-Port, le Bobolivo séduit par sa décoration hétéroclite et ses éclairages tamisés. Au menu : des spécialités méditerranéennes aux subtiles saveurs.

Toinou (☎ 04 91 33 14 94, 3 cours Saint-Louis ; plateaux fruits de mer 10/13/19 € ; ouvert tlj midi et soir). Toinou, en plein centre-ville, à quelques mètres de la Canebière, est une institution marseillaise. Credo de la maison : les fruits de mer, et encore les fruits de mer, d'une fraîcheur absolue, à savourer dans un décor lumineux. Entre le "plateau du pirate", le "plateau dégustation" et le "plateau royal", vous trouverez assurément votre bonheur.

Le Sud du Haut (☎ 04 91 92 66 64, 80 cours Julien ; plats 13,50-22 € ; ouvert mer-ven soir et sam midi et soir). Une vraie petite merveille que ce restaurant de bonne tenue, sur le cours Julien. Le décor fait très bonne impression : on s'installe dans une salle aux couleurs du soleil, agrémentée de bibelots savamment dépareillés. La cuisine est en adéquation avec le lieu : inventive, tout en nuances et joliment composée, elle fait la part belle aux spécialités de la région.

Le Jardin d'à Côté (☎ 04 91 94 15 51, cours Julien ; plats 7-13 €, plat du jour 8 € ; ouvert lun-sam le midi, lun-sam midi et soir fin juin-fin sept). De l'autre côté du cours Julien, ce restaurant convivial est une bonne halte pour le déjeuner. La cuisine est honnête (cassolette de volaille au romarin, onglet à l'échalote, lasagnes à la brousse) et les tarifs, dans la moyenne. Aux beaux jours, la terrasse est très prisée.

Chez Jeannot (☎ 04 91 47 01 34, 129 Vallon des Auffes ; plats 6-34 € ; fermé dim soir et lun, fermeture annuelle fin déc-15 janv). Les pizzas de chez Jeannot, on s'en souvient… La pâte est épaisse et onctueuse à souhait. À en juger par la "Figatelli", les garnitures sont succulentes. L'établissement sert aussi des plats de pâtes, de viande et des coquillages. L'intérieur n'a rien d'exceptionnel mais le restaurant se niche dans le cadre magique du vallon des Auffes.

L'Épuisette (☎ 04 91 52 17 82, 138 Vallon des Auffes ; plats 25-45 € ; fermé sam midi, dim soir et lun). L'adresse chic et charme pour se régaler d'une bouillabaisse, d'une bourride (45 €) ou d'un plat de poisson, style pavé de turbot grillé ou tian de rougets de roche, dans le cadre ravissant du vallon des Auffes. La salle de restauration est au ras des flots, ce qui ne gâche rien.

504 Restaurant Familial (☎ 04 91 33 57 74, 34 place aux Huiles ; plats 11-22 € ; ouvert tlj midi et soir). À une encablure du Vieux-Port, le 504 plaît par son décor, résolument oriental et élégant, qui mérite un satisfecit. On se croirait parachuté dans un riad de Marrakech… Côté cuisine, on repart content, grâce à des tajines et des couscous faits dans les règles de l'art.

L'Art et les Thés (☎ 04 91 14 58 71, 2 rue de la Charité ; plats 9-11 €, formules 11/14 € ; ouvert lun-sam midi). Campons le décor : le complexe de la Vieille Charité, une belle salle voûtée en pierre, une ambiance paisible et, aux beaux jours, une terrasse. La cuisine servie est légère, parfumée et inventive, et les tarifs sages. Morceaux choisis : tarte provençale, moussaka d'aubergine, gnocchis au pistou. L'après-midi, on peut commander des boissons.

Sur le Pouce (☎ 04 91 56 13 28, 2 rue des Convalescents ; plats 4-7 € ; ouvert tlj midi et soir). Allez donc un peu vous encanailler du côté de Belsunce… Sans risque, bien sûr. Ce modeste établissement tunisien sert des spécialités "de là-bas" à des tarifs défiant toute concurrence. Où donc iriez-vous manger un couscous pour à peine 5 € ? La clientèle, mélangée, rassemble gens du quartier, étudiants et employés de la Canebière.

La Fabrique *(☎ 04 91 91 40 48 ; plats 10-13 €, menu 22 € ; ouvert jeu-sam 19h-2h et dim 13h-2h).* Derrière l'hôtel de ville, à deux pas du musée des Docks romains, La Fabrique réserve de bonnes surprises, à commencer par le décor et l'atmosphère – un univers original, un brin décalé, avec des fauteuils, des canapés façon lounge, des tables basses, des éclairages adoucis et, certains soirs, un DJ. La cuisine, que l'on qualifiera de "fusion", laisse un souvenir agréable. La carte, toute menue, change chaque semaine. Signalons le brunch du dimanche (9,50 €), servi entre 13h et 19h.

La Grotte *(☎ 04 91 73 17 79, 1 av. Pébrons ; plats 7-23 € ; ouvert tlj midi et soir, sauf vacances de Noël week-end seulement).* Le centre de Marseille est loin, très loin… vous êtes déjà dans l'univers des calanques, à Callelongue. Une bâtisse bien rénovée accueille les convives venus se régaler, entre amis ou en famille, dans un décor rustique assez réussi, de pizzas, de poisson, de viande ou de pâtes. Les tarifs restent raisonnables, mais la maison force la note sur les boissons.

OÙ SORTIR

Café Parisien *(☎ 04 91 90 05 77, 1 place Sadi-Carnot ; ouvert 4h-21h lun-mer, 4h-24h le week-end, fermé dim après-midi).* À classer parmi les incontournables, le Café Parisien joue la carte du branché dans un décor inspiré en droite ligne de la Belle Époque, avec force colonnes, moulures et grandes glaces. Le lieu organise régulièrement des expositions et diverses soirées à thème.

La Part des Anges *(☎ 04 91 33 55 70, 33 rue Sainte ; ouvert lun-sam 9h-2h, dim 18h-2h).* Voici un bar à vin bien agréable, où il fait bon se poser ou se reposer devant un bon verre (beaucoup de références) et une collation. La clientèle est plutôt intellobranchée.

La Caravelle *(☎ 04 91 90 36 64, 34 quai du Port ; ouvert tlj 9h-2h).* Ce bar a toutes les chances de devenir rapidement votre lieu fétiche à Marseille. À juste titre : le décor, un peu décati mais plein de charme, évoque un intérieur de bateau. Le plus : un apéro-tapas (à partir de 4 €), en fin d'après-midi, face au Vieux-Port, confortablement installé. Des concerts de jazz sont régulièrement donnés en fin de semaine. L'établissement se trouve à hauteur de l'hôtel Bellevue, au 1er étage.

Web Bar *(☎ 04 96 11 65 11, 114 rue de la République ; ouvert tlj 10h-2h).* Le dernier-né de la Marseille branchée… Il fallait oser : imaginez une salle très spacieuse, façon hangar réaménagé, à l'extrémité de la rue de la République, en direction de la Joliette. Le concept semble avoir pris, si l'on en juge par la fréquentation. Expositions, concerts et soirées DJ s'y succèdent.

L'Intermédiaire *(☎ 04 91 47 01 25, 63 rue Jean-Jaurès ; ouvert lun-sam).* L'ambiance caf'conc est de mise à l'Intermédiaire, une adresse obligée pour tous ceux qui veulent écouter des groupes régionaux. L'éclectisme règne sur la programmation, du country au reggae, en passant par les musiques électroniques.

Le Trolleybus *(24 quai de Rive-Neuve ; entrée 10 € le sam ; ouvert jeu-sam).* Tout le monde est allé ou ira au Trolleybus, la boîte de nuit incontournable de Marseille, aménagée dans une cave voûtée, prise d'assaut chaque fin de semaine. Les noctambules ont le choix entre trois salles reliées par un couloir, spécialisées dans un style de musique, rock, techno-house-garage et salsa-soul-funk.

COMMENT S'Y RENDRE
Avion

L'aéroport de Marseille Provence (☎ 04 42 14 21 14) se situe à Marignane, à 25 km au nord-ouest de la ville. Un bus fait la navette toutes les 20 minutes entre la gare Saint-Charles et l'aéroport, de 6h30 à 22h50 dans le sens aéroport-Marseille et de 5h30 à 21h50 dans le sens Marseille-aéroport (8,10/4,60 € adultes/enfants de 6 à 10 ans, 25 minutes). Des taxis assurent également ce service moyennant 38 € environ.

Train

Le TGV Méditerranée met Marseille à 3 heures de Paris. Comptez environ 80 € l'aller simple. La cité phocéenne est également reliée à de nombreuses autres villes françaises, dont Bordeaux, Lille, Nancy, Nantes, Nîmes, Perpignan et Strasbourg, sans parler des nombreux trains régionaux qui rayonnent jusqu'à Briançon, Nice ou Perpignan.

Bus

La gare routière (☎ 04 91 08 16 40) se trouve à deux pas de la place Saint-Charles, 3 place Victor-Hugo. De là, une quinzaine de compagnies régionales de bus desservent l'ensemble des villes du département, ainsi que les Alpes du Sud (Barcelonnette, Briançon, Digne, Gap), Avignon, Grenoble et Toulon.

COMMENT CIRCULER

La RTM (Régie des transports marseillais) gère les transports en commun de Marseille. Ils se composent de deux lignes de métro, d'un réseau très dense de lignes de bus et d'une ligne de tramway. La gare Saint-Charles est desservie par les deux lignes de métro. Dès votre arrivée, procurez-vous le plan de poche de la RTM, disponible à l'office du tourisme, dans les stations de métro ou à l'Espace Infos (☎ 04 91 91 92 10), 6 rue des Fabres, entre 7h et 18h30. Des stations de taxis sont installées à tous les endroits "stratégiques" du centre-ville.

Pour les îles du Frioul et le château d'If, des navettes sont assurées à partir du quai des Belges par le GACM (Groupement des armateurs côtiers marseillais ; ☎ 04 91 55 50 09).

Aubagne et la Sainte-Baume

Jouxtant la périphérie est de Marseille, Aubagne est une localité dynamique de plus de 40 000 habitants, dominée à l'est par les premiers contreforts du massif de la Sainte-Baume et au nord par le Garlaban. Ce secteur a largement inspiré Marcel Pagnol.

RENSEIGNEMENTS

L'office du tourisme d'Aubagne (☎ 04 42 03 49 98, fax 04 42 03 83 62, ot.aubagne@visitprovence.com, www.aubagne.com), av. Antide-Boyer, ouvre tous les jours, de 9h à 12h et de 14h à 18h (de 9h à 18h en juillet-août).

AUBAGNE

Aubagne doit sa notoriété à Marcel Pagnol, qui y naquit en 1895. Une partie du patrimoine touristique de la ville repose d'ailleurs sur cette filiation. Vous pourrez ainsi visiter le **Petit Monde de Marcel Pagnol** (*esplanade Charles-de-Gaulle ; entrée gratuite ; ouvert tlj 9h-12h30 et 14h30-18h*), une exposition de santons représentant les principaux personnages de l'œuvre de Pagnol. L'office du tourisme programme des circuits de découverte des sites qui l'inspirèrent et diffuse une carte de sentiers *Sur les traces de Marcel Pagnol*.

Aubagne est également réputée pour son artisanat de **santons**. L'office du tourisme vous donnera la liste des santonniers et céramistes exerçant dans la commune. Quant à la **vieille ville**, typiquement provençale, bâtie en partie sur une butte, elle mérite une visite.

Des bus circulent très fréquemment entre Marseille-Castellane et Aubagne, ainsi que des trains.

LA SAINTE-BAUME

Aux confins des départements des Bouches-du-Rhône et du Var, et à quelques kilomètres seulement à l'est d'Aubagne, le massif de la Sainte-Baume se présente sous la forme d'une impressionnante barre calcaire d'une altitude moyenne de 1 000 m (point culminant : 1 147 m). Le versant sud est aride, alors que le versant nord s'agrémente de superbes étendues forestières. L'ensemble forme une nature sauvage, préservée, loin de l'agitation urbaine. Plusieurs sites valent le coup d'œil, dont la **grotte de la Sainte-Baume**, creusée dans le flanc d'une falaise, qui a longtemps joué un rôle spirituel. Tout proche, le **Saint-Pilon**, du haut de ses 994 m, surplombe un panorama époustouflant.

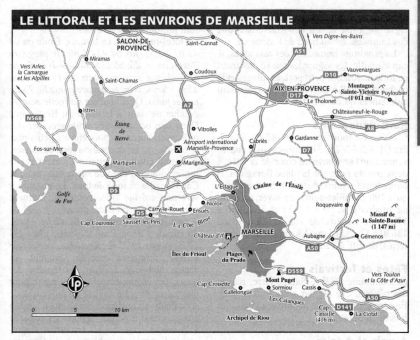

LE LITTORAL ET LES ENVIRONS DE MARSEILLE

La Sainte-Baume se prête également à la **randonnée**. Elle est traversée par le GR9 et le GR98, qui desservent la grotte et le Saint-Pilon. Renseignez-vous auprès de l'office du tourisme d'Aubagne ou de Gémenos.

En voiture, à partir d'Aubagne, rejoignez **Gémenos**, une localité qui mérite le qualificatif de pittoresque. De là, suivez la D2, qui sinue au milieu de massifs verdoyants, passe devant le **parc de Saint-Pons**, havre de fraîcheur, franchit le **col de l'Espigoulier** (723 m), contourne le **pic de Bertagne** (1 041 m) et rejoint la D80. Traversez ensuite **Plan-d'Aups**, dépassez l'hôtellerie de la Sainte-Baume (d'où part le sentier montant à la grotte et au Saint-Pilon), et bifurquez à gauche en direction de Nans-les-Pins. Prenez la D280 puis la N560 jusqu'à Sainte-Zacharie. Continuez sur 5 km et prenez à gauche la D45a qui vous ramènera dans la D2 et à Gémenos.

De Cassis à La Ciotat

Si les calanques ne se prolongent pas au-delà de Cassis, la portion de littoral comprise entre Cassis et La Ciotat n'est pourtant pas avare de trésors. La magie se prolonge, sous des formes somme toute similaires : falaises et points de vue superbes rythment le parcours. Avec, à chaque extrémité, deux univers que tout oppose : Cassis, opulente et sûre d'elle, et La Ciotat, encore imprégnée d'un glorieux passé industriel.

CASSIS
À 20 km à l'est de Marseille, blottie dans un amphithéâtre montagneux fermé au nord par les calanques et au sud par la stature monumentale du cap Canaille, la falaise la plus haute de France, Cassis (8 000 habitants) déborde de charme, même si, en fin

de semaine, aux beaux jours, ce lieu de villégiature, prisé autant des Marseillais que des touristes, est au bord de l'asphyxie.

La proximité immédiate des calanques, le cap Canaille, les vignobles qui se dessinent en toile de fond, le petit port, les plages et le cachet des ruelles du Vieux Cassis justifient amplement qu'on s'y attarde.

Renseignements

L'office du tourisme (☎ 04 42 01 71 17, fax 04 42 01 28 31, omt-cassis@enprovence.com) se trouve au cœur de la ville, à deux pas du port, sur la place Baragnon. Il ouvre tous les jours, de 9h à 18h, en été (jusqu'à 19h en juillet-août) ; en hiver, du lundi au vendredi, de 9h à 12h30 et de 13h30 à 17h30, le samedi, de 10h à 12h30 et de 13h30 à 17h, ainsi que les dimanche et jours fériés, de 10h à 12h30.

Fêtes et festivals

La commune célèbre Saint Pierre, patron des pêcheurs, le dernier week-end de juin. En septembre, la ville honore ses vignobles lors de la Saint Éloi.

À voir et à faire

Arpentez les quais souvent encombrés du petit port et perdez-vous dans les ruelles de la vieille ville, pleines de cachet. Le château qui surplombe la baie, privé, ne se visite pas. Quant aux plages, vous avez le choix entre celle du Bestouan, en direction des calanques, la plage de la Grande Mer, derrière la digue du port, et la plage de l'Arène, plus au sud.

Cassis est également le point de départ idéal pour explorer les calanques, à pied ou en bateau. Les vedettes sont amarrées au port et pratiquent les mêmes tarifs (de 9,15 à 15 € selon le nombre de calanques). On peut également débarquer à la calanque d'En-Vau (11,50 € l'aller-retour).

Le littoral compte d'excellents sites de plongée, notamment La Pierre à Cassis. Contactez le Centre cassidain de plongée (☎ 04 42 01 89 16).

Où se loger et se restaurer

Destination touristique à part entière, Cassis compte un bon choix de structures d'hébergement et de restauration, mais les tarifs sont plutôt tirés vers le haut.

Hôtel-restaurant Le Jardin d'Émile (*☎ 04 42 01 80 55, fax 04 42 01 80 70, plage du Bestouan ; doubles 61-84/69-100 € en basse/haute saison ; plats 15-19 €, menu 45 € ; fermé mer, fermeture annuelle 2 sem nov et janv*). Quel bonheur que cette adresse de charme, face à la plage du Bestouan ! Dans une belle bastide ombragée par des pins, vous aurez le choix entre 7 petits nids douillets, à la décoration personnalisée, d'un bon confort. Certains donnent sur le jardin, d'autres ont vue sur la mer, avec le Cap Canaille en toile de fond. Le restaurant sert une cuisine fine, goûteuse, joliment présentée, dans un cadre coloré.

Le Clos des Arômes (*☎ 04 42 01 71 84, 10 rue de l'Abbé Paul-Mouton ; plats 11-24 €, menus 19/25 € ; fermé lun, mar et mer le midi, fermeture annuelle janv-fév*). Au centre du bourg, à l'écart du tumulte des quais, cet établissement discret passe pour une valeur sûre. Le registre est provençal, de style daube à l'ancienne, blanquette d'agneau aux pointes d'asperges ou poissons de roche à la crème d'oursin. Le restaurant s'agrémente d'une très agréable terrasse à l'arrière.

Nino (*☎ 04 42 01 74 32, 1 quai Barthélemy ; plats 14-25 €, menu 30 € ; fermeture annuelle 15 déc-fin fév*). Le Nino bénéficie d'un bel emplacement et la baie vitrée ouvre directement sur le port. On se régale de spécialités de poissons.

Auberge de jeunesse La Fontasse (*☎ 04 42 01 02 72 ; nuitée 8 € ; fermée janv-fév*). Cette auberge occupe une agréable bâtisse provençale érigée dans un cadre exceptionnel, en lisière de la forêt de la Gardiole, à 12 km de Cassis, accessible à pied ou en voiture par la D559 (direction Marseille), puis par une route secondaire jusqu'à l'auberge. L'hébergement se compose de dortoirs de 10 lits. La réception ouvre de 8h à 10h et de 17h à 23h.

La Bastidaine (*☎/fax 04 42 98 83 09, bastiden@club-internet.fr, 6b av. des Albizzi ; doubles 61 et 69 € avec petit déj ; ouvert à l'année*). La Bastidaine désigne une chambre d'hôtes de bon aloi, à 1,5 km du centre de Cassis en direction de la gare. La bâtisse, une ancienne ferme vigneronne entièrement restaurée, compte quatre chambres confortables.

De nombreux restaurants occupent les quais, face au port. Méfiez-vous des adresses trop "touristiques", soucieuses avant tout de débit et de rentabilité, qui perdent de leur charme à la moindre affluence.

Comment s'y rendre

De Marseille, plusieurs bus partent chaque jour de la gare routière Saint-Charles ou de la place Castellane.

Au moins 10 à 15 trains circulent quotidiennement entre Marseille et Cassis (environ 25 minutes). À Cassis, la gare SNCF se situe à un peu plus de 3 km du centre-ville, mais elle est desservie par les bus urbains.

DE CASSIS À LA CIOTAT : LA ROUTE DES CRÊTES

Entre Cassis et La Ciotat, la route des Crêtes (D141) déroule quelque 12 km de panoramas exceptionnels, du haut des plus hautes falaises de France, voire d'Europe. Cette route étroite et sinueuse est jalonnée de belvédères, spécialement aménagés pour jouir du fantastique panorama. Vous serez littéralement suspendu entre ciel et mer.

De Cassis, la route part sans ménagement à l'assaut du belvédère de Canaille, à plus de 340 m en à-pic au dessus de l'eau, d'où le regard embrasse toute la baie de Cassis ; au loin, l'île de Riou, vous coupera le souffle. La route longe ensuite les falaises de Soubeyran, qui culminent à 394 m, avant d'entamer la descente sur La Ciotat, dont on distingue le magnifique golfe ainsi que les superstructures des chantiers navals.

LA CIOTAT

À mi-chemin entre Marseille et Toulon, et à 11 km à peine à l'est de sa pimpante voisine Cassis, La Ciotat (31 000 habitants) est une ville à la croisée des chemins. Après avoir longtemps vécu au rythme des chantiers navals, qui avaient assuré sa prospérité et forgé son identité depuis 1836, elle a subi de plein fouet la crise de ce secteur. Bien que désormais inutiles, ces superstructures trônent toujours sur la rive ouest du vieux

port, attendant qu'on statue sur leur sort, et rappellent au visiteur cette glorieuse aventure industrielle aujourd'hui révolue.

Aujourd'hui, cette ville économiquement blessée doit tourner la page et s'inventer un autre destin. Ainsi, elle mise sur son patrimoine touristique et ses atouts naturels, que son orientation industrielle avait quelque peu mis en veilleuse. Dans ce domaine, elle ne doit avoir aucun complexe, car elle soutient largement la comparaison avec ses consœurs du littoral.

La Ciotat s'enroule autour d'un magnifique golfe, ourlé de plages, et délimité, au sud, par un cap au caractère sauvage, le cap de l'Aigle, percé de calanques. À quelques minutes du rivage, l'Île Verte est un site d'excursion fréquenté.

La Ciotat, berceau de la pétanque et du cinéma

La pétanque a vu le jour à La Ciotat. En 1910, Jules Lenoir, un Ciotadain perclus de rhumatismes, ne pouvait plus jouer au jeu provençal (les boules), qui impose de faire trois pas avant de tirer ou pointer. On lui accorda alors le droit de jouer "pié tanqués", c'est-à-dire les pieds immobiles – d'où le nom de pétanque. D'autres joueurs suivirent son exemple et la pétanque se développa. Elle se joue sur un terrain plus court (environ 10 m) que le jeu provençal ou "longue" (de 15 à 21 m). Le petit musée de la Pétanque (☎ 04 42 08 08 88) retrace l'histoire du jeu de boules de 1910 à nos jours.

Le premier film jamais réalisé a été projeté en 1895 à La Ciotat. Originaires de Lyon, les frères Lumière, séduits par la luminosité de La Ciotat, y achetèrent une propriété dans laquelle ils se rendirent fréquemment pour mettre au point le cinématographe et tourner leurs premiers films. Le 21 septembre 1895, ils projetèrent dans leur résidence *L'Arrivée d'un train en gare de La Ciotat*. Le cinéma était né !

Renseignements

L'office du tourisme (☎ 04 42 08 61 32 ou 04 42 08 43 80, fax 04 42 08 17 88, touris-meciotat@free.fr) se situe au début du bd Anatole-France, au bout du vieux port, près de la gare routière. Hors saison, il ouvre du lundi au samedi, de 9h à 12h et de 14h30 à 18h. De juin à septembre, il est ouvert du lundi au samedi, de 9h à 20h, et le dimanche, de 10h à 13h.

À voir et à faire

Le vieux port ne manque pas de charme. Dominé à l'ouest par les chantiers navals, il présente malgré tout une physionomie très traditionnelle avec ses multiples pointus (barques) sagement alignés le long de la rive est (quai du Général-de-Gaulle et quai Ganteaume). La vieille ville, attenante au quai, partiellement piétonnière, est formée d'un lacis dense d'étroites venelles et de jolies places d'allure très méditerranéenne. De beaux **hôtels particuliers** ponctuent le parcours, notamment dans la rue Adolphe-Abeille.

Parmi les monuments significatifs, on retiendra l'**église Notre-Dame de l'Assomption**, quai Ganteaume, face au vieux port (début XVIIᵉ siècle), au style très sobre, et la **chapelle des Pénitents bleus** (1626), sur l'esplanade du 8-Mai-1945, aménagée aujourd'hui en lieu d'exposition et de culture, remarquable par son clocher octogonal. Traversez la vieille ville jusqu'à la place Esquiros, où se dresse la **chapelle des Pénitents noirs** (1630), dont l'architecture est typique de la Contre-Réforme.

Au bout du vieux port, l'ancien **hôtel de ville**, remarquable à son beffroi, date de 1864 et abrite un petit musée consacré à l'histoire de la ville.

Le **port de plaisance** s'étire le long du boulevard Anatole-France, au sud de la vieille ville.

Plages. La ville est généreusement dotée de plages. Celles-ci s'étendent au nord-est, après le port de plaisance, le long des avenues Franklin-Roosevelt et Beaurivage. Puis se succèdent la plage des Capucins, la plage Cyrnos, la plage Lumière et la Grande Plage,

de sable. Des plages de galets tapissent les calanques du Mugel et de Figuerolles.

Île Verte. Au large du cap de l'Aigle, et à moins de 10 minutes en bateau du vieux port, cette île boisée – fait plutôt rarissime dans le secteur – est le principal site d'excursion de La Ciotat, idéal pour un pique-nique. Dans ses plus grandes dimensions, elle affiche une longueur de 430 m pour une largeur de 260 m.

Du vieux port, des rotations régulières sont assurées le week-end à partir de Pâques et tous les jours en saison estivale (6/3 € l'aller-retour adulte/enfant).

Calanques. Les fantastiques falaises qui ourlent le littoral entre Cassis et La Ciotat se terminent au cap de l'Aigle, immédiatement au sud de la ville (derrière les chantiers navals).

Deux superbes sites, à quelques minutes du centre-ville, apparaissent de part et d'autre de ce cap. Il s'agit de la **calanque de Mugel** et de la **calanque de Figuerolles**, des havres de paix accessibles à pied, respectivement par l'avenue du Mugel et l'avenue de Figuerolles, ou en bateau lors d'une promenade en mer depuis le vieux port (en saison uniquement ; 9,15 €, 45 minutes). On peut coupler cette visite avec celle des calanques de Cassis-Marseille.

Ces calanques n'ont pas la même nature géologique que celles de Marseille et de Cassis. Elles se composent d'un conglomérat de galets, de couleur rougeâtre, appelé *poudingue*.

Plongée. Plusieurs centres de plongée organisent des sorties en mer pour tous les niveaux, à la découverte de la baie de La Ciotat. Passant pour l'un des plus attractifs, le site **Les Rosiers** se trouve au large de l'Île Verte. Il s'agit d'un haut fond percé d'une faille, démarrant à -14m et descendant jusqu'à -40m.

Vous pourrez vous adresser à Plongée Passion (☎ 04 42 08 94 13), Plongée 2000 (☎ 04 42 71 93 02), Plongée Loisir Méditerranée (☎ 04 42 08 45 04), GPES (☎ 04 42 08 20 59) ou L'Atelier Bleu (☎ 04 42 08 07 67).

Où se loger et se restaurer

La Ciotat compte plusieurs hôtels, sans caractéristique particulière. L'office du tourisme vous en remettra la liste.

RIF – République indépendante de Figuerolles *(☎ 04 42 08 41 71, fax 04 42 71 93 39, gregory.reverchon@wanadoo.fr, www.figuerolles.com, calanque de Figuerolles ; 37 € pour deux en chambre d'hôtes, 67 € en bungalow, 130 € en studio ; plat du jour 12,50 € ; ouvert tlj en saison, fermé mar-mer en hiver).* Hors des sentiers battus, niché dans le cadre agréable de la calanque de Figuerolles, cet hôtel-restaurant offre le choix entre des chambres d'hôtes, des bungalows et des studios. Le restaurant prépare des spécialités russes en hiver et méditerranéennes en été. De nombreux restaurants et pizzerias sans prétention, dotés d'agréables terrasses, longent les quais.

Comment s'y rendre

De Marseille, plusieurs bus de la société Cartreize partent chaque jour de la gare Saint-Charles ou de la place Castellane pour la gare routière de La Ciotat (☎ 04 42 08 41 05) *via* Cassis et/ou Aubagne. Comptez 4 €.

Au moins 10 à 15 trains circulent quotidiennement entre Marseille et La Ciotat (environ 30 minutes, 6 €). À La Ciotat, la gare SNCF se trouve à 5 km du centre-ville mais elle est desservie par les bus urbains.

Côte Bleue

L'ouest de Marseille, jusqu'au golfe de Fos, est traditionnellement associé à des visions d'usines, de raffineries et de bourgades sans charme. La réalité est bien plus nuancée. S'il est vrai que l'intérieur des terres et les abords de l'étang de Berre sont défigurés par des installations industrielles, la portion de littoral s'étendant entre l'Estaque et Carro, appelée Côte Bleue, déroule quelque 25 km de paysages pittoresques et sauvages, que n'entache aucune de ces hideuses constructions.

La Côte Bleue présente un riche répertoire paysager, fait de criques adossées aux falaises, de petits ports de pêche, de plages et de stations balnéaires.

La préservation de cette partie du rivage est due au relief ; la côte est en effet protégée par une chaîne aride et rocailleuse, qui s'étire parallèlement au littoral, la chaîne de l'Estaque, dont l'altitude varie entre 200 et 280 m. Elle joue le rôle d'un contrefort naturel, rempart infranchissable contre l'urbanisation massive et le développement industriel. Elle a d'ailleurs été rendue célèbre par les peintres impressionnistes, fauves et cubistes, notamment Cézanne, Braque, Derain et Dufy, qui appréciaient les jeux de la lumière sur son modelé de calcaire. De l'Estaque à La Redonne, le littoral, abrupt, égrène des falaises creusées de petites calanques ; de Carry-le-Rouet à Carro, il s'adoucit progressivement, laissant la place à des plateaux peu élevés où s'interposent ports et plages.

Ce secteur privilégié est très facilement accessible de Marseille. On appréciera sa quiétude, son ambiance et son cadre naturel. Comparée au bord de mer près de Cassis, la Côte Bleue passe pour un lieu de villégiature plus familial et populaire.

RENSEIGNEMENTS

Contactez l'office du tourisme d'Ensuès-la-Redonne (☎ 04 42 44 80 34), 4 av. du Général-Montsabert, au village d'Ensuès, de Carry-le-Rouet (☎ 04 42 13 20 36), av. Aristide-Briand, à l'Espace Fernandel, ou celui de Sausset-les-Pins (☎ 04 42 45 60 65), 16 av. du Port. Renseignez-vous au préalable sur leurs heures d'ouverture.

Carro et La Couronne faisant partie de la commune de Martigues, adressez-vous à l'office du tourisme concerné (voir la section *Martigues*).

À VOIR ET À FAIRE

Peu après l'Estaque, le petit bourg du **Rove** se perche au cœur de la chaîne de l'Estaque. On y fabrique encore la célèbre brousse, un fromage au lait de chèvre. De là, il faut plonger vers la mer, plein sud, par la D48, jusqu'aux calanques de **Niolon** et de **La Vesse**, très escarpées, qui semblent oubliées du temps.

Sertie dans un magnifique écrin de calcaire tacheté de pins et de garrigue, la commune d'**Ensuès-la-Redonne** possède un charme incontestable. Plutôt étendue, elle est éclatée en plusieurs hameaux. Du village central, Ensuès, sur le plateau, il faut gagner le littoral, distant d'environ 3 km, où se blottissent dans des échancrures calcaires taillées à la serpe les magnifiques calanques de la **Madrague de Gignac**, **La Redonne** (que surplombe la petite gare SNCF), **Les Figuières** et enfin **Méjean**, la plus orientale, divisée en Petit Méjean et Grand Méjean. Cabanons et barques de pêche leur confèrent un aspect traditionnel et garantissent le dépaysement. On a peine à s'imaginer que la deuxième ville de France et que le troisième port d'Europe ne sont qu'à quelques kilomètres ! En voiture, la prudence est de mise, car les dénivelés atteignent près de 20% ; les routes, très étroites, nécessitent par endroit une circulation alternée.

Après Ensuès, la chaîne de l'Estaque s'adoucit et présente un relief moins tourmenté. **Carry-le-Rouet** est une agréable station balnéaire, autoproclamée "perle de la Côte Bleue", ce qui pourrait s'avérer n'était la haute tour moderne qui se dresse au-dessus du bourg. L'acteur Fernandel, manifestement séduit par le cadre, élut domicile dans cette localité. Le week-end, les Marseillais s'y rendent en masse pour profiter de ses agréments et de ses plages, dont celle du Rouet, à l'est (sable), celle du cap Rousset, la "plage Fernandel", à l'entrée du port, et la plage de la Tuilière, vers Sausset. Au cours des trois premiers dimanche de février, on fête l'oursin lors des *oursinades* (dégustation d'oursins). Signalons encore l'existence d'un parc marin, proche du port, où toute forme de pêche est interdite. Des découvertes marines guidées sont proposées en saison (☎ 04 42 45 45 07). Munissez-vous d'un masque et de palmes ou de chaussures en plastique.

La route gagne ensuite **Sausset-les-Pins**, autre lieu de villégiature, organisé autour de son port de plaisance et du front de mer. Cette partie du littoral, vers l'ouest, dépourvue de calanques et de falaises, s'ourle d'anses sablonneuses. Viennent ensuite **La Couronne**, réputée pour ses plages de sable (Sainte-Croix, Verdon et Tamaris), très fréquentées l'été, puis **Carro**, un agréable hameau avec des airs de bout du monde, petit port de pêche toujours actif dont la physionomie n'a guère changé depuis le siècle dernier. Le matin, ne manquez pas la criée. Les environs immédiats de Carro, bien exposés aux vents dominants, sont un spot de planche à voile bien connu.

Plongée
Plusieurs centres de plongée proposent des baptêmes pour les débutants, des plongées exploration à la découverte des sites au large de la Côte Bleue pour les confirmés (et même jusqu'au phare du Planier), ainsi que des formations.

À Carry-le-Rouet, contactez Aqua Evasion (☎ 04 42 45 61 89), un centre très moderne qui assure également un service d'hébergement, ou le Club subaquatique de Carry-le-Rouet (☎ 04 42 44 74 57). À Sausset, contactez Côte Bleue Plongée (☎ 04 42 45 42 42).

La configuration de la côte se prête très bien au snorkeling (plongée avec masque, palmes et tuba).

Randonnée
Il existe d'excellentes possibilités de randonnée, dont le sentier du littoral, entre La Redonne et l'Estaque, qui dévoile des paysage superbes. Contactez les offices du tourisme du secteur pour de plus amples renseignements.

Promenades en mer
Du Vieux-Port de Marseille, la société GACM (☎ 04 91 55 50 09), installée sur le quai des Belges, organise des minicroisières à la découverte du port autonome et des calanques de la Côte Bleue, jusqu'à Carry-le-Rouet, en juillet-août uniquement (19 € par personne, 4 heures).

En saison, Carry-le-Rouet est également un point de départ pour la visite des calanques de la Côte Bleue en bateau. La société Albatros Côte Bleue (☎ 04 42 44 57 23) propose divers circuits ; celui de

3 heures inclut la Côte Bleue, la rade de Marseille et l'archipel du Frioul (20 €) ; celui de 1 heure se limite aux calanques de la Côte Bleue (10 €).

OÙ SE LOGER ET SE RESTAURER

La Côte Bleue étant touristique, les structures d'hébergement et de restauration abondent dans chacune de ses bourgades. Contactez les offices du tourisme respectifs pour la liste complète des prestataires. De nombreux campings sont aménagés en bord de plage à La Couronne.

Auberge du Mérou (☎ 04 91 46 98 69, *calanque de Niolon ; doubles 39 € ; restauration : plats 12-21 €, menus 17 € en sem, 25/31 €*). Point fort de cette auberge : une jolie vue. Côté cuisine, on savourera surtout des spécialités de la mer (poulpes en daube provençale, marmite du pêcheur, etc.), derrière la grande baie vitrée ouvrant sur la calanque en contrebas.

Le Mange-Tout (☎ 04 42 45 91 68, *calanque de Méjean, Ensuès-la-Redonne ; plats 10-19 € ; horaires variables selon saison, fermeture annuelle déc-janv*). Les Marseillais aiment s'attabler à la terrasse de cet établissement simple et familial, spécialisé dans les produits de la mer.

COMMENT S'Y RENDRE
Train

La Côte Bleue est desservie par la ligne Marseille-Miramas. Aménagée en corniche le long du littoral, elle traverse de nombreux ouvrages d'art – tunnels, ponts, viaducs – et ménage de magnifiques points de vue sur la "grande bleue".

Le train fait halte à l'Estaque, Niolon, La Redonne-Ensuès (des microgares automatisées), Carry-le-Rouet, Sausset-les-Pins et La Couronne, puis continue jusqu'à Martigues et Miramas. De 4 à 8 trains quotidiens circulent, selon les jours. Renseignez-vous auprès de la SNCF pour les horaires et les tarifs.

Bus

Un service de bus relie Marseille (gare routière) à quelques localités de la Côte Bleue, mais il se révèle peu commode pour les visiteurs. Le bus s'arrête au Rove, Ensuès village et Carry. Pour plus d'informations, appelez la gare routière de Marseille (☎ 04 91 08 16 40).

Martigues et l'étang de Berre

Martigues est prise en sandwich entre l'étang de Berre, au nord, et la chaîne de l'Estaque et la Méditerranée, au sud. Cette localité de 45 000 habitants, à environ 40 km à l'ouest de Marseille, réussit un exploit peu commun : celui de se voir qualifiée de "Venise provençale" tout en étant littéralement cernée par un bataillon de complexes industriels parmi les plus importants de France.

Quel contraste entre les superstructures pétrochimiques qui hérissent les berges de l'étang de Berre et le cachet intime du centre-ville !

Ville aux multiples influences, Martigues se plaît à dérouter le visiteur. Probablement parce qu'elle occupe une position charnière, entre la mer et le plus grand étang de France, entre les espaces sauvages de la Côte Bleue et ceux voués à l'industrie, entre la Provence de Pagnol et les premières influences de la Camargue .En tout cas, elle mérite son surnom. La ville est en effet posée sur l'eau et son centre, que pourfendent quelques canaux, a des airs de cité lacustre. On appréciera son charme, les jeux de lumière sur les façades pastel et son architecture typique.

ORIENTATION

Martigues se compose de trois entités distinctes, qui ont conservé chacune leur identité. Au sud s'étend le quartier de Jonquières, au nord celui de Ferrières. Entre les deux se situe l'Île, reliée aux deux autres parties de la ville par un pont. Les trois quartiers ont été réunis en 1581.

RENSEIGNEMENTS

L'office du tourisme (☎ 04 42 42 31 10, fax 04 42 42 31 11, ot.martigues@visitpro-

BOUCHES-DU-RHÔNE

La poutargue, le "caviar de Martigues"

La spécialité culinaire martégale est la poutargue. Il s'agit d'œufs de muges (mulets) salés, pressés entre des pierres et séchés, que l'on peut déguster en apéritif. Son goût prononcé ne laisse pas indifférent : on aime ou on déteste.

Aujourd'hui, elle n'est plus produite que par une poignée de pêcheurs qui, chaque année, entre juin et novembre, déploient un *calen*, un immense filet tendu entre les deux rives du canal Galiffet, pour capturer les muges qui évoluent entre l'étang de Berre et la Méditerranée.

De plus en plus, on importe cette spécialité de Mauritanie.

vence.com, www.martigues.com), 2 quai Paul-Doumer, ouvre en été de 9h à 19h, du lundi au samedi, de 9h à 13h et de 15h à 19h les dimanche et jours fériés ; en hiver, de 9h à 18h30, du lundi au samedi, et de 9h à 13h, les dimanche et jours fériés.

FÊTES ET FESTIVALS

En février-mars, ne manquez pas les oursinades, au cours desquelles on fête l'arrivée des oursins, qui figurent alors sur la carte de tous les restaurateurs.

En juillet et en août, les sardines sont à l'honneur au cours des *sardinades* (dégustation de sardines). De juin à août, vous pourrez assister aux joutes provençales, sur le canal de Baussengue, au cœur de la ville.

Le Festival de Martigues-Théâtre des cultures du monde est l'une des principales manifestations du département. Il se déroule fin juillet-début août et rassemble des chorégraphes, des danseurs, des musiciens et des chanteurs des cinq continents.

À VOIR ET À FAIRE

Martigues se prête à merveille à la flânerie. Commencez votre parcours dans le quartier de Jonquières, au sud. Sur le quai Alsace-Lorraine, l'**église Saint-Geniès** (1625) se distingue par sa façade classique, animée de la statue de Gérard Tenque, né à Martigues en 1040, qui fonda l'ordre des hospitaliers de Malte.

Accolée à l'église, la **chapelle de l'Annonciade** (XVIIe siècle) s'enorgueillit d'une décoration intérieure particulièrement riche.

Pour rejoindre l'Île, prenez le pont mobile, construit en 1962. Arpentez les venelles de ce quartier si pittoresque, baigné par l'eau. Ne manquez pas l'**église Sainte-Madeleine**, de style baroque du XVIIe siècle, dans la rue de la République, ainsi que le **Miroir aux Oiseaux**, qui désigne la portion du quai Brescon bordée par des maisons de pêcheurs aux façades colorées. Ce site, classé, a nourri l'inspiration de nombreux peintres, en particulier Corot, Loubon, Ziem et Delacroix.

Quittez l'île et gagnez le quartier de Ferrières, au nord. Son principal attrait est le **musée Ziem** (☎ 04 42 41 39 60, bd du 14-Juillet ; entrée gratuite ; ouvert tlj sauf mar 10h30-12h et 14h30-18h30 juil-août, mer-dim 14h30-18h30 sept-juin), installé dans l'ancienne caserne des douanes. Il rassemble des œuvres de ce peintre, ainsi que celles d'autres artistes provençaux. L'art contemporain y a également sa place. Le musée comprend aussi une section archéologie, réalisée à partir des vestiges des fouilles entreprises dans les environs, et présente des ex-voto peints par des marins.

Promenades en mer

De juin à octobre, une vedette offre des sorties en mer au départ de Martigues. Au choix : Côte Bleue (demi-journée, 18,50 €), îles du Frioul (journée) et matinée ou journée de pêche. Appelez l'office du tourisme pour le programme précis et les inscriptions.

Plages

Les plages de Martigues se situent au sud, à La Couronne et à Carro (voir la section *Côte Bleue*).

OÙ SE LOGER ET SE RESTAURER

Les structures hôtelières ne manquent pas à Martigues. Il s'agit essentiellement d'hôtels deux et trois-étoiles. Demandez la liste à l'office du tourisme. Parmi les bonnes tables de la ville, mentionnons :

Les Délices en Provence (☎ 04 42 07 17 87, 1 bd Richaud ; plats 11,50-28 €, menus 18/23/24,50 € ; fermé dim). Salade de la mer, encornets farcis à la sétoise… On l'aura compris : c'est une cuisine régionale que mitonne cet établissement agréable, agrémenté de pierres et de poutres.

Le Miroir (☎ 04 42 80 50 45, quai Brescon ; menus 13,50 € à midi en sem, 19 €, menu enfant 9,15 € ; fermé sam midi, dim soir et lun). Bien situé, au bord de l'eau, Le Miroir compte parmi les adresses de référence à Martigues. Plusieurs salles, aux tons pastel, accueillent les convives. Au menu : poissons de la pêche locale et viandes.

COMMENT S'Y RENDRE

Martigues se trouve sur ligne ferroviaire Marseille-Miramas. La gare SNCF étant excentrée, prenez le bus n°3 qui vous conduira au centre-ville. Des bus relient Martigues à Istres, Aix-en-Provence et Marseille.

ÉTANG DE BERRE

Un rapide tour d'horizon ne laisse planer aucun doute : l'étang de Berre est en grande partie phagocyté par de nombreuses infrastructures industrielles, surtout le long des berges sud. Le nord et l'ouest sont moins touchés.

Parmi les localités proches qui méritent le coup d'œil, on retiendra **Istres** et **Miramas**, au nord-ouest, et plus particulièrement Miramas-le-Vieux, pétri de charme, juché sur une éminence offrant une vue dégagée sur l'étang.

À 5 km de Miramas, **Saint-Chamas** est également un village perché.

Nîmes et ses environs

NÎMES

À la frontière de la Provence et du Langue-doc, à la lisière des Cévennes et de la Camargue, Nîmes, chef-lieu du Gard, se présente comme une ville-carrefour, où les différentes traditions régionales se sont panachées avec bonheur. Sa passion pour le taureau et la corrida, indissociable de son identité, donne lieu chaque année aux férias les plus folles de l'Hexagone. Comble des paradoxes, son passé protestant lui vaut pourtant une réputation d'austérité. Pour s'en faire une idée, une seule solution, s'y rendre sans plus attendre. Louis XIV lui-même fit le déplacement pour admirer ses vestiges antiques : les arènes, omnipré-sentes dans la vie de la cité, mais aussi la Maison carrée, l'un des temples romains les mieux conservés d'Europe. Aujourd'hui leur répondent les lignes harmonieuses du Carré d'Art, superbe réalisation contempo-raine, symbole du dynamisme culturel nîmois, qui semble avoir fait de l'art moderne son cheval de bataille depuis une vingtaine d'années.

Histoire

Nîmes serait née aux alentours du Ve siècle av. J.-C. près d'une source sacrée située sur le versant sud du mont Cavalier, halte de fraîcheur en zone aride. Ses eaux sont dédiées à Némoz ou Nemausus, divinité des eaux curatives. Ce n'est à l'époque qu'un gros bourg fortifié, un *oppidum*, capitale des Volques Arécomiques, peuple celte ins-tallé dans le Languedoc. Nîmes devient colonie romaine vers 19 av J.-C. L'activité commerciale est florissante, la ville frappe monnaie et des monuments de prestige sont érigés. La cité s'entoure de remparts et devient l'une des villes les plus importantes de la Gaule romaine. La *Colonia Augusta Nemausus* donnera même naissance à un empereur du IIe siècle, Antonin. Durant l'occupation des Wisigoths et des Francs, le déclin économique provoque le départ d'une partie de ses habitants. La ville se

À ne pas manquer

- À Nîmes, la Maison carrée, un temple romain exceptionnellement conservé, et le Carré d'Art, son pendant contemporain

- Nîmes pendant la féria de Pentecôte ou celle des Vendanges, moins touristique

- Aborder le pont du Gard depuis la rive droite et visiter la Grande Expo

- Marcher sur le GR6 le long du Gardon

- Flâner sur la place aux Herbes d'Uzès et dans ses ruelles adjacentes

- Arpenter la vieille ville de Beaucaire

concentre autour des arènes, qui servent de refuge en cas d'attaque. La ville est ratta-chée au royaume de France après la croi-sade contre les Albigeois, en 1229. À la Renaissance, la vigne, l'élevage et la fabrique de laine lui donnent un nouvel élan. Sous l'influence des idées de Luther, diffusées dès 1530 dans la bourgeoisie et la magistrature, Nîmes et les Cévennes deviennent un bastion du protestantisme en France. La cité subit alors les aléas des guerres de Religion. Des catholiques sont massacrés lors de la "Michelade" du 29 sep-tembre 1567 ; les huguenots se soulèvent contre le roi de 1621 à 1629 ; et la révoca-tion de l'Édit de Nantes en 1685 compromet le développement de la ville. Écartée des charges politiques pour des raisons reli-gieuses, la bourgeoisie nîmoise se tourne vers l'activité commerciale. Au XVIIIe siècle, les fabriques de soie prennent le relais de la laine et exportent vers tout le bassin méditerranéen. Au XIXe siècle, la confection de gants, tissus et châles offrent de nouveaux débouchés économiques. Les fameux motifs cachemires des *indiennes* font la réputation des imprimés nîmois, et

Que faire avec des enfants ?

Nîmes : la visite des arènes et de la Maison carrée ; les ateliers du Carré d'Art

Pont du Gard : consacrer au moins une demi-journée au site et visiter l'Espace Ludo

Descente en eaux vives et balades : descendre le Gardon en canoë depuis Collias jusqu'au pont du Gard. Suivre aussi une partie du tronçon du GR6 qui suit le Gardon et s'initier à l'escalade

Aigles et chevaux : admirer les aigles à l'intérieur de la forteresse de Beaucaire et visiter le haras national d'Uzès

Pour les gourmands : le musée du Bonbon Haribo, près d'Uzès

l'arrivée du chemin de fer favorise le développement de la ville, sans en faire pour autant un centre industriel de premier plan.

Orientation

Surnommé "l'écusson" en raison de sa forme, le centre historique est délimité par les boulevards Gambetta, Amiral-Courbet et Victor-Hugo, qui furent tracés à l'emplacement des remparts médiévaux détruits aux XVIIe et XVIIIe siècles. Les jardins de la Fontaine, aménagés sur le versant du mont Cavalier, se trouvent en dehors de l'écusson, au nord-ouest. Percée au XIXe siècle à l'époque du baron Haussman, l'avenue Feuchères relie la gare à la grande esplanade, qui s'ouvre à l'ouest des arènes.

Renseignements

Office du tourisme. L'office du tourisme (☎ 04 66 58 38 00, fax 04 66 58 38 01, www.ot-nimes.fr), 6 rue Auguste, est ouvert du lundi au vendredi de 8h30 à 19h, le samedi de 9h à 19h et le dimanche de 10h à 18h. En juillet et août, il ferme à 20h du lundi au vendredi. Pour information, vous pouvez également consulter www.ville-nimes.fr, le site de la municipalité.

Librairies. Vieilles affiches et livres spécialisés s'achètent à L'été dangereux

(☎/fax 04 66 21 48 11, www.torosbooks. com), 5 rue des Arènes, librairie tauromachique de référence. Plus classique et plus vaste, la librairie Goyard (☎ 04 66 67 20 51, fax 04 66 67 52 06), 34 bd Victor-Hugo, propose un grand choix d'ouvrages, à la fois généraux et régionaux.

Cybercafés. Ouvert de 9h à 1h du matin, le Plug'In (☎ 04 66 21 49 51), 17 rue porte d'Alès, facture 3 € l'heure de connexion.

Fêtes et festivals

La tauromachie est un élément clef pour comprendre Nîmes. La ville compte trois férias : celle de Primavera en février, celle de Pentecôte, créée en 1952, et celle des Vendanges, en septembre (reportez-vous à la section *Taureaux, tauromachie et férias* du chapitre *Présentation de la Provence*). En juillet-août ont lieu les Jeudis de Nîmes : de 18h à 22h, les étals d'un marché provençal se dressent sur les places de la vieille ville, où sont donnés également des concerts. Des spectacles ont lieu régulièrement dans les arènes, même en hiver, quand elles sont couvertes.

Pour plus d'informations sur les manifestations culturelles nîmoises, procurez-vous le *Nîmescope*, bimensuel gratuit, disponible dans tous les lieux publics et chez les commerçants.

À voir et à faire

En vente à l'office de tourisme et dans les musées, une carte valable 3 jours (9,55/ 4,80 €) permet de visiter tous les musées de la ville.

Arènes et amphithéâtre. Construit au Ier siècle, l'**amphithéâtre romain** *(entrée 4,30/3 € ; ouvert tlj 9h-19h en été, 9h-18h en hiver)* est encore au cœur de la vie nîmoise. Lieu des combats de gladiateurs et des jeux du cirque, cette ellipse de pierre de 133 m de long et de 101 m de large pouvait accueillir 24 000 personnes. Aujourd'hui, elle vibre chaque été au gré des corridas et des concerts en plein air. Si l'on peut regretter la détérioration de la pierre, devenue noire faute de restauration, ses deux rangées

NÎMES

OÙ SE LOGER
6 Hôtel Impérator Concorde
9 Royal Hôtel
11 New Hôtel La Baume
20 Hôtel central
25 Cat Hôtel
40 Hôtel de l'Amphithéâtre
44 Hôtel de Provence
46 Hôtel de la Brasserie des arènes
56 Hôtel Majestic

OÙ SE RESTAURER
3 Le Jardin d'Hadrien
4 Pappy Rigoucch
10 Aux plaisirs des Halles
15 L'Ancien Théâtre
22 Bel Ami Café
31 Au Chapon Fin
32 Raphaël's
35 Vintage
36 Chez Jacotte
37 Nicolas
42 Le Lisita
47 Grand Café de la Bourse et du Commerce
53 Les Olivades

OÙ SORTIR
2 La Cantina
5 Haddock Café
16 Café Carré
17 Casa Don Miguel
27 Lulu Club
33 Le 9
34 Le Fresque
39 Le Diagonal
48 Le Queen's beer
51 Brasserie Les 3 Maures

AUTRES
1 Temple de Diane
7 Brandade Raymond
8 Office du tourisme
12 Les halles
13 Carré d'Art
14 Maison carrée
18 Porte d'Auguste
19 Église Saint-Baudile
21 Galerie Philippe Pannetier
23 Maison Villaret
24 Cathédrale Saint-Castor
26 Grand Temple
28 Musée du Vieux-Nîmes
29 L'Huilerie
30 Librairie Goyard
38 Musée d'archéologie
41 Librairie L'été dangereux
43 Bureau de location des arènes
45 Galerie des arènes
49 Arènes, amphithéâtre
50 Abribus Starck
52 Statue de Nimeño II
54 Porte de France
55 Bureau de poste
57 Musée des Beaux-Arts
58 Gare routière

Histoire d'un emblème

Selon la légende, Auguste, victorieux de la flotte de Cléopâtre et de Marc-Antoine en Égypte lors de la bataille d'Actium (31 av. J.-C.), aurait voulu récompenser ses fidèles légionnaires en leur offrant des lopins de terres dans la région de Nîmes. Cet épisode explique l'emblème de la ville retrouvé sur des pièces de monnaie, accompagné de la légende *Col Nem* (pour *Colonia Nemausus*) : un crocodile enchaîné à un palmier sur lequel figure une couronne de lauriers. Tombé en désuétude et remplacé par une tête de taureau, ce symbole fut repris par François Ier en 1535. Plus récemment, en 1985, le designer Philippe Starck a redessiné et simplifié ces armoiries en ôtant le laurier et la chaîne.

de 60 arcades semblent pourtant indestructibles. L'intérieur est un dédale d'escaliers et de galeries, qui permettait l'accès et l'évacuation des spectateurs en un temps record. Esclaves, marchands et magistrats prenaient place dans les gradins en fonction de leur classe sociale.

Au Moyen Âge, les arènes servirent de carrière puis de refuge. Les chevaliers s'y installèrent et l'on note même l'existence d'un "château des arènes", sorte de gros bourg féodal construit dans leur enceinte. Des maisons y furent édifiées. Les premiers gros travaux de déblaiement des vestiges romains ne commencèrent qu'en 1809. En 1813 se tint le premier spectacle taurin dans les arènes. Les représentations évoluèrent peu à peu vers la corrida contemporaine, qui ne naît qu'à la fin du XIXe siècle. En hiver, les arènes sont recouvertes par deux immenses toiles gonflables, structure amovible créée en 1988 par Finn Geibel et Nicolas Michelin. De fin octobre à Pâques, elles se transforment en une salle de spectacle de 7 000 personnes. Attention, le montage dure près de 3 semaines, période durant laquelle les conditions de visite sont modifiées.

Le bureau de réservation des arènes se trouve 4 rue de la Violette. Pour tout renseignement, appelez le ☎ 04 66 02 80 80.

Au sud des arènes, remarquez la statue qui rend hommage à Nimeño II, alias Christian Montcouquiol (1954 – 1991), né à Nîmes, et tenu pour l'un des premiers grands toreros français de renommée internationale. Il fut gravement blessé lors d'une corrida le 10 septembre 1989. Ne pouvant plus combattre, il se suicida en 1991.

Maison carrée. Édifice romain construit probablement entre 3 et 5 ap. J.-C., la **Maison carrée** *(entrée libre ; ouvert tlj 9h-12h et 14h30-19h en été, 9h-12h30 et 14h-18h en hiver)* impressionne par son exceptionnel état de conservation. Ses colonnes à chapiteaux corinthiens, son fronton et ses murs composent un édifice classique, d'une harmonie presque austère.

Ce temple antique est le mieux conservé de France. L'histoire et la reconversion perpétuelle de ce bâtiment unique, au cœur de la ville, explique qu'il ait traversé les âges sans encombre. Les trous que l'on peut encore observer sur le fronton forment une phrase latine. En la déchiffrant pour la première fois, Jean-François Séguier, homme de science nîmois du XVIIIe siècle, découvrit la vocation de l'édifice : il fut construit à la gloire de Caius et Lucius César, petits-fils et fils adoptif d'Auguste, afin de servir le culte impérial. Il dominait alors le forum, au croisement du *cardo maximus* et du *decumanus maximus*, les deux principales artères de la ville. En contrebas, on peut encore voir aujourd'hui les bases des colonnes du portique qui l'entourait. Au XIe siècle, le temple devint la maison où se réunissaient les consuls et on lui adjoint alors une chapelle. Au XVIe siècle, il est racheté par un particulier qui en fait sa maison, avant de la transformer en écuries. On l'appelle alors la Maison carrée : dans le français de l'époque, un carré désignait une forme à 4 angles droits et 4 côtés (un rectangle était défini comme un "carré long"). En 1670, les augustins restaurent le bâtiment pour le convertir en église. On commence alors à s'intéresser à son histoire : les religieux ne touchent pas au mur, ni aux colonnes. Signe des temps puisque quelques années plus tôt, le jeune roi Louis XIV avait même donné l'ordre de le démonter pour le reconstituer à Versailles. Au XVIIIe siècle, au moment où l'on redécouvre la source des jardins de la Fontaine, la Maison carrée intéresse les érudits. Devenue bien public à la Révolution, elle abrite les archives départementales avant de devenir musée des Beaux-Arts en 1824. En 1992, la toiture d'origine de l'édifice fut reconstituée : elle est composée de tuiles plates et de tuiles ondulées, que l'on moulait à la main. L'intérieur du bâtiment n'a que peu d'intérêt, si ce n'est une peinture antique issue d'une maison gallo-romaine du Ier siècle, déblayée aux alentours des jardins de la Fontaine.

Autres vestiges romains. Bassin circulaire de distribution des eaux venant d'Uzès par l'aqueduc romain et le pont du Gard, le **Castellum** est un témoignage archéologique unique sur l'habileté des Romains en matière d'adduction d'eau et de travaux publics, même si le site n'a en soi rien de spectaculaire. Au nord du boulevard Amiral-Courbet, la **porte d'Auguste**, ou porte d'Arles, donne une idée de l'urbanisme nîmois au Ier siècle. Elle faisait alors partie de l'enceinte qui entourait la ville. C'est là que passait la *Via Domitia*, qui reliait Rome à l'Espagne. On peut admirer aujourd'hui 4 de ses arcades, sous lesquelles passaient piétons et voitures à cheval. Au sud de l'écusson, en dehors du centre historique, se dressent la **porte de France**, ou porte d'Espagne, autre vestige de la muraille antique. Elle ne compte qu'une seule arcade.

Musée d'Art contemporain – Carré d'Art. Conçu par l'architecte Norman Foster, également à l'origine de la Shanghai Bank à Hong Kong, le Carré d'Art (☎ *04 66 76 35 70, fax 04 66 76 35 85, place de la*

Art contemporain à Nîmes

Depuis une vingtaine d'année, Nîmes met en avant sa vocation artistique à travers l'espace urbain. Après avoir redessiné les armoiries de la ville, que l'on peut voir sur les pavés de la place du Marché, Philippe Starck, le célèbre designer, relooka les abribus de l'avenue Carnot. La place d'Assas et sa fontaine furent aménagées par l'artiste Martial Raysse. Enfin, sur l'avenue du Général-Leclerc, derrière la gare SNCF, l'architecte Jean Nouvel réalisa, en 1987, Nemausus, un ensemble de logements sociaux dont la forme évoque des paquebots.

La vitalité de l'École des Beaux-Arts, impulsée par le nîmois Claude Viallat, l'un des fondateurs du mouvement support/surface, a entraîné la création de plusieurs galeries. Les férus d'art contemporain pourront par exemple se rendre à la **Galerie des Arènes** (*2 bd des Arènes*), ou à la **galerie-librairie Philippe Pannetier** (☎ *04 66 36 03 11, 2bis place de la Calade*), plus sélective. Enfin, depuis 2000, la foire internationale d'art contemporain **ArteNîm** a lieu chaque année à l'automne au parc des Expositions.

Maison-Carrée ; entrée 4,30/3 € ; ouvert mar-dim 10h-18h) fut inauguré en 1993, à l'emplacement de l'ancien opéra de Nîmes, détruit par un incendie en 1952. Ce superbe bâtiment de verre et de fer, dédié à la légèreté et à la lumière, répond de façon contemporaine à l'harmonie classique de la Maison carrée qui lui fait face.

À la fois médiathèque et musée d'art contemporain, il possède un fonds de 300 œuvres, couvrant la période de 1960 à nos jours. Dédié aux avant-gardes, il met en valeur l'art contemporain du Sud de l'Europe, avec des représentants de l'*Arte Povera* italien ou des mouvements ibériques, mais aussi les courants artistiques français des trente dernières années. La collection compte aussi quelques belles pièces d'artistes anglo-saxons comme Andy Wahrol. D'intéressantes expositions temporaires finissent de faire de ce superbe endroit un lieu incontournable.

De la terrasse de sa cafétéria, vous jouirez d'une vue splendide sur les toits de tuiles nîmois et sur la Maison carrée. À noter également : les ateliers et les visites réservés aux enfants (renseignements au ☎ 04 66 76 35 70).

Jardins de la Fontaine et tour Magne.

Havre de fraîcheur et d'élégance, les jardins de la Fontaine *(entrée libre ; 7h30-18h30 16 sept-31 mars, 7h30-22h 1ᵉʳ avr-15 sept)* furent aménagés en 1745, à l'endroit même de la source qui présida à la création de Nîmes. Du boulevard Alphonse-Daudet, à l'ouest du centre-ville, on y accède par une promenade agréable en suivant les rives ombragées d'un canal. Ses escaliers, ses statues en pierre de Lens, ses bassins et ses faux péristyles baignés par les eaux illustrent l'harmonie classique des jardins à la française sous Louis XV. Ce fut à l'époque l'un des premiers jardins publics d'Europe. Il fut aménagé par Jacques-Philippe Mareschal, un ingénieur militaire et directeur des fortifications de la province du Languedoc. Les travaux d'irrigation ont mis au jour un sanctuaire antique, datant vraisemblablement du Iᵉʳ siècle avant J.-C., construit autour de la source sacrée. Ne manquez pas le beau **temple de Diane**, à gauche de l'entrée principale. Bibliothèque ou lieu de culte, sa fonction reste mystérieuse.

En gravissant le mont Cavalier, aménagé au XIXᵉ siècle, le jardin revêt une apparence plus sauvage. Ourlés de grottes artificielles, les divers chemins qui le gravissent mènent à la **tour Magne** *(entrée 2,30/1,80 € ; ouvert tlj 9h-19h 1ᵉʳ avr-30 sept, 9h-17h 1ᵉʳ oct-31 mars)*, vestige des fortifications qui ceinturaient la ville sur 6 km au temps d'Auguste. De forme octogonale, c'était la plus haute (32 m) des 80 tours de l'enceinte. Le panorama est très large, mais sans attrait particulier et les personnes sujettes au vertige devront s'abstenir.

Musée archéologique. Installé dans l'ancien collège des Jésuites fondé au XVIIᵉ siècle, le **Musée archéologique** *(☎ 04 66 67 25 57, 13bis bd Amiral-Courbet ; entrée 4,30/3 € ; ouvert mar-dim10h-18h 1ᵉʳ avr-30 sept, 11h-18h 1ᵉʳ oct-31 mars)* expose plusieurs collections d'objets, de sculptures ou de bas-reliefs, de l'âge de fer à la fin de l'Empire romain. Dans la galerie du cloître, on remarquera de belles statues de guerriers, antérieures à la colonisation romaine. La section romaine est la plus intéressante. On y admirera la mosaïque de Bellérophon, dégagée à Nîmes, le sarcophage de l'École d'Aquitaine, découvert dans le Gard, ou la statue de Silène, disciple de Bacchus, retrouvée sur la route de Beaucaire. Les collections comprennent également de nombreux objets de la vie quotidienne. Une visite tactile est proposée aux non-voyants.

Le même bâtiment abrite le poussiéreux **Museum de Nîmes d'Histoire naturelle et de Préhistoire** *(☎ 04 66 67 39 14)* et donne accès à la **chapelle des Jésuites** *(☎ 04 66 67 25 57, Grand'rue)* qui, en revanche, vaut le détour. Inspirée de l'église du Gesù de Rome, elle fut construite entre 1673 et 1678. Son architecture classique et dépouillée, caractéristique des édifices religieux de Nîmes, tranche avec le style gothique, encore utilisé au XVIIᵉ siècle dans la région.

Musée du Vieux Nîmes. Édifié entre 1683 et 1685, le Palais épiscopal qui jouxte la cathédrale abrite aujourd'hui le musée du Vieux Nîmes *(☎ 04 66 76 73 30, place aux Herbes ; entrée 4,30/3 € ; ouvert mar-dim 10h-18h 1ᵉʳ avr-30 sept, 11h-18h 1ᵉʳ oct-31 mars)*. Il reconstitue la vie d'autrefois à travers des meubles, des objets usuels et des costumes, sans pour autant retracer véritablement l'histoire de la cité de façon chronologique. Une place importante est attribuée à l'industrie textile. Une section consacrée à la naissance du blue-jean Denim (voir l'encadré) devrait voir le jour en 2002.

Musée des Beaux-Arts. En dehors de l'écusson, le musée des Beaux-Arts *(☎ 04 66 67 38 21, fax 04 66 76 35 85, rue Cité-Foulc ; entrée 4,30/3 € ; ouvert mar-dim 10h-18h 1ᵉʳ avr-30 sept, 11h-18h*

Denim ou de Nîmes ?

Quel est le lien qui unit la ville de Nîmes au fameux pantalon inventé par Levi Strauss dans les années 1860 ? Réponse : un tissu, la serge de Nîmes. Au XVIIIe siècle, la bourgeoisie protestante de la cité languedocienne se lance très tôt dans le commerce et l'industrie. Les nombreuses manufactures de la ville produisent notamment une étoffe à armure sergée, fabriquée dans un premier temps à base de laine et de déchets de soie, puis de coton. Ce tissu, traditionnellement teint à l'indigo, était très apprécié pour sa souplesse et sa solidité. Au début du XIXe siècle, il est exporté vers les États-Unis, où il sert principalement à la confection des vêtements des esclaves noirs des plantations. C'est durant la seconde moitié du siècle que Levi Strauss et son célèbre jean revalorisent la serge de Nîmes. Ce juif bavarois, immigré aux États-Unis en 1847, profite de la manne offerte par la ruée vers l'or pour fabriquer des vêtements destinés aux pionniers et aux cow-boys. Il remplace la toile de tente, qu'il utilisait habituellement pour confectionner ses pantalons, par la serge de Nîmes, plus résistante, et renforce les points de tension avec des rivets de cuivre. Le "denim", ou blue-jean, était né.

Clotilde Richard

1er oct-31 mars) rassemble des œuvres des écoles italiennes des XVe et XVIe siècles, des toiles françaises des XVIIe au XIXe siècles, ainsi que des peintures d'artistes flamands et hollandais des XVIe et XVIIe siècles, dont Rubens. Dans l'atrium, la lumière du jour éclaire une belle mosaïque romaine retrouvée à Nîmes et représentant Admète, roi de Phères, demandant au roi Pélias la main de sa fille.

Musée des cultures taurines. Consacré à l'histoire de la féria, à la tauromachie et aux traditions taurines camargaise, ce nouveau musée (☎ 04 66 36 83 77, 6 rue Alexandre-Ducros ; ouvert mar-dim 10h-18h 1er avr-30 sept, 11h-18h 1er oct-31 mars) doit ouvrir ses portes en mai 2002, à l'occasion du cinquantenaire de la féria de Pentecôte.

Promenade dans le vieux Nîmes. La vieille ville offre de belles possibilités de promenades. Souvent animées par les commerces, les ruelles retrouvent leur calme le dimanche. Hôtels particuliers et façades prennent alors tout leur relief : gargouilles, frises et balcons en fer forgé dévoilent leur richesse. Sachez que l'office du tourisme organise des visites-conférences, plusieurs fois par semaine en été, permettant d'accéder aux cours des hôtels particuliers.

À deux pas des arènes, un grand palmier s'étire sur la très animée **place du Marché**. Créée par l'artiste contemporain Martial Raysse, une fontaine rappelle l'emblème de la ville : un crocodile et un palmier, motif repris par Philippe Starck sur les clous incrustés entre les pavés. La **rue Fresque** (frais en occitan) prolonge l'atmosphère villageoise de la place. Au n°16, se trouve la **Maison de l'avocat des pauvres**, l'une des plus anciennes maisons nîmoises, construite en 1459 par un juriste pour assurer la défense des plus démunis. Parallèle, la **rue de l'Aspic**, très commerçante et étroite, est flanquée de superbes demeures aux fenêtres et aux portes magnifiquement travaillées. Bien que probablement postérieures à cette période, la plupart s'inspirent du style Renaissance. Les imposantes gargouilles du n°3 valent le coup d'œil. Plus au nord, la place de la Calade, fantomatique malgré la présence du théâtre, ravira les amateurs de silence. À l'est s'ouvre la **place de l'Horloge**, dominée par un campanile reconstruit en 1754, seul vestige de l'ancien hôtel de ville détruit en 1700.

Au nord de la vieille ville se trouve l'îlot Littré, ancien quartier des teinturiers récemment restauré. Sur la **place aux Herbes**, au cœur de l'écusson, la **cathédrale Saint-Castor** dresse sa façade asymétrique, édifiée entre 1096 et 1150. Détruite lors des guerres de Religion, elle fut réaménagée au XVIIe puis au XIXe siècle. Son clocher, roman pour sa partie inférieure et gothique à son sommet, ne fut jamais abattu par les protestants, qui l'utilisaient comme tour de vigile lors des conflits religieux. Malgré une façade austère et sans grand attrait, on remarquera sa frise finement ciselée, de style roman dans sa partie gauche. L'intérieur, du XIXe siècle, présente peu d'intérêt. Au n°1 de la **rue de la Madeleine**, au coin de la place aux Herbes, la Maison romane arbore une superbe façade, ornée de rosaces romanes et d'animaux extraordinaires, comme on les affectionnait au Moyen Âge. Au sud de la place s'ouvre la **rue des Marchands,** succession de maisons des XVIe, XVIIe et XVIIIe siècles, ornées de frises et de colonnes sculptées. La petite cour et la fontaine de pierre du **passage des Marchands** charme le promeneur, tout comme le **passage du Vieux Nîmes**, en face. Il débouche sur **la rue du Chapître**, où vous pourrez admirer, au n°14, l'hôtel de Régis, construit sous Louis XV.

Parallèle, la piétonnière **rue Dorée** est bordée de nombreux hôtels particuliers des XVIIe et XVIIIe siècles. Au n°7, on remarquera l'hôtel de la famille d'Albenas, doté d'une cour en *calade* (pavée de galets) et d'un escalier en fer forgé. Au n°5, la récente restauration de l'hôtel des Villard met en valeur l'ornementation des fenêtres et des portes de la façade. Enfin, au nord-est de l'écusson, le **Grand Temple**, toujours ouvert au culte, rappelle le passé protestant. Il correspond en fait à l'ancienne chapelle des Dominicains, abandonnée à la Révolution puis réinvestie par les protestants. Les deux temples de la vieille ville avaient été détruits au moment de la Révocation de l'Édit de Nantes.

Planétarium. Construit sur le mont Duplan, l'une des collines de Nîmes, au nord-est du centre, le planétarium (☎ *04 66 67 60 94, av. Peladan ; entrée 4,30/3 € ; séances mar, jeu-ven 9h-12h et 14h-18h, ven 20h30, mer (jeune public) 10h, 11h, 15h et 16h30, sam-dim 15h et 16h30)* pro-

pose de découvrir le système solaire et les astres sur la voûte d'une salle de 60 places, lors de séances spécifiques. En 1830 déjà, l'astronome Benjamin Valtz avait fait construire à Nîmes un observatoire. Lorsqu'il découvrit un nouvel astéroïde, il le baptisa Némausus en hommage à la ville. Pour vous rendre au planétarium en bus, prenez la ligne D, direction Calvas.

Où se loger
Auberge de jeunesse et camping.
Auberge de jeunesse (☎ *04 66 68 03 20, fax 04 66 68 03 21, www.hostelbooking. com, nimes@fuaj.org, La cigale, 257 chemin de l'Auberge-de-Jeunesse ; nuitée 8,65 €, camping 5 €, repas 8,5 €)*. À 2,5 km au nord-ouest du centre-ville, dans le très joli cadre d'un jardin botanique, voici une auberge de jeunesse modèle. Récemment rénovée, d'une propreté irréprochable, elle propose des chambres de 2 à 8 lits et toute une gamme de services (laverie automatique, location de vélo, borne Internet, cuisine réservée aux individuels…), ainsi qu'un petit terrain pour camper. Pour y accéder en voiture ou à vélo, suivez les panneaux indicateurs depuis les jardins de la Fontaine ou empruntez le bus n°2 (direction Alès-Villeverte, arrêt Stade), puis montez la pente abrupte.

Camping Domaine de la Bastide (☎/*fax 04 66 38 09 21, route de Générac ; tente 2 pers 11,60 €, caravane 14,50 €)*. À 5 km au sud du centre-ville, ce camping trois-étoiles est ouvert à l'année. Pour y accéder, prenez la sortie autoroute Nîmes Ouest.

Hôtels. Hôtel de la Brasserie des Arènes (☎ *04 66 67 23 05, fax 04 66 67 76 93, 4 bd des Arènes ; simples/doubles/triples avec douche-wc 25/31,25/44,50 €)*. Aux dires même des nouveaux propriétaires, quelques travaux s'imposent, et sont d'ailleurs prévus. Toutefois, la vue sur les arènes et les tarifs imbattables de cet établissement font vite oublier le papier peint défraîchi et la moquette râpée. Les trois chambres du 4e étage, sans wc ni douche, jouissent d'une jolie petite terrasse. En revanche, celles donnant sur l'arrière pâtissent du bruit de la chaudière aux heures des repas. Possibilité de demi-pension.

Cat Hôtel (☎ 04 66 67 22 85, fax 04 66 21 57 51, 22 bd de l'Amiral-Courbet ; doubles avec douche 24,25 €, avec WC 30,50 €). Les 29 chambres, sans charme mais fonctionnelles, et l'accueil sympathique donnent au Cat Hôtel un faux air d'auberge de jeunesse. Malheureusement, les deux tiers des chambres ouvrent sur la rue, assez bruyante. Les prix raisonnables en font tout de même une adresse utile, compte tenu de l'emplacement.

Hôtel Majestic (☎ 04 66 29 24 14, fax 04 66 29 77 33, 10 rue Pradier ; simples/doubles/ triples avec douche-WC 35/39/ 47,25 €). Cet hôtel très confortable, est situé à 3 minutes à pied de l'écusson. Moquettées, dotées d'une s.d.b. et de ventil. en été, les chambres sont calmes, d'une propreté impeccable et particulièrement bon marché.

Hôtel de l'Amphithéâtre (☎ 04 66 67 28 51, fax 04 66 67 07 79, www. multimania.com /hotelamphitheatr, amphitheatre@ wanadoo .fr; doubles 39,70-45 €). Familial et meublé de façon hétéroclite, cet établissement au charme désuet est installé dans une demeure du XVIIIe siècle, qui donne sur la place du Marché. À deux pas des arènes, il présente un très bon rapport qualité/prix.

Hôtel de Provence (☎ 04 66 36 83 56, fax 04 66 21 27 40, www.hoteldeprovence. com, 5-7 square de la Couronne ; simples/ doubles/triples avec douche-WC 32/41/ 53,50 €). Entièrement rénovées, toutes climatisées et équipées de TV, les chambres de cette grande bâtisse de 4 étages sont proposées à un tarif très raisonnable. Simples mais très propres, nombre d'entre elles donnent sur une large place, à l'orée de l'écusson ; elles sont un tout petit peu bruyantes. L'hôtel fait aussi restaurant et propose demi-pension et pension complète.

Hôtel Central (☎ 04 66 67 27 75, fax 04 66 21 77 79, 2 place du Château ; doubles douche-WC 35-38 €, doubles avec sdb 59,50 €, triples 44,50 €, quadruples 59,50 €). Marqué par la personnalité de sa sympathique patronne, cet établissement calme et joliment situé, juste derrière le Grand temple, propose une quinzaine de

chambres bien arrangées, toutes disposées autour d'un escalier en colimaçon. Les triples et les petits paliers communs à deux chambres se révèlent très pratiques pour les familles. Trois chambres offrent une vue superbe sur les toits de Nîmes.

Royal Hôtel (☎ 04 66 58 28 27, fax 04 66 58 28 28, 3 bd Alphonse-Daudet ; doubles 44,50-79,50 €). Ce lieu hors du commun, meublé de brocante et de toiles contemporaines, est installé dans une ancienne maison de passe. Des expositions sont d'ailleurs régulièrement organisées dans cet endroit très tendance. Son bar à tapas (comptez 10 € pour 3 tapas), la Bodeguita, possède une agréable terrasse en été. Attention cependant, nombre de chambres donnent sur la place d'Assas, très animée en été, ou sur le boulevard : elles sont donc très bruyantes.

New Hôtel La Baume (☎ 04 66 76 28 42, fax 04 66 76 28 45, www.new-hotel.com, e-mail nimeslabaume@new-hotel.com ; doubles 82,50-122 €). Derrière la façade austère d'un hôtel particulier du XVIIe siècle, une adresse discrète, à l'atmosphère intime. Les chambres très design sont disposées autour d'un patio et d'un escalier de pierre, qui rappelle les jardins de la Fontaine.

Hôtel Impérator Concorde (☎ 04 66 21 90 30, fax 04 66 67 70 25, hotel.imperator @wanadoo.fr, 1 quai de la Fontaine ; simples 90 €, doubles 99-105,50 €). Fief des matadors durant les férias, cet hôtel quatre-étoiles possède un beau jardin et une véranda où il est agréable de déjeuner en été (menus 17,50-56 €). Les chambres présentent malheureusement un décor un peu vieillot pour un établissement de cette catégorie.

Où se restaurer

Le centre de Nîmes regorge de petits restaurants, parfois d'excellente qualité. Les budgets les plus serrés pourront se restaurer convenablement dans les lieux cités à la rubrique *Où sortir* (voir plus bas) où salades, tapas et plats régionaux sont proposés à des tarifs assez avantageux.

Parmi les spécialités locales, ne manquez pas la *brandade de morue*, dont la recette aurait été inventée à Nîmes. Le poisson, pêché uniquement dans l'Atlantique, était autrefois échangé par les marins bretons de retour de Terre-Neuve ou d'Islande contre le sel des marais de la région. La recette est pour la première fois répertoriée en 1830 dans un ouvrage du cuisinier Charles Durand, qui ouvrit un restaurant dans la ville dès 1800. Parmi les plus célèbres amateurs de brandade : Adolphe Thiers et le nîmois Alphonse Daudet, fondateur de "dîners de la brandade" à Paris.

L'Ancien Théâtre (☎ *04 66 21 30 75, 4 rue Racine ; menus 13-21 € ; ouvert tlj sauf sam midi-dim).* Cette table réputée affiche un excellent rapport qualité/prix. Des profiteroles de brandade au cassoulet de poulpe en passant par les crevettes rôties aux petits lardons, la carte respire l'originalité et le savoir-faire maison. Avec ses pierres mises à nu et ses poutres, la salle à manger est en outre bien agréable. Réservation conseillée.

Nicolas (☎ *04 66 67 50 47, fax 04 66 76 06 33, 1 rue Poise ; menus 11,50-23 €, plat principal autour de 14 € ; ouvert tlj sauf sam midi, lun et parfois dim soir).* Voici une adresse familiale qui privilégie l'authenticité en matière culinaire : le clafoutis comme la terrine sont maison, et la bourride de lotte, une des spécialités, semble aussi fraîche qu'à la sortie du filet. Le décor, classique, est agréable, et les prix, vraiment raisonnables.

Les Olivades (☎ *04 66 21 71 78, 18 rue Jean-Reboul, menu 16,50 €, plats 9,25-10,75 € ; ouvert tlj sauf dim-lun).* Derrière la boutique de ce marchand de vin, où les bouteilles sont alignées comme des livres dans une bibliothèque, se cache un petit restaurant fréquenté par une clientèle d'habitués. Sous les voûtes de l'arrière-salle, dans une atmosphère très chaleureuse, vous dégusterez quelques spécialités méridionales honnêtement cuisinées : un blanc de seiche au vin, un bœuf à l'arlésienne ou un jambon de Serrano à la crème d'oignon, par exemple.

Vintage Café (☎ *04 66 21 04 45, 7 rue de Bernis ; menus 13,5 € à midi et 22,60 € ; ouvert tlj sauf dim-lun midi).* Dans une coquette salle meublée de bois peint et éclairée aux chandelles, ce bar à vin propose une cuisine inventive, délicieusement préparée, à prix raisonnables compte tenu de la qualité. Les spécialités régionales sont préparées de façon inattendue, toujours avec bonheur. C'est l'une des adresses les plus recommandables du bottin gourmand nîmois.

Chez Jacotte (☎ *04 66 21 64 59, 15 rue Fresque ; plats 13-16 €).* Jacotte, la maîtresse des lieux, a su donner une vraie personnalité à ce petit restaurant situé au fond d'une impasse : sous les voûtes ocre de la salle, objets et photos donnent une touche de chaleur au décor. Côté fourneaux, gratin de figue aux pélardons, magrets au citron et fricassée de lapereau composent une gamme de plats du terroir simples et bien cuisinés.

Aux Plaisirs des Halles (☎ *04 66 36 01 02, fax 04 66 36 08 00 ; menus 15-44,25 € ; ouvert tlj sauf dim soir-lun).* C'est l'une des meilleures tables de Nîmes, où, qui plus est, il est possible de se restaurer à tous les prix. Concoctés à partir de produits frais, les différents menus comprennent une gamme de plats succulents : tournedos de julienne, encornet à l'aubergine, ravioles de crevettes… Un vrai régal, à savourer dans la petite salle aux couleurs grège, ou bien à l'ombre d'un charmant patio orné d'une fontaine. À noter : l'excellent plat du jour à seulement 8 € le midi.

Au Chapon fin (☎ *04 66 67 34 73, place du Château-Fadaise ; plats 14 € ; ouvert tlj sauf sam midi-dim).* Avec son décor de bistrot, ses vieilles affiches au mur et son ambiance branchée, Au Chapon fin, derrière l'église Saint-Paul, jouit d'une certaine réputation à Nîmes. De la charlotte de thon au poulet caramélisé au miel, les plats sont raffinés, mais peu copieux et assez chers. L'établissement possède un petit patio couvert pour l'hiver et une grande terrasse en été.

Papy Rigoucch (☎ *04 66 76 27 41, 06 21 02 14 20, 6 rue de l'Agau ; plats 9-12 € ; ouvert tlj sauf lun).* Une nouvelle adresse, dans une toute petite salle nichée près des halles, d'où les produits frais arrivent directement dans votre assiette. De petites lumières donne une atmosphère intime au lieu. Simples, les plats sont mitonnés avec soin. À noter : la bonne cave, notamment l'excellent costière de Nîmes.

Le Bel Ami Café *(☎ 04 66 67 48 49, 8 rue de la Maison-Carrée, plats 13,60-15,25 € ; ouvert soir uniquement).* Orné de gravures, ce petit restaurant ressemble à un douillet salon de thé. La carte, un peu chère, ne comprend que quelques plats illustrant tout le savoir-faire de la cuisine bourgeoise, comme le charolais rossini. En été, on peut s'installer en terrasse.

Le Jardin d'Hadrien *(☎ 04 66 21 86 65, fax 04 66 21 54 42, 11 rue de l'enclos-Rey ; menu 16-24,50 €, plats 15 € ; ouvert tlj sauf mar soir, dim soir et mer).* À deux minutes du centre historique, cette très bonne table prépare une cuisine fine, légère et admirablement présentée. Accompagné de légumes croquants, cuits à point, le filet de rascasse flatte le palais, tandis que la tarte Tatin remportera tous les suffrages. Également au programme : pastilla d'agneau, rouelles de lotte et charlotte d'aubergine, à déguster près d'une grande cheminée en hiver, ou dans le joli jardin ombragé en été.

Raphaël's *(☎ 04 66 36 85 98, 12 rue de l'Étoile ; plats 12-19 €).* L'endroit étonne par son décor, inspiré de l'univers du couturier Christian Lacroix : colonnes torsadées tout en dorure, hublots en fer forgé et couleurs vives composent un écrin douillet et excentrique. La carte fait la part belle à la tradition – filet de rouget safrané, filet de bœuf ou brandade – et mérite toute l'attention des gourmets.

Le Lisita *(☎ 04 66 67 29 15, fax 04 66 67 25 32, 2 bd des Arènes ; ouvert tlj sauf lun midi-dim soir ; menus 22-33,50 €, menu enfant 11,50 €).* Une succulente adresse gastronomique, où Olivier Douet compose une cuisine sophistiquée et audacieuse. On pourra commencer par un effiloché de brandade de morue, servi avec de la pancetta croquante et de la purée de fève, poursuivre avec des calamars au jus de viande, et finir en beauté avec un croustillant de fraise au sorbet de mangue. Le service est très soigné et la salle, décorée sobrement, possède une véranda qui s'avance vers les arènes.

Où sortir

Les grandes brasseries qui bordent le boulevard Victor-Hugo et celui des Arènes attirent la jeunesse nîmoise en début de soirée. Les terrasses du **Grand Café de la bourse et du commerce** *(☎ 04 66 21 00 99, 2 bd des Arènes)* et celle du **Café carré** *(☎ 04 66 67 50 05, 1bis place de la Maison-Carrée)* comptent parmi les plus prisées en été.

Brasserie Les 3 Maures *(☎ 04 66 36 23 23, 10 bd des Arènes ; ouvert tlj jusqu'à 23h-0h00).* Les portraits de matadors et les maillots plantent le décor : vous voilà au quartier général des amateurs de corrida et de rugby, haut lieu de fête durant les férias.

La Cantina *(☎ 04 66 21 12 17, 4 rue Graverol).* Avec ses couleurs vives et son vieux bus bleu à l'entrée, ce bar à tapas mexicain est l'un des lieux les plus animés des soirées nîmoises. Des concerts y sont régulièrement organisés le week-end.

Haddock Café *(☎ 04 66 67 86 57, 13 rue de l'Agau ; ouvert lun- sam midi et soir, jusqu'à 2h lun-ven, 3h le week-end).* Les étudiants de Nîmes fréquentent assidûment ce grand café branché, où sont organisés soirées chantantes, débats philos et expositions. Le décor, artiste et coloré, et l'ambiance chaleureuse en font l'un des endroits les plus sympathiques pour sortir, surtout durant l'année universitaire. Il est également possible de s'y restaurer à petit prix (formule midi 9 €, menus 14,50 et 18,50 €, salades 6-10,50 €).

Le Queen's Beer *(☎ 04 66 67 81 10, 1 rue Bigot)* est un bar à bière plutôt tendance, où des DJ viennent mixer les vendredi et samedi soirs.

Casa Don Miguel *(☎ 04 66 76 07 09, 18 rue de l'Horloge ; ouvert tlj sauf dim, midi et soir, jusqu'à 1h30 lun-jeu, 2h ven et 3h sam).* Sous une voûte étoilée, ce bar à tapas, où l'ambiance bat son plein les soirs de féria, est incontournable. Des concerts y sont régulièrement organisés. Restauration possible : apéros tapas de 18h à 20h30 (4 € le tapas, plat à 11 € environ).

Le Fresque *(☎ 04 66 67 83 96, 8 rue Fresque ; ouvert 18h-2h jeu, ven, sam et veille de fête).* Jazz et salsa sont à l'honneur dans ce bar-rhumerie musical, tenu par l'ancien propriétaire de la Chapelle des Lombards, à Paris.

Le 9 *(☎ 04 66 21 80 77, 9 rue de l'Étoile ; plat 18 € ; ouvert mer-sam 12h-15h et 20h-*

24h, 20h-2h00 en été). Passé le grand porche et la cour qui croule sous la verdure, vous pourrez boire un verre ou vous restaurer dans ce grand bar-restaurant branché et chic, très prisé des Nîmois durant la féria.

Le Diagonal *(☎ 04 66 21 70 01, 41bis rue Émile-Jamais, ouvert tlj sauf lun à partir de 17h30, jusqu'à 3h le week-end).* Un peu à l'écart du centre historique, ce bar du soir a fait des jeux sa spécialité, de la *carambole* (billard népalais le mardi) aux échecs. Les diverses animations (apéro chantant le dimanche ou concerts) réunissent une clientèle de tous âges au sein d'un décor hérité des années 1950 où trône de grandes banquettes en skaï.

Lulu club *(☎ 04 66 36 28 20, fax 04 66 76 18 29, 10 impasse de la Curaterie, mar-sam 23h-aube).* Dans la discothèque gay nîmoise, le tout petit dance-floor se déchaîne en fin de semaine sur de la bonne musique, techno de préférence.

Achats

Pour remplir votre panier de quelques spécialités régionales, rendez-vous au **marché couvert** *(ouvert tlj 6h30-13h),* installé dans les halles modernes de la rue Général-Perrier, ou au marché qui se tient chaque lundi matin boulevard Jean-Jaurès.

L'Huilerie *(☎/fax 04 66 67 37 24, 10/12 rue des Marchands).* Fruits secs, amandes de Provence, savons de Marseille ou d'Alep…, cette épicerie fine s'ouvre comme une caverne d'Ali Baba pour les amateurs de produits régionaux ou exotiques.

Brandade Raymond *(☎ 04 66 67 20 47, 34 rue Nationale ; ouvert mar-ven 8h30-12h30 et 14h-18h15, sam 8h30-12h30).* Cette enseigne est la référence incontournable de la brandade de morue depuis 120 ans ; elle commercialise conserves et bocaux.

Maison Villaret *(☎ 04 66 67 41 79, 13 rue Madeleine).* Impossible de repartir de Nîmes sans avoir goûté le croquant de la Maison Villaret, vénérable institution depuis 1775. Fabriqué à partir d'amandes brisées, ce délicieux biscuit met tout de même à l'épreuve les dentitions les plus fragiles. Variante plus sucrée et moins dure : les caladons, à base d'amandes et de miel.

Comment s'y rendre

Aéroport. L'aéroport international de Nîmes-Arles-Camargue (☎ 04 66 70 49 49, fax 04 66 70 49 46), à 12 km du centre-ville (direction Arles/Saint-Gilles), est desservi par Air Littoral, qui assure 4 liaisons quotidiennes avec Paris-Orly. En fonction de l'horaire des vols, une navette relie l'aéroport et le centre-ville au départ de la gare, de l'Esplanade, du boulevard Gambetta (derrière la Coupole), de l'hôtel Concorde Imperator (4,30 €).

Train. Nîmes se trouve sur la ligne TGV Méditerranée, à seulement 3 heures de Paris depuis la gare de Lyon. Elle est reliée directement à toutes les grandes villes de la région. Pour plus de renseignements, appeler la gare au ☎ 04 36 35 35 35.

Bus. La gare routière se situe boulevard Natoire (☎ 04 66 29 52 00), juste derrière la gare SNCF. Des liaisons régulières permettent de se rendre en bus dans les grandes villes de la région.

Les Cars de Camargue (☎ 04 90 96 36 25) desservent Nîmes. La Société des transports du département du Gard (STDG, ☎ 04 66 29 27 29) assurent les liaisons vers Avignon, Uzès et le pont du Gard.

Comment circuler

Une bonne partie du centre-ville étant piétonnier, il est préférable de laisser sa voiture aux abords du centre, d'autant que les Transports en Commun Nîmois (TCN) couvrent l'ensemble de la ville.

Pour tout renseignement sur les horaires et les tarifs, appelez le ☎ 04 66 38 15 40 ou rendez-vous au kiosque de l'Esplanade, là où s'arrêtent les principales lignes. Si vous restez dans le centre, le bus baptisé Citadine dessert toutes les curiosités touristiques pour 0,36 €. Les bus C et n°2 se rendent aux jardins de la Fontaine.

D'avril à septembre, vous pourrez louer un deux-roues chez Piaggio (☎ 04 66 21 91 03), 23 bd Talabot, à 300 m de la gare SNCF.

Vous trouverez des taxis à la gare ou en contactant les Taxis Radio Artisans Nîmois (☎ 04 66 29 40 11).

PONT DU GARD

Le pont du Gard est le plus haut aqueduc de l'empire romain. Il domine le Gardon du haut de ses 47,60 m et ses arches sont les plus larges construites sous l'Antiquité. Formé de trois étages indépendants, il constitue le principal vestige de l'aqueduc de Nîmes, en grande partie souterrain, que construisirent les Romains au Ier siècle pour acheminer, sur une distance de 50 km, les eaux d'une source des environs d'Uzès jusqu'aux thermes nîmois. L'édifice n'a aujourd'hui rien perdu de sa splendeur. Seul son troisième étage a été amputé au Moyen Âge d'une douzaine d'arches, isolant le pont du reste de l'aqueduc.

Classé au patrimoine mondial de l'Unesco, ce monument a toujours constitué pour ses riverains un lieu de détente et de loisirs. Depuis 2000, le site, qui comprend aussi un environnement boisé de 165 hectares, a été totalement aménagé afin de réguler et de contrôler au mieux le flot continu de visiteurs (1,2 million chaque année), qui, un temps, a menacé la beauté et la sécurité des lieux. Aujourd'hui encore, les alentours du pont du Gard se prêtent à la baignade, aux promenades ou aux pique-niques.

Renseignements

L'accès au site est gratuit. Vous devrez obligatoirement passer par la case parking si vous êtes motorisés (5 €) puisque l'endroit est entièrement piétonnier. Les deux parcs routiers sont situés rive gauche et rive droite et leurs capacités d'accueil sont presque identiques (800/700 places). Les parkings sont fermés de 1h à 7h du matin afin d'éviter le stationnement de mobile homes ou de caravanes.

Chaque rive abrite un point d'accueil, des toilettes, un distributeur d'argent, une boutique et un café. La rive droite, où s'étirent des plages de galets, possède en outre un restaurant et des aires de pique-nique. Les personnes handicapées peuvent passer relativement facilement d'une rive à l'autre.

À voir et à faire

Le **site du pont du Gard** (☎ 04 66 37 50 99 ou 0820 903 330, fax 04 66 37 51 50, pontgard @nimes.cci.fr ; accès gratuit ; 9h-18h nov-Pâques, 9h-19h Pâques-15 juin et sept-oct, 9h-21h30 16 juin-août) est accessible toute l'année. Préférez l'arrivée par la rive droite pour découvrir le pont dans toute sa splendeur, avant de prolonger votre visite par le gigantesque et passionnant espace muséographique de la rive gauche.

Outre la contemplation du pont, l'**Espace muséographique** (entrée forfait 13/11 €, gratuit pour les moins de 5 ans, sinon Grande Expo 7 €, Ludo 4,50 €, film 3,80 € ; ouvert à l'année 10h-18h nov-Pâques, 9h30-19h Pâques-oct sauf 16 juin-août, jusqu'à 21h30) prolonge, de fait, la visite de manière ludique et didactique. Aménagé en grande partie en sous-sol sur la rive gauche, il comprend plusieurs zones : la Grande Expo du pont du Gard et l'Espace Ludo sont passionnants. Le film Le Vaisseau du Gardon, consacré au pont (30 minutes), ne présente en revanche guère d'intérêt.

Bon à savoir : le billet d'entrée est valable 7 jours et il existe aussi un forfait famille (2 adultes et 2-4 enfants) à 42 €.

Grâce à différents supports – panneaux, photos, bornes interactives, ambiances sonores, films et maquettes –, la **Grande Expo du pont du Gard** propose une scénographie didactique, riche et extrêmement bien faite, pédagogique et ludique. Elle aborde une multitude de sujets : l'histoire du pont, celle de l'aqueduc de Nîmes ou des autres aqueducs, leur construction, le mode de vie à l'époque romaine ou l'importance de l'eau et des thermes à l'époque antique. L'**Espace Ludo** est plus particulièrement destiné aux enfants de 5 à 12 ans.

Depuis 2000, la **mise en lumière** du pont et de ses abords par le plasticien américain James Turrel se déroule les soirs de juillet-août, 40 minutes après la tombée de la nuit et jusqu'à minuit. En juin et septembre, elle a lieu le vendredi et le samedi soir.

Randonnées pédestres. Depuis le printemps 2002, un sentier intitulé **Mémoires de Garrigues** a été aménagé en aval du pont, le long du tracé de l'aqueduc. Ce sentier de 1,4 km environ permet de parcourir une aire naturelle de 15 hectares réaménagée par un scénographe, Raymond Sartie. Bordée d'oliviers, de mûriers, de chênes, de vignes et de céréales, la promenade se divise en une vingtaine de parcelles.

Descente en canoë-kayak. Avis aux amateurs : il est possible de louer un canoë-kayak à Collias (voir cette rubrique ci-dessous) et de descendre le Gardon jusqu'au pont du Gard. Le parcours est facile et permet d'avoir une approche privilégiée du pont.

Où se restaurer

Les deux **cafés-snacks** *(ouverts juin-août 8h30-24h, 8h30-18h30 hors saison)*, aménagés à chaque entrée du site, vendent boissons et encas (comptez environ 6,10 €).

Les Terrasses *(☎ 04 66 37 62 70, rive droite ; formules 10,70/19 €, plats 8,80-12,20 €, menu enfant à 5,80 € ; ouvert tlj 12h-14h à l'année et 19h-22h 30 avr-fin oct)*. Installé dans une élégante demeure à l'architecture néoclassique, dont la terrasse s'ombrage de platanes, ce restaurant d'un bon rapport qualité/prix propose salades, viande ou poisson. La cuisine est très convenable et le service attentionné, surtout en dehors de juillet-août. Les soirs d'été, réservez une table en terrasse, face au pont illuminé.

Comment s'y rendre

Situé à 27 km de Nîmes, à 13 km d'Uzès et à 21 km d'Avignon, le site est parfaitement indiqué. Le bus 168 assurant la liaison Nîmes-Collias permet de rejoindre facilement le site. Vous pouvez également descendre le Gardon en canoë depuis Collias (voir la rubrique *Collias*, ci-dessous)

COLLIAS ET LE GARDON

Collias constitue le pôle des locations de canoës-kayaks pour une descente du Gardon jusqu'au pont du Gard, situé 6 km en aval. Les plages de galets attirent les baigneurs, tandis qu'en amont du fleuve, les gorges sont des lieux réputés pour l'escalade.

Randonnée

Les gorges sont longées par le GR6 et par le GR63, légèrement en surplomb. Ce superbe sentier dans la garrigue suit le cours du Gar-

don et passe par Collias. Prévoyez 2 jours de marche depuis Sainte-Anastasie (point de départ conseillé) jusqu'au pont du Gard par le GR63.

Canoë Kayak

D'avril à juin, la descente du Gardon peut se faire en amont de la rivière depuis **Russan** (23 km jusqu'à Collias) ou **Pont Saint-Nicolas** (11 km). En dehors de cette saison, le niveau de l'eau, trop bas à partir de la fin juin, ne permet plus de partir de ces villages ; l'été, Collias (plus en aval de la rivière) constitue la seule base de départ. Ce village représente en outre la principale base de location d'embarcation.

La descente de la rivière (classé niveau 1, débutant) est aisée. La seule condition lorsque vous louez un canoë est de savoir nager. Comptez 2 heures (sans les arrêts) pour rejoindre le pont du Gard.

Les loueurs se concentrent en bordure de Gardonet pratiquent des tarifs à peu près semblables. À la journée, comptez, depuis Collias, 15 € par personne ; les 7-10 ans paient demi-tarif s'ils embarquent avec vous (3 personnes au maximum par bateau). Ce prix comprend la location du bateau, les gilets, le container (pour mettre le pique-nique, notamment) et le retour à Collias en bus. Si vous partez de Pont Saint-Nicolas ou de Russan, prévoyez 17 € par personne. Parmi les loueurs, citons **Le Tourbillon** *(☎ 04 66 22 85 54, fax 04 66 22 84 87 ; ouvert avr-fin sept)* et **Kayak Vert** *(☎ 04 66 22 84 83 ou 04 66 22 80 76, fax 04 66 22 88 78, kayak.vert@wanadoo, www.canoe-france.com ; ouvert avr-fin oct)*.

Escalade

Les sites d'escalade sont multiples sur la rive gauche du Gardon. Le site de **Castelas**, sur la commune de Sainte Anastasie/Russan, figure parmi les plus recherchés, tant par la beauté de ses paysages que pour les différents couloirs aménagés. **Collias** dispose également d'un site où les débutants effectuent leurs premiers pas, avant de se perfectionner sur les falaises de **Russan**.

Installé à Collias, le **Syndicat mixte des Gorges du Gardon** *(☎ 04 66 03 62 59,* *fax 04 66 03 62 73, fm.gorgesdugardon@ free.fr, av. du Pont)* donne d'utiles informations et fournit des carto-guides. Il peut aussi vous renvoyer sur des associations.

Où se restaurer

L'Enclos *(☎ 04 66 22 88 40, fax 04 66 22 90 80, Chamboredon@ enclos.fr ; menu 17 €, plats 8,50-10 € ; ouvert tlj sauf mar hors vacances scolaires ; fermeture annuelle nov-fin fév).* En bordure du Gardon, ce café-restaurant reste le meilleur endroit pour grignoter une pizza (à déguster si possible sur l'immense terrasse). Pierre Chamboredon dispose aussi d'un terrain de camping.

Les Terrasses *(☎ 04 66 22 82 66 ; plats 8,50-11 € ; ouvert avr-fin sept, tlj en été, fermé mar-mer soirs hors saison).* À 200 m en remontant la rivière, Les Terrasses présentent une carte permettant de composer son menu selon son budget.

Comment s'y rendre

Le bus n°168 dessert Collias depuis Nîmes.

UZÈS

Cette ancienne cité épiscopale et consulaire, premier duché de France, possède un charme discret, que la restauration entreprise à la fin des années 1960 a sublimé. Le protestantisme et les guerres de Religion ont marqué son histoire. Aux ravages du XVIe siècle a succédé la prospérité et c'est aux XVIIe-XVIIIe siècles que son aristocratie éleva nombre de ses vestiges architecturaux. L'industrie de la laine, de la soie et du cuir, puis celle de la réglisse au XIXe siècle (l'usine Zan est née ici) ont entretenu cet héritage. Le XXe siècle fut plus chaotique, au point de vider le cœur de la ville de toute animation.

Depuis son heureuse réhabilitation, antiquaires, brocanteurs, boutiques de décoration, galeries, cafés, restaurants et commerces de bouche se bousculent en centre-ville, la place aux Herbes représentant avec ses arcades et ses platanes le point de ralliement. Autour de la vieille ville, entièrement piétonne, promenades et boulevards circulaires régulent le flot de voitures et commerces, cafés et platanes cernent là

encore les trottoirs. De-ci de-là, une plaque de rue rappelle qu'Uzès fut aussi la ville de Racine et d'André Gide. Nombre d'intellectuels et d'artistes se plaisent d'ailleurs entre ses murs. Toutefois, son évolution fait dire à certains qu'à trop se laisser séduire, Uzès pourrait en perdre son âme.

Renseignements

L'office du tourisme d'Uzès et de l'Uzège (☎ 04 66 22 68 88, fax 04 66 22 95 19, otuzes@wanadoo.fr, www.ville-uzes.fr), chapelle des Capucins, place Albert-1er, ouvre, de juin à septembre, du lundi au vendredi, de 9h à 18h, le samedi, le dimanche et les jours fériés, de 10h à 13h et de 14h à 17h. Le reste de l'année, il ouvre du lundi au vendredi, de 9h à 12h et de 13h30 à 18h, et le samedi, de 10h à 13h.

Outre les informations habituelles sur les activités et la recherche d'hébergement, il organise, du 15 juin au 15 septembre, des visites guidées dans la vieille ville (4,50/2,30 € pour les adultes/8-16 ans) ou des sorties nocturnes (8/4 €), ainsi que des excursions dans les villages environnants une fois par semaine (4,50/2,30 €). En juillet-août, il propose également les visites guidées du Haras National d'Uzès (voir la rubrique *À voir et à faire*, plus bas).

Fêtes et festivals

Le troisième dimanche de janvier se déroule la journée de la Truffe, un rendez-vous gastronomique qui s'accompagne dans les restaurants de la ville de menus-découvertes. La dernière semaine de juillet, place aux Nuits musicales d'Uzès et de l'Uzège, un festival de musique baroque comptant parmi les plus importants en France.

À voir et à faire

Marchés. Les marchés des mercredis et samedis matins sont extrêmement courus en été. La vision de la place aux Herbes et de ses environs, envahie d'étals, constitue une merveilleuse invitation gastronomique.

Les amoureux de brocantes et d'antiquités trouveront eux aussi leur bonheur. Certains dimanches de juin et de septembre, Uzès rassemble les brocanteurs de la région sur l'esplanade du Maréchal-de-Lattre-de-Tassigny et le long des trottoirs du boulevard des Alliés et du boulevard Gambetta.

Jardin médiéval (☎ 04 66 22 38 21 ; entrée 2 €, gratuit pour les moins de 16 ans ; ouvert tlj 10h-12h et 14h-18h juillet-août, sam-dim 11h-13h mai, juin et sept, tlj 14h-18h avr-1er nov). Si l'impasse Port-Royal conduisait autrefois à la prison, elle mène aujourd'hui à ce jardin de plantes potagères et médicinales, aménagé au pied de la tour du Roi et de la tour de l'Évêque. Sa visite est une parenthèse instructive et des plus agréables, puisqu'elle offre un parcours parfumé et reposant. Différentes expositions consacrées à la ville et au réglisse s'émaillent de la salle des gardes à celle de la prison. À la sortie, une dégustation de tisane fraîche du jardin (verveine et réglisse en général) est offerte.

Musée municipal Georges-Borias (☎ 04 66 22 40 23 ; entrée 1,50 € ; ouvert tlj sauf lun 15h-18h, nov, déc et fév 14h-18h, fermé jan). L'histoire de la ville, l'art et la littérature constituent le fil conducteur de ce musée installé dans l'ancien évêché.

Château-Duché d'Uzès (☎ 04 66 22 18 96 ; entrée donjon et appartements 9,20 €, 6,10 € pour les 12-16 ans, 3,05 € pour les 7-11 ans). Résidence de la famille de Crussol d'Uzès, ce château constitue l'un des joyaux architecturaux de la ville. Toutefois, sa visite commentée se révèle extrêmement décevante au regard des pièces ouvertes au public et des explications sommaires qui l'accompagnent.

Haras national d'Uzès. Installé en bordure de la ville, cet haras créé en 1972 n'est pas un centre équestre mais un lieu de reproduction, d'élevage et de dressage, le seul existant en Provence. Il se visite librement tous les après-midi du 15 mars au 1er juillet, excepté le dimanche. En juillet-août, l'office du tourisme d'Uzès organise des visites accompagnées par un guide équestre chaque mardi et vendredi à 15h. Comptez 2,30 € et 1,25 € pour les 8-16 ans.

Randonnées. L'office du tourisme édite un petit livret recensant six balades à faire à pied ou à vélo dans la région.

L'itinéraire des **gorges de l'Alzon** permet de rejoindre en 1 heure à peine le **musée du Bonbon Haribo** (☎ 04 66 22 74 39, www. haribo.com, pont des Charrettes ; entrée 3,80/2,30 € adulte/enfant ; ouvert tlj sauf lun, 10h-13h et 14h-18h), qui retrace toute l'histoire de ces sucreries pour enfants avec un coup de projecteur sur l'ancienne fabrique Zan.

Où se loger

Uzès intra muros recense une poignée d'adresses qui peut satisfaire tous les goûts et les budgets. Seule précaution, réservez d'avance surtout en été. Les chambres d'hôtes, très nombreuses dans les environs, possèdent pour beaucoup un cadre superbe, parfois très proche d'un magazine de décoration, et… glacial. Nous vous proposons ci-dessous une sélection d'adresses de charme, à l'atmosphère plus agréable.

Hôtels. Hostellerie provençale (☎/fax 04 66 22 11 06, 1 rue Grande-Bourgade ; chambres 26/36 €). Cet établissement en centre-ville constitue le meilleur rapport qualité/prix de la ville pour les petits budgets, le prix des chambres (basiques mais propres) variant en fonction de la présence ou non de sanitaires et de douche. La gentillesse des propriétaires contribue à en faire un port d'attache agréable.

Hôtel du général d'Entraigues (☎ 04 66 22 32 68, fax 04 66 22 57 01, hotels. entraigues.agoult@wanadoo.fr, www.lcm.fr/ savry-e-mail, 8 rue de la Calade, place de l'Évêché ; chambres 50-137 € basse saison, 60-167 €, haute saison, petit déj 9,15 €). Piscine, terrasse panoramique, mobiliers anciens et vieilles pierres forment le cadre de cet hôtel-restaurant. Réparties entre deux hôtels particuliers des XVe et XVIIIe siècles se faisant presque face, les chambres sont onéreuses pour le confort proposé, l'aménagement de certaines pièces et des s.d.b.

Chambres d'hôtes. Les Chambres de l'Hôtel d'Albiouse (☎/fax 04 66 03 64 64, darfueille.tanneguy@freesbee.fr, *17 rue du Docteur-Blanchard ; chambres 76,22/91,50 € basse saison, 91,50/106,7 € haute saison, moins 7 € pour 1 pers).* Dans la vieille ville, cet hôtel particulier du XVIIe siècle constitue l'adresse de charme d'Uzès. Éric Pin, antiquaire de profession et par goût, a aménagé quatre chambres extrêmement confortables et agréables à vivre, en leur donnant un style particulier, néoclassique, médiéval ou provençal. Le calme et l'atmosphère à la fois raffinée et simple de la maisonnée contribuent au bonheur d'y séjourner. La chambre provençale, au 2e étage, bénéficie d'une petite terrasse donnant sur la cour intérieure.

Marie-Christine de Rouville (☎ *04 66 03 43 70 ou 06 09 65 22 91, fax 04 66 03 11 42, 10 rue Benoît ; chambres 68,60 €).* À deux pas de l'office du tourisme, la maison de cette dame délicieuse abrite un patio superbe orné d'un bassin et des chambres tout aussi reposantes et aménagées avec goût. Un parking privé est à disposition, un atout non négligeable à Uzès où les places sont très convoitées et souvent payantes.

La Roseraie (☎*/fax 04 66 22 90 92, chemin du Mas-des-Tailles ; chambres 85/95/111 € ; ouvert mars-fin oct).* Sur la route d'Arpaillargues, à 5 minutes du centre-ville d'Uzès, cette ancienne ferme a le privilège de ne pas avoir vu ses abords grignotés par les faubourgs de la ville. Un de ses bâtiments abrite trois chambres, un grand salon avec cheminée et une cuisine où l'on peut se préparer à déjeuner ou à dîner. Le prix diffère en fonction de la taille de la chambre. Le jardin de 2 hectares, avec piscine, ouvre de belles perspectives sur la campagne environnante. En juillet-août, la location se fait à la semaine (1 700 €) et comprend toutes les pièces de ce bâtiment, indépendant des autres corps. Des stages de peinture sont aussi proposés.

Environs d'Uzès. La Bastide de Boisset (☎ *04 66 22 91 13, bastidedeboisset.free.fr, impasse des Micocouliers, 30210 Argilliers ; chambres 53-60 €, suites 92 €).* À mi-chemin d'Uzès et du pont du Gard, cette bastide constitue la meilleure adresse de la région pour son rapport qualité/prix. Son cadre, d'abord, est une invitation, avec un vaste jardin et une piscine. L'intérieur, ensuite, est aménagé comme une maison de famille où, de génération en génération, chaque pièce s'est imprégnée de multiples héritages, rencontres et voyages. Un soir par semaine, il est possible de dîner.

Mas des Oules (☎ *04 66 22 16 34, fax 04 66 03 17 23, christian.atlan@wanadoo.fr, www.masdesoules.fr.st ; chambres 46 €, petit déj 4,57 €/pers).* Attenant au restaurant du même nom, les studios de cette immense ferme peuvent aussi se louer à la nuit en fonction des disponibilités. Ils présentent un bon rapport qualité/prix au regard du cadre campagnard de ce mas, qu'agrémente une piscine.

La Maison d'Alcalure (☎ *04 66 60 13 26, rue du Camp, 30190 Castelnau-Valence ; chambres 55 €, table d'hôtes 15 € ; ouverte à l'année).* Cette maison de village, blottie dans une impasse à l'environnement dégagé, offre le calme et des chambres d'un bon rapport qualité/prix.

Le Mas Parasol (☎ *04 66 81 90 47, fax 04 66 81 93 30, vieljeux@masparasol.com, www.masparasol.com, rue Damon, 30190 Garrigues-Sainte-Eulalie ; chambres 77-130 € fin mai-15 sept, 61-114 € 15 sept-avr ; demi-pension possible et table d'hôtes 21,50 € ; ouvert mars-15 nov).* Après le portail se dessine une cour fleurie puis un jardin avec piscine. Le lieu invite à la paresse. Les univers des chambres diffèrent d'une pièce à l'autre, imprimé et couleur des rideaux servant de fil conducteur à leur aménagement. En face, dans un pré, la roulotte (une vraie de vrai, de couleur rouge avec des boiseries intérieures) constitue un îlot à part. Des visites thématiques et des soirées théâtre ou musique durant les différents festivals qui émaillent la région sont aussi proposées par les propriétaires.

Où se restaurer

Terroirs (☎ *04 66 03 41 90, terroirs-uzes@wanadoo.fr, 5 place aux Herbes ; plats 6,50-13 € ; ouvert 15 juin-15 sept, fermé le soir oct-juin, le midi et lun en mars, fermetures annuelles vacances de Toussaint et*

3e dimanche jan-fév). Cette petite boutique de produits régionaux ne dispose pas de salle à manger, mais d'une plaisante terrasse. La carte décline un large choix de vins de la région à prix raisonnables. La cuisine, d'inspiration méditerranéenne, se compose quant à elle de salades, de tartines et de grandes assiettes froides ou chaudes. Foie gras, roquette et parmesan, charcuterie, anchois et fromage fondent dans la bouche.

Le Jardin des Oliviers *(☎ 04 66 22 60 84 ou 06 14 51 34 73, chemin du Pont-Romain, Route de Nîmes ; formule 30,50 €, formule enfants 7,60-15,25 € ; ouvert à l'année midi et soir sur réservation).* Installée en dehors de la ville, cette ancienne bergerie entourée d'oliviers constitue une étape à privilégier. Sur la terrasse, les tables ont été dispersées sous les marronniers. L'intérieur avec ses couleurs chaudes et ses tableaux vous réconforte des journées sans chaleur. La formule buffet (entrée-plat-fromage-dessert) contente tous les appétits et les gourmandises. Sa composition (en fonction du marché et de l'inspiration du maître des lieux) puise dans ses saveurs dans les cuisines du bassin méditerranéen (précisez si vous êtes végétarien).

Les **cafés d'Uzès** sont aussi des endroits où il fait bon s'asseoir. À chacun son type de clientèle et sa terrasse. À deux pas de la place aux Herbes, **Au Suisse d'Alger** *(rue de la République)* est un bar à vins où branchés, artistes et intellos parisiens se donnent rendez-vous. Sa terrasse est agréable et ses assiettes de tapas, délicieuses (mais un peu chères pour la quantité : à partir de 5 €). **Le Français** *(place Albert-1er)* rassemble plutôt les gens du pays, en particulier les jours du marché. À la carte : des sandwiches et un grand choix de bières. En descendant la rue, vous dénicherez **La Bourse**, le quartier général du Club Taurin.

Environs d'Uzès. Restaurant du **Mas des Oules** *(☎ 04 66 03 17 15, eurlguyot@info-nie.fr, route de Saint-Hippolyte, Saint-Victor-des-Oules ; plats 12,50 € ; ouvert tlj juil-août, fermé dim soir-lun-mar mars-juin et sept-15 déc, fermetures annuelles 15 déc-*

1er mars et 1 sem sept). Situé à 5 km au nord-ouest d'Uzès, cet établissement est une adresse remarquable dans la région, pour sa cuisine inoubliable, ses prix exceptionnels au regard de la qualité, son cadre (une terrasse ombragée d'une treille donnant sur les Cévennes) et la personnalité attachante de Sylvie Guyot. Elle propose un menu différent chaque semaine, à composer soi-même, et quelques plats à emporter.

Comment s'y rendre
Bus. La Compagnie Transgard (☎ 04 66 29 27 29) assure au moins une liaison quotidienne depuis Nîmes ou Avignon. À Uzès, l'arrêt des cars se situe sur l'Esplanade, à deux pas du boulevard Gambetta qui ceinture la vieille ville.

Comment circuler
Les Établissements Payan (☎ 04 66 22 13 94, fax 04 66 03 67 94), av. Général-Vincent, louent des VTT et des VTC (7,50/11/64 € la demi journée/journée/ semaine). Le magasin est fermé le lundi.

BEAUCAIRE
De par sa situation en bordure du Rhône, Beaucaire fut de tout temps un lieu de passage et une ville frontière entre Provence et Languedoc. Du XVIe siècle à la moitié du XIXe siècle, elle devint même l'un des plus importants carrefours commerciaux du Sud de la France et sa foire de la Madeleine, patronne de la cité, un rendez-vous prisé des marchands. La multitude d'hôtels particuliers qui ornent sa vieille ville, plus beaux les uns que les autres avec leurs ferronneries et leur pierres blanches travaillées, témoignent de sa prospérité. À partir du XIXe siècle, Beaucaire ne vécut que des carrières, de l'agriculture et du port construit en bordure du canal. Aujourd'hui, son centre-ville affiche des allures de Venise un peu triste. Abandonnés, les hôtels particuliers s'effritent. La ville n'a pas le dynamisme et l'argent de Tarascon, sa rivale, la sœur installée juste de l'autre côté du Rhône et que l'on rejoint par un pont. Pourtant, Beaucaire a encore un fort pouvoir de séduction auquel participent ses

venelles, ses ruelles et ses places. Si les plus nantis sont partis depuis longtemps, une population mixte fait battre son cœur depuis des années. Le prix de l'immobilier commence d'ailleurs à grimper et il est à parier que, dans quelques années, Beaucaire sera devenu un endroit très à la mode.

Renseignements

L'office du tourisme (☎ 04 66 59 26 57, fax 04 66 59 68 51, info@ot-beaucaire.fr, www.ot-beaucaire.fr), 24 cours Gambetta, est ouvert tous les jours en juillet-août, de 9h à 12h à de 14h à 19h ; les autres mois, il ferme à 18h et le dimanche. Efficace et toujours très disponible pour fournir des informations, il édite notamment une brochure permettant de faire une visite libre de la vieille ville, promenade qui peut être accompagnée d'un guide du service culturel de la ville (☎ 04 66 59 71 34). Comptez 3 € par personne.

Fêtes et festivals

Les 8 et 10 juin se déroule la **fête du Drac**, un monstre du Rhône, enchanteur et malfaisant, qui délaissait parfois ses allures de dinosaure pour prendre forme humaine. L'une de ses représentations sculpturales est visible place de la République.

Autre rendez-vous important : **Les Estivales**, du 21 au 30 juillet, se déclinent en férias, concerts et bodégas.

À voir et à faire

Marchés. Les jeudis et dimanches matins, le marché s'installe cours Gambetta et place Georges-Clemenceau, ce dernier étant réservé aux fruits et légumes. En juillet-août, un marché nocturne se tient le vendredi le long du canal.

Château. Construite sur une colline dominant le Rhône, cette ancienne forteresse fut démantelée en 1632 et l'essentiel de ses ruines, transformé en jardin. À l'intérieur a été aménagé le **musée Auguste Jacquet**, qui rassemble des pièces archéologiques et du mobilier provençal du XIXe siècle.

De mi-mars à la fin des vacances de la Toussaint, le **spectacle des Aigles de Beau-**caire (☎ 04 66 59 26 72, www.aigles-de-beaucaire.com) constitue la principale attraction du château. Donné tous les après-midi à l'intérieur de la forteresse, ce ballet de rapaces, orchestré en musique par des fauconniers en costumes romains, rassemble près de 40 espèces de rapaces en vol libre et passionne petits et grands ; frissons garantis lorsqu'ils vous frôlent ! Ce spectacle dure environ 45 minutes. À la fin de la représentation, la visite de leurs enclos permet de les approcher. Les horaires des spectacles varient d'un mois à l'autre.

Abbaye de Saint Roman. À 5 km de Beaucaire, sur la route de Nîmes et dominant le Rhône, cette abbaye troglodytique, entièrement creusée dans le roc sur les hauteurs d'une colline boisée, a abrité l'un des plus anciens monastères de France. Fondé au Ve siècle, le site fut en effet d'abord occupé par des ermites, auxquels succédèrent des moines jusqu'en 1538. C'est un site unique en France puisque chapelle, nécropole, pressoir à vin, citernes et cellules dessinent leur volume à même la roche !

Le site, accessible par un chemin dallé au trois quarts (impraticable pour les fauteuils roulants), offre un panorama intéressant sur la vallée et les méandres du Rhône.

L'entrée coûte 4,57/2,30 € pour les adultes/6-12 ans. Les horaires de visite sont variables : de 10h à 18h d'avril à septembre ; de 14h à 17h le week-end et les jours fériés d'octobre à mars ; tous les jours de 14h à 17h durant les vacances scolaires de la Toussaint, de Noël et de février.

Où se loger

Hôtels. Hôtel-Restaurant des Doctrinaires (☎ 04 66 59 23 70, fax 04 66 59 22 26, 6 quai du Général-de-Gaulle ; chambres 50,37-68,60 €, petit déj 6,86 € ; ouvert à l'année). L'unique hôtel du centre-ville occupe un ancien collège du XVIIe siècle et bénéficie d'un petit parc ombragé (malheureusement envahi par le parking). Cet établissement, à l'ambiance avenante et à l'accueil chaleureux, propose des chambres à la décoration 1970, plutôt défraîchie. Le prix reste identique de un à quatre occupants.

Chambres d'hôtes. Le Savon (☎ *06 80 41 70 97, quai de la Paix ; chambres 122 € ; ouvert à l'année*). Cette chambre d'hôtes, née au printemps 2002, a élu domicile dans une ancienne savonnerie au bord du canal. À l'intérieur de cet immense bâtiment industriel, totalement réaménagé et investi par François Vuillercard, quatre chambres de grand standing ont été disposées de manière à bénéficier d'une lumière douce et d'un volume conséquent (au moins 40 m² et 8 m de haut). La végétation et le décor épuré constituent le fil conducteur de cette maison originale. Le jardin intérieur et la piscine renforcent encore ce sentiment le plénitude. Un restaurant est en projet pour 2002/2003.

Domaine des Clos (☎ *04 66 01 14 61 ou 06 11 81 62 78, fax 04 66 01 00 47, aussetd@ aol.com, www.domaine-des-clos.com, route de Bellegarde ; chambres/suites 53/76 € basse saison, 69/107 € haute saison ; fermé en jan*). Accessible par la D38 en direction de Saint-Gilles, à 6 km de Beaucaire, ce mas provençal est un autre endroit de charme. Le cadre champêtre, le jardin arboré de 3 hectares, la piscine et les couleurs douces des chambres, aménagées sans ostentation, font de la demeure de David et Sandrine Ausset un endroit de rêve. Les cinq chambres bénéficient d'une cuisine commune. Un barbecue est installé à l'extérieur. On peut aussi louer des appartements à la semaine.

Où se restaurer
Le centre-ville de Beaucaire, en particulier le port de plaisance, compte bon nombre d'établissements.

Le Nord Sud (☎ *04 66 59 02 55, 27ter quai du Général-de-Gaulle ; menus 7,62-18,30 € ; ouvert tlj sauf lun-mar soir*) affiche une carte brasserie, où les moules-frites tiennent le haut du pavé. Service jusqu'à 22h30 et 23h30 en été.

Le Napoléon (☎ *04 66 59 05 17, 4 place Frédéric-Mistral ; menus à partir de 10,70/ 18 € midi/soir ; ouvert tlj sauf lun soir*). À l'écart de la circulation, ce restaurant prépare une cuisine provençale traditionnelle sans prétention.

Le P'tit bouchon (☎ *04 66 59 64 14, 8 place de la République ; menus 9,90-14,50 € ; ouvert tlj sauf lun juil-août, lun-ven midi hors saison*). Carte et menu proposent de la cuisine italienne et lyonnaise très convenable, mais inégale d'un jour à l'autre. L'été, la terrasse sur la place, à l'ombre des platanes, offre un cadre rafraîchissant. L'établissement n'accepte pas les cartes bancaires. Sur la même place, le **Bar Taurin** bénéficie d'une belle ambiance.

La Cave du Château (☎ *04 66 59 39 12, 6 rue du Champ-de-Foire ; plats 8,50-13 € ; ouvert tlj sauf mar-mer*). Pizzas et grillades sont au menu de cet établissement d'un bon rapport qualité/prix.

Restaurant de l'Hôtel des Doctrinaires (☎ *04 66 59 23 70, fax 04 66 59 22 26, 6 quai du Général-de-Gaulle ; menus 15-41 €*). Voûtes et pierres, meubles rustiques et cours intérieures composent ici un cadre plus recherché. La cuisine provençale (avec foie gras maison) privilégie les valeurs sûres.

NÎMES ET SES ENVIRONS

Vaucluse

Bordé par le Rhône à l'ouest, la Durance au sud, la Drôme au nord (quoique l'Enclave des Papes soit vauclusienne) et le massif du Luberon à l'est (qu'il partage avec les Alpes-de-Haute-Provence), le Vaucluse est un kaléidoscope de paysages et de terroirs, fortement marqués par l'Histoire et ayant chacun une physionomie bien particulière. Citons le Pays de Sorgue et ses mille et un cours d'eau ; le Comtat venaissin, une plaine fertile autour de Carpentras ; ou l'Enclave des Papes, nichée en Drôme provençale. Place ensuite aux massifs calcaires, à la nature préservée : monts de Vaucluse, Petit et Grand Luberon, mont Ventoux. Des villes phare balisent le territoire : Avignon, d'abord, préfecture du département ; Orange, ensuite, qui domine la vallée du Rhône ; Vaison-la-Romaine, au nord où s'achèvent les splendides Dentelles de Montmirail ; et Apt, porte d'entrée du Luberon.

À ne pas manquer

- Avignon pour le palais des Papes et son patrimoine architectural
- Les gorges de la Nesque depuis Monieux
- Le mont Ventoux à partir de Malaucène
- Le théâtre romain d'Orange
- Le pays de Sault pour ses champs de lavande
- Vaison-la-Romaine et les Dentelles de Montmirail, en privilégiant les villages de Gigondas et Suzette
- Une randonnée dans le parc naturel régional du Luberon, depuis Apt ou Cucuron
- Oppèdes-le-Vieux et le fort de Buoux

Avignon

Peu de villes en France peuvent se targuer d'un patrimoine artistique aussi riche qu'Avignon. Marquée à jamais par le séjour des souverains pontifes qui en firent un foyer artistique exceptionnel en quelques années, la cité des Papes recèle des trésors d'art et d'architecture que ses remparts semblent maintenir hors du temps. Volontiers fière de son passé, Avignon peut paraître hautaine et orgueilleuse. Plusieurs jours sont nécessaires pour percer le mystère de ses ruelles où foisonnent chapelles et hôtels particuliers. C'est sur ses places et dans ses cloîtres que résonne chaque été l'écho du théâtre, lors de son festival toujours aussi populaire malgré sa réputation internationale.

HISTOIRE

Avignon partage les premiers siècles de son histoire avec l'ensemble de la Provence. Gros bourg au Moyen Âge, elle est d'abord gouvernée par un vicomte, rapidement supplanté par des évêques. Au XIIe siècle, la construction du pont confère à Avignon un rôle économique de première importance : c'est alors le seul point de passage du Rhône au sud de Lyon. La ville se couvre de moulins, les marais sont asséchés, les canaux sont creusés. Au XIVe siècle, l'arrivée des papes italiens lui donne un élan sans précédent. Devant l'insécurité qui règne à Rome, Clément V décide en effet d'y installer provisoirement sa cour, en raison de la proximité du Comtat venaissin, propriété de l'Église, et de l'allégeance du roi Charles II d'Anjou, comte de Provence. Entre 1309 et 1403, neuf papes s'y succéderont. Avignon devient propriété pontificale en 1348, quand Clément VI achète la ville à la reine Jeanne, comtesse de Provence, pour 80 000 florins.

Avignon devient une cité de premier plan où le commerce est florissant. Métamorphosé par l'afflux d'une nouvelle population, l'espace urbain se pare d'édifices religieux. L'arrivée d'artistes italiens comme Simone Martini (voir l'encadré

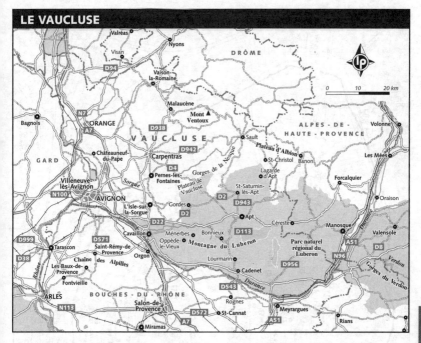

LE VAUCLUSE

L'École d'Avignon, la synthèse provençale dans le chapitre Présentation de la Provence) donne naissance à un foyer artistique de premier plan, tandis que l'université de droit acquiert une renommée sans précédent. L'élection de deux papes en 1378, provoque le Grand Schisme : l'un règne à Avignon, l'autre à Rome. En 1403, le retour définitif des papes à Rome marque la fin des années fastes pour la ville.

Avignon est ensuite gouvernée par les légats, puis par les vice-légats à partir au XVIIe siècle, tous italiens. Elle subit l'influence de Rome et des ordres religieux de la Contre-Réforme, à commencer par les Jésuites. Au XVIIIe siècle, l'archaïsme de l'administration pontificale et la pesanteur de la présence italienne favorisent le développement d'un courant pro-français dans la population. À l'automne 1789, les Avignonnais réclament le rattachement de la ville à la France, contrairement à une partie du Comtat venaissin, avec laquelle une lutte san-

glante est engagée. Une consultation favorable à l'intégration française met fin aux combats et l'ensemble du comtat est rattaché à la France le 14 septembre 1791. Au XIXe siècle, la ville reste cependant un bastion antirévolutionnaire. La batellerie et la fabrique de tissus lui assurent la prospérité. Aujourd'hui, Avignon entend plus que jamais mettre en avant son patrimoine à travers une politique culturelle et touristique active.

ORIENTATION

Ceinturée par ses fortifications, la vieille ville se love dans une boucle du Rhône. Le fleuve longe les remparts nord, dominés par le rocher des Doms, site historique où s'installèrent ses premiers habitants. Le centre est traversé du nord au sud par la rue de la République, prolongée par la place de l'Horloge puis la place du palais des Papes. À l'ouest de cette artère, la rue Joseph-Vernet s'étire dans la partie la plus cossue de la ville. La rue Saint-Agricol aligne les magasins les

VAUCLUSE

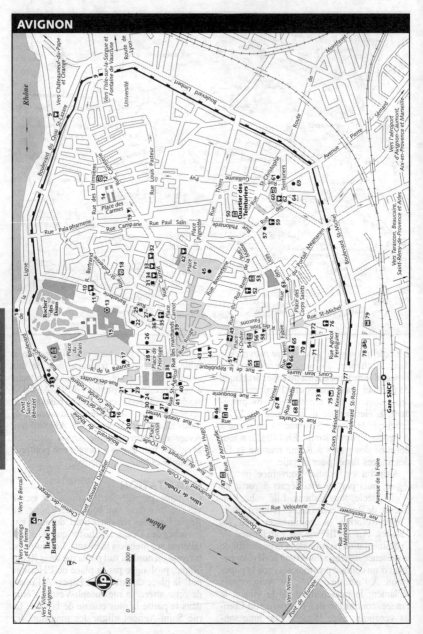

AVIGNON

VAUCLUSE

AVIGNON

OÙ SE LOGER		
2	Camping Bagatelle	
17	Hôtel du Palais des Papes	
20	Hôtel d'Europe	
22	Hôtel La Mirande	
25	La Banasterie	
29	Hôtel Mignon	
30	Hôtel Le Provençal	
31	Hôtel Médiéval	
40	Villa L'Agapé	
43	Hôtel de Blauvac	
67	Hôtel Innova	
70	Hôtel du parc	
71	Hôtel Splendid	
72	Hôtel Colbert	
73	Hôtel Cloître Saint-Louis	

OÙ SE RESTAURER
11 Le Grand Café
19 L'Entrée des Artistes
21 La Petite Pêche
23 La Fourchette
24 Simple Simon
27 La Vache à Carreaux
28 Opéra Café
36 L'Épicerie
41 Chez Floriane
44 La cave de Bancasse
51 Maison Nani
56 Le Caveau du Théâtre

58 Piedoie
63 Le Jujubier
64 Le Woolloomooloo

OÙ SORTIR
5 Bokao's
10 Utopia bar et AJMI
16 Esclav'bar
32 Cubanito Café
33 Le Blues
34 Red Zone
38 Cid Café
42 Red Lion
62 Caves Breysse

DIVERS
1 Relais nautique
3 Annexe de l'office
  du tourisme
4 Accès au pont
  Saint-Bénezet
6 Musée du Petit Palais
7 Arrêt de bus
8 Cathédrale
  Notre-Dame-des-Doms
9 Porte Saint-lazare
12 Gamy's
13 Verger d'Urbain V
14 Couvent des Carmes
15 Palais des Papes

18 Théâtre du Chêne noir
26 Maison Jean-Vilar
35 Église Saint-Pierre
37 La Tropézienne
39 La Cure gourmande
45 Les Halles
46 Librairie Les Genêts d'or
47 Musée Louis Vouland
48 Musée Calvet
49 Église Saint-Didier
50 Théâtre du Bourg-Neuf
52 Chapelle Sainte-Claire
53 Théâtre des Halles
54 Musée Angladon
55 Musée Lapidaire
57 Couvent des cordeliers
59 Chapelle des pénitents gris
60 Cyberdrome
61 Théâtre du Chien
  qui fume
65 Église Saint-Martial
66 Office du tourisme
68 Collection Yvon-Lambert
69 La Tâche d'Encre
74 Porte Saint-Roch
75 Poste
76 Cloître des Augustins
77 Porte de la République
78 Holiday bikes
79 Gare routière

VAUCLUSE

plus chics de la cité. La partie est de la ville possède un schéma urbain foisonnant. L'animation bat son plein entre la rue des Marchands, très commerçante, et les halles modernes de la place Pie. Plus au sud, lieu de vie et de fête durant le festival, le quartier des Teinturiers regroupe une bonne partie des théâtres de la ville. Peu urbanisée, l'île de la Barthelasse divise le Rhône en deux bras – le petit Rhône, côté Avignon, et le grand Rhône côté Villeneuve-lès-Avignon, située de l'autre côté du fleuve.

RENSEIGNEMENTS
Office de tourisme
Le bureau principal (☎ 04 32 74 32 74, fax 04 90 82 95 03, www.avignon-tourisme.com), 41 cours Jean-Jaurès, est ouvert en avril-mai-juin et en août-septembre du lundi au samedi de 9h à 18h ; en juillet, du lundi au samedi de 10h à 20h et les dimanche et jours fériés de 10h à 17h ; d'octobre à mars, du lundi au vendredi de 9h à

18h, le samedi de 9h à 13h et de 14h à 17h, le dimanche de 10h à 12h. Moins surchargé, le bureau d'accueil du pont Saint-Bénezet est ouvert d'avril à octobre de 10h à 19h.

Librairies
Parmi toutes les librairies d'Avignon, signalons Les Genêts d'Or (☎ 04 90 82 47 91, fax 04 90 82 90 33), 55 rue Joseph-Vernet, aussi riche en littérature générale qu'en ouvrage régionaux.

Cybercafés
Avignon possède un grand nombre de cyber-espaces. Gamy's (☎ 04 90 27 02 09, www.Cyberhighway.fr.st), 30 rue des Infirmières, ouvre de 10h à 21h du lundi au samedi et à partir de 14h le dimanche ; l'heure de connexion revient à 3 €.

Dans le quartier des Teinturiers, Cyberdrome (☎ 04 90 16 05 15, fax 04 90 16 05 14), 68 rue Guillaume-Puy, vous accueille de 8h à minuit (5,50 € l'heure).

Que faire avec des enfants dans le Vaucluse ?

- À Avignon, voir le palais des Papes et le pont d'Avignon (pont Saint-Bénezet), avant une promenade sur le rocher des Doms, où attendent des carrioles à chevaux de bois, puis déambuler dans le jardin d'herbes aromatiques
- Une balade à vélo sur l'île de la Barthelasse à Avignon
- La descente en canoë-kayak de la Sorgue, depuis Fontaine-de-Vaucluse.
- La visite du musée d'histoire 1939-1945 - L'appel de la liberté, et celle du moulin à papier, à Fontaine-de-Vaucluse.
- La fabrique de berlingots à Carpentras
- Le village des Bories à Gordes
- Un pique-nique au sommet du mont Ventoux (l'ascension commence à Malaucène)
- Une randonnée dans les Dentelles de Montmirail ou des cours d'escalade
- Le fort de Buoux
- Le sentier des ocres, à Roussillon, et le site de Rustrel, appelé le Colorado provençal

FÊTES ET FESTIVALS

En juillet, la ville est transformée par le festival de théâtre d'Avignon, qui attire chaque année des milliers de visiteurs (voir la section *La Provence, terre des festivals* en début d'ouvrage).

Ceux qui se rendent à Avignon hors festival peuvent faire un tour à la Maison Jean-Vilar (☎ 04 90 86 59 64, fax 04 90 86 00 07), montée Paul-Puaux, 8 rue de Mons, qui est à la fois une vidéothèque, une bibliothèque et un lieu d'expositions temporaires sur le théâtre (ouverte du mardi au vendredi 9h-12h et 13h30-17h30, le samedi 10h-17h uniquement pour la vidéothèque et la bibliothèque).

En février, les Hivernales de la danse sont consacrées à la danse contemporaine.

À VOIR ET À FAIRE
Palais des Papes

Dominant la ville du haut de ses tours et ses murs massifs, à la couleur ocre éclatante, le palais des Papes (*☎ 04 90 27 50 73, fax 04 90 27 50 88, place du Palais ; entrée 8,50/7 €, gratuit pour les moins de 8 ans ; ouvert tlj 9h-19h avr-oct, 9h-20h juil-sept, 9h30-17h45 nov-mars)* est un chef-d'œuvre d'architecture médiévale inclassable, qui s'apparente autant à une forteresse qu'à une abbaye ou un château. Habité par les papes entre 1334 et 1376, il fut construit dans sa majeure partie (1334-1352) par deux souverains pontifs : Benoît XII, à qui l'on doit les bâtiments à l'ouest et au nord (le palais Vieux) et son successeur Clément VI, qui a donné à l'édifice toute son ampleur en lui adjoignant deux ailes au sud et à l'ouest (le palais Neuf). La jonction des deux parties a donné naissance à la Cour d'honneur, au centre du palais. Clément VI prêta une attention toute particulière à l'ornementation et aux fresques, reflet de la puissance et de la gloire de la papauté. Les salles que l'on visite aujourd'hui laissent imaginer les fastes de la cour pontificale, malgré l'absence presque totale de meubles. Certaines d'entre elles abritent les collections du musée du Vieil Avignon et du Comtat venaissin, qui retrace l'histoire de la région à l'aide de pièces archéologiques et de dessins.

La visite commence par la Cour d'honneur, dont les murs est et nord, très dénudés, soulignent la rigueur du palais Vieux, tandis que les belles fenêtres ornées des murs ouest et sud, traduisent la flamboyance du palais Neuf. Plusieurs pièces retiennent l'attention : la salle du trésor bas, où l'on cachait les pièces de monnaies et les bijoux dans les trappes creusées dans le sol ; la salle du Consistoire, tribunal et salle d'audience où étaient présentées les affaires majeures de la papauté ; la superbe chapelle de Saint-Jean,

Un pont bien musical

Célèbre dans le monde entier grâce à la fameuse comptine *Sur le Pont d'Avignon*, le pont Saint-Bénezet n'a cessé d'inspirer les musiciens. À la Renaissance, l'édifice est cité dans plusieurs œuvres. Il apparaît d'abord dans une chanson publiée en 1503 à Venise par Ottaviano Petrucci de Fossombrone, le premier imprimeur de musique au monde. Pierre Certon (?-1572), maître de chant à la Sainte-Chapelle de Paris, compose quelques décennies plus tard une messe intitulée *Sus le Pont d'Avignon*. Dès le XVIᵉ siècle, l'édifice est décrit dans une chanson populaire, entonnée lors des mariages et connue sous le nom de *La Complainte des oreillers*. Mais c'est aux XVIIIᵉ et XIXᵉ siècles que la mélodie prend la forme que nous lui connaissons aujourd'hui. Elle est répertoriée pour la première fois comme comptine dans un recueil de chansons enfantines publié en 1843, où la ronde des métiers apparaît, et connaît son heure de gloire le 2 février 1853, à l'occasion de la première de l'opéra-comique *Le Sourd*, ou *l'Auberge pleine*, d'Adolphe Adam (1803-1856), qui reprend paroles et musique. En 1876, une autre opérette à succès, intitulée elle-même *Sur le Pont d'Avignon*, finit de populariser la chanson. Repris sous diverses formes, l'air connut même, en 1939, une version swing interprétée par Jean Sablon. Les paroles restent cependant une énigme : étroit, le pont ne se prêtait guère aux rondes et farandoles qu'imaginent volontiers ceux qui la chantent.

dont les fresques ont été réalisées par le Siennois Matteo Giovannetti, peintre officiel de Clément VI. On pénètre ensuite dans le cloître de Benoît XII, dont les arcades massives dégagent une grande sérénité. Après la grande salle à manger viennent les pièces destinées au souverain papal et à son entourage proche. La chambre du Pape, située dans la tour des Anges, est sans doute la plus intéressante. Parsemées de vignes, d'écureuils et de rossignols, les fresques qui ornent ses murs semblent étonnement modernes et constituent un témoignage unique de l'art décoratif du XVIᵉ siècle. La chambre du Cerf est quant à elle ornée de scènes de chasse et de pêche. On parvient ensuite à la Grande chapelle de Clément VI, ou chapelle clémentine, longue de 50 m et haute de 20 m, dont les sept travées voûtées d'ogives ressemblent à un vaisseau retourné. La montée au sommet de la tour de la Gâche offre une vue superbe sur le rocher des Doms et le pont Saint-Bénézet. Le parcours se termine par la salle de la Grande Audience, ornée à l'est par la fresque des Prophètes.

Cathédrale et rocher des Doms

À côté du palais des Papes, la cathédrale Notre-Dame-des-Doms fut érigée au XIIᵉ siècle, puis remaniée en 1671-1672. Son trésor contient quelques belles pièces d'orfèvrerie avignonnaises ou provençales des XVIIᵉ et XVIIIᵉ siècles.

Îlot calcaire qui domine de 30 m la plaine du Rhône, le rocher des Doms fut habité dès la Préhistoire. Il prend son aspect actuel sous le Second Empire. Aujourd'hui, c'est un jardin agréable, où l'on jouit d'un vaste panorama embrassant la boucle du Rhône, le mont Ventoux, les Dentelles de Montmirail et, plus proche, le fort Saint-André et Villeneuve-lès-Avignon.

Pont Saint-Bénézet

Symbole de la ville, le "pont d'Avignon" *(entrée 3/2,50 € ; ouvert tlj 9h-19h avr-oct, 9h-20h juil-sept, 9h30-17h45 nov-mars)* n'a conservé que 4 des 22 arches qui enjambaient autrefois le Rhône. Entre Lyon et l'embouchure du fleuve, c'est le pont le plus ancien que l'on connaisse. Sa première pierre fut posée en 1177 par saint Bénezet qui aurait, selon la légende, obéi à l'injonction de voix célestes lui ordonnant la construction de l'édifice. Terminé en 1186, l'ouvrage est détruit en 1226 durant le siège de la ville par Louis VIII, avant d'être reconstruit. Régulièrement victime des crues violentes du Rhône, il s'écroule plusieurs fois. À la fin du XVIIe siècle, on renonce à le réparer et ses arches tombent une à une. On peut aujourd'hui visiter deux chapelles édifiées sous son tablier. L'une, de style roman, est dédiée à saint Bénezet, l'autre à saint Nicolas, patron des *nautoniers* (bateliers en provençal) du Rhône.

Musée du Petit Palais

Fermant l'extrémité nord de la place du palais des Papes, le musée du Petit Palais (☎ 04 90 86 44 58, fax 04 90 82 18 72, place du palais des Papes ; entrée 4,60/2,50 € ; ouvert tlj sauf mar, 9h30-13h et 14h-17h ; 10h-13h et 14h-18h en été) est installé dans l'ancienne demeure des archevêques, édifiée aux environs de 1320 puis remaniée dans la seconde moitié du XVe siècle. Il recèle aujourd'hui l'une des plus belles collections de primitifs italiens (XIIIe-XVIe siècles) hors d'Italie, qui intéressera principalement les amateurs de peinture religieuse. Trois salles sont consacrées aux peintres et sculpteurs de l'école avignonnaise du XVe siècle, dont Enguerrand Quarton est le plus célèbre représentant (voir l'encadré *L'École d'Avignon, la synthèse provençale* dans le chapitre *Présentation de la Provence*).

Musée Calvet

Ce musée (☎ 04 90 86 33 84, fax 04 90 14 62 45, 65 rue Joseph-Vernet ; entrée 4,60/2,50 € ; ouvert tlj sauf mar, 10h-13h et 14h-18h) est installé dans le très élégant hôtel particulier du XVIIIe siècle de la famille Villeneuve-Martignan. À la fois musée municipal et fondation, il possède une fabuleuse collection couvrant des domaines aussi variés que l'archéologie, la peinture, l'art asiatique et les arts décoratifs, sur une période allant de la Préhistoire au XXe siècle. Il perpétue ainsi la philosophie des cabinets de curiosité du XVIIIe et de son fondateur, Esprit Calvet. Les pièces d'archéologie du musée sont présentées au Musée Lapidaire.

Musée Lapidaire

Dans la chapelle baroque du collège des Jésuites (XVIIe siècle), le musée Lapidaire (☎ 04 90 85 75 38, 27 rue de la République ; entrée 1,5/0,75 € ; ouvert tlj sauf mar, 10h-13h et 14h-18h) abrite depuis 1933 les sculptures antiques et médiévales de la collection Calvet, qu'elles soient d'origine égyptienne, grecque, étrusque, romaine ou gallo-romaine. On remarquera de belles œuvres, comme la tête de vizir égyptienne, sculptée dans le basalte, et la tarasque de Noves, monstre dévorant un être humain, d'origine gallo-romaine.

Collection Lambert

Inaugurée en juin 2000, la collection Lambert (☎ 04 90 16 56 20, fax 04 90 16 56 21, 5 rue Violette ; entrée 5,50/3,80 € ; ouvert tlj sauf lun, 11h-18h oct-mars et 11h-19h avr-sept) regroupe une partie des acquisitions du galeriste Yvon Lambert, dont la réputation de marchand d'art a dépassé les frontières de l'hexagone. Sont exposées de façon alternée les œuvres contemporaines de tous les mouvements marquants de la fin du XXe siècle (Land art, art conceptuel, vidéo…). Le musée est aménagé dans l'hôtel de Caumont du XVIIIe siècle. La librairie et le restaurant ont été dessinés par Andrée Putman.

Musée Angladon

Ouvert depuis 1996, ce musée (☎ 04 90 82 29 03, fax 04 90 85 78 07, www.angladon.com, 5 rue Laboureur ; entrée 4,50/3 € ; ouvert 13h-18h mar-dim juil-sept, mer-dim oct-juin) regroupe les œuvres de la remarquable collection du couturier parisien Jacques Doucet. Dans le décor d'un hôtel particulier du XVIIIe siècle, dont certaines pièces ont été meublées comme un intérieur de l'époque, quelques chefs-d'œuvre de l'impressionnisme et du début du XXe siècle sont exposés, parmi lesquels on compte des toiles de Van Gogh, Cézanne, Degas, Sisley, Vuillard, Derain, Picasso, Foujita et Modigliani.

Musée Louis-Vouland

Le musée Louis-Vouland (☎ 04 90 86 03 79 fax 04 90 85 12 04, 17 rue Victor-Hugo ; entrée 4/2,50 € ; ouvert 10h-12h et 14h-18h 2 mai-oct, 14h-18h nov-avr) comprend quelque 200 pièces d'arts décoratifs, qui retracent l'histoire de la faïencerie française des XVIIIe et XIXe siècles. On y trouve également des meubles signés des plus grands ébénistes de l'époque, ainsi que des tapisseries d'Aubusson et des Gobelins, ainsi que flamandes.

Promenade dans le vieil Avignon

Pour avoir un bel aperçu du patrimoine urbain, commencez cette balade sur la **place de l'Horloge**, à l'emplacement de l'ancien forum romain. Bordée de terrasses de cafés, elle est dominée par la tour du Jacquemart, seul vestige du palais d'un cardinal édifié au XIVe siècle, qui est englobé par l'hôtel de ville depuis le XIXe siècle. Son axe se prolonge par la **place du Palais**, où se dresse la majestueuse façade du palais des Papes et qui est fermée au sud par l'hôtel Calvet de la Palun, siège de la Banque de France. À l'ouest, l'hôtel des Monnaies se distingue par sa façade baroque italienne. Le petit Palais ferme la perspective au nord. Derrière le palais des Papes, le **verger d'Urbain V** constitue une halte agréable, un peu à l'écart des flux touristiques. Des ateliers d'artisans et un petit centre culturel y ont été aménagés. De là, on rejoint facilement la superbe **église Saint-Pierre** (XIVe-XVIe siècles), dont la façade de style gothique flamboyant s'élève sur une charmante placette. La **rue Banasterie**, flanquée d'hôtels particuliers, ouvre la voie d'un entrelacs de petites rues qui forment le cœur d'un village paisible, aux vieilles maisons de pierre. On remarquera, au 8*bis* rue Sainte-Catherine, le théâtre du Chêne Noir, installé depuis 1971 dans l'église d'un couvent édifié vers 1251.

La **place des Carmes** s'étire le long de l'ancien **couvent des Carmes**, du XIVe siècle, dont on visite le cloître et l'église. En prenant la rue de la Carreterie, puis l'une des ruelles perpendiculaires, vous accédez au quartier qui longe les remparts. Peu touristique, il semble avoir gardé sa nonchalance méridionale. Pour gagner le quartier des Teinturiers depuis la place des Carmes, empruntez la rue du portail-Matheron puis la rue Paul-Sain. Après un détour par la **place Pignotte** et ses deux chapelles baroques des XVIIe et XVIIIe siècles, la rue du Four-de-la-Terre vous mène à la **rue des Teinturiers**, investie autrefois par les fabriques d'in-

diennes et l'industrie textile. Centre névralgique du festival "off", elle s'anime jour et nuit durant le mois de juillet. Elle longe la **Sorgue**, force motrice qui anime les quelques belles roues à aubes donnant à la rue un cachet bucolique. Vous passerez devant l'ancien **couvent des Cordeliers**, l'un des plus vastes d'Avignon, mais dont il ne reste que la chapelle et le clocher. Vous longerez également la chapelle des **Pénitents gris**, seule confrérie de la ville encore en activité.

Revenez ensuite sur vos pas pour rejoindre la rue de la Masse puis la rue du Roi-René, où se trouve la romantique **chapelle Sainte-Claire**. C'est là que Pétrarque, dit-on, rencontra Laure. Au bout de la rue, l'église **Saint-Didier** (XIVe siècle) illustre parfaitement le style gothique provençal. De là, la rue des Trois-Faucons vous mène au **cloître des Augustins** (XIVe siècle), de style gothique, où des représentations ont lieu durant le festival. Empruntez ensuite la rue Agricol-Perdiguier pour rejoindre le square qui entoure l'**église Saint-Martial** (XIVe siècle) et ses superbes contreforts saillants.

L'office du tourisme propose plusieurs autres itinéraires thématiques.

Île de la Barthelasse

Couvrant 700 hectares, l'île de la Barthelasse est la plus longue île fluviale de France. L'**île Piot**, au sud, a été rattachée au fil des siècles à cette vaste bande de terre.

Véritable coin de campagne posé au milieu du fleuve, la Barthelasse est jalonnée de vergers. Elle offre la possibilité de s'échapper de la fournaise avignonnaise en été. Les joggeurs et les cyclistes trouveront leur bonheur sur les berges aménagées face au pont d'Avignon et accessibles depuis le pont Daladier. Il est également possible d'emprunter la navette fluviale gratuite qui part du relais nautique, situé à 300 m l'est du pont d'Avignon. L'office du tourisme propose plusieurs circuits de randonnées à vélo ou VTT, puisque l'île est équipée de pistes cyclables.

Croisière sur le Rhône

Les **Grands Bateaux de Provence** (☎ 04 90 85 62 25, fax 04 90 85 61 14) organisent plusieurs types de croisières. Le bateau-bus effectue le trajet entre Avignon, l'île de la Barthelasse et Villeneuve (1 heure 30 aller-retour ; 6/3 € adulte/enfant de moins de 12 ans). Le bateau-restaurant *Miréio* propose des croisières gastronomiques vers Arles ou Châteauneuf-du-Pape (à partir de 32 €) et des dîners-spectacles le week-end et les veilles de fêtes. De juin à septembre, la compagnie Les Provençales met également en place un programme de croisières-excursions avec Arles et les Baux-de-Provence comme escale. Pour plus de renseignements, contactez l'office du tourisme d'Avignon. Tous les départs ont lieu des allées de l'Oulle, entre le pont Daladier et celui de l'Europe.

Marchés
Les meilleurs produits de la région s'achètent au marché des halles modernes de la place Pie, ouvertes tous les matins sauf lundi, jusqu'à 13h. Un marché se tient également les samedi et dimanche matins le long des remparts, entre la porte Saint-Michel et la porte de la République, et sur la place Crillon le vendredi. Chaque samedi, un marché aux fleurs anime la très belle place des Carmes, tandis qu'un marché aux puces dresse ses étals chaque dimanche, au même endroit.

OÙ SE LOGER
Campings et auberge de jeunesse. Les campings se situent sur l'île de la Barthelasse.
✓ **Camping Bagatelle** (☎ 04 90 86 30 39/ 04 90 85 78 45, fax 04 90 27 16 23 ; forfait 2 pers et tente/caravane 11/12,75 €, enfants 12-18 ans 3 €, gratuit pour les moins de 12 ans, chambres 21,50-29 €, dortoirs 10 €). Voici le camping le plus proche du centre, sur la droite du pont Daladier. La terrasse de son restaurant s'ouvre sur un panorama somptueux, qui englobe le pont Saint-Bénézet, le Rhône et le palais des Papes. Le camping permet l'accès gratuit à la piscine olympique, située à deux pas. Il comprend une auberge-hôtel proposant des chambres doubles et des dortoirs de 4, 6 ou 8 lits.
✓ **Camping municipal du Pont d'Avignon** (☎ 04 90 80 63 50, fax 04 90 85 22 12 ; forfait 2 pers et tente/caravane 19 €, gratuit pour les enfants de moins de 12 ans). Ce très

beau camping quatre-étoiles, ombragé, abrite des emplacements spacieux et une piscine. Très proche du centre, il est accessible à pied.
✓ **Camping Les Deux Rhône** (☎ 04 90 85 49 70, fax 04 90 85 91 75, chemin de Bellegarde ; forfait 2 pers 11 €, enfant de moins de 12 ans 1,25 €, tente 2,50 €, caravane 3 €). Un peu loin du centre, mais accessible en empruntant la ligne 20 (arrêt Gravière), ce camping possède une piscine.
Camping du parc des Libertés (☎ 04 90 85 17 73, 04 90 86 36 62 ; adulte 3 €/nuit, enfant de moins de 7 ans 1,50 €, tente 2,50 €, caravane 3,25 € ; ouvert 15 avr-15 sept). Plus au nord-ouest sur l'île, ce camping deux-étoiles, excentré, est situé sur la route de l'Islon.

Chambres d'hôtes
Villa L'Agapé (☎ 04 90 85 21 92, fax 04 32 76 34 90, www.guideweb.com/ provence/ bb/agape/, 13 rue Saint-Agricol, doubles sdb-WC 76-92 €, avec petit déj). À 200 m de la place de l'Horloge, cette villa bourgeoise offre charme et confort en plein centre-ville. Située à l'étage d'un petit immeuble d'apparence banale, au-dessus d'une pharmacie, cette demeure est insoupçonnable de l'extérieur. Son principal attrait est une superbe piscine qui agrémente sa terrasse abritée. Spacieuses et modernes, les deux chambres sont climatisées.

La Banasterie (☎ 04 32 76 30 78, labanasterie@infonie.fr, 11 rue de la Banasterie, doubles avec sdb-WC 80-99 € ; suite 115 €, avec petit déj). Très proche du palais des Papes, dans un hôtel particulier du XVIIIe siècle, Françoise et Jean-Michel Brochet ont aménagé cinq superbes chambres qui enchanteront les âmes romantiques. Parées de tons ocre, tout en nuances douces, meublées avec goût et sobriété, elles ont chacune leur caractère et entourent un patio et une terrasse fleurie. Le décor et l'accueil en font l'un des hébergements les plus raffinés d'Avignon.

Hôtels
Hôtel Innova (☎ 04 90 82 54 10, fax 04 90 82 52 39, hotel.innova@wanadoo.fr 100 rue Joseph-Vernet, doubles sans/avec douche 30,50/41,25 €, avec WC 47,25 €). Cet éta-

blissement est situé dans le quartier le plus chic d'Avignon, mais il reste d'un très bon rapport qualité/prix. Les chambres sans fioritures sont calmes et impeccablement tenues.

Hôtel Splendid *(☎ 04 90 86 14 46, fax 04 90 85 38 55, www.avignon-splendid-hotel. com, 17 rue Agricol-Perdiguier ; simples/ doubles/triples à partir de 26/38,50/47,50 €).* Cet établissement est idéalement situé en bordure du parc de la reine Jeanne, dans une rue très calme. Équipées d'un ventilateur en été, les chambres sont meublées sans originalité, mais quelques-unes ont une vue superbe sur l'église Saint-Martial. L'accueil est par ailleurs excellent.

Hôtel du Parc *(☎ 04 90 82 71 55, fax 04 90 85 64 86, 18 rue Agricol-Perdiguier ; simples/doubles avec douche 30/36,50 €, avec douche-WC 33,50/41 €).* Proche de la gare et pourtant déjà en plein centre-ville, ce modeste établissement est très agréable et les chambres, simples et élégantes. Des ventilateurs sont mis à disposition l'été. En revanche, si vous optez pour les chambres sans s.d.b., la douche commune est payante.

Hôtel Le Provençal *(☎ 04 90 85 25 24, fax 04 90 82 75 81, 13 rue Joseph-Vernet ; simples/doubles/triples avec douche-WC 47,50/53/64 €).* Avec des rideaux fleuris et une moquette bleue, les chambres portent certes les couleurs de la Provence, mais elles semblent trop bien rénovées pour posséder un quelconque cachet. Dotées d'un ventilateur, elles satisferont les amateurs de confort moderne et de décor standard.

Hôtel Mignon *(☎ 04 90 82 17 30, 04 90 85 78 46, HOTELMIGNON@wanadoo.fr, www.hotel-mignon.com, 12 rue Joseph-Vernet ; simples/doubles avec douche-WC de 26/36,50 à 48,50 € ; triples/quadruples 54/70 €).* Une façade récemment blanchie, des volets bleus et des plantes aux fenêtres… Cet établissement porte bien son nom et baigne dans une atmosphère familiale. Cette impression est confirmée dans les chambres, élégamment ornées d'indiennes et de papiers à fleurs provençaux.

Hôtel Le Médiéval *(☎ 04 90 86 11 06, fax 04 90 82 08 64, hotel.medieval@ wanadoo.*

fr, 15 rue Petite-Saunerie, simples avec douche 31 €, doubles avec douche ou bain 38-51 € ; triples 60 € ; studios 31-69 €). Installé sur 3 étages, dans un grand hôtel particulier, il constitue l'un des meilleurs rapports qualité/prix d'Avignon. Si les chambres présentent un décor défraîchi qui fleure bon les années 1970, elles ont le grand mérite de ne pas voir leur tarif augmenter ni durant l'été ni pendant le festival. Il est également possible de louer à la nuit un studio avec kitchenette.

Le Colbert Hôtel *(☎ 04 90 86 20 20, fax 04 90 85 97 00, 7 rue Agricol-Perdiguier ; doubles avec douche-WC 58 €).* Joliment décoré à la provençale, très bien tenu et convivial, Le Colbert fait partie des bonnes surprises de la rue Agricol-Perdiguier, même si les prix ont tendance à augmenter en saison. Le petit déjeuner se prend, au choix, dans le salon où trône une cheminée en pierre ou dans la petite cour fleurie, idéale l'été. Les chambres sont climatisées.

Hôtel de Blauvac *(☎ 04 90 86 34 11, fax 04 90 86 27 41, 11 rue de la Bancasse ; doubles 53,50-65 €).* Escaliers dérobés, veilles pierres et mezzanines composent un labyrinthe de pièces dans cet hôtel particulier du XVIIe siècle, où le marquis de Blauvac donnait de somptueuses fêtes. Les chambres sont modernes, mais l'ensemble est du meilleur goût et présente un bon rapport qualité/prix.

Hôtel du palais des Papes *(☎04 90 86 04 13, fax 04 90 27 91 17, 3 place du Palais ; doubles avec douche 73 à 80 €, avec bain 91,5 à 99 €).* Situé entre la place du palais des Papes et la place de l'Horloge, c'est sous doute l'hôtel d'Avignon qui jouit du plus bel emplacement. Certaines chambres donnent sur l'une des deux places, mais possèdent heureusement une double vitrage. Malgré une superbe salle à manger où trône une royale cheminée et les murs en pierre de certaines chambres, la décoration reste classique et sans attrait particulier.

Hôtel La Ferme *(☎ 04 90 82 57 53, fax 04 90 27 15 47, chemin des Bois, île de la Barthelasse ; doubles douche-bain 64-73 € ;*

VAUCLUSE

demi-pension 59,50 €/pers). Dans le cadre champêtre de l'île de la Barthelasse, cette ancienne ferme permet d'échapper à la fournaise estivale. Les chambres sont confortables et modernes et certaines, climatisées. Une piscine a été aménagée un peu à l'écart des bâtiments. Le restaurant de l'hôtel jouit d'une excellente renommée. Sous la tonnelle ombragée, vous dégusterez des plats régionaux et d'innovants desserts, comme le blanc-manger à la noix de coco ou le tartare de pêche à la tomate. L'hôtel est accessible en bus par la ligne 20, arrêt Rhôde.

Hôtel d'Europe (☎ 04 90 14 76 76, fax 04 90 14 76 71, www.hotel-d-europe.fr, 2 place Crillon, doubles 114-374 €). De Napoléon Bonaparte à Paul Claudel, les grands de ce monde séjournent depuis deux siècles dans cette ancienne demeure de marquis, édifiée en 1580 tout près des remparts. Meubles de style et tapis composent une ambiance discrète et classique, appréciée des amateurs de calme et de sobriété.

Hôtel Clarion-Cloître Saint Louis (☎ 04 90 27 55 55, fax 04 90 82 24 01, www.cloitre-saint-louis.com, 20 rue du Portail-Boquier ; doubles 130-137 €). À la fois ultramoderne et ancien, ce cloître, fondé par les jésuites en 1589, est aujourd'hui complété par une aile futuriste dessinée par Jean Nouvel. Toutes les chambres gardent la griffe *design* des années 1980. Certaines donnent sur la cour intérieure. La partie contemporaine possède une terrasse dotée d'une piscine.

La Mirande (☎ 04 90 85 93 93, fax 04 90 86 26 85, www.la-mirande.fr, 4 place de la Mirande ; doubles 282-411,50 €, suites/appart 640,50/922,50 €). Ancienne livrée cardinalice transformée en hôtel particulier au XVIIe siècle, cette superbe bâtisse est aujourd'hui l'établissement le plus raffiné mais aussi le plus extravagant d'Avignon. Cette succession de salons, de boudoirs et de chambres somptueuses évoque les fastes du Grand Siècle. Brocarts, candélabres et étoffes soyeuses composent un décor unique. Ceux qui ne peuvent s'offrir une nuit dans cet endroit d'exception se rattraperont avec un dîner aux chandelles dans

son restaurant tout aussi magique (menus 36,50-46 €).

OÙ SE RESTAURER
Une pléiade de restaurants touristiques à éviter, tant pour leur accueil que pour leur cuisine, bordent la place de l'Horloge.

Maison Nani (☎ 04 90 82 60 90, fax 04 90 14 07 30, rue de la République ; plats 8,5-14 € ; ouvert lun-sam le midi, ven-sam le soir). Avec sa façade verte et jaune et ses nappes à carreaux, cette petite auberge rénovée a tout du repère d'habitués. Au déjeuner, la terrasse déborde de monde qui vient y savourer des salades, du carpaccio de saumon ou de grandes assiettes garnies. Une cuisine simple pour des déjeuners à petit prix. La Maison Nani se trouve au coin de la rue Théodore-Aubanel et de la rue Prévôt.

La Cave de Bancasse (☎ 04 90 86 97 02, fax 04 90 27 08 67, 25 rue de la Bancasse ; menus 10,50-25 € ; ouvert mar-sam). Ce restaurant-boutique occupe trois petits salons meublés de brocante, où les objets de décoration sont à vendre. Composés de tartes salées et de salades fraîches, les plats sont préparés dans les cuisines du Woolloomooloo (voir plus loin), qui appartient au même propriétaire. Les assiettes sont copieuses et les légumes, croquants. Malgré son côté un peu mode, cette cave est une bonne adresse pour les petits budgets.

La Vache à Carreaux (☎ 04 90 80 09 05, 14 rue de la Peyrolerie ; plat 8-10,50 € ; ouvert mar-sam). Entièrement vouée au vin et au fromage, cette adresse originale permet de dîner à petit prix, dans le cadre intime et coloré de trois salles aux murs de pierre. Arrosés d'huile d'olive et nappés d'herbes fraîches, les petits crottins du Sud sont à l'honneur : le banon rôti à l'ail et à la marinade de trois poivrons fond dans la bouche. En accompagnement : un grand choix de côtes du Rhône.

Simple Simon (☎ 04 90 86 62 70, 26 rue Petite-Fusterie ; plats 9 €, petit déj anglais 13 € ; lun-sam 11h45-19h). Tout ressemble ici à la décoration d'une vieille demeure anglaise : la pendule en bois, les assiettes au mur et les nappes à fleurs. C'est le décor idéal pour goûter à l'une des innombrables variétés de thé ou se restaurer d'un *apple pie*, de cheddar et des délicieux gâteaux *very british* de cette charmante maisonnette.

La Petite Pêche (☎ *04 90 86 02 46, 13 rue Saint-Étienne ; formule 10 € le midi, menus 11-22 €).* Les amateurs de produits de la mer se laisseront prendre dans les mailles de ce restaurant de poisson, le meilleur d'Avignon. Avec ses poutres blanchies et ses peintures marines, le décor donne le ton : fraîcheur et originalité sont au rendez-vous, tant dans le cadre que dans l'assiette. Le turbot à l'oseille ou le loup à l'huile d'olive s'accompagnent de légumes recherchés. Côté dessert, laissez-vous tenter par les sorbets maison, au miel, au melon ou à la violette !

Le Bercail (☎ *04 90 82 20 22 fax 04 90 82 57 77, île de la Barthelasse ; menus 13,50/19,50/23 €, plat 10,50 € ; fermeture annuelle nov-Pâques).* Si la carte évoque plus une pizzeria classique qu'une adresse gastronomique, ce restaurant populaire, sur l'île de la Barthelasse, surplombe un panorama grandiose sur le rocher des Doms, les remparts et le pont Saint-Bénezet. Assis en terrasse au bord du Rhône, vous dégusterez, outre les classiques grillades et pizzas, une tomatée de veau au basilic, du lapin parfumé à la purée d'olives, et autres spécialités provençales.

Le Caveau du Théâtre (☎ *04 90 82 60 91, 16 rue des Trois-Faucons, menu 17 €, formule 10,50 € le midi, plat 12 € ; ouvert tlj sauf sam midi-dim).* Réputée pour son sommelier, cette cave à vin lève le rideau sur une solide gastronomie du terroir. Magret de canard aux framboises, filet mignon à la crème d'ail et saumon à la croûte de sel composent une carte où les plats en sauces l'emportent sur les finesses provençales. Le tout est honnêtement cuisiné, même si l'originalité n'est pas au rendez-vous. Une terrasse permet de déjeuner dehors en été.

Le Woolloomooloo (☎ *04 90 85 28 44, fax 04 90 27 08 67, 16bis rue des Teinturiers ; formule 17 €, menu 23 €, plats 14 €).* Incontournable, ce lieu de fête et de bombance est aujourd'hui une institution, un peu surfaite selon certains. La clef du succès : un décor d'antiquaire où vieux lan-dau et harpes africaines composent un joyeux bric à brac ; des soirées hippies, brésiliennes, mexicaines ou antillaises ; une carte dédiée aux cuisines du monde, du poulet yassa au tajine d'agneau. L'établissement fait salon de thé l'après-midi. Réservation conseillée.

L'Entrée des Artistes (☎ *04 90 82 46 90, 1 place des Carmes ; formule 15 €, menu 20 € ; fermé sam midi et dim).* Sur les murs rouges de la salle, les portraits d'acteurs rendent hommage aux grands classiques. En cuisine aussi. On y prépare par exemple de la dorée australe aux tomates confites et crème de parmesan, des caillettes d'agneau tièdes et du canard au gratin dauphinois. Loin de toute avant-garde, mais volontiers bourgeoise, cette gastronomie de grand-papa connaît son texte et contentera les tenants de la tradition.

Chez Floriane (☎ *04 90 27 12 66, 23 rue Saint-Agricol ; plat 14 €, menu 24,50 € ; ouvert tlj sauf dim).* Murs au pochoir et sets géométriques donnent une tonalité ethnique à cet endroit tendance et chic, blotti au fond d'une cour et doté d'une très belle terrasse. De délicieuses lasagnes au tajine d'agneau en passant par les desserts fondants, les saveurs provençales flirtent avec les influences orientales, au grand bonheur des gourmets.

La Fourchette (☎ *04 90 85 20 93, fax 04 90 85 57 60, 17-17bis rue Racine ; formule 20 € le midi, menu 25 € ; ouvert tlj sauf sam-dim).* Les Avignonnais se ruent dans cette petite salle toute simple ornée de vieux ustensiles de cuisine. En donnant une touche d'inventivité à la cuisine du terroir, le menu contentera tous les palais : les novateurs avec la tarte de haddock au chou et au curry, les classiques avec une daube de bœuf, les diététiques avec la mousseline de poisson et les gourmands avec une meringue glacée au chocolat chaud. La réservation est fortement conseillée.

L'Épicerie (☎ *04 90 82 74 22, 10 place Saint-Pierre ; plat 14 € ; fermeture annuelle en hiver).* À l'ombre de la superbe église Saint-Pierre, l'Épicerie jouit d'un des plus beaux cadres d'Avignon. Si les prix s'en ressentent quelque peu, sa cuisine provençale n'en est pas moins fraîche et bien préparée. Le lapin à la tapenade et le confit d'agneau aux abricots fleurent bon les produits du marché.

Le Grand Café (☎ 04 90 86 86 77, *4 rue des Escaliers-Sainte-Anne ; menus 15/24 € midi/soir, plat 14 € ; ouvert tlj sauf lun*). Au pied des tours du palais des Papes, dans les jardins Urbain V, voici un cadre vertigineux pour une cuisine qui ne l'est pas moins. On peut se régaler d'un gâteau d'asperges à la chiffonnade de jambon de Parme, d'un tajine d'agneau aux abricots ou d'un loup rôti au four. Raffinée, la carte est l'une des plus appréciées de la ville. Ses spécialités se savourent en terrasse ou dans l'ancienne salle d'un atelier de manufacture, entre piliers métalliques et grands miroirs piqués.

Piedoie (☎ 04 90 86 51 53, *26 rue des Trois-Faucons ; menu 17 € le midi, 22,50/34,50/46 € le soir*). Le chef Thierry Piedoie sublime quelques classiques de la cuisine provençale, comme les tomates farcies au fromage de chèvre, le rouget au pamplemousse ou la crème brûlée au thym. Tout de blanc immaculé, le décor est classique, mais la patte très efficace.

OÙ SORTIR

Utopia bar (☎ 04 90 27 04 96, *4 rue des Escaliers-Sainte-Anne ; ouvert jusque 24h-1h*). Dans le verger Urbain V, cet endroit très agréable est situé dans le complexe culturel du cinéma Utopia. Banquettes de bistrot et verrière sur jardin composent un cadre idéal pour discuter du dernier Godard, dans une ambiance étudiante et décontractée, un brin littéraire et branchée. Au 1er étage, l'**AJMI** (☎ 04 90 86 08 61), abréviation pour l'Association pour Le Jazz et La Musique Improvisée, est un club de jazz qui organise des concerts en semaine, de septembre à juin.

Caves Breysse (☎ 04 32 74 25 86, *41, rue des Teinturiers ; ouvert jusque 22h, 1h en juillet*). Un bar à vin branché durant l'année et le quartier général des spectateurs du *off* au cours du festival. La petite salle remplie de bouteilles déverse alors son lot d'insomniaques dans la rue des Teinturiers, noire de monde en juillet.

The Red Lion (☎ 04 90 86 38 19 ou 04 90 86 40 25, *21 rue Saint-Jean-Le-Vieux ; ouvert jusque 1h30*). Situé juste derrière les halles de la place Pie, ce grand pub rouge *made in UK* est le nouveau rendez-vous des fêtards. La programmation musicale est hétéroclite et l'ambiance, décontractée. Des soirées à thème ont lieu le jeudi.

Cubanito Café (☎ 04 90 27 90 59, *52 rue Carnot ; ouvert jusque 1h30*). Sous les murs peints de graffitis, où figure aussi l'effigie du Che, les amateurs de salsa se retrouvent autour d'un mojito pour des soirées endiablées.

Le Cid Café (☎ 04 90 82 30 38, *11 place de l'Horloge ; ouvert jusque 1h30 en hiver, 2h en été*). Ce grand café version gay reste très "open". Des DJ mixent régulièrement. Ceux qui en apprécient l'ambiance un peu sophistiquée peuvent traverser la place pour dîner à l'**Opéra café** (☎ 04 90 86 17 43, *24 place de l'Horloge*), tenu par les mêmes propriétaires (comptez 15-19 € le plat).

Red Zone (☎ 04 90 27 02 44, *www.redzonebar.com, 25 rue Carnot ; 18h-3h.*). Ce bar-discothèque est l'un des plus appréciés des jeunes Avignonnais. Chaque soir, un DJ différent vient mixer salsa, saoul ou dance. La programmation fait la part belle à la techno house. Un petit patio permet d'échapper momentanément aux vapeurs du dance-floor.

Le Blues (☎ 04 90 86 85 79 71, *25 rue Carnot ; ouvert jusque 5h*). Malgré son enseigne de piano-bar un peu privé, ce club ressemble à une discothèque classique, avec public un peu plus âgé que son voisin le Red Zone. Sous ses teintures rouges et ses petits angelots, on y chauffe la piste aussi bien sur des tubes *mainstream* que sur de la deep house. Concerts *live* le mercredi et le jeudi.

Bokao's (☎ 04 90 82 47 95, *9bis quai Saint-Lazare ; ouvert jusque 3h*). Une discothèque située en bordure du Rhône, où les 18-25 ans investissent la piste dans une ambiance bon enfant sur une musique éclectique.

The Cage (☎ 04 90 27 00 84, *46 bd Saint-Roch ; ouvert jusqu'au petit matin*). Situé au-dessus de la gare routière, cette boîte gay branché techno réunit les danseurs les plus endurants.

L'esclav bar *(☎ 04 90 85 14 91, 12 rue du Limas ; ouvert 23h-aube)*. L'ambiance est survoltée en fin de semaine dans ce petit bar gay doté d'une piste de danse, observée avec attention depuis la mezzanine. De la salsa à la dance, la musique varie selon les soirs.

Théâtres
Avignon compte un grand nombre de théâtres, dont la majorité sont concentrés dans le quartier de la rue des Teinturiers. On retiendra notamment le **Théâtre du Chien qui fume** *(☎ 04 90 85 25 87, 75 rue des Teinturiers)*, le **Théâtre du Bourg Neuf** *(☎ 04 90 85 17 90, 5bis rue du Bourg-Neuf)*, le **Théâtre des Halles** *(☎ 04 90 85 52 57, 4 rue Noël-Biret)* et le café-théâtre de la **Tâche d'encre** *(☎ 04 90 85 97 13, 1 rue Tarasque)*.

Pour en savoir plus sur le festival, consultez la section *Provence, terre de festivals* au chapitre *Renseignements pratiques*.

ACHATS
La Cure gourmande *(☎ 04 90 82 65 35, 24 rue des Marchands)*, vouée aux amateurs de friandises, évoque la caverne d'Ali Baba. La spécialité de cet artisan-confiseur est le bonbon aux arômes de Provence.

La Tropézienne *(☎/fax 04 90 86 24 72, 22 rue Saint-Agricol)* est l'endroit idéal pour choisir une spécialité locale, telle les Papalines d'Avignon, des petits ballons de chocolats colorés très sucrés, remplis de liqueur d'origan.

Les amateurs de vieux objets se rendront dans la rue de Limas, où sont regroupés bon nombre d'antiquaires de luxe.

COMMENT CIRCULER
Le centre-ville se parcourt aisément à pied. Mieux vaut laisser les voitures dans les parkings extra-muros gratuits et surveillés, avenue des Italiens (près de la porte Saint-Lazare) et sur l'île Piot. D'autres parkings, payants, permettent d'accéder au centre-ville : au palais des Papes, à la gare, porte de l'Oulle, ou près des Halles.

Bus. Les bus relient Villeneuve-lès-Avignon (ligne 11) et l'île de la Barthelasse (ligne 20), au départ de la Poste, à l'intérieur des remparts, à l'ouest de la porte de la République. Pour plus d'informations, appelez les Transports en commun de la région avignonnaise (TCRA) au ☎ 04 32 74 18 32.

Les cars Lieutaud (☎ 04 90 86 36 75, fax 04 90 85 57 07) proposent des excursions vers les sites de la région inaccessibles en transports en commun (comptez 18,50 € aller-retour environ).

Taxis. Vous pouvez également faire appel à l'Association des Radio-Taxis avignonnais (☎ 04 90 82 20 20), dont les véhicules stationnent devant la gare.

Vélos, motos et scooters. Adressez-vous à **Holiday bikes** (☎ 04 90 27 92 61), 52 bd Saint Roch, à 200 m à l'est de la gare pour louer un deux-roues ou une moto. Comptez 5 € la location d'un vélo de ville pour une journée. Des pistes cyclables, encombrées de voitures, permettent de faire le tour des remparts.

COMMENT S'Y RENDRE
Avion. Uniquement desservi par les vols intérieurs d'Air France en provenance de Paris, (3 vols par jour), l'aéroport d'Avignon-Caumont (☎ 04 90 81 51 51) est à près de 15 km au sud du centre-ville. On ne peut s'y rendre qu'en taxi.

Train. Avec le TGV Méditerranée, Avignon est désormais à 2 heures 40 de Paris et à 1 heure 30 environ de Lyon. Superbe carapace de verre, la nouvelle gare TGV, à 3 km du centre, est reliée à la vieille ville par une navette qui assure le trajet toutes les 10 minutes. L'arrêt se trouve près de la Poste, à l'intérieur des remparts. Le ticket coûte 1 €.

En face de la porte Saint-Michel, l'ancienne gare SNCF (☎ 04 90 27 81 89) accueille les trains assurant les liaisons régionales avec Marseille, Orange, Arles et Nîmes.

Bus. Les bus assurent des liaisons avec Aix, Arles, Cavaillon, Nîmes, Orange et Carpentras. Pour plus d'information, contactez la gare routière (☎ 04 90 82 07 35), bd Saint-Roch, à 200 m à l'est de la gare ferroviaire.

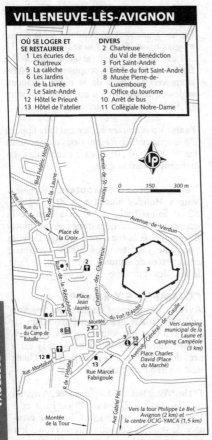

VILLENEUVE-LÈS-AVIGNON

OÙ SE LOGER ET SE RESTAURER
1 Les écuries des Chartreux
5 La calèche
6 Les Jardins de la Livrée
7 Le Saint-André
12 Hôtel le Prieuré
13 Hôtel de l'atelier

DIVERS
2 Chartreuse du Val de Bénédiction
3 Fort Saint-André
4 Entrée du fort Saint-André
8 Musée Pierre-de-Luxembourg
9 Office du tourisme
10 Arrêt de bus
11 Collégiale Notre-Dame

VILLENEUVE-LÈS-AVIGNON

Contrairement à sa voisine Avignon, située sur l'autre rive du Rhône, Villeneuve-lès-Avignon, aujourd'hui dans le département du Gard, a toujours fait partie du royaume de France. Sous le règne des papes, les cardinaux qui en appréciaient l'air pur y firent construire des palais fortifiés, les *livrées cardinalices*. Chapelles, cloîtres et vieilles demeures de pierre sont noyés dans la verdure et ces multiples édifices donnent tout son charme à ce bourg frontière. C'est une escapade indispensable lors d'un séjour à Avignon.

Renseignements

L'office du tourisme (☎ 04 90 25 61 33, fax 04 90 25 91 55, www.Villeneuve-les-Avignon.com), place Charles-David, est, de septembre à juin, ouvert du lundi au samedi de 9h à 12h30 et de 14h à 18h et, en juillet-août, tous les jours de 10h à 19h.

Fêtes et festivals

Au mois de juillet, Villeneuve-lès-Avignon est associée au festival d'Avignon à travers "Villeneuve-en-scène", qui propose lectures et spectacles dans le cadre magique des chapelles, des cloîtres ou des livrées cardinalices. Reportez-vous à la section *Provence, terre de festivals* au chapitre *Renseignements pratiques*.

À voir et à faire

La carte gratuite proposant des réductions sur l'entrée des monuments avignonnais est également valable pour Villeneuve-lès-Avignon.

La **Chartreuse du Val de Bénédiction** (*☎ 04 90 15 24 24, fax 04 90 25 76 21 ; entrée 5,50/3,50 € ; ouverte 9h-18h30 1er avril-30 sept, 9h30-17h30 1er oct-31 mars*). Fondée par le pape Innocent VI au XIVe siècle, elle est la plus grande chartreuse de France. Dotée de terres et immensément riche jusqu'à la Révolution, elle dégage aujourd'hui une harmonie architecturale saisissante. La visite permet d'entrer dans l'intimité quotidienne des moines chartreux, dont on peut voir notamment les cellules et l'ancien réfectoire. Outre les trois superbes cloîtres, on remarquera également le mausolée d'Innocent VI, petit bijou gothique, finement ciselé, et les peintures de la chapelle des Fresques, peintures attribuées à Matteo Giovanetti, à qui l'on doit également celles du palais des Papes à Avignon.

Le **Fort Saint-André** (*☎ 04 90 25 45 35, fax 04 90 26 09 43 ; entrée 4/2,50 € ; ouvert 10h-13h et 14h-17h 1er sept-31 mars, 10h-13h et 14h-18h 1er avr-30 sept*). Imposante fortification hérissée de tours massives, le fort Saint-André semble observer le Rhône comme une sentinelle. Il fut érigé par le roi de France Philippe Le Bel en 1292 : le fleuve marquait alors la frontière du royaume de France et du territoire des papes. Lorsque les souverains pontifes élisent résidence à Avignon, le fort permet de tenir la cité papale sous étroite surveillance. L'enceinte abritait déjà une abbaye, qu'on ne visite pas, et le bourg Saint-André, aujourd'hui à l'abandon. L'entrée est flanquée de deux tours jumelles aménagées en petit musée. De leur sommet, la vue vertigineuse embrasse les champs d'oliviers, la tour Philippe Le Bel, le Rhône, le palais des Papes et le rocher des Doms.

Les **Jardins de l'abbaye Saint-André** (☎ 04 90 25 55 95 ; entrée 3/2,50 € ; ouverts tlj sauf lun 10h-12h30 et 14h-18h 1er avr-30 sept, 10h-12h et 14h-17h oct-mars). Vous accéderez, dans l'enceinte du fort, aux jardins de l'ancienne abbaye du Xe siècle. Volières, tonnelles, parterres de fleurs et allées de cyprès ont été réaménagés au début du XXe siècle. Ce lieu enchanteur, souvent désert, jouit d'une vue splendide sur Avignon.

Le **Musée Pierre de Luxembourg** (☎ 04 90 27 49 66, 3 rue de la République ; entrée 3/2 € ; ouvert 10h-12h et 14h-17h30 1er oct-31 mars, 10h-12h30 et 15h-19h 1er avr-30 sept, fermé lun 16 sept-14 juin, fermeture annuelle fév). Ce musée, propriété de la Chartreuse du Val de Bénédiction, renferme une très belle collection d'art religieux des XIVe-XVIIe siècles. Parmi les pièces à ne pas manquer figure une Vierge en ivoire (XIVe siècle), un chef-d'œuvre de finesse, sculptée dans une défense d'éléphant. Le musée offre également un large éventail de peintures provençales des XVIe et XVIIe siècles. Le Couronnement de la Vierge, exécuté par Enguerrand Quarton en 1453-1454, en est la pièce maîtresse.

La **Collégiale Notre-Dame** (entrée 1/0,75 € ; ouverte 10h-12h et 14h-17h30 1er oct-31 mars, 10h-12h30 et 15h-19h 1er avr-30 sept, fermée lun 16 sept-14 juin, fermeture annuelle fév). Cette église construite en 1333 par le cardinal Arnaud de Via recèle une copie de la célèbre pietà de Villeneuve-lès-Avignon (l'original se trouve au Louvre).

La **tour Philippe le Bel** (☎ 04 32 70 08 57 ; entrée 1,50/1 € ; ouverte 10h-12h et 14h-17h30 1er oct-31 mars, 10h-12h30 et 15h-19h 1er avr-30 sept, fermée lun 16 sept-14 juin, fermeture annuelle fév). Cette tour haute de 32 m fut érigée à l'orée du XIVe siècle par Philippe Le Bel pour assurer le contrôle du pont Saint-Bénezet qui arrivait alors jusqu'à cette rive du Rhône. Vous pouvez accéder à son sommet après avoir gravi ses 172 marches. Le panorama sur Avignon et le Rhône est saisissant.

Promenades à pied et à vélo. Sur la D980, une fois passée la tour Philippe le Bel, sur la droite quand on vient d'Avignon, trois parcours de randonnées (les "Sentiers de l'abbaye") ont été aménagés entre le Rhône et un petit canal. Longs de 8 à 23 km, ces itinéraires balisés constituent une promenade agréable, bordée de végétation méditerranéenne et de vergers.

Où se loger

Centre UCJG-YMCA (☎ 04 90 25 46 20, fax 04 90 25 30 64, www.ymaca-avignon.com, 7bis chemin de la Justice ; simples/doubles/triples 14/23/27,50 € sans douche ou 26/33,50/46 € avec douche-wc). Cette auberge de jeunesse dotée d'une piscine s'est posée sur une colline, à proximité de la ville moderne de Villeneuve. Quelques chambres ont une vue superbe sur le palais des Papes, mais la propreté des sanitaires communs laisse vraiment à désirer.

Camping municipal de la Laune (☎ 04 90 25 76 06, fax 04 90 25 91 55, chemin Saint-Honoré ; 3,50 €/pers, 2,75 €/grande tente, 3 €/caravane ; ouvert 1er avr-30 sept). Situé sur la plaine de l'abbaye, en contrebas de la ville haute, on accède à ce camping en bus, par la ligne 11, depuis Avignon (arrêt la Laune au départ de la Poste ou de la porte de l'Oulle). Ombragé par les saules pleureurs, ce trois-étoiles donne accès à la piscine municipale et aux terrains de tennis voisins.

Camping Campéoles – l'île des papes (☎ 04 90 15 15 90, fax 04 90 15 15 91, L'Islon, île des Papes, www.campeoles.fr ; forfait 2 pers 22 €/nuit ; ouvert 1er avril-30 oct). Ce camping quatre-étoiles, au cadre agréable et doté d'une piscine, est un peu plus éloigné du vieux bourg. Il est possible d'opter pour la demi-pension et de louer un bungalow. Attention, le lieu n'est pas accessible en bus.

Les Jardins de la Livrée (☎ 04 90 26 05 05, 4bis rue Camp-de-Bataille ; doubles 43-69 €). Installée dans un jolis mas de campagne, cette auberge ressemble d'avantage à un hôtel qu'à une chambre d'hôtes. Sa pelouse agrémentée de lauriers-roses et sa belle piscine n'en font pas moins un endroit agréable. Les chambres sont modernes, sans cachet particulier. Les propriétaires font également restaurant (menus à 17 et 22 €).

Les Écuries des Chartreux (☎/fax 04 90 25 79 93, 66 rue de la République ; doubles 62-72 €, studio 4 pers 99 € ; ouverte à l'année). Habillées de poutres et meublées de façon sobre, ces 3 chambres d'hôtes ont été superbement aménagées dans les anciennes écuries de la Chartreuse. La cour arborée donne à l'ensemble l'allure d'un corps de ferme au cœur de Villeneuve. Toutes les chambres sont équipées d'une kitchenette. Une grande salle accueille expositions et séminaires.

Hôtel de l'Atelier (☎ 04 90 25 01 84, fax 04 90 25 80 06, hotel-latelier@liberty-surf.fr, 5 rue de la Foire ; doubles 52-84 €, triples 81-99 € ; fermeture annuelle nov). Avec son vieux puits et ses deux petits jardins plantés de romarins et de lauriers-roses, cet ancien atelier de tissage possède le charme d'une maison de campagne qu'on aurait retapé soi-même. Les chambres, bien restaurées, gardent toutefois leur patine d'antan. Meublées à l'ancienne, avec notamment une vieille armoire, elles évoquent irrésistiblement le grenier de grand-mère. Les escaliers dérobés et les expositions que l'hôtel organise confèrent une tonalité artistique à l'endroit.

Hostellerie Le Prieuré (☎ 04 90 15 90 15, fax 04 90 25 45 39, www.leprieure.fr, place du Chapître ; doubles 149-206 €, appart 236-282 € ; fermeture annuelle nov-15 mars). Après avoir traversé une longue tonnelle qui longe la piscine et les cours de tennis, on découvre l'ancien prieuré, flanqué de deux ailes plus récentes. Hélas, la décoration des chambres commence à dater et ne justifie pas les tarifs pratiqués, malgré la climatisation et les terrasses privées. Les prix dépendent du bâtiment que vous aurez choisi.

Où se restaurer

La Calèche (☎ 04 90 25 02 54, fax 04 90 25 16 97, 35 rue de la République ; menu 12 €, plat 10 € ; ouvert tlj sauf dim). Dans un décor de bistrot des années 1920 ou en terrasse, cette adresse sans prétention permet de se restaurer, à peu de frais et dans un cadre harmonieux, de pâtes au pistou, d'un porcelet aux oignons ou de thon grillé. Chaque plat est préparé à partir de produits frais et bien cuisinés.

Les Jardins d'été de la Chartreuse (☎ 04 90 15 24 23, fax 04 90 25 76 21, Chartreuse du Val de Bénédiction ; menus 12/15/20 € ; ouvert juin-juillet). Dans une cour ombragée de bambous attenante au cloître Saint-Jean, les jardins d'été bénéficient du plus beau cadre de Villeneuve-lès-Avignon : la Chartreuse elle-même. Rôti de porc à l'ananas, brochettes au curry, poulet au miel et grandes salades composent une carte simple, mais qui a le mérite d'afficher des prix raisonnables.

Le Saint-André (☎/fax 04 90 25 63 23, 4bis Montée-du-Fort ; menu 20,50 €, plat principal 15,50 € ; fermé lun et mar midi). Dans un décor sobre, le maître des fourneaux décline quelques grands classiques – gigot d'agneau à la fleur de thym, panaché de la mer sauce aneth ou fricassée de volaille de Bresse aux cèpes, entre autres délices – qui en font l'une des bonnes adresses de Villeneuve-lès-Avignon.

Comment s'y rendre

Situé à 4 km d'Avignon, Villeneuve est facilement accessible à vélo depuis la cité des Papes. On peut également emprunter la ligne 11 des bus au départ d'Avignon (depuis les arrêts Poste ou Porte de l'Oulle).

Pays de Sorgue

Dans ce pays plat qui s'étire entre Carpentras, au nord, et Cavaillon, au sud, courent mille et un cours d'eau qui, tels les veines sous la peau, alimentent une multitude de cultures essaimées sur tout le territoire. La Sorgue, avec ses eaux vert émeraude, en est l'artère principale. De Fontaine-de-Vaucluse où elle prend sa source à l'Isle-sur-la-Sorgue, ses méandres rappellent qu'autrefois les marais conditionnaient la vie des hommes et des femmes. La plaine, comme dans la vallée du Rhône, n'a malheureusement pas échappé à l'urbanisation brouillonne et ce qu'elle induit en termes d'infrastructures – routes et voies rapides, centres commerciaux, regroupements industriels et cités pavillonnaires. Avignon est en bordure. Si l'expansion de cette région-carrefour ne semble pas prête à s'arrêter, quelques îlots font, de ci de là, de la résistance.

L'ISLE-SUR-LA-SORGUE

Au XIIe siècle, L'Isle-sur-la-Sorgue était un village construit sur pilotis et les marécages s'étendaient à l'infini. Les marais asséchés quelques siècles plus tard restaient toutefois indomptables et les multiples bras de la Sorgue couraient en s'effilant. La terre était pauvre, l'eau riche en poissons. C'est au XVIIe siècle que se développa sur ses bords des fabriques de draperies, puis un siècle plus tard, une industrie de la soie et de la toile florissante. Les roues à aubes qui tournent encore sont les derniers vestiges de cette époque.

Construite au pied du plateau de Vaucluse, dans une plaine désormais cultivée de manière intensive, L'Isle-sur-la-Sorgue connaît depuis la fin des années 1960 une mutation urbaine profonde. L'explosion de ses faubourgs et l'arrivée massive d'antiquaires et de brocanteurs lui ont fait perdre en 30 ans sa physionomie de Venise comtadine. De l'autre côté du canal, la vieille ville, oubliée par les visiteurs trop pressés de courir les boutiques, se languit à l'ombre de sa collégiale Notre-Dame-des-Anges (XIIIe siècle), à l'intérieur baroque. La multiplication des galeries et des boutiques de décoration n'a pourtant pas entamé son charme de ville provençale. Pourtant, deuxième marché d'Europe de la brocante après les puces de Paris, L'Isle-sur-la-Sorgue est devenue le passage obligé des professionnels du monde entier, Américains principalement.

Renseignements

Au cœur de la vieille ville et à deux pas de l'église, l'office du tourisme (☎ 04 90 38 04 78, fax 04 90 38 35 43, office-tourisme.Isle-sur-sorgue@wanadoo.fr, ot-islesurlasorgue.fr), est installé place de la Liberté, dans l'ancien grenier public de la ville datant de 1779. Son personnel fournit toutes les informations nécessaires à une découverte de la ville et à un séjour dans la région (réservations hôtelières, activités culturelles ou sportives...). Il propose des circuits guidés de la ville et de ses sites environnants, à la journée ou sur deux jours, voire davantage. Leurs prix (de 2,50 € à 30 €) varient en fonction du thème abordé (visite de la ville, circuit chez les antiquaires, balade dans le Luberon, route du patrimoine juif comtadin...). Des brochures concernant les randonnées pédestres, équestres et cyclotouristiques individuelles sont également disponibles.

L'office du tourisme est ouvert en été du lundi au samedi de 9h à 13h et de 14h30 à 18h30 (de 9h30 à 13h les dimanche et jours fériés) et hors saison de 9h30 à 12h30 et de 14h30 à 18h.

À voir et à faire

Marchés et foires. Si, depuis une trentaine d'années, la ville est devenue le fief des antiquaires et des brocanteurs, leurs boutiques ne sont ouvertes que les samedi, dimanche, lundi et jours fériés. Par ailleurs, chaque dimanche se tient, sur le quai de l'avenue des 4-otages, un grand marché à la brocante (ouvert de 8h à 18h). Tous les ans, à Pâques et au 15 août, les foires à la brocante réunissent plus de 1 000 exposants. Enfin, le marché provençal a lieu les jeudi et dimanche jusqu'à 14h.

Musées. Musée Campredon (☎ 04 90 38 17 41, fax 04 90 38 65 47, info@campredon-expos.com, www.campredon-expos.com, 20 rue du Docteur-Tallet ; entrée 5,50/4,50 € adultes/étudiants, gratuit pour les moins de 14 ans ; ouvert mar-dim et jours fériés juin-sept 10-13h et 15h-18h30, hors saison 9h30-12h et 14h-18h).

Dans cet hôtel particulier, construit en 1773 pour le marquis de Campredon, sont organisées depuis 1984 de remarquables expositions de peintures. Ce musée de référence a notamment rassemblé des œuvres de Poliakioff, Manguin,

Dufy, Giacometti ou Hervé di Rosa. Le dernier étage devrait être consacré à une exposition permanente sur René Char (1907-1988), né et mort à l'Isle-sur-la-Sorgue.

Activités sportives

La **descente de la Sorgue** depuis Fontaine-de-Vaucluse, où la rivière prend sa source, est très populaire. Facile et ne nécessitant aucune expérience particulière, elle peut se faire en famille.

À l'Isle-sur-la-Sorgue, le **Club de canoë-kayak Islois** (*☎ 04 90 38 33 22, av. Charles-de-Gaulle*) loue des embarcations en juillet-août (17 €/jour). Près de Fontaine-de-Vaucluse, un loueur de canoë est ouvert d'avril à fin octobre. Reportez-vous à la rubrique *Fontaine-de-Vaucluse*, plus loin.

Sur la route de Fontaine-de-Vaucluse, le **Provence Country Club** (*☎04 90 20 20 65*) est le seul golf de 18 trous de la région.

Où se loger

Camping. Le **Sorgiak** (*☎/fax 04 90 38 13 95, 871 route de Lagnes ; ouvert 15 mars-15 oct*). Cette aire naturelle compte seulement 15 emplacements. Le terrain est ombragé et dispose de sanitaires convenables. Une machine à laver est à disposition. Le **camping de l'Auberge de Jeunesse** (se reporter à la rubrique *Où se loger* à Fontaine-de-Vaucluse) reste toutefois un meilleur choix au regard de son site. Malheureusement, les places sont rares en été.

La **Coutelière** (*☎ 04 90 20 33 97, fax 04 90 20 27 22 ; ouvert avr-15 oct*). Situé sur la route de Fontaine-de-Vaucluse, ce camping de catégorie supérieure affiche rapidement complet en juin, juillet et août. Il loue aussi des mobils-homes.

Hôtels. Étrangement, L'Isle-sur-la-Sorgue ne dispose pas d'hôtels de charme. Ceux qui sont recensés dans le centre-ville sont d'une tristesse et d'une fadeur affligeantes, à l'exception des deux établissements suivants :

La **Gueulardière** (*☎ 04 90 38 10 52, fax 04 90 20 83 70, 1 cours René-Char ; chambres 50,50 € ; fermeture annelle 15 déc-15 jan*). Bien qu'en bordure de route, cet hôtel reflète encore l'époque où L'Isle-sur-la-Sorgue était encore un village. La terrasse ombrée de platanes gigantesques agrémente une maison bourgeoise de belle allure. Les cinq chambres quelques peu désuètes, avec leur vieille tapisserie et leur mobilier ancien, sont toutes en rez-de-chaussée et leur accès se fait par une porte-fenêtre ouvrant sur la terrasse. Leur fraîcheur l'été est bienfaisante (voir également *Où se restaurer*).

Lou Soloy du Luberon (*☎/fax 04 90 38 03 16, 2 av. Charles-de-Gaulle ; simples/doubles 33,50/53,36 €, petit déj 6 € ; fermeture annuelle jan*). Bordant la Sorgue (et la route), cet établissement dispose de huit chambres confortables, mais à la décoration et à l'aménagement aseptisées. Demandez celles avec vue sur la rivière.

Chambres d'hôtes. Aucune adresse n'est recensée intra-muros. Les environs de L'Isle disposent de chambres d'hôtes, mais la plupart affichent des prix prohibitifs (autour de 152,50 €) ou se situent dans un environnement sans grand intérêt. Il existe heureusement quelques exceptions :

Le **Mas de la Romane** (*☎ 04 90 38 54 41, perso.wanadoo.fr/laromane, 196 chemin de la Grande-Bastide, Velorgues ; chambres 60 € ; ouvert avr-nov*). Dans la commune de Velorgues, à 5 km de L'Isle-sur-la-Sorgue, ce joli mas rénové bénéficie d'un environnement dégagé, cerné d'arbres et d'un champ de pommiers jouxtant la piscine. Son pré est idéal pour les enfants ou les après-midi de farniente. Christine Ertzbichoff loue deux chambres avec s.d.b., dotées de pièces grandes et lumineuses. Leur décoration (en particulier celle de la chambre du rez-de-chaussée), leur terrasse et la gentillesse de la maîtresse de maison font de ce mas une escale privilégiée. L'entrée indépendante et la disposition des pièces (l'une au-dessus de l'autre) permettent à une famille ou à un groupe d'amis de louer les deux chambres. La cuisine n'est disponible que pour des séjours prolongés.

Le **Mas de la Coudoulière** (*☎ 04 90 38 16 35, fax 04 90 38 16 89, 1854 route de Carpentras ; chambres 72/62 € juin-sept,*

56,50/64 € hors saison). Dans un style tout aussi doux et serein, le mas de Pierrette Soubrat représente un autre espace de villégiature, où il fait bon poser ses valises. Aménagées dans un ancien monastère, à 2 km de L'Isle (sur la D 938), les chambres offrent tout le confort désiré, leur prix variant en fonction de la présence d'une baignoire ou non dans la s.d.b.

Le Haras de l'Eau *(☎ 04 90 02 30 98, fax 04 90 02 30 99, contact@harasdeleau.com, www.harasdeleau.com, Chemin de Redeyt, Le Thor ; chambres 107/183 € ; fermeture annuelle jan-fév).* Dans la catégorie supérieure et celle des hébergements d'exception figure ce domaine, situé dans la commune de Le Thor, jouxtant celle de L'Isle. S'impose d'abord la vision d'immenses prés clôturés où vont et viennent des chevaux. La maison se distingue ensuite avec ses boxes et son allée de platanes gigantesques, aux bras généreux. La Sorgue coule en bordure de terrain. La piscine a été installée à l'écart de la maison et des tables ont été disposées à côté de la rivière aux eaux vertes. Anne Paintendre et Catherine Bonnafous ont restauré cette vieille ferme avec un goût délicat, la dotant d'un confort et d'un environnement de rêve. Les six chambres, vastes et bien aménagées, ont chacune leur atmosphère particulière. Celles donnant sur les platanes ont notre préférence. Vous ne pourrez pas monter les chevaux de Catherine, dresseur professionnel de réputation internationale. En revanche, libre à vous d'amener jusqu'ici votre cheval et, éventuellement, de suivre des cours avec elle !

Où se restaurer

En bordure de Sorgue, comme tout au long du boulevard qui cerne le centre-ville, les cafés-restaurants ne manquent pas et leur fréquentation varie en fonction de la trajectoire du soleil ! **Le Bistrot de l'Industrie** *(☎/fax 04 90 38 00 40, 2 quai de la Charité ; plats 8/13 € ; fermé jeu soir oct-mai).* Une adresse incontournable dont on fait rapidement sa cantine ! La carte offre un large choix (pizzas, grillades, galettes, salades) à des prix raisonnables. L'am-

biance est conviviale et les pizzas au feu de bois, délicieuses. Privilégiez la terrasse près de la rivière, légèrement à l'écart du trafic.

Café de France *(☎ 04 90 38 01 45, place de la Liberté ; plats à partir de 8,50 € ; ouvert tlj 11h-22h).* Installé dans la vieille ville, face à l'église, ce café au charme vieillot est l'adresse à retenir pour se désaltérer à l'ombre des platanes.

Bella Vita *(☎ 04 90 38 13 74, place de la Liberté ; plats 8-13 € ; ouvert tlj sauf lundi soir).* À côté du Café de France, ce tout petit restaurant italien propose pâtes fraîches et glaces maison. Sa terrasse, à l'ombre des platanes, épouse celle du Café de France.

Au Jardin d'Aubanel *(☎ 04 90 20 66 94 ; allée du 18-Juin-40 ; plats 9/11,50 € ; fermé mar-mer hors saison, un des deux en été).* Autre étape privilégiée le long de la Sorgue, baignée de fraîcheur, cette boutique de fleurs faisant aussi office de salon de thé dispose d'une terrasse élégante et d'une salle au 1er étage, tout aussi charmante avec ses fauteuils recouverts de toile de Jouy. Le service continu privilégie les formules tartes-salades, desserts et plat du jour.

Le Carré d'herbes *(☎ 04 90 38 62 95, fax 04 90 38 63 12, 13 av. des Quatre-Étages ; 1er menu 23 €, plats 11,50/18 € ; fermé juil-août, mar-mer hors saison).* Ce restaurant fait partie d'un village d'antiquaires. Ses deux terrasses et sa cuisine convenable (soupe au pistou, viande grillée aux herbes, filet de cabillaud à l'aïoli) en font une adresse appréciée. La carte des vins affiche toutefois des prix élevés. La salle peut agacer par son côté loft branché importé de la ville.

La Gueulardière *(☎ 04 90 38 10 52, 1 cours René-Char ; 1er menu 15 €, carte 24 € ; ouvert tlj sauf mer, fermeture annuelle janv).* Tapisserie Souleiado jaune, meubles anciens, gravures et multiples objets imprègnent La Gueulardière d'une ambiance rétro. Si la terrasse ombragée et agrémentée d'une fontaine est agréable, la circulation intense toute proche en gâche le plaisir, notamment le midi. La cuisine se veut traditionnelle et propose, entre autres plats, pintade à la pêche ou bœuf provençal.

La Prévôté *(☎ 04 90 38 57 29, 4 rue Jean-Jacques-Rousseau ; menu 23 € midi mer-ven, 40/58 € soir et week-end ; fermé dim soir-lun-mar midi).* Le restaurant gastronomique de la ville est installé au cœur de son centre historique. Au menu figurent carpaccio de lotte, pavé de loup, pastillade de rillettes de canard, canette laquée au miel de lavande et moelleux au chocolat... Saveurs et légèreté s'entendent à merveille pour ne retenir que l'essentiel. Ce credo se retrouve dans l'aménagement intérieur de la cour et des salles voûtées (dans l'une d'entre elles s'écoule la Sorgue), pourvues de quelques meubles et de confortables fauteuils provençaux paillés. L'atmosphère est douce et intime.

Comment s'y rendre

Au moins une liaison quotidienne est assurée par les Cars Arnaud (☎ 04 90 38 15 58) depuis Avignon, Cavaillon, Carpentras, Marseille et Aix-en-Provence.

Comment circuler

Isle 2 roues (☎ 04 90 38 19 12), 10 av. de la Gare, est ouvert du mardi au samedi, de 8h à 12h et de 14h à 19h. Louer un VTC revient à 13 € par jour, avec un tarif dégressif possible. Il est conseillé de réserver son deux-roues en été.

ENVIRONS DE L'ISLE-SUR-LA-SORGUE

Sur la N 100, **Coustellet** est réputé pour son marché paysan du dimanche matin, rendez-vous des petits exploitants des environs.

La **Maison Gouin** *(☎ 04 90 76 90 18 ; fermé mer),* à l'intersection de la D2 et de la N 100, est une boucherie-charcuterie-traiteur, parfaite pour composer un repas de pique-nique. Le midi, des plats et des salades (10 €) sont proposés.

À la sortie du village se trouve un **musée de la Lavande** *(☎ 04 90 76 91 23, fax 04 90 76 85 52 ; ouvert tlj mars-31 déc 10-12h et 14-18h ; entrée 2,30 €, gratuit enfants moins de 15 ans).* Les Lincelé, producteurs de lavande, ont fondé ce musée en rassemblant une collection d'alambic en cuivre et des accessoires de récolte.

Fontaine-de-Vaucluse

Ce village a donné son nom au département et l'étymologie évoque sa situation géographique : *Vallis Clausa,* ou vallée close. Son attrait tient principalement à sa **source**, l'une des plus puissantes résurgences du monde, dont la profondeur reste inconnue. Au pied d'une falaise, le site est effectivement imposant. Une promenade bordée de platanes opulents longe les eaux vert-émeraude de la Sorgue. La balade à pied jusqu'à la source (10 minutes depuis le centre du village) n'est agréable que dans ses derniers mètres, les trois quarts de son parcours étant en effet jalonnés de multiples petites échoppes de souvenirs et de boissons. Toutefois, le déversoir de la Sorgue représente un magnifique spectacle en hiver et au printemps, lorsque le niveau des eaux est élevé. Été comme hiver, le site est au programme des sorties dominicales. Pour preuve, le nombre de cafés-restaurants que recensent ce village aux dimensions somme toute modestes. Chère aux poètes Pétrarque, Frédéric Mistral et René Char, la source attire chaque année environ 60 000 visiteurs. Le stationnement obligatoire dans l'un des parkings est payant (2,30 €).

Sur la place du village s'élève une colonne de granit, édifiée en 1804 pour le 5e centenaire de la naissance de Pétrarque, poète et humaniste italien de la Renaissance qui aimait à fréquenter ces lieux (voir l'encadré ci-contre).

Le château en ruine qui surplombe les habitations a été construit avant l'an 1000, à la demande des moines de l'abbaye marseillaise de Saint-Victor, qui reconstruisirent dans le même temps l'église du village dédiée à saint Véran. Propriété des évêques de Cavaillon au XIIIe siècle, il passa ensuite entre les mains des seigneurs de Vaucluse avant d'être détruit au XVIe siècle par les soldats du baron des Adrets.

Renseignements. La place de l'Église abrite un magasin d'alimentation bien achalandé (fermé le lundi) et, à proximité, un boucher, un boulanger, ainsi qu'un distributeur d'argent. Le marché se tient les mardi et jeudi matins.

Pétrarque à Fontaine-de-Vaucluse

Poète et humaniste italien, familier de la cour pontificale, Pétrarque (1304-1374) entremêla dans son œuvre vie et littéraire. Il ne cessa ainsi d'évoquer son amour pour Laure de Noves, femme d'Hugues de Sade, rencontrée en l'église d'Avignon le 6 février 1327, et morte lors d'une épidémie de peste en 1348.

Né à Arezzo (Italie), Francesco di ser Petracco, dit Pétrarque, fut très jeune attiré par les livres. Âgé de 6 ans lorsque sa famille s'exila à Carpentras, il fut bercé par la Provence. Ses études de droit, menées de Montpellier à Bologne à la demande de son père, ne lui firent pas oublier les auteurs anciens, Cicéron, Virgile, Tite-Live ou saint Augustin. À son retour en Avignon, en 1326, l'érudition et la finesse d'esprit du jeune homme furent remarquées à la cour papale. Sa frivolité aussi. Un an plus tard, la rencontre avec Laure scella le destin du poète.

La ville d'Avignon joua un grand rôle dans sa vie : la cité lui valut différents emplois diplomatiques, des relations et des rencontres clefs ; surtout, elle lui permit, grâce à sa bibliothèque, de se plonger à loisir dans les textes antiques. C'est ici aussi que son désir de voyager prit forme : de Lyon à Paris, de Toulouse aux Pyrénées, de Liège à Cologne et à Prague, de Naples et Rome à Gênes, Vicence ou Milan, Pétrarque éprouva à chaque fois la même curiosité, la même soif de savoir mais aussi le refus de se fixer. Entre deux voyages, il trouva dans les différentes retraites spirituelles et ascétiques menées à Fontaine-de-Vaucluse l'apaisement recherché. Pétrarque explora l'âme humaine et ses poèmes, rassemblés dans le *Canzoniere*, reflètent les tourments du désir et de l'amour. Les douze dernières années de sa vie se partagèrent entre Venise, Padoue et Arqua, où il meurt le 18 juillet 1374.

Installé au début du chemin menant à la fontaine, le bureau de l'office du tourisme (☎ 04 90 20 32 22, fax 04 90 20 21 37, officetourisme.vaucluse@wanadoo.fr) est ouvert tous les jours, sauf dimanche et jours fériés, de 9h à 18h30. En juillet-août, il ferme à 20 h. Il fournit de multiples informations et propose des circuits à faire à pied, à vélo ou en voiture.

À voir et à faire. Fontaine-de-Vaucluse dénombre trois musées sur le chemin menant à la source. L'**écomusée du Gouffre** (☎ 04 90 20 34 13 ; ouvert 9h30-19h juil-août, 9h30-12h et 14h-18h hors saison ; entrée 5/3,50 €) organise une promenade guidée dans les profondeurs du gouffre. Un décor grandeur nature permet de découvrir, éclairé par une lanterne, une cascade, une rivière souterraine et des fresques, et de suivre l'histoire et la formation de la source. À la fin du parcours, une exposition rassemble 400 cristallisations de caverne, recueillies par Norbet Casteret (1897-1970), l'un des pionniers de la spéléologie. En jan-

vier et février, aucune visite n'est assurée. À quelques pas, s'élève le moderne du **musée d'Histoire 1939-1945/l'Appel de la Liberté** *(☎ 04 90 20 24 00, fax 04 90 20 53 45 ; entrée 3/1,50 €)*. Inauguré il y a une dizaine d'années, ce musée retrace d'une manière passionnante l'époque de la guerre et de la Libération.

Dans les salles du rez-de-chaussée ont été reconstituées un salon, une boutique et une rue des années 1940. Meubles, lumières et ambiance sonore plongent le visiteur dans l'atmosphère de ces années. Au 1er étage, panneaux, photos, films et objets racontent plus précisément l'histoire de l'Occupation et de la Résistance, en particulier la vie des maquisards.

Fermé en janvier et février, ce musée n'est ouvert que le week-end en mars, octobre, novembre et décembre ; il est accessible tous les jours en saison, sauf le mardi. Ses horaires fluctuent en fonction des mois (de 10h à 19h en juillet-août). Pour rejoindre ensuite le Moulin à papier (voir ci-dessous), continuez sur la même route,

VAUCLUSE

mais réservez plutôt cette visite à votre retour de la source, afin d'éviter la galerie marchande assez cafardeuse à la sortie du moulin.

Le **Moulin à papier** (☎ 04 90 20 34 14 ; *ouvert tlj 9h-19h25 juil-août, 9h30-12h25 et 14h-18h hors saison ; entrée gratuite*) perpétue la tradition de la fabrication du papier. Le premier moulin du village remonte à l'an 1522. Quatre autres furent fondés ensuite, dont la papeterie dite du Chemin de la Fontaine, construite en 1862, et lieu de l'actuel Moulin à papier. Cette papeterie a fonctionné jusqu'en 1968 avant de devenir un écomusée, où se fabrique encore, "à l'ancienne", le papier. La production se fait sous les yeux du visiteur.

Sur la place du village, à l'arrière d'une boutique, existe un **musée du Santon** (☎ 04 90 20 20 83 ; *ouvert tlj 10h-18h ; entrée 4/2,50 €*).

Sur l'autre rive, à proximité du pont, le **musée Pétrarque** (☎ 04 90 20 37 20 ; *ouvert tlj sauf mar 10h-12h et 14h-18h hors saison, 10h-12h30 et13h30-18h en été, fermeture annuelle nov-mars ; entrée adulte/enfant 3/1,50 €*).

Au 1er étage de ce petit musée sont exposés gravures, dessins, ouvrages et lettres manuscrites. Le manque d'explication rend la visite décevante et rapide. Il est possible toutefois de réserver un conférencier au moins un jour à l'avance. Au rez-de-chaussée se tient toujours une exposition temporaire.

Activités nautiques. Une descente de la Sorgue en canoë-kayak depuis Fontaine-de-Vaucluse, avec arrivée à L'Isle-sur-la-Sorgue (à peine 8 km), est organisée du troisième week-end d'avril à la fin du mois d'octobre par **Kayak Vert** (☎ 04 90 20 35 44, fax 04 90 20 20 28, canoefrance.com). Comptez 18/11 € pour les adultes/enfants.

Randonnées pédestres. L'auberge de jeunesse située chemin de la Vignasse (voir *Où se loger*) est le point de départ de nombreux sentiers, en particulier du GR6 qui permet de se rendre à pied jusqu'à l'abbaye de Senanque (voir cette rubrique plus loin).

Où se loger

Auberge de jeunesse. À 800 m du village, cette **auberge de jeunesse** (☎ 04 90 20 31 65, fax 04 90 20 26 20, *chemin de la Vignasse ; moins/plus de 26 ans 11/15 €, drap 2,50 €, petit déj 3 €, dîner 8 € ; ouvert fév-15 nov*) est la seule de la région. Son cadre et sa situation (une vieille ferme en pierre dans un environnement de platanes, d'oliviers et de chênes clairsemés) en fait une étape, tranquille et chaleureuse, des plus agréables. Pour ceux qui sont à pied, il s'agit d'abord de monter la petite route qui permet de la rejoindre ! À l'extérieur, de grandes tables en bois ont été disposées et un coin-grillade, aménagé. La cuisine a été installée dans une petite maison à part de l'Auberge constituée, en son rez-de-chaussée, de deux grands dortoirs et de sanitaires aux allures de vieille école. Ces dortoirs sont accessibles à des handicapés – ce qui n'est pas le cas malheureusement des sanitaires. À l'étage, les chambres (de 2 à 9 lits) sont plus intimes. Un joli terrain arboré permet de planter sa tente (6 emplacements au maximum, 4,50 € la nuitée). Fanny Jonget, la responsable, prête des vélos à la journée et assure l'accueil de 8h à 10h et de 17h30 à 20h50. L'auberge est aussi le point de départ de nombreux sentiers (voir *Randonnées pédestres*, plus haut).

Hôtels. Hôtel des Sources (☎ 04 90 20 31 84, fax 04 90 20 39 09, www.hoteldes sources.com, *Châteauvieux ; chambres 68/83,50 € juil-août, 58/74 € mai-juin et sept-oct, 47,50 €-64,50 € hors saison ; fermeture annuelle 15 nov-15 mars*). Voici le seul établissement offrant le confort requis d'un deux-étoiles. Cette demeure datant de 1840, à l'imposant bâtiment en U, est toujours en cours de restauration. Son élégante façade rose, striée de volets verts, s'étire entre la route et la Sorgue. Des palmiers encadrent l'entrée et, dans le parc attenant au restaurant, une allée de platanes longe la rivière. L'intérieur est plus quelconque et les chambres à l'étage, d'un aménagement des plus sobres. Demandez celles donnant sur la rivière.

Hôtel du Parc (☎ 04 90 20 31 57, fax 04 90 20 27 03, rue des Bourgades ; chambres 43 €, petit déj 6 € ; fermeture annuelle nov-15 fév). Face à l'hôtel des Sources, de l'autre coté de la rive, cet établissement est à retenir pour son restaurant ; ses chambres sont plutôt coûteuses pour le confort proposé.

Hostellerie le Château (☎ 04 90 20 31 54, quartier Petite-Place ; chambre 33,50 €, petit déj 5,50 €). L'aménagement est ici encore plus sommaire, avec douche et toilettes sur le palier.

Chambres d'hôtes. Le centre du village compte trois bonnes adresses. **La Maison aux fruits** (☎ 04 90 20 39 15, fax 04 90 20 27 08, giorgis@giorgis.com, www.giorgis.com, av. Robert-Garcin ; simples/doubles/triples 60/69/95 €, appart en simple/double/triple 69/79/105 € ; ouvert à l'année). Sa façade décorée de guirlandes de fruits invite à pousser la porte. La demeure de Roseline Giorgis, aux allures de maison d'artiste, est ravissante. Les quatre chambres et les appartements (de rêve) se déclinent selon le nom, évocateur, qu'ils portent ("vénitienne", "plein sud", "bleue" ou "eldorado"). Une grande délicatesse se dégage des lieux, y compris des s.d.b., celle de l'eldorado se composant ainsi de mille-et-un coquillages ! La terrasse ombragée et fleurie est harmonieusement agencée. Roseline, décoratrice de profession, organise par ailleurs des stages de peinture (trompe-l'œil, usage des pigments, enduits et patines décoratives...).

Philippe et Nathalie Maguet (☎ 04 90 20 23 69, chemin des Soleillants ; chambre 53,50 € juil-août, 46 € hors saison ; ouvert à l'année). Faisant face à la Maison aux fruits, la maison des Maguet est elle aussi accueillante. Les trois chambres à l'étage offrent un bel espace à la décoration épurée (des tons blanc et gris rehaussés de bois naturel). Les s.d.b. aux murs en béton incrusté de cailloux, sont une merveille. La terrasse à l'arrière, sur deux niveaux, donne sur le château.

La Bastide des Beaumes Rouges (☎ 04 90 20 34 18, fax 04 90 20 34 18 ; chambres 45/58 € ; fermeture annuelle fin oct-début

mars). Cette maison, ornée d'un grand jardin et d'une jolie treille, se tient à l'écart, sur le chemin menant à la source. Le confort est ici d'un plus grand classicisme. L'accueil est tout aussi agréable. Une règle, pourtant : tout résident doit respecter l'horaire du petit déjeuner (8h30) et celle de la fermeture de la porte, le soir à 23h30.

Le Mas de Tamar (☎ 04 90 20 26 42, fax 04 90 20 23 35, info@mas-de-tamar.com, www.mas-de-tamar.com, chemin de la Coutelière, Lagnes ; chambres/suite 105/339 € haute saison (15 juin-15 sep), 96/280 € moyenne saison, 75/233 € basse saison ; fermetures annuelles 15 nov-Noël et 10 jan-15 mars). Dans la commune de Lagnes, sur la route menant à Fontaine-de-Vaucluse, ce mas de catégorie supérieure (ouvert aux personnes sans enfants) offre un environnement idyllique : cours ombragées de tilleuls et de figuiers, parc de plusieurs hectares et immense piscine avec douches, serviettes et boissons à proximité. Tamar Madig, la maîtresse des lieux, américaine d'origine, propose dans sa maison, cinq chambres de style provençal (avec peignoirs et télévision). La table d'hôtes coûte 38 € le soir.

Où se restaurer
Le long de la Sorgue, que ce soit sur le chemin menant à la Fontaine ou dans la ville, les restaurants sont légion (du relais "gastronomique" à la crêperie). Ceux de la place du village disposent d'agréables terrasses et proposent des formules brasseries d'un bon rapport qualité/prix.

Les restaurants de l'**hôtel du Parc** (☎ 04 90 20 31 57 ; menus 12/18/27,50 €, plats 11,50/20 € ; fermé nov-15 fév) ou de l'**hôtel des Sources** (☎ 04 90 20 31 84, menus 16/27 € ; fermé 15 nov-15 mars) s'adaptent à tous les budgets et comblent tous les appétits. Aux beaux jours, leur terrasse longeant la Sorgue et ombrée de platanes sont des espaces privilégiés, mais convoités. Réservez!

Comment s'y rendre
La compagnie Cars Arnaud (☎ 04 90 38 15 58) assure tous les jours la liaison depuis Avignon via l'Isle-sur-la-Sorgue.

VAUCLUSE

CAVAILLON

Au sud-est d'Avignon (à 25 km), cette ville active est une des portes d'entrée du Luberon avec l'Isle-sur-la-Sorgue et Apt. Le circuit proposé à vélo par le parc du Luberon relie d'ailleurs Cavaillon à Apt.

En saison, de mai à septembre, le melon de Cavaillon est évidemment la grande vedette du marché du lundi matin et de certains restaurants de la ville. Le premier week-end de juillet, une fête lui est même entièrement consacrée.

Renseignements

L'office du tourisme (☎ 04 90 71 32 01, fax 04 90 71 42 99, O.T.CAVAILLON@ wanadoo.fr, www.cavaillon-luberon.com, place François Tourel) est ouvert du lundi au samedi de 9h à 12h30 et de 14h à 19h de mai à septembre (9h30-12h30 et 13h30-18h30 le reste de l'année). En été, un accueil est également assuré le dimanche de 9h30 à 12h.

En juin-juillet-août, l'office organise le vendredi matin un "circuit melon" en minibus, comprenant la visite d'une exploitation et la dégustation de melons. Comptez 5,50 € par adulte (gratuit pour les moins de 12 ans).

À voir et à faire

La vieille ville. Un circuit fléché permet par ailleurs de découvrir le vieux Cavaillon. Trois sites méritent que l'on s'y attarde. La **cathédrale Saint-Véran**, pour son petit cloître roman du XIIe siècle, la **synagogue** du XVIIIe siècle (propriété de la commune à la différence de celle de Carpentras, qui est encore un lieu de culte) et le **Musée juif comtadin** (☎ 04 90 76 00 34, rue Hébraïque ; ouvert 9h-12h et 14h-17h oct-fin mars sauf mar, sam et dim, ouvert tlj sauf mar 9h30-12h30 et 14h30-18h avr-sept ; entrée 3/1,50 €), aménagé au rez-de-chaussée de la synagogue.

La **Conservation des Musées et du Patrimoine de Cavaillon** (☎ 04 90 76 00 34, 52 place Castil-Blaze) propose, chaque premier samedi du mois, sur rendez-vous des visites à thème gratuites.

Randonnées à pied et à vélo. À 3 km au sud-est de Cavaillon sur la D 973, le village de **Cheval Blanc** est le point de départ du sentier de randonnées des **gorges de Régalon**, réserve géologique et biologique, aux portes du Luberon.

La mairie de Cheval Blanc (☎ 04 90 71 01 17, fax 04 90 71 92 48, chevalblanc@axit.fr, www.villechevalblanc.fr). L'office du tourisme de Cavaillon donne, par ailleurs, les informations souhaitées sur le site.

Quant à l'itinéraire touristique **Le Luberon en Vélo**, qui traverse d'est en ouest le parc naturel régional du Luberon, de Cavaillon à Forcalquier *via* Apt, son tracé de 100 km est parfaitement indiqué par des panneaux depuis la gare SNCF de Cavaillon.

Où se loger et se restaurer

Hôtel du Parc (☎ 04 90 71 57 78, fax 04 90 71 03 50, HDP.LANCELOT@wanadoo.fr, www.hotel-du-aprc.fr, 183 place François-Tourel ; chambres 29/44,20/52 €). Cet établissement, donnant sur la même place que l'office du tourisme, est à privilégier en raison de sa situation et de son rapport qualité/prix. Toutefois, malgré la façade avenante de ce vieil immeuble et l'accueil agréable, les chambres se révèlent quelque peu tristounettes.

Pour les gourmets et les gourmands (notamment de melon), Cavaillon recense de grands classiques de la gastronomie, comme **Prévot** (☎ 04 90 71 32 43, 353 av. de Verdun ; menu déjeuner/dîner 24,50/40 €, carte 49 € ; ouvert tlj sauf dim soir-lun). En saison, le melon en cocotte cuit au four ou le nougat glacé au melon font partie des spécialités de ce grand restaurant, où les légumes tiennent une place de choix.

Fleur de Thym (☎ 04 90 71 14 64, 91 rue Jean-Jacques-Rousseau ; menus 20/27,50 € ; ouvert tlj sauf dim-lun), est une table bien plus abordable, proposant une cuisine provençale de qualité.

Le Fin de Siècle (☎ 04 90 71 12 27, 46 place du Clos, menu 11 € ; restaurant fermé mar-mer). Restaurant gastronomique à l'étage et brasserie populaire au rez-de-chaussée, où l'on comble sa faim sans trop dépenser.

Comment s'y rendre

Train. Des correspondances quotidiennes assurent la liaison Avignon-Cavaillon. La gare SNCF (☎ 08 36 35 35 35), av. Pierre-Semard, se situe à quelques mètres de la gare routière.

Bus. Les Express de la Durance (☎ 04 90 71 03 00) desservent chaque jour Cavaillon depuis Avignon (3,10 €) et Gordes (3,50 €).

Les Autocars Barlatier (☎ 04 90 74 20 21) et les Autocars Villardo Bernard (☎ 04 90 74 36 10) relient Apt à Cavaillon. Les Cars Arnaud (☎ 04 90 63 01 82) font le trajet Carpentras-Cavaillon *via* L'Isle-sur-la-Sorgue et Pernes-les-Fontaines. La gare routière, av. Pierre-Semard, ne possède pas de guichets. La gare routière d'Avignon (☎ 04 90 82 07 35) vous renseignera. Le billet s'achète dans le car.

Comment circuler

Vélo. À 200 m à l'ouest de la gare, M. P. Cycles (☎ 04 90 71 45 55), 25 av. Maréchal-Joffre, loue des vélos à 14/73/76,50 € par jour/week-end/semaine. La boutique est fermée le dimanche. Ouvert du lundi au samedi, Cyclix (☎ 04 90 78 07 06, cyclix@wanadoo.fr), 166 cours Gambetta, propose des tandems, des VTC ou des VTT. Comptez 18,50 €/jour pour le VTC, 15,50 € pour le VTT et 27,50 € pour le tandem ; ses tarifs sont dégressifs selon la durée.

Voiture. De nombreux loueurs de voiture sont installés en centre-ville : ADA (☎ 04 90 71 51 41), place de la Gare ; Europcar (☎ 04 90 71 20 44), 70 cours Carnot ; Budget (☎ 04 90 78 15 71), 393 av. Georges-Clemenceau ; Hertz (☎ 04 90 78 02 30), 278 cours Gambetta ; et Avis (☎ 04 90 71 59 46), 264 av. du Cheval-Blanc.

Négociez et mettez-les en concurrence pour obtenir le meilleur prix, notamment à la semaine.

Comtat venaissin

Des vergers qui s'exposent dans une plaine grignotée peu à peu par les constructions citadines, des vignobles qui épousent avec vaillance les contreforts d'un mont Ventoux imposant et des champs de lavande qui annoncent le pays de Sault sur le plateau d'Albion balayé par le vent : le Comtat venaissin est une terre très courtisée. Depuis toujours. L'empire romain, les comtes de Toulouse et le Saint Siège l'ont convoité. En 1313, le pape Clément V s'y installa juste après son élection et fit de Carpentras sa capitale. Il fût cependant le seul pape comtadin de l'histoire, car l'incendie du palais épiscopal conduisit les cardinaux à quitter Carpentras pour trouver refuge en Avignon. À partir de 1348, Comtat venaissin et état d'Avignon coexistèrent et ce, jusqu'au 14 septembre 1791, date à laquelle ils furent rattachés à la France.

Le percement du canal de Carpentras, entre 1857 et 1860, réunissant la Durance à l'Ouvèze, a donné à sa garrigue d'autres couleurs. Aujourd'hui, la culture de la *garance* (plante cultivée pour le colorant rouge extrait de sa racine) et la sériciculture ont disparu au profit de cultures maraîchères et fruitières. Raisins, tomates, fraises et raisins rivalisent. Quant à l'origine de son nom, la polémique subsiste. Si Comtat est le synonyme de Comté, reste que l'origine du terme demeure soumise à controverses. Pour certains, il viendrait du nom du village de Venasque. D'autres évoquent l'origine latine d'Avignon, *Avenicis*, qui aurait donné *Vénicinus* puis *Venessin* en provençal.

CARPENTRAS

Son nom raisonne bien au-delà de l'affligeante affaire du cimetière juif des années 1990. L'ancienne capitale du Comtat, longtemps propriété papale (de 1229 à 1791), a toujours représenté un carrefour marchand où commerçants et agriculteurs se retrouvent. Grecs et Phocéens remontant le Rhône et l'Auzon venaient s'y approvisionner. À l'époque romaine, elle bénéficia aussi d'une belle prospérité agricole et commerciale. Le

VAUCLUSE

Les communautés juives en Provence

Après la chute de Massada en 73, une partie de la diaspora juive trouva refuge dans des villes de la Gaule romaine comme Arles, Vienne ou Narbonne. Après 1394, date de l'expulsion des juifs du royaume de France, la Provence demeura une terre hospitalière. Mais, une fois rattachée au royaume de France en 1481, la région applique les mêmes mesures. Des tumultes populaires affectent les quartiers juifs de Salon, Manosque, Tarascon et Arles. C'est la fin de l'âge d'or : les juifs provençaux sont définitivement bannis en 1501. Ils partent alors vers l'Italie, l'Afrique du Nord, la Salonique ou les terres pontificales : désormais, il ne subsistera plus de communautés juives que dans l'enclave constituée par les possessions du Pape, en Avignon et dans le Comtat venaissin.

Accueillis, les juifs n'en furent pas moins victimes, jusqu'au XVIIIᵉ siècle, de mesures discriminatoires, de mesures d'expulsions et de pogroms. Leurs synagogues firent l'objet de dépradations ou de destructions et leur reconstruction dut obéir à des règles strictes, comme celle de ne pas dépasser en hauteur les toits des églises environnantes. Le port de la *rouelle* (petite roue de tissus, un signe distinctif les identifiant du reste de la population) fut imposé, avant d'être remplacée par le port d'un chapeau jaune pour les hommes et par un morceau de tissus cousu sur la coiffe pour les femmes. Dès la fin du XIIIᵉ siècle, les Juifs sont assignés à résidence au centre des villes, dans un espace réduit et fermé appelé *carrière*. La première carrière instituée en Provence concerne Cavaillon. Celle de Carpentras occupait une superficie exsangue au regard de la population qu'elle devait abriter puisque cette carrière abrite la moitié de la communauté juive de Provence : au XVIIIᵉ siècle, elle comptait 168 maisons regroupées sur 88 m de long.

La Révolution française et le rattachement du Comtat venaissin à la France marqua le début d'une ère nouvelle puisque les juifs se virent accorder la citoyenneté française. Toutefois, les carrières demeurèrent des ghettos institués. Leur destruction n'intervint réellement qu'au XIXᵉ siècle. N'en subsiste aujourd'hui que les noms de rues et les synagogues de Carpentras et de Cavaillon, la communauté juive de Carpentras constituant encore la plus importante de la région.

XIIIᵉ siècle lui donna une autre splendeur. Son appartenance au Saint Siège durant cinq siècles lui apporta en effet nombre de ses vestiges architecturaux.

De l'ancienne cité gauloise de Memini tout a été effacé et ne reste de la période romaine qu'un arc percé d'une seule arche et datant de la période augustéenne (16 av. J.C.). Ses deux enceintes de remparts ont elles aussi disparu, seule la porte d'Orange demeure. Pourtant le passé riche et dense de cette sous-préfecture de 30 000 habitants transparaît lorsqu'on déambule dans sa vieille ville. Et ce, malgré des abords peu encourageants et une vie nocturne réduite. Le cœur de la vieille ville, ceinturé de platanes, abrite hôtels particuliers, commerces et cafés, à l'atmosphère simple et chaleureuse.

Carpentras, comme d'autres villes du Comtat, constitue également un haut lieu du patrimoine juif méditerranéen. Nombre de familles juives chassées du royaume de France en 1394 trouvèrent en effet refuge dans les terres du pape (voir l'encadré *Les communautés juives en Provence*).

Située à la limite de la plaine du Comtat et des coteaux du Ventoux, Carpentras demeure encore aujourd'hui une ville ouverte au monde agricole, malgré l'urbanisation intense et désordonnée de ses faubourgs. Il suffit d'aller au marché du vendredi matin pour en mesurer l'importance. Une activité qui culmine le 27 novembre, lors de la grande foire annuelle de la Saint-Siffrein.

Attention ! La circulation du centre-ville est réglementée et nombre de ses rues, réservées aux piétons. Des parkings gratuits ont été aménagés sur le pourtour de la vieille ville, où la circulation est d'ailleurs réglementée pour laisser aux piétons le loisir de s'y promener.

Renseignements

Office du tourisme. Parfaitement indiqué et installé au 170 av. Jean-Jaurès, l'office du tourisme (☎ 04 90 63 00 78, fax 04 90 60 41 02, tourist.Carpentras@axit.fr) offre une bonne carte de la ville et peut vous aider dans votre recherche d'hébergement et d'itinéraires dans la région. Il propose par ailleurs d'avril à octobre et durant les vacances scolaires des visites sur différentes thèmes. Les lundi, mercredi et jeudi matins, des visites gratuites de l'Hôtel Dieu (à l'incroyable pharmacopée) sont également programmées (c'est le seul moyen de le visiter !) ; le mercredi matin figure également au programme l'usine de Berlingot. En été, l'office ouvre du lundi au samedi de 9h à 19h, avec une permanence le matin, le dimanche et les jours fériés. Hors saison, ses horaires passent de 9h-12h30 à 14h-18h30 du lundi au vendredi ; le samedi, les bureaux ferment à 12h et à 18h.

Internet. Au 290 bd Albert Durand, un Web Center (☎ 04 90 67 32 62) est accessible du lundi au samedi (10h30-19h30). L'heure de consultation coûte 7,50 €.

Laverie. Au 112 rue Porte de Monteux se trouve un lavomatique ouvert de 7h à 19h30.

Fêtes et Festivals

Les Estivales de Carpentras – Jean-Pierre-Darras, du nom de l'homme de théâtre qui en fut à l'origine, font partie des grands rendez-vous de la région. Elles se déroulent la deuxième quinzaine de juillet.

À voir et à faire

Marchés provençaux. Le marché du vendredi matin dans toute la ville est réputé dans la région pour son ambiance et la qualité de ses produits. De fin novembre à début mars, chaque vendredi matin, se déroule le marché aux truffes sur la place Aristide-Brian. Le 23 novembre a lieu l'ou-

verture officielle en présence de la confrérie. Un marché bio se tient par ailleurs le mardi matin rue Raspail. Le dimanche après-midi, l'avenue Jean-Jaurès est consacrée au marché aux puces et à la brocante. Le 27 novembre, la foire de la Saint-Siffrein (du nom de l'évêque du VIe siècle réputé pour ses dons de guérisseur et la construction de ses quatre églises, dont une à Carpentras et trois à Venasque) rassemble plus d'un millier d'exposants.

Promenades dans la ville. Un circuit-découverte, baptisé "circuit Berlingot" et balisé par une centaine de signes berlingots rouges, permet d'appréhender facilement les monuments de la ville. L'office du tourisme fournit la brochure permettant une visite libre.

Suivez ainsi l'enchaînement circulaire des **rues des Halles**, Raspail, **du Collège-Moricelli**, **Barjavel** et **Vigne**, où se succèdent hôtels particuliers des XVIIe- XVIIIe siècles, chapelles, couvents (à l'enseigne des pénitents blancs, noirs ou gris) et églises de franciscains. Quant à l'**ancien palais épiscopal**, il est devenu en 1802 un palais de justice après la suppression de l'évêché. De l'époque romaine, la ville n'a gardé que son arc, contemporain de celui d'Orange.

Pour avoir un aperçu de la circonférence de la vieille ville, grimpez les 27 m de la **porte d'Orange**, seul vestige des remparts (1357-1395), aujourd'hui détruits. Dernière curiosité : le **passage Boyer**, du nom de cet orfèvre de la ville qui conçut, au milieu du XIXe siècle, ce passage couvert et marchand.

Cathédrale Saint-Siffrein. Au cœur de la cité, s'élève la massive silhouette de cette cathédrale construite entre 1405 et 1618, à la commande du pape Benoît XIII, dernier pape d'Avignon. Sur son flan méridional, se trouve la "porte juive", en référence au chemin qu'empruntaient les juifs contraints à se convertir au catholicisme. À contempler aussi, sur son portail méridional, la boule aux rats, sphère en forme de terre assaillie de dix rats affamés : cette sculpture symbolise le temps rongé par le quotidien.

VAUCLUSE

Synagogue. La première synagogue fut édifiée en 1367. Reconstruite en 1774 sur les vestiges du bâtiment originel, elle demeure un lieu de culte et de réunion. Elle compte parmi l'une des plus vieilles de France. N'est accessible pour l'instant au public que la salle de culte du XVIIIᵉ siècle, richement ornée, qui se trouve au premier étage, la boulangerie et les bains rituels étant en cours de rénovation.

Les visites (☎ 04 90 63 39 97) s'organisent en dehors des fêtes juives du lundi au vendredi de 10h à 12h et de 15h à 17h (16h le vendredi). En juillet, la synagogue accueille le Festival des musiques juives.

Musées. Carpentras possède deux passionnants musées consacrés aux arts décoratifs de la région. Leur visite s'impose en raison de leurs collections exceptionnelles, quoiqu'un peu oubliées pour ne pas dire négligées par la municipalité. Le **musée Sobirats** *(112 rue du Collège)* rassemble meubles, objets, faïences, tapisseries d'Aubusson et tableaux, disposés de telle manière qu'on a l'impression de pénétrer dans une riche demeure provençale du XVIIIᵉ siècle, baignée d'ombre et de lumière. La visite est libre et l'hôtesse d'accueil répond chaleureusement à vos questions.

À deux pas, le **musée Duplessis** *(234 bd Albin-Durand)*, tout aussi étonnant, abrite des tableaux du XVᵉ au XIXᵉ siècle. La série de portraits du XVIᵉ siècle, offerte par un shah iranien, est époustouflante aussi bien dans la facture que dans l'expression. Ce musée est couplé au **musée Comtadin** dont les objets, vêtements et accessoires des siècles passés, exposés dans le même bâtiment mais au rez-de-chaussée, souffrent d'un manque d'explications. Les salles du 1ᵉʳ étage ont un faux air de Louvre abandonné. Les deux musées bénéficient du même ticket d'entrée (0,30 € en 2001 !). Ils sont accessibles du dimanche au lundi de 10h-12h à 14h-18h (16h en hiver).

La **pharmacopée de l'Hôtel Dieu**, place Aristide Briand, a conservé ses armoires peintes en camaïeu et une riche collection de faïences et de ballons du XVIᵉ au XVIIIᵉ siècle. Pour la visite, renseignez-vous auprès de l'office du tourisme.

Confiserie artisanale du mont Ventoux. Cette confiserie artisanale de berlingots, (☎ 04 90 63 05 25), la dernière, est installée au 288 rue Notre-Dame-de-Santé. Elle se visite gratuitement, tous les jours excepté le lundi, mais il faut téléphoner au préalable. L'office du tourisme propose d'avril à octobre et durant les vacances scolaires une visite gratuite le mercredi.

Où se loger

Le centre-ville offre un large choix d'hôtels pour ceux qui désirent faire de la ville une étape. À noter qu'il ne dénombre aucune chambre d'hôtes. Si vous souhaitez camper, préférez les régions à l'environnement naturel privilégié, peu éloignées de Carpentras, comme les monts de Vaucluse, les Dentelles de Montmirail, le Ventoux ou le Luberon – ces régions sont traitées plus bas, dans ce chapitre.

Le Malaga *(☎/fax 04 90 60 57 96, 06 16 59 85 59, 37 place Maurice-Charretier ; simples/doubles 28/33,50 €, supp 3 € juil-août ; fermeture annuelle 1 sem en déc-janv et 1 sem fin août)*. Au cœur de la vieille ville, à deux pas de l'office du tourisme, cet établissement représente un bon rapport qualité/prix. Les 8 chambres ont été entièrement refaites et avec goût. Petites mais calmes (le soir, le centre de Carpentras est désert), elles se déclinent dans les tons chauds d'ocre et de rouge.

Hôtel du Fiacre *(☎ 04 90 63 03 15, fax 04 90 60 49 73, 153 rue Vigne ; simples 37/64 €, doubles 46/69 €, petit déj 6,10 €)*. Dans une ruelle de la vieille ville, il affiche un côté désuet qui contribue à son charme. Cet ancien couvent du XVIIIᵉ siècle a gardé intact sa structure originelle. Patio fleuri et ombragé, vastes pièces en pierres apparentes, poutres au plafond et large escalier vous accueille à l'entrée. Meubles provençaux et lourds tissus donnent du style à l'ensemble. La plupart des chambres, aménagées dans le même style, donnent sur le patio (celles du rez-de-chaussée sont particulièrement vastes) et disposent de tout le confort d'un deux-étoiles. Leurs prix varient selon l'espace. Les nouveaux propriétaires devaient entreprendre en 2001/2002 des travaux de modernisation dans les chambres.

Le Comtadin (☎ 04 90 67 75 00, fax 04 90 67 75 01, www.le-comtadin.com, le.comtadin@wanadoo.fr, 65 bd Albin-Durand ; simples/doubles/triples 58/74/89 € avr-sept, 47/61/76 € hors saison ; petit déj 9 €, garage 7 € ; fermeture annuelle 27 déc-20 janv). Cet hôtel est à ranger dans la catégorie supérieure. Sa façade rose et ses volets bleu lavande le rendent plaisant au premier regard, malgré le trafic du boulevard (le cœur historique de la ville est juste de l'autre côté de l'artère). Le réaménagement et la décoration entreprise en 2000 de cette demeure du XVIIIe siècle lui ont donné un aspect cosy, respirant le bien-être. Le confort (clim., double vitrage, TV par satellite, téléphone direct et connexion Internet) s'allie en effet ici à une ambiance chaleureuse. Les chambres qui donnent sur le patio sont particulièrement agréables. Cet hôtel dispose d'une chambre pour handicapé.

Où se restaurer

La vieille ville de Carpentras offre là encore un large choix d'établissements agréables et accessibles à pied.

Chez Serge (☎ 04 90 63 21 24, fax 04 90 60 30 71, 90 rue Cottier ; menus 11/12/21,50 €, plats 9/12 € ; ouvert tlj en été, fermé dim hors saison). Voici la meilleure adresse (juste derrière l'office de tourisme) en termes de rapport qualité/prix de Carpentras. Pizza au feu de bois, pintadeau farci au concassé d'olives noires, gâteau de pommes de terre à l'huile de truffe : la carte, variée, est accessible à tous les budgets. Un patio planté d'un tilleul prolonge une salle à la décoration douce, dans un camaïeu de blanc, de gris et de beige ; son mobilier et ses tables en bois cérusé au joli plateau en zinc lui donnent une touche décontractée.

L'Atelier de Pierre (☎ 04 90 60 75 00, 30 place de l'Horloge ; menus 20,50/52 € ; ouvert tlj sauf lun soir hors saison et dim, fermeture annuelle 2-16 jan et 11-20 nov).

L'autre bonne adresse de la ville se situe au pied du beffroi. Sa devanture en bois gris clair donne le ton. À l'intérieur, la salle au plafond haut a bien belle allure, avec son mobilier provençal et ses grandes portes donnant sur une terrasse fleurie. Rien dans cette apparence bourgeoise n'est ostentatoire. Place avant tout à la convivialité et à la dégustation des produits du terroir préparés simplement. Un menu autour de la truffe est proposé en saison.

Le Marijo (☎ 04 90 60 42 65, 73 rue Raspail ; menus 17/25/30 €, plats 12/17 € ; ouvert tlj en été, fermé dim hors saison). Ce restaurant (sans terrasse) est réputé pour ses spécialités provençales : râble de lapin au thym, pied et paquets d'agneau… La décoration est assez quelconque, mais l'accueil agréable.

Les Rives d'Auzon (☎ 04 90 60 62 62, 47 bd du Nord ; menus 21,34/25,15/28,97 € ; ouvert le soir sauf lun-dim). Ici encore, la cuisine régionale est privilégiée. La terrasse avec vue sur les berges de l'Auzon en fait une adresse appréciée aux beaux jours.

Le Malaga (☎ 04 90 60 57 96, 37 place Charretier ; plats 7,50/11,50 € ; ouvert le midi). Cette brasserie, pourvue d'une terrasse ombragée, propose une restauration rapide. L'intérieur, aux murs rouges et banquettes confortables, est chaleureux.

L'Oriental (☎ 04 90 63 19 57, 26 rue de la Monnaie ; plats 10/18 € ; ouvert tlj sauf lun). Au menu, couscous et tajines à déguster aux beaux jours sur la petite terrasse aménagée dans la ruelle. Il est possible de commander les plats et de les emporter.

Comment s'y rendre

Seul le car permet, pour ceux qui n'ont pas de voiture, de voyager dans la région et de relier les principales villes. La compagnie des Cars Arnaud (☎ 04 90 63 01 82), 8 av. Victor-Hugo, dessert ainsi deux à trois fois par jour Avignon, Aix-en-Provence, Cavaillon, L'Isle-sur-la-Sorgue, Marseille, Orange et Pernes-les-Fontaines. Les Cars Comtadins (☎ 04 90 67 20 25), 38 av. Wilson, assurent des liaisons quotidiennes depuis Avignon, Bédoin, Gigondas, Monieux, Sault, Vaison-la-Romaine via Le

Barroux, Malaucène et Le Crestet. Provence Cars (☎ 04 90 60 00 55), Chemin de Talaud, relie Méthamis *via* Venasque.

La gare routière est située place Terradou, à 150 m de la place Aristide-Briand. Les billets se prennent dans le car. Comptez 11,50 € pour un aller Marseille-Carpentras et 1 heure 40 de trajet. Le transport d'un vélo revient à 1,50 €.

Comment circuler

La circulation dans le centre-ville, largement piétonnier, est réglementée et le stationnement, très réduit et payant. Aussi est-il préférable de stationner son véhicule dans les nombreux parkings aménagés à proximité du centre. La plupart sont gratuits et vastes, notamment celui qui fait face à l'office du tourisme. La vieille ville se visite aisément et rapidement à pied.

Dans le centre-ville, à deux pas de l'office du tourisme, Espace Vélo Egobike (☎ 04 90 67 05 58), 64 rue Vigne, loue des VTT à la demi-journée (10,50/19 € selon le type de vélo) et à la journée (17/30,50 €). Spécialiste du vélo de montagne, il organise des expéditions au mont Ventoux. Son bureau est ouvert en semaine de 10h à 12h et de 14h30 à 19h, l'après-midi seulement le samedi. Comptez 183 € la journée à partir de 12 personnes.

Installé en centre-ville, Europcar (☎ 04 90 63 17 85), 32 bd Albin-Durand, loue des véhicules 86 € à la journée et 300,50 € à la semaine. Son bureau est ouvert du lundi au vendredi, excepté entre 12h et 14h et le samedi jusqu'à 12h.

PAYS DE VENASQUE

En bordure des monts de Vaucluse, dominant un parterre de vignes, de cerisiers et de chênes, les bourgs de Venasque, Le Beaucet et La Roque-sur-Pernes se détachent dans le paysage. Ces villages perchés, sortis du roc, forment un ensemble harmonieux. Abandonnés au début du XXe siècle par leur population, partie chercher de meilleures conditions de vie dans la plaine, ces trois villages ont été réinvestis depuis la fin des années 1960 et restaurés. Carpentras, à 11 km au nord ouest, semble déjà lointain.

Venasque

Avec 1 100 habitants, Venasque constitue le plus important village du pays de Venasque. De l'église romane en contrebas de la Grand'Rue (l'artère principale) aux tours sarrasines qui s'élèvent en haut du village, la promenade est parsemée de demeures aussi belles les unes que les autres. La fontaine constitue son épicentre. L'autre charme de Venasque réside dans ses terrasses naturelles s'ouvrant sur de superbes panoramas allant des Dentelles de Montmirail au mont Ventoux. En mai-juin, la cerise de Venasque régale les gourmets.

Seul bémol, surtout en été : la circulation plutôt difficile sur la Grand'Rue, unique artère traversant le bourg. Il est préférable de stationner sur les parkings (aux emplacements peu nombreux), situés aux trois entrées du village.

Renseignements. Venasque ne possède aucune distributeur d'argent. Le magasin d'alimentation, sur la Grand'Rue, est fermé le lundi.

Installé Grand'Rue, l'office du tourisme (☎/fax 04 90 66 11 66) est accessible, d'avril à fin octobre, du lundi au jeudi de 10h à 12h et de 14h à 18h. Si un bénévole peut assurer la permanence, il est ouvert le vendredi et le dimanche matins, voire le dimanche après-midi. L'office édite des livrets pour les randonneurs permettant de suivre, depuis le village, l'un des 10 sentiers balisés (d'une durée de 2 à 5 heures). Une plaquette consacrée à l'escalade à Venasque est également vendue (1,52 €). Il informe aussi sur Le Beaucet et La Roque-sur-Pernes.

Place de la Fontaine, L'Olivianne (☎/fax 04 90 65 16 00) dispose de deux ordinateurs permettant de se connecter à Internet. La demi-heure coûte 4 € et l'heure 7,50 €.

Randonnées et excursions. Depuis quelques années, l'**escalade** se développe autour du village. Une centaine d'itinéraires, de difficultés variables, ont été établis. Pierre Durer (☎ 04 90 71 05 23), auteur de la bochure vendue à l'office du tourisme (voir plus haut), organise des sorties.

Les possibilités de **randonnées** sont multiples. Certains itinéraires permettent de rejoindre Le Beaucet, d'autres de découvrir la forêt de Venasque. Le grand sentier des monts de Vaucluse fait l'objet d'un document spécifique, disponible à l'office du tourisme.

En voiture, empruntez la D4 qui traverse la forêt de Venasque et qui s'engouffre dans des gorges au lit souvent à sec. La route est étroite et sinueuse. Des aires de pique-nique ont été aménagées. Le col de Murs (627 m) atteint, la descente sur le village de Murs élargit le champ sur les monts de Vaucluse et le Luberon.

Où se loger. Le village offre des hébergements de qualité intra-muros.

Auberge La Fontaine (☎ *04 90 66 02 96, fax 04 90 66 13 14, place de la Fontaine ; suites 122 €, petit déj 7 € ; fermeture annuelle 15 nov-15 déc*). Face à la fontaine du village, cette belle maison en pierre où court une treille abrite 5 suites comportant une chambre à coucher, une s.d.b., une salle à manger avec cuisine équipée, un salon avec cheminée, TV, chaîne hi-fi et téléphone avec ligne directe. Leur décoration est sobre. Le blanc domine et les meubles en bois s'harmonisent avec l'espace. Certaines suites disposent d'une terrasse.

Les Remparts (☎ *04 90 66 02 79, fax 04 90 66 61 67, rue Haute ; simples/doubles 40/55 € avec petit déj ; fermeture annuelle 11 nov-15 mars*). La simplicité fraîche et lumineuse est de mise dans cet hôtel aux allures de maison de vacances. Les huit chambres, réparties sur les deux étages de cette belle demeure aux volets rouges, sont propres et agréables. Des murs au couvre-lit et au carrelage de la s.d.b. domine le blanc, les seules notes de couleur étant apportées par les boiseries des portes et les rideaux des fenêtres.

Venasque et ses alentours immédiats abritent plusieurs chambres d'hôtes agréables.

Les Oliviers (☎ *04 90 66 03 71 ; simples/doubles 43/64 €, 18 € pour un lit supp ; ouvert à l'année*). Bernadette Tourette propose deux chambres avec s.d.b. privée dans sa jolie maison aux volets verts. Une chambre donne sur la rue, l'autre sur le jardin avec vue panoramique de toute beauté.

Gérard et Jany Ruel (☎ *04 90 66 02 84, fax 04 90 66 61 32 ; simples/doubles 38/46 € ; ouvert à l'année*). Cette autre jolie maison abrite deux chambres d'hôtes avec s.d.b. Leur décoration privilégie un style plus rustique.

La Maison aux Volets Bleus (☎ *04 90 66 03 04, fax 04 90 66 16 14, voletbleu@ aol.com ; simples/doubles 69/88 € ; table d'hôtes 21,50 € lun-mer-sam ; fermeture annuelle nov-fév*). À gauche de la fontaine et légèrement en retrait, la demeure de Martine et Jérôme embrasse un point de vue époustouflant, véritable tableau en soi, sur la vallée et le mont Ventoux (seule la chambre pour quatre personnes est dépourvue de panorama). Les multiples terrasses ombragées sont l'autre atout de cette maison, où foisonnent objets, meubles hétéroclites et peintures. La grande salle commune abrite fleurs séchées aux poutres, fauteuils, canapés et immense cheminée.

Le Mas Saint-Louis (☎ *04 90 66 63 27, fax 04 90 66 63 56, saintlouis84@.free.fr, www.guideweb.com/provence/bb/mas-saint-louis, chemin de la Peirière ; simples/doubles 70/75 € ; fermeture annuelle janfév*). L'autre adresse de charme de Venasque est située à 700 m du village. Encadré d'un immense parc de chênes, ce mas d'une élégance discrète vous assurera un séjour des plus tranquilles. Sa propriétaire, Chantal Duvall, propose trois chambres d'hôtes avec s.d.b. - celle à l'étage est particulièrement romantique. Le petit déjeuner se prend, aux beaux jours, sur la terrasse. La piscine, à l'écart de la maison, est agréable. À l'heure du déjeuner, un "plateau-piscine" peut même vous être préparé.

Mas de la Gonnette (☎ *04 90 66 04 69 ; chambres 60 €*). Sur la route menant au Beaucet, cette ancienne ferme réaménagée, totalement isolée dans un paysage de chênes et de vignes, dispose de 2 chambres, avec toilettes à l'extérieur. Préférez celle, plus vaste (au moins 35 m^2), jouxtant le séjour, sa s.d.b. donnant directement dans la pièce. Le mobilier composite donne à l'ensemble une ambiance de demeure seigneuriale.

Où se restaurer

Auberge La Fontaine *(☎ 04 90 66 02 96, fax 04 90 66 13 14, 4 place de la Fontaine ; menu restaurant 33,50 €, menu du jour bistrot 14,50 € ; restaurant ouvert le soir sauf mer, bistrot ouvert midi et soir sauf dim soir-lun, réservation conseillée).* Au centre du village, cette belle maison en pierre abrite un bistrot et un restaurant. Le décor ? Chaux blanche, vieux carrelage, meubles provençaux, affiches et tableaux sur les murs. Au rez-de-chaussée, les deux petites salles du bistrot se réduisent à un bar et à quelques tables. Le menu du jour ne déçoit pas. À l'étage, le cadre, plus bourgeois, reste intimiste : piano à queue, tables en bois, banquettes, chaises paillées et grande cheminée se côtoient élégamment. Carte et menus sont alléchants : gibier en automne et en hiver, truffe en saison, saumon fumé maison à l'année, tagliatelles aux courgettes, couscous ou choucroute au foie gras... Le champ d'investigation est large en matière gustative et se compose au gré du marché et des envies du chef, Christian Soehlke. Ce passionné organise, par ailleurs, avec son épouse Ingrid, des stages de cuisine et des dîners-concerts.

L'Olivianne *(☎/fax 04 90 65 16 00, place de la Fontaine ; plats 9/11,50 € ; ouvert le midi 20 mars-16 oct, le soir 1er avr-30 août).* Cet établissement, qui se range dans le registre restauration rapide et service non-stop, offre un cadre agréable. À la carte figurent salades, tartes salées ou sucrées, plats chauds et glaces. Le cadre : salle voûtée en pierre et lumière douce à l'intérieur, patio ombragé avec tables et chaises en fer à l'extérieur.

Les Remparts *(☎ 04 90 66 02 79, fax 04 90 66 61 67 ; menus 15/20/25 € ; fermeture annuelle 11 nov-15 mars).* Ce restaurant, à deux pas des deux premiers, est un lieu à fréquenter surtout le soir. Sa terrasse et sa véranda donnent sur un superbe panorama au coucher du soleil. L'ambiance est romantique à souhait ! La lumière douce, l'aménagement chaleureux et le service attentif contrebalancent une cuisine assez quelconque, malgré des "titres" alléchants – bœuf à la provençale, caillettes à la vauclusienne ou fricassée de lapin aux olives et au risotto de blé.

Comment s'y rendre. Un service d'autocar est assuré entre Venasque et Carpentras (voir *Comment s'y rendre* à la rubrique *Carpentras*, plus haut).

Saint-Didier

Dans les environs, entre Venasque et Carpentras, Saint-Didier mérite une halte. Si vous êtes gourmands, allez rendre visite à la famille Sylvain, des paysans nougatiers. Leur atelier (☎ 04 90 66 09 57, fax 04 90 66 12 91, silvain-freres.com), route de Venasque, est ouvert au public du mardi au samedi de 9h à 19h (il ferme entre 12h et 15h). Les deux frères Sylvain, Pierre et Philippe, fabriquent un délicieux nougat à partir de leurs amandes et du miel de leurs ruches. La majeure partie de la fabrication se déroule de fin septembre à fin décembre.

Le Beaucet

Ce village plutôt petit semble sortir de la roche qui l'amarre. En cascade s'arriment ainsi de belles maisons restaurées, des ruelles pavées et les vestiges du château, détruit par un incendie en 1783. En contrebas, les deux portes monumentales de l'ancienne forteresse marquent à quelques mètres de distance les entrées du village. Vous ne trouverez ici ni hébergement ni épicerie ou café, mais un restaurant, l'un des meilleurs de la région (voir plus bas *Auberge du Beaucet*), et une boulangerie, à l'entrée du village (ouverte le matin).

À 2 km, le hameau de **Saint-Gens** et sa grande chapelle (élevée en 1131, puis agrandie en 1884) constituent souvent un prolongement de la visite. Le café Saint-Gens permet de se désaltérer en été. Venasque est à 3 km.

La mairie du Beaucet (☎ 04 90 66 00 23, fax 04 90 66 17 77), ouverte du lundi au samedi de 9h à 14h, sert de point d'information touristique. Les brochures sur les circuits de randonnées autour du village coûtent 1,50 €.

Où se loger et se restaurer. La Bergerie *(☎ 04 90 66 14 89 ou 06 80 07 44 23, labergerie.freelance-network.com, labergerie@freelance-network.com ; chambres 59,50 €,* *petit déj 8,50 €).* Cette ancienne bergerie, sur la route menant au hameau de Saint-Gens, abrite cinq chambres avec s.d.b. Chacune dispose d'une entrée indépendante et d'une petite terrasse avec table et chaises. Leur décoration, où dominent murs blancs, fer forgé et bois césuré, est rehaussée de quelques notes de couleur. En contrebas, une piscine a été construite.

Les 7 soleils *(☎ 04 90 66 60 17 ; chambre 53,50 €).* Sur la route reliant Venasque au Beaucet mais à l'écart de la circulation, la demeure de Marcella, dotée d'un immense terrain, affiche une ambiance plus décontractée, qui rappelle celles des années 1970. Marcella, ancienne bergère, fait son jardin et cultive des plantes médicinales et aromatiques. À côté de sa maison, elle loue à la nuitée une chambre avec salle de douche et cuisine aménagée. Chiens, chats et poneys font partie du paysage. Il est possible de planter sa tente sur le terrain. L'environnement, un vaste plateau, offre par ailleurs de beaux points de vue sur les monts environnants.

Auberge du Beaucet *(☎ 04 90 66 10 82, rue Coste-Chaude ; menu 29 € ; ouvert tlj sauf dim-lun, fermeture annuelle déc-jan).* Ce restaurant constitue l'une des meilleures adresses de la région et il est préférable de réserver en toute saison. Peu de tables dans la salle aménagée avec goût. La discrétion, l'élégance et le classicisme dominent la décoration. Les fenêtres avec vue apportent un bel éclairage. La carte s'élabore en fonction des produits de saison et vous goûterez, selon la période, à la soupe au pistou ou à la marguerite d'aubergines en entrée, au navarin d'agneau aux poivrons ou au tian de morue au fenouil en plat principal.

Pernes-les-Fontaines

À 6 km au sud de Carpentras, l'ancienne capitale du Comtat venaissin (entre 968 et 1329) ne compte pas moins de 39 fontaines, édifiées au cours des derniers siècles. Celles-ci constituent d'ailleurs le canevas d'une promenade libre, proposée par l'office du tourisme. Le centre-ville comporte aussi nombre de chapelles et d'hôtels particuliers.

Renseignements. Le bureau de l'office du tourisme (☎ 04 90 61 31 04, fax 04 90 61 33 23, ot-pernes@axit.fr, www.ville-pernes-les-fontaines.fr), place Gabrielle-Moutte, est ouvert du lundi au samedi de 9h à 12h et de 14h30 à 18h (19h en été), le samedi jusqu'à 17h30 (18h en été) et le dimanche, de 10h à 12h. L'office organise à l'année des visites guidées et à thème, en général payantes. Pour la visite commentée des fontaines d'une durée de 3 heures, comptez ainsi 4,50 € par personne.

Tous les quatre ans, la Fête du Patrimoine (la prochaine est fixée au troisième week-end de septembre 2004) permet d'accéder à leurs intérieurs et à leurs jardins.

À voir et à faire. Le parcours des fontaines conduit notamment au **musée des Costumes** *(76 rue de la République ; ouvert tlj 15 juin-15 sept, sam 10h-12h et 14h-17h hors saison)* Aménagé dans un ancien magasin drapier, il reconstitue pièce après pièce la vie d'une boutique au début du XXe siècle. Objets et meubles retracent ainsi les travaux de couture, de repassage et le quotidien des femmes d'autrefois.

En face, au n°71, se trouve une fabrique d'hosties, que l'on peut visiter du lundi au vendredi de 8h30 à 17h, ancien fournisseur des papes d'Avignon : **Les Pains d'Autels** *(☎ 04 90 61 30 13),* première fabrique d'hosties d'Europe (14 millions d'hosties produites par an), est une association loi 1901 travaillant à l'insertion des personnes handicapées.

Où se loger et se restaurer. Au fil du **Temps** *(☎ 04 90 66 48 61, 73 place Louis-Giraud ; menus 32/47 € ; ouvert tlj sauf mer juil-sept, fermé mar soir-mer hors saison, fermetures annuelles nov et 15-28 fév).* La simplicité, dans l'assiette comme dans le service, est le maître mot de cette adresse considérée comme l'une des meilleures tables de la région.

Mas La Bonoty *(☎ 04 90 61 61 09, fax 04 90 61 35 14, www.bonoty.com, bonoty.aol, chemin de la Bonoty ; chambres 69/99 € avec petit déj ; menus 18 € en semaine le midi, 27/36 € le soir ; fermeture annuelle* *nov-début déc et 7 jan-7 fév*). Dans un parc aux allures de verger, cette ancienne ferme du XVIIᵉ siècle, à 3 km de Pernes-les-Fontaines, privilégie, dans ses pièces principales, une décoration en pierre et en poutres apparentes et ses terrasses sont un cadre des plus agréables aux beaux jours. Cette adresse, tenue par Richard Ryan et Peter Cuff, fait l'objet des meilleurs commentaires. Les 8 chambres sont à l'image de la douce tranquillité des lieux et possèdent une décoration soignée. Leurs prix varient en fonction de leur taille et de leur s.d.b. avec douche ou baignoire.

Orange

Étape incontournable de par la splendeur de son théâtre antique, Orange n'a pourtant pas forcément bonne presse depuis 1995. Son image a largement pâti de l'élection d'un maire Front National. La chronique municipale (en particulier l'affaire des cantines scolaires ou les Chorégies menacées) avait fini par faire oublier le charme de cette petite ville. Pourtant, dominée par la colline Saint-Eutrope, jalonnée de placettes ombragées et de fontaines, Orange est loin d'être désagréable, malgré le climat social que l'on sent tendu. L'ancienne colonie romaine, aujourd'hui ville de garnison de la Légion, mérite donc une halte, aussi courte soit-elle.

HISTOIRE

La ville est fondée vers 35 av. J.-C. par les vétérans romains de la 2ᵉ légion gallique chargés de surveiller le point de jonction entre le nord et le sud de la Gaule. Baptisée *Arausio*, la colonie se dote de remparts vers 10 av. J.-C. Son importance administrative et son étendue sont aujourd'hui avérés par les différentes découvertes archéologiques. Probablement détruite par les invasions au IIIᵉ siècle, la cité est christianisée. Siège

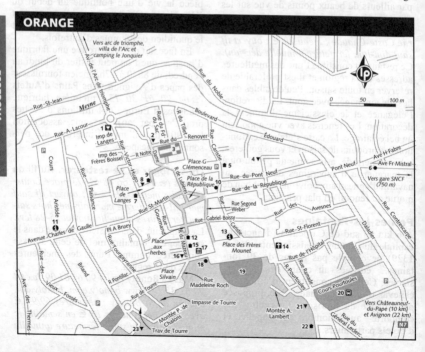

ORANGE

d'un évêché où s'illustre notamment saint Eutrope, patron de la ville, elle accueille plusieurs conciles aux Ve et VIe siècles. Au Moyen Age, Raimbaud, comte d'Orange, participe en 1096 à la première croisade. Au XIIe siècle, la ville devient principauté et la cathédrale Notre-Dame-de-Nazareth est érigée. Le destin de la ville bascule en 1530 : par le jeu des héritages, la cité passe sous la férule de la branche hollandaise de la très influente maison des Nassau, qui dirige également les Pays-Bas. Durant près de 200 ans la ville est un fief du protestantisme, un enjeu en cette époque de tensions religieuses entre la France et les Pays-Bas. Guillaume 1er de Nassau est donc à la fois stathouder de Hollande et prince d'Orange. En 1689, son descendant Guillaume III d'Orange-Nassau devient roi d'Angleterre. Au XVIIe siècle, Maurice de Nassau fait construire une citadelle sur la colline Saint-Eutrope et fortifie la ville pour contrer les ambitions françaises. En 1703, la ville est prise par les troupes de Louis XIV et les protestants, expulsés. En 1713, le traité d'Utrecht marque l'annexion officielle d'Orange au royaume de France.

ORIENTATION

Le cœur historique d'Orange est délimité au sud par la colline Saint-Eutrope et le théâtre, au nord par La Meyne, petite rivière qui contourne le centre. La ville s'organise autour de l'artère constituée par la rue de la République et la rue Saint-Martin qui la prolonge. La gare SNCF est située à 800 m à l'est du centre.

RENSEIGNEMENTS
Office du tourisme

L'office du tourisme (☎ 04 90 34 70 88, fax 04 90 34 99 62), 5 cours Aristide-Briand, est ouvert du 1er avril au 30 septembre du lundi au samedi de 9h à 19h et le dimanche de 10h à 18h ; le reste de l'année, il vous accueille du lundi au samedi de 10h à 13h et de 14h à 17h. Il possède une annexe, en face du théâtre, place des Frères-Mounet, ouverte uniquement du 1er avril au 30 septembre, de 10h à 13h et de 14h à 19h du lundi au samedi et de 10h à 18h le dimanche en juillet-août.

Librairie

La librairie Collines (☎ 04 90 51 78 59, fax 04 90 51 68 99), 23 rue Caristie, possède un bon choix d'ouvrages.

Cybercafés

Petit café méridional où l'on s'attend plus à voir couler le pastis qu'à surfer sur la toile, le bar Victor Hugo (☎ 04 90 34 12 63), 1 rue Victor-Hugo, possède une connexion Internet, au fond de la salle, dans un décor de cybercafé surprenant. Les tarifs sont de 1,50 € les 15 minutes et de 5,50 € l'heure.

Fêtes et festivals

Chaque année en juillet, la ville a rendez-vous avec les Chorégies, durant lesquelles sont joués des opéras dans le cadre exceptionnel du théâtre antique (voir la section *Provence, terre de festivals* dans le chapitre *Renseignements pratiques*, pour plus d'informations).

À VOIR ET À FAIRE

Un **marché provençal** se tient le jeudi matin dans le centre-ville.

Théâtre antique

Fierté des Orangeais, le théâtre antique (☎ *04 90 51 17 60 ; entrée 4,50/2,50 € ; ouvert tlj 9h-18h30 1er avr-30 sept, 9h-12h et 13h30-17h oct-mars*) compte parmi les mieux conservés du monde romain. Il fut édifié à la fin du règne d'Auguste, entre 10 et 25 après J.-C. sur le flanc nord de la colline Saint-Eutrope. Il pouvait accueillir 10 000 spectateurs. Long de 103 m et haut de 37 m, son mur de scène mérite à lui seul le détour. Ses dimensions et son excellent état impressionnent le visiteur, tant de l'extérieur que du haut des gradins. Autrefois orné de sculptures, de marbres et de mosaïques, il n'a gardé que quelques-unes des 76 colonnes de son décor. Ses ouvertures, ses niches et ses avancées composent un relief qui donnait plus de force aux voix sans produire d'écho. Elles permettaient également de multiples jeux de scène des acteurs, qui apparaissent et disparaissaient au gré des rebondissements de l'intrigue. Au-dessus de la porte "royale", qui perce la paroi, on peut encore voir la statue de l'empereur, qui date sans doute du Ier siècle. Le théâtre était recouvert d'un toit en tuiles. La taille des coulisses laisse imaginer l'ampleur des spectacles qui s'y jouaient.

À savoir : le ticket d'entrée donne accès au musée municipal.

Musée municipal

Retraçant l'histoire de la ville de façon peu attractive, ce musée (☎ 04 90 51 18 24 ; *même ticket que le théâtre antique ; ouvert tlj 9h-18h30 1er avr-30 sept, 9h-12h et 13h30-17h30 oct-mars)* se visite rapidement. Outre quelques portraits des comtes d'Orange, le rez-de-chaussé possède des pièces rares : trois plans de cadastre romains gravés sur marbre, découverts en 1950, qui témoignent de l'importance de la colonie romaine d'Orange. Au 1er étage, la reconstitution du salon des manufacturiers Wetter est très instructive sur la fabrication des *indiennes* au XVIIIe siècle (voir le chapitre *Présentation de la Provence*).

Arc de triomphe

Edifié au Ier siècle à l'extérieur des remparts, à l'extrémité du *cardo* (axe nord-sud) urbain, l'arc de triomphe se situe à 450 m environ au nord du centre-ville. Haut de 19 m, il possède trois arches et présente une décoration foisonnante, exceptionnellement bien conservée sur la face nord, même si le manque d'entretien manifeste rend difficile la lecture des motifs. Ses frises révèlent une ornementation, comprenant notamment des armes et des casques, ainsi que des scènes de batailles. L'ensemble célèbre la gloire des soldats de la 2e légion gallique, qui ont fondé la ville. L'arc fut ensuite dédié à l'empereur Tibère.

Colline de Saint-Eutrope

Dominant la ville du haut de ses 97 m, la colline offre une vue plongeante sur le théâtre antique et les toits de tuiles ocre. Superbe au coucher du soleil, le panorama couvre le mont Ventoux et les Dentelles de Montmirail. Elle s'agrémente d'un grand parc, où les vestiges du château des princes Nassau d'Orange (XIIe-XVIIe siècles) ont été dégagés.

Pour atteindre le sommet en voiture, empruntez la route qui contourne la colline vers le sud (parking au sommet). À pied, montez les escaliers qui gravissent les versants est et ouest.

Promenade dans la vieille ville

Avec ses places bordées de platanes où résonne le bruissement des fontaines et ses petites maisons colorées, Orange réserve aux flâneurs l'occasion d'une promenade agréable. Du **théâtre**, empruntez la rue du Mazeau jusqu'à la **place aux Herbes**. De là, gagnez la place de la République puis la place Georges-Clemenceau, qui donne accès à la **cathédrale Notre-Dame-de-Nazareth**. Édifiée en 1338, cette dernière possède un très beau portail de style roman.

OÙ SE LOGER

Camping Le Jonquier *(☎ 04 90 34 49 48, fax 04 90 51 16 97, joeldenis@waika9.com, rue Alexis-Carrel ; forfait 2 pers, tente et voiture 19,25 €).* Situé pratiquement en centre-ville, à 400 m au nord de l'arc de triomphe, ce camping trois-étoiles est équipé d'un mini-golf, d'une piscine et de deux courts de tennis.

La Maison de Saunier *(☎ 04 90 34 11 71, 06 09 15 07 04, jp-bellet@wanadoo.fr, 39 rue Victor-Hugo ; simples/doubles/ triples avec s.d.b. et petit déj 56/60/80 €).* Du dehors, rien ne transparaît de cette superbe demeure du XVIe siècle que Jean-Pierre Bellet, architecte passionné, a restaurée lui-même. Peintes en blanc et pastel, meublées de bois sombre, protégées par des volets intérieurs et carrelées de tomettes d'époque, ses quatre chambres d'hôtes sont toutes aménagées avec goût et sobriété. La maison donne sur une cour ombragée et le petit déjeuner se prend sous une grande coupole haute de 8 m.

Villa de l'arc *(☎/fax 04 90 11 78 61, 13 rond-point de l'Arc-de-Triomphe ; doubles s.d.b-WC 89 €).* Dans sa majestueuse villa située juste en face de l'arc de triomphe, Peter, natif de Hollande, considère ses visiteurs comme des amis. Vous aurez à choisir entre quatre grandes chambres d'hôtes modernes à thème (italienne, française, provençale ou orientale), toutes équipées de TV et de lecteurs de CD, avant de plonger dans la piscine du jardin. Le luxe est un peu ostentatoire et d'un goût discutable, mais le confort total et l'accueil chaleureux.

Hôtel Le Milan (☎ 04 90 34 13 31, 22 rue Caristie ; doubles 23-25,50 €). Ce bar-hôtel à l'ancienne, avec son billard et ses habitués du zinc, contentera surtout les budgets les plus serrés. Réparties sur trois étages, ses chambres spartiates sont les moins chères de la ville. Que les insomniaques se rassurent : le café ferme à 22h.

Hôtel Arcotel (☎ 04 90 34 09 23, fax 04 90 51 61 12, jor8525@aol.com, 8 place aux Herbes ; simples/doubles sans-avec sdb WC 17/27,50-32/35 €, triples/quadruples avec sdb 40/47,50 €). À deux pas du théâtre, sur une jolie place, cet établissement est propre et fonctionnel, sans originalité mais d'un bon rapport qualité/prix. Il propose une formule buffet pour le petit déjeuner.

Hôtel Saint-Florent (☎04 90 34 18 53, fax 04 90 51 17 25, www.multimania.com/stflorent, 4 rue du Mazeau ; simples/doubles/ triples 30,50/45,75/61 €). Dotées de fresques fraîchement peintes (jaune canari, rose, bleu outremer) par les membres de la famille, les chambres de cet ancien hôtel du XVIe siècle sont un festival de couleurs un peu choc. L'accueil est toutefois sympathique et la décoration a le mérite d'être unique en son genre.

Hôtel Saint-Jean (☎ 04 90 51 15 16, fax 04 90 11 05 45, hotel.saint-jean@wanadoo.fr, 7 cours Pourtoules ; doubles WC/douche sur palier à partir de 27,50 €, doubles WC-douche-TV 45,75-73 €, triples 53,50-72 €, quadruples 72 €). Construit au pied de la colline Saint-Eutrope, cet ancien relais de poste a gardé du XVIIe siècle une partie de ses bâtiments d'époque, ce qui lui confère un certain cachet. Il dispose notamment d'une cour intérieure, flanquée des anciennes écuries, où vous pouvez petit-déjeuner à l'ombre des lauriers-roses. Le confort des chambres et l'accueil impeccable en font l'hôtel le plus charmant d'Orange. Un parking privé est à disposition.

Hôtel Arènes (☎ 04 90 11 40 40, fax 04 90 11 40 45, place des Langes ; doubles 76,5 €, suites 122-183 €). Tantôt rustique, tantôt moderne, la décoration hétéroclite de cet hôtel paraît vieillotte, mais le calme, cheval de bataille de la maison, est assuré. Toutes les chambres sont climatisées. Le petit déjeuner provençal est particulièrement soigné.

OÙ SE RESTAURER

La Grotte (☎ 04 90 34 70 98, 35 montée des Princes ; menus 9,25/14,75 €, pizzas 6-8 € ; fermé sam et lun midi). Voici une adresse populaire à Orange, moins pour sa cuisine que pour son décor : une grotte naturelle creusée dans la colline Saint-Eutrope. Outre les pizzas, qui valsent au rythme du service, la carte propose poisson et viande cuits sur pierrade, autre spécialité de la maison.

La Roselière (☎ 04 90 34 50 42, 4 rue Renoyer ; plats 10,75-14 € ; fermé sam midi et dim). Les caricatures, panneaux indicateurs et vieux casques de moto suspendus aux poutres du plafond composent le décor de cette petite salle, un bric-à-brac attachant où souffle un vent de rébellion. Fief de la résistance anti-FN, ce lieu dégage une ambiance sympathique, antidote à la morosité dont semble souffrir la ville une fois le soir venu. La cuisine est simple mais délicieuse. Qu'il s'agisse de la morue à l'ail et à la crème ou de l'andouillette, les plats sont concoctés à partir de produits frais et de qualité.

L'Atrium (☎ 04 90 34 34 17, fax 04 90 11 70 18, 5 impasse du Parlement ; menus 14-24,50 € ; fermé lun mai-septembre, mar midi et lun octobre-avril). Fondue aux cinq poissons, assiette de coquillages, filet de dorade rôti sauce tapenade et moules farcies…, voici un aperçu de la carte qui ressemble comme deux gouttes d'eau à un filet de pêcheur. Une cuisine de la mer qu'on déguste dans un petit jardin envahi par le lierre et la végétation, un havre de fraîcheur durant l'été.

Le Forum (☎ 04 90 34 01 09, 3 rue du Mazeau ; menus 14-47,25 €). Malgré un cadre classique et sans attrait, le forum compte parmi les tables recherchées d'Orange. Ici, tout se joue dans les assiettes : petits farcis à la provençale, aiguillettes de canard laquées au miel de lavande et rosace de noix de Saint-Jacques à la crème d'ail comptent parmi les quelques mets raffinés qui composent la carte. Quelques tables installées dehors permettent de dîner en terrasse l'été.

Le Garden *(☎/fax 04 90 34 64 47, 6 place de Langes ; menus 15,25-38 €).* Le restaurant de l'hôtel Arènes, abrité par une verrière, à l'ombre des platanes de la jolie place Langes, propose toute une série de plats provençaux, dans un cadre rétro inspiré des années folles. Au côté du chateaubriand de taureau et de la potée de ratatouille, une spécialité régionale a les faveurs du chef : la truffe, consommée en soupe ou en brouillade.

Le Parvis *(☎ 04 90 34 82 00, fax 04 90 50 51 18 19, 3 cours Pourtoules ; menus 15-40,50 €).* Avec ses bergères et son vaisselier provençal, ce repaire des fins gourmets se place sous le signe de la discrétion et de la grande cuisine. La qualité irréprochable des mets est garantie par Jean-Michel Bérengier, maître des fourneaux, qui puise son inspiration tant dans les grands classiques que dans les saveurs plus régionales, du filet mignon de porc au miel et aux épices jusqu'au poisson à la sauge, en passant par le foie gras maison.

OÙ SORTIR

Orange offre peu d'attrait pour les noctambules. Les terrasses qui bordent les places de la République et Georges-Clemenceau constituent le principal point de ralliement de la jeunesse locale. Évitez le New Jack, un bar-discothèque exclusivement réservé aux légionnaires.

COMMENT S'Y RENDRE

Orange se trouve sur la ligne du TGV reliant Paris et Avignon. Comptez 2 heures 55 depuis Paris Gare de Lyon. Plusieurs trains par jour assurent le trajet vers Avignon, Arles, Marseille et Lyon. La gare (☎ 04 90 11 88 00) se trouve à 1 km à l'est du centre-ville, au bout de l'avenue Frédéric-Mistral.

En bus, les Rapides du Sud-Est (☎ 04 90 34 15 59) effectuent la liaison entre Orange et Avignon, Châteauneuf-du-Pape, Carpentras, Marseille et Vaison-la-Romaine. La gare routière se situe sur le cours Pourtoules.

COMMENT CIRCULER

Ramassé sur lui-même, le centre-ville se parcourt facilement à pied. Vous pouvez louer un VTT au Cycle Dupont (☎ 04 90 34 15 60, fax 04 90 34 05 31), 23 av. Frédéric-Mistral, pour 11,50/19 € la demi-journée/journée.

Monts de Vaucluse

GORDES

À s'être trop laissé convoiter par des gens indifférents à son identité et à ses hommes, Gordes aurait perdu son âme, dit-on souvent. La Belle, aux maisons en pierres accolées contre la roche, striée de terrasses, face à une combe aux courbes généreuses, affiche aujourd'hui, il est vrai, une image de village provençal de poupée, trop parfait pour ne pas agacer celui ou celle qui l'ont connu autrefois. En quelques années, pour nombre de Provençaux, elle est devenue le symbole de ce qu'il convient d'éviter. À votre arrivée, votre regard, où qu'il se porte, est assailli par des panneaux annonçant hôtels de luxe, chambres d'hôtes de prestige et restaurants gastronomiques. Derrière les hauts murs en pierres sèches, parfaitement restaurés, qui longent le parcours, se devinent effectivement des demeures et des mas si parfaitement ordonnés qu'ils donnent l'impression d'être les maisons témoins de catalogues de décoration. Malaise ! À vouloir trop codifier le naturel, on lui retire sa magie. Pourtant, en été, voitures et passants se bousculent. Il est vrai que le village peut séduire, avec ses perspectives sur les montagnes du Luberon et ses ruelles et terrasses, charmantes en dehors de l'affluence. Sa taille réduite fait que Gordes s'appréhende facilement. Les parkings à l'entrée du village (payants d'avril à septembre 3 €) permettent de stationner facilement.

Renseignements

Installé à l'intérieur du château dans la salle des Gardes, l'office du tourisme (☎ 04 90 72

02 75, fax 04 90 72 02 26, office.gordes @wanadoo.fr, www.gordes-village.com) est accessible du lundi au samedi de 10h à 12h et de 14h à 18h. En été, les horaires sont 9h-12h30 et 14h-18h30. Son personnel vous aide aussi bien dans votre recherche d'hébergement que dans vos désirs de randonnées et de visites.

Le marché a lieu le mardi matin.

Un distributeur d'argent se trouve entre l'office du tourisme et l'hôtel restaurant La Renaissance.

Fêtes et festivals
Durant les deux premières semaines d'août, les Soirées d'Été proposent pièces de théâtre, musique et lectures.

À voir et à faire
Le château d'époque Renaissance qui domine Gordes a été construit en 1525 sur l'emplacement d'une forteresse du XIIᵉ siècle. Il abrite l'office du tourisme, ainsi que le **musée Pol Mara** (☎ *04 90 72 02 75, fax 04 90 72 02 26 ; ouvert tlj 10h-12 et 14h-18h ; entrée adultes/10-17 ans 4/3 €*), du nom du peintre flamand contemporain. Auparavant, pendant 25 ans, cet espace abrita le musée Victor Vasarely et rassembla nombre de ses œuvres.

L'**église Saint-Firmin**, richement décorée, mérite que l'on s'y attarde.

Boutiques, galeries et ateliers s'essaiment tout au long des ruelles du village. Les sites intéressants à visiter (Villages de Bories, Sénanque) demeurent en dehors du village.

À 2,5 km de Gordes, le **village des bories** (☎ *04 90 72 03 48, fax 04 90 72 04 39 ; entrée adultes/10-17 ans 5,50/3 € ; visite libre tlj de 9h au coucher du soleil*) ne peut malheureusement pas être rejoint à pied. Dommage, car la petite route qui y mène constituerait une agréable balade en soi ; le site, au cœur d'une forêt de chênes, est unique. Les *bories* (maisons construites en pierres sèches sans mortier, de la toiture aux murs) forment ici un village. Leur origine à Gordes remonterait aux Ligures. Habité par des bergers et des paysans jusqu'en 1839, le village a ensuite été abandonné et oublié. Sa restauration, de 1969 à 1976, a permis de reconstituer sa structure originelle. L'aménagement d'un intérieur à l'ancienne et de petites expositions de vieilles photos de Gordes complètent la visite. Prévoyez de quoi vous désaltérer, surtout en été.

Sur la route de Saint-Pantaléon, le **Musée du moulin des Bouillons** (☎ *04 90 72 22 11*,

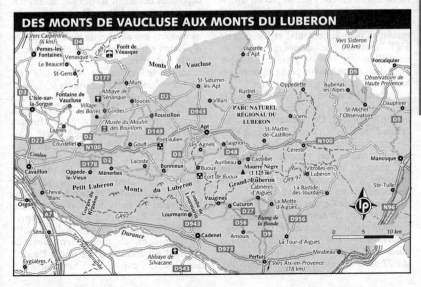

DES MONTS DE VAUCLUSE AUX MONTS DU LUBERON

fax 04 90 72 20 48 ; entrée adultes/10-17 ans 3/2,50 € ; ouvert tlj sauf mar fév-15 nov 10h-12h et 14h-17h ou 18h en été) occupe une imposante bastide du XVIᵉ siècle, qui renferme, dans une salle voûtée, un antique pressoir à l'huile d'olive de type gallo-romain. Situé à 5 km de Gordes, ce musée raconte aussi l'histoire du savon de Marseille.

Où se loger

La pléthore d'hôtels de luxe et de chambres d'hôtes de prestige désespère petits et moyens budgets. Dans cette "jungle touristique" se distinguent toutefois quelques bonnes adresses, intra-muros ou juste à proximité.

Le Camping des Sources (☎ 04 90 72 12 48 ou 06 88 74 22 39, fax 04 90 72 09 43 ; *emplacement tente 5,34/4,12 € été/hors saison, 4,12/3,20 €/adulte et 3,05/2,59 € /moins de 8 ans ; ouvert 15 mars-15 oct en général).* Sur la route de Murs, à 2 km de Gordes, ce camping occupe un cadre privilégié. À l'écart de la circulation, dans un environnement de chênes avec vue sur le Luberon. Il constitue une bonne adresse pour planter sa tente, surtout hors saison (attention : il affiche vite complet en juillet-août, puisqu'il ne compte que 100 emplacements). Piscine, animations en été (gratuites pour les enfants) et location de VTT font de ce camping calme et accueillant une adresse prisée. Il dispose aussi d'un restaurant (on peut emporter certains plats) et de bungalows à louer.

La Renaissance (☎ 04 90 72 02 02, fax 04 90 72 05 11, place du Château ; *fermeture annuelle jan-fév).* Ce restaurant séduit en raison de sa situation à côté du château et de sa belle terrasse. Si sa façade en pierre, ornée de volets vert amande, contribue à son charme, la décoration intérieure, en revanche, s'avère quelconque. L'été, vous ne pourrez éviter chaleur et bruits.

La Bastide de Gordes (☎ 04 90 72 12 12, fax 04 90 72 05 20, bastide-gordes@avignon.pacwan.net, www.chateauxethotels. com ; *chambres 140-190,50 € 19 mai-fin sept, à partir de 120,50 € mars-avr-nov-déc, petit déj 17,50 € ; fermeture annuelle janv-fév).*

Voici l'établissement de luxe de Gordes et de la région. Sa magnifique façade tout en terrasse avec ses parasols blancs se remarque de la route. Installé dans l'ancienne gendarmerie de la ville, ce quatre-étoiles (avec piscine extérieure chauffée, sauna, salle de musculation, tennis privé) affiche une élégance classique, apaisante. Préférez les chambres aux tonalités rouge. Son ouverture, il y a une dizaine d'années, a accentué l'image jet-set de Gordes. Le prix des chambres varie selon la saison et leur emplacement (celles donnant sur la vallée sont plus onéreuses que celles côté village).

Le Teston (☎/fax 04 90 72 02 54 ; *fermé dim soir-mer hors saison ; fermeture annuelle 15 déc-15 jan).* Ce restaurant donne sur la place du Château.

La Maison des Trois Chapelles (☎ 04 90 72 10 51 ; *chambres/suites 122-213,50 €, tarif avr-15 sept, petit déj 9 €, mois 30,50 € sept-mars ; ouvert à l'année).* Toujours dans le village, légèrement en contrebas, cette maison du XVIᵉ siècle s'orne d'un grand jardin avec piscine et vue sur le Luberon. Les chambres d'hôtes, l'une au-dessus de l'autre, reflètent l'ambiance intime et dépouillée des intérieurs méditerranéens raffinés. La maison d'Harry Brunianyn respire le bien-être. Le prix des chambres en fait néanmoins une adresse de luxe, fréquentée d'ailleurs par quelques personnalités de la mode et du livre.

La Borie (☎/fax 04 90 72 13 14, christine.lemarinel@libertysurf.fr, www. borie-provence.com ; *simples/doubles de 72/76 € à 122/198 €; fermeture fin nov-fin déc).* Sur la route de Murs, à 700 m du centre du village, cette maison en pierre sèche offre un panorama sur le Luberon, tandis que sa piscine donne sur les montagnes. Le calme est absolu. Le salon et l'immense coin-cuisine attenant révèlent le goût des propriétaires pour les livres et l'art. Dans les chambres d'hôtes (leur prix est fonction de la saison et de la taille de la pièce), un même sentiment de confort prédomine. De l'une à l'autre, les tissus, l'espace et l'harmonie des couleurs varient. Celles offrant une terrasse sont à privilégier pour la lumière et la vue. Chacune dispose d'une TV. On peut pique-niquer sur les tables de l'extérieur. Une cuisine a été aménagée dans l'une des chambres.

Aux environs de Gordes. La Guillone (☎/fax 04 90 72 06 43, la.guillone@free.fr, www.luberon-news.com/la-guillone ; simples/doubles 58/61 €). En continuant sur la route de Murs, cette ferme constitue l'un des meilleurs rapport qualité/prix pour les petits et les moyens budgets. À l'étage de cette bâtisse rénovée, deux grandes chambres d'hôtes, avec s.d.b. et un vaste salon-cuisine, ont été aménagés. L'ensemble forme un bel appartement ouvrant sur une terrasse avec vue le Luberon. Rénovée par Christine et Robert Guillen (un couple sympathique, dont la maison se trouve en bout de chemin), cette ferme représente un port d'ancrage idéal (sans piscine toutefois), en particulier pour les familles.

Où se restaurer
Paradoxe ! Il est possible de se restaurer convenablement à un prix raisonnable à Gordes.

Le Bouquet de Basilic (☎ 04 90 72 06 98, route de Murs ; plats 9-12 € ; ouvert tlj sauf jeu-ven midis). Ce restaurant propose une savoureuse cuisine d'inspiration italienne et provençale. Soupes, salades, pâtes, viandes et poissons agrémentent la carte. Passée l'entrée de la boutique de décoration attenante, le petit jardin compose aux beaux jours un cadre simple et décontracté. Tous les produits cuisinés sont issus de la culture biologique.

Le Comptoir des Arts (☎ 04 90 72 01 31, fax 04 90 72 14 28, place du Château ; plats 9,50-13,50 €, menus 14/15,50 €). Cette brasserie affiche une carte variée et une large gamme de prix. Sa terrasse donnant sur le château est prise d'assaut en été, comme celle du restaurant de l'hôtel de La Renaissance (à privilégier plutôt comme café).

La Pause (☎ 04 90 72 11 53, route Neuve ; plats 5,50-9 € ; ouvert le midi). Cet

établissement tient en une seule pièce aux allures de salle à manger, meublée de souvenirs (que l'on peut acheter) et de tables couvertes de jolies nappes à carreaux. Soupe et salade à l'ail régaleront vos papilles ! L'ambiance est avenante.

La Maison de Félicie (☎ 04 90 72 10 85). Installé en face de l'hôtel La Bastide de Gordes, ce lieu mérite surtout le détour pour ses glaces. La dégustation, en terrasse, de sa petite restauration à base de produits bio est malheureusement gâchée par la circulation en été.

Le Cercle Républicain est le café du village. Il donne sur la place du Château, mais ne dispose pas de terrasse.

Aux environs de Gordes. L'Estellan (☎ 04 90 72 04 90, chemin des Escortiels ; menus 25/29 € ; fermé mer à l'année et jeu hors saison, fermetures annuelles 1er-14 déc et 7 jan-14 févr). L'une des meilleures tables de la région est située à 2 km de Gordes. Aucun effet ostentatoire ne prévaut ici, ni dans le cadre (de style bistrot) ni dans la cuisine ou les prix, raisonnables au regard de la qualité. Gigot d'agneau aux aubergines ou gâteaux maison sont un régal.

Le Mas Tourteron (☎ 04 90 72 00 16, fax 04 90 72 09 81, chemin de Saint-Blaise, Les Imberts ; menus 30/47 € ; fermé lun-mar, dim soir hors saison, fermeture annuelle 2 déc-14 mars). Cette autre adresse emblématique des alentours de Gordes l'est surtout pour son atmosphère et son cadre, enchanteurs à souhait. Élisabeth Bourgeois a fait de son mas une maison où objets, bougies, meubles, fleurs et arbres composent un cadre de vie merveilleux. Seul bémol, sa clientèle parfois guindée.

Comment s'y rendre
Depuis Cavaillon, les cars de la compagnie Express de la Durance (☎ 04 90 71 03 00) assurent une liaison quotidienne (3,50 € l'aller simple). En juillet-août, le car ne passe pas dans le village. Il marque l'arrêt à la gendarmerie, à 500 m du centre.

ABBAYE DE SÉNANQUE

Lorsque l'abbaye de Sénanque apparaît au bas d'un large canyon, la vision qu'elle impose, que vous veniez de Gordes ou de Murs, est inoubliable à n'importe quelle époque de l'année. En juin-juillet, les champs de lavande en fleur donnent toutefois à sa pierre grise, des murs à la toiture, un autre éclairage. Avec les **abbayes de Silvacane et de Thoronet,** elle est une des trois abbayes cisterciennes de la Provence. Fondée en 1148, elle a gardé intacts bâtiment, dortoir, église abbatiale et cloître. Son dépouillement architectural compte parmi les plus parfaits. Depuis 1988, la vie monastique a repris. Une salle à l'étage est d'ailleurs consacrée à la filiation de l'ordre en France et à l'étranger.

Le plaisir de la visite (☎ *04 90 72 05 72, fax 04 90 72 15 70 ; entrée adulte/étudiant/6-18 ans 5/4/2 € ; ouvert mars-oct lun-sam 10h-12h et 14h-18h, dim-jours fériés 14h-18h et nov-fév 14h-18h, fermeture annuelle 2e et 3e semaines jan)* est néanmoins gâché par le passage obligé dans la boutique, avant d'accéder à l'abbaye elle-même.

Avis aux amateurs de **randonnée** : il est possible de rejoindre Sénanque par le GR6.

MURS

À 6 km de Gordes et 18 km d'Apt, Murs (prononcez Murse) et ses environs constituent un ravissant port d'attache pour ceux qui veulent sillonner la région entre Venasque et Gordes. Les maisons, accolées les unes aux autres, se succèdent en cascade, surplombés par une église du XIIe siècle et un château de l'ancien domaine d'Agoult, des seigneurs de Sault.

La mairie (☎ *04 90 72 60 00),* ouverte du lundi au samedi, de 9h à 12h, fournit toutes les informations touristiques.

Dans le village, vous ne trouverez qu'un seul hôtel-café-restaurant. Un magasin (☎ *04 90 72 63 77),* sur la D4 en direction d'Apt, fait office de station-service, vend des légumes et des fromages de la région, propose de la charcuterie et prépare des pizzas (à emporter) si l'on a passé commande à l'avance.

Les **sentiers de randonnées** passant à proximité du village ont été aménagés et

balisés par le **parc naturel régional du Luberon** (☎ *04 90 04 42 00, fax 04 90 04 81 15, pnr.luberon@wanadoo.fr).* Les cartes sont disponibles soit à l'office du parc, installé à Apt (voir la section *Luberon,* plus bas) ou à l'office du tourisme de Gordes (voir cette rubrique, plus haut).

Où se loger et se restaurer

Murs dispose d'un camping et d'un unique hôtel-restaurant. En revanche, plusieurs chambres d'hôtes existent dans le village même ou à ses abords immédiats.

Camping-caravaning des Charlottes (☎ *04 90 72 60 84 ; emplacement 4 €, adulte 3 €, enfant de 5-10 ans 1 € ; ouvert Pâques-fin sept).* À 1 km du village, ce camping est accessible par la D4 en direction d'Apt. Aménagé et disposant d'aires à l'ombre, il compte 50 emplacements, dont certains donnent sur les montagnes du Luberon.

Le Crillon (☎ *04 90 72 60 31 ou 04 90 72 68 04, fax 04 90 72 63 12, crillon.murs@wanadoo.fr, www.le-crillon.com ; chambres 43,50/53,50 € avec terrasse, petit déj 5,50 € ; menus 11,50/15/19,50 € ; restaurant ouvert tlj midi Pâques-sept, fermé jeu hors saison ; fermeture annuelle 15-31 jan).* Installé au centre du village, cet hôtel fait également café et restaurent. Ses onze chambres se répartissent entre deux maisons en vis-à-vis. Aucune ne se ressemble, mais leur amaublement donne à chacune une atmosphère année 1970. L'ambiance est familiale. À l'étage, se trouve un coin salon avec billard. Pour déjeuner ou dîner, Le Crillon vous accueille en terrasse ou dans une vaste et chaleureuse pièce aux murs couverts de pierres. Sa cuisine familiale conviendra à tous les budgets.

Chambre d'hôtes - Genouvier (☎ *04 90 72 64 73 ; chambre 61 €).* M. et Mme Durand louent à la nuitée une partie de leur maison, construite à 1 km de Murs, sur la route de Gordes. Cette vaste pièce, conçue comme un grand studio, dispose notamment d'un lit double, d'un canapé-lit et d'une cuisine. Le prix est identique pour une ou quatre personnes. L'accueil est agréable et la demeure, entourée d'arbres, dispose d'une piscine.

Le mur de la peste

Le 25 mai 1720, un navire venant d'Orient, *Le Grand Saint-Antoine*, arrive à Marseille porteur de la peste. Rapidement, la maladie se propage dans la cité phocéenne, tuant la moitié de sa population, avant de s'étendre à toute la Provence. Apt et Roussillon sont touchés. En mars 1721, le roi de France décide de construire une ligne sanitaire depuis la Durance jusqu'au mont Ventoux (gorges des Abeilles) *via* Cabrières d'Avignon, interdisant toutes relations entre le Comtat venaissin et le Dauphiné encore épargné. En septembre de la même année, Avignon est touché par l'épidémie. Seuls quelques villages du Comtat, comme Le Beaucet et Venasque, sont épargnés, tandis que dans les montagnes, une muraille de pierres se construit. Entre Monieux et Cabrières, les habitants sont ainsi réquisitionnés pour son édification. Des soldats des troupes papales comme du royaume de France sont répartis le long de la ligne qui s'édifie rapidement ; ils gardent le "mur de la peste". En janvier 1723, l'épidémie est terminée et le mur, abandonné. Peu à peu, il s'efface du paysage, ses pierres servant à construire mas et murets de terrasse.

En 1986, l'association Pierre Sèche en Vaucluse a entrepris de relever le mur. Aujourd'hui, près de 6 km ont ainsi été restaurés. Des chemins de randonnées permettent d'y accéder depuis Cabrières et Lagnes. Pour rejoindre par la route le col de la Peste, empruntez depuis la D5 reliant à Méthamis-Monieux, la D15, en direction de Murs. Quelques vestiges demeurent aussi au col de Murs (627 m), que l'on atteint depuis Venasque ou Murs.

La Bastide des Jouhet (☎ *04 90 72 61 71, fax 04 90 72 62 48, jouhejil@ wanadoo.fr ; chambres 46/41 € haute/ basse saison, lit supp 15 € ; ouvert 15 mars-15 sept).* Sur la D15, en direction de Sault, cette autre chambre d'hôtes, une grande demeure à plusieurs niveaux, est tout aussi plaisante. La vue, dégagée, donne sur le Luberon. Les chambres disposent d'une entrée indépendante. Dans la maison flotte parfois une bonne odeur de confiture ! Le rapport qualité/prix est, ici encore, excellent.

Les Hauts de Véroncle (☎ *04 90 72 60 91, fax 04 90 72 62 07, hauts.de.veroncle@ wanadoo.fr ; simples/doubles 43/46 €).* En contrebas de Murs, la route bucolique qui conduit à cette propriété située en bout de chemin, à 1,5 km du village, est un régal, puisque vous découvrirez un paysage de chênes, de champs cultivés et, au loin, les gorges de Véroncle. Vous apprécierez en ces lieux calme et repos. Les chambres, avec entrée indépendante, sont plaisantes et fraîches en été. Pour un séjour prolongé, il est possible de louer la cuisine attenante. La table d'hôtes est facturée 18,50 €.

Françoise Armand (☎/*fax 04 90 72 61 54 ; simples/doubles 37,50/44 €, 14 €/pers supp).* Sur le même chemin, juste avant d'atteindre les Hauts de Véroncle, vous dénicherez la maison de Françoise Armand, à gauche sur les hauteurs. La route en terre est assez caillouteuse. Les deux chambres d'hôtes, disponibles à l'année, sont simples et confortables et représentent un bon rapport qualité/prix. Elles peuvent être couplées par la petite cuisine qui les sépare.

ENVIRONS DE MURS
Lioux
À 10 km de Murs par la D4, Lioux est un paisible et charmant hameau blotti contre une haute et imposante falaise. Celle-ci s'étend sur plusieurs kilomètres et se prête à l'escalade.

Goult
Le charme de Goult attire chaque année davantage de monde et il est, depuis quelques années, investi par des ateliers et des galeries. Ce village n'est pas pour autant Gordes, vous préciseront ses habitants. À mi-chemin entre le plateau des

monts de Vaucluse et les montagnes du Luberon, Goult a conservé son authenticité et une vie paisible. Le Café de la Poste, lieu de rendez-vous incontournable, en témoigne. Une fois passée la rue de la République (piétonne), artère principale du bourg rassemblant les principaux commerces, il suffit d'emprunter une des ruelles attenantes pour découvrir les multiples vestiges architecturaux de cette petite cité : église romane, enceinte, portes, demeures et château (à l'origine, le château d'Agoult). Tout en haut du village, le moulin-à-vent, parfaitement restauré, est un autre site à ne pas manquer, en particulier pour la vue sur les montagnes du Luberon.

La Maison de village (☎/fax 04 90 72 38 58, maisondevillage@waika9.com) tient lieu d'office du tourisme. En juillet-août, elle est ouverte du lundi au samedi de 9h à 12h et de 15h à 19h, et le dimanche de 10h à 12h30. Hors saison, elle est accessible du mardi au samedi (9h-12h et 14h-18h ou 17h en janvier et février).

Le 15 août se tient le festival Un Été à Goult réunissant artistes, artisans et écrivains.

Où se loger et se restaurer
Le Café de la Poste (☎ 04 90 72 23 23, rue de la République ; plats 9-11 € ; ouvert tlj le midi en saison, fermé mer hors saison). Ici, on déjeune simplement d'un plat du jour, d'une salade, d'une omelette ou de sandwiches, tandis que le soir se prête aux discussions autour d'un verre. En été, la terrasse avenante affiche rapidement complet, surtout à l'heure de l'apéritif, puisqu'elle est devenue, pour certains, l'endroit obligé de tout séjour dans le Luberon. Reste que pour le village, ce café-restaurant-dépôt de presse-marchand de tabac demeure un rendez-vous incontournable.

Auberge de la Bartavelle (☎/fax 04 90 72 33 72, rue du Cheval-Blanc ; menu 28 € ; fermé mer juil-août, mar-mer hors saison ; fermeture annuelle 15 nov-fin fév). Voici l'une des bonnes adresses de la région, un lieu extrêmement prisé pour la qualité de sa cuisine et pour son accueil. La carte se renouvelle très régulièrement, mais le chef garde une prédilection pour le lapin et le gigot d'agneau. Si les deux salles comptent peu de tables, elles permettent des dîners intimes. Vous pourrez aussi, de juin à septembre, vous installer dans la ruelle adjacente transformée en terrasse.

Le Tonneau (☎/fax 04 90 72 22 35, famous.provence@wanadoo.fr, www.leluberon.net/famous-provence, place de l'Ancienne-Mairie ; simples/doubles/triples 65,50/81/96 € ; menu unique 26 € ; ouvert le soir mars-sept). Cette belle salle voûtée, aménagée avec goût comme sa petite terrasse, accentue l'ambiance intime du lieu. Son chef Patrick Payet met la cuisine provençale à l'honneur et organise, par ailleurs, à l'année des stages d'art culinaire. À l'étage, trois belles chambres sont à louer. Le coin cuisine permet de se préparer le petit déjeuner.

Comment s'y rendre
Goult est relié quotidiennement par les Autocars Barlatier (☎ 04 90 74 20 21) et les autocars Villardo-Bernard (☎ 04 90 74 36 10) assurant la liaison Apt-Avignon. L'arrêt pour Goult se trouve à Lumières, à 1 km du village.

ROUSSILLON
Construit au cœur d'un des plus importants gisements d'ocre au monde, Roussillon a perdu un peu de son charme en raison de l'affluence touristique et de la multiplication d'échoppes en tout genre. Toutefois, ruelles et escaliers, vieilles demeures, église et places (notamment celle de la Mairie) offrent un ensemble harmonieux et rappellent ce temps où la ville ne vivait que de ce pigment. Roussillon possède des gisements, qui en font un site unique en son genre en Europe et demeure une étape à privilégier. De la place Pignotte, point culminant du village, le panorama à 180° des environs est époustouflant.

Renseignements
Le bureau de l'office du tourisme (☎ 04 90 05 60 25, fax 04 90 05 63 31, ot-roussillon@axit.fr), place de la Poste, fournit une carte du village, de la documentation sur la région et une liste d'hébergements. Ouvert du lundi au samedi de 10 à 12h et de

14h à 18h30 entre avril et fin octobre, de 13h30 à 17h30 hors saison. À proximité de l'office se trouve un distributeur d'argent (souvent démuni le lundi matin !).

Les parkings (obligatoires) sont payants (2 €) d'avril à début octobre. Le marché se tient chaque mardi et jeudi matins. Le Festival international de quatuors à cordes constitue la manifestation principale du village, entre fin juin et début septembre.

À noter : vous pouvez louer des VTT, à condition de réserver (☎ 04 90 05 71 71), car le stock est peu important et se limite, en outre, à des vélos pour adulte. Le Camping Arc Ciel (voir la rubrique *Où se loger*) propose lui aussi des locations de vélo.

À voir et à faire
Conservatoire des ocres et des pigments appliqués *(☎/fax 04 90 05 66 69, info@okhra. com ; ouvert tlj sauf lun 9h-18h, 9h-19h en juil-août, fermeture annelle jan).* À 1 km du village, dans l'ancienne usine Mathieu, ce conservatoire relate l'histoire et la fabrication de l'ocre. Le site, conservé et restauré, se trouve juste à côté d'une ancienne carrière. Des visites guidées et des ateliers pratiques pour adultes et pour enfants sont programmés à l'année (excepté trois semaines en janvier, durant lesquelles le conservatoire ferme).

L'association Ôkhra, qui est à l'origine de ce conservatoire et qui le gère, s'est en effet fixé pour objectif la sauvegarde et la diffusion des savoir-faire traditionnels liés à la mise en œuvre des pigments dans la peinture, la teinture, etc. Aussi les stages proposés pour les adultes se déclinent-ils par thème (enduits et badigeons à la chaux ou recherche des couleurs dans les peintures, par exemple). Leurs prix varient en fonction du thème et de la durée du stage. Les visites guidées sont payantes (5 € pour les adultes, gratuit pour les moins de 10 ans).

À l'entrée du site, un premier édifice abrite une librairie et une salle d'exposition. En contrebas, une boutique vend des pigments naturels.

Sentier des ocres. Aménagé et balisé, ce sentier (auquel on accède depuis le village) est payant. L'entrée coûte 1,50 € (gratuit pour les moins de 10 ans). Il conduit à une ancienne carrière d'ocre, au pied de cheminées de Fées. L'escalade comme le prélèvement sont interdits. Le site ferme du 11 novembre à début mars.

Consultez l'encadré *Poussière d'ocre*, ainsi que le chapitre *Randonnées en Provence* pour la description détaillée de l'itinéraire *Le Colorado provençal*.

Où se loger
Seules quelques chambres d'hôtes sont disponibles intra-muros.

Camping Arc en ciel *(☎ 04 90 05 73 96 ; emplacement tente 1,50 €, voiture 2,75 €, 2,75 €/pers, 1,50 € pour les moins de 7 ans ; ouvert 15 mars-1er nov).* Aménagé en pleine forêt, entre Goult et Roussillon, ce camping de 70 places, dans un environnement préservé, est propice à la sérénité.

Villa Élia *(☎/fax 04 90 05 72 99 ou 06 86 50 12 46, www.guideweb.com/ provence/ bb/villa-elia/, rue des Bourgades ; chambres 76/91,50/99 €).* Cette maison de maître du XVIIIe siècle, de couleur ocre, fait chambre d'hôtes et dispose de pièces spacieuses, calmes et fraîches en été. Demandez la chambre Iris pour son magnifique panorama. Françoise Gamba a su donné une élégance naturelle et discrète à sa belle demeure. On se pose avec plaisir dans le grand salon du rez-de-chaussée, agréable avec son canapé, ses livres et sa cheminée. Au pied des escaliers, la douche balnéo-jacuzzi est mise à la disposition des hôtes.

M. et Mme Couthaudon *(☎ 04 90 05 62 99 ou 04 90 75 55 02 ; chambres 46/43 € juil-août/hors saison).* Cette maison en pierre, située en haut du village, offre une belle vue sur le mont Ventoux et le massif du Luberon. Les deux pièces louées à la nuitée ont une entrée indépendante. Réfrigérateur et micro-onde permettent de se préparer petit déjeuner ou repas.

Aux environs de Roussillon. **Mamaison** *(☎ 04 90 05 74 17, fax 04 90 05 74 63, www.mamaison-provence.com ; chambres 73-104 €, suites 149,50 € ; fermeture annuelle fin oct-fin mars).* Voici une escale

Poussière d'ocre

L'ocre, pigment minéral naturel utilisé depuis la Préhistoire, a été exploité en France de manière industrielle des années 1830 jusqu'au lendemain de la Seconde Guerre mondiale. C'est Jean-Étienne Astier, un Roussillonnais, qui eût l'idée, à la fin du XVIIe siècle, de passer le sable dans plusieurs bassins de décantation afin d'en dégager l'ocre, puis de le faire cuire pour en maîtriser la couleur. Six départements possédaient alors ces gisements : la Dordogne, le Cher, l'Yonne, le Gard, la Drôme et le Vaucluse. C'est l'arrivée du chemin de fer à Apt en 1877, qui entraîna son exploitation de manière intensive dans le Vaucluse. Créée en 1901 par les producteurs vauclusiens et bourguignons, la Société des Ocres de France apporta ensuite à la production (qui atteignit ses maxima en 1929) des débouchés précieux, notamment à l'étranger. De fait, la région est riche en gisements. Dès la fin du XIXe siècle, Apt, Roussillon, Rustrel et Villars ont vécu en grande partie de cette industrie. L'arrivée des colorants synthétiques a cependant, peu à peu, grignoté le marché. Aujourd'hui, la région d'Apt ne compte plus qu'un unique gisement en exploitation avec une seule usine de fabrication de l'ocre.

Le pays d'Apt concentre encore plusieurs sites à visiter. À Roussillon, le **Conservatoire des ocres et des pigments appliqués** et le **Sentier des ocres**, un circuit pédestre balisé dans une ancienne carrière d'ocre, constituent une bonne introduction.

Le site de Rustrel, appelé le **Colorado provençal**, plus important par sa taille, est spectaculaire, avec ses cheminées de fées sculptées par l'eau, le vent et la main de l'homme. Cet ancien gisement exploité jusqu'en 1956 recense différents parcours, longs de 1 à 13 km. Le **sentier de l'Ocre et des Fées** (1 km, 30 minutes à pied) et le **sentier du Sahara** (1,5 km, 45 minutes), très accessibles, permettent de plonger ainsi dans une palette de couleurs variant du rouge au jaune. Des parkings ont été aménagés en différents points du site, en fonction des sentiers ; vous paierez 2 € en saison et recevrez en échange un plan du site. Par ailleurs, l'office du tourisme d'Apt fournit toute les informations souhaitées et organise des visites guidées. Le chapitre *Randonnées en Provence*, en début d'ouvrage, détaille cette randonnée pédestre (*Le Colorado provençal*).

Gargas, réputé pour son ocre jaune, représente la dernière exploitation d'ocre en activité. L'usine Guigou et sa carrière aérienne se visitant par l'entremise de l'association Ôkhra (☎ 04 90 05 66 69), le deuxième mercredi de chaque mois.

La vente d'ocre se concentre dans deux villes : Roussillon, à la boutique du Conservatoire des Ocres et des Pigments (☎ 04 90 05 66 69) ; et Apt, auprès des Ocres de France (☎ 04 90 74 63 82), impasse des Ocriers, ou de l'Entreprise Chauvin (☎ 04 90 74 21 68), route des Vitons. Ces boutiques sont accessibles du lundi au vendredi.

de charme, toute catégorie, à 4 km de Roussillon (en direction d'Apt et de Bonnieux). Cette ancienne ferme du XVIIIe siècle est entourée d'un immense terrain (avec vue), où ont été disposés lits en fer et chaises longues permettant à chacun de s'isoler ou de se retrouver comme bon lui semble. Une même ambiance règne autour de la piscine et de la cuisine d'été. Chacun peut préparer ses repas, mais déjeuner ou dîner sont à prendre autour de la grande table en bois. L'indépendance et la douceur de vivre font partie des habitudes de la maison de Marine et Christophe, deux artistes peintres. Les

pièces, envahies de tableaux, de livres, de sièges et d'objets multiples, annoncent l'aménagement des quatre chambres et des deux suites, aux portes d'origine et aux mobiliers magnifiques ; les tissus ont été choisis en fonction de la lumière et de l'ambiance de la pièce. Le choix est d'autant plus difficile !

Où se restaurer
Roussillon compte de nombreux cafés, restaurants et crêperies. La place de la Mairie accueille les deux meilleures adresses du village.

Le Café des Couleurs (☎ *04 90 05 62 11, place de la Mairie*). Sa grande terrasse en fait un lieu de prédilection. Le bar et la salle attenante ont gardé un côté vieillot plein de charme. Le midi, une petite restauration rapide (tartes salées accompagnées de salade, autour de 7 €, et gâteaux) est proposée.

Le Bistrot (☎ *04 90 05 74 45, place de la Mairie ; plats 12 €, menu 23 € ; fermeture annuelle nov-mars*) est l'endroit où déjeuner ou dîner. Suprême de pintade, épaule de cochon ou poisson du jour, la cuisine est d'inspiration provençale. Elle est parfois inégale certains jours en été.

L'Ocrier (☎ *04 90 05 79 53, sentier des Ocres ; plats 10,50 € environ, menu 18 € ; fermeture annuelle 11 nov-20 déc*). Installé juste avant l'entrée du sentier des Ocres, ce café-restaurant doté d'une petite terrasse affiche une carte variée, d'un bon rapport qualité/prix. Il n'accepte pas les cartes de crédit.

Comment s'y rendre

Aucune compagnie de bus ne relie Roussillon. Seul le taxi depuis Apt permet de rejoindre le village. Le samedi matin, un car assure néanmoins la liaison Roussillon-Apt pour le marché d'Apt.

SAINT-SATURNIN-LÈS-APT

Situé au nord d'Apt (à 9 km) et à l'est de Roussillon, tout aussi proche, Saint-Saturnin-lès-Apt est demeuré un village paisible. Épiceries, cafés et boulangeries s'égrènent le long des rues en pente douce. Sur les hauteurs, construit à même la rocaille, les vestiges du château indiquent l'emplacement de l'ancien village médiéval.

Depuis l'église, empruntez le sentier pavé, une montée à privilégier l'été le matin tôt ou en fin de soirée. Passez sous la porte d'enceinte, le site se découvre au fil des pas, tandis que la vue sur le village, les monts du Vaucluse et le massif du Luberon est envoûtante. La chapelle, en bout de chemin, n'ouvre malheureusement ses portes qu'à l'Ascension et le dimanche en juillet-août.

C'est également au sommet du village que l'on peut emprunter le **sentier des Aiguiers**, balisé par la Fédération Française de la Randonnées Pédestre (Topo-Guide, réf. PN01).

Dans le village, le **moulin à huile Jullien** (☎ *04 90 75 45 80, rue Albert Trouchet*) est l'endroit où s'approvisionner en huile d'olive, l'une des meilleures produites dans la région. Comptez 13,72 € le litre. Dès fin octobre cependant, en raison de son succès, la cuvée de l'année est épuisée. Rendez-vous est alors donné en janvier pour goûter le nouveau crû.

Renseignements

La mairie (☎ 04 90 75 43 12, fax 04 90 75 56 10), place de la Mairie, fournit d'utiles renseignements, notamment en matière d'hébergement. Elle vous accueille du lundi au jeudi de 13h à 17h.

Où se loger et se restaurer

Le Saint Hubert (☎ *04 90 75 42 02, fax 04 90 75 49 90, place de la Fraternité ; chambres 46 € ; menus 14,48/ 22,11 €, plats 9,20/11,50 € ; ouvert tlj sauf lun*). Repris depuis 2000 par de nouveaux propriétaires, cet hôtel-restaurant est à privilégier si vous délaissez les chambres d'hôtes. Le cadre (le cœur du village), la rénovation progressive des chambres, l'accueil et le prix en font un établissement d'un bon rapport qualité/prix. Côté restaurant, la cuisine privilégie les produits du terroir, de qualité (charcuterie, fromages de chèvre, viandes ou salades).

En face, le **Bar des Amis**, repérable à sa vieille façade et à sa petite terrasse, invite à prendre un verre. À partir de novembre, il organise un loto chaque dimanche.

Les Voyageurs (☎ *04 90 75 42 08, 2 place Gambetta ; chambres avec douche-wc 36,50 €, chambres avec baignoire 43 € ; menus 13,50/19/23 € ; fermé mer-jeu midi*). Cet hôtel-restaurant constitue l'autre bonne adresse du village, notamment pour sa table.

Chambre d'hôtes - Do Blaise (☎ *04 90 75 55 40, "CHEZDO".com, 14 place de la Mairie ; chambres 43 € ; ouvert à l'année*). Centrale, cette jolie maison discrète, au rez-de-chaussée caché par une tonnelle opulente, abrite deux chambres à l'étage. Tout semble pensé de manière à rendre le séjour le plus agréable possible et la notion de chambre d'hôtes prend ici tout son sens.

Privilégiez la chambre du dernier étage, avec vue sur les toits, pour son espace et sa lumière. Le petit déjeuner est à préparer soi-même.

Unda Weinert (☎ 04 90 75 53 22 ou 06 07 46 08 09, 13 place de la Mairie ; chambres 38,20/58 € sans/avec sdb 15 juin-15 sept, 46 € hors saison, petit déj 5,50 €/pers). Installée juste en face, la maison d'Unda Weinert offre une façade en pierre couverte de vigne vierge et deux belles chambres au rez-de-chaussée.

Luberon

Délimité par Cavaillon à l'ouest, Manosque à l'est, Apt et la rivière du Calavon au nord et l'Abbaye de Silvacane et la Durance au sud, le Luberon (de *lébéroun*, lièvre couché en provençal) se partage en deux massifs distincts : le Petit Luberon à l'ouest et le Grand Luberon à l'est (reportez-vous à la carte *Des monts de Vaucluse aux monts du Luberon*, plus haut dans ce chapitre). À chacun son relief.

Face aux monts de Vaucluse et au mont Ventoux, le Petit Luberon offre au regard des flancs verdoyants, robustes et escarpés que cisaillent falaises et gorges. À ses pieds, la plaine fertile du Calavon déroule vignes et cerisaies. L'altitude moyenne ne dépasse pas les 700 m. Pourtant, le paysage contrasté voit se succéder rudesse et douceur des lignes. Les villages perchés émaillent ce territoire peu peuplé, longtemps acquis au protestantisme et marqué par les guerres de Religion. Oppèdes-le-Vieux, Ménerbes, Lacoste et Bonnieux dominent ainsi la vallée et la récente notoriété du Luberon ne les a pas entachés.

Le Grand Luberon est dominé par le Mourre Nègre (1 125 m). Ses flancs, que se partagent les départements du Vaucluse (aux trois quarts) et des Alpes-de-Haute-Provence, se font plus rebondis et la végétation plus méditerranéenne. La densité de population se réduit là encore à quelques villages. Certes, passés la combe de Lourmarin (seule voie transversale du Luberon) et le village du même nom, les villes et les hameaux se font

plus nombreux et les cultures (vignes essentiellement), plus gourmandes.

En Luberon, l'agriculture reste une activité importante, terre et terroir constituant une identité forte. Entre côtes du Luberon (Appellation d'Origine Contrôlée depuis 1988) et cerisiers, la plaine ruisselle de cultures. Versant nord ou versant sud, le Luberon demeure malgré son succès touristique une région aux paysages sauvegardés. Et ce, grâce à la création du parc naturel régional du Luberon, qui couvre une grande partie de son territoire (voir l'encadré ci-contre).

Reste le difficile sujet du prix de l'immobilier, une explosion qui concerne aujourd'hui presque tout le territoire. Cette évolution est lourde de conséquences pour la population puisqu'il est désormais difficile de trouver un logement à un prix décent. Autre question ardue : le devenir d'une agriculture aux maîtres d'œuvre vieillissants. Aujourd'hui, le Luberon se transforme de l'intérieur, non sans fracture sociale et économique.

APT
84400

Entre monts de Vaucluse et montagnes du Luberon, la capitale du Luberon, vivante et agréable en toute saison, concentre ses habitations de part et d'autre du Calavon. Fondée par les Romains vers 45-30 av.J.-C., l'ancienne Apta Julia fut de tout temps une ville de passage et d'échanges. Fruits confits (notamment la cerise), faïence, production d'ocre et d'essence de lavandin sont des savoir-faire qu'elle a pendant des siècles exploités avec succès et même exportés. Si cet héritage s'est étiolé depuis les années 1940, quelques ateliers maintiennent encore la tradition. Le lavandin, qui fleurit dans le triangle Apt, Lagarde d'Apt et Castellet, constitue lui aussi une activité importante.

Apt est intéressante pour découvrir le parc naturel régional, puisqu'elle abrite les bureaux de la zone protégée et qu'elle se trouve à la jonction de nombreux sentiers de randonnées. C'est aussi l'une des étapes phares du Luberon en Vélo, itinéraire créé par le parc permettant de relier à bicyclette

Le parc naturel régional du Luberon

Créé en 1977, le parc naturel régional du Luberon s'étend entre Vaucluse et Alpes-de-Haute-Provence, sur un territoire de 165 000 hectares. Peuplé de 150 000 habitants, il regroupe aujourd'hui 69 communes adhérant à sa charte (contre 32 initialement), qui œuvrent pour la préservation de l'environnement. En effet, les communes signataires s'engagent à maîtriser au mieux la pression foncière, à protéger et valoriser le patrimoine culturel et naturel. Reconnu réserve de la Biosphère par l'Unesco, le parc s'est aussi engagé dans des programmes de partenariat avec des agriculteurs, ainsi que de sensibilisation et de formation du public. L'aménagement de sentiers (sentier des ocres à Roussillon, sentier botanique dans la forêt des Cèdres à Bonnieux, conservatoire des terrasses de culture à Forcalquier, côté Alpes-de-Haute-Provence), comme l'extension de l'itinéraire du Luberon en Vélo et la coédition d'ouvrages sur le Luberon comptent ainsi parmi ses opérations sur le terrain.

Cavaillon à Forcalquier (voir l'encadré). Enfin, les environs de la ville recèlent d'excellents modes d'hébergement.

Renseignements

Office du tourisme. De juin à septembre, l'office du tourisme (☎ 04 90 74 03 18, fax 04 90 04 64 30, tourisme.apt@ pacwan.fr) est ouvert du lundi au samedi de 9h à 20h (dimanche et jours fériés de 9h à 12h). Le reste de l'année, il est accessible du lundi au samedi entre 9h-12h et 14h-18h.

À Pâques et de juin à septembre, l'office organise, les mardi et jeudi, des randonnées pédestres accompagnées dans le nord du Luberon, y compris le village de Bonnieux (4/8 € demi-journée/journée, gratuit pour les moins de 12 ans). Également en haute saison, une sortie VTT est programmée le mercredi, aux mêmes conditions. De juin à août, chaque mardi, une randonnée pédestre sur le thème de la lavande et un circuit automobile d'une demi-journée sur le thème du vin et des fruits confits (5,50 €/pers) s'ajoutent à ces sorties. Enfin, en juillet-août, une visite guidée de la ville (4 €) se déroule le mercredi matin.

Libraires. La Librairie Dumas (☎ 04 90 74 23 81, fax 04 90 74 63 59), 16 rue des Marchands, constitue l'endroit où s'approvisionner en livres sur la région. À côté, la Maison de la Presse (☎ 04 90 74 23 52, 28 rue des Marchands) vend des cartes et des magazines consacrés au Luberon.

Internet. En centre-ville, le Queen Victoria Café (☎ 04 90 74 59 19), 94 quai de la Liberté, dispose de 4 ordinateurs. Il est ouvert tous les jours de 5h30 à 1h du matin. L'heure est facturée 7,60 €.

Fêtes et festivals

En mai, la Cavalcade, avec corso, fête foraine et bal, célèbre la Pentecôte depuis plus d'un siècle.

À voir et à faire

Le **marché** d'Apt du samedi matin est une institution dans la région. Ce jour-là, les cars assurent une liaison spécifique pour les habitants des villages avoisinants. De mai à octobre, se déroule aussi, le mardi matin, un **marché paysan**.

Maison du parc naturel régional du Luberon (☎ *04 90 04 42 00, fax 04 90 04 81 15, pnr.luberon@wanadoo.fr, www.parcduluberon.org, 60 place Jean-Jaurès ; entrée 1,50 €, gratuit moins de 18 ans ; ouvert tlj sauf dim 8h30-12h et 13h30-19h avril-sept, fermé à 18h et sam après-midi oct-mars).* Le siège du parc naturel régional abrite une exposition permanente sur le Luberon, qui aborde l'aspect géologique, paléontologique ou l'habitat de cette région. Une salle vidéo et des expositions temporaires complètent la visite (instructive notamment en matière de fossiles). De mi-avril à mi-juin, des sorties à thème, gratuites, sont aussi organisées. À l'accueil sont disponibles de nombreux ouvrages et des cartes consacrés au Luberon.

VAUCLUSE

Couleur lavande

En Luberon, le lavandin pare de bleu les champs entre juin et le 15 août, la récolte et la distillation se faisant de mi-juillet à fin août. Lagarde-d'Apt, sur le plateau d'Albion, concentre 20% de la production française. À ce titre, le GR4 qui relie ce village depuis Sault permet de profiter à pied du paysage. Au sud d'Apt, le plateau des Claparèdes livre d'autres paysages. Ce plateau, traversé par la D232 depuis Buoux ou Saignon, se parcourt aisément en vélo. Le périple peut se poursuivre en empruntant la D48 en direction d'Auribeau et de Castellet, deux bourgs où la culture du lavandin est très présente.

À Apt, sur la route de Buoux, la distillerie Les Agnels (☎ 04 90 74 22 72) organise trois visites guidées par jour en juillet-août (10h, 15h30 et 17h30) ; pour les mois d'avril, mai, juin et septembre, il est préférable d'appeler pour connaître les horaires.

Musée d'Apt d'histoire et d'archéologie (☎ 04 90 74 00 34, 27 rue de l'Amphithéâtre ; entrée 2 €, gratuit moins de 16 ans ; ouvert tlj sauf mar 10h-12h, 14h-17h et dim 14h-18h juin-sept, 14h-17h et sam 10h-12h et 14h30-17h30 oct-mai). Ce musée a été construit sur les vestiges du théâtre antique de l'ancienne Apta Julea. Depuis les salles consacrées à l'archéologie à celles rassemblant de belles collections de faïences, c'est toute l'histoire de la ville et de ses environs qui se livre ici, notamment au travers des différentes dynasties de maîtres faïenciers.

Hôtel Colin d'Albertas (place du Septier ; ouvert juin-sept ; entrée 5,50 €, gratuit pour les moins de 12 ans). Construit au XVIIᵉ siècle pour accueillir la souveraine autrichienne, cet hôtel particulier est une propriété privée qui ouvre sur réservation seulement (contactez M. Sabatier au ☎ 04 90 74 02 40). À l'intérieur, mobilier et fresques forment un bel ensemble.

La **confiserie Kerry Aptunion** (☎ 04 90 76 31 43, fax 04 90 76 31 63, shop@kerryaptunion.com, quartier Salignan) repré-

sente la plus grande fabrique de fruits confits au monde. Elle se visite en été (réservez quelques jours auparavant). Pour goûter aux fruits confits artisanaux, rendez-vous à la **Confiserie Marcel Richaud** (☎ 04 90 74 43 50, 112 quai de la Liberté).

Activités sportives

Randonnées pédestres et à vélo. Apt se trouve au carrefour de nombreux GR. Le GR9 d'abord qui relie les monts de Vaucluse (via Villars) à Buoux et au Grand Luberon. Le GR6 ensuite, qui permet de rejoindre Rustrel et Viens à l'ouest ou Saturnin-les-Apt, Roussillon et Gordes à l'est. Le GR 92 constitue le sentier qui, via Saignon, rejoint le Mourre Nègre. Enfin, le G 97 permet de faire le grand tour du massif du Luberon en une semaine minimum.

Le circuit Le Luberon en Vélo (voir l'encadré ci-contre) permet de découvrir le massif par étape. La D232 parcourant le plateau de Clapadès et ses champs de lavandin constitue une autre belle échappée à effectuer à vélo. Notez enfin que la via Domitia, qui devait, au temps des Romains, relier l'Espagne à l'Italie et qui constitue la plus ancienne route construite en France, traverse Apt en suivant l'actuelle rue des Marchands avant de rejoindre le pont Julien, à 4 km à l'ouest de la ville.

Consultez le chapitre Randonnées en Provence, en début d'ouvrage, qui décrit des itinéraires de marche et à vélo dans le Luberon.

Le parc naturel régional du Luberon a édité, avec la Fédération Française de Randonnée Pédestre (FFRP), un guide détaillant 24 randonnées à la journée : Le Parc naturel régional du Luberon à pied, PN01, 11,50 €. Sont aussi disponibles des cartes coéditées avec l'IGN : la Carte touristique de l'espace et du patrimoine (échelle 1/60000, 7 €) et la Découverte géologique du Luberon (guide et carte au 1/100000, 27 €).

Escalade. Le Luberon compte un certain nombre de sites d'escalade réputés. Les 300 voies équipées des falaises de Buoux, de renommée internationale, s'adressant toutefois à des personnes confirmées. Le

Le Luberon à vélo

Le parc naturel régional du Luberon a aménagé en 1995 un itinéraire cyclotouristique reliant Cavaillon-Manosque dans les deux sens, soit 120 km de routes signalisées, traversant le Vaucluse et les Alpes-de-Haute-Provence. Vous traverserez Oppèdes-le-Vieux, Ménerbes, Bonnieux, Apt ou Forcalquier, de superbes villages chargés d'histoire (et proposant restaurants et hébergements). Les routes empruntées sont en général peu fréquentées et une partie de leur voie est cyclable. Dès 2002, l'itinéraire devrait être prolongé afin de former une boucle de 230 km, passant par Cucuron et Lourmarin, au sud du Luberon.

Le parc naturel régional et les offices du tourisme constituent d'excellents relais d'information. À noter aussi que le parc a coédité avec les éditions Edisud un ouvrage sur le VTT dans le Luberon décrivant d'autres circuits. Enfin, l'association Vélo Loisir en Luberon (☎ 04 92 79 05 82, vll@pacwan.fr, www.provence.fr/84/velo-loisir/htm, BP14, 04280 Céreste, Alpes-de-Haute-Provence), propose toute une gamme de services autour du circuit Luberon en Vélo : location de vélo, transport de bagages et des personnes, dépannages et réservation d'hébergements.

Le chapitre *Randonnées en Provence*, en début d'ouvrage, décrit également un itinéraire cyclotouristique de six jours, du Luberon au mont Ventoux.

---

site d'Oppèdes-le-Vieux est plus petit (40 voies), mais son environnement tout aussi féerique. Celui de pont Julien est le seul accessible au débutant. À noter enfin qu'à l'intérieur du Camping municipal d'Apt, un mur d'escalade devait être construit pour le printemps 2002.

Selon ses disponibilités, **Antoine Le Menestrel** (☎ 04 90 74 17 23 ou 06 08 55 34 48) peut vous servir de guide ou de professeur (comptez 8 €/heure). **Aptitude** (☎ 04 90 04 68 41, 1 av. Viton) et **Phillipe Lèbre** (☎ 04 90 04 80 55) assurent aussi l'accompagnement et les cours.

Équitation. Installée à 3 km à l'est d'Apt, aux abords de la N100, l'**École du Cheval de Roquefure** (☎ 04 90 74 37 47, quartier de Roquefure) propose des cours, des stages et des randonnées dans la région. L'heure est facturée 15,50 €.

À l'ouest de la ville, à 3 km environ en direction de Saignon, le **Centre équestre de Tourville** (☎ 04 90 04 78 39) organise lui aussi des cours (17 €/heure) et des randonnées (17/77 € heure/journée).

Parapente. À Rustrel, **Rustr'aile Colorado** (☎ 04 90 04 96 53) propose des baptêmes de parapente en particulier au-dessus du Colorado provençal (à partir de 38 €).

Où se loger

Camping. Camping Les Cèdres (☎ 04 90 74 14 61, route de Rustrel ; forfait emplacement tente, voiture, 2 pers 4 € ; ouvert 15 février-15 nov). À 300 m du centre-ville, ce camping municipal de 75 emplacements présente l'avantage d'avoir maintenu un espace confortable entre les tentes et les caravanes.

Camping Le Luberon (☎ 04 90 04 85 40, route de Saignon ; forfait emplacement 4 € environ ; ouvert avr-sept). Plus éloigné du centre-ville, ce camping pratique des tarifs quasiment identiques.

Auberge de Jeunesse. Le centre d'Apt ne recense aucune auberge de jeunesse ou gîte d'étapes. Outre l'adresse indiquée ci-dessous, consultez les rubriques consacrées à Buoux, Sivergues, Saignon ou Auribeau (voir plus loin), des villages situés entre 6 et 8 km d'Apt.

Auberge de Jeunesse Regain (☎ 04 90 74 39 34, fax 90 74 50 94 ; 12,20 € avec petit déj, repas 9,20 €, demi-pension 21,50 € ; ouvert 15 fév-15 jan). Cette auberge de jeunesse, créée sur le plateau des Claparèdes par François Morenas, est une institution : son propriétaire est connu pour avoir balisé nombre de sentiers de randonnées dans le Vaucluse. C'est aussi un cinéphile passionné, qui organise en été des projections dans le théâtre de verdure attenant à l'auberge. Isolé et étagé à flanc de colline, cet établissement convivial mériterait cependant une belle réfection. Il est accessible depuis Apt par la D48 en direction de Saignon ; tournez ensuite à gauche sur la D 232 vers Buoux et Bonnieux.

Hôtels. Auberge du Luberon *(☎ 04 90 74 12 50, fax 04 90 04 79 49, Serge.peuzin@free.fr, www.auberge-luberon-peuzin.com, 8 place du Faubourg- du-Ballet ; chambres 52-84 €, petit déj buffet 9 €, demi-pension 120-184 € ; fermeture annuelle fin vacances Toussaint-11 déc).* L'auberge de Serge Peuzin sur la rive nord du Calavon, à 3 minutes à pied du centre-ville, dispose d'une dizaine de chambres au classicisme quelque peu désuet mais non dépourvu de charme. Son accueil privilégié et le jardin lui donnent un caractère douillet et familial. Réputée pour sa cuisine, elle concocte des formules "marché du terroir" ou "découverte gastronomique"en demi-pension.

Hôtel L'Aptois *(☎ 04 90 74 02 02, fax 04 90 74 64 79, 289 cours Lauze-de-Perret ; chambres 27,50-53,50 €, petit déj 6,50 € ; fermeture annuelle 15 fév-15 mars).* Là encore, l'accueil des pensionnaires fait partie des habitudes de la maison. Situé en centre-ville, cet établissement qui devait connaître quelques travaux d'embellissement constitue un bon rapport qualité/prix. Ses tarifs dépendent du confort des chambres, certaines ne disposant ni de toilettes ni de douche. Il est également possible de louer sur place des vélos (voir la rubrique *Comment circuler).*

Hôtel du Palais *(☎/fax 04 90 04 89 32, 24 place Gabriel-Péri ; simples 24,50 €, doubles 27,50-35 €, petit déj 5,34 € ; fermeture annuelle 15 jan-15 fév).* Repris par de nouveaux propriétaires en 2001, cet établissement, tout aussi central que le précédent, offre aussi le même type de chambres, sobres et simples.

Chambres d'hôtes. Le Bistro de France *(☎/fax 04 90 74 53 57, 04 90 74 22 01, 12 descente de la Bouquerie ; chambres 76,50 €, petit déj 4,50 €).* Les propriétaires du restaurant du même nom (voir *Où se res-taurer)* ont aménagé à l'étage de grandes chambres aux couleurs provençales. L'ambiance est cependant plus proche de celle d'un hôtel que d'une chambre d'hôtes.

Où se restaurer

Sur la place de la Bouquerie se concentres cafés et restaurants. **Le Bistro de France** *(☎/fax 04 90 74 22 01, 67 place de la Bouquerie ; plats 8-17 € ; fermé dim-lun-jeu soir et jours fériés).* Salades, omelettes, huîtres, viandes ou poissons, la carte propose une restauration méridionale de saison, savoureuse en bouche et délicate dans ses prix. À l'automne et en hiver, la truffe agrémente quelques plats.

Le Platane *(☎ 04 90 04 74 36, 13 place Jules-Ferry ; formules 9-28,20 € ; ouvert tlj sauf dim-lun soir juil-août, fermé dim-lun soir-mar soir hors saison).* Terrine de lapin à la confiture de vin et tajine d'agneau aux coings confits sont plébiscités. Le Platane constitue, avec Le Bistro de France, l'autre bonne petite adresse d'Apt. La cuisine privilégie les saveurs et un choix ouvert à tous les budgets. Réservez si vous souhaitez déjeuner sur la terrasse, à l'ombre des mûriers.

Auberge du Luberon *(☎ 04 90 74 12 50, fax 04 90 04 79 49, Serge.peuzin@free.fr, www.auberge-luberon-peuzin.com, 8 place du Faubourg-du-Ballet ; menus 25/30/40/53/75 € ; fermé lun midi juil-août, dim soir-lun Pâques-fin sept ; fermeture annuelle 10 nov-10 déc).* Serge Peuzin est un passionné de produits du terroir et de fruits confits, qui font d'ailleurs l'objet d'un menu spécial (53 €). Parmi les grands classiques de ce maître cuisinier, souvent récompensé, figurent le confit de lapin, le foie gras maison au thym frais, à l'ail doux et au chutney, le pigeon en cocotte à la sauge et le gigot d'agneau. En saison de récolte, un menu est dédié à la truffe. Aux beaux jours, réservez une table dans le jardin.

Le Fibule *(☎ 04 90 74 05 29, 128-132 rue de la République ; plats 9-14,50 € ; ouvert tlj sauf dim-lun).* La décoration marocaine joue ici la carte de l'intimité, tandis que vous vous régalerez de tagines et de couscous (dont un végétarien), fondants et confondants de saveurs.

Le Carré des Sens (☎ 04 90 74 74 00, fax 04 90 74 74 09, cours Lauze-de-Perret, place Saint-Martin). Cette appellation regroupe plusieurs lieux à la décoration dépouillée, pour ne pas dire austère et froide, malgré la beauté naturelle de l'imposant édifice du XVIIIᵉ siècle. Cet espace assez élitiste rassemble boutiques et restaurants. Les premières rassemblent la **Galerie du Carré** (pour l'épicerie et les condiments), la **Cave à vins et alcools** et la **Boutique Gourmande** (boulangerie où l'on sert des petits déjeuners et des glaces). Côté restaurations, vous avez le choix entre : **Le Bistrot du Carré** (ouvert tlj midi et lun soir) et son menu à composer soi même avec 1/2/3 plats du jour (6,20/15/20 €) ; **Le Carré Gourmand**, qui affiche des prix élevés (menu gourmand à 40 €, entrées à 26,68 €, plats entre 20,60 et 28,20 €) ; enfin, **Chez l'Amy**, un bar à vins et à tapas.

Comment s'y rendre

Bus. La gare routière d'Apt (☎ 04 90 74 20 21) se situe 250 av. de la Libération, à l'est du centre-ville. Les Autocars Barlatier (☎ 04 90 74 20 21), 250 av. de la Libération, et les Autocars Villardo-Bernard (☎ 04 90 74 36 10), 82 quai de la Liberté, relient plusieurs fois par jour Avignon à Apt *via* Cavaillon et Coustellet (45 minutes-1 h de trajet ; 7 €).

Il est aussi possible de rejoindre deux fois par jour Apt depuis Marseille (2 heures 30), *via* Aix-en-Provence, Pertuis, Cadenet, Lourmarin et Bonnieux avec la compagnie Sumian (☎ 04 91 49 44 45). Des liaisons sont également assurées depuis Digne-les-Bains (2 heures ; 9,45 €) et Manosque (1 heure ; 6,40 €).

Train. Aucun train ne dessert Apt. Toutefois, vous pouvez réserver un autre trajet au guichet SNCF (☎ 04 90 74 00 85), 26 bd Victor-Hugo, ouvert de 8h30 à 18h en semaine et de 8h30 à 17h le samedi.

Comment circuler

Vélo. Les Cycles Agnel (☎ 04 90 74 17 16), 86 quai du Général-Leclerc, loue des vélos de route et des VTC à 12,20/61 € par jour/semaine ; la boutique est ouverte du mercredi au samedi. Cycles Ricaud (☎ 04 90 74 16 43), La Peyrolière, propose les mêmes services à des tarifs identiques. L'Hôtel L'Aptois (voir *Où se loger*) loue à la demi-journée et à la journée des vélos de route et des tandems.

Voiture. Le Garage Germain (☎ 04 90 74 10 17, fax 04 90 74 62 69), 336 av. Victor-Hugo, pratique des tarifs corrects, notamment pour une location sur un week-end (à partir de 94 € TTC) ou à la semaine (à partir de 264 € TTC).

ENVIRONS D'APT
Sivergues

À 11 km d'Apt, Sivergues est un village "de bout du monde". Composé de quelques maisons construites sur un plateau, ce hameau domine un vaste paysage de chênes et de landes, empreint d'une beauté rare. Investi au XVIᵉ siècle par sept familles vaudoises appelées par le seigneur d'Apt pour cultiver les terres abandonnées, Sivergues fut touché par les guerres de Religion qui sévirent quelques décennies plus tard. Aujourd'hui, il ne compte plus qu'une poignée d'habitants. Point de passage de sentiers de randonnées, le site mérite que l'on s'y attarde.

Où se loger et se restaurer. Le Castelas (☎/fax 04 90 74 60 89 ; menus 19/30 € midi-dégustation/soir-complet ; chambres 59 €, lits en dortoir 19 à 39 € avec petit déj ; fermeture annuelle jan-fév). La ferme-auberge d'Ingrid et Gianni Ladu fut l'une des premières du genre dans la région à proposer les produits de son exploitation, essentiellement tournée vers l'élevage de chèvres et la fabrication de fromages. Sa situation exceptionnelle en fait une escale privilégiée. La cuisine paysanne proposée et la personnalité de Gianni, le maître des lieux (Sarde d'origine) ont rapidement contribué à son succès. La formule du repas repose sur un menu unique, composé en général de charcuterie, d'une viande en sauce ou grillée et de fromages de chèvres. Les réservations sont obligatoires midi et soir. À l'étage, trois dortoirs d'une dizaine de lits et six chambres ont été aménagés.

Les Grottes (☎ 04 90 74 09 59 ; chambres 49 €, lit supp 11 € ; ouvert à l'année). Loin du passage des sentiers de randonnées, sur la route menant à la ferme-auberge Les Castelas, la maison de Jean-Guy Abba est construite en bordure de rocher, face au mont Ventoux. Quatre chambres avec s.d.b. privée ont été aménagées en 2001 dans cette ferme du XVIIᵉ siècle. Une piscine devrait être construite en 2002.

Saignon

Bâti en terrasse à flanc de rocher, Saignon domine la vallée d'Apt. La capitale du Luberon n'est qu'à 4 km et pourtant, c'est ici un autre univers qui se dessine, où maisons, ruelles, fontaine et église romane forment un ensemble parfait, à l'élégance discrète. Les points de vues sur les monts de Vaucluse et le mont Ventoux sont multiples. Saignon constitue par ailleurs une des étapes du GR 92. Si vous continuez la D48 en direction d'Auribeau, le plateau des Claparèdes livre ses champs de lavandins et ses bories.

La mairie (☎ 04 90 74 16 30, fax 04 90 04 64 03), place de l'Église, vous aidera dans vos recherches. Elle est ouverte du lundi au vendredi de 9h à 12h.

Où se loger et se restaurer

Le **Camping du Luberon** (voir *Où se loger* à la rubrique *Apt*) est le camping le plus proche de Saignon. **Les Monguets** (☎ 04 90 75 28 62 ; forfait emplacement tente et 2 pers 10 € ; ouvert Pâques-oct) se situe à 10 km par la D223, entre Le Castellet et Le Boisset. Entouré de vignes et de cerisiers, ce camping à la ferme jouit d'un cadre agréable, excepté en juillet-août, une période extrêmement fréquentée.

Gîte d'étape communal (☎ 04 90 74 71 47 ou 04 90 04 62 84 ; 9,20 €/pers, 275 €/sem). Ce gîte loue six chambres à la semaine (elles sont situées dans le même bâtiment que la poste et l'école de Saignon) du 15 juin au 30 septembre, ou à la nuit le reste de l'année. La cuisine est en gestion libre. Si vous n'avez fait aucune course pour votre petit déjeuner, la boulangerie de Saignon, rue Saint-Louis, fait aussi office de salon de thé (fermée le mercredi).

Auberge du Presbytère (☎ 04 90 74 11 50, fax 04 90 04 68 51, auberge.presbytère@provence-luberon.com, place de la Fontaine ; chambres 51/73,20/88,50/102,20 €, petit déj 8,50 € ; menus 19,50/27,50 € midi/soir ; ouvert tlj sauf mer-jeu midi ; fermeture annuelle 11 nov-15 fév). Cette auberge à l'architecture raffinée se blottit au cœur de Saignon. Elle propose des chambres douillettes, dispersées dans les étages et desservies par un dédale de petits couloirs et d'escaliers. À chacune son mobilier, ses couleurs et sa vue sur les toits. Certaines disposent d'une petite terrasse. Le restaurant est apprécié pour sa cuisine du terroir, légère et savoureuse. La fontaine du village habille sa terrasse ombragée, tandis que la salle offre un cadre intime et chaleureux.

Chambre avec vue (☎/fax 04 90 04 85 01, chambreavecvue@vox-pop.net, www.chambreavecvue.com, rue de la Bourgade ; chambres 75 € avec sdb+petit déj ; studio+petit déj 100/560€ jou/semaine ; table d'hôtes 25 € ; ouvert à l'année). Cette maison de village abrite des chambres d'hôtes dédiées à l'art. Les pièces colorées, à l'ameublement succinct, s'ornent de tableaux, sculptures et luminaires contemporains. Ici l'art s'expose et se vend. Bon à savoir : on peut aussi y louer 2 studios.

La Bastide du Jas (☎ 04 90 74 67 99, fax 04 90 04 85 06, rue du Jas ; chambres 69-122 € ; table d'hôtes 23 € ; ouvert à l'année). Rideaux en taffetas, meubles et objets anciens, gravures et tableaux, lumières indirecte et grandes s.d.b carrelées de blanc composent une décoration délicate. Aucune des neuf chambres d'hôtes ne se ressemble et certaines donnent directement sur le jardin. La grande piscine et l'agencement de la demeure (qui compte aussi deux logements que l'on peut louer à la semaine) contribuent au charme de cette maison de village tournée vers la nature alentour.

Le Baladin (☎ 04 90 04 63 55 ; menu 24 €, plats 12,20-17 € ; fermé le mardi ; fermeture annuelle oct-15 mars). Ce restaurant est plus quelconque que l'Auberge du Presbytère, même si la maison est avenante. Il est possible de commander certains plats à emporter.

Auribeau

Ce hameau paisible et avenant constitue le passage obligé pour ceux qui veulent rejoindre le Mourre Nègre, le plus haut sommet du Luberon, à 5,4 km du village. La D48 qui rejoint Auribeau depuis Saignon, à 4 km environ, longe des champs de lavandin, en fleur à partir de mi-juin et récolté en août. Au cœur du hameau, une buvette assure en saison une petite restauration.

Le Moulin des Fondons (*☎/fax 04 90 75 10 63, jacky.chabarlin @freesbee.fr ; nuit en dortoir, dîner et petit déj 32 €, draps 4 €, chambres d'hôtes 58 € juil-août, 46 € hors saison ; table d'hôtes 20 €*) fait à la fois gîte d'étape et chambres d'hôtes. Situé en pleine nature, en bordure du GR 92, il est doté d'une piscine. La partie gîte comprend un dortoir de cinq personnes et deux chambres individuelles, confortables, avec sanitaires communs. Vous serez reçu avec gentillesse par Brigitte Chabarlin, qui vous préparera sur commande un pique-nique (8 €). Les randonneurs à cheval ajouteront 8 € pour l'hébergement et la nourriture leur monture.

Buoux

Situé à 8 km de Bonnieux au sud-est et à 8 km au sud d'Apt, Buoux est adossé au vallon de la Loube. Ce hameau d'une centaine d'habitants se trouve en effet à l'intersection de trois milieux naturels (le plateau des Claparèdes, le vallon de l'Aiguebrun et la combe de Lourmarin), très différents les uns des autres. Port d'attache privilégié pour les amateurs de randonnées, Buoux est surtout connu pour ses falaises qui comptent parmi les plus beaux sites d'escalade au monde. La mairie (*☎/fax 04 90 74 07 65*) vous donnera toute information nécessaire.

Le **château de Buoux**, à 2 km du village, ne se visite pas : il abrite le centre de sauvegarde de la faune sauvage (oiseaux et rapaces surtout) du parc naturel régional du Luberon.

À 2 km au sud du village, le **fort de Buoux** (*☎ 04 90 74 25 75 ; entrée 2,50/1,20 €*), premier site rupestre recensé en Provence, est un lieu incontournable. Ses vestiges, comme le panorama sur le Luberon depuis le site, sont exceptionnels. Le

fort, construit sur un immense socle de falaises abruptes, occupé par les Ligures, puis par les Romains, a subi les ravages des guerres de Religion. Son histoire, comme celle de l'ancien village de Buoux, est liée à celle des Vaudois qui l'habitèrent jusqu'en 1545 (voir la rubrique *Histoire* du chapitre *Présentation de la Provence* pour plus d'information). Démantelé en 1660 sur ordre de Richelieu, le fort témoigne encore, dans son architecture et ses aménagements, de son histoire – enceintes, chapelle romane, silos taillés dans le roc, donjon, habitats, rues caladées…

Cette visite passionnante demande toutefois de la vigilance en raison de l'escarpement du site, accessible à l'année, du lever au coucher du soleil. Il peut toutefois ne pas être ouvert au public si les conditions météorologiques (pluie notamment) laissent présager des glissades intempestives.

Où se loger

La Sparagoule (*☎/fax 04 90 74 47 82 ; dortoir 11 €, chambres 2/3/4 pers 34/46/56 €, petit déj 4,5 €, table d'hôtes 11 €, demipension 27 € ; ouvert à l'année*). Dans cette maison de village, chambres et dortoirs de 5/6 personnes ont été aménagés de manière à disposer d'une entrée indépendante. Sanitaires, chauffage central, coin cuisine, salle de séjour avec cheminée et literie font de ce gîte une escale agréable et d'un excellent rapport qualité/prix. Les dortoirs disposent tous d'une salle de douche (les toilettes sont dans le couloir). Le terrain, les meubles de jardin et la vue constituent un aire agréable, idéale avec des enfants.

Auberge des Seguins (*☎ 04 90 74 16 37 ou 04 90 74 19 89 pour le restaurant, fax 04 90 74 03 26 ; demi-pension 29/35/ 40/43 €/ pers ; fermeture annuelle jan*). À 2 km du village, accessible par la D943, cette auberge fait gîte d'étapes et hôtel. Outre un environnement dégagé au pied des falaises, c'est son ambiance familiale qui a contribué à en faire l'étape privilégiée des amateurs d'escalade. L'hébergement est toujours en demi-pension. Le prix des chambres, claires et meublées de l'essentiel, varie en fonction du confort. Les vastes prés qui entourent l'auberge sont une invitation à la détente ou aux jeux pour les enfants. La pension complète (à partir de 3 jours) est facturée 46/50,50/53,50 €. Le sentier aménagé à proximité permet de rejoindre le village de Buoux par le vallon de l'Aiguebrun.

La Grande Bastide *(☎/fax 04 90 74 29 10, vcayla@mail.options.fr, simples/doubles 69 € ; ouvert à l'année).* En retrait du hameau, cette ancienne ferme comprend de jolies chambres meublées à l'ancienne, avec entrée indépendante. Leur volume et l'environnement de la demeure, en pleine campagne, font de ces chambres d'hôtes un port d'attache des plus agréables. Une cuisine est à disposition.

Où se restaurer

L'Étape du Promeneur *(☎/fax 04 90 04 60 21 ; menu 11,50 € , plats 4-7,50 € ; ouvert tlj sauf mer).* À l'entrée du village en venant d'Apt, ce petit restaurant, doté d'une terrasse sous une tonnelle, propose quelques plats (salades, omelettes, charcuteries et fromages de la région) et des desserts maison. Vous pouvez aussi commander la veille un pique-nique à emporter. Des cartes, des livres et des produits de la région (miel, confiture, nougat...) sont proposés à la vente.

Auberge de la Loube *(☎/fax 04 90 74 19 58 ; menus 20,50/25,50/27,50 € ; plats 13 € ; fermé mer).* À 200 m, cet établissement à la belle terrasse fleurie concocte une cuisine provençale de saison. L'entrée se compose de hors d'œuvres variés, aux accents provençaux, et les plats se conjuguent surtout en viande et gibier. Les cartes de crédit ne sont pas acceptées.

Auberge des Seguins *(☎ 04 90 74 16 37 ou 04 90 74 19 89, fax 04 90 74 03 26 ; menus 19/24,50/28,50 €, plats 11,50 € ; fermeture annuelle janv).* Son immense terrasse ombragée est déjà une invitation et sa cuisine délicieuse (plateau de crudités provençales, daube de bœuf aux câpres et aux anchois ou agneau). Réservez le week-end et les jours fériés. L'ambiance rappelle celle des grands repas de famille (quand ils se passent bien).

PETIT LUBERON
Bonnieux

Dominé par une église haute, du XIIᵉ siècle, ce village fortifié s'étage en harmonie, ses maisons tournées face au soleil. À ses pieds, s'étend la vallée fertile du Calavon, peignée de vignes, de cerisiers et d'oliviers. Les monts de Vaucluse, en face, forment une enceinte naturelle sur laquelle veille le mont Ventoux. Apt se trouve à 11 km et Cavaillon à 26 km.

Des villages perchés du Petit Luberon, Bonnieux est le plus important, avec 1 436 habitants. Courtisé dès les années 1980 par le jet set, les personnalités politiques et celles du 7ᵉ art, Bonnieux, avec Gordes, Ménerbes et Lacoste, est l'un des lieux de prédilection de la "gauche caviar", rejointe par une clientèle anglo-saxonne fortunée. Si les visiteurs viennent nombreux en été, le village est très loin, pourtant, de cette image surfaitée de paradis provençal hors de prix, qui aurait vendu son âme. Bonnieux a tenté de préserver sa vie de village. Et son hébergement comme sa restauration, même en centre-ville, ne sont pas réservés à une élite. Au contraire, tous les budgets et les appétits trouvent ici satisfaction.

Renseignements. L'office du tourisme (☎ 04 90 75 91 90, fax 04 90 75 92 94, ot-bonnieux@axit.fr, www.provenceguide.com, 7 place Carnot) regroupe toutes les informations concernant Bonnieux, Buoux, Lacoste, Ménerbes, Oppèdes-le-Vieux et Sivergues. Ouvert du lundi au samedi à partir de 9h30, il ferme toujours ses portes entre 12h30 et 14h30.

La brasserie Les Terrasses (☎ 04 90 75 99 77, fax 94 90 75 99 78, www.brasserie-lesterrasses@ hotmail.com) cours Elzear Pin, possède un ordinateur à l'entrée du bar. L'heure est facturée 7,60 €. La brasserie est fermée le mercredi de septembre à avril et tout le mois de janvier.

À voir et à faire. Le vendredi matin est jour de **marché**. De mai à septembre, le petit marché de la gare coopérative, à 5 km environ de Bonnieux, rassemble essentiellement des producteurs de fruits et légumes. On peut s'y rendre par la D36, en direction de Goult.

Musée de la Boulangerie (☎ 04 90 75 88 34, 12 rue de la République ; ouvert tlj sauf mar avr-sept, sam-dim oct, fermeture annuelle nov-mars ; 3,10/1,52 €). Bonnieux eut autrefois la réputation de faire du pain excellent. Aménagé dans une ancienne boulangerie, ce musée présente sur trois niveaux, au travers de mises en scène, d'affiches, de photos et d'outils, l'histoire du pain en France et dans le monde.

Forêt des Cèdres. À 6 km de Bonnieux, par la D36 en direction de Buoux, cette forêt, plantée en 1861, est sillonnée de chemins, comme le **sentier botanique** à parcourir en 2 heures de marche. La route menant à cette forêt laisse découvrir, dans ses derniers kilomètres, un panorama époustouflant, ponctué de belles aires naturelles de pique-nique. Lieu privilégié des promenades dominicales et très fréquentée lors des vacances scolaires, la forêt est intéressante si vous dépassez son allée centrale. Le stationnement sur le parking est payant en été (2 €).

Où se loger. Camping municipal du Vallon (☎/fax 04 90 75 86 14, camping@bonnieux.com ; forfait emplacement tente, 2 pers et voiture 8,10 € ; ouvert 15 mars-15 nov). Voici l'un des terrains à privilégier dans la région, surtout en dehors de juillet-août. Aménagé à deux pas du village, dans un vallon à l'écart de la D3 qui relie Bonnieux à Ménerbes, il offre un cadre verdoyant, tranquille et plaisant. Le bureau est ouvert de 8h30-12h et à partir de 18h. Les cartes de crédit ne sont pas acceptées.

Jas des Fourants – gîte d'étape des Cèdres (☎/fax 04 90 75 91 94 ; lit + petit déj + dîner 34 €, doubles avec s.d.b. commune 38 € ; fermeture annuelle 15 nov-jan). Sur la route de la forêt des Cèdres, ce mas propose un dortoir de 8 lits et une seule chambre double – une chambre de luxe (77 €) à l'arrière de la maison devrait être aménagée en 2002. La prestation est très convenable et le site, en limite de crête, domine un superbe panorama sur Bonnieux, la plaine et les montagnes avoisinantes. Ce gîte-buvette-restaurant est également le paradis des chats.

Les Terres Blanches (☎ 04 90 75 88 42 ; lit avec petit déj 18,50 €, demi-pension 30,50 € ; ouvert à l'année). Ce gîte, en contrebas de la route de Ménerbes (D3) et à 2 km de Bonnieux, dispose de dortoirs à l'aménagement succinct, dont les lits superposés sont collés les uns aux autres (draps disponibles gratuitement). Préférez si possible les chambres à deux ou trois lits. La cuisine est en gestion libre.

Hôtel-Restaurant César (☎ 04 90 75 96 35, fax 04 90 75 86 38, hotel.cesar@waika9.com, place de la Liberté ; chambres 30,50-69 €, petit déj 6,90 € ; fermeture annuelle fin nov-Pâques). Dans la partie haute du village, cet établissement propose 6 chambres d'un bon rapport qualité/prix : si les moins chères ne disposent ni de douche ni de toilettes, certaines bénéficient d'une vue sur la vallée et les monts de Vaucluse et les plus belles d'une terrasse.

Hostellerie du Prieuré (☎ 04 90 75 80 78, fax 04 90 75 96 00, hotelprieur@hotmail.com, www.esprit-de-france.com, rue Jean-Baptiste-Aurard ; chambres 65-129 €, petit déj 8 €, demi-pension 98-162 € ; menus 15-36 €, plat 12-15 € ; fermeture annuelle fin des vacances de la Toussaint-début mars). Insensible aux modes et aux tendances, cet hôtel-restaurant au cœur du village offre, avec son vieux mobilier provençal et ses ferronneries (de l'escalier aux lustres) un cadre très classique mais agréable. Le superbe jardin ombragé du prieuré est un réel atout, en particulier pour déjeuner.

L'Oustaou de Rose (☎ 04 90 75 86 16 ; chambres 46/53,50 € sans petit déj ; ouvert à l'année). Dans la partie haute du village, donnant sur une venelle, cette maison en pierre totalement rénovée, comporte deux chambres d'hôtes, dont le prix diffère en fonction de la taille. Chaque chambre est équipée d'une s.d.b et d'un coin cuisine.

Le Clos du Buis (☎ 04 90 75 88 48, 06 08 63 64 76, fax 04 90 75 88 57, le-clos-du-buis@wanadoo.fr, www.luberon-news.com/le-clos-du-buis, rue Victor-Hugo ; chambres 60-92 € ; table d'hôtes 20 € ; fermetures annuelles 20 nov-20 déc et 15 jan-15 fév). Cette ancienne boulangerie à l'entrée du village a tout le confort d'une grande demeure ; les prestations et le cadre de cette chambre d'hôtes se rapprochent de ceux d'un hôtel. À l'étage, les cinq chambres vastes et très confortables se déclinent dans des couleurs pastel et la plupart donnent sur les monts de Vaucluse. La chambre du rez-de-chaussée (accessible aux handicapés) dispose d'une kitchenette. Parking privé, jardin et piscine se trouvent en contrebas de la salle où est servi le petit déjeuner.

Où se restaurer. Le Fournil *(☎ 04 90 75 83 62, 5 place Carnot ; menus 23/33/37 € ; fermé lun-mar, fermeture annuelle 25 nov-début fév).* Cette adresse de référence allie un cadre avenant et une cuisine savoureuse, légère et délicate. À la carte notamment : gâteau d'aubergines, agneau ou caille rôtie. Installée sur une place à côté de l'office du tourisme, sa terrasse confère à l'ensemble un joli habillage. Les cartes bancaires ne sont acceptées qu'à partir de 30,50 € et la réservation est obligatoire.

Les Terrasses *(☎ 04 90 75 99 77, fax 94 90 75 99 78, cours Elzear-Pin, brasserie-lesterrasses@hotmail.com, brasserie-lesterrasses.com ; formule 12,10 €, plats 5,50-12,20 € ; ouvert tlj haute saison, fermé mer sept-avr, fermeture annuelle jan).* Cette brasserie propose une carte riche et variée où figurent viandes, salades, plats végétariens et végétaliens. Au-dessus de la grande salle du restaurant, une série de terrasses s'étagent face aux monts de Vaucluse et la dernière fait office de bar-glacier.

Hôtel-Restaurant César *(☎ 04 90 75 96 35, fax 04 90 75 86 38, place de la Liberté ; carte 11,50-20 € ; ouvert tlj sauf jeu, fermeture annuelle fin nov-Pâques).* Menu et carte mettent à l'honneur une cuisine simple et classique, comme le bœuf bourguignon ou la souris d'agneau au thym. L'ambiance est décontractée. Une fois par semaine a lieu une soirée flamenco.

Café-Restaurant de la Gare *(☎ 04 90 75 82 00 ou 06 11 08 50 90 ; menus 9,20/18,50 € ; fermeture annuelle mai-sept).* À 5 km du village sur la D36 en direction de Goult, l'ancienne gare de Bonnieux a été transformée en cave coopérative et sert

de petits menus composés au jour le jour. La réservation est nécessaire, la cuisine se faisant en fonction du marché et du nombre des convives.

Comment circuler. Dans le centre de Bonnieux près de l'office du tourisme, Mountain Bike Luberon (☎ 04 90 75 94 23 ou 06 83 25 48 07, mtbikeluberon@ aol.com), 7 rue Jean-Baptiste-Aurard, loue des VTT et des VTC 7,60/13,70/ 23/75 € à la demi-journée, journée, week-end et semaine.

À la gare de Bonnieux, Les Roues du Luberon (☎/fax 04 90 76 91 35 ou 06 11 08 50 90, les.roues.du.luberon@wanadoo.fr, www. lesrouesduluberon.com) propose aussi VTT (18,30/91,50 € journée/semaine), VTC (15,25/76,50 €) et tandem (27,50/137,50 €).

Comment s'y rendre. Deux fois par jour, la compagnie Sumian (☎ 04 91 49 44 45) assurant la liaison Apt-Marseille s'arrête à l'ancienne gare de Bonnieux, le long de la N100, à 5 km du village.

Lacoste

Entre Ménerbes et Bonnieux, Lacoste a conservé quelques beaux vestiges de son passé médiéval. Portes, remparts, beffroi et maisons aux fenêtres à meneaux se découvrent en suivant les *calades*, des rues pavées de galets ou de pierres, qui mènent au pied du château. C'est là que séjourna en 1765 et 1766 le marquis de Sade. Les ruines de l'édifice, détruit pendant la Révolution, dominent le village. Délaissé par ses différents propriétaires (dont l'un puisa dans la vente des pierres quelques revenus substantiels), l'édifice a fait l'objet d'une première opération de sauvetage en 1952 ; ce travail de titan a été repris en 2001 par Pierre Cardin, dont l'objectif est de faire de ce château un grand lieu culturel.

Ce village, connu autrefois pour ses carrières, est devenu depuis les années 1990, le pied-à-terre provençal de nombreux Américains. Lacoste n'en est pas devenu pour autant un village de résidences secondaires.

Le mardi matin a lieu le marché puis, le soir, une projection de cinéma en plein air derrière l'église aux beaux jours ou dans la salle des fêtes. La mairie (☎ 04 90 75 82 04) fournit toutes les informations souhaitées.

Où se loger et se restaurer. Café de Sade (*☎ 04 90 75 82 29, fax 04 90 75 95 68, rue Basse ; lit 13 €, petit déj 5,5 €, demi-pension 28,50 € ; menu du jour 14,50 €, plats 7,50-11,50 € ; restaurant ouvert tlj sauf lun, fermeture annuelle jan-fév*). Ce café-restaurant de village fait également gîte d'étapes. Sa propriétaire, Mme Ségura, a aménagé au 2e étage de sa maisonnée un immense dortoir d'au moins 100 m2, où se répartissent 32 lits superposés : cette vaste pièce, très claire, évoque une colonie de vacances. Des chambres pour 2/3 personnes, avec douche et toilettes, sont aussi proposées à 50/60 €, un appartement de 4 personnes est également loué à la nuitée (76 €). Le restaurant prépare une cuisine familiale.

Café de France (*☎ 04 90 75 82 25 ; chambres 29-45 €, petit déj 4,60 €*). Ce café à la belle terrasse panoramique propose des chambres dans une autre partie de la maison. D'un aménagement très simple, elles mériteraient d'être rénovées. Certaines possèdent s.d.b. et toilettes.

Bonne Terre (*☎ 04 90 75 85 53 ; chambres à partir de 61 €*). Monsieur Lamy fut le premier propriétaire de la région à ouvrir sa maison à des hôtes de passage. À 50 m du vieux village, sur les hauteurs, cette chambre d'hôtes est vivement recommandée pour son jardin en terrasse, avec vue sur les monts de Vaucluse et Bonnieux, pour sa piscine, pour ses chambres colorées et, enfin, pour l'accueil délicat du maître des lieux.

Relais du Procureur (*☎ 04 90 75 82 28, rue Basse ; chambres 91,50 €*). Gérée par le même propriétaire que le restaurant La Table du Procureur (ci-dessous) et située au cœur du village, cette vieille demeure de standing bénéficie d'un cadre plaisant, avec terrasse et piscine.

La Table du Procureur (*☎ 04 90 75 84 78 ; menus 21,20/25,80/45,50 € ; ouvert tlj sauf mar en juil-août ; fermeture annuelle nov-Pâques*). Cet établissement au cadre soigné est la bonne table de Lacoste. Les menus suivent la saison et privilégient la cuisine du terroir.

Ménerbes

Campé sur un éperon rocheux entre monts du Luberon et monts de Vaucluse, Ménerbes a gardé de sa superbe, malgré toutes les convoitises dont il fait l'objet. À ses pieds, la plaine fertile du Luberon laisse courir vignes et cerisiers. Port d'attache de Nicolas de Staël et de Dora Maar, entre autres personnalités, ce petit village discret de 1 000 habitants est devenu un site de curiosité depuis la parution, en 1989, du livre *Une année en Provence* de Peter Mayle, l'un de ses anciens résidents britanniques, désormais installé à Lourmarin. En été, le village est saturé de monde, puis il revient à une vie normale le reste de l'année. Sur la route menant à la place de l'Horloge où se concentrent l'église du XIIe siècle et la mairie (☎ 04 90 72 22 05, fax 04 90 72 48 13), se succèdent de vieilles et nobles demeures privées, à l'architecture élégante.

Le dimanche entre Noël et le jour de l'An se tient un **marché de la truffe**, réputé dans la région.

Où se loger et se restaurer. Catherusse (*☎ 06 76 11 80 63 ; chambres 91,50 €, 23 €/lit supp ; ouvert à l'année*). En contrebas de la D3 menant à Bonnieux, à 10 minutes à pied du village, cette belle maison ombragée avec piscine et terrain de tennis dispose de 3 chambres d'hôtes aménagées dans une aile attenante à la demeure des propriétaires. Chacune offre un beau volume et une décoration épurée, à l'ambiance douce et sereine avec ses tons blanc, crème et gris clair. L'entrée indépendante des chambres ouvre sur une salle commune, dotée d'une cuisine où sont servis les petits déjeuners. La table en fer à l'extérieur permet de pique-niquer agréablement, dans un environnement baigné de verdure.

La Magnanerie (*☎ 04 90 72 42 88, fax 04 90 72 39 42, magnanerie@aol.com, www. magnanerie.com, Le Roucas ; chambres 70 € mars-mai et oct-15 nov, 80 € haute saison ; table d'hôtes juin-sept 20 € ; fermeture annuelle 15 nov-15 fév*). À 2,5 km de Ménerbes, ce mas surplombe les vignobles, avec en contrepoint le massif du Luberon.

terrain de boules, salon avec TV, ... de jardin et cuisine d'été (permettant ... arer ses repas) sont les autres atouts de cette chambre d'hôtes de charme, proposant six chambres avec s.d.b. et toilettes.

La Bastide de Marie (☎ *04 90 72 30 20, fax 04 90 72 54 20, bastidemarie@ c-h-m.com, www.c-h-m.com, route de Bonnieux, quartier de la Verrerie ; chambres demi-pension 2 pers 370-420 €, suites demi-pension 2 pers 565 € en mars-avr et oct-nov sauf ven-sam, 400-450 € et 640 € en basse saison).* À quelques centaines de mètres de La Magnanerie, cette propriété maintes fois photographiée et décrite par les magazines de décoration offre, il est vrai, un cadre idyllique et de prestige – trop parfait voire surfait, néanmoins, pour séduire réellement. Les tarifs comprennent le petit déjeuner, le déjeuner ou le dîner, avec apéritif, vin de la propriété à table et thé l'après-midi.

Le Galoubet (☎ *04 90 72 36 08, 104 rue Marcellin-Poncet ; menus 15,28-50 € ; plats 12 € ; ouvert tlj sauf mar soir-mer).* Ce restaurant, installé au cœur du village, concocte une cuisine provençale traditionnelle. Une petite terrasse a été aménagée entre deux maisons, de l'autre côté de la rue.

À deux pas, le café **Le Progrès** (☎*04 90 72 22 09, place Albert-Roure)* fait aussi tabac et marchand de journaux.

Oppèdes-le-Vieux

De loin, Oppèdes-le-Vieux ressemble à une magnifique sentinelle : cette forteresse abandonnée au début du XXe siècle par ses habitants, partis dans la plaine, s'élève dans un décor de verdure et de roches.

Aux abords du vieux village, le stationnement de la voiture est obligatoire et payant (tous les week-end de mars, puis tous les jours d'avril au 15 novembre : 2 € contre une brochure informative et un plan).

Le cœur du village se réduit à la **place de la Croix**, immense esplanade où se distinguent la halle, ainsi que la mairie (☎ 04 90 76 90 06), aménagée au-dessus de l'ancienne porte de la forteresse. Le bourg se concentre en bordure d'enceinte. Les demeures en ruine, envahies de végétation, et les façades Renaissance forment un univers fantomatique et envoûtant. Depuis quelques années, certaines maisons ont été réinvesties et restaurées.

Le chemin menant au **château** (lui aussi en ruine) constitue une belle promenade, mais en pente ardue. À mi-parcours, l'**église** des XVIe et XVIIIe siècles fait l'objet d'une vaste programme de restauration, lancé par le comédien Michel Leeb. De mai à novembre, elle est accessible en semaine de 10h à 12h et de 14h à 17h, tous les jours en juillet-août. Les Musicales d'Oppèdes s'y déroulent au cours des deux mois d'été.

Du parking, le **sentier Vigneron**, d'une durée de 1 heure 30 environ, a été aménagé au milieu de champs d'oliviers et de cerisiers plantés en terrasses. Oppèdes-le-Vieux est également un site d'**escalade** apprécié des amateurs ; il est aussi l'une des étapes privilégiées du parcours Luberon en Vélo (se reporter à l'encadré *Le Luberon à vélo*, plus haut).

Sur la route menant à Ménerbes, le **Moulin à Huile d'Olives** (☎ *04 90 76 90 66)* vend sa production de l'année.

Où se loger et se restaurer. Le Petit Café (☎ *04 90 76 84 14 ; lit 24,50 €, chambre 46 €, petit déj 5,50 € ; ouvert à l'année).* Ce café de village propose aussi chambre d'hôtes : un dortoir de 4 lits avec douche et une chambre avec s.d.b. vous attendent. Dans ces deux grandes pièces peintes en blanc, flotte un air de vacances d'antan. Les fenêtres ouvrent sur un arbre, la terrasse du café est juste en contrebas et la place du village, à portée de regard. Magique !

Dominique Bal (☎ *04 90 76 93 52, fax 04 90 76 89 08, simples/doubles/triples/quadruples 38/49/60/ 70,20 € ; fermeture annuelle après les vacances de Toussaintmars).* Toujours dans le village à deux pas du Petit Café, cette grande demeure, ornée de vieux meubles et de tissus démodés, loue des chambres très correctes pour le prix demandé.

Domaine du Petit Crui (☎ *04 90 76 80 89, fax 04 90 76 92 86, chambres/appart 61-152,50 € ; ouvert à l'année).* À 1,5 km d'Oppède-le-Vieux, dans la plaine, cette belle propriété bordée de vignobles se compose de plusieurs corps de maisons, qui s'articulent autour de deux petites cours. La pierre claire et les volets couleur amande donnent du style aux façades ; la piscine est installée à l'écart. La décoration intérieure rappelle celle d'une maison provençale bourgeoise des siècles passés, dotée du confort moderne. Certaines chambres disposent d'un coin cuisine, d'autres forment des appartements.

Le Mourre (☎ *04 90 76 99 31, fax 04 90 76 83 60, lemourre@aol.com, www.avignon-et-provence.com/le-mourre ; chambres à partir de 115 € ; ouverte à l'année).* Cette bastide isolée a le regard tourné vers Oppède-le-Vieux (à 1 km à peine) et ses gorges. Cette demeure de rêve se dessine tout en terrasses et comprend mille et un recoins. Les grandes pièces du rez-de-chaussée laissent deviner le goût des propriétaires pour la décoration, les livres, l'art et les voyages. Cyprès, oliviers et tonnelles forment le cadre environnant des chambres, conçues comme des espaces indépendants, avec kitchenette et belle s.d.b. à la décoration personnalisée.

Le Petit Café (☎ *04 90 76 84 14 ; formule 5-10 € ; ouvert à l'année).* Ce café de village est l'endroit où se poser pour se désaltérer ou déguster une soupe et une tarte maison. La restauration est de qualité et le cadre, sans chichi. Arbre, tonnelle et volets bleus engagent également le client à s'asseoir. L'intérieur (petit) est tout aussi avenant.

GRAND LUBERON
Lourmarin

Passés Buoux et la combe de Lourmarin, qui serpente entre les falaises boisées, s'annonce le village de Lourmarin, porte d'entrée du Luberon versant sud. Dans ce hameau entièrement piétonnier, le passant reste quelque peu circonspect devant tant de boutiques de décoration, de galeries, de restaurants et de cafés. D'un mois à l'autre, les rythmes de vie de ce village varient beaucoup. Le port d'attache d'Albert Camus et d'Henri Bosco (enterrés dans le cimetière du village) semble vivre sans état d'âme, sûre de son pouvoir d'attraction et de séduction. Des écrivains et des artistes ont choisi d'habiter

---

Château en pays d'Aigues

Les châteaux constituent une partie intégrante du paysage du Luberon versant sud. À la différence de ceux du nord, la plupart en ruine, ils affichent encore une belle prestance. À chacun néanmoins son destin. Le **château de la Tour d'Aigues** (☎ *04 90 07 50 33, fax 04 90 07 35 91, www.château-latourdaigues.com, château-latourdaigues@club-internet.fr ; ouvert tlj 10h-13h et 14h30-18h30 juillet-août, puis 9h30-12h et 14h-17/18 h hors saison sauf sam, dim matin et mar après-midi)* fut la propriété successive des comtes de Forcalquier, de la famille Sabran, de la famille Agoult et, enfin, Bruny ; d'ancienne demeure médiévale, il devint château Renaissance. Le début du XVIIIe siècle marque une ère de prospérité. Acheté en 1719 par une riche famille marseillaise, les Bruny, il s'entoure de serres, de volières et de jardins. La Révolution vint détruire ce symbole monarchique, et capitaliste avant l'heure. Mis à sac et incendié, le château connaîtra ensuite plus d'un siècle de purgatoire, jusqu'à son rachat par le Conseil Général du Vaucluse. Aujourd'hui, ses vestiges abritent le **musée de la Faïence** (*entrée 4,60/1,52 €, gratuit moins de 8 ans ; fermé le mardi).* Dans la cour, des promenades musicales sont organisées, ainsi que des représentations lyriques de mi juillet à mi août..

---

quelques-unes de ses belles maisons, tandis qu'aquarellistes et peintres croquent ses ruelles tout au long de l'année. Lourmarin reste en effet fidèle à l'image rêvée du village provençal traditionnel, décor privilégié aujourd'hui des campagnes publicitaires. Il n'en oublie pas pour autant son passé. Comme Goult, Gordes, Oppèdes-le-Vieux, Joucas et Lacoste, Lourmarin abrita des Vaudois, au début du XVIe siècle, avant que ces derniers ne soient massacrés (voir le chapitre *Présentation de la Provence).* Construit en bordure de village, le temple (fermé, comme l'église, en dehors des offices) rappelle sobrement ce pan d'histoire.

Renseignements. À l'entrée du village, l'office du tourisme (☎/fax 04 90 68 10 77, ot-lourmarin@axit.fr, lourmarin.com), 17 av. Ph.-de-Girard, fournit carte, dépliants et informations nécessaires à une bonne et rapide appréhension du village. Son bureau est ouvert du lundi au samedi de 9h30 à 13h et de 15h à 19h. Une brochure recense les sentiers pédestres, cyclotouristiques et équestres existant aux abords immédiats de Lourmarin (1 €).

Attention : le village n'abrite aucun distributeur d'argent.

Le marché se tient le vendredi matin.

À voir et à faire. Construit sur une butte, face au village, le **château de Lourmarin** (☎ 04 90 68 15 23, fax 04 90 68 25 19 ; entrée 4,60/3,20 €, gratuit pour les moins de 15 ans ; fermeture annuelle jan) est l'ancienne propriété de la famille d'Agoult. L'édifice a, depuis le XIIᵉ siècle, connu des transformations dont la plus remarquable réside dans l'aile Renaissance, qui en fit le premier château de ce style en Provence. Délaissé au cours des siècles qui suivirent, il fut restauré par un industriel, Robert Laurent-Vibert, qui le légua à la ville en 1925. La visite est surtout intéressante pour l'architecture du bâtiment et la vue sur le village.

En octobre, novembre, février et avril, les visites ont lieu à 11h, 14h30, 15h30 et 16h30 (en décembre, seulement à 11h, 14h30 et 16h ; en mai, juin et septembre à 10h, 11h, 14h30, 15h30, 16h30 et 17h30). En juillet-août, elles se succèdent toutes les 30 minutes de 10h à 11h30 puis de 15h à 18h. L'été, le château accueille les Rencontres Méditerranéennes Albert Camus (☎ 04 90 08 34 12).

Où se loger. Ferme de Gerbaud (☎ 04 90 68 11 83, fax 04 90 68 37 12, cgerbaud@aol.com, forfait camping 4 €/pers). Cette exploitation de 25 hectares, consacrés à la culture de plantes aromatiques (basilique, menthe, romarin, thym...), bénéficie d'un cadre exceptionnel, puisqu'elle est totalement isolée en pleine campagne et construite à flanc de colline. L'aire naturelle de camping ne compte que quatre emplacements. Réservez !

Le Four à Chaux (☎ 04 90 68 24 28, route d'Apt ; lit 12,20 €, chambres 27,50 € ; fermeture annuelle jan-fév). Situé à 500 m du village, le long de la route d'Apt, ce gîte d'étapes dispose de deux dortoirs d'une capacité de 5 et 10 lits, et d'une chambre pour 2/3 personnes. La cuisine est en gestion libre. Le petit déjeuner doit être commandé à l'avance (4 €).

Centre d'accueil et d'animation rurale Durance-Luberon (☎ 04 90 68 11 88, fax 04 90 68 00 01, centrelub@aol.com, av. Philippe-de-Girard ; chambres 14,50 €/pers, petit déj 4 €, repas 13 €, demi-pension 29 €/pers, pension 40 €/pers ; ouvert avr-15 sept). À côté de l'office du tourisme, cet établissement municipal propose à l'étage des chambres claires, à l'aménagement presque monacale, mais d'un bon rapport qualité/prix (draps et serviettes-éponges fournies). Ne vous arrêtez pas au hall d'entrée, peu engageant. Les repas sont pris dans la grande salle à manger, aux allures de cantine. Les moins de 10 ans bénéficient de 20% sur les tarifs.

Mas de Recaute (☎ 04 90 08 29 58, fax 04 90 08 41 37, chemin de Recaute, Lauris ; lit 13 €, demi-pension 32 €, location de draps 3 €, chambres 45 € ; table d'hôtes 18 € ; ouvert à l'année). À proximité du GR97, au sud-est de Lourmarin, dans la commune de Lauris, ce gîte d'étapes accueillent les randonneurs à pied ou les cavaliers. Les quatre dortoirs d'une capacité de 4/6/8 personnes et les chambres sont très convenables. L'agencement simple des lieux et la campagne environnante font de ce mas une escale très agréable. Des randonnées à cheval à la journée peuvent être organisées (94 € avec le pique-nique).

Moulin de Lourmarin (☎ 04 90 86 06 69, fax 04 90 68 31 76, lourmarin@francemarket.com, lourmarin@francemarket.com/lourmarin ; chambres 152,50-183 €, suites 381,50-488 €, petit déj 15,20 € ; fermetures annuelles fin nov-15 déc et 10 jan-1ᵉʳ mars). Cet hôtel dirigé par Édouard Loubet, jeune chef talentueux, plusieurs fois récompensé, appartient aux Relais & Châteaux. Le grand confort et les prestations de luxe des chambres mais surtout le talent culinaire de son propriétaire (voir ci-dessous *Où se restaurer*) en font une adresse extrêmement prisée.

La Cordière *(☎/fax 04 90 68 03 32, guestluberon@hotmail.com, lourmarin.com, impasse de La Cordière, chambres 49-61 € juil-août, 46-58 € hors saison ; ouvert à l'année)*. Ces chambres d'hôtes, logées dans une maison de village, ont tout pour séduire : une petite cour arborée et fleurie bordée de murs et de petites terrasses, un intérieur chaleureux et intime et une atmosphère familiale. Les chambres, dispersées dans les différents corps de la maison, disposent toutes de superbes espaces lumineux. Mobiliers, volets intérieurs et tissus composent un univers serein. Les s.d.b. ont par ailleurs été pensées comme des pièces à part entière, méritant autant d'attention que les chambres. Au rez-de-chaussée, une chambre peut accueillir une personne handicapée.

La Villa Saint-Louis *(☎ 04 90 68 39 18, fax 04 90 68 10 07, villasaintlouis@ wanadoo.fr, 35 rue Henri-de-Savournin ; chambres 55/65/79 € ; ouvert à l'année)*. À deux pas de La Cordière, La Villa Saint-Louis est un autre coin de paradis pour les amateurs de chambres d'hôtes. Domicile de décorateurs professionnels, cet ancien relais de poste du XVIIᵉ siècle foisonne de meubles, d'objets, de livres, de gravures et de peintures des siècles passés. Un air de *dolce vita* flotte dans cette maisonnée aux murs tapissés ou peints selon l'espace et la vocation de la pièce. Aujourd'hui, mère et fille continuent à faire vivre à merveille ces lieux hors du temps, romantiques à souhait.

Mas de Foncaudette *(☎/fax 04 90 08 42 51, 06 15 20 41 54, Puyvert ; chambres 73,50 €, suites 88,50/104 € basse/haute saison ; table d'hôtes 20 € ; fermeture annuelle février)*. Dans la commune de Puyvert, à 2 km à peine de Lourmarin, cette ancienne commanderie des Templiers, totalement réaménagée, bénéficie d'un bel environnement. Elle constitue un cadre idéal pour des vacances en famille. Toutes les chambres d'hôtes disposent d'une entrée indépendante et d'un salon (exceptée la "Lavandine", la moins chère). Des cours et des stages de cuisine provençale sont également programmés à l'année.

La Lombarde *(☎ 04 90 08 40 60, fax 04 90 08 40 64, la.lombarde@wanadoo.fr, perso.wanadoo.fr/lalombarde ; chambres 64 € mai-sep, 60 € hors saison ; fermeture annuelle 15 nov-début déc)*. Passé le Mas de la Foncaudette et poursuivez sur 200 m à peine. En bout de chemin, ce mas s'environne d'un cadre intimiste. Dans la cour, s'épanouissent bananiers et palmiers. Piscine, meubles en rotin et espace barbecue apportent un note oisive, sentiment que le chambres renforcent. Table de ping-pong et vélo sont à disposition. Le propriétaire de La Lombarde, pilote d'avion, programme aussi un survol de la région en avion.

Où se restaurer. Moulin de Lourmarin *(☎ 04 90 86 06 69, fax 04 90 68 31 76, lourmarin@francemarket.com, lourmarin@francemarket.com/ lourmarin ; menus 30,50-92 € ; ouvert tlj sauf marmer soir, fermetures annuelles fin nov-15 déc et 10 jan-1ᵉʳ mars)*. La cuisine d'Édouard Loubet sublime les herbes. Maintes fois consacré, ce jeune chef les emploie avec une virtuosité qui ravit les papilles les plus délicates. La seule lecture de la carte pourrait servir de guide à un cour en herboristerie !

L'Antiquaire *(☎ 04 90 68 17 29, 9 rue des Grands Prés ; 15 € le midi en semaine sinon 24,50 € ; ouvert tlj sauf dim soir-lun et mar midi, fermeture annuelle 1ᵉʳ-15 déc et 10 jan-7 fév)*. Millefeuilles de maquereaux, croustade de filets de rougets, gigolette de lapin à la sauge et polenta... La gastronomie ici adopte des allures plus simples. Cet établissement est de loin le meilleur dans sa catégorie.

Installés autour de la place de l'Ormeau ou à proximité, les trois cafés de Lourmarin proposent une restauration rapide des plus convenables, avec salades et plats du jour (comptez entre 7 et 12 €) : **L'Ormeau** et **Chez Gaby** sont les piliers du village ; **La Fontaine**, tenu par un Corse, joue les outsiders, mais il est aussi agréable à fréquenter, notamment pour sa soupe au pistou et son billard. À noter aussi les paninis de **Chez Maxime**.

Comment s'y rendre. La compagnie Les Rubans Bleus-Autocars Dejoux (☎ 04 90 79 19 25) assure une liaison quotidienne entre Avignon et Pertuis *via* Cavaillon, et s'arrête à Lourmarin, avant de poursuivre vers Cadenet. L'aller simple coûte 3,80 €. Les Autocars Sumian (☎ 04 91 49 44 25) relient le village depuis Apt ou Marseille.

Cadenet

À 5 km de Lourmarin, dans la plaine de la Durance, Cadenet fut longtemps l'une des villes phare de la vannerie d'osier et de rotin du sud de la France. Le **musée de la Vannerie** (☎ *04 90 68 24 44, av. Philippe-de-Girard ; entrée 3/1,50 €, gratuit pour les moins de 16 ans ; ouvert tlj sauf mardim matin avr-oct)* raconte cette histoire en exposant objets et outils.

Cadenet fut également la ville natale d'André Estienne, jeune tambour qui permit à Napoléon Ier de gagner en 1796 le pont d'Arcole pour lequel Autrichiens et Français s'affrontèrent. Une statue le représenter sur la place du Tambour-d'Arcole, place principale de la ville.

Pour les voyageurs, Cadenet représente surtout un carrefour commerçant. Des distributeurs d'argent en centre-ville permettent par ailleurs de s'approvisionner en liquidité, Lourmarin, Cucuron et Vaugines n'en recensant aucun.

Le marché principal se déroule le samedi matin sur la place du 14-Juillet et le lundi se tient un petit marché paysan. Dominant la ville, les vestiges du **château** se visitent librement. L'intérêt du site réside essentiellement pour son point de vue donnant sur la vallée de la Durance.

L'office du tourisme (☎ 04 90 68 38 21, fax 04 90 68 24 49, ot-cadenet@axit.fr, www.provenceguide.com), 11 place du Tambour-d'Arcole, donne toute information souhaitée sur la ville et sa région, notamment en matière de randonnées pédestres ou à vélo. Il est ouvert du lundi au samedi de 9h30 à 12h30 et de 14h15 à 18h15 ; de juillet à septembre, ces horaires de l'après-midi sont 15h-19h (une permanence est assurée le dimanche).

Où se loger. Préférez les chambres d'hôtes décrites ici aux hôtels, assez dépourvus de charme.

La Tuilière (☎/*fax 04 90 68 24 45, www. latuilière.com ; chambres 69-76,50 € ; table d'hôtes juill-août 20 € ; ouvert à l'année).* Sur les hauteurs de Cadenet, à 20 minutes à pied du centre du village, la maison de Clotilde et Didier Borgarino s'étire à l'ombre de plantureux platanes, au cœur de vignobles, de terrains en terrasses et de vergers. L'atmosphère paisible de cette vieille demeure bourgeoise invite à déposer ses bagages. L'immense terrasse, où trônent quelques tables en fer, la table de ping-pong et la piscine laisse à chacun le soin de s'occuper comme il veut. Les cinq chambres d'hôtes (dont une avec kitchenette) allient à merveille espace, lumière et mobilier à l'ancienne.

La Madeleine (☎ *04 90 68 12 95, fax 04 90 68 35 65, contact@madeleine-provence.com, www.madeleine-provence. com, chemin de Lourmarin ; chambres 49/88 €, appart 1/3/4 pers 46/77/92 € ; ouvert à l'année).* Légèrement à l'écart du centreville, à 500 m, cette maison des années 1920 réserve de belles surprises, surtout côté jardin (avec piscine). L'architecture Art déco de cette villa se conjugue aussi à l'intérieur et dans les chambres. Une cuisine d'été permet de préparer ses repas. Des ateliers d'aquarelle (minimum 3 jours) sont organisés à l'année par le propriétaire, Jean-Charles Garnaud, artiste peintre, dont les cours vous apprendront notamment à créer vos propres couleurs.

Comment circuler. VTT-Durance Luberon (☎ 04 90 68 81 85), 3 rue Hoche, loue des vélos à la demi-journée, journée, week-end et semaine ; comptez respectivement 9,20/14//23/ 76,50 €. Hors saison, il est préférable d'appeler avant de se rendre sur place.

Cucuron

Cucuron constitue le point de départ du sentier pour rejoindre à pied le Mourre Nègre, principal sommet du Grand Luberon. Ici encore, l'agriculture prédomine. Avec quelques aménagements puisque, des sept moulins que comptait le village, un seul demeure aujourd'hui en activité.

Autour d'un plan d'eau encadré d'un parapet de pierres et de majestueux platanes, se succèdent quelques cafés, un restaurant et un hôtel. De l'autre côté de la rue qui traverse le village, les platanes suivent le tracé des remparts de l'ancienne ville médiévale, où subsistent une église du XIIᵉ siècle, un donjon, une maison et des rues circulaires. À l'intérieur de l'enceinte, se sont installés des galeries, des artisans, des commerçants, ainsi que des restaurants et un hôtel. Ce village servit de cadre au film *Le Hussard sur le toit*, un film de Jean-Paul Rappeneau (1995), inspiré du roman de Jean Giono.

Renseignements. Installé au rez-de-chaussée de l'hôtel de ville, l'office de tourisme (☎ 04 90 77 28 37, fax 04 90 77 17 00, ot-cucuron@axit.fr), rue Léonce-Brieugne, prend le temps de vous conseiller pour visiter la ville et ses environs. Il informe aussi sur la commune de Vaugines. Plan de la ville et brochures sont mis à disposition gratuitement. Les plans des circuits de randonnées sont vendus 0,80 €. La visite guidée du village s'organise sur rendez-vous (1 heure 30 ; 4,57 €/pers). Le bureau est ouvert du lundi au samedi (9h-12h15 et 14h-18h30). De juin à fin novembre, son horaire de l'après-midi passe à 14h30-19h. Durant cette période, il est aussi ouvert le dimanche (9h30-12h30).

À noter : l'installation d'un distributeur d'argent, prévue pour 2002.

Fêtes et festivals. Jouée en provençal chaque année à la mi-janvier dans la salle des fêtes, la pastorale Maurel réunit petits et grands en costume traditionnel. Pendant trois heures, mise en scène et chants plongent le spectateur dans un passé encore bien vivant.

À voir et à faire. Le musée Marc-Deydier (☎ 04 90 77 26 15 ou 04 90 77 25 02, rue de l'Église ; entrée libre ; fermé mar matin-jeu) porte le nom de l'ancien notaire de la

ville, un autodidacte né en 1845 et mort en 1920, féru d'histoire, d'archéologie et de photographie. Ce musée relate aussi l'histoire de Cucuron, grâce à quelques pièces d'archéologie, des outils d'autrefois et des photographies.

Le **moulin de Cucuron** ne se visite qu'au moment de la production, de novembre à fin décembre. La boutique attenante (☎ 04 90 77 26 17), rue du Moulin-à-l'Huile, vend, en bouteille ou en vrac, la récolte de l'année (15 € le litre). Dans la rue de l'Église, à l'arrière d'une boutique d'artisanat, un vieux **pressoir** se visite également.

Randonnées. De nombreux sentiers (d'une durée de 2 heures à la journée) sont accessibles depuis le village ; un sentier en boucle de 2 heures a été aménagé (le plan coûte 0,80 €) et un circuit VTT devait l'être en 2002. Dans Cucuron, un itinéraire permet de découvrir les lavoirs et les fontaines (0,30 € la brochure). Le GR 9-97 menant au Mourre Nègre passe juste à proximité de Cucuron : le trajet aller/retour jusqu'au sommet demande au moins 5 heures.

Consultez l'itinéraire *Le Grand Luberon et Mourre-Nègre*, décrit dans le chapitre *Randonnées en Provence*, en début d'ouvrage. C'est une randonnée à pied d'une demi-journée autour de Cucuron.

Équitation. À 2 km de Cucuron, sur la route de Cabrières d'Aigues, **Les Cavaliers du Luberon** (☎ *04 90 77 22 19*) organise toute l'année des randonnées à la journée (55 €), le temps d'un week end (100 €) ou davantage. Ceux qui arrivent la veille pour une sortie le lendemain matin sont hébergés dans le dortoir, qui sert aussi de relais aux cavaliers de passage.

Où se loger et se restaurer. Le Plan (☎ *04 90 77 20 99, leplan@provence-Luberon.net ; forfait emplacement tente, voiture et 2 pers 11 € ; ouvert avr-fin sept*). Ce camping, accessible par le D135 en direction de Lourmarin, représente une étape d'un bon rapport qualité/prix.

Le **camping Lou Badareu** (☎ *04 90 77 21 46, fax 04 90 77 21 46, contact@loubada-*

reu.com ; adulte 19 €, enfant 9,5 €, voiture 9,50 € ; ouvert Pâques-fin vacances de la Toussaint). À 1 km à peine de Cucuron, ce petit camping est géré par les mêmes propriétaires que le gîte La Rasparine (voir ci-dessous). Le site ombragé est en bordure de vignoble.

La Rasparine (☎ 04 90 77 21 46, fax 04 90 77 21 46 ; lit 11 €/pers, chambres 38 €, demi-pension 30 €/pers ; table d'hôtes 16 € ; ouvert Pâques-fin vacances de Toussaint). Entourée de vignes, cette ferme dispose de dortoirs de 4 à 12 lits et de deux chambres d'hôtes, d'un aménagement simplissime. On retient la convivialité et la gentillesse des propriétaires, d'anciens agriculteurs (le fils vigneron a repris l'exploitation). À 1 km à peine de Cucuron, ce gîte est accessible *via* la D27, en prenant la direction de Manosque.

L'Arbre de Mai (☎/fax 04 90 77 25 10, rue de l'Église ; chambres 52 €, petit déj 4,60 € ; restaurant fermé lun-mar, fermeture annuelle jan-fév). Des deux hôtels que compte le village intra-muros, il est celui qui offre le meilleur rapport qualité/prix. Au cœur de la ville médiévale, surplombant une jolie place, cet établissement de six chambres a des allures de pension de famille, à la décoration un peu vieillotte.

Cucuron est un village où l'on vient déjeuner ou dîner avec plaisir. **La Petite Maison** (☎ 04 90 77 18 60, fax 04 90 77 18 61, la-petite-maison@wanadoo.fr, www.la-petite-maison. com, place de l'Étang ; menus 21,50/43/50,50/59 € ; ouvert tlj sauf lun ; fermeture annuelle 15 nov-1re sem déc). À l'angle de la rue principale du village et de la place de l'Étang, ce restaurant dispose d'une belle terrasse ombragée d'une treille. L'ambiance est bucolique et Michel Mehdi privilégie une cuisine du terroir et de saison. Goûtez au gibier (en automne), au risotto d'épeautre de Sault aux cèpes ou à l'agneau de lait. Seul regret, les prix qui ne permettent pas, même à la carte, de composer une addition légère – le menu du marché, le midi en semaine, coûte ainsi 21,50 €. Michel Mehdi propose également des cours de cuisine.

Restaurant de l'Horloge (☎ 04 90 77 12 74, fax 04 90 77 29 90, rue Léonce ;

menus 10,70/14,50/17/22,50 € , ouvert tlj sauf mar soir-mer, mer seulement en été ; fermetures annuelles Noël et fév). Installé dans la vieille ville derrière les remparts, cet établissement est de plus en plus coté dans la région. Les spécialités régionales sont savoureuses (pied et paquet à la Marseillaise ou salade de cailles aux copeaux de truffe en été) et demeurent accessibles à tous les budgets. Midi et soir, les repas s'organisent sous une belle salle voûtée.

Les Temps modernes (☎ 04 90 77 27 79 ; menu 15,50 €, plats 5,50-10 € ; ouvert le soir sauf dim ; fermeture annuelle 15 nov-début déc). Les pâtes sont la spécialité de cette maison à l'ambiance décontractée.

Vaugines

Entre Lourmarin (à 5 km) et Cucuron (à 2 km), ce petit village étagé et couvert de vignes servit de cadre aux films *Manon des Sources* et *Jean de Florette*, de Claude Berri, d'après l'œuvre de Marcel Pagnol. L'atmosphère y est paisible, rafraîchissante et loin des modes. La place de la Mairie accueille la vie principale du village – fontaine, mairie (☎ 04 90 77 25 08), épicerie ou bar. De juin à août, un tout petit marché s'y tient le samedi matin. Les informations sur le village sont dispensées par l'office du tourisme de Cucuron (voir ci-dessus).

Où se loger et se restaurer. Chambre d'hôtes Annick Krumenacher (☎ 04 90 77 17 90 ou 06 14 27 45 36 ; chambres 43/49 € ; ouvert 15 mars-15 nov). Donnant sur la place de la Mairie, cette maison à l'élégante et sobre façade comporte, au 2e étage, trois chambres au cadre douillet (deux partagent des toilettes sur le palier). Annick Krumenacher, une grande marcheuse, sera de bon conseil pour vos randonnées, d'autant que le GR97 passe juste sous ses fenêtres.

L'Origan (☎ 04 90 77 11 08, place de la Mairie ; plats 6-12 € ; ouvert tlj sauf lun). Au menu de ce petit restaurant accueillant : pizzas (délicieuses), salades et grillades. Durant l'été, profitez de sa terrasse sur la place. Les cartes bancaires ne sont pas acceptées.

Bar de la Fontaine (☎ 04 90 77 24 09, *place de la Mairie*). Accolé à L'Origan, ce bar-tabac (faisant aussi office de vendeur de journaux) est l'un de ces cafés de village, où l'on aime s'attabler, lire et donner rendez-vous. Autrement dit, avoir ses habitudes.

En 2002, un restaurant, ouvert midi et soir, devrait s'établir dans le bas du village.

Ansouis

Face aux montagnes du Luberon et dominant la plaine fertile de la Durance, Ansouis, depuis son éperon rocheux, soigne sa belle image.

Le bureau de l'office du tourisme (☎/fax 04 90 09 86 98, ot-ansouis@axit.fr, www.provenceguide.com), place du Château, est ouvert de 10h à 12h et de 14h à 17h du lundi au samedi. Mais ses jours d'ouverture hors saison sont fluctuants (appelez durant cette période). Comme Lourmarin et Cucuron, l'office propose des itinéraires de balades à pied.

Dans le village, calades et maisons vous mènent jusqu'au **château** (☎ 04 90 09 82 70 ; *entrée adulte/enfant 4,50/2,25 €*). Édifié entre les Xᵉ et XVIIIᵉ siècles, il fut la propriété de la famille des ducs de Sabran-Pontivès. Galeries et artisans (dont un santonnier) ponctuent le parcours. L'édifice a fait l'objet de multiples embellissements d'une génération à l'autre. Son architecture, le mobilier et les tentures ou le jardin à la française méritent que l'on s'y attarde. Ouvert l'après-midi (excepté le mardi en hiver) de 14h30 à 18h, il se visite avec un guide (comptez 1 heure entre deux visites).

À une centaine de mètres en contrebas, le **Musée Extraordinaire** (☎ 04 90 09 82 64 ; *entrée 3,50 € ; ouvert tlj à partir de 14h*) de George Mazoyer témoigne de la passion de cet homme, décédé en 1996, pour la mer, la Préhistoire et les fossiles.

Où se loger et se restaurer. Le Tubet Royal (☎ 06 15 08 52 29, letuberoyal@sdv.fr, www.sdv/letubetroyal ; *chambres 50,50 € juil-août, 46 € juin et sept, 43 € hors saison, petit déj 4,50 €/pers ; fermeture annuelle nov-avr*). Dans cette jolie maison de village, blottie dans une ruelle étroite, cinq

chambres d'hôtes ont été aménagées (deux d'entre elles disposent d'une vue sur la campagne). Murs blancs, pierres apparentes et mobilier ancien réduit à l'essentiel composent un univers où l'épure n'a rien de froid, bien au contraire.

L'Olive Bleue (☎ 04 90 09 86 84, *bd des Platanes ; menus 14/18,50 € ; ouvert tlj sauf mer et dim*). À l'entrée du village, cet établissement au cadre banal se consacre à une cuisine à base de produits bio. Le gratin de lapin et la salade de chèvres sont savoureux.

Vous pouvez également déjeuner sur le pouce au **Bar des Sportifs**, le café du village, sur le boulevard des Platanes, à proximité du parking.

L'art Glacier (☎ 04 90 77 75 72, *fax 04 90 07 33 39 ; ouvert tlj juil-août 14h-23h30, fermé lun-mar mai, juin, sept, ouvert ven-dim 14h-19h mars, avr, oct et jours fériés, fermeture annuelle jan-15 mars*). À 1 km d'Ansouis, ce glacier réputé dans la région pour ses multiples parfums (70 au total, de la vanille à la lavande et du chocolat au romarin) a élu domicile en pleine campagne, au cœur d'une petite pinède. Des crêpes et du chocolat chaud figurent aussi à la carte. Il est difficile, la première fois, de le trouver aisément si l'on ne vient pas du village. À l'intersection de la D135 et de la D9, se dessine en effet un chemin discret à suivre sur 600 m environ. Si le salon de thé aménagé pour la dégustation des glaces offre un décor quelconque, le site boisé, en revanche, est idéal pour les enfants.

Gorges de la Nesque

Les gorges de La Nesque, qui relie le pays de Sault à la plaine de Carpentras, forment un site spectaculaire. La Nesque prend sa source sur le versant est du mont Ventoux et court sur 70 km avant de se jeter dans la Sorgue. Elle traverse un paysage de falaises calcaires aux formes épanouies, où le vert des chênes et de la garrigue se mêle au gris clair de la pierre calcaire pour former un ensemble grandiose. Sur cette partie du plateau de Vaucluse, la nature est restée intacte.

La descente depuis **Sault** *via* **Monieux** par la D952 (20 km) est de toute beauté. Des tunnels étroits construits dans la roche à la route qui serpente, le voyage, surtout en fin de journée et en dehors de la forte fréquentation estivale, restera un instant inoubliable. Quelques aires de parking ont été aménagées pour profiter tranquillement de la vue sans gêner la circulation. Une stèle dédiée à Frédéric Mistral a été placée sur le **belvédère du Castelleras**, face au Rocher du Cire décrit par le poète. En fin de voyage, des vergers et des vignes annoncent la plaine comtadine.

On peut également découvrir les gorges de la Nesque depuis **Villes-sur-Auzon**. De **Monieux**, les gorges dessinent encore d'autres points de vue en empruntant la D96, puis la D5 en direction de Méthamis et de la Ferme Saint-Hubert (point de départ de nombreuses randonnées, notamment le GR9).

Des sentiers de **randonnées** (plus ou moins longs et difficiles, dont le GR 9) permettent également d'appréhender les gorges de la Nesque. Le personnel de l'office du tourisme de Monieux (voir ci-dessous) ou de Sault (voir la section *Sault et le plateau d'Albion*, plus loin) informent les visiteurs et fournissent les coordonnées de guides accompagnateurs.

MONIEUX

Ce petit village blotti à flanc de montagne marque l'entrée des gorges de la Nesque (à 6 km de Sault). La fête médiévale du petit épeautre, chaque premier dimanche de septembre, marque un temps fort pour sa communauté qui, déguisée, se prend au jeu de reconstituer une époque de son histoire.

Installé place Léon Doux, l'office du tourisme (☎ 04 90 64 14 14, fax 04 90 64 14 15, petit.epeautre.monieux.CTW.net) est ouvert du lundi au vendredi de 9h à 12h et de 14h à 18h30. De mai à fin septembre, il est également accessible de 10h à 12h et de 15h à 18h. Il vous informera très aimablement, notamment en matière de randonnées.

À voir et à faire

Un marché provençal se tient, chaque dimanche matin, au bord du lac de Monieux.

Le **lac**, ou plan d'eau (créé en 1965 pour les besoins de la base militaire de Saint-Christol, sur la plateau d'Albion), n'engage guère à la baignade. C'est un site assez fréquenté en été, mais il ne présente en soi guère d'intérêt.

Monieux représente surtout des points d'entrée de sentiers de **randonnées**, dont celui des **gorges de la Nesque**. Les randonnées à pied dans les gorges peuvent se faire aussi depuis la Ferme Saint Hubert, gîte d'étapes situé sur la D5 en direction de Méthamis (voir la rubrique *Où se loger* ci-dessous). Le GR9 permet aussi d'y accéder depuis le mont Ventoux.

Une autre grande randonnée très prisée, intitulée **Au pays des aiguiers**, évoque la spécificité des monts de Vaucluse : les *aiguiers* sont des réservoirs d'eau creusés dans la roche pour recueillir les eaux de ruissellement. Ce sentier permet de découvrir la région de **Saint-Saturnin-lès-Apt** et de relier Carpentras en 2 jours minimum. Faites cette balade en juin-juillet, de préférence, lorsque fleurissent les champs de lavande qui jalonnent le parcours.

Où se loger et se restaurer

Gîtes d'étapes. La Ferme Saint-Hubert (☎ 04 90 64 04 51 ; *lit 8 €, petit déj 4 €, repas à partir de 17 €*). En pleine campagne, sur la D5 en direction de Méthamis, cette ferme, à 4 km de Monieux, réputée comme gîte d'étapes et pour sa table, est une institution pour les randonneurs. Charcuteries, omelettes aux truffes, foies gras, fromages de chèvre, confitures…, tous les produits proposés proviennent de l'exploitation. Toutefois, le restaurant n'est accessible que le week-end pour les gens de l'extérieur (comptez entre 17 € et 26 € le repas), alors que des repas sont assurés toute la semaine pour les marcheurs (21,50 €, vin et café compris). Moutons, poulets et canards entourent la ferme, adossée au mont Ventoux. Cinq dortoirs ont été aménagés à l'étage, dans un bâtiment à part. Au rez-de-chaussée, deux grandes et belles salles à manger se distinguent par leurs imposantes tables en bois. La Ferme Saint-Hubert accueille aussi les cavaliers (comptez 4,50 € la nuit pour loger votre monture).

Chambres d'hôtes. Le Moulin (☎ 04 90 64 04 64 ; chambres 38/44 € sans/avec WC ; fermeture annuelle déc-fév). À l'entrée de Monieux en venant de Sault, la maison de Michelle Pica a des allures de pension de famille. Elle abrite des chambres simples, sans décoration particulière. La gentillesse de la propriétaire, la terrasse fleurie, le tennis (un peu décati) et la piscine (en juillet-août seulement) agrémentent cet hébergement d'un bon rapport qualité/prix.

La Plane (☎ 04 90 64 04 46 ; chambres 46-60 € selon la taille ; 12 €/lit supp ; ouvert mai-15 sept). À 2 km de Monieux, sur la D5 en direction de Méthamis, voici une adresse à privilégier. Construit sur un plateau dominant celui de Sault et ses champs de lavande, ce vieux mas en pierre aux volets bleus domine un panorama époustouflant. Les deux chambres avec entrée indépendante, mais s.d.b. commune, ont été aménagées avec des meubles de famille. Au rez-de-chaussée, la vieille cuisine pleine de charme sert de salle commune pour le petit déjeuner, lorsque le temps ne permet pas de le prendre sur la terrasse. Une cuisine d'été, aménagée à l'extérieur, permet de préparer ses propres repas. La nature environnante constitue pour les enfants un terrain de jeux sans contrainte (ni route ni maison). Enfin, cerise sur le gateau, M. et Mme Saisse forment un couple adorable.

Le Viguier (☎ 04 90 64 04 83 ou 04 90 64 15 52, fax 04 90 64 11 39, chambres 46-61 €). En contrebas, cette ferme se prolonge par une aile récemment rénovée, où ont été aménagées des chambres d'hôtes. Assez impersonnelles dans leur décoration, elles offrent cependant tout le confort souhaité (s.d.b.et wc séparés) et l'accueil est des plus agréables. La maison, qui donne sur la plaine de Sault et Bonnieux, dispose d'un terrain avec tennis de table et balançoires. Il est possible de dîner le soir.

Restaurant Les Lavandes (☎ 04 90 64 05 08, fax 04 90 64 13 99 ; plats 11,50/14 €, menus 21/27 € ; ouvert tlj sauf lun et mar soir). Le seul et unique restaurant du village est une table reconnue dans la région. Le gratin d'agneau est la spécialité d'Alain Gabert, qui propose aussi, durant la saison, toute une série de plats autour de la truffe. La terrasse ombragée, sur la place Léon-Doux, dispose d'un cadre agréable.

MÉTHAMIS

Agréable et paisible village perché, environné de vignobles, Méthamis est également connu pour sa crèche vivante du 24 décembre. Vous ne trouverez ici aucun hôtel ou chambre d'hôtes. Ce site préservé se prête avant tout à la flânerie et à la découverte nonchalante de ses ruelles et de son église, au bel escalier. Du haut des marches, vous ne regretterez pas cet effort récompensé par de belles perspectives sur les vignes alentour. À l'entrée du village se trouve une épicerie et un bar-tabac pourvu d'une terrasse.

BLAUVAC

À 3 km de Méthamis, Blauvac est un autre village perché minuscule s'ouvrant sur un panorama intéressant, puisqu'il donne, d'un côté, sur le mont Ventoux et sa plaine couverte de vignobles et de vergers et, de l'autre, sur des vignes et les premiers contreforts du plateau de Vaucluse. Vous ne trouverez ici aucun commerce ou café. Seuls existent un camping de rêve et une chambre d'hôtes.

Où se loger

Méthamis abrite un **camping municipal**, à l'entrée du village, lorsque l'on vient de Méthamis. Cet espace privilégié ne possède que 12 emplacements ombragés, mais ils offrent une vue imprenable sur le Ventoux. Comptez 1,50 € par personne et pour la voiture (1 € pour les moins de 7 ans).

Au temps des cerises (☎ 04 90 61 87 85 ; chambres 49 €, table d'hôtes 15,50 € ; ouvert à l'année). Aux environs du village, une chambre d'hôtes présente un aussi bon rapport qualité/prix que le camping. La maison de Brigitte et Roger Rol apparaît au bout d'une petite route depuis la D150. Elle s'entoure, d'un côté, d'une forêt de chênes et de pins et, de l'autre, d'un parterre de vignes qui courent à l'infini. Les trois chambres, sans prétention mais confortables, partagent une s.d.b. et des toilettes indépendants. La piscine, le terrain (idéal pour des enfants) et la gentillesse des maîtres des lieux en font une étape privilégiée.

Pays de Sault et plateau d'Albion

Entre les contreforts du Ventoux, les monts de Vaucluse et la montagne de Lure, le pays de Sault a été inscrit en 1992 par l'Unesco sur la liste du Patrimoine mondial. Il s'unit au plateau d'Albion en un vaste territoire où champs de lavande et de blé, entrecoupés de forêts de chênes, forment d'immenses aplats colorés. La beauté de ces paysages est particulièrement surprenante de juin à début août, lorsque la floraison de la lavande leur donne une couleur bleue presque irréelle. Les effluves de lavande, emportées par le vent, très présent ici, imprègnent l'air ambiant.

En ce pays de grands espaces, la nature est somptueuse mais rude et le sol aride. Les villages sont rares, les demeures isolées quasi inexistantes. La culture de la lavande, celle des céréales et l'élevage de moutons furent de tout temps les seuls moyens de subsistance, et le restent aujourd'hui encore. Guérites et enceintes grillagées rappellent aussi la période où le plateau d'Albion fut une zone militaire placée sous haute surveillance, en raison de ses bases de missiles (fermées en 1996). Trois départements se partagent son territoire : le Vaucluse, la Drôme et les Alpes-de-Haute-Provence (se reporter à ces deux chapitres).

SAULT

Sault tire son nom du mot latin *Saltus*, pays de forêts, et Albion du nom de la tribu des Albiques, qui occupait le territoire à l'époque pré-romaine. Sault, ville-phare du plateau d'Albion, est aussi celle de la culture de la lavande. Elle a su préservé son identité, sans les excès de l'urbanisation effrénée ou du tourisme. Un superbe panorama s'étend au pied de cette ville, construite à 765 m d'altitude. Avec les vil-

lages avoisinants, Sault constitue également un port d'attache idéal pour arpenter la région du Ventoux ou les gorges de la Nesque (voir les sections consacrées à ces régions dans ce même chapitre).

Renseignements

Sur l'avenue de la Promenade, principale artère de la ville, l'office du tourisme (☎ 04 90 64 01 21, fax 04 90 64 15 03, www.provenceguide.com, ot-sault@axit.fr) ouvre tous les jours, d'avril à fin septembre, de 9h à 12h et de 14h à 18h. Le reste de l'année, ses horaires courent du lundi au samedi, de 10h à 12h et de 14h à 17h ; il ferme chaque week-end en décembre.

Le 15 août, la fête de la Lavande marque la fin des récoltes.

À voir et à faire

Ne manquez pas le **marché provençal**, qui a lieu chaque mercredi depuis l'année 1515.

Le jardin des Lavandes (☎ 04 90 64 14 97 ou 04 90 64 13 08 ; ouvert tlj en juil-août 10h-12h et 14h-18h ; entrée 3,05 €) présente une collection de 100 variétés de lavande. Les visites commentées sont à 11h, 15h et 17h. Du lundi au vendredi de 16h à 17h, un atelier de jardinage est aussi organisé (7,62 € par personne). On y peut acheter des plants, des bouquets, du miel et, bien sûr, de la lavande.

Sur le même thème, la **Maison de l'environnement et de la chasse** (☎ 04 90 64 13 96) organise chaque année, de juillet à mi-septembre, une exposition consacrée à la production et à la récolte de la lavande en pays de Sault. Quant à la **distillerie**, située sur l'ancienne route d'Aurel, elle n'ouvre ses portes au public que durant la période de la distillation, en juillet-août.

Au rayon gourmandise, le **nougat d'André Boyer** (☎ 04 90 64 00 23, info@nougatboyer) a une belle réputation. Sa boutique, installée place de l'Europe, est une institution.

Randonnées à pied et à vélo. Le plateau de Sault se prête à la randonnée pédestre et au cyclotourisme. L'office du tourisme a édité un certain nombre de brochures répertoriant les itinéraires. Il peut

La Sirène du plateau d'Albion

L'observatoire Sirène (☎ 04 90 75 04 17 ou 06 81 74 35 16, www.obs-sirene.com), à Lagarde d'Apt, est un site unique sur le plateau d'Albion. Installé dans une des anciennes bases militaires, ce centre d'astronomie propose de découvrir le ciel provençal. Visites, stages d'initiation ou de perfectionnement, les formules varient. L'observatoire dispose d'un télescope permettant à des personnes handicapées de participer eux aussi à l'observation, un appareil sans équivalent au monde.

aussi vous donner les coordonnées de guides accompagnateurs.

Si vous souhaitez louer un deux-roues, adressez-vous à Albion Cycle (☎/fax 04 90 64 09 32), sur la route de Saint-Trinit, entre la ville et le camping municipal. Comptez 7,62 € la demi-journée, 10,67 € la journée et 53,36 € la semaine. La boutique est ouverte tous les jours de 8h30 à 19h en juillet-août, du lundi au samedi, de 9h à 12h30 et de 14h à 18h30 hors saison.

Où se loger
Camping. Camping municipal (☎ 04 90 64 07 18 ou 04 90 64 02 30, fax 04 90 64 08 59 ; emplacement 2,13 €, voiture 0,76 €, 2,65/1,33 € par adulte/enfant 3-13 ans ; ouvert mai-fin sept). Sur la route de Sant-Trinit, à 1 km de Sault, ce camping de 10 ha compte 100 emplacements. Son cadre ombragé (il a été aménagé dans une petite forêt de pins) et son ambiance familiale en font une étape agréable. Sa piscine est accessible aux gens de l'extérieur (2,13/1,07 € adulte/enfants 3-13 ans).

Gîte d'étape. Chez nous (☎ 04 90 64 09 72 ou 06 14 46 28 47, route de la Lavande ; 18,29 €/pers avec petit déj, 3,05 € pour les draps, table d'hôtes 15,24 € ; ouvert à l'année). Installé dans le village (suivre la direction de Carpentras), ce gîte d'étapes constitue un excellent rapport qualité/prix pour les petits budgets. Martine Sanchert et

son mari sont les anciens propriétaires de la Ferme Les Bayles, premier gîte du plateau d'Albion, et leur nouvel établissement a gardé la même convivialité. Le dortoir de 8 lits et les cinq chambres pour 2/3 personnes (au même tarif) offrent le confort de pièces refaites à neuf. À l'arrière de la maison, vous disposez d'un terrain de boules et d'un garage pour les vélos et les motos.

Hôtels. Le Louvre (☎ 04 90 64 08 88, fax 04 90 64 14 01 ; chambres 38,11/45,73 € avec douche/bain). Donnant sur la place du Marché, cet hôtel-restaurant est, de loin, le meilleur établissement de la ville, malgré une atmosphère quelque peu désuète. Des travaux de réfection devaient commencer en 2002.

Hostellerie du Val de Sault (☎ 04 90 64 01 41, fax 04 90 64 12 74 ; www.nexus4.com /valdesault/fra.htm ; chambres 199/188/ 159 € haute/moyenne/basse saison, suites 293/259/206 € ; ouvert fin mars-début nov). À 1,5 km de Sault, en limite de forêt face au mont Ventoux, cet établissement propose onze chambres et cinq suites, calmes, réparties dans plusieurs maisons indépendantes. De plain-pied dans un cadre verdoyant, elles comprennent chacune une terrasse avec vue. Piscine, salle de remise en forme, terrain de tennis et petit kiosque en bois avec jaccuzi sont à disposition. Le dîner à l'hôtel est obligatoire. D'ailleurs, le prix des chambres comprend toujours le dîner et le petit déjeuner.

Chambres d'hôtes. Lavand'inn (☎ 06 07 40 25 89 ou 06 22 03 73 88, fax 04 90 85 67 30, place du Château ; chambres 38,11/68,60 € sans/avec s.d.b.). Cette jolie maison au cœur de Sault abrite cinq chambres, dont certaines donnent sur la vallée. À partir de septembre, elles ne sont disponibles que les vendredi, samedi et dimanche. Seul regret : l'entrée aux allures d'hôtel, un peu austère.

Piedmoure (☎/fax 04 90 64 09 22, simples/doubles 57,93/64,03 €). Avec la chambre d'hôtes Richarneau à Aurel (se reporter à cette rubrique, plus bas), Piedmoure représente l'autre étape de charme de la région, notamment pour la structure du mas et son aménagement intérieur. La vue n'offre en effet guère d'horizons palpitants, malgré les champs de lavandes. Le bois, la pierre et les tonalités rouges des tissus créent, à l'intérieur, une ambiance intime et chaleureuse. De plus, Marie-Jeanne est un fin cordon bleu (comptez 22,87 € pour un repas).

Où se restaurer

Le Provençal (☎ *04 90 64 09 09 ; formules 10/14 €, plats 11-13 € ; ouvert tlj sauf mar).* Cet établissement est d'un bon rapport qualité/prix. La formule à 10 € (avec plat du jour et fromage ou dessert) est proposée en semaine. Les cartes de crédit ne sont pas acceptées.

Le Louvre (☎ *04 90 64 08 88, fax 04 90 64 14 01 ; menus 15,24/19,82/ 21,34 €, plats 9,91-13,72 € ; fermé mer soir-jeu).* Installé sur la place du Marché, cet hôtel-restaurant (voir *Où se loger*) a gardé sa décoration d'avant-guerre : plafond à la française et vieux meubles pour la salle, banquettes et tables en bois côté bar. À l'extérieur, la terrasse prend ses aises sur la place et tourne le dos à la circulation. La cuisine est familiale et traditionnelle : salades, pièce de bœuf grillée aux herbes, tranche de gigot.

Hostellerie du Val de Sault (☎ *04 90 64 01 41, fax 04 90 64 12 74 ; menu à partir de 24,24 € le midi sauf dim-jours fériés ; fermé merc midi ; ouvert fin mars-début nov).* Installé en limite de forêt sur un vaste domaine avec vue sur le mont Ventoux, cet établissement (voir aussi *Où se loger*) constitue le restaurant gastronomique de Sault. Son chef, Yves Gattechaut, crée chaque jour de nouveaux plats et propose, notamment le dimanche, les jours fériés et le soir, un menu autour de la truffe (37,35 €). Les menus comprennent de cinq à six plats selon le prix (24,24/29,73/37,35 €).

À côté du restaurant Le Provençal, une petit **épicerie**, bien approvisionnée en produits de la région, permet de composer un pique-nique succulent (elle est fermée le lundi). Sur l'avenue de la Promenade, une camionnette prépare de délicieuses pizzas à emporter. Choisissez le bar **La Promenade**

pour prendre un verre ou un sandwich : son emplacement sur l'esplanade et sa terrasse dominant le plateau de Sault n'ont aucun équivalent dans les environs.

Comment s'y rendre

Les Cars Comtadins (☎ 04 90 67 20 25) relient tous les jours Carpentras et Sault *via* Monieux. Carpentras est à 42 km et un aller simple coûte 4,88 €.

AUREL

De Sault à Aurel, la route parcourt, sur 4 km, un environnement aux formes alanguies et aux larges horizons, semés de champs de lavande et de forêts de chênes. Construit à flanc de rocher, ce village perché semble hors du temps. S'il ne reste que quelques ruines et une tour de son château, le cœur du village a conservé tout son charme. Aussi, flânez dans ses ruelles, visitez la boutique de poteries (remarquable) et poussez la porte de son église romane. Faites cette balade en fin d'après-midi, lorsque la lumière sublime la couleur des pierres.

Où se loger et se restaurer

Nous ne recommandons ici que des chambres d'hôtes.

Richarneau (☎/fax 04 90 64 03 62, c.richarnau@accesinter.com ; chambres 65/80/85 € ; fermeture annuelle janv-mars).* Ce mas cerné de champs de lavande laisse une impression magique, tout comme son aménagement intérieur qui, sans effet de décoration ostentatoire, respire le bien-être et la sérénité. Si aucune chambre ne se ressemble, notre coup de cœur va au "Soleil", une harmonie blanche des rideaux jusqu'au lit. Visnja Michelle propose par ailleurs des séances de remise en forme individuelle ou en groupe, selon la méthode de relaxation Feldenkrais. Aux beaux jours, les repas du soir et les petits déjeuners sont servis sur la terrasse à l'ombre du tilleul. Deux à trois fois par semaine, son mari Christian prépare à dîner (22 €). Enfin, il est possible de se rendre à pied au village, situé à 1 km et visible de la maison.

Maison d'Aurel (☎ *04 90 64 02 64, fax 04 90 64 16 77 ; 15,24 €/pers).* Sur la

Circuits sur le thème de la lavande

L'office du tourisme de Sault donne une brochure proposant quatre circuits en boucle à faire en voiture depuis Sault : les gorges de la Nesque *via* Monieux, Villes-sur-Auzon, Méthamis et Saint-Jean-de-Sault ; le plateau d'Albion *via* Saint-Trinit, Contadour, Banon, Simiane-la-Rotonde et Saint-Christol ; la vallée du Toulourenc et le val de Sault, par Brantes et Mollans avec un retour par Ferrassières ; et, enfin le mont Ventoux, par le chalet Reynard à 25 km, puis Malaucène avec un retour par la vallée du Toulourenc.

Certains itinéraires dépassent les limites du Vaucluse et font des incursions en Haute-Provence (voir le chapitre *Alpes-de-Haute-Provence*).

Attention ! La lavande fleurit de mai à fin juillet et sa récolte intervient de mi-juillet, pour les champs les plus à l'ouest, à début août, pour les étendues les plus à l'est.

route menant à Saint-Trinit, ce mas en pierre, parfaitement restauré, épouse lui aussi un cadre naturel magnifique. Louée à la semaine par l'accueillante Claudia Lefebvre, il peut l'être à la nuitée en dehors des vacances scolaires (prévoyez alors votre couchage).

Le Grangeon (☎ *04 90 64 11 63 ; chambres 30,49 € avec sdb commune ; table d'hôtes 10,67 €).* Annie Berkowitz et sa petite famille partagent leur maison, située à 800 m à peine de la Maison d'Aurel, avec leurs hôtes. La chambre sous la pente du toit est la plus agréable ; elle dispose en outre d'une entrée indépendant. Le terrain permet aux enfants de gambader.

Le Relais du mont Ventoux (☎ *04 90 64 00 62, fax 04 90 64 12 88 ; plats 10,37/13,72 € ; fermeture annuelle janv-fév).* Aurel ne compte qu'un seul établissement faisant également hôtel et café. La restauration, correcte, n'est pas des plus mémorables, mais il est agréable de prendre un verre, l'été, sur la terrasse qui court le long de la route jusqu'au lavoir. Oubliez les chambres de cet hôtel, inintéressantes en raison de leur confort sommaire et de leur prix.

SAINT-TRINIT

Totalement isolé sur le plateau d'Albion, Saint-Trinit, à 6 km de Sault par la D950, a l'allure d'un joli hameau aux maisons rassemblées autour de son église du XIIe siècle et de sa mairie. La population ne dépasse pas les cent personnes. Le deuxième dimanche de septembre se tient la fête du Champignon.

Où se loger et se restaurer

La Ferme Auberge Les Bayles (☎*/fax 04 90 75 00 91, lesbayles@free.fr, www.lesbayles.free.fr ; ouvert à l'année).* Située à 4 km de Saint-Trinit et isolée sur le plateau, avec des champs pour unique horizon, cette ferme fut le premier gîte d'étapes du plateau d'Albion. Elle le demeure pour les randonneurs et les cavaliers. Des chambres d'hôtes et des gîtes sont également disponibles. La location d'un lit en dortoir revient à 30,49 €, prix comprenant le dîner et le petit déjeuner. Les chambres d'hôtes sont facturées selon un même principe 38,11/45,73 € par personne, en fonction de leur taille et de leur confort. Si la décoration est quelconque, le site et l'ambiance communautaire font de cette ferme un lieu chaleureux, idéal si vous voyagez avec des enfants. Une piscine aménagée sous une serre en plastique est à disposition des hôtes. De plus, Marielle Rivière, qui élève une vingtaine de chevaux et de poneys, propose des randonnées à cheval et des cours d'équitation. Enfin, le dimanche midi, Marielle ouvre sa table aux gens de l'extérieur. Comptez alors 22,11 €.

SAINT-CHRISTOL-D'ALBION

Si le nom de ce village est souvent associé à la Légion Étrangère, dont les bâtiments se dessinent sur la route reliant Saint-Trinit à Saint-Christol, il est aussi une base pour la **spéléologie**.

Accueil spéléologique du plateau d'Albion (☎*04 90 75 08 33; www.aspanet.net, contact@aspanet.net).* Installé dans le village, rue de l'Église, l'ASPA constitue de fait une adresse de référence : gîte d'étapes, c'est aussi un lieu de rendez-vous pour les spéléologues, les sites d'exploration étant nombreux dans la région. Le plateau d'Albion et les monts de Vaucluse comptent en effet des gouffres, formés de larges puits et de galeries où s'écoulent des rivières. L'ASPA propose de les découvrir soit par le biais de sorties à la journée, soit par des stages ouverts aux débutants et aux confirmés. D'autres **activités sportives** sont aussi programmées à l'année : randonnées à pied, à vélo ou à cheval, escalade, parapente et descente de canyon.

Les dortoirs de l'ASPA (d'une capacité de 5 à 6 personnes) disposent de sanitaires et de douches. Il existe aussi quatre chambres de 2 ou 3 personnes. La cuisine est commune. Le prix de la nuitée s'élève à 9,15 €. Le petit déjeuner est facturé 4,57 €, la demi-pension 24,35 € et la pension complète 32,01 €.

Ventoux

Le "Géant de la Provence", culminant à 1 912 m, est omniprésent dans le paysage du Sud de la Drôme et du Vaucluse. Son sommet dénudé, un désert de pierre calcaire, constitue une tache de naissance parfaitement identifiable. Le vent lui aussi, évoqué par le nom même du mont, caractérise la région. Ici, le mistral souffle en moyenne 130 jours par an et peut atteindre des pointes de 250 km/h. Sa puissance exige des randonneurs la plus grande prudence. Autre donnée climatique à prendre en considération : le différentiel de température (10°C en moyenne) entre la plaine et le sommet. La neige s'installe périodiquement sur les flancs du Ventoux et son col est en général fermé de mi-novembre (ou mi-décembre) à Pâques, rompant ainsi provisoirement les liens entre les versants nord et sud, deux univers qui se sont longtemps ignorés l'un l'autre.

Côté sud, le paysage du Ventoux est moins escarpé, plus policé, plus méditerranéen. Dans la plaine et sur les coteaux courent vergers, oliviers et vignes, ponctués de villages et d'habitations. Ce flanc sud a toujours été agricole, plus riche et privilégié que le versant nord. Pour preuve, la route construite dès les années 1830 (1936 pour le versant nord) ou les forêts, objet de plus d'attention – leurs essences multiples, préservées, en font aujourd'hui un espace rare : dans les environs de Bédoin apparaît ainsi la plus vaste cédraie d'Europe et, sous le col de la Frâche (où se séparent le GR4 et le GR9), une vaste forêt de hêtres. Autres primautés du sud : les courses cyclistes ou les stations de ski, dont la première a été ouverte près du Chalet Reynard, bien avant celle du mont Serein.

Une autre géographie et une autre histoire marquent le versant nord. Cette ancienne propriété des seigneurs de Beaumont, placée sous la tutelle de l'État à la Révolution, fut pendant longtemps la partie sombre du Ventoux, longtemps ignorée car trop pauvre et dépourvue d'intérêt. Entièrement déboisé en 1893, ce versant devra attendre longtemps avant de voir ses flancs reverdir. Le paysage est plus rude, plus âpre, plus sauvage, les perspectives plus spectaculaires aussi.

Bédoin est la porte d'entrée du versant sud et Malaucène, celle du versant nord. On peut également rejoindre le versant sud par Sault et sa vallée semée de champs de lavande. Les distances sont courtes : 14 km de Malaucène au mont Serein, 5 km du mont Serein au sommet du Ventoux, tandis que Bédoin se situe à 27 km et Sault à 32 km. Quelques troupeaux de moutons se répartissent souvent entre les deux flancs.

En 1992, le Ventoux a été classé réserve de la Biosphère par l'Unesco pour la richesse de sa flore et de sa faune. Contactez le bureau de la réserve (☎ 04 90 63 22 74, fax 04 90 67 09 07, ventoux.biosphère@wanadoo.fr), 1 260 av. des Marchés, 84 200 Carpentras, pour plus d'information.

Renseignements

Pour le versant nord, contactez l'office de tourisme de Malaucène (se reporter à cette rubrique, plus loin dans ce chapitre). Pour le versant sud, préférez celui de Bédoin (☎ 04

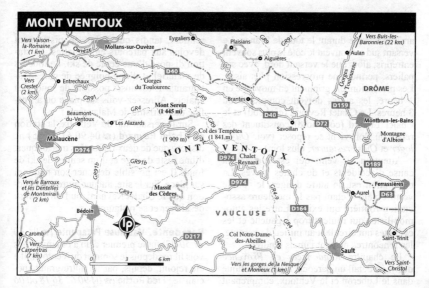

90 65 63 95, fax 04 90 12 81 55, ot-
bedoin@axit.fr), place du Marché, ou celui
de Sault (voir cette rubrique plus haut).

L'office du tourisme de Bédoin est
ouvert du 15 juin à fin août, du lundi au
samedi de 9h à 12h30 et de 14h à 18h ; il
ferme à 12h le dimanche. Hors saison, il est
ouvert du lundi au vendredi (aux mêmes
horaires) et jusqu'à 12h le samedi.

Activités sportives

Randonnées pédestres. Le GR4 couvre
tout le versant nord du Ventoux et rejoint,
au mont Serein, le GR9 qui continue sur
Sault. Vous pouvez l'emprunter depuis Les
Alazards *via* Malaucène, puis Beaumont-
du-Ventoux.

Le versant sud est parcouru par le GR91
depuis Bédouin. Il longe le bas du Ventoux,
la partie forêt étant couverte par le GR91[B]

Du mont Serein, sur le versant nord du
Ventoux, un sentier, dit sentier-découverte
J.H. Fabre, a été aménagé en deux boucles. En
hiver, il devient une piste de ski de fond. Du
Camping du mont Serein, on peut rejoindre le
beau village de Brantes dans la vallée de Toulourenc et se baigner dans la rivière du même
nom. La balade dure de 2 à 3 heures.

Différents guides organisent, été comme
hiver, des sorties sur les pentes du Ventoux.
Marielle Soumille (☎ *04 90 60 49 16 ou
06 83 79 73 38)* a pour base le Camping du
mont Serein. Elle propose des sorties en
raquette ou en ski de fond l'hiver et des
balades à thème durant les autres saisons.
Elle couvre les deux versants du Ventoux,
ainsi que les gorges de la Nesque. Ses prix
varient, mais comptez en moyenne
13,72/9,15 € la journée/demi-journée.

Au chalet Reynard, **Jean-Pierre Bianco**
(☎ *04 90 60 48 25 ou 06 62 50 95 14,
jpbianco@club-internet.fr)* organise lui
aussi divers circuits à la journée ou à la
demi-journée, voire sur plusieurs jours,
couvrant plusieurs régions de Provence.
Comptez 13,72/7,62 € par personne la
journée/demi-journée.

Randonnées à vélo. Atteindre le sommet
du Ventoux à vélo est un défi qui attire
chaque année des milliers de cyclistes de
toutes nationalités. En cours d'ascension,
les abandons sont nombreux. Si le Ventoux
n'est pas la montagne la plus haute, elle
demeure l'une des plus difficiles à conqué-
rir à vélo – pour preuve, la stèle élevée à la

mémoire du Britannique Tommy Simpson (1937-1967), champion du monde, mort d'un arrêt cardiaque durant le tour de France. Le versant sud est souvent le côté le plus souvent entrepris, alors que le versant nord, avec ses paliers, permet une progression plus aisée. Les professionnels grimpent en moyenne en 1 heure, les autres doivent compter 2 ou 3 heures. Le Chalet Reynard (côté sud) et le Chalet Liotard (côté nord) constituent des relais où l'on vient se reposer (voir *Où se loger* et *Où se restaurer*, plus loin).

Attention au vent, qui est souvent la cause d'accidents et de chutes graves. La circulation est un autre danger, le couple voiture-vélo n'étant pas la meilleure association routière qui existe. Entre les automobilistes qui roulent trop à gauche et les cyclistes qui circulent au milieu de la route, les rencontres ne sont jamais tendres.

Le chapitre *Randonnées en Provence* décrit en détail un parcours cyclotouristique dans le Luberon et le Ventoux, comprenant notamment l'ascension du "Géant". Reportez-vous à cette description pour plus d'information.

À Malaucène et à Sault, il est possible de faire réparer ou de louer un vélo (se reporter aux rubriques consacrées à ses deux villes). À Bédoin, **Bédoin Location** (☎04 90 65 94 53, *chemin des Ferrailles*), installé à deux pas de l'office du tourisme de la ville, loue des vélos.

Ski. La station de ski la plus importante se trouve du côté nord du Ventoux. La **station du mont Serein** (☎ 04 90 63 42 02, fax 04 90 60 78 58, adpmv@infonie.fr) est familiale, petite et populaire. Très fréquentée le dimanche, elle bénéficie d'un cadre préservé. Les chalets particuliers ont été construits dans une aire délimitée et les permis de construire sont désormais arrêtés. Certaines pistes s'ouvrent sur un superbe panorama de la région et des Alpes. L'été, se pratiquent le ski sur herbe et le kart.

En matière d'équipement, la station dispose de huit remontées mécaniques, permettant de descendre 12 km de pistes de tous niveaux (du débutant au confirmé). Le pass coûte 9,45/12,50 € la demi-

journée/journée (4,57 € pour les moins de 6 ans). Le ski de fond dispose de 7 km de sentiers, tandis que 8 km de pistes sont dévolus aux parcours en raquettes. La station dispose d'une école de ski, de loueurs de matériel et d'une poignée de cafés-restaurants. Il est aussi possible de louer des chalets. Adressez-vous sur place ou à l'office du tourisme de Malaucène.

Sur le versant sud du Ventoux, la **station du Chalet Reynard** (☎ 04 90 61 84 55) ne dispose que de deux remontées mécaniques, d'une piste de luge et d'un sentier de ski de fond. Il est possible de louer son matériel sur place. Sur le site, aucune autre construction que le Chalet Reynard, où l'on vient se désaltérer et se restaurer.

Parapente. Vaucluse Parapente (☎ *04 90 71 50 07*) fut le premier club à organiser des vols libres depuis le sommet du Ventoux. Il a été rejoint, depuis, par un autre grand spécialiste : **Fred Roche** (☎ *04 90 62 36 18 ou 06 87 73 68 39*). Les départs sont évidemment assujettis aux conditions météorologiques.

Où se loger
Campings/chambre d'hôtes. Camping du mont Serein (☎ *04 90 60 49 16, info@ gite-ventoux.com, www.gite-ventoux. com ; emplacements caravane/tente 4,57/3,81 € et 3,05/1,52 € par adultes/ enfants moins de 10 ans ; chambres d'hôtes 45,73 € ; ouvert 15 avr-15 sept*). Aménagé sur le versant nord du Ventoux, ce site bénéficie d'un superbe panorama sur les Alpes, dont ne profitent toutefois que les caravanes, les tentes étant parquées au milieu (hors saison, il est néanmoins possible de planter sa tente près de la rambarde face aux montagnes et à la vallée !).

Ce camping loue aussi des chambres d'hôtes et des chalets : les chambres, avec porte-fenêtre donnant sur la terrasse et entrée indépendante, occupent un chalet en bois au cœur de la station. La décoration est rustique (pierres apparentes et bois), les s.d.b. ont été refaites à neuf. Les petits déjeuners sont servis dans le salon de thé du rez-de-chaussée. Les chalets du camping (137,20 € le week-end) sont certainement une meilleure alternative, en raison de la vue offerte sur les Alpes. Une solution à privilégier en dehors de juillet-août puisque, durant cette période, la succession de caravanes installées en bordure de rambarde gâche le panorama.

Enfin, les amateurs de randonnées seront ravis : il est possible de louer de vélos et de suivre le sentier Jean-Henri Fabre, qui commence juste à côté.

Les Oliviers (☎ 04 90 65 68 89 ; *emplacement 1,68 €, 2,59 €/adulte et 1,14 € pour les moins de 7 ans ; ouvert avr-début oct*). Sur le versant sud, à 3 km de Bédoin en venant de Malaucène, cette aire naturelle se trouve dans un site boisé, préservé, mais sans panorama sur le Ventoux. Le chemin qui y mène traverse un joli bout de forêt.

Gîtes d'étapes. Chalet Inter Club (☎ 04 90 63 11 25, fax 04 32 85 06 79 ; *lit 12,20 €*). Construit sur le versant nord, dans l'aire du Camping du mont Serein, cet établissement était en cours de réaménagement lors de notre passage, dortoirs, chambres, sanitaires et coin-cuisine devant être rafraîchis.

La Bernache (☎ 04 90 65 69 99 ; *lit 15,24 € avec petit déj, draps 2,29 € ; fermeture annuelle fin nov-mars*). À 3 km de Bédoin en venant de Malaucène, cette belle maison ocre rouge bénéficie d'un environnement forestier privilégié, où le repos est garanti ! Son dortoir de 6 lits est à l'étage et dispose d'un sanitaire privé et de douche, les WC sont au rez-de-chaussée.

Hôtels. Chalet Liotard (☎ 04 90 60 68 38 ; *chambres 50,31 € juil-août et 15 déc-fév, 44,21 € hors saison ; demi-pension 47,26/51,83 € haute saison, 39,64/44,21 € hors saison, petit déj 5,95 € ; fermeture annuelle oct-15 déc*). Construit sur le versant nord, au-dessus de la station du mont Serein et situé à 300 m par la route, ce chalet propose sept chambres de 2 à 4 personnes, totalement refaites à neuf et aménagées à l'étage, au-dessus du restaurant. Elles sont très convenables pour leur prix. Les chambres de 4 personnes disposent de lits superposés. Les pièces aux murs blancs sont égayées par les tons jaune et bleu des rideaux

et du dessus de lit. Ce chalet est aussi une table renommée (voir *Où se restaurer*).

La Garance (☎ 04 90 12 81 00, fax 04 90 65 93 05 ; *chambres 44/76 €, petit déj 6,50 € ; fermeture annuelle 2 sem en fév*). Dans la petite commune de Saint-Colomb au sud du Ventoux , entre le Chalet Reynard et Bédoin, cet hôtel de 14 chambres dispose également d'une piscine. C'est une coquette maison rose, à l'intérieur coloré de tissus provençaux, qui n'a rien d'un hôtel standard. Seule la route menant au Ventoux apporte un bémol à son charme.

Où se restaurer

Des aires de pique-nique ont été aménagées des deux côtés du mont Ventoux. Le sommet ne comporte aucun restaurant. Sur le versant nord, les restaurants de la station du mont Serein ne sont ouverts que durant la saison de ski.

Chalet Liotard (☎ 04 90 60 68 38 ; *menu 14,94 €, plats 7,93-12,96 € ; fermeture annuelle oct-15 déc*). La meilleure adresse pour se restaurer du côté nord du Ventoux surplombe quelque peu la station. L'accueil, la cuisine familiale, les prix doux et le panorama sont autant d'atouts pour ce chalet, où vous pourrez aussi bien vous désaltérer que manger un sandwich de charcuterie ardéchoise.

Le Vendran (☎ 04 90 60 29 25 ; *menu à partir de 16,77 €, plats 4,57-13,72 € ; ouvert le midi et le soir mai-oct*). Ce bar-restaurant, à 300 m en contrebas du sommet, sur le versant sud, bénéficie d'un panorama époustouflant, comme le vent, surtout en terrasse. La grande salle peut être très bruyante.

Chalet Reynard (☎ 04 90 61 84 55, fax 04 90 60 48 25 ; *plats 9,15-16,62 €, ouvert tlj sauf mar oct-juin, ouvert le midi seulement hors saison*). Plus bas, à l'intersection des routes de Sault et de Bédoin, ce restaurant est le lieu de rendez-vous privilégié du versant sud, bien que sa vue ne soit pas des plus renversantes. Reste que la cuisine (gigot d'agneau, lasagnes-maison, omelette truffée...) est excellente. La pièce, avec murs en bois, cheminée et bar, est agréable et l'ambiance conviviale. Les plats chauds sont servis de 12h à 15h ; des crêpes, des sandwiches et des pâtisseries sont proposés à toute heure.

Le Mas des Vignes (☎ *04 90 65 83 91 ; menus 25,92/33 € ; ouvert le soir mardim et dim midi ; fermeture annuelle 5 nov-30 mars).* Ce joli mas aux volets bleus, situé sur les hauteurs avec la route en contrebas (vous le dénicherez en poursuivant sur la D 974 en direction de Bédoin, qui se trouve à 6 km), est une table excellente : le foie gras-maison, le magret de canard et le fondant au chocolat font ici partie des classiques. L'ambiance semble parfois affectée, mais l'accueil reste charmant. Les cartes bancaires ne sont pas acceptées.

La Crémaillère (☎ *04 90 65 69 05 ou 06 84 55 08 40 ; menu unique 18 €, plats 8,38-9,12 €).* En prolongeant la route jusqu'aux abords de Bédoin, cette véritable auberge paysanne propose des produits de son exploitation ou des fermes voisines. La cuisine est familiale et le gigot d'agneau, en particulier, est un régal. La salle (cinq tables seulement) et la terrasse sous la treille affichent rapidement complet – réservez !

MALAUCÈNE

Malaucène constitue la porte d'entrée du Ventoux, côté versant nord. C'est aussi le port d'attache à privilégier pour l'ascension du "Géant". Cette ancienne ville fortifiée a gardé son identité et une vie de village. Elle demeure encore aujourd'hui une agglomération agricole où cerisiers, abricotiers, asperges, oliviers et vignes prédominent. Le marché se tient chaque mercredi. Sa place principale, appelée Le Cours, s'entoure de commerces et de cafés-restaurants. Ce cœur toujours animé se prolonge par sa principale artère, l'avenue de Verdun. Dans la vieille ville, où se détache l'église du XIVᵉ siècle, se sont installés quelques galeries (parmi lesquelles la galerie Martagon) et des ateliers de potiers.

Renseignements

À côté de la mairie, le bureau de l'office du tourisme (☎ 04 90 65 22 59, fax 04 90 65 22 59, ot-malaucene@axit.fr) est ouvert du lundi au samedi, de 10h à 12h et de 15h à 17h, entre octobre et fin avril, puis tous les

jours en juin-septembre, de 9h30 à 12h30 et de 15h à 18h. Son personnel, efficace et aimable, fournit toutes les informations souhaitées sur le mont Ventoux et la région, en matière d'hébergements ou d'excursions. Des itinéraires et des plans des sentiers du Ventoux, versant nord, sont en vente.

En juillet-août, l'office organise le vendredi soir une montée au Ventoux pour le lever du soleil, avec un bivouac au mont Serein. Le prix est de 7,62 € par personne (4,88 € pour les 12/16 ans).

À voir et à faire

Sur la route menant au Ventoux, à 1,5 km de Malaucène, la **source du Groseau** (captée au temps des Romains pour les besoins des thermes de Vaison-la-Romaine) est un site visité. Son principal attrait reste la **chapelle du Groseau**, résidence d'été du Pape Clément V.

À côté, un mur d'**escalade** a été aménagé – la circulation sur la D974 réduit néanmoins le charme des lieux.

Ceux qui veulent tenter l'ascension du Ventoux à vélo s'adresseront à **Michel Jérôme** (☎/fax 04 90 65 15 42, av. de Verdun) : il loue des vélos de route (10,67 € la journée), des VTC (10,67 €), des VTT (de 12,20 € à 22,87 €). Son magasin ouvre du lundi au samedi, du 16 septembre à fin mars (9h-12h et 15h-18h) et tous les jours en haute saison sauf le dimanche après-midi (8h30-12h30 et 14h30-19h).

Où se loger

Camping. Camping du Grozeau (☎ 04 90 65 10 26, route du Mont-Ventoux ; emplacement 2,44 € et 2,59/1,22 € par adulte/enfants ; ouvert avr-fin sept). Cette aire naturelle ombragée, située juste en contrebas de la route du mont Ventoux (à 1,5 km du centre-ville), ne compte qu'une trentaine d'emplacements. Ils sont pris d'assaut en été. Le parking attenant est d'ailleurs le point de ralliement de nombreux cyclistes. Il dispose d'un coin sanitaire relativement propre et d'un restaurant-pizzeria plutôt quelconque.

La Saousse (☎ 04 90 65 23 52 ; emplacement 1,52 € et 3,20 €/pers, moins 1,52 €

par enfant et voiture ; ouvert Pâques-oct).
Ce camping est à 4 km environ de Malaucène, sur la route menant à Entrechaux. Les
25 emplacements sont la prédilection des
caravanes en été.

Le Bosquet (☎ 04 90 65 23 52, route de
Suzette ; emplacement 2,44 €, voiture
2,44 €, 3,96 €/pers haute saison et 3,56 €
basse saison ; ouvert avr-15 sept). Ce camping constitue le meilleur rapport
qualité/prix, même si l'ombre semble rare. Il
dispose d'une belle vue et ces emplacements
sont relativement espacés les uns des autres.

Gîtes d'étapes. Les Écuries du Ventoux
(☎ 04 90 65 29 20 ; 12,20 €/pers, chambres
d'hôtes 53,36 € ; table d'hôtes 14,64 € ;
fermeture annuelle nov-avr). En direction de
Beaumont-du-Ventoux, ce gîte est à 800 m
de Malaucène. Un immense terrain, où
s'ébattent des chevaux, entoure des bâtiments tout en longueur, enduits de crépis
rose pâle, reliés par une allée de saules pleureurs. Il accueille de nombreux randonneurs,
cyclistes et cavaliers. Les chambres à 2 lits,
au rez-de-chaussée, sont agréables et
fraîches, aux tissus bleu et jaune et
leurs murs blancs (prenez votre duvet).
Trois chambres d'hôtes sont également disponibles. Aménagées dans une maison à
part, elles forment, avec la cuisine et le salon
au rez-de-chaussée, un appartement en soi.

La Boissière (☎ 04 90 65 25 33 ; lit
13,72 €, chambres d'hôtes 49,55 €, petit
déj 4,57 €, demi-pension 28,97 €, table
d'hôtes 16,77 € ; ouvert à l'année, fermé le
jour de Noël). Ce gîte aux allures de grande
villa moderne possède une capacité plus
limitée (un dortoir de 15 personnes). Son
emplacement sur un plateau dominant la
vallée en fait une étape privilégiée. Là
encore, salle à manger, coin cuisine, salle
d'eau et piscine sont très convenables.
Anne et Patrick Gaillard-Day proposent
aussi, dans leur vaste maison, des chambres
d'hôtes et des studios à louer.

Hôtels. Domaines des Tilleuls (☎ 04 90 65
22 31, fax 04 90 65 16 77, arnouldetdom@
wanaddo.fr, route du Mont-Ventoux ;
chambres 68,60-83,85 €, petit déj 6,10 € ;

ouvert à l'année). Cet établissement a le
charme des grandes demeures d'antan,
entourées d'un beau parc. Dominique et
Arnould Chastel l'ont aménagée avec goût.
Le salon aux murs rouges et aux vieux
meubles cirés reflète une atmosphère bourgeoise. Les chambres (dont une pour handicapé) se déclinent sur le même credo :
espace, confort et bien-être. Les chambres
sur le parc sont réservées pour les longs
séjours. Piscine et grand terrain confèrent à
l'ensemble une ambiance de dolce vita. Les
propriétaires sont par ailleurs férus de brocante et divers objets sont ainsi en vente.

La Chevalerie (☎ 04 90 65 11 19, place de
l'Église ; chambres 35,06/39,64 €, petit déj
6,40 €, demi-pension 45,73 € ; fermetures
annuelles 15 nov-30 nov, 1er mars-15 mars
et 1ère sem juil). Voici l'autre adresse de
charme de Malaucène, surtout pour les petits
et moyens budgets. Cet hôtel occupe une
belle maison aux volets bleus (elle faisait
autrefois partie de l'ancien château de
Malaucène) et dispose d'une terrasse aux
allures de jardin suspendu. Outre ces attraits,
c'est aussi une table réputée et les effluves
émanants du restaurant mettent l'eau à la
bouche dès le matin (voir Où se restaurer)
! L'intérieur est douillet, simple et lumineux
et les cinq chambres ont un air de vacances.

Sur la place Le Cours, la principale de la
ville, **L'Origan** et **Le Venaissin** sont des
hôtels deux-étoiles sans charme particulier
ni accueil chaleureux : les groupes semblent
être leur priorité.

Chambres d'hôtes. Château Cremes-
sières (☎ 04 90 65 11 13 ; chambre 68,60-
80,80 € ; ouvert juin-fin sept). Une belle
allée de platanes conduit à cette grande
demeure bourgeoise, construite à 200 m du
centre-ville, au cœur d'un parc. Sa décoration a gardé tout son cachet, avec boiseries,
tapisseries, meubles anciens, argenterie,
carrelage du XVIIIe siècle et vieil escalier
en bois (aux marches qui grincent). La
chambre "Jeanne" est harmonieuse et celle
baptisée "Marie" possède sa propre terrasse. Les propriétaires, Élisabeth et Michel
Dallaporta, disposent aussi de deux appartements en ville, qu'ils louent à la nuitée.

Comptez, pour celui de 110 m², 80,80 € pour deux personnes ou 114,34 € pour quatre. Celui de 40 m² est facturé 68,60 €.

Odette Colomb (☎ *04 90 65 25 00, av. de Verdun ; chambres 44,21 € ; fermeture annuelle nov-avr*). À côté du restaurant Chez Laurette, la maison de cette dame adorable dispose de trois chambres avec s.d.b., simples mais confortables.

Thea et Georg Janssen (☎ *04 90 65 14 35, av. de Verdun ; chambres 45,73/ 53,36 € ; ouvert avr-fin sept*). En remontant légèrement l'avenue de Verdun, vous découvrirez cet élégant hôtel particulier, que prolongent un jardin. C'est sous une belle véranda que l'on prend son petit déjeuner, si le temps ne permet pas de rester à l'extérieur. Sur les deux chambres, préférez celle donnant sur le jardin : vaste et lumineuse, elle possède un superbe mobilier ancien.

Aux environs de Malaucène. La **Ferme du désert** (☎/*fax 04 90 65 29 54 ; chambres 53,36 € ; ouvert à l'année*). À 2 km de Malaucène (en direction de Beaumont-du-Ventoux), Jackie Hubert et Thierry Lorrerd ont aménagé deux parties indépendantes dans des granges aux belles pierres apparentes et aux solides charpentes. Les pièces, vastes, disposent chacune d'une cuisine et d'une s.d.b. Les réservations sont prises pour deux nuits au minimum. La nature environnante est un bonheur et l'ambiance décontractée de la maisonnée fait aussi partie du plaisir. Thierry Lorrerd, guide de moyenne montagne, organise par ailleurs, à la demande, des randonnées sur le Ventoux et les Dentelles de Montmirail, toutes proches.

Où se restaurer
La Chevalerie (☎ *04 90 65 11 19, place de l'Église ; menus 15,24/42,69 €, plats 11,43/14,48 € ; ouvert tlj sauf mer, fermetures annuelles 15 nov-fin nov, 1er-15 mars et 1ère sem juil*). Cet établissement constitue la bonne table de la ville. Les produits frais révèlent toute leur saveur dans une cuisine du terroir, simple et généreuse. La truffe est l'un des mets de prédilection de Jean-Jacques Houdy (en saison seulement : de janvier à début mars). La salle et sa terrasse

sur le jardin suspendu de cette demeure, qui faisait autrefois partie du château de Malaucène, contribuent au charme des lieux. La réservation est indispensable.

Chez Laurette (☎ *04 90 65 24 88, av. de Verdun ; plats 8,38/10,67 € ; ouvert tlj sauf lun-mar*). Ce restaurant est la cantine de nombreux habitants de la ville. Pizzas, daube, beignets de lapin font partie des spécialités de Laurette. Le samedi soir, des concerts sont organisés, et parfois on danse ! L'ambiance est simple, chaleureuse, unique.

Sur la place Le Cours, de nombreux cafés-restaurants aux larges terrasses proposent des plats du jour et des menus. Parmi eux, **Le Siècle** (☎ *04 90 65 11 37 ; plats 8,84/11,43 €)* offre un rapport qualité/prix tout à fait convenable.

Si vous êtes fin gourmet, une table gastronomique existe à Beaumont-du-Ventoux, à 3 km de Malaucène (se reporter à cette rubrique).

Comment s'y rendre
La compagnie des Cars Comtadins (☎ 04 90 67 20 25) relie tous les jours Carpentras à Malaucène *via* Le Barroux, avant de rejoindre Le Crestet et Vaison-la-Romaine. En sens inverse, on peut rejoindre Malaucène par Vaison-la-Romaine.

BEAUMONT-DU-VENTOUX
Ce petit village de la vallée du Rieufroid est encore relativement méconnu. Certes, il offre peu à visiter et son centre se limite à quelques maisons. En revanche, les paysages qui l'entourent, où dominent vignes et vergers, baignent dans une douce quiétude, communicative.

En poursuivant la route, vous atteignez aux **Alazards**, point d'accès pour le GR4 qui mène au Ventoux *via* son versant nord.

Où se loger et se restaurer
La Maison (☎ *04 90 65 15 50, fax 04 90 65 23 29 ; menu 26 €, formule 21 € ; chambres 53,36/64 €, petit déj 7,62 € ; ouvert mer-sam soir et dim midi hors saison, tous les soirs en été ; fermeture annuelle nov-mars*). Michèle Rozenblat a fait de sa maison un lieu recherché pour son

cadre, son atmosphère et sa cuisine. Poussez le portail en fer et vous voici dans une cour ombrée d'un tilleul, dotée de tables en fer et fermée par une maison aux volets bleus-gris. Les deux petites salles du restaurant aux murs peints en jaune possèdent un beau mobilier provençal. L'ambiance allie la simplicité et l'intimité d'une maison particulière. La cuisine, elle se fait en fonction du marché. Canard et pintade sont des grands classiques. Quant aux trois chambres, que l'on rejoint par la coursive, leur aménagement a fait l'objet de soins attentifs, en matière de décoration (à chacune, sa couleur : jaune, bleu clair ou garance) et d'ameublement.

VALLÉE DU TOULOURENC

De Montbrun-les-Bains à Entrechaux, s'étire l'étroite vallée du Toulourenc entre Drôme et Vaucluse, avec pour seule ligne directrice la rivière du Toulourenc. De chaque coté de la D40 qui la longe, des forêts de montagne montent la garde. À gauche, en descendant son cours en direction d'Entrechaux, l'ombre du versant nord du Ventoux, tout en rondeurs abruptes, s'élargit ou se resserre au gré de sa fantaisie. Rares sont les villages alentour : Brantes, Savoillan et Saint-Léger-du-Ventoux. Se distingue, face au "Géant", le petit village perché de Brantes. Ses maisons collées les unes au autres, coulant en cascade le long de la roche, ont fière allure. Hier pauvre et abandonnée, cette ancienne place forte a été depuis quelques années réinvestie. Désormais, des artistes et des artisans aux créations de grande qualité y habitent. Le village de Savoillan, moins "lisse" mais tout aussi vivant, est lui aussi devenu le pied-à-terre d'artistes.

Renseignements

Aucun village de la vallée du Toulourenc ne dispose de bureaux d'information touristique. C'est l'office du tourisme de Montbrun-les-Bains (☎/fax 04 75 28 82 49, OFFMONTBRUN@aol.com, www. guideweb.com/montbrun), dans la partie Drôme de la vallée du Toulourenc, qui donne les renseignements souhaités sur **Brantes** et

Savoillan, notamment. Il est ouvert du lundi au samedi de 10h-12h à 16-18h, et le dimanche matin.

À voir et à faire

Les **ateliers de Brantes** méritent que l'on s'y attardent notamment l'atelier de faïence de Martine Gilles Wieman (☎ 04 75 28 03 37 ; *fermé dim-lun*) et l'atelier de la santonnière Dornier (☎ 04 75 28 01 66 ; *fermé mer et dim matin*), aux étonnants santons bleus.

Les amateurs de **randonnée** pourront suivre le cours du Toulourenc, qui se prête aussi à la **baignade**, en été.

Entrechaux, porte d'entrée ou de sortie de la vallée du Toulourenc, abrite l'un des bons restaurants de la région, qui fait de la ville une étape (voir *Où se loger et se restaurer*, plus bas).

Où se loger et se restaurer

L'Auberge de Brantes (☎ 04 75 28 01 68 ; *chambres 19,82/22,87 €, petit déj 3,81 € ; menu 11,43 € ; restaurant fermé mar*). Marie Duval loue à l'étage de son restaurant sept chambres simples ; trois disposent d'une douche à l'intérieur, les WC (deux au total) sont dans le couloir. D'un bon rapport qualité/prix, ces chambres sont souvent retenues durant les vacances ou les jours fériés ; aussi, réservez longtemps à l'avance. Cette auberge en haut du village, installée dans un virage, est un lieu très vivant, puisque son café-restaurant est le rendez-vous des villageois (et leur cantine) et sa terrasse ombragée donne sur le Ventoux. Côté cuisine, Marie Duval compose son menu an fonction du marché et concocte des mets simples et savoureux.

Toujours à Brantes, vous pouvez dénicher d'autres chambres à la nuitée, en demandant à certaines boutiques du village. Comptez entre 30,49 € et 53,36 €.

L'Auberge de Savoillan (☎ 04 75 28 80 87 ; *lit 7,62 €, petit déj 3,05 € ; menu unique 13,72 €*). À Savoillan, à 4 km de Brantes, l'auberge d'Annie Pacaut est un autre endroit à ne pas manquer pour la qualité et la générosité de sa table, où l'on sert exclusivement des produits de la région. Là encore, la simplicité est de mise. L'Auberge fait aussi gîte d'étapes. Le confort est sommaire, mais le dortoir de douze lits est très correct et l'accueil, agréable. Une cuisine est à disposition. Les hôtes, cependant, préfère goûter aux mets (succulents) de la maîtresse des lieux.

La Poterne (☎/fax 04 75 28 29 13, *lapoternebrantes@aol.com, Brantes ; plats 7,62 € ; ouvert mar-dim 11h-19h en été, fermé lun et ven hors saison, fermeture annuelle 15 oct-mars*). À Brantes, ce café-galerie, aménagé dans une vieille demeure, offre la quiétude d'une maison où la photographie et les livres tiendraient une place importante dans la vie quotidienne. Une exposition de photographies est présentée chaque année dans les deux pièces de l'entrée. Un coin librairie propose une sélection de livres et de cartes postales éditées par les propriétaires de cet espace. Thés, cafés, jus de fruits locaux, glaces artisanales, gâteaux faits maison et assiettes (tarte chaude, salade verte et fromage de chèvre, entre autres) composent la carte. La terrasse face au Ventoux et à la vallée du Toulourenc est à privilégier.

Le Saint-Hubert (☎ 04 90 46 00 05, *Entrechaux ; menus 11,85/21,04/22,73/43,45 €, carte 15,24 € ; ouvert tlj sauf mar-mer*). À l'écart de la route, à l'ombre d'une treille et de platanes, cet établissement privilégie une classique cuisine du terroir. La carte permet de contenter tous les goûts et toutes les envies, puisqu'elle affiche aussi bien foie gras et plats à base de truffe, fruits de mer, poisson ou viandes.

Vaison-la-Romaine

Vivante et commerçante, Vaison-la-Romaine crée la surprise pour celui ou celle qui ne la connaît pas. Boulangers, pâtissiers, bouchers, traiteurs, épiciers, libraires, cafetiers et restaurateurs (pour ne citer qu'eux) donnent en permanence à sa ville basse, une vie dans laquelle le visiteur plonge allégrement avec des yeux gourmands. Vaison demeure, pour les villages alentour, la ville où l'on vient s'approvisionner. Le marché du mardi matin est, à ce titre, une institution dans le pays.

De tout temps, Vaison-la-Romaine constitua un épicentre : capitale celto-ligure de la tribu des Voconces d'abord, cité alliée de Rome ensuite, comme en témoignent les nombreux vestiges romains au centre de la ville (théâtre, thermes, villas). L'antique Vasui, qui accueillit au IIe siècle l'empereur Adrien et son épouse, présente de fait l'un des plus grands champs archéologiques de France. Il suffit de se promener dans ses rues pour en mesurer l'importance.

À Vaison, l'histoire affleure le sol et partage son cœur en deux. Ville basse et ville haute incarnent deux identités bien distinctes, reflets de deux pans de son histoire. Dans la plaine, en contrebas, sur la rive nord de l'Ouvèze, la ville basse a été construite par les Romains ; la ville haute, en revanche, occupant la rive sud, accrochée à la roche, est d'époque médiévale, comme le rappellent les ruines de l'ancien château-fort des comtes de Toulouse, refuge de la population au XIIIe siècle. On passe d'une rive à l'autre par le pont gallo-romain enjambant l'Ouvèze. Voici donc deux mondes différents, solidaires néanmoins, aux destins intimement liés. Agitation, bruits urbains et désordres architecturaux règnent ville basse ; de l'autre, silence, unité de style exemplaire et points de vue sur la plaine. Entre les deux : l'Ouvèze, mince filet d'eau pouvant devenir torrent violent, comme le rappelle une plaque commémorative à proximité du pont gallo-romain, en mémoire des victimes de la crue du 22 septembre 1992.

La place Montfort constitue la place principale de la ville, où se succèdent cafés, restaurants et commerçants. De là, part la Grand'Rue, tout aussi commerçante, réservée aux piétons.

Notez que tous les stationnements dans la ville et aux abords des sites sont gratuits.

RENSEIGNEMENTS
Office du Tourisme

La Maison du tourisme (☎ 04 90 36 51 34, fax 04 90 28 76 04, ot-vaison@axit.fr, www.vaison-la-romaine.com), place du Chanoine Sautel, répond à toutes les questions concernant aussi bien la ville que ses environs (de l'hébergements aux randonnées), et fournit plans et brochures. Elle est accessible du lundi au samedi (9h-12h et 14h-18h), ainsi que le dimanche en été (le matin seulement au printemps et en automne).

Toute l'année, la Maison du tourisme organise des visites commentées des sites romains de Puymin, La Villasse, ainsi que des cathédrales, de la ville médiévale et du pont romain. À chaque site correspond sa visite commentée. D'une saison à l'autre, leur programmation varie.

Un billet "Tous monuments", valable une semaine, permet d'accéder à tous les sites de Vaison et de suivre, sans supplément, les visites guidées. Les adultes paient 6,25 €, les étudiants 3,35 € et 18-12 ans 2,13 € (gratuit pour les moins de 12 ans). À noter enfin qu'un seul enfant par famille paie. Seule l'entrée au cloître est assujettie à un supplément (1,22 €).

En juin et septembre, une visite nocturne des vestiges gallo-romains de La Villasse est aussi organisée le samedi. En juillet-août, elle se déroule les mercredi, vendredi et samedi (excepté du 14 au 17 juillet et du 11 au 15 août). Cette visite est accompagnée d'un son et lumière. De juin à septembre, les mardi et jeudi, deux visites par soirée, accompagnées d'un guide, sont par ailleurs programmées. Comptez 4,57/3,05 €, gratuit pour les moins de 12 ans. Sur présentation du billet des fouilles, les adultes paient 3,05 €.

Laverie
Cours Taulignan, La Lavandière (☎ 04 90 36 35 87) dispose de machines à laver et à sécher le linge.

Librairie
La Librairie Montfort (☎ 04 90 28 88 51, 36 Grand'Rue) présente un large choix de livres et d'ouvrages consacrés à l'époque romaine et à la Provence, ainsi qu'à la littérature classique et moderne, l'histoire, les traditions et la géographie. Elle est fermée les dimanche et lundi, sauf en juillet-août.

FÊTES ET FESTIVALS
Les Choralies rassemblent des chorales venues du monde entier et se déroulent tous les trois ans (la prochaine se tiendra en été 2004).

Les Journées Gourmandes (un rendez-vous annuel, le week-end du 11 novembre) constituent l'autre rendez-vous important de la ville.

À VOIR ET À FAIRE
Marchés. Le mardi est le jour du marché hebdomadaire. Chaque jeudi et samedi des mois d'avril à septembre se déroule un marché paysan, présentant les productions locales. En juillet-août, un marché anime la ville haute le dimanche matin.

Vestiges gallo-romains
Les quartiers de **Puymin** et de **La Villasse** ont été mis au jour à partir des années 1907, lors des fouilles officielles entreprises par le chanoine Sautel. Situés l'un en face de l'autre, ils sont séparés aujourd'hui par l'avenue du Général-de-Gaulle. Dans ces deux quartiers se dessinent les ruines de riches demeures et le tracé de rues commerçantes. Thermes publics et privés se révèlent également distinctement. Un plan explicatif vous est remis à l'entrée du site et des panneaux explicatifs ont également été disposés.

Le site de Puymin porte le nom de la colline à laquelle il s'adossait et couvre 15 hectares, soit 1/5e du site présumé. Le musée présente de belles statues en marbre, des bijoux, des maquettes de villa et des objets du quotidien. Une boutique-librairie a été aménagée à l'entrée. C'est également par le site de Puymin que l'on peut accéder au **théâtre romain** de 6 000 places, construit au Ier siècle.

De novembre à février, les deux sites sont accessibles de 10h à 12h et de 14h à 16h30 (le musée ferme à 16h). En mars, avril, mai et octore, les horaires passent de 10h à 12h30 et de 14h à 18h. En juin, juillet, août et septembre, le site de Puymin est ouvert de 9h30 à 18h, celui de La Villasse de 9h30 à 12h30 et de 14h30-18h (18h45 en juillet-août pour les deux sites).

Quartier médiéval
Hier délaissée, cette partie de la ville a été réinvestie depuis les années 1950 et ses quartiers médiévaux restaurés. Une fois

passé le pont gallo-romain, se dressent les remparts de la ville haute et son beffroi, surmonté d'un campanile. Vous suivrez alors un circuit balisé au gré des *calades* (rues pavées de galets ou de pierres) et des ruelles étroites. Rue des Fours ou rue de l'Évêché (la rue principale), vous serez émerveillés par les placettes, les fontaines et les hôtels particuliers. Montez encore, le long des ruelles qui serpentent, puis gravissez les marches pour rejoindre le château, dont le site surplombe la ville basse. Attention, la pierre peut être glissante à certains endroits.

Cathédrales
Ville basse et ville haute ont chacune leur cathédrale. Dans la ville basse, la **cathédrale Notre-Dame-de-Nazareth**, place de la Cathédrale, et son **cloître**, érigé au XIe siècle, comptent parmi les plus beaux édifices romans de Provence. Murs épais, clocher massif et sobriété des décors sculpturaux caractérise l'édifice. L'architecture du cloître dégage la même harmonie.

Le cloître n'est pas accessible de novembre à février. En mars, avril, mai et octobre, il se visite de 10h à 12h et de 14h à 18h. De juin à septembre, ses horaires passe à 9h30-12h30 et 14h-18h (18h45 en juillet-août).

Dans la ville haute, l'**église-cathédrale** ne présente pas les mêmes dimensions. Édifiée au XIIIe siècle, lorsque la population cherchait refuge derrière les remparts, elle constitue néanmoins un beau monument, malheureusement fermé au public.

OÙ SE LOGER
Camping
Camping du théâtre romain (☎ 04 90 28 78 66, fax 04 90 28 78 76, camping.du.theatreromain@wanadoo.fr, www.perso.wanadoo.fr/camping.du.theatre.romain/, quartier des Arts, chemin du Brusquet ; tente ou caravane 6,80 € et 4,90 €/pers en été, 4,20 et 4,30 € hors saison ; ouvert 15 mars-15 nov). Situé en centre-ville, à 10 minutes à pied du théâtre romain, ce camping dispose d'une piscine et présente un excellent rapport qualité/prix en raison de sa situation.

Hôtels
Ville haute. Le Beffroi (☎ 04 90 36 04 71, fax 04 90 36 24 78, lebeffroi@ wanadoo.fr, rue de l'Évêché ; simples 51,83-75,46 €, doubles 75,46-106,71 €, moins 10% 15 oct-fin mars, petit déj 9,15 €, parking 7,62 € ; fermeture annuelle fev-mars). L'établissement de charme de la ville se partage entre deux hôtels particuliers des XVIe et XVIIe siècles. Vous plongez dans le passé grâce aux escaliers en pierre aux marches usées, au salon à l'ancienne ou aux chambres, joliment meublées. Aucune des 22 chambres ne se ressemble. Préférez celles donnant sur la ville basse et le jardin en terrasse, en particulier la "Géranium" (la moins chère), dotée d'un lit de 90 cm, d'un bureau et d'une terrasse ouvrant sur la ville et le jardin. Vous pourrez aussi farnienter dans le patio, à l'ombre du figuier.

La Fête en Provence (☎ 04 90 36 36 43, fax 04 90 36 21 49, fete-en-provence@avignon-et-provence.com, fete-en-provence@ wanadoo.fr, place Vieille ; studios 48,78-73,17 €, duplex 2 pers 91,46 €, 12,19 €/pers supp, petit déj 7,62 €). Dans le prolongement de la rue de l'Évêché, cette ancienne demeure s'articule autour d'un patio arboré. La location de studio et de duplex (disponibles à l'année) se fait à la nuitée. Chacun dispose d'un coin cuisine. Côté décoration, les couleurs ocre créent une atmosphère parfois chargée.

Ville basse. Le Burrhus (☎ 04 90 36 00 11, fax 04 90 36 39 05, 2 place Montfort, chambres avec douche 44/48 €, avec bain 46/50 €, +2 € haute saison, petit déj 6 € ; fermeture annuelle déc-20 janv). Sur la place principale de Vaison, cet établissement propose des chambres colorées, réparties sur deux étages, dans les différentes ailes de cette vieille demeure. Trois fois par an, Jean-Baptiste et Laurence Gurly, amateurs d'art contemporain, organisent des expositions. Dans les couloirs et dans chaque chambre, des œuvres sont d'ailleurs accrochées. Demandez de préférence les chambres dans la partie la plus récemment réaménagée. Au dernier étage, un appartement en duplex avec terrasse, disposant de deux chambres, est disponible à la nuitée (97 €).

Hôtel des Lis (☎ 04 90 36 00 11, fax 04 90 36 39 05, 20 cours Henri-Fabre ; simples 39/46 €, doubles 54/59 €). Cet hôtel, tenu par les propriétaires du Burrhus (son vis-à-vis), propose des chambres plus spacieuses, à la décoration bourgeoise et désuète.

Le Brin d'Olivier (☎ 04 90 28 74 79, fax 04 90 36 13 36, 4 rue Ventoux ; chambres 60,98/68,60/83,85 €). Ce restaurant, aux salles joliment aménagées autour d'un patio (voir Où se restaurer), loue trois chambres à l'étage. Leur prix dépend de leur exposition. La couleur des murs et des tissus varie en fonction de leur nom (safran, verveine et églantine). Si chacune dispose d'un bel espace, elles semblent un peu froides et relativement coûteuses. Les cartes de crédit ne sont pas acceptées.

Chambres d'hôtes

L'Évêché (☎ 04 90 36 13 46, fax 04 90 36 32 43, eveche@aol.com, rue de l'Évêché ; simples 56/66 €, doubles 70/73 €, suites 90/98 € pour 2/3 pers ; fermeture annuelle 15 nov-15 janv). L'entrée aux murs couverts de livres et d'affiches de galeries de peinture donne le ton de la demeure d'Aude Verdier, autrefois partie intégrante de l'Évêché, dans la ville haute. À deux pas de l'hôtel du Beffroi, cette maison dispose d'un joli petit balcon, embrassant la ville basse. Les quatre chambres, qui portent le nom de leur couleur dominante, ont une entrée indépendante et sont décorées de vieux meubles et de tissus provençaux. Des vélos sont à disposition.

Micheline Blanquie (☎ 04 90 36 29 40 ; simples/doubles/triples 31,25/34,30/37,35 € avec sdb commune ; fermeture annuelle 15 déc-15 janv) loue trois chambres confortables, dans une maison accueillante de la ville basse, à deux pas de la cathédrale.

OÙ SE RESTAURER

Sur la place Montfort, les cafés-restaurants dotés de grandes terrasses proposent des plats classiques, à tous les prix. Citons **L'Universal**, le café "in" du moment, et **L'Annexe**, autre grand lieu de rendez-vous. Dans un autre registre, la boulangerie **Chez** **Pascal** (fermée le jeudi) propose une restauration rapide de qualité.

Ville basse

Auberge de la Bartavelle (☎ 04 90 36 02 16, 12 place Sus-Auze ; repas 15,24/42,69 € ; ouvert tlj sauf lun, fermeture annuelle 15 nov-15 déc). Au-dessus de la place Montfort, cet établissement recueille tous les suffrages. Sa carte traditionnelle met à l'honneur les escargots ou l'agneau et mitonne un délicieux pot-au-feu au saumon.

Mosaïk (☎/fax 04 90 28 80 14, 22 cours Taulignan ; menu 16,77 €, formules 8,38/9,91/10,98 €, plats 8,28/9,15 € ; ouvert tlj en été sauf sam et dim midi, fermé mar-mer soirs et sam midi-dim hors saison). Assiette de boudins antillais, salades aux ravioles, daube de bœuf au vin miélé et aux épices, curry de poisson… Voici quelques exemples de la carte du dernier-né des restaurants de Vaison, qui concocte une cuisine métissée, savoureuse et délicate. Le petit jardin d'inspiration asiatique constitue un îlot de sérénité et, dans la salle à manger baignée de lumière, les tons jaunes s'allient à merveille au bois. Le restaurant n'accepte pas les cartes de crédit.

Le Brin d'Olivier (☎ 04 90 28 74 79, 4 rue Ventoux ; menu 22,87 € ; ouvert tlj le soir juil-août, fermé mer-jeu et sam le midi hors saison). Cette table agréable (mais assez inégale en été) offre une cuisine d'inspiration méditerranéenne, dans un cadre plaisant (un patio et une petite salle attenante de style bistrot). Vous dégusterez, entre autres plats, un millefeuilles d'aubergines et du foie gras mariné au vin doux.

Le Moulin à l'huile (☎ 04 90 36 20 67, fax 04 90 36 20 20, quai Maréchal-Foch, route de Malaucène ; menu midi mar-ven 30,49 € ; ouvert tlj sauf dim soir-lun ; fermeture annuelle fév). Ce grand restaurant, maintes fois récompensé, ne déçoit effectivement pas. Le chef propose notamment un menu autour de la truffe, servi de janvier à mars (91,47 €) : une folie à ne pas manquer ! Légèrement à l'écart du centre-ville, à 100 m du pont gallo-romain, cette bâtisse rose, en surplomb de l'Ouvèze, se repère parfaitement bien.

Ville haute

Le Beffroi (☎ 04 90 36 04 71, fax 04 90 36 24 78, lebeffroi@wanadoo.fr, rue de l'Évêché ; plats 7,62/18,29 € ; fermeture annuelle 31 jan-31 mars). La terrasse dominant la ville et le patio ponctué de figuiers font le charme de la partie restaurant de cet hôtel. En juillet-août, il propose une carte faisant honneur aux salades de toutes sortes (7,62 /10,67 €).

La Fête en Provence (☎ 04 90 36 36 43, fax 04 90 36 21 49, fete-en-provence@avignon-et-provence.com, fete-en-provence@wanadoo.fr, place Vieille ; menu 24,39 €, plats 16,77/19,82 € ; ouvert Pâques-15 nov). Daube de gigot d'agneau à la tapenade, magret grillé au miel et aux épices ou plats bio agrémentent une carte alléchante. Aux beaux jours, prenez votre repas dans la cour intérieure.

Halte gourmande (☎ 04 90 28 81 75, fax 04 90 28 89 16, rue des Fours, menus 11,43/13,72 € ; ouvert tlj avr-fin sept). Sur le chemin menant aux vestiges du château, cet établissement possède une petite terrasse engageante (la décoration intérieure est plus quelconque). Crêpes, salades, plat du jour et gâteaux sont servis en continu jusqu'à 19h.

COMMENT S'Y RENDRE

Les cars Lieutard (☎ 04 90 36 05 22) assurent des liaisons quotidiennes avec Vaison, depuis Orange et Avignon. Les Cars Comtadins (☎ 04 9067 20 25) relient la ville à Carpentras et à Malaucène. Le terminus se trouve avenue des Choralies, à 500 m de l'office du tourisme.

COMMENT CIRCULER

À 200 m de l'office du tourisme, Lacombe Moto Cycles (☎/fax 04 90 36 03 29), 17 av. Jules-Ferry, loue et répare des vélos. Il est ouvert à l'année, du mardi au samedi (8h-12h, 14h-19h).

Le vélo de tourisme est facturé 7,62 €/jour, le vélo de course 9,15 € et le VTT 12,20 € (réduction possible pour une semaine de location). Mag 2-roues (☎ 04 90 28 80 46) propose les mêmes services à des tarifs identiques.

ENVIRONS DE VAISON
Le Crestet

Face au Ventoux, à 2 km de Vaison-la-Romaine, Le Crestet figure parmi ces beaux villages provençaux, réinvestis et restaurés avec la plus grande attention par respect pour les vieilles pierres. La beauté des ruelles pavées bordées de figuiers, des vieilles demeures, de la fontaine ou du château (cet édifice, ancienne demeure des Évêques de Vaison, est privé et ne se visite pas) vous séduira. Le Crestet n'abrite aucune épicerie ou café. En revanche, son centre d'art contemporain est réputé.

Le **Crestet - Centre d'art** (☎ 04 90 36 35 00, fax 04 90 36 36 20, crestet.centre.art@wanadoo.fr, chemin de la Verrière ; ouvert tlj 11h-19h) fut le premier du genre dans la région. Le bâtiment, construit entre 1969 et 1971 par l'architecte Bruno Stalhy, est rapidement devenu l'atelier de son père, le sculpteur François Stalhy. Ce lieu, aujourd'hui géré par le ministère de la Culture, accueille des artistes en résidence ; leurs travaux doivent s'inscrire dans une recherche sur les rapports entretenus entre l'art et la nature. Chaque année, trois expositions d'art contemporain sont présentées (le bâtiment est alors ouvert au visiteur, au tarif de 1,52 € en été).

Dans la forêt, un **itinéraire** fléché, où flore méditerranéenne et sculptures se font échos, est proposé aux visiteurs (gratuit). Du village, la promenade prend 30 minutes. Prévoyez de quoi vous désaltérer.

La route qui mène au centre d'art passe par Suzette et longe les Dentelles de Montmirail (voir ces rubriques plus loin). Ce chemin de terre et de cailloux réserve de magnifiques panoramas.

Où se loger. Deux chambres d'hôtes vous attendent dans le village même. Les autres hébergements sont situés dans ses abords immédiats.

La Respelido (☎/fax 04 90 36 03 10 ; chambres 45/55 €, lit supp 15 € ; fermeture annuelle nov-15 mars). Dans le village, cette jolie demeure, cachée derrière un muret, offre le bien-être d'une maison habitée à l'année où livres, musique, vins et cuisine font partie de l'art de vivre au quotidien. Les deux chambres d'hôtes, avec entrée indépendante, disposent d'une vue superbe sur le mont Ventoux : demandez celle au dernier étage – elle donne vraiment envie de poser ses valises. Le petit déjeuner, préparé par Jacques et Ji Veit, comprend confiture maison, pain bio, œufs et fromages locaux.

L'Ermitage (☎ 04 90 28 88 29, fax 04 90 28 72 97, route de Sainte-Anne, nick-jones@wanadoo.fr, www.lermitage.net ; simples/doubles 48,78/54,88 €, 15,24 €/pers supp ; fermeture annuelle 15 oct-15 mars). Blottie à l'angle d'un virage, cette ancienne ferme fortifiée constitue l'autre bonne adresse du Crestet. Sa belle façade rose s'aperçoit depuis la route qui monte au village. L'ambiance est tout aussi vivante et la décoration, hétéroclite. Le terrain attenant à la maison (avec piscine) est idéal pour les enfants.

Le Mas de Magali (☎ 04 90 39 31, fax 04 90 28 73 40 ; demi-pension 130/140 €/pers ; ouvert avr-oct). Cet hôtel-restaurant, à 2 km du village, représente dans sa catégorie le meilleur rapport qualité/prix. En bout de chemin, face au mont Ventoux, cette construction moderne bénéficie d'un environnement calme. Un bémol : la décoration intérieure et celle des chambres sont un peu empruntées.

La Ribaude (☎ 04 90 36 36 11, fax 04 90 28 81 29 ; suite 153,5 € ; petit déj 10,50 € ; fermé 15 mars-15 oct). Juste avant d'emprunter le chemin qui mène au Mas de Magali (ci-dessus), vous découvrirez cette belle maison en pierre, sur la gauche, avec son parterre de lavande. L'aménagement intérieur affiche un goût sans fausse note, trop parfait toutefois pour être chaleureux. Une seule chambre accueille parents et enfants de plus de 10 ans. Les cartes de crédit ne sont pas acceptées.

Où se restaurer. Le Panoramic (☎ 04 90 28 76 42 ; plats 10,52-12,81 € ; ouvert Pâques-début oct, 10h30-18h). Installée sur les hauteurs, sa terrasse (l'unique espace où l'on puisse s'asseoir) dispose d'une vue magnifique. Choisissez Le Panoramic pour

vous désaltérer, mais oubliez sa restauration rapide, décevante pour ses prix et sa qualité.

La Loupiote (☎/fax 04 90 36 29 50, pizzerialoupiote@aol.com ; repas 8,38-25,15 € ; ouvert tlj sauf lun en été, fermé lun-mar hors saison). Voici la solution pour ceux qui logent au Crestet et qui, le soir venu, n'ont pas forcément envie de faire des kilomètres en voiture ! Situé à l'intersection de la D 938 et de la route montant au village, cet établissement ne bénéficie pas d'un cadre particulier (réservez sur sa terrasse aux beaux jours). En revanche, il propose une carte où le choix (pizza, salades, grillades) s'accompagne de prix doux et d'une cuisine correcte.

Dentelles de Montmirail

Entre Carpentras au sud et Vaison-la-Romaine au nord se détachent les Dentelles de Montmirail, au sommet finement ciselé par l'érosion et dont les cimes culminent à 735 m. Bordées à l'est par le Ventoux, elles constituent le dernier contrefort de ce massif avant la vallée du Rhône. Pins d'Alep, chênes et vignobles (côtes du Rhône et recouvrent ses coteaux. Les et les côtes du Ventoux se partagent son territoire. Randonnée et escalade se pratiquent à l'année. De Malaucène à Beaumes-de-Venise, en empruntant la D 90 et en traversant les hameaux de Suzette et de Lafare, les Dentelles de Montmirail apparaissent dans toute leur splendeur. Le versant ouest reliant Beaumes-de-Venise et Vaison-la-Romaine via Gigondas, Sablet et Séguret est plus touristique (et aussi plus ensoleillé). Il offre un magnifique panorama sur les Cévennes. Vous pouvez également rejoindre les deux versants en empruntant le chemin de terre et de cailloux reliant Gigondas à Lafare par le col de Cayron, au cœur des Dentelles : vous profiterez ainsi d'une vision originale.

RENSEIGNEMENTS
L'office du tourisme de Beaumes-de-Venise, La Maison des Dentelles (☎ 04 90 62 94 39, fax 04 90 62 93 25, ot-beaume@

axit.fr), couvre toute la région est des Dentelles, autrement dit le secteur des villages de Lafare et de Suzette. Ses bureaux, place du Marché, sont ouverts de juin à septembre du lundi au samedi de 9h à 12h et de 15h à 18h. Le dimanche et les jours fériés, seul renseigne le point d'accueil, bd Jean-Jaurès, de 9h à 12h30.

L'office du tourisme de Gigondas (☎ 04 90 65 85 46, fax 04 90 65 88 42, www. beyond.fr/villages/gigondas.html, ot-gigondas@axit.fr) gère, quant à lui, les informations de toute la partie ouest des Dentelles (Gigondas, Sablet, Séguret). Ouvert tous les jours en juillet- août (10h-12h et 14h-19h), il ferme ensuite à 18h en avril, mai, juin, septembre et octobre. De novembre à mars, il ferme à 17h et le dimanche toute la journée.

ACTIVITÉS SPORTIVES
Les Dentelles de Montmirail constituent un véritable paradis pour les randonneurs et les amateurs d'escalades.

Randonnées
Pour le secteur est des Dentelles (Suzette, Lafare), 14 sentiers au total ont été aménagés et balisés par l'office du tourisme de Beaumes-de-Venise. La brochure qui détaille leurs parcours est vendue 6,10 €. L'office du tourisme de Gigondas a balisé dans son secteur environ 40 km de sentiers de randonnées. Tous ne concernent pas les Dentelles. Un livret les regroupant est vendu 7,62 €.

Le Club VTT du village a établi lui aussi des parcours pour les vélos (0,76 € le dépliant, également disponible à l'office du tourisme).

Escalade
Pour les grimpeurs, les Dentelles offrent 600 itinéraires et constituent pour les débutants un bon terrain d'apprentissage. Des brochures les recensant sont disponibles dans les offices du tourisme.

À Gigondas, le responsable du gîte d'étape des Dentelles, **Régis Leroy** (☎ 04 90 65 80 85, fax 04 90 65 83 44, regis@provence-trekking.com, www. provence-treking.com) organise à l'année des stages et des sorties à la demi-journée et à la journée (182,94 € à diviser par le nombre de participants). Il fournit le matériel nécessaire, excepté les chaussons. Guide de haute montagne, Régis Leroy est l'auteur du topo-guide vendu à l'office du tourisme de Gigondas. Il couvre le versant nord et versant sud et propose aussi des randonnées pédestres d'un à plusieurs jours – celle de 5 jours permet ainsi de relier les Dentelles au Ventoux, en logeant dans des chambres d'hôtes.

André Charmetant, guide de haute montagne et propriétaire du Gîte d'étape de Lafare (☎ 04 90 82 20 72), propose lui aussi à l'année des sorties et des stages d'escalade à la journée (198,18 € à diviser par le nombre de participants). Des stages de canyoning et des randonnées pédestres sont également organisés à la demande.

SUZETTE
Situé entre Malaucène et Beaumes-de-Venise, ce hameau d'une dizaine de maisons domine un paysage de coteaux de vignes avec, en contrepoint, les Dentelles de Montmirail et les monts de Vaucluse. Son environnement préservé est superbe et à l'écart des circuits touristiques. La D 90 (qui le borde) permet d'ailleurs d'appréhender au mieux les différents points de vue, surtout si vous arrivez de Malaucène.

Où se loger et se restaurer
La Treille (☎ 04 90 65 03 77, fax 04 90 62 92 05 ; chambres 60,98 €, table d'hôtes 19,06 € ; ouvert avr-oct). Juste au-dessus de la route reliant Malaucène à Beaumes-de-Venise, à 100 m du village, ce mas construit en "U", aux volets gris bleus, abrite deux chambres claires, spacieuses et d'un sobre aménagement tout en blanc crème. Leurs s.d.b. sont tout aussi agréables à vivre. La terrasse fleurie, la vue sur les monts de Vaucluse et, surtout, la délicatesse de Sylvie Favot contribuent au charme et à la quiétude de cette maison.

La Fontaine du Buis (☎ 04 90 65 03 87 ; simples/doubles 44/48 €, doubles/triples/ quadruples 55/60/65 €). À quelques centaines de mètres de La Treille, après avoir parcouru un chemin sur 600 m, se dessine cette ancienne ferme, tournée elle aussi vers la plaine de Carpentras et les monts de Vaucluse. Les deux chambres, avec entrée indépendante, donnent sur les champs, à l'arrière de la maison. Calme garanti. L'aménagement est simple et la literie parfaite. La chambre de 42 m² accueille 2, 3 ou 4 personnes et dispose d'une cuisine. L'accueil est chaleureux. En prime, sachez qu'une aire de jeux attend les enfants et qu'un sentier court juste derrière la maison.

Le Dégoutaud *(☎/fax 04 90 62 99 29, le.degoutaud@wanadoo.fr ; simples/doubles/ triples 43,46/50,53/58,61 €, quadruples 66-69 € ; table d'hôtes 17 € ; ouvert à l'année).* Cette ferme encore en activité est au cœur d'un magnifique paysage, cerné par les Dentelles de Montmirail. Le terrain, plutôt vaste, comprend une piscine et quelques tables ont été disposées sous les arbres. Les trois chambres (dont une est accessible aux handicapés), avec tissus, meubles provençaux et parquet, sont chaleureuses. Elles donnent sur l'arrière du mas. Leur fraîcheur en été est réconfortante. Des gîtes bénéficiant d'un somptueux panorama sont aussi à disposition. Au petit déjeuner ou au dîner, les produits de la ferme révèlent leurs arômes, dans une ambiance familiale et décontractée.

Les Coquelicots *(☎ 04 90 65 06 94 ; plats 7-10 € ; ouvert tlj en juil-août, fermé mer-mar soir en moyenne saison, ouvert ven soir-sam-dim midi en jan-fév).* Installé à l'entrée de Suzette, ce petit établissement dispose d'une belle terrasse à l'ombre de mûriers, surplombant les Dentelles et les monts de Vaucluse. Le soir, l'ambiance est des plus chaleureuses (attention, la salle compte à peine 10 tables à l'intérieur). À la carte, sont proposés plats de viandes, salades et pizzas.

LAFARE
Encore plus petit que Suzette, ce hameau en terrasse constitue l'un des accès privilégiés des Dentelles de Montmirail, pour les randonneurs comme pour les amateurs d'escalade. Une route en terre permet de rejoindre Gigondas par le Col du Cayron.

Gîte d'étapes de Lafare *(☎ 04 90 82 20 72, andre@charmetant.org ; lit 10 € ; ouvert à l'année).* Face aux Dentelles, avec en contrebas la route et des vignes, ce gîte propose quatre dortoirs dont les capacités vont de 4 à 7 personnes. La cuisine en autogestion et aucun repas (pas même le petit déjeuner) ne sont assurés. Apportez vos provisions car Lafare ne compte aucun commerces.

André Charmetant, guide de haute montagne propose des stages d'escalade à la journée ou sur plusieurs jours (voir la rubrique *Activités sportives*, plus haut).

LE BARROUX
Ce village de 574 habitants (aux maisons anciennes parfaitement restaurées et aux ruelles en pente douce) a gardé des pans entiers de sa structure fortifiée.

Sur un piton rocheux, le **Château du Barroux** *(☎ 04 90 62 35 21 ; entrée 3,05 €)* domine le village offrant un panorama sur les Dentelles, la plaine de Carpentras, les monts de Vaucluse et le mont Ventoux. Incendié en 1944, ce château (bâti au XIIe siècle et remanié au XVIe) a été restauré. Il sert de lieu d'expositions et de séminaires. Sa visite a peu d'intérêt, les pièces étant vides de meubles et les explications, succinctes. Contentez-vous de l'admirer de l'extérieur. Il en va de même de la visite de l'**Abbaye Sainte-Madeleine** *(☎ 04 90 62 56 31),* au nord du village, sur la route de Suzette, puisque chapelle et boutique (très fréquentée) sont les seuls espaces ouverts au public.

Où se loger et se restaurer
Les Géraniums *(☎ 04 90 62 41 08, fax 04 90 62 56 48 ; chambres 42/47 € avec douche/bain, avec demi-pension 40/43 €, petit déj 7 € ; fermeture annuelle 11 nov-Pâques).* Cet hôtel-restaurant affiche d'emblée son ambiance familiale. Il fait partie, avec Les Florets à Gigondas et la Table du Comtat à Séguret, des grands classiques de la région, où l'on vient pour se restaurer mais aussi pour goûter au cadre. Les habitués réservent d'une année sur l'autre. En été, la demi-pension est obligatoire. Côté restaurant, sa carte propose un large choix

de plats (comptez au moins 15,24 €) et réservez pour avoir une table en terrasse l'été. Il est le seul et unique lieu où se restaurer dans La Barroux.

Le petit Jardin (*☎/fax 04 90 62 47 64, Catherine.leroux1@free.fr ; simples 41-46 €, doubles 46-50 €, triples 66 €, 4/5 personnes 73/81 €, table d'hôtes 20 € ; ouvert avr-nov, renseignez-vous les autres mois*). Cette maison de village, ponctuée de jolies petites terrasses ombragées, réserve en été une agréable fraîcheur. Les chambres d'hôtes, distribuées par un magnifique escalier à la rambarde en fer forgé du XVIIIᵉ siècle, sont vastes, aménagées avec goût et empreintes d'une touche sud-américaine ; elles disposent de s.d.b. La "Vera Cruz" possède une terrasse particulière. Vous serez accueillis par Yvonne et Catherine, mère et fille, des femmes discrètes et attentives.

Le Mas de la Lause (*☎ 04 90 62 33 33, fax 04 90 62 36 36, maslause@provence-gites.com, www.provence-gites.com, chemin de Geysset ; simples/doubles de 52/59 €, supplément lit 22 €, animaux 7 €, suite 2/3/4 pers 73/92/116 € ; table d'hôtes 17 €, menu enfant 7 €, ouvert 19 mars-20nov*). Sur la route de Suzette, cette demeure au cœur d'un vignoble, avec vue sur le château, dispose d'un terrain de jeux, idéal pour les enfants. À chaque chambre, sa décoration sobre mais colorée comme l'indique leur nom : Iris, Tournesol, Abricot, etc. La table d'hôtes est proposée le soir, excepté le mercredi et le dimanche.

GIGONDAS

Ce village de 630 habitants fut de tout temps viticole et la vigne mobilise encore aujourd'hui plus de 80% de sa population. Sur la place de la Mairie, la place principale du village, des viticulteurs vendent d'ailleurs leurs différentes cuvées. Le charme de Gigondas, au delà d'être un très beau village, réside dans son identité qu'il a su préserver malgré l'afflux de visiteurs. Flânez dans les ruelles (peu nombreuses), longez l'enceinte fortifiée et montez jusqu'au parvis de l'église : la vue sur le vignoble et les Cévennes, au loin, est magnifique. Des vestiges de son château féodal et de son hospice (1678) sont encore

visibles (le reste de ces édifices a été absorbé par les constructions des siècles ultérieurs).

L'office du tourisme organise en été une visite gratuite du village, afin de faire connaître son histoire riche et mouvementée. Pendant près de huit siècles, Gigondas fut en effet l'une des six communes qui formèrent la principauté d'Orange.

Dans le haut du village, un Cheminement de Sculptures contemporaines a été par ailleurs aménagé. Gigondas représente aussi la principale porte d'entrée ouest des Dentelles de Montmirail (voir plus haut) et constitue la ville- étape des amateurs d'escalade et de randonnées.

Renseignements

L'office du tourisme de Gigondas (*☎ 04 90 65 85 46, fax 04 90 65 88 42, www.beyond .fr/villages/gigondas.html, ot-gigondas@ axit.fr*) gère les informations de toute la partie ouest de la région des Dentelles (Gigondas, Sablet, Séguret). Il ouvre tous les jours en juillet- août (10h-12h et 14h-19h) ; ferme à 18h en avril, mai, juin, septembre et octobre ; et de novembre à mars, à 17h, ainsi que le dimanche toute la journée. Attention : le village ne compte aucun distributeur d'argent. Une épicerie fait office de boulangerie, de traiteur et de marchand de journaux (fermée le lundi, excepté durant les vendanges).

Pour rejoindre les Dentelles, prenez la direction de l'hôtel-restaurant Les Florets (voir ci-dessous). En août, se déroule dans son théâtre de verdure le festival Lyrique et de musique de chambre.

Où se loger

Le centre du village ne compte aucun hôtel ou chambres d'hôtes. Mais vous n'aurez pas de grande distance à parcourir pour trouver un hébergement. Les campeurs devront aller jusqu'à Sablet (voir plus loin), un village à quelques kilomètres de Gigondas.

Gîte d'étape des Dentelles (*☎ 04 90 65 80 85, fax 04 90 65 83 44, regis@provence-trekking.com, www. provence-trekking.com ; lit en dortoir 11,43 €/pers, en chambre 12,96 €, location de draps 3,05 € ; fermeture annuelle jan ou fév*). Situé à l'entrée de

Gigondas, à 5 minutes à pied du centre, ce gîte représente, dans sa catégorie, la meilleure adresse de la région. Ses deux dortoirs de 13 lits et ses dix chambres de 2 personnes, auxquelles s'ajoutent une chambre pour 3 personnes et une accessible aux handicapés, sont impeccables (literie, équipement et sanitaires semblants neufs). La salle à manger dispose d'un coin-cuisine et, à l'extérieur, des tables ont été disposées à l'ombre de mûriers. Les responsables des lieux sont par ailleurs accueillants. Patricia gère le gîte tandis que Régis, guide de haute montagne, organise des cours d'escalade (tous niveaux) et des randonnées (voir ci-dessus la rubrique *Activités sportives*).

L'Oustalet (☎ *04 90 65 81 49 ou 04 90 65 86 75 ; simples 15,24 €, doubles 10,67 €/pers et draps 3,05 € ; ouvert Pâques-1er nov).* Les six chambres aménagées sur deux étages, au-dessus du restaurant L'Oustalet (voir *Où se restaurer*), disposent d'un confort sommaire et, pour certaines, d'un espace extrêmement réduit. L'immeuble, donnant sur la place du village, est pourtant attrayant, comme la vue depuis quelques chambres. Côté équipement, la cuisine est en gestion libre, les sanitaires et les douches sont propres. La clef est à prendre au Domaine du Terme, sur la place du village.

Hôtel-restaurant Les Florets (☎ *04 90 65 85 01, fax 04 90 65 83 80 ; la chambre 73,18 € ; lit supp 15,24 € ; petit déj 9,91 € ; ouvert tlj sauf mer en été, fermé mar soir-mer hors saison, fermeture annuelle jan-début mars).* À 1,5 km de Gigondas, sur la route menant aux Dentelles de Montmirail, cet hôtel-restaurant enfoui sous une masse d'arbres propose quinze chambres, ornées de tissus et de meubles provençaux. Sa formule en demi-pension (elle s'applique à partir de trois nuits) s'élève à 144,83 € pour deux personnes : elle est intéressante en raison de la qualité du menu (voir *Où se restaurer*). Des appartements pour 2, 3 ou 4 personnes sont également disponibles (107,71 € par jour pour deux personnes).

Côté chambres d'hôtes, deux adresses sont à retenir dans les environs immédiats de Gigondas : **La Ravigote** (☎/*fax 04 90 65 87 55 ; simples/doubles 35,06/38,11 €, suites 3/4 pers 50,31/60,98 € ; table d'hôtes 12,20 € ; fermeture annuelle nov-mars).* À 3 km du village, dans un paysage de vignes, ce vieux mas ombré de tilleuls est constitué de plusieurs parties indépendantes les unes des autres. L'élégance ici est discrète et l'accueil des plus agréables. Meubles anciens, objets et tissus donnent une chaleur particulière aux murs et la cheminée, dans le salon-bibliothèque, fait songer avec regret aux soirées fraîches ! Sylvette Gras, la propriétaire, propose une table d'hôtes, excepté le jeudi et le dimanche.

La Farigoule (☎ *04 90 70 91 78, Violes ; simples/doubles 39,64/50,31 € ; fermeture annuelle début nov-fin mars).* Dans la commune de Violes, cette chambre d'hôtes est un autre lieu privilégié au milieu des vignes. Augustine Cornaz et son mari ont aménagé cette ferme du XVIIIe siècle avec goût. L'une des cinq chambres situées au deuxième étage possède sa propre cuisine et son salon. Toutes les pièces s'articulent autour d'une cour intérieure. Une cuisine d'été et des vélos sont à disposition.

Où se restaurer

Café-Restaurant de la Poste (☎ *04 90 65 89 62 ; menus 12,96/18,29/22,87 €, plats 9,91-12,96 € ; ouvert tlj sauf mar haute saison, ouvert le midi oct-Pâques).* Le bar de ce café-restaurant, ouvert dès 9h, est un grand lieu de rendez-vous. On s'y retrouve aussi avec bonheur autour d'un plat, puisque la cuisine, simple, est savoureuse et l'éventail des prix, large. La vue sur le vignoble de la terrasse et la salle du bar est superbe. Évitez la petit salle donnant sur la rue, moins agréable surtout le soir.

L'Oustalet (☎/*fax 04 90 65 85 30, l_oustalet-gigondas@libertysurf.fr, www.oustalet-gigondas.com, place du Portail ; menus 5 plats 38,88 €, menus 6 plats 50,03 € ; plats 10,67/21,04 € ; ouvert tlj sauf dim-lun, fermeture annuelle 15 nov-28 déc).* Voici l'une des bonnes tables de la région. Râble de lapin au thé à la menthe, canette rôtie à la cardamome sont des classiques. La carte des vins présente, bien sûr, des crus de la région, à tous les prix (de

6,10 € à 38,87 €). L'atmosphère, plutôt cosy, peut parfois sembler un peu guindée. Toutefois, les tables espacées les unes des autres, la lumière douce, les murs blancs et le mobilier provençal, sans oublier la terrasse à l'ombre des platanes, sont autant d'atouts de charme. Le chef Johannes Sailer donne aussi des cours de cuisine, sous forme de stages (de la journée à la semaine par groupe de 6 personnes), qui se déroulent entre octobre et novembre, puis de mi-janvier à mi- février. Autre spécificité de ce restaurant : vous pouvez aussi commander des plats à emporter – à réserver pour un pique-nique de grand cru au pied des Dentelles !

Hôtel-restaurant Les Florets *(☎ 04 90 65 85 01, fax 04 90 65 83 80 ; menus 21,34/30,49 €, carte 38,11 € ; ouvert tlj sauf mer en été, fermé mar soir-mer hors saison, fermeture annuelle jan-début mars).* Sous des allures de pension de famille des années 1960, Les Florets sont une autre table réputée. C'est d'ailleurs un établissement familial, où les générations se succèdent. La cuisine, classique, privilégie les plats traditionnels, tel l'agneau à la gousse d'ail. L'été, sa terrasse ombragée reste d'une fraîcheur agréable.

Comment s'y rendre

Les Cars Comtadins (☎ 04 90 67 20 25) relient tous les jours Carpentras à Gigondas, et poursuivent jusqu'à Sablet (voir plus loin). L'arrêt se trouve à 300 m du Gîte d'étape des Dentelles.

MONTMIRAIL

Le hameau de Montmirail fut célèbre à la fin du siècle dernier grâce à l'eau verte de sa source, réputée pour avoir des vertus purgatives. Un vaste établissement thermal connut de son ouverture, en 1875, jusque dans les années 1920, un grand succès (il a été définitivement fermé vers 1950). L'Hôtellerie de Montmirail témoigne de cette époque. Un sentier, proche de cet établissement, permet par ailleurs de découvrir les fontaines, construites aux beaux temps du thermalisme ; elles sont, encore aujourd'hui alimentées par cette eau sulfurée.

Hôtellerie de Montmirail *(☎ 04 90 65 84 01, fax 04 90 65 81 50, www.hotelmontmirail.com, hotel-montmirail@wanadoo.fr ; simples/doubles 47,26/62,50 € juin-fin sept, 43,91/59,46 € hors saison, petit déj 8,38 € ; menus midi/soir à partir de 16,77/24,39 € ; ouvert tlj sauf dim-lun hors saison, fermeture annuelle 15 nov-27 déc).* Cette gigantesque bâtisse du début du XIXᵉ siècle se profile dans un environnement de verdure luxuriant. Le cadre est attrayant. La décoration intérieure et les 46 chambres mériteraient cependant d'être quelque peu remises au goût du jour. Enfin, le va et vient des groupes n'est pas propice à une atmosphère intime.

SABLET

Commerces et cafés se disputent les rues et les places de ce village viticole.

Au cœur du village, le restaurant **Les Remparts** *(☎ 04 90 46 96 17 ; menus 10,67/15,24/19,82 €, plats 6,86/10,67 € ; ouvert tlj sauf dim)* reçoit la palme pour son excellent rapport qualité/prix. Les pizzas sont délicieuses et le service, efficace et pétillant de malice. Les réservations midi et soir, en particulier en terrasse, sont vivement conseillées.

À 2 km de Sablet, sur la D 977 en direction de Carpentras et d'Orange, vous dénicherez le **camping Le Panoramic** *(☎ 04 90 46 82 55 ou 06 12 28 91 31, le-panoramic@wanado.fr, www.avignon-et-provence.com/camping/le-panoramic ; forfait 2 pers, voiture, tente, emplacement 12,96 € ; fermeture annuelle 31 oct-1ᵉʳ avr).* Face aux Dentelles, sur un terrain ombragé, à 200 m de la route, il est le seul camping de la région. Préférez, si possible, ceux de Malaucène (se reporter à la rubrique *Où se loger* de cette ville, plus haut).

SÉGURET

Séguret est un village superbement restauré où, le long de ses étroites et belles ruelles, se sont installées quelques boutiques d'artisanat et des galeries. En prenant l'allure d'un "hameau de poupée", Séguret a perdu un peu de son âme. On en oublierait presque sa vocation agricole, née bien avant le

XIIIe siècle sous l'autorité des comtes de Toulouse, puis des princes d'Orange.

La rue des Poternes, avec son élégante fontaine des Mascarons (XVe siècle) et son beffroi, constitue la principale artère du village. Elle se dessine après être passée sous une voûte et se poursuit jusqu'à la porte des Huguenots (XIVe siècle). Depuis la place entourant l'église Saint-Denis (XIIe siècle), le panorama sur le vignoble et les premiers contreforts du Massif Central est de toute beauté.

Séguret est par ailleurs connu pour sa messe de Noël, dite en provençal, et sa crèche vivante. Dans le village, ne manquez pas l'**Oustau dei Santoun** (☎ 04 90 46 94 99 ; *fermeture annuelle 15 jan-1er avr*) pour ses différentes collections de santon et sa petite exposition consacrée aux crèches du monde entier. De grands parkings en contrebas du village permettent de stationner facilement.

Enfin, avis aux amateurs de **randonnées** : le GR 4 passe en contrebas de la mairie et permet de rejoindre Gigondas et les Dentelles de Montmirail. Une piste cyclable "Le Chemin de la Montagne" permet de relier Séguret et Vaison-la-Romaine : 8 km à parcourir par une petite route qui monte !

Séguret ne dispose pas d'office du tourisme. Un point d'accueil, situé dans une boutique de la rue des Poternes, à l'entrée du village, fournit un plan et une liste de contacts, mentionnant notamment les hébergements et les restaurants du village et de ses environs. Il est accessible aux horaires de la boutique, ouverte de Pâques à la Toussaint. Ses horaires varient et elle ferme en général entre 12h et 14h30. La mairie (☎ 04 90 46 91 06) assure ensuite le relais.

Où se loger

Hôtels. La Table du Comtat (☎ 04 90 46 91 49, fax 04 90 46 94 27, *table.comtat@ wanadoo.fr*, place de l'Église ; *chambres 104-178 €, demi-pension 92-103 €/ pers, petit déj 12,20 € ; fermetures annuelles fév-8 mars, fin nov-début déc*). Outre sa situation exceptionnelle, en haut du village, ce restaurant, réputé pour ses mets succulents (voir *Où se restaurer*), propose

huit chambres à l'étage, distribuées par un bel escalier en bois. Calmes et très agréables à vivre, la plupart donnent sur les Dentelles et les vignes. Certaines ont un balcon. L'espace a été aménagé avec une élégance discrète et classique. Josiane et Franck Gomez entretiennent une douce ambiance.

Domaine de Cabasse (☎ 04 90 46 91 12, fax 04 90 46 94 01, *www.domaine-de-cabasse.fr, info@domaine-de-cabasse.fr* ; *simples 70,13/77,75 €, doubles 92,99/ 114,43 € juin-fin sept, moins 9,15 € hors saison, petit déj buffet 9,15 € ; demi-pension 1 pers 102,12/109,76 €, 2 pers 157,02/178,37 € ; fermeture annuelle nov-fin mars*). Situé sur la D 23 reliant Séguret à Gigondas, ce domaine est une vaste propriété viticole – le vignoble encadre d'ailleurs l'hôtel-restaurant. Les 14 chambres sont lumineuses et d'un aménagement simple. Chacune ouvre sur des terrasses donnant sur les vignes, les Dentelles et Séguret. La piscine est dans le prolongement de la terrasse. La demi-pension est obligatoire en juil-août.

La Bastide bleue (☎/fax 04 90 46 83 43 ; *simples/doubles 39/55 € juin-sept, 30,50/ 44,50 € hors saison*). À proximité, toujours sur la D23 (dans un virage), face à Séguret et aux Dentelles, cette belle maison s'ouvre sur une cour ombragée. Elle loue à la nuitée des chambres décorée dans un style provençal coloré, donnant soit sur la jolie cour (et la route), soit sur l'arrière. La piscine surplombe un panorama de la vallée du Rhône.

Chambres d'hôtes Simone Lepretre (☎ 04 90 46 90 85, *chambre 38,11 €*). Dans le village, cette dame qui tient la boutique de tricots, rue des Poternes, loue à l'étage une chambre avec s.d.b.

Où se restaurer

La Table du Comtat (☎ 04 90 46 91 49, fax 04 90 46 94 27, *table.contat@ wanadoo.fr, place de l'Église ; menus 27,44/42,69/53,36/71,65 €, plats 14,48-25,15 € ; ouvert tlj sauf mardi soir-mer et dim soir hors saison ; fermetures annuelles fév-8 mars, fin nov-début déc*). La cuisine régionale de Franck Gomez, plusieurs fois récompensée, se déguste déjà en lisant la carte (fois gras de canard et figues, lapin braisé au jus de thym ou noisette de d'agneau truffée...). Demandez si possible une table avec vue, car elle fait aussi partie du plaisir.

Le Mesclun *(☎ 04 90 46 93 43, fax 04 90 46 93 48, rue des Poternes ; menu 26 € ; plats 12,20 € ; ouvert tlj sauf lun, fermeture annuelle jan).* Sur la rue principale de Séguret, ce restaurant a toute l'intimité d'un "chez soi". Les murs sont peints à la chaux, le carrelage est d'époque et les meubles ont été glanés au gré des brocantes. Aucune table, chaise ou lampe ne se ressemblent. Des deux petites salles (superbe vue sur le vignoble), préférez celle avec la cheminée.

Café des Poternes *(☎ 04 90 46 93 74, rue des Poternes ; ouvert tlj en juil-août, fermé mar avr, mai, juin et sept ; fermeture annuelle oct-avr).* Voisin du Mesclun, ce café propose une restauration rapide au déjeuner, à prendre si possible en terrasse.

Salon de thé *(☎ 04 90 46 81 41, rue des Poternes ; plats 8,38-9,91 €).* Face à la fontaine, ce salon propose un intérieur au charme un peu désuet et une carte succinte (assiettes composées, tartes salées maison et gâteaux).

Domaine de Cabasse *(☎ 04 90 46 91 12, fax 04 90 46 94 01, menus midi/soir à partir de 14,94/25,92 € ; ouvert tlj juil-août, fermé le midi lun-mar-jeu-ven hors saison, fermeture annuelle nov-mars).* Ambiance feutrée pour cet hôtel-restaurant, partie intégrante de la propriété viticole sillonnée de vignes.

Entre Séguret et Gigondas, **La Bastide bleue** *(☎/fax 04 90 46 83 43 ; menus 10,67/18,29 € ; ouvert tlj sauf mer midi juil-août, fermé mer-jeu midi hors saison, fermeture annuelle jan).* Vous découvrirez sur l'ardoise les suggestions du jour, à déguster si possible dans la jolie cour.

Enclave des Papes

L'Enclave des Papes ? Un morceau de terre vauclusien au cœur du département de la Drôme. Valréas, Grillon, Richerenches et Visan sont les gardiennes de cet îlot long de 21 km sur 24 km de large environ.

L'histoire de l'enclave commença en 1317, lorsque le Saint Siège, installé en Avignon, décida d'étendre son domaine aux villages alentour afin de garantir aux finances papales des revenus supplémentaires. Richerenches a été le premier village investi. Cette ancienne commanderie des Templiers, spécialisée dans l'élevage des chevaux destinés aux croisades, était déjà une opulente cité commerciale.

Venu le temps de la Révolution et, avec elle, celui de la création des départements, Richerenches, Valréas, Grillon et Visan se prononcèrent pour un rattachement au Vaucluse, tout en souhaitant conserver le nom d'Enclave des Papes.

Depuis toujours, l'agriculture est ici l'activité-reine. Vignes et oliviers s'épanouissent sur les domaines de Valréas, Grillon et Visan. À partir du XIXe siècle, Valréas s'impose comme la capitale du territoire. L'activité liée aux vers à soie (considérable en Provence jusqu'à la veille de la Première Guerre mondiale) va induire la naissance d'une nouvelle industrie : celle du cartonnage. L'invention par Revoul et Meynard de l'emballage en carton destiné à protéger les œufs de papillon donnera en effet naissance à la première industrie du genre en France. Celle-ci assurera jusqu'aux années 1960, la prospérité de la ville. Après le déclin de production de la soie, ce sont les maisons des grands couturiers (Hermès, Dior...), qui feront appel à l'industrie du carton pour fabriquer leurs boîtes d'emballage, dotant ainsi la ville d'une vingtaine d'entreprises dans les années 1950. Elles ne sont plus que six aujourd'hui : la concurrence étrangère, notamment asiatique, a mis à mal cette activité.

Reste l'agriculture. Le vignoble, toujours roi, modèle les paysages et des côtes du Rhône prestigieux s'étirent désormais où que le regard se porte. Quant à la truffe, elle représente cet or noir qui fait toujours les beaux jours de Richerenches.

RENSEIGNEMENTS

L'office du tourisme de Valréas (☎ 04 90 35 04 71, fax 04 90 35 03 60, enclavedespapes@pacredan.fr, enclavedespapes.net), av. Maréchal-Leclerc, constitue la principale source d'information sur Valréas, Grillon et Richerenches – Visan possédant son propre point d'information. Ses locaux sont accessibles du lundi au samedi entre 9h15-12h15 et 14h-18h (fermeture à 19h en juillet-août). À Visan, le point touristique (☎ 04 90 41 97 25, fax 04 90 28 50 90), 68 place de la Coconière, est ouvert de juin à septembre, du lundi au samedi entre 9h-12h et 14h30-18h30, et le dimanche de 10h à 12h. Hors saison, adressez-vous à la mairie (☎ 04 90 28 50 90), installée en haut du village, dans la vieille ville (ouverte du lundi au vendredi de 8h-12h à 13h30-16h). À Richerenches, la mairie (☎ 04 90 28 02 00) répondra très gentiment à toutes vos interrogations (pratiques) du lundi au samedi de 13h30 à 17h.

À Valréas, la librairie Arcanes (☎ 04 90 35 22 00), 85 Grand'Rue, est à recommander pour son choix de livres sur la région (elle est fermée dimanche et lundi).

Vous ne trouverez aucun distributeur d'argent à Richerenches ou à Grillon. Valréas en compte quelques-uns, dont celui du Crédit Agricole (☎ 04 90 35 05 76, 44 cours Victor Hugo). À Visan, le distributeur du Crédit Agricole (☎ 04 90 41 91 61) se trouve avenue Charles-de-Gaulle.

FÊTES ET FESTIVALS
Le 23 juin, les rues de Valréas s'animent lors de la Nuit du Petit Saint-Jean : plus de 350 personnages costumés parcourent la ville pour l'élection du Petit Saint-Jean de l'année. Le premier samedi d'août, c'est au Corso de la Lavande de donner à la ville des airs de fête.

Visan vit, chaque deuxième samedi de juillet, au rythme de la fête de la Confrérie Saint-Vincent. Cette cérémonie date de 1475 : 10 000 magnums, enfermés depuis un an dans les souterrains des ruines du château, sont désencavés, avant que ne commence la messe en provençal, à la chapelle Notre-Dame-des-Vignes.

Enfin, le troisième dimanche de janvier, la fête de la saint Antoine, patron des trufficulteurs, rassemble dans l'église de Richerenches, la confrérie Saint-Antoine. Chacun de ses membres doit apporter son offrande en truffes.

À VOIR ET À FAIRE
Marchés provençaux
De fin novembre à début avril, la récolte des truffes donne lieu, à **Richerenches**, chaque samedi de 9h30 à 12h30, à l'un des plus importants **marchés de la truffe**. Producteurs et courtiers se retrouvent toutefois désormais à l'écart des curieux, de plus en plus nombreux.

Les **marchés provençaux** de Valréas et de Visan se tiennent respectivement le mercredi et le vendredi matins.

Valréas
En juillet-août, l'office du tourisme organise une fois par semaine, ainsi que sur rendez-vous, des **visites de la ville** (comptez 3,05/1,52 €), qui permettent notamment d'accéder à la tour Ripert, en général fermée au public. Durant ces deux mois, quatre ateliers "lavande" sont également programmés.

Le **musée du Cartonnage et de l'Imprimerie** *(☎ 04 90 35 58 75, 3 av. Maréchal-Foch ; entrée 3,50/1,50 € ; ouvert 10h-12h et 15h-18h tlj sauf mar et dim matin)*, créé en 1991, présente la naissance et l'évolution du cartonnage. Des ateliers reconstitués permettent de suivre de manière agréable et didactique l'histoire de ce savoir faire.

Richerenches
Ne manquez pas d'admirer l'enceinte (l'une des mieux conservée de Provence), flanquée de quatre tours. Elle rappelle la présence de la commanderie de l'ordre des Templiers, qui l'occupa dans les années 1136.

Randonnées
Les offices du tourisme de Valréas et de Visan proposent de nombreux sentiers de randonnées pédestres ou à vélo, certaines portions permettant de relier le GR 9.

Visan a également balisé des circuits dit "des terroirs" que peuvent emprunter aussi bien les marcheurs, les adeptes du vélo que les acharnés de la voiture. Des brochures instructives permettent d'enrichir la balade. Un circuit est notamment consacré à la reconnaissance des différents cépages.

OÙ SE LOGER
Camping

Camping de l'Hérein (☎ 04 90 41 95 99, *fax 04 90 41 91 72, route de Bouchet, Visan ; forfait emplacement, 2 pers, voiture 10,50-11,20 €, 3 €/pers supp, enfant moins de 10 ans 2 € ; fermeture annuelle avr-fin sept).* Aménagé à proximité de Visan, ce camping aux 80 emplacements ombragés et relativement espacés est surtout investi par les caravanes. Il est conseillé de réserver en juillet-août.

Gîte d'étapes

Le Mas du Sillot (☎ 04 90 28 44 00, *fax 04 90 28 44 19, Les Plans, Grillon ; 18,50 €/pers, demi-pension 30 €, pension 38,50 €, petit déj 4,60 €, repas 12,20 € ; ouvert à l'année).* Cette belle demeure, à l'écart du village de Grillon (et du trafic routier), jouit d'un bel environnement. Elle a l'apparence d'un mas cossu aux ailes multiples, rénovées et protégées des regards indiscrets par des haies d'arbres. Les 18 chambres de 2/3/4 personnes sont agréables, en particulier celles du rez-de-chaussée attenantes à la salle à manger. Elles disposent toutes de s.d.b. Piscine et vergers alentour contribuent à faire de ce lieu une étape privilégiée, qui conviendra aux petits budgets .

Hôtels

Vous aurez peu de choix. Le centre de Valréas compte trois hôtels sans intérêt ; ceux situés autour de Grillon sont également à oublier ; et Richerenches n'en compte aucun. Seul l'hôtel de Visan retient l'attention : **Le Midi** (☎ 04 90 41 90 05, *fax 04 90 41 96 11, av. des Alliés ; chambre 38 €, petit déj 5,50 €),* au cœur du centre-ville et en bordure de route, a changé de propriétaire en 2001. Ses chambres sans attrait devraient être rénovées. Il fait également restaurant.

Chambres d'hôtes

Grillon. **Les Buis d'Augusta** (☎/*fax 04 90 35 29 18, gdspiers@club-internet.fr, www. guideweb.com/provence/bb/buis-daugusta, av. du Comtat ; simples/ doubles 61/69 €, 15,50 €/pers supp ; ouvert à l'année).*

Cachée derrière de hauts murs de pierre, cette propriété de rêve, où le séjour rime avec indépendance, confort et convivialité, abrite trois maisons au cœur d'un parc de 2 000 m², agrémenté d'une belle piscine. Le prix des quatre chambres et des deux suites (aménagées avec goût et sans effet de décoration) varie en fonction de leur taille. Le blanc, les tissus, les meubles anciens composent un univers simple et douillet. Quatre fois par semaine, Geneviève Spiers-Heilmann propose une table d'hôtes comportant, au choix, une formule fraîcheur à 15,20 € (assiette composée, dessert et vin) ou un menu à 23 €. Des stages de cuisine sont aussi programmés à l'année.

Ferme Saint-Martin (☎/*fax 04 90 35 06 75, Vincent-Sandrine.VERNET@wanadoo. fr, quartier Saint-Martin ; chambres 2/3/4 pers 38,20/40/46,58 €, suites 2/3 pers 46/66 € ; table d'hôtes 14/7 € adultes/ enfants ; ouvert à l'année).* En bout de chemin, cette ferme constitue l'autre adresse de charme de l'Enclave. Ici, chevaux, lapins, volailles et vignes (les propriétaires sont viticulteurs) forment le cadre de vie. À l'arrière de la ferme, les trois chambres d'hôtes, spacieuses, disposent chacune d'une entrée indépendante et d'une terrasse. Une cuisine en gestion libre est installée dans un pavillon. La campagne environnante constitue une aire de jeux idéal pour les enfants.

Richerenches. **Ferme de la Commanderie** (☎ 04 90 28 02 29 *ou 06 80 94 85 86, fax 04 90 28 04 45, www.guideprovence.com/bb /commanderie ; chambre 69/84/91,50 € ; table d'hôtes 27,50 € ; ouvert à l'année).* Isolée parmi les vignobles et les chênes truffiers, cette ancienne ferme fortifiée loue trois grandes chambres. Meubles rustiques, tapisseries et tapis vous projettent plusieurs siècles en arrière, notamment dans la chambre Garance. La chambre Lavande a été aménagée dans une tour indépendante de la maison. Des locations à la semaine sont aussi possibles dans des chalets à l'écart de la ferme.

Les propriétaires sont passionnés de chevaux et proposent, par ailleurs, des week-ends dédiés à la truffe.

Visan. Château-Vert (☎ 04 90 41 91 21, fax 04 90 41 94 63 ; simples/doubles 60 98/68,60 € ; ouvert à l'année). Une allée de pins parasol conduit à cette solide bâtisse fortifiée, propriété de la famille Tortel où l'on est viticulteur et agriculteur de père en fils. Les deux chambres du rez-de-chaussée et les trois chambres à l'étage bénéficient du confort de pièces récemment aménagées. Espace et accueil chaleureux en font une étape agréable.

Le Mas des Sources (☎ 04 90 41 95 90, route de la chapelle Notre-Dame-des-Vignes ; simples/doubles 30,50/61 € ; table d'hôtes 15,20 €). À 1 km de Visan, la maison de Martine Barouin, bordée de vignobles, abrite trois belles chambres, louées à l'année. Aménagées récemment, elles se déclinent selon la couleur du cépage auquel elles empruntent leur nom.

OÙ SE RESTAURER
Au Délice de Provence (☎ 04 90 28 16 91, 6 La Placette, Valréas ; menus 21/30,50/ 34,50 € ; fermé mar soir-mer ; fermeture annuelle fin oct-15 nov). Cet établissement constitue la meilleure table de Valréas et de l'Enclave. La carte privilégie les spécialités provençales, comme la soupe au pistou ou le lapin farci et son jus de thym. Certains plats peuvent être emportés. Des deux salles, préférez celle à l'étage, plus intime.

À Valréas encore, à proximité du musée du Cartonnage et de l'Imprimerie, le **Café de la Paix** (☎ 04 90 28 14 32, rue de l'Hôtel-de-Ville) et la **Brasserie Saint-Jean** (☎ 04 90 35 20 02, cours Jean-Jaurès) constituent deux points de chute pour prendre un verre ou grignoter.

Le Provençal (☎ 04 90 28 00 59, Richerenches ; menus 11/21 €, plats 8-12,20 € ; ouvert tlj sauf mer). Sous les platanes, en bordure de route, ce café-restaurant de Richerenches, où l'ambiance rime avec simplicité et savoir-vivre, propose une carte à prix modérés et un premier menu généreux. De novembre à mars, la truffe agrémente plusieurs menus, dont le prix varie entre 24,50 € et 27,50 €, selon le cours du précieux champignon.

Le Troubadour (☎ 04 90 41 98 60, place du Château, Visan ; menus 14,48/19,82/ 22,87 €, plats 7-9,5 €). Installé dans la partie haute de Visan, ce restaurant, à la salle tout en longueur et entièrement voûtée, permet aux beaux jours de profiter d'une terrasse avenante. La carte est sans surprise : salade ou pâtes.

COMMENT S'Y RENDRE
La compagnie des Cars Méry relie tous les jours Valréas (☎ 04 90 35 21 03) depuis Avignon (☎ 04 90 82 07 35) via Orange (☎ 04 90 34 00 33), Visan et Richerenches. Comptez 7,17 € depuis Avignon.

Il est également possible de rejoindre Valréas depuis Montélimar via Grignan, ou depuis Nyons grâce à la ligne 36 du réseau départemental des Transports publics de la Drôme (☎ 04 75 51 89 69, www.cg26fr).

À Valréas, l'arrêt des cars se situe au niveau de l'office du tourisme.

COMMENT CIRCULER
À Richerenches, dans la rue principale, sur le même trottoir que le café-restaurant Le Provençal, L'Épicerie (☎ 04 90 28 00 91, 04 90 28 04 70 ou 06 08 90 12 13) loue des vélos (14 €/jour, 69 €/semaine).

VAUCLUSE

Drôme provençale

Au nord du mont Ventoux, Grignan, Nyons et Buis-les-Baronnies sont les villes phares d'une région située entre Provence et Dauphiné. Frontalier du Vaucluse et enserrant une Enclave des Papes fière de son identité propre (voir le chapitre *Vaucluse*), le sud de la Drôme appartient à ces territoires où la terre demeure souveraine. Vignes, oliviers et truffes constituent en effet des richesses que l'on entretient et développe avec soin. Policés à l'ouest, les paysages deviennent plus rudes et plus sauvages à l'est. Peu à peu, les coteaux de Tricastin peignés de vignes s'effacent à l'approche de Nyons et des Baronnies. Là commence une région tout en gorges et falaises abruptes. La culture de l'olive, du tilleul et de la lavande s'étire en éventail pour ne laisser au plateau d'Albion, côté Vaucluse, que des carrés de lavandes et de céréales.

Premier département français pour la culture des plantes aromatiques et médicinales, la Drôme n'en est pas moins un jardin à l'équilibre fragile. Moins touristique que le Vaucluse, le sud de ce département connaît toutefois, depuis peu, un accroissement du prix de l'immobilier. À trois heures de Paris et à une heure de Lyon en TGV, la région voit en effet, depuis trois ou quatre ans, se dessiner d'autres perspectives qui ne sont pas sans rappeler l'engouement pour le Luberon – un syndrome redouté par ici. Outre ses hivers doux, la région est dotée d'un bel attrait : ses vins, qui réservent la meilleure des surprises aux voyageurs et qui se mesurent en millions de bouteilles chaque année.

De Grignan à Nyons

GRIGNAN

Son château Renaissance, construit sur un plateau rocheux, façonne encore aujourd'hui son identité. Il s'annonce d'ailleurs de

loin tel un phare isolé, les maisons regroupées à ses pieds se confondant avec sa roche claire et dorée.

La beauté de Grignan, une ville aux allures de village, a été épargnée par le temps et la main de l'homme. De la place du Mail au château de Grignan, la flânerie à travers rues et ruelles, à l'intérieur comme à l'extérieur des remparts, se délecte des mille et un détails qui accrochent le regard. S'il ne reste plus rien du château fort du XIe siècle construit par la famille Adhémar, l'architecture Renaissance de l'édifice (l'un des plus beaux exemples du Sud de la France) témoigne encore de la toute puissance de cette famille, qui perdura jusqu'au XVIIIe siècle.

Propriété de la marquise de Sévigné au XVIIe siècle, et, depuis 1980, du Conseil général de la Drôme, le château, outre sa décoration intérieure, offre un panorama époustouflant sur la région : la vue sur la montagne de la Lance, le mont Ventoux, les dentelles de Montmirail et les premiers contreforts des Préalpes permet de prendre la mesure de la richesse paysagère de cette région. Très visitée par les touristes, la ville de Grignan possède un charme indiscutable et un vin réputé, les Coteaux-de-Grignan.

Renseignements

L'office du tourisme du pays de Grignan (☎ 04 75 46 56 75, fax 04 75 46 55 89, www.guideweb.com/grignan) fournit des informations pratiques (hébergements et activités notamment) sur la ville et ses environs ; il édite une brochure sur les randonnées pédestres et à VTT. D'avril à fin septembre, il ouvre tous les jours, de 10h à 12h30 et de 14h à 19h, et d'octobre à fin décembre, de 10h à 12h et de 14h à 18h. De janvier à mars, il ferme le dimanche.

Fêtes et festivals
Le festival de la Correspondance (☎ 04 75 46 55 83, fax 04 75 91 10 15, www.festivalcorrespondance-grignan.com) a lieu la première semaine de juillet. Ateliers d'écriture pour adultes et enfants, expositions et spectacles dans les rues, soirées lecture dans la Collégiale et marché de l'écriture rassemblent chaque année de plus en plus de monde. Calligraphie, typographie, écriture multimédia, correspondance : tous les terrains épistolaires sont explorés. Cafés, chambres d'hôtes et champs de lavande deviennent pendant une semaine l'espace privilégié de correspondances. Tables, plumes et papiers sont mis à disposition : libre alors à chacun de s'adonner comme il l'entend à l'art épistolaire.

Le troisième week-end de décembre est consacré à la fête des Vins et Truffes en Tricastin. De décembre et à fin janvier, la Collégiale abrite une Crèche animée.

À voir et à faire
Marché provençal. Le mardi matin est le jour du marché. Le vendredi qui suit le 14 juillet et le vendredi qui précède le 15 août se tient un important marché nocturne. De 19h à 2h, les étals envahissent ruelles et places. De multiples animations ponctuent ces soirées costumées. Sur le marché proprement dit, on trouvera les habituels délices de la Provence (dont l'inénarrable miel de lavande) mais aussi la fameuse truffe, en saison (autour des fêtes de Noël).

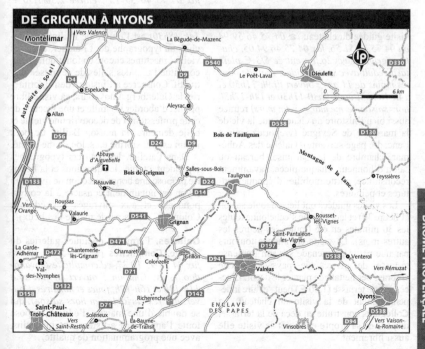

DE GRIGNAN À NYONS

Que faire avec des enfants ?

Grignan. Suivre la visite guidée du château et assister le soir à une représentation théâtrale dans la cour d'honneur. Faire une sortie à cheval ou en poney avec le centre équestre, promenade accompagnée par les parents pour les plus petits.

Nyons. Flâner au marché du jeudi matin et visiter le musée de l'Olivier et la Scoutinerie.

Buis-les-Baronnies. Les plus de 8 ans peuvent s'essayer à l'escalade ou opter pour une promenade à cheval et/ou une randonnée pédestre. À quelques kilomètres, à la **Roche-sur-le-Buis**, un centre équestre propose aussi des balades.

Château d'Aulan. Découvrir ce château pour sa magnifique et imposante stature dominant les gorges du Toulourenc (Vaucluse).

Château de Grignan. La passionnante visite guidée du château (☎ *04 75 46 59 94 ou 04 75 46 51 56, fax 04 75 46 94 05, chateau-grignan@cg26.fr ; entrée 5/3 € plein tarif/réduit avec visite guidée, gratuite pour les moins de 11 ans ; ouvert tlj 9h-11h30 et 14h-18h juil-août, 9h30-11h30 et 14h-17h30 hors saison, fermé mar nov-fin mars)* retrace aussi bien l'histoire du château que la vie de la marquise de Sévigné (vreportez-vous à l'encadré page suivante). Galerie des Adhémar, chambre de la marquise, bureau ou salon d'honneur, chaque pièce, savamment reconstituée, abrite mobilier d'époque, tentures et peintures.

Les visites guidées ont lieu en toute saison (1 heure 30) et leur rythme s'échelonne toutes les 30 minutes en été (toutes les heures les autres mois). La visite commence toujours par une petite promenade sur son immense terrasse de pierres, le paysage qu'elle embrase permettant de planter le décor. L'accès à cette terrasse (1,50 €) peut se faire indépendamment de la visite du château. La **Collégiale**, construite en deçà de la terrasse, dispose de sa propre entrée et se visite elle aussi librement.

Bon à savoir : un billet pour la visite des trois châteaux gérés par le conseil général (ceux de Montélimar, de Suze-la-Rousse et de Grignan) revient à 9/6 €.

Toute l'année, le château accueille de multiples manifestations culturelles et héberge à l'année des artistes de toutes disciplines. De février à mai, dans le cadre de la **Saison de Concerts**, un concert de musique classique a lieu tous les dimanches à 17h dans la Galerie des Adhémar. Les vendredis de novembre sont consacrés au festival **Jazz à Grignan** – le concert de 21h se prolonge généralement d'un bœuf dans une des caves de la ville. Du 10 juillet au 25 août, **fêtes nocturnes** et **représentations théâtrales** se succèdent dans le château ; en octobre, s'y tient un colloque sur la lecture et la correspondance, intitulé **Imago Mundi**.

Musée de la Typographie. Installé dans la vieille ville, ce musée (☎ *04 75 46 57 16, fax 04 75 46 55 12 ; entrée 2,30/1,50 € adultes/10-18 ans ; ouvert tlj juil-août 10h-18h40, autres mois mar-dim 10h-12h30 et 14h-18h30)* est l'œuvre de Philippe Devoghel, un typographe dont l'atelier, avec ses vieilles machines encore en fonctionnement, constitue l'une des salles de ce musée instructif. Consacrée à l'histoire de l'imprimerie de Gutenberg à nos jours, sa visite libre permet d'aborder les mille et une facettes de cette profession et de découvrir une vieille et belle demeure, la maison Bailly. Le petit jardin est transformé en salon de thé en été.

Dans l'atelier, les ouvriers typographes répondent à toutes les questions et la librairie propose une bonne sélection de livres (un rayon est notamment consacré à la correspondance et aux ouvrages des éditions Colophon, créées par le maître des lieux).

Galeries. Parmi les quelques galeries du village, **Complicités** (☎ *04 75 91 10 48, fax 04 75 91 10 37, ed.complicites@wanadoo.fr, av. Chapon ; ouvert tlj juil-août 11h-13h et 16h-19h, jours et horaires d'ouverture très variables en hors saison)*, qui se double d'une maison d'édition, expose toute l'année des artistes contemporains, avec une programmation de qualité.

La fièvre épistolaire de la marquise de Sévigné

Cultivée et aimant la vie mondaine, Marie de Rabutin-Chantal (1626-1696), marquise de Sévigné, veuve à 25 ans (son mari fut tué en duel), partagea sa vie entre la Bretagne, Paris et la Provence. C'est là que sa fille, Mme de Grignan, s'était installée après un mariage arrangé par la marquise elle-même. La correspondance prolixe que mère et fille ont entretenu pendant 25 ans (sur les 1 372 lettres envoyées, 764 furent adressées à Mme de Grignan) ont marqué l'art épistolaire. Rédigées dans un style spontané et plein de fraîcheur, ces lettres, éditées bien après la mort de la marquise, évoquent de manière fine et humoristique la vie à la cour du Roi-Soleil et une vision du monde des plus pertinentes. Marcel Proust tenait cette correspondance en grande estime.

Les informations et les descriptions contenues dans les lettres de la marquise, permirent, trois siècles plus tard, à Marie Fontaine, propriétaire du château de Grignan dans les années 1900, de restaurer et de meubler les pièces dévastées et pillées pendant la Révolution.

Village provençal miniature. En dépit d'abords peu engageants, ce village (☎ 04 75 46 91 68 ; entrée 4,73/3,05 € adultes/5-10 ans ; ouvert tlj 14 juil-31 août 10h-19h, hors saison tlj sauf mar 10h-12h et 14h-19h, fermé le matin janv-fév), animé par plus de 1 000 santons, animaux et personnages, reconstitue des habitats traditionnels et des scènes de la vie quotidienne. Il intéresse souvent les enfants, voire les grands.

Activités sportives
Le Centre Équestre de Grignan (☎ 04 75 46 90 02 ou 06 14 01 19 37, grignanacheval@club-internet.fr) propose des balades à l'heure (11,50 €), à la demi-journée (30,50 €), à la journée (32 €) et des randonnées à thème le week-end (coteaux du Tricastin, pays de Dieulefit…).

Durant les vacances scolaires, des stages s'adressent aux enfants à partir de 6 ans (27,50 € les 3 heures), ainsi que des promenades en bébé poney (5 € la demi-heure). Vous rejoindrez ce centre, à 400 m du village, en empruntant la D941 en direction de Valréas.

Où se loger
Entre ville et campagne (les distances sont courtes), le choix se révèle aussi vaste que l'éventail des prix. Grignan pratique cependant des tarifs plus élevés que dans les autres régions du Sud de la Drôme.

Camping. Les Truffières (☎/fax 04 75 46 93 62, www.lestruffieres.com ; forfait voiture-emplacement 2 pers 14 € juil-août, 12,50 € autres mois ; ouvert avr-fin sept). Ce camping trois-étoiles (à 1 km de Grignan par la D71 en direction de Chamaret) offre tout le confort attendu dans cette catégorie : piscine, aires de jeux, bar et restaurants. Aménagé dans une forêt de chênes, à l'écart du trafic routier, le site se révèle agréable et tranquille. Les animaux ne sont pas admis.

Hôtels. Le Clair de la Plume (☎ 04 75 91 81 30, fax 04 75 91 81 31, clairplume@chateauxhotels.com, www.chateauxhotels.com/clairplume, place du Mail ; chambres avec petit déj 75-136 € ; fermeture annuelle fév). Le charme de cette adresse réside à la fois dans sa bâtisse (une vieille demeure rose aux volets bleu lavande), son jardin, ombragé de treilles, son élégante terrasse et sa décoration particulière, sans oublier un charmant accueil. Le raffinement et le bien-être sont ici à l'honneur. Réparties sur deux étages, les chambres sont spacieuses, lumineuses et confortables. Très calme, l'hôtel, à l'écart de la circulation, ouvre sur le lavoir de Grignan. Les non-résidents peuvent profiter du petit déjeuner-buffet (10 €), servi entre 8h et 11h. Le salon et le jardin se transforment en salon de thé les vendredis, samedis et dimanches, de 14h à

Grignan, ville d'écritures

Grignan, s'appuyant sur la passion épistolaire de la marquise de Sévigné, accorde une grande importance à l'écriture et aux livres. En témoignent son festival de la Correspondance, son musée de la typographie et ses librairies d'ouvrages d'occasion, véritables cavernes d'Ali Baba. Dans la ruelle dite la montée du Tricot, **Ma main amie** (☎/fax 04 75 46 58 93 ; ouverte mer-dim 11h-13h et 15h-19h) est spécialisée dans les écrits intimes, les correspondances et les récits de voyages. À deux pas, **Ventilor** (☎ 06 08 11 33 06 ; ouvert tlj l'après-midi) privilégie les œuvres du XXᵉ siècle, les polars, la science-fiction, ainsi que les écrits sur le cinéma et le jazz. Enfin, l'association **Terres d'écritures** (☎ 04 75 96 76 67, 06 82 56 14 09, terresecritures@club-internet.fr, Grande-Rue) propose, d'avril à décembre, différentes expositions consacrées à la typographie, aux carnets de voyages ou aux objets d'écritures. Installée dans l'ancien Musée municipal, cette association organise aussi en été des stages pour adultes et enfants.

19h : pâtisseries du jour, thé et glaces composent une carte alléchante et qui tient ses promesses.

Hôtel Sévigné (☎ 04 75 46 50 97, fax 04 75 46 93 48 ; simples/doubles 23/53,50 €, petit déj 5,50 €). Repris en 2000 par de nouveaux propriétaires très accueillants, cet hôtel dispose de chambres simples et propres, avec douches et toilettes communes pour la plupart. Des travaux de réaménagement devraient toutefois remédier à cette situation.

Manoir de la Roseraie (☎ 04 75 46 58 15, fax 04 75 46 91 55, roseraie@chateauxhotels.com, www.chateauxhotels.com/roseraie, chemin des Grands-Prés ; chambres 137,20-180 €, suites 259,20/290 €, demi-pension à partir de 121,20 €/pers ; petit déj 15,25 € ; fermeture annuelle 1 sem début déc et jan-15 fév). Légèrement à l'écart du centre-ville, cet élégant manoir du XIXᵉ siècle, doté d'un magnifique parc arboré, se prolonge par une grande terrasse ouvrant sur une large pelouse parsemée de rosiers. Du hall d'entrée aux chambres, murs, mobiliers, peintures, gravures et luminaires se parent d'un classicisme de bon ton ; l'atmosphère empesée peut toutefois sembler crispante. Cet hôtel quatre-étoiles dispose d'une chambre pour handicapés (180 €).

Chambres d'hôtes. L'Autre Maison (☎ 04 75 46 58 65, info@lautremaison.com, rue du Grand Faubourg ; chambres 53,50-76,50 €, 15,50 €/pers supp ; table d'hôtes 14/17 € ; fermetures annuelles fin vacances de Toussaint-début vacances de Noël, sauf week-end de la Truffe, et 10 jan-fin fév). Complètement réaménagé par Christophe et Élisabeth Monge, cet hôtel particulier du XVIIIᵉ siècle dispose de vastes pièces lumineuses au décor raffiné : portes, glaces et cheminées anciennes se détachent sur des murs blancs ou lambrissés et renforcent la sérénité du lieu.

La Maison (☎ 04 75 46 59 13, fax 04 75 46 94 67, rue du Grand Faubourg ; chambres 34-38 €, petit déj 2,50 € ; fermeture annuelle oct-avr). Sur le même trottoir et à deux pas de L'Autre Maison, la maison de Madame Legras comprend des chambres plus simplement aménagées ; les moins coûteuses ne disposent pas de sanitaires. Demandez la chambre ouvrant sur le jardin. Cette adresse présente un bon rapport qualité/prix.

Maison du Marquis (☎ 04 75 91 81 10, fax 04 75 91 81 12, montée du Tricot ; simples 30,50 €, doubles 61/76,50 €, 8 €/pers supp, petit déj 5,50 € ; fermeture annuelle fév). Ce café (où l'on peut consulter la presse et où des livres tapissent les murs) réserve dans ses étages supérieurs des chambres sans prétention, des studios mezzanines, un grand studio et des appartements à louer à la nuit ou à la semaine. Refaits à neuf, ces différents espaces s'agrémentent d'un décor blanc épuré, d'un mobilier en bois moderne et sobre et d'une belle lumière. Son emplacement, au centre du village (avec vue), en fait une étape pratique et d'un bon rapport qualité/prix (voir également *Où se restaurer*).

Les Gîtes de la Baronne *(☎/fax 04 75 46 94 45, 06 14 33 70 03, La Sorberie ; chambres 38,50-75 €, tables d'hôtes 15,24 € ; ouvert à l'année)*. Ce mas, situé dans la commune de Grignan, à 3 km du village sur la route de Taulignan, se découvre au bour d'un chemin qui serpente entre vignes, champs de lavandes et chênes truffiers. La maison comporte plusieurs petits bâtiments répartis autour d'une immense cour fleurie et arborée. Le bleu des boiseries, l'aménagement simple mais chaleureux des pièces en font une attrayante escale. Les chambres disposent toutes d'une entrée indépendante et certaines d'un coin cuisine ; on peut les louer pour la nuit, le week-end ou la semaine. Le mas fait également gîte d'étape pour les cavaliers et leur monture.

Environs de Grignan. Ferme Tushita *(☎ 04 75 53 55 16, ferme.tushita.free.fr, route d'Aleyrac, 26770 Salles/Bois ; chambres 46 €, table d'hôtes 16 € ; ouvert Pâques-Toussaint)*. À 6 km au nord de Grignan, après avoir dépassé le village de Salles-sous-Bois, ce mas apparaît sur les hauteurs de la D9. Isolé, il bénéficie d'un environnement superbe et d'un panorama éblouissant sur le mont Ventoux et les monts de Vaucluse. Un sentiment de profonde liberté se dégage de cette propriété où l'élevage de chevaux de compétition, la culture de plantes aromatiques et médicinales et la vie familiale se côtoient harmonieusement. Les deux chambres mitoyennes, aménagées par Matthieu et Valérie, disposent chacune d'une entrée indépendante et leur aménagement évoque l'eau et la mer pour l'une, les Indiens et les grands espaces pour l'autre.

La Maison de Soize *(☎/fax 04 75 46 58 58, place de l'Église, Colonzelle ; simples/doubles 60/70 € ; table d'hôtes 23 € ; ouvert Pâques-fin oct)*. En bordure de l'Enclave des Papes à 3 km au sud de Grignan, cette ancienne bastide, située au cœur du village face à l'église, recèle un florilège de jardins, de vergers et de potagers. À l'étage, les chambres prennent les couleurs des fleurs – violette, iris, églantine – tandis que les autres pièces se déclinent dans les couleurs ocre.

Le Moulin de l'Aulière *(☎/fax 04 75 91 10 49, Colonzelle ; simples/doubles/ triples 38,20/46/69 €, 15,50 €/pers supp ; table d'hôtes 18,50/24,50 € ; ouvert à l'année)*. Toujours dans la commune de Colonzelle mais en bordure de rivière, ce moulin du XIXe siècle, dans un cadre plus arboré et plus campagnard (la maison est totalement isolée dans un paysage de plaines), convient parfaitement aux enfants. Les chambres, de style rustique, occupent deux étages et donnent sur le parc. Vous vous régalerez au petit déjeuner : œufs bios, charcuteries, gâteaux maison… !

Mas de Pantaï *(☎ 04 75 98 51 10, perso.wanadoo.fr/masdepantai, Réauville ; chambres 61 €, 23 €/pers supp, 7,60 € enfant de moins de 2 ans ; table d'hôtes 30,50 € ; ouvert à l'année)*. Champs de lavandes vallonnés et forêts de chênes entourent ce mas, à 7 km environ à l'est de Grignan, et contribuent à son succès. La personnalité de Sergio, maître des lieux et fin gourmet, ajoute au charme de cette adresse campagnarde. Outre les chambres,

La Drôme à cheval

L'association départementale La Drôme à cheval, créée en 1982, a mis en place une structure d'information et d'accueil, qui a fait de ce département un territoire privilégié pour le randonnées à cheval. Son secrétariat (☎ 04 75 45 78 79, fax 04 75 45 65 98, drome-a-cheval@wanadoo.fr, www.la-drome-a-cheval.com), Les Pèleries, 26330 Ratieres, fournit cartes et documentation et informe sur les itinéraires, les guides accompagnateurs, les hébergements ou la location de chevaux. L'association propose des séjours et des stages toute l'année et a balisé des circuits de 2 à 8 jours.

il loue des bungalows à la semaine ou au mois.

Appartement de Claudine Hugues (☎ 04 75 98 63 45, fax 04 75 98 54 86, *Chantemerle-les-Grignan*). Sur la place de ce village minuscule et attrayant, à l'environnement préservé, cette petite maison de pierre a été aménagée en appartement. Il comprend une cuisine équipée, un salon, deux chambres et une s.d.b. Loué à la semaine durant les vacances scolaires (305-275 €), il est ensuite proposé pour 2 nuits au minimum. Comptez 107 € pour un week-end, de deux à six occupants. Grignan se trouve à 7 km au nord ouest.

Où se restaurer

Grignan compte une multitude de restaurants, mais un seul établissement vous laissera un souvenir impérissable, d'autant qu'il présente un excellent rapport qualité/prix :
Le Poème de Grignan (☎ 04 75 91 10 90, *rue St Louis ; menus 24/32/34 € ; ouvert tlj sauf lun midi, mar midi et mer toute la journée, fermeture annuelle 2ᵉ quuinzaine de novembre*). Le petit établissement de Valérie Chareyre (au service) et Hervé Dodane (aux fourneaux) compte parmi les meilleures tables de la région. La finesse des saveurs se décline à toutes les étapes d'un repas fidèle aux légumes et aux fruits de saison. L'addition au regard de la qualité du menu paraît extrêmement douce.
Le Manoir de la Roseraie (☎ 04 75 46 58 15, fax 04 75 46 91 55 ; menus 30-54,12 €, menu marché 30 € tlj à midi sauf dim, carte 54 € au minimum ; fermé mar-mer basse saison*). Du style effectivement dans l'assiette et dans le cadre, mais une ambiance compassée et des prix élevés pénalisent cette autre bonne table.

Maison du Marquis (☎ 04 75 91 81 10, fax 04 75 91 81 12, montée du Tricot ; formule 12,20 €, plats 5,50-10 € ; fermeture annuelle fév*). Grâce à de larges baies vitrées ouvrant sur la rue et à des vues dégagées, les deux salles de cet établissement profitent d'une lumière chaleureuse. Le décor est dépouillé et l'ambiance, reposante (voir *Où se loger*). La carte se compose essentiellement de tartes salées accompa-

gnées de salades, de sandwiches, de glaces et de gâteaux. La formule comprend plat, dessert et boisson.

Le Bistrot du musée de la Typographie (☎ 04 75 46 57 16, fax 04 75 46 55 12 ; ouvert juin-sept*). Le jardin de la Maison de Bailly constitue l'endroit idéal pour se détendre, midi ou soir, devant une boisson et un en-cas. Fait rare et précieux, on peut y apporter son repas... Des tables en fer sont à disposition (voir aussi *Où se loger*).

Le snack de la Marquise (☎ 04 75 46 93 38, rue du Grand Faubourg ; plats 1,60-8 € ; ouvert tlj juil-août, fermé mar-mer mai, juin et sept, fermeture annuelle oct-avr*). Il propose, en continu de 10h à 23h, des salades, des sandwiches, des paninis et des pizzas à emporter ou à consommer sur place.

Les deux bars du village, **Le Sévigné** et **Le Grenier à Sel**, constituent deux autres alternatives pour une restauration rapide midi ou soir. En face du campanile, sur la place, Le Sévigné jouit d'une situation exceptionnelle. Le Grenier à Sel, légèrement plus en retrait, propose une meilleure restauration.

La Cachette (☎ 04 75 46 56 49, fax 04 75 46 59 65, rue d'Or ; menus 17,50/23,63 €, plats 7,5012 € ; fermé mer soir-jeu*), située derrière les remparts, prépare crêpes, viandes et poisson. En été, cette crêperie installe des tables le long de la ruelle étroite. **L'Étable** (☎ 04 75 46 93 81, place du Jeu de Ballon ; formule à partir de 10 €, plats 7-11,50 € ; ouvert midi et soir juil-août, midi seulement hors saison*), une autre crêperie, occupe une ancienne ferme et transforme sa cour en grande terrasse aux beaux jours. La qualité est au rendez-vous et les prix, raisonnables.

La Piccolina (☎ 04 75 46 59 20 ; plats 6,20-9,50 € ; fermé lun en saison et dim soir aussi hors saison ; fermeture annuelle déc-15 jan*). Cette pizzeria satisfera ceux qui veulent se restaurer rapidement au meilleur coût.

Environs de Grignan. La Source (☎ 04 75 98 63 45, Chantemerle-les-Grignan ; plats 7-12,20 € ; ouvert mer-lun mai-sept, tlj juil-août*). Ce bar-restaurant, qui fait aussi office de tabac, de presse et d'épicerie constitue l'épicentre de ce micro-village et une étape privilégiée. Son immense terrasse donne sur la place et le terrain de pétanque. L'ambiance chaleureuse semble authentique, loin des circuits touristiques, et la cuisine est délicieuse (goûtez au gigot d'agneau et au fromage de chèvre notamment). Le dimanche soir, place au buffet provençal (12,20 €).

Comment s'y rendre

La compagnie Test (☎ 04 75 00 27 90) assure au moins trois fois par jour la liaison Montélimar-Grignan (4,60 € l'aller simple), avant de continuer vers Valréas et Nyons. La gare routière de Montélimar jouxte la gare ferroviaire.

CHAMARET

La visite du donjon de la forteresse de ce petit village médiéval offre une belle vue sur Grignan, sa région et le mont Ventoux. Les Templiers de Richerenches s'y installèrent un temps. En été, il accueille des représentations théâtrales. Des expositions temporaires se répartissent entre les salles du donjon et celles d'une ancienne habitation. La visite est libre.

Le site (☎ 06 88 02 13 19) ouvre tous les jours en juillet-août (de 10h à 12h et de 15h à 19h) ; les autres mois, les jours d'ouverture se réduisent au vendredi, samedi et dimanche et les horaires varient.

ROUSSET-LES-VIGNES

À l'est de Grignan, ce village médiéval, encore essentiellement rural, surplombe l'un des plus beaux panoramas de la région. Le vignoble des Côtes-du-Rhône Village se déploie de part et d'autre de ses flancs. S'y rendre constitue en soi une belle promenade.

ABBAYE NOTRE-DAME-D'AIGUEBELLE

Édifiée par les moines cisterciens en 1137, cette abbaye romane, abandonnée à la Révolution puis réinvestie au XIXe siècle, présente un intérêt limité, à moins de vouloir assister à un office ou marcher le long du sentier aménagé autour du site (comptez

1 heure 30 pour la ba░░
(☎ 04 75 98 64 70, fax░
com.aiguebelle@wanadoo░
-aiguebelle.com, 26230 Mor░
abbaye royale se visite. La f░░
guebelle compte aujourd'hui u░ ░░aine
de monastères, disséminés dans ░░ ░onde
entier. On peut y faire une retraite (☎ 04 75 98 64 72).

Une boutique vend les produits fabriqués par les moines de l'abbaye et ceux d'autres monastères cisterciens ; elle ouvre du lundi au samedi de 10h à 11h45 et de 14h30 à 17h (17h30 en été) et le dimanche après-midi.

VALAURIE

Ce joli village restauré conserve encore quelques vestiges de son château médiéval. La vigne court sur des flancs exposés plein sud. Aucun hôtel ni restaurant (seul existe le Café du Soleil) ne vient perturber la quiétude des lieux. Aux beaux jours, le cinéma en plein air (4 €, gratuit pour les moins de 8 ans) affiche une fois par semaine une belle programmation et une agitation inhabituelle.

Le 23 juillet, la **Nuit Gourmande de Valaurie** apporte d'autres éclairages sur le village. De 17h à 24h, à la lumière des flambeaux et des lampions, des étals prennent possession des ruelles et proposent fromages, charcuteries, escargots cuisinés, miels, nougats, crêpes ou glaces aux flâneurs, qui peuvent s'attabler pour les déguster. L'église accueille un concert, tandis que sur la place un manège fait le bonheur des petits ; enfin, les déambulations du Cirque de Valaurie révèlent un village qui, au-delà de sa beauté, inscrit son quotidien dans des initiatives collectives de longue haleine.

À proximité de Valaurie, le **Golf de Drôme Provençale** (☎ 04 75 98 57 03, ctarriotte@ golf-drome-provenale.com, www.golf-drome-provenale.com, Clansayes) possède un parcours de 9 trous dans un joli cadre de verdure exempt d'habitations et de routes. Ouvert tous les jours, il propose notamment des stages pour enfant (130 € pour 5 jours à raison de 1 heure 30 par jour). Par ailleurs, une boutique, un bar et un restaurant agrémentent les lieux.

loger et se restaurer

Domaine Les Méjeannes (*☎ 04 75 98 60 60, fax 04 75 98 63 44 ; chambres 53-57,20 €, petit déj 5,50 € ; menus 15/21,50/24,50/ 28,20 € ; ouvert à l'année*). Au-dessus de la D133, ce mas se compose de plusieurs maisons disposées autour d'une cour intérieure et d'une grande piscine, dans un jardin planté d'oliviers, de cyprès et d'arbustes. Ce charme ne se retrouve pas dans la décoration intérieure et les chambres semblent très quelconques pour le prix demandé. Le domaine comporte un restaurant, doté d'une agréable terrasse. Foie gras maison, timbale de ravioles, filet d'oie rôti au vin d'épices, nougat glacé maison révèlent une cuisine du terroir, légère et savoureuse.

Villarosa (*☎/fax 04 75 98 63 96 ou 06 80 65 86 47 ; simples/doubles 50/61 €, plus 11 €/pers supp ; table d'hôtes 23 € ; fermeture annuelle jan-fév*). Sur la route menant au village, la maison de Jacqueline Martin-Fortuis et son petit jardin constituent un havre de douceur où l'art de la couleur et du mélange de styles séduit par ses compositions. Mauresques, baroques ou provençales, les cultures méditerranéennes se lient ici à merveille. À l'étage, les chambres d'hôtes disposent de tapis, de tissus, de vieux meubles et de tableaux. La table d'hôtes est occasionnelle.

La Chambre d'Amis (*☎ 04 75 98 61 90, Le Buisson, Roussas ; chambres 62,50-66 €, 15,50 €/pers supp ; ouvert Pâques-fin oct*). À l'ouest de Valaurie, sur la D203, ce mas- chambre d'hôtes est isolé en pleine campagne. Il bénéficie d'un cadre aux larges perspectives où se déploient des champs de lavandes. Piscine et terrain de tennis agrémentent cette ancienne ferme du XVIIIᵉ siècle, tout en paliers et terrasses. Sur les murs court une vigne vierge. Les chambres ont été aménagées avec un goût discret, qui privilégie la détente et le confort.

LA GARDE-ADHÉMAR

Construit sur un éperon rocher, ce village médiéval constitue en soi un but de promenade. Portes, places et venelles témoignent encore de son passé et l'église Saint-Michel compte parmi les fleurons de l'art roman provençal. Toutefois, la modernité a quelque peu défiguré les paysages alentour. Sur la place de l'Église, si vous tournez le dos au portail épuré de l'édifice, vous aurez sous les yeux, en contrebas, une vallée du Rhône striée par les voies de l'autoroute et du TGV Méditerranée, avec en contrepoint au loin les cheminées de la centrale nucléaire de Tricastin et leurs vapeurs d'eau.

Le goût des bonnes choses n'en a pas pour autant déserté les lieux et la qualité de la restauration s'ajoute au plaisir de l'escapade.

Renseignements

Le syndicat d'initiative (☎ 04 75 04 40 10), rue du Marquis de la Baume, ouvre de mi-juin à mi-septembre, du lundi au jeudi, de 10h à 12h et de 15h à 18h, jusqu'à 19h le vendredi et le samedi. Le reste de l'année, il n'est en principe ouvert que le matin.

Le club Unesco de la Garde-Adhémar (☎ 04 75 04 41 58) organise, seulement pour les groupes, des visites guidées du village et du val des Nymphes (voir plus bas). Vous pouvez vous joindre à un groupe déjà constitué (3,80 € par personne).

À voir et à faire

Un parcours fléché sillonne le village. Il mène, entre autres, au **jardin de plantes aromatiques et médicinales**, aménagé en contrebas du parvis de l'église.

À 2 km l'est du village, le **val des Nymphes**, un site ombragé, abrite une chapelle romane et une source ; il a constitué de tout temps un but de promenade apprécié, notamment en été pour sa fraîcheur. Aujourd'hui, il compte également la **galerie d'art contemporain Éric Linard** (*☎ 04 75 04 44 68, fax 04 75 04 45 03 ; mar-dim 15h-19h mai-sept, lun-sam 14h-18h oct-avr*), qui mérite le détour. Installée dans une ancienne filature, cette maison d'édition de lithographies et de gravures dispose de trois salles d'exposition, dont une réservée aux techniques d'édition et d'estampes. Les œuvres des plus grands noms de l'art contemporain (Viallat, Tàpies, Soulie, Garouste, Di Rosa, Arman... pour ne citer qu'eux) y sont régulièrement présentées.

Où se loger

L'Escalin (☎ 04 75 04 41 32, fax 04 75 04 40 05 ; chambres 53,50-64 €, petit déj 8 €, demi-pension 75 €/pers à partir de 3 jours ; fermeture annuelle 1re semaine jan). Situé en contrebas d'une petite route (D572) qui monte au village, l'hôtel de Serge et Nadège Fricaud est surtout réputé pour sa table. Les chambres, bien que très confortables, ne possèdent pas de charme particulier, mais l'accueil et l'atmosphère en font une adresse attachante.

Chez Mamette (☎ 04 75 04 40 48 ; chambres 45 €, lit supp 15,20 € ; ouvert à l'année). La maison de Simone Filet reflète la gentillesse de sa propriétaire. Elle comprend deux chambres d'hôtes, dotées d'une entrée indépendante et d'une terrasse commune. Vous y prendrez de solides petits déjeuners.

Maison d'accueil Roquevive (☎ 04 75 04 44 44 ; doubles 14,50 €/pers, petit déj 2,30 €, demi-pension 33 €, pension complète 37 € ; ouvert à l'année). À deux pas de la place de l'Église, cet ancien hôtel particulier a appartenu à la famille de Mme de Sévigné avant de devenir un presbytère, ouvert aux voyageurs. Ses chambres, à l'ameublement sommaire, présentent un bon rapport qualité/prix pour les petits budgets.

Gîte du Val des Nymphes (☎ 04 75 04 44 54, Domaine de Magne ; simples/doubles 32/42 €, chambres 3/4 pers 61/69 €, table d'hôtes 14,50 € ; ouvert à l'année). À 1 km du village, dans le prolongement de la galerie d'art contemporain Éric Linard, l'accueillante propriété agricole d'Isabelle et Christian Andruejol constitue un havre de tranquillité, où les enfants gambadent et s'amusent à loisir entre campagne et piscine. Les chambres, aménagées dans une annexe de plain-pied, possèdent une entrée indépendante. Des gîtes à la semaine (à partir de 290 €) sont également disponibles en été.

Où se restaurer

Le Tisonnier (☎ 04 75 04 44 03 ; formule buffet 15,50/27,50 € midi/soir ; fermé sam soir et dim-lun midi juil-août, horaires très variables hors saison : appelez ; ouvert à l'année). Voici l'un des restaurants incon-

tournables de la région, à essayer même si vous séjournez à Grignan (à 30 minutes en voiture). Les formules se composent d'un buffet de hors-d'œuvre (de multiples spécialités méridionales), d'un plat du jour (poisson ou viande) et d'un dessert délicieux, accompagnés d'un apéritif-maison et de vin. Les pièces voûtées, aux murs chargés de tableaux, forment un cadre chaleureux et l'accueil est familial. En été, la ruelle se transforme en terrasse. Mieux vaut réserver.

Le Predalou (☎ 04 75 04 40 08, rue de la Fontaine ; menus 17/24,50 € ; ouvert tlj à midi et sam soir). À quelques pas du Tisonnier, ce restaurant plus conventionnel prépare une cuisine savoureuse, comme le magret de canard aux olives ou le gigot d'agneau au citron.

Sur la place, tenu par le propriétaire du Tisonnier, le café **L'Absinthe** constitue une autre bonne adresse, notamment le soir avec sa formule à 14 €. Au déjeuner, il ne propose qu'une restauration rapide.

L'Escalin (☎ 04 75 04 41 32, fax 04 75 04 40 05, formules 2 plats 20/27,20/34,50 €, 3 plats 27,50/34,50/43,50 €, menu dégustation 40,50 € ; fermé dim soir et lun, fermeture annuelle 1re sem janvier). La réputation de ce restaurant gastronomique, situé à 700 m du village, ne faillit pas au regard des réservations et des dîners d'affaires qui s'y déroulent. La cuisine est effectivement raffinée et l'accueil, agréable. En hiver, vous pourrez déguster un menu truffe – comptez 61 € en moyenne selon le cours de la truffe.

SAINT-PAUL-TROIS-CHÂTEAUX

La centrale nucléaire de Tricastin a contribué au développement de cette ville et de ses faubourgs. Son implantation, en bordure de la vallée du Rhône, en fait plus une ville de passage que de villégiature. L'ancienne capitale romaine du Tricastin abrite pourtant, derrière ses remparts, d'élégantes demeures des XVe et XVIe siècles que domine la cathédrale, chef-d'œuvre de l'art roman. Les rues étroites et sinueuses épousent des pentes douces ou plus raides.

Le marché se tient le mardi matin : la truffe et le vin sont les deux produits phares de la ville. Le deuxième dimanche de février, la fête de la Truffe rassemble des milliers de personnes.

Renseignements

Situé au cœur de la vieille ville, l'office du tourisme (☎ 04 75 96 61 29, fax 04 75 96 74 61, st.paul3chxot@wanadoo.fr, st-paul-3-chateaux-tourisme.com), rue de la République, ouvre de mai à septembre, du mardi au samedi, de 9h à 12h et de 15h à 19h (seulement l'après-midi le lundi et à partir de 10h le dimanche). D'octobre à avril, il est ouvert de 9h à 12h et de 14h à 18h (fermé le dimanche de novembre à mars). Du 20 juin à mi-septembre, il propose des visites guidées de la vieille ville, du musée de la Truffe (voir ci-dessous) et de la cathédrale tous les mercredis à 19h.

À voir et à faire

Installée dans les locaux de l'office du tourisme, la Maison de la Truffe du Tricastin (☎ 04 75 96 61 29 ; entrée 3/1,50 €) invite à découvrir l'univers particulier de ce champignon recherché. À l'aide de panneaux explicatifs, de photos et de schémas, il présente le processus du développement souterrain de la truffe, l'évolution de sa production par région et sa place dans l'histoire. Un audio-guide à disposition et la projection d'un film complètent la visite.

En saison truffière, du 10 novembre au 15 mars environ, l'office du tourisme propose, du lundi au vendredi, une visite guidée du musée, suivie d'une visite chez un trufficulteur et d'une dégustation (10 € sans le repas). Le samedi, cette excursion s'enrichit d'un tour au marché de Richerenches, dans l'Enclave des Papes (11,50 € par personne). Les horaires du musée se calquent sur ceux de l'office du tourisme (voir la rubrique *Renseignements*).

La Galerie Angle (☎ 04 75 04 73 03, *12 rue Notre-Dame ; mar-sam 14h-18h*), spécialisée dans l'art contemporain, accueille toute l'année d'excellentes expositions dans la droite ligne de la galerie Complicités à Grignan ou de la galerie Éric Linard à la Garde-Adhémar (voir plus haut les rubriques correspondantes).

Le centre équestre Le Domaine de Patras (☎ 04 75 97 22 13), sur la route reliant Saint-Paul-Trois-Châteaux à Saint-Restitut, compte parmi les meilleurs de la région. Il propose, toute l'année, des stages de 1, 3 ou 5 jours pour adultes ou enfants (à partir de 6 ans).

Où se loger et se restaurer

L'Esplan (☎ 04 75 96 64 64, fax 04 75 04 92 36, www.oda.fr/aa/esplan, 15 place de l'Esplan ; chambres 53,50-88,50 €, demi-pension à partir de 71 € ; menus 15-38 € ; fermé sam midi-dim soir, fermeture annuelle 15 déc-15 janv). Dans la vieille ville, cet hôtel-restaurant trois-étoiles, à la superbe façade ocre, est réputé dans la région pour sa cuisine. Ses chambres, climatisées, offrent le confort attendu dans cette catégorie.

Les Gîtes de Patras (☎ 04 75 07 22 08, fax 04 75 97 22 01, 21130 Solérieux ; chambres 61-76 €). Sur la route de Saint-Restitut, ce centre équestre (voir plus haut) loue des chambres à la nuit et des appartements à la semaine (de 336 à 686 € pour 3 à 6 personnes). Le vaste domaine, le haras tout proche, la piscine et la qualité des chambres (avec téléphone et TV) en font une étape agréable, en pleine nature, idéale pour les familles.

Curieuse (☎ 04 75 96 74 00, 8 place du Marché ; ouvert mar-sam, dim après-midi). Sur la terrasse ou dans la salle aménagée au gré des trouvailles dans les brocantes, vous dégusterez de délicieux petits déjeuners (5 €) et des goûters avec boisson chaude et pâtisserie maison (5,50-7,50 €).

SUZE-LA-ROUSSE

Sa forteresse médiévale rappelle l'époque faste et tourmentée des princes d'Orange, puis celle des comtes des Baux. Sa prospérité reposait autrefois sur les draps, la verrerie et l'élevage des vers à soie, mais ils ont été supplantés par les vignobles des Côtes-du-Rhône. La circulation soutenue annonce la proximité de la vallée du Rhône, quadrillée de milliers de routes. Suze-la-Rousse, comme Saint-Paul-Trois-Châteaux, est devenue une cité de passage, mais son

DRÔME PROVENÇALE

L'université du Vin

L'université du Vin (☎ 04 75 97 21 30, fax 04 75 98 24 20, université.du.vin@ wanadoo.fr, université-du-vin.com) est à la fois un établissement privé d'enseignement supérieur, un centre de formation continue et un centre de recherche et de dégustation. De septembre à début juillet, l'université organise des week-ends d'initiation à la dégustation des vins (298 €) et des stages de quatre jours (607 €). Son centre de documentation (☎ 04 75 87 21 33) est ouvert au public.

château et l'université du Vin (voir l'encadré) méritent le détour.

Du **château médiéval** (☎/fax 04 75 04 81 44 ; entrée 3/2 € ; ouvert tlj 9h30-11h30 et 14h-17h30, jusqu'à 18h juil-août ; fermeture annuelle nov-mars), il ne reste plus que la structure extérieure, imposante par ses formes. Totalement transformée au XVIᵉ siècle, la forteresse abrite une cour à l'italienne de toute beauté. La visite de l'intérieur est surtout intéressante pour l'architecture des pièces et l'escalier monumental. Aucun meuble ou tableau n'habille les différents espaces traversés, qui accueillent chaque année des expositions temporaires. La visite guidée (40 minutes) permet d'enrichir le parcours et de découvrir l'**université du Vin** (voir l'encadré), fondée en 1978. Au pied du château, le **jardin des vignes** regroupe 70 cépages des principaux pays viticoles.

Où se loger et se restaurer

Le Clos des Panelles (☎ 04 75 04 08 15 ou 06 76 06 25 81, fax 04 75 98 23 87 ; chambres 45/55/70 € petit déj compris ; ouvert à l'année). À l'écart de la route reliant Suze-la-Rousse à Bollène et isolée dans une plaine de vignes, cette ancienne ferme réaménagée ouvre sur une immense cour ombragée. Les chambres d'hôtes, installées au rez-de-chaussée d'un autre bâtiment, tournent le dos au corps de ferme et donnent sur le verger qui leur est entière-

ment réservé. Leur aménagement est à l'image de la cuisine-salle à manger où l'on prend le petit déjeuner : un mélange des genres où la couleur sert de fil conducteur. Le prix diffère en fonction de la taille des chambres. On peut choisir la formule demi-pension.

Le Garlaban (☎ 04 75 04 04 74, rue des Remparts ; menus 20-37 € ; fermé lun-mar). Au pied du château, cette bonne table allie une succulente cuisine du terroir (lasagne de légumes et terrine de foie gras mi-cuit sont recommandées) à un vaste éventail de prix. Le cadre – une jolie maison dotée d'une belle terrasse ombragée – accentue le plaisir de la bonne chère, malgré un environnement (un carrefour) peu engageant

SAINT-RESTITUT

Ses carrières de pierres blanches ont contribué à l'édification de Marseille et de Lyon mais, désormais, les falaises sont le terrain privilégié des grimpeurs. En quelques années, avec le développement de l'industrie nucléaire dans la région, Saint-Restitut est devenu une banlieue chic des grandes villes limitrophes.

Sa campagne boisée est ainsi investie par des demeures résidentielles. Autour d'une église du XIIᵉ siècle, le village garde des allures alanguies et semblera trop calme pour certains. Aux environs, une auberge et un restaurant vous séduiront par leur cadre et leurs prestations.

Renseignements

L'office du tourisme (☎/fax 04 75 04 71 27), place Colonel-Bertrand, ouvre du mardi au samedi, de 10h à 12h et de 14h30 à 18h30, et le lundi, de 15h à 18h30. Du 15 juillet au 15 août, il est également ouvert le dimanche de 10h à 12h. Il propose un guide de randonnées balisées au départ du village.

L'Auberge du Tricastin (voir Où se restaurer), à l'entrée du village, dispose de topo-guides sur les sites d'escalade.

Où se loger et se restaurer

Auberge du Truinas (☎ 04 75 96 73 69 ; lit 15,50 €, chambres 46 €, pers supp 9,20 €, petit déj 5,50 € ; table d'hôtes 18,50 € ;

ouvert avr-sept). Ce mas, situé au bout d'un chemin bordé de chênes, surplombe la plaine et son vignoble. Autour de la cour se répartissent différents corps de bâtiments ; l'un abrite un dortoir de 12 lits répartis sur trois niveaux, l'autre, trois chambres à l'aménagement des plus simples. Chaque chambre dispose d'une mezzanine, d'un canapé convertible et d'une belle s.d.b. Dans la cour, des tables en fer sont installées à l'ombre des figuiers. L'auberge possède un restaurant (réservation indispensable) qui utilise les produits du jardin. Le soir, vous pourrez prendre un verre au bar ou écouter un concert. Une piscine vous attend, légèrement à l'écart de la maison.

Auberge du Tricastin (☎ *04 75 04 92 95).* À l'entrée du village, juste en contrebas, c'est le café où l'on se retrouve pour se désaltérer ou grignoter (croque-monsieur et sandwiches uniquement). Engageante avec sa façade en pierres et ses volets bleus, l'auberge comporte une belle terrasse ombragée, qui jouxte le terrain de boules. Un billard est installé dans le bar, à l'ambiance détendue.

Les Buisses (☎ *04 75 04 96 50, fax 04 75 96 77 79 ; menu 23 € ; fermé sam midi-lun).* À 2 km du village, au cœur d'une forêt de chênes, cet établissement réputé pour sa cuisine fine et savoureuse s'agrémente d'un cadre paradisiaque. Son décor élégant se décline en blanc, en bois cérusé, en lumière tamisée et… en produits gourmands (parmi lesquels confitures et meringues) disposés de-ci de-là dans la maisonnée. La carte varie d'un jour à l'autre, en fonction du marché.

Nyons

À 24 km de Grignan et à 16 km de Vaison-la-Romaine, Nyons constitue la porte d'entrée des Baronnies. Ville commerçante et administrative, réputée pour son huile d'olive, elle s'appréhende facilement, la place de la Libération constituant le rond-point autour duquel la vie s'articule. La ville ancienne, sur les hauteurs, constitue un îlot à part, silencieux en comparaison de l'agitation qui prévaut en contrebas, surtout les jours de marché.

RENSEIGNEMENTS

Installé dans un pavillon vitré en centre ville, l'office du tourisme (☎ 04 75 26 10 35, fax 04 75 26 01 57, ot.nyons@wanadoo.fr, www.guideweb.com/nyons/), place de la Libération, fournit tous les renseignements désirés sur le Sud du département. Ouvert du lundi au samedi, de 9h à 12h30 et de 14h30 à 19h en été (de 10h à 13h le dimanche), il ferme à 18h30 et le dimanche le reste de l'année.

La librairie-papeterie Beaux-Arts (☎ 04 75 26 09 91), 8 place de la Libération, dispose d'un très bon choix de livres sur la région. Elle est fermée le lundi.

FÊTES ET FESTIVALS

La Fête de l'Alicoque qui se déroule tous les premiers week-ends de février célèbre l'arrivée sur le marché de l'huile d'olive nouvelle de l'année. Au programme notamment : visites de moulins, dégustation et vente. Le dimanche et le lundi de Pâques, place au Corso fleuri, seconde fête populaire de l'année.

La dernière semaine de juillet en général, Nyons accueille Les Rencontres méditerranéennes. Pendant sept jours se succèdent concerts et stages de musiques méditerranéennes.

À VOIR ET À FAIRE
Marché provençal

Le marché se tient le mardi et le jeudi matin, ce dernier jour étant le principal : jusqu'à 13h environ, toutes les places de Nyons sont alors envahies d'étals et chacune propose un produit phare. Place Buffaven, fruits et légumes prédominent, tandis que plantes et fleurs envahissent la place des Arcades. La place de la Libération regroupe quant à elle des marchands de vêtements, de tissus, de paniers ou de quincaillerie.

Institut du monde de l'olivier

Installé au cœur de Nyons, à deux pas de l'office du tourisme, l'**Institut du monde de l'olivier** (☎ *04 75 2 90 90, fax 04 75 26 90 94, monde-olivier@wanadoo.fr, 40 place de la Libération)* mérite une visite.

Quelques données sur l'olivier*

L'apparition de l'olivier greffé et taillé, tel qu'on le connaît aujourd'hui, daterait de 6000 av. J-C et l'Asie mineure en serait le berceau. Cet arbre, introduit pour la première fois sur le sol français en 600 ans av. J.-C., était alors présent dans toute la Méditerranée. Aujourd'hui, les plus importants producteurs d'huile d'olive sont respectivement l'Espagne, l'Italie, la Grèce, l'Algérie et la Tunisie ; la France venant loin derrière avec une moyenne 2 500 tonnes annuelles (soit 0,2% de la production mondiale) contre 847 500 tonnes en Espagne. Il est bons de noter que l'huile d'olive se place au 6ᵉ rang mondial (5%) de la production totale d'huiles végétales alimentaires. La Grèce est le plus gros consommateur d'huile d'olive. Seulement 10% des olives produites dans le monde sont destinées à la table. En France, les oliveraies couvrent une superficie totale de 20 206 hectares et se concentrent exclusivement en Provence-Côte d'Azur, en Rhône-Alpes et en Languedoc-Roussillon. L'Hexagone comptabilise au total 140 moulins et coopératives.

* Données fournies pas l'Institut du monde de l'olivier.

Ce centre de documentation (ouvert à tous), de recherche et d'analyse présente toute l'année une exposition sur l'olivier et programme des conférences ou des séminaires d'information et de formation. Des séjours d'une demi-journée à plusieurs jours dans la région sur le thème de l'olivier et de l'huile sont également organisés sur mesure pour des groupes (minimum 10 personnes). Pendant les vacances de Pâques et de juin à septembre, il organise aussi des séances de découverte et de dégustation d'huiles d'olive françaises, le mardi à 14h30 et le vendredi à 10h30 (1 heure, 3 €). Tous les deux ans, en octobre, cet institut met en place les **Rencontres internationales de l'olivier** (les prochaines sont prévues en 2002 et 2004).

Musée de l'Olivier

La visite du **musée de l'Olivier** (☎ 04 75 26 30 37, musee-olivier.nyons@wanadoo.fr, www.guideweb.com/musee/olivier, place Olivier-de-Serre ; entrée 2 €) complète celle de l'institut du monde de l'olivier. Créé et géré par la Société Archéologique de Nyons, ce musée (qui ne compte qu'une seule salle) raconte à sa manière, avec passion et nombre d'objets et de gravures, l'histoire ancienne et récente de la culture de l'olivier. La visite commentée dure environ 45 minutes (tous les jours du lundi au samedi, de 15h à 18h, le dimanche, de 10h30 à 18h).

Moulins

Durant la récolte des olives (entre décembre et janvier en général), les trois moulins à huile de la ville encore en activité ouvrent leurs portes au public : le **moulin Ramade** (☎ 04 75 26 08 18, 7 impasse du Moulin, av. Paul Laurens), le **moulin Dozol-Autrand** (☎ 04 75 26 02 52, zone artisanale) et la **coopérative du Nyonsais** (☎ 04 75 26 95 00, place Olivier de Serres).

Au pied du **pont Roman**, le **vieux moulin** (☎/fax 04 75 26 11 00, 4 promenade de la Digue ; entrée 3,50 € ; fermeture annuelle jan) du XVIIIᵉ siècle, propriété de Jean-Pierre Autrand, se visite en revanche toute l'année, sauf le dimanche après-midi en été et les dimanches et lundis hors saison. L'intérêt d'une visite guidée (à 10h30, 11h30, 15h, 16h et 17h en juillet-août) vaut surtout pour la découverte de son ancienne savonnerie.

La Scoutinerie

Cet **atelier de tissage** (☎ 04 75 26 33 52, fax 04 75 26 20 72, La Maladrerie ; entrée libre ; lun-ven 9h-12h et 14h-18h) a été fondé en 1882 dans une ancienne magnanerie (élevage de vers à soie) de la ville. Il continue à confectionner sur d'antiques machines des filtres en fibres de coco qui servent à la fabrication de l'huile d'olive. Cette manufacture familiale, unique en France, perpétue la tradition vaille que vaille, non sans avoir élargi sa production à des tapis. Une boutique (ouverte du lundi au samedi) a été aménagée au rez-de-chaussée.

Lavande et distillerie

Nyons est le siège de l'association **Les routes de la Lavande** (voir l'encadré) et la ville de La **Distillerie Bleu Provence** *(☎ 04 75 26 10 42, 58 promenade de la Digue)* où lavande et thym sont distillés. En juillet-août des visites guidées sont proposées tous les jours, à 10h30 et 17h (3 €, gratuit pour les moins de 12 ans). Des ateliers de création de parfums et de bouquets se déroulent par ailleurs le mardi après-midi, d'avril à fin septembre (11,50 €). En juillet-août, lors de la récolte, on peut assister à la combustion de la lavande fraîchement cueillie.

Activités sportives

L'office du tourisme fournit une brochure recensant les **randonnées pédestres** au départ de Nyons. Il peut également vous orienter pour choisir un guide de moyenne montagne. De son côté, l'**association VTT-loisirs** *(☎ 04 75 26 27 98, vttnyons@aol. com, vttloisirsnyons.free.fr)* a balisé un certain nombre de circuits, également regroupés dans un petit fascicule et disponible à l'office du tourisme.

OÙ SE LOGER

Nyons et ses environs offrent un large choix d'hébergements de qualité.

Camping

Les Terrasses Provençales *(☎/fax 04 75 27 92 36, Les Barroux, Venterol ; emplacement, 2 pers et voiture 14 € juil-août, 12,20 € hors saison ; fermeture annuelle nov-mars)*. À 4 km à l'ouest de Nyons, ce camping situé sur la commune de Venterol allie un site privilégié (avec vue sur les vignes et monts de Vaucluse au loin) et une tranquillité absolue. Cette aire naturelle a été aménagée comme un deux-étoiles. Le camping loue également des mobil-homes et des caravanes à la semaine.

À la découverte de la lavande

Les Routes de la Lavande (☎ 04 75 26 65 91, fax 04 75 26 32 67, routes.lavande@ educagri.fr, www.route-lavande.com), 2 av. de Venterol, à Nyons (26110), est une association regroupant toutes les informations désirées sur les quatre départements producteurs de lavande : Alpes-de-Haute-Provence, Drôme, Hautes-Alpes et Vaucluse. Documentation – envoyée à la demande ou disponible dans les offices du tourisme –, cartes, fiches d'itinéraire, sélection d'adresses (lieux à visiter, distilleries, hébergements, restaurants...), conseils ou randonnées accompagnées permettent à chacun de découvrir à pied, en voiture ou à vélo paysages, cultures et savoir-faire.

Hôtels

Une Autre Maison *(☎ 04 75 26 43 09, fax 04 75 26 93 69, uneautremaison@ mail.dotcom.fr, autre-maison.ifrance.com, place de la République ; chambres 90/ 105/120,50 €, petit déj 9,50 €, demi-pension 75 €/pers à partir de 3 jours ; fermeture annuelle nov-jan)*. Au cœur de la ville, une allée bordée de lavande, de cyprès, d'oliviers et de figuiers conduit à une élégante demeure du XIXᵉ siècle. Quelques tables dispersées à l'ombre de grands parasols et la piscine engagent au farniente. Une atmosphère méditerranéenne, empreinte de souvenirs de voyages, règne dans cette maisonnée où aucune pièce ne se ressemble.

La Picholine *(☎ 04 75 26 06 21, fax 04 75 26 40 72, promenade de la Perrière ; avr-sep chambres 50-62,50 €, demi-pension 53-60 €, le reste de l'année chambres 47,50-60 €/pers, demi-pension 47,50-54,20 €/pers, petit déj 7 € ; fermetures annuelles 15 oct-début nov et fév)*. Installé sur les hauteurs de Nyons, cet établissement dispose d'un cadre privilégié avec son oliveraie et sa piscine. Si le bâtiment moderne ne dégage aucun charme particulier, notamment en ce qui concerne ses chambres, l'accueil et la cuisine de qualité font de cet hôtel-restaurant l'une des très bonnes adresses de la région de sa catégorie. Le prix des chambres varie en fonction de leur exposition, côté piscine ou côté parking.

Les Oliviers (☎/fax 04 75 26 11 44, 2 rue André-Escoffier ; chambres 35-46 €, demi-pension 55-75 €, petit déj 5,50 € ; fermeture annuelle 2 sem déc-jan-fév). À proximité de la vieille ville et de la place de la Libération, cet hôtel-restaurant, familial et chaleureux, est décorée dans le style des années 1950-1960. Le calme domine malgré une situation en centre-ville et la vaste terrasse ombragée est des plus agréables.

La Caravelle (☎ 04 75 26 07 44, fax 04 75 26 23 79 ; 8 rue des Antignans ; chambres 57,20-75,50 €, petit déj 7,60 € ; ouvert mars-vacances de Toussaint). À 500 m de la place de la Libération, cette maison des années 1950, ponctuée d'une colonne de hublots, jouit également du calme et d'une ambiance familiale. Le grand jardin aux allures de verger et la treille forment un autre ensemble attrayant. Les chambres sont aménagées avec goût (les n°5, 6 et 9 disposent de balcon).

Au Petit Nice (☎ 04 75 26 09 46, 4 av. Paul-Laurens ; chambres 26-41,20 €, petit déj 3,20 € ; fermeture annuelle oct). À deux pas de la place de la Libération, cet hôtel en bordure de route offre le meilleur rapport qualité/prix pour les petits budgets. Là encore, l'accueil est agréable. Le prix des chambres varie en fonction de leur confort (wc et douche privés ou communs). Préférez celles qui donnent sur l'arrière, moins bruyantes.

Hôtel Colombet (☎ 04 75 26 03 66, fax 04 75 26 42 37, 53 place de la Libération ; chambres 84-128 € ; fermeture annuelle 15 nov-15 jan). Extrêmement bien placé et superbe d'aspect, cet établissement privilégie une clientèle étrangère et de groupe. Par ailleurs, l'accueil hautain et l'ambiance faussement stylée ne le rendent pas vraiment sympathique.

Chambres d'hôtes

La Farigoule (☎ 04 75 26 39 04, 26 rue du Devès ; chambre 40 € ; fermeture annuelle 15 sept-15 mars). Construite sur un roc dominant le centre-ville, cette maison accueillante bénéficie d'un panorama superbe. En été, sa chambre est souvent réservée plusieurs mois à l'avance. Un gîte attenant est parfois loué à la nuit.

Aux environs de Nyons

N'oubliez pas les alentours de Nyons pour vous loger. Rémuzat, en particulier, comporte trois gîtes-chambres d'hôtes, dont l'emplacement est idéal pour rayonner dans la région.

Le Hameau de Valouse (☎ 04 75 27 72 05, fax 04 75 27 75 61 ; chambres 46-75 € juil-août, demi-pension 66-105 € ; menus 17/24,50/27,50 € ; fermé lun-mar sauf juil-août ; ouvert avr-début nov). À 16 km au nord de Nyons, ce mas du XVIe siècle bénéficie d'un cadre naturel magnifique et d'une piscine. Douceur de vivre et harmonie sont des atouts que l'on cultive avec soin dans cet hôtel-restaurant réputé, où il est aussi possible de louer des appartements à la semaine. Sa table est renommée (goûtez au carré d'agneau braisé à l'ail, qui fond littéralement dans la bouche !). Aux beaux jours, la terrasse permet de profiter de la nature environnante. La formule du terroir (un plat et un verre de vin, 11 €), proposée à midi, satisfera les petits budgets.

Auberge de Miélandre (☎/fax 04 75 46 40 04, mielandre@worldonline.fr, www. mielandre.fr.fm, route du Col-de-Valouse, 26220 Teyssière ; lit en dortoir avec petit déj/demi-pension 15,50/29 €, chambres 46 €, demi-pension 38 €/pers). À 25 km au nord de Nyons, ce mas isolé a pour tout horizon des champs de lavande. L'accueil chaleureux et l'ambiance familiale en font une étape privilégiée, notamment avec des enfants. Les chambres sont simples mais très correctes, comme les dortoirs, d'une capacité de six lits.

Gîte des Curebiasses (☎ 04 75 27 84 89 ou 04 72 38 07 80, Rémuzat ; nuit 9,20-11 €/pers, supp chauffage 1 €). À 26 km au nord-est de Nyons, Rémuzat garde l'atmosphère d'un paisible village et abrite un gîte d'étape aux allures de maison de famille plurisiéculaire. La cuisine, accessible à tous, donne sur un petit patio ombré. Les chambres, de 2 à 8 lits avec s.d.b. commune, sont réparties dans les étages. Ce gîte est idéal pour les enfants qui profitent de l'espace alentour. Dans une autre partie de cet ancien hôtel particulier, vous pouvez aussi louer un appartement aux grandes pièces lumineuses.

Gîte L'École de la Combe *(☎/fax 04 75 27 82 40, mcminer@usa.net, www.provence. guideweb.com, Rémuzat ; 11 €/pers, 275/ 320/351 €/sem selon la saison, petit déj 4 € ; ouvert à l'année).* Margot Milner et Nicholas Bentley (désigner ébéniste) ont investi l'ancienne école du village, en bordure de route, à 2 km environ du centre-ville. De jolies chambres blanches partagent une s.d.b. Dans cette maison, l'intimité et la douceur riment avec l'amour de l'art, des livres, du bois et des voyages. La cour de l'école, à l'avant de la maison, et le jardin, à l'arrière, cadrent à merveille avec l'ensemble.

La Colline *(☎ 04 75 27 84 78, Les Blaches, Rémuzat ; simple 27,50 € ; doubles 38,20-41,20 €, pers supp 12,20 €, table d'hôtes 14,50 € ; ouvert à l'année).* À 4 km du village, en continuant la route menant à L'École de la Combe et en empruntant un chemin de terre sur 1 km, le mas de La Colline, isolé, fait face à un panorama prodigieux. Les chambres, de 2 à 5 lits, sont dispersées dans les différentes parties de cette ancienne ferme. Claires et spacieuses, elles bénéficient toutes d'une entrée indépendante. C'est un endroit idéal pour les enfants. La demi-pension est possible pour des séjours de plus de 5 jours.

L'Anrize *(☎/fax 04 75 27 26 70, www.chez. com/anrize, Cornillon-sur-l'Oule ; chambres 43 € petit déj inclus ; table d'hôtes 17 € ; ouvert à l'année).* Au nord est de Rémuzat, ce mas en bordure de route s'agrémente d'une ambiance chaleureuse (ses propriétaires sont des grands amateurs de théâtre) et d'une belle vue sur la vallée et les montagnes.

OÙ SE RESTAURER

Le Petit Caveau *(☎ 04 75 26 20 21, fax 04 75 26 07 28, 9 rue Victor-Hugo ; menus 26-40 € ; fermé dim soir et lun toute l'année, jeu soir sept-juin, fermeture annuelle 15 nov-déc).* Cet établissement, discrètement niché dans une ruelle, est l'une des meilleures tables de la région. Christian Cormont en cuisine et Muriel, sommelière,

en salle, forment un duo qui allie simplicité et goût pour les bonnes choses. La salle voûtée ne compte que 9 tables. Au menu, de purs délices, comme la terrine de foie gras, le sandre ou le filet d'agneau rôti au thym.

La Picholine *(☎ 04 75 26 06 21, fax 04 75 26 40 72, promenade de la Perrière ; menus 20,60/25,20/35 € ; fermé mar et lun oct-avr, fermeture annuelle 15-30 oct et fév).* Le restaurant de cet hôtel est l'autre adresse à retenir dans la ville. Sa grande terrasse bordée d'oliviers et le service de qualité constituent deux autres atouts.

Une Autre Maison *(☎ 04 75 26 43 09, fax 04 75 26 93 69, uneautremaison@ mail. dotcom.fr, www.autre-amison.ifrance. com, place de la République ; menu unique 32 € ; ouvert tlj le soir et dim midi, fermé lun, fermetures annuelles fin vacances de Toussaint-15 déc et jan).* Le nombre de couverts limité et un jardin aux allures d'éden lui confèrent un caractère intimiste, des plus agréables.

Le Café de France *(☎ 04 75 26 32 24, place de la Libération ; plats 8-10 € ; fermé lun)* et **Le Bel Époque** *(☎ 04 75 26 06 76 ; plats 8-10 € ; fermé dim)* proposent une restauration classique de brasserie (sandwiches, salades ou plats chauds) et un large éventail de prix. De nombreux restaurants bordent la rue des Déportés. La terrasse du **Bar du pont Roman** offre une jolie vue sur le pont.

COMMENT S'Y RENDRE

La compagnie Test (☎ 04 75 00 27 90) assure au moins trois fois par jour la liaison par bus Montélimar-Nyons *via* Grignan et Valréas. La gare routière de Montélimar jouxte la gare. Comptez 7 € l'aller simple.

Pays des Baronnies

BUIS-LES-BARONNIES

À une vingtaine de kilomètres au sud-est de Nyons, Buis-les-Baronnies bénéficie d'un environnement préservé et d'une vie de village attachante, au cœur du pays des Baronnies : les alentours sont montagneux, vallonnés et plantés d'oliviers, de chênes et de tilleuls. Le Vaucluse est proche : à quelque 20 km au sud, le mont Ventoux montre son dos rond et pelé. Plus à l'est, c'est le plateau d'Albion qui s'annonce au rythme des champs de lavande de plus en plus nombreux.

Au royaume du tilleul, les senteurs et les sensations ont un goût de paradis encore préservé. La culture des plantes aromatiques et médicinales représente d'ailleurs une activité phare. En été, l'illumination du rocher Saint-Julien rappelle que la région de Buis est également un haut lieu d'escalade de réputation internationale.

Renseignements

Au centre-ville, en bordure d'Ouvèze, l'office du tourisme (☎ 04 75 28 04 59, fax 04 75 28 13 63, info@buislesbaronnies.com, www.buislesbaronnies. com), place des Quinconces, donne toutes les informations souhaitées sur la ville et sa région. En juillet-août, il ouvre du lundi au samedi, de 9h15 à 12h et de 15h à 19h, et le dimanche, de 9h30 à 12h. De Pâques à mi-juin et de septembre à la Toussaint, l'horaire de l'après-midi change : de 14h30 à 18h, et il ouvre à 10h le dimanche. En hiver, il est ouvert du lundi au samedi; de 9h15 à 12h et de 14h à 17h. En 2002, une antenne d'information touristique devait s'ouvrir à la Maison des plantes aromatiques, récemment créée.

Le Café des Arcades (☎ 04 75 28 10 58) a installé un ordinateur à l'étage ; comptez 7,50 € l'heure (fermé le jeudi).

Fêtes et festivals

Le Salon du livre des plantes a lieu la première semaine de juillet. Au programme : expositions, conférences et foire aux livres. Des sorties botaniques sont proposées tous les matins (inscriptions à l'office du tourisme). La Foire internationale du tilleul se déroule le premier mercredi de juillet. Un festival de jazz est organisé à la mi-août.

À voir et à faire

Le marché le plus important se tient le mercredi. La jolie place des Arcades (dite aussi place du marché) prend de belles couleurs. Celui du samedi est moins important.

La culture des plantes, en particulier de la lavande, constitue le fil conducteur de l'exposition de la Maison des plantes aromatiques, ce nouvel espace, né en 2002. Des ateliers d'herboristerie, pour adultes et enfants, figurent au menu de ses activités.

Dans la vieille ville, le moulin du Puits Communal (☎ 04 75 28 03 30), et le moulin des Baronnies (☎ 04 75 28 10 48) sont accessibles toute l'année au public. Vidéo et visites commentées expliquent les méthodes de pressage.

Les moulins vendent également leur production d'huile d'olive.

Randonnées pédestres et en VTT.

Buis-les-Baronnies est une étape du GR9, sentier dont l'itinéraire sud-est passe ensuite derrière le rocher Saint-Julien, accessible en 45 minutes de marche. Les différents guides de randonnées pédestres édités par l'office du tourisme permettent par ailleurs de suivre les circuits sportifs ou familiaux autour du village. L'office de Buis peut également vous aider à trouver un guide accompagnateur : comptez environ 64/100 € la demi journée/journée pour un groupe de 5 personnes.

L'office édite aussi des brochures répertoriant des circuits spécifiques pour les amateurs de VTT. Enfin, Serge Coutton de Cycloutil (☎ 06 17 13 35 37, Grand'Rue) loue des VTT.

Escalade.

La diversité des sites (de l'initiation au haut niveau) a contribué à la renommée internationale de Buis-les-Baronnies en matière d'escalade, le rocher Saint-Julien étant le site le plus connu. L'office du tourisme dispose d'une liste de moniteurs d'État brevetés.

La Maison de l'escalade (☎ 04 75 28 05 42, 13 quartier de Rieuchaud) assure des stages d'initiation (à partir de 8 ans) et de perfectionnement.

Équitation.

Le Centre équestre de Rieuchaud (☎ 04 75 28 16 60), installé dans le même groupe de bâtiments que la Maison de l'escalade, propose régulièrement des sorties.

DES BARONNIES AU MONT VENTOUX

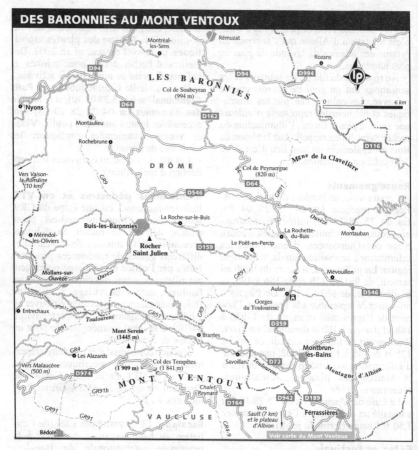

Parapente. L'École de parapente des Baronnies (☎ 04 75 28 50 80, 04 75 28 51 39 ou 04 75 28 50 24, fax 04 75 28 51 39 ; info@provence-parapente.com, www.provence-parapente.com) se trouve à Mévouillon, à près de 20 km à l'est de Buis. Réputée pour ses stages d'initiation ou de perfectionnement (week-end ou semaine), elle organise aussi des baptêmes, de fin avril aux vacances de la Toussaint (46 €). Le stage d'initiation de 5 jours revient à 363 € environ.

Ses locaux, installés dans une ancienne école sur la D546, comprennent des dortoirs (8 € par personne et par nuit) et une cuisine collective.

Où se loger

Campings. Privilégiez les aires naturelles localisées dans les environs, à la Roche-sur-le-Buis, à 3 km, et à Poët-en-Percip, à 13km (voir ces rubriques plus loin), qui allient des sites de toute beauté et des services dignes de campings deux-étoiles.

Le Soustet (☎/fax 04 75 28 07 52, LeSoustet@aol.com, 14 rue des Pénitents ; lit 13 €, petit déj 4,60 €, demi-pension 29 €, location de draps 3 € ; ouvert à l'an-

née). Au cœur de la vieille ville, ce gîte d'étape constitue une excellente adresse dans sa catégorie. Cette ancienne demeure, entièrement restaurée, comporte 5 chambres de 2 à 5 lits, agréables à vivre et dotées d'un bon confort par rapport au prix, avec s.d.b. commune à chaque étage. Au rez-de-chaussée, une triple avec s.d.b. et coin cuisine a été aménagée pour accueillir les handicapés. Le propriétaire, accompagnateur diplômé de moyenne montagne, propose des randonnées et un service de location de vélos. Une cuisine est à disposition au 1er étage et les repas se prennent dans le patio.

Le Lion d'Or *(☎ 04 75 28 11 31, fax 04 75 28 12 07, arcadulion@aol.com, place des Arcades; simples 32-41,20 €, doubles 41,20-52 €, petit déj 5 €, demi-pension à partir de 3 nuits 34,50-43,50 €/pers ; fermeture annuelle déc-jan).* L'emplacement de cet hôtel, sur la plus jolie place de Buis, en fait une étape privilégiée. L'accueil, au 1er étage, a des airs de vieille pension de famille ; les chambres, entièrement rénovées, se déclinent en couleur ocre et présentent un très bon rapport qualité/prix. À l'arrière, un grand jardin constitue une aire de repos et de fraîcheur bienvenue. Les repas sont assurés par deux restaurants de Buis, dont La Fourchette (voir *Où se restaurer*).

Escapade *(☎ 04 75 28 06 77, fax 04 75 28 13 20, escapade.vacances@wanadoo.fr, www.escapade-vacances.com, rue de la Cour-du-Roi-Dauphin ; logements 2-3 pers nuit/sem 61/183 € hors vacances scolaires, 4 pers 221 €/sem ; ouvert 15 mars-15 nov).* L'ancien couvent des dominicains a été transformé en centre de vacances et ses pièces, réaménagées en appartements équipés (kitchenette, salon/salle à manger, s.d.b., mezzanine à 1 ou 2 lits). Un service de restauration est proposé matin, midi et soir. Les non-résidents peuvent venir y déjeuner. En juillet-août, des animations gratuites (escalades, randonnées) sont offertes tous les jours aux 3-12 ans.

Le choix des chambres d'hôtes dans la ville même est extrêmement limité. Une seule adresse offre un bon rapport qualité/prix, celle de **Christiane et Jean-Pierre Blondeau**

(☎ 04 75 28 22 68, portable 06 12 56 64 25, 2 allée Saint-Julien ; chambre avec sdb 42 € ; ouvert à l'année). Cette maison, avec jardin et piscine, se situe à 500 m du centre-ville qu'elle surplombe, de l'autre côté de l'Ouvèze. La chambre peut être couplée à une autre pièce dotée de 2 lits (comptez alors 67 €). L'été, une cuisine, aménagée en face de la piscine, est mise à disposition.

Aux environs de Buis. Le Saint-Marc *(☎ 04 75 28 70 01, fax 04 75 28 78 63, Mollans-sur-Ouvèze ; simples/doubles 50/58,50 € 15 mai-15 sept, 39,50/47,50 € le reste de l'année ; demi-pension 75/108,50 € haute saison, 64,50/97 € le reste de l'année; ouvert 15 mars-début nov).* Au pied du mont Ventoux, à 8 km à l'ouest de Buis, cet hôtel réputé pour sa table est aussi le port d'attache privilégié des cyclistes. L'accueil est chaleureux et l'ambiance décontractée, mais les chambres, plutôt quelconques. Une piscine se trouve en contrebas de l'hôtel. Sa formule demi-pension est intéressante, la qualité du repas du soir et du petit déjeuner étant exceptionnelle.

Chambre d'hôtes La Honas *(☎/fax 04 75 28 55 11, laonas@club-internet.fr, La Rochette -du-Buis, simples/doubles/triples/quadruples 40/50-58/65/80 € ; table d'hôtes 17 € ; fermeture annuelle 15 nov-15mars).* À 15 km de Buis, dans un environnement dégagé propice à la randonnée, cette ferme restaurée est juchée sur les hauteurs. La belle piscine promet des instants de détente. Les chambres d'hôtes, sobres et aménagées avec goût, profitent de l'atmosphère conviviale de la maison. Les repas du soir sont servis sous la grande voûte de l'ancienne écurie ou dans la cour intérieure. En dehors de juillet-août, des soirées arts plastiques sont programmées.

Où se restaurer

La Fourchette *(☎ 04 75 28 03 31, place des Arcades; menus 20/29 €, plat 9,20-13 € ; fermé dim soir-lun).* Avec sa terrasse sous les arcades, en face de la plus jolie place de Buis, cet établissement aiguise déjà l'appétit et sa cuisine ne déçoit pas. Choix de plats, prix raisonnables et service agréable

DRÔME PROVENÇALE

en font une adresse courtisée. Au déjeuner, les salades ou les plats du jour satisfont tous les appétits et tous les budgets.

Le Creuset du Soleil *(☎ 04 75 28 15 93, 8 rue Béals ; 9,20-10,50 € ; fermé dim, fermeture annuelle fév)*. Entre la place aux Herbes et la place des Arcades, ce tout petit restaurant (qui fait aussi traiteur) mitonne une savoureuse cuisine aux accents libanais prononcés. Préparés à partir de produits biologiques, les mezzes sont un pur régal. L'été, quatre petites tables investissent la ruelle attenante. Les plats à emporter agrémentent de délicieux pique-niques.

Le Four à Pain *(☎ 04 75 28 20 34, bd Clemenceau ; menu 15 €, plats 12 €, fermé lun)*. La carte privilégie la cuisine régionale et propose un large éventail de prix. La salle, d'allure bistrot, et le service attentif sont d'autres atouts appréciables.

Les cafés de Buis réservent eux aussi de belles ambiances. Le **Bar de l'Étoile**, avec sa grande terrasse ombragée de platanes, est idéale pour apprécier une pizza.

Comment s'y rendre

Les transports Lieutard (☎ 04 90 36 05 22) assurent deux liaisons quotidiennes par bus depuis Avignon (1 heure 30, 9,20 € l'aller simple). Les Autocars Dunevon (☎ 04 75 28 41 54) relient tous les jours Nyons à Buis (45 minutes, 4,50 €).

LA ROCHE-SUR-BUIS

À 3 km de Buis, ce village accroché à la roche respire la quiétude et domine magnifiquement les Baronnies. L'ancienne chapelle des Pénitents blancs abrite le **musée J.F. Layraud** *(☎ 04 75 28 01 42 ; entrée libre)*, du nom d'un peintre lauréat du Grand prix de Rome dont deux toiles sont exposées dans l'église.

Ce musée évoque les arts et traditions populaires d'antan du pays des Baronnies. Sa visite (appelez pour les horaires) est habituellement couplée à celle d'un autre petit musée consacré... à la **lessive** au XXᵉ siècle ! Ne quittez pas le village sans avoir exploré l'ancien cimetière transformé en **jardin botanique**, où orchidées, pins parasol, rosiers, romarin, thym, sarriette,

Tilleuls menacés

La culture du tilleul, apparue dans les Baronnies au XIXᵉ siècle, s'est développée au cours du siècle suivant à mesure que l'élevage du ver à soie diminuait et que les plants de *garance* (plante cultivée pour le colorant rouge extrait de sa racine) disparaissaient du paysage. La récolte du tilleul des Baronnies est depuis quelques années une activité en voie de disparition, concurrencée par la production de Chine et d'Europe de l'Est, vendue à très bas prix. Les producteurs de la région tentent de faire front en se regroupant pour vendre leur récolte sous le label "Tilleul Officinal des Baronnies". Cependant, d'année en année, les volumes ramassés diminuent et les arbres ne sont plus entretenus.

sauge et verveine ornent de vieilles pierres tombales.

Dans la commune, le **centre équestre La Viste** *(☎/fax 04 75 28 16 18, La-Viste@wanadoo.fr ; ouvert à l'année)* propose des randonnées à l'heure (11 €), à la demi-journée (20 €), à la journée (56,50 €) ou 5 jours. Ce centre est apprécié notamment pour ses randonnées à thème (autour de l'élevage du mouton, de la lavande ou de l'olivier, par exemple). L'escalade est également pratiquée – renseignez-vous à l'office du tourisme de Buis (voir cette rubrique plus haut).

Où se loger et se restaurer

La Gravouse *(☎ 04 75 28 23 12, fax 04 75 28 23 05, drouver@hotmail.com ; emplacement tente 2 pers 12,20 €, 3 €/pers supp, enfant moins de 7 ans 2,20 € ; simples/doubles 38,20/43 €, triples/quadruples 45,80/53,50 € juin-15 sept, 33,50/38,50 € et 41,20/49 € hors saison ; table d'hôtes 15,50 € ; fermeture annuelle fêtes de fin d'année)*. À la fois chambre d'hôtes et camping, ce mas isolé, dans un vallon entouré de montagnes, profite d'un environnement de rêve. Les chambres sont grandes et lumineuses et leur décoration, simple et sereine. Chaque matin, Pascale et Yves proposent pain et croissants frais. En bordure de rivière, le vaste terrain de camping est parfaitement équipé – bloc sanitaire avec machine à laver, aire de jeux pour enfants, table de ping-pong et piscine. Deux fois par semaine, des randonnées sont programmées pour ceux qui le souhaitent.

La Terrasse (☎ *04 75 28 23 94, plats 7-12 € ; ouvert tlj en été, le soir en fin de semaine autres mois*). Une ambiance chaleureuse et une cuisine familiale d'un excellent rapport qualité/prix font de ce bar-restaurant de village une adresse fort plaisante. Sa terrasse donne sur la campagne environnante et l'on s'y retrouve avec bonheur autour d'un verre ou d'un café. La Terrasse n'accepte pas les cartes de crédit.

POËT-EN-PERCIP

La D159, qui passe en contrebas du village, s'achève dans l'ancienne capitale des Baronnies, Poët-en-Percip, un beau village situé lui aussi dans un site remarquable, avec une vue époustouflante sur le mont Ventoux. Poët-en-Percip se trouve également sur l'itinéraire du GR91.

Ferme Le Gîte du Lièvre (☎ *04 75 28 11 49, fax 04 75 28 19 26, www.guide-web.com/provence/camping/gite-du-lièvre ; 6,20 €/pers ; plats 10 € ; ouvert avr-fin vacances de Toussaint*). Voici un autre lieu enchanteur à 16 km de Buis. Là encore, aucune maison alentour, seulement des champs de lavande, des pâturages à l'infini, une belle vue sur le Ventoux… sans oublier l'agrément d'une piscine pour les 25 emplacements disséminés sur cette propriété de 90 hectares. Du village de Poët-en-Percip, le chemin en terre qui court sur 3 km longe un magnifique panorama sur les Baronnies. En juin-juillet-août, des repas sont assurés le soir. Trois chalets (avec sanitaires et kitchenette) et trois cabanons (quatre couchages possibles) sont disponibles à la semaine en haute saison (comptez 427/275 € pour les chalets/cabanons en juillet-août) et à la nuit en basse saison. Des randonnées à cheval sont également proposées.

SAINT-AUBAN-SUR-OUVÈZ...

La D546, qui mène à ce joli village au bord de la rivière, longe un paysage parsemé de champs de lavande, dont la cueillette commence vers la mi-juillet. Une entreprise de "cadeaux-senteurs", ainsi qu'une distillerie, a d'ailleurs élu domicile dans la commune. La D65 vers Montauban côtoie d'autres paysages de lavande.

La Fontaine d'en Haut (☎ *04 75 28 60 17, demi-pension 22,20 € ; ouvert à l'année*). En haut du village, à côté de l'église, ce gîte familial à l'accueil chaleureux dispose d'un dortoir de 15 lits installé sous les toits. La demi-pension est obligatoire. Le gîte fait aussi relais équestre (26 €).

L'Auberge de la Clavelière (☎ *04 75 28 61 07, fax 04 75 28 60 30, la.clave-liere@wanadoo.fr ; chambres 40 € ; demi-pension 49 € pour 2 pers ; formule déj 11,50 € lun-ven, menus 17/21,50 € ; restaurant fermé sam midi juil-août et dim soir Pâques-Toussaint ; hébergement ouvert Pâques-Toussaint*). Cette bonne table offre un excellent rapport qualité/prix, notamment à midi, et une vue superbe sur les champs de lavande et la campagne environnante. En contrebas, la piscine bénéficie elle aussi du panorama. À l'étage, les chambres se déclinent dans des tonalités provençales. Préférez celles qui donnent sur la campagne. En été, la demi-pension est obligatoire.

Au Clocheton (☎ *04 75 28 69 64, fax 04 75 28 60 03, Montaban-sur-Ouvère ; emplacement 3,20 €/pers, chambres avec sdb commune 18,50/20,50 € ; menu 13 €*). Dans un hameau d'une vingtaine d'habitants, Montaban-sur-Ouvère, cet établissement fait office d'épicerie, de restaurant, de chambre d'hôtes et de camping. L'aire naturelle, accessible aux campeurs de mi-avril à mi-octobre, borde une rivière. L'emplacement ombragé garantit une quiétude absolue et l'épicerie vend des produits frais de qualité, provenant des fermes alentour. Le bar-restaurant sert une cuisine familiale correcte, à prix modique. Installées dans la même bâtisse que l'épicerie, les chambres sont d'un confort très basique. Au rez-de-chaussée, une cuisine est à disposition.

DRÔME PROVENÇALE

MONTBRUN-LES-BAINS

Entre vallée du Toulourenc et plateau d'Albion, cette station thermale se perche sur une superbe falaise rocheuse, dorée par le soleil. Le vieux village abrite un château, un campanile et une église. La station thermale, aux hautes maisons serrées les unes contre les autres, occupe la partie plus moderne de Montbrun-les-bainz.

Renseignements

L'office du tourisme de Monbrun (☎/fax 04 75 28 82 49, OFFMONTBRUN@aol.com, www.guideweb.com/montbrun) couvre également la vallée du Toulourenc et le plateau d'Albion et fournit nombre d'informations utiles en matière d'activités, d'hébergement ou de restaurations. En juillet-août, il ouvre tous les jours de 9h à 12h et de 16h à 18h ; d'octobre à février, il est ouvert tous les jours, sauf le lundi, à partir de 10h ; de mars à juin et en septembre, il ouvre du lundi au samedi.

Pharmacies, boulangeries, boucheries et magasin d'alimentation (avec DAB à l'intérieur) font de ce village un lieu d'approvisionnement pour les hameaux alentour.

À voir

À 7 km au sud-est de Montbrun, le **Château d'Aulan** (☎ *04 75 28 80 00 ; entrée 3/1,50 €*), d'une magnifique stature, domine la vallée du Toulourenc (voir cette rubrique dans le chapitre *Vaucluse*). Il semble sorti des plus beaux livres de contes. Charles de Suarez d'Aulan, qui accueille les visiteurs, a œuvré sa vie durant pour restituer toute sa splendeur à la demeure et à sa superbe chapelle. En juillet-août, les visites s'échelonnent tous les jours de 10h à 11h30 et de 14h à 18h30. Le reste de l'année, mieux vaut téléphoner pour prendre rendez-vous.

Où se loger et se restaurer

Gîte d'étape - Le Vergol (☎/fax 04 75 28 83 71 ; *lit en dortoir/chambre 8,50/10 €, demi-pension 24,50/26 € selon dortoir/chambre ; ouvert à l'année*). De la route reliant le château d'Aulan à Montbrun, empruntez, sur près de 3km, un chemin tortueux pour parvenir à cette ferme restaurée. Les dortoirs de

5 à 8 lits et les chambres de 2 à 4 lits (rudimentaires mais propres) se répartissent dans cette vaste maisonnée, entourée de figuiers, de noyers et de tilleuls. Préférez les pièces en façade pour la vue. Une cuisine équipée assez sommairement est à disposition. La salle à manger, dotée d'une cheminée, est chaleureuse et, sous le grand auvent, une table de ping-pong et une table accentuent la convivialité. Le maître des lieux, Éric (eric.leininger@wanadoo.fr), est guide de haute montagne et propose des randonnées accompagnées, de l'escalade et des descentes de canyons.

Choisissez une chambre d'hôtes parmi les deux adresses suivantes, charmantes et d'un très bon rapport qualité/prix : **René Aimé** (☎ *04 75 28 84 92, montée du Château ; chambres 38,20-46 €, 12,20 €/ pers supp ; ouvert à l'année*). Outre un panorama sublime sur la campagne, cette maison de village, à l'ambiance familiale et chaleureuse, dispose d'un jardin tout en longueur avec une aire de jeu pour les enfants.

L'Abbaye (☎ *04 75 28 83 12 ou 06 64 98 87 53, pastour@club-internet.fr, www.gîtes-net.com/abbayemontbrun/ ; simples/doubles 34/38 € ; ouvert à l'année*). Cette superbe demeure en pierre se trouve sur la placette du village, près de l'église. À l'intérieur, un dédale de pièces, de couloirs et d'escaliers s'étagent sur trois niveaux. Livres, piano et clavecin (à disposition des hôtes musiciens) créent un univers intime et raffiné.

Domaine La Gabelle (☎ *04 75 28 88 00 ; menus 15,20/21,50/27 €, 11 € mar-sam midi, plats 7-13 € ; fermé lun et jan*). Ce restaurant, aménagé dans la propriété des anciens thermes, prépare une cuisine de grande qualité. Sa terrasse, calme, donne sur la propriété et la demeure transformée en appartements saisonniers. Le menu du déjeuner est un excellent choix. En hiver, vous pourrez déguster du gibier.

Le Bar à Thym (☎ *04 75 28 86 75 ; plats 5,50-9 €*) est le café du village. Sa restauration rapide est très convenable.

Aux environs de Montbrun-les-Bains.

Château de la Gabelle (☎ *04 75 28 80 54, fax 04 75 28 85 56, La Gabelle, Ferras-*

sières ; chambres 65,50/73,20/90 €, table d'hôtes 20,50 € ; fermeture annuelle fin vacances de Noël-fév). Sur le plateau d'Albion, à Ferrassières, cette ferme fortifiée séduit par son emplacement et la gentillesse de sa propriétaire, Geneviève Blanc. Cette apicultrice (son miel est un délice) fut longtemps à la tête de son exploitation, aujourd'hui reprise par ses fils ; la culture de la lavande et l'élevage des moutons constituent encore les deux pôles de l'activité de cette immense propriété. Dans les chambres, les oreillers sont bourrés de lavande.

Forge Sainte-Marie (☎/*fax 04 75 28 42 77, gaby.laurent@libertysurf.fr, Eygalayes ; simples/doubles 38/46 €, triples/quadruples 55/61 € ; table d'hôtes 17 € ; ouvert à l'année).* À une vingtaine de kilomètres de Montbrun, Eygalayes est un village loin des sentiers touristiques. Tranquillité et détente sont les maîtres mots de cette belle maison en pierre, légèrement à l'écart du hameau. La terrasse constitue un autre atout de cette adresse appréciée. On pratique ici les massages aux huiles essentielles et la balnéothérapie à l'essence de lavande.

Alpes-de-Haute-Provence

En Provence, c'est sans doute le département le moins ostentatoire dans l'étalage de ses richesses. Foin des lieux *tendance*, les Alpes-de-Haute-Provence offrent le visage d'une "vraie" Provence (osons le cliché), qui échappe à la normalisation des sites et des parcours devenus institutionnalisés. Aux limites de la Provence et des Alpes, ce pays charnière présente une singularité exceptionnelle, qui réside dans ses mille facettes, dont Giono a partiellement dévoilé le puissant lyrisme.

La partie provençale du département, seule traitée dans ce chapitre, est abondamment gâtée par la nature ; elle panache à merveille des paysages dantesques et des huis clos géographiques, telles les gorges du Verdon – un spectacle dont on ne se rassasie jamais –, avec des décors plus nuancés et plus ouverts, de l'étrange plateau de Valensole, crayonné de champs de lavande, aux mystérieuses ondulations du pays de Forcalquier, ponctué de villages d'origine médiévale. À l'agrément des ambiances et des graphismes s'ajoutent l'ensoleillement et l'exceptionnelle pureté de l'air, qui magnifient la mise en scène de la nature.

Ici, pas de villes majeures qui jouiraient d'un monopole exagéré. Tout réside dans l'équilibre ; aucune des principales localités – Digne, Castellane, Manosque, Forcalquier, Sisteron – ne réussit à faire de l'ombre aux autres. De même, aucune n'étouffe les terroirs environnants, laissant s'épanouir des micro-régions à la personnalité affirmée, comme la mystérieuse vallée du Jabron, la montagne de Lure, les basses gorges du Verdon, la vallée d'Asse ou la vallée des Duyes, qui restituent des paysages de magie ordinaire.

Encore sauvage dans son approche, la région n'en reste pas moins un creuset de l'art de vivre. Les plaisirs de la table ont la part belle, sans compter d'excellentes chambres d'hôtes, nids douillets où il fait bon se reposer. Les bonnes adresses sont légion et certaines restent encore des secrets

À ne pas manquer

- La descente du Verdon en rafting, depuis Castellane
- Les villages perchés du pays de Forcalquier
- Le hameau de Chasteuil, dans la région du Verdon
- L'univers hors du temps de la vallée du Jabron
- La route des Crêtes, près de La Palud-sur-Verdon, pour les panoramas époustouflants sur les gorges du Verdon
- Le musée de la Préhistoire, à Quinson
- Une balade en canoë ou en kayak dans les basses gorges du Verdon
- Les vestiges romains et paléochrétiens de Riez
- Les champs de lavande sur le plateau de Valensole, en juillet
- Une balade équestre dans la montagne de Lure
- Le musée Terre et Temps, à Digne

bien gardés, qui se méritent. Les fêtes et manifestations culturelles qui émaillent la période estivale n'ont rien perdu de leur vivacité. Quant aux férus d'histoire et de patrimoine, ils trouveront largement de quoi alimenter leur penchant. Villes et villages renferment de superbes témoignages architecturaux, sans parler des abondants vestiges archéologiques datant de la préhistoire, judicieusement mis en valeur, aux alentours de Castellane et de Digne.

On vient également de loin pour vivre le grand frisson : celui de l'escalade, du rafting, du canoë-kayak, du VTT, du vol à voile ou de la randonnée, partout dans le département, mais plus encore dans le Verdon, haut lieu des loisirs sportifs.

Bref, les Alpes-de-Haute-Provence ne pourront que vous séduire.

ALPES-DE-HAUTE-PROVENCE (PARTIE OUEST)

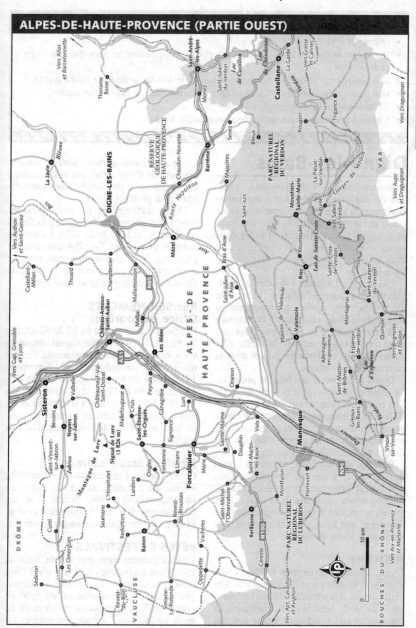

Que faire avec des enfants en Haute Provence ?

- Emprunter le petit train de Sisteron
- Une baignade dans les lacs de Sainte-Croix et d'Esparron ou dans les plans d'eau de Digne et de Sisteron
- Une balade en pédalo ou en bateau électrique sur les lacs de Sainte-Croix ou d'Esparron
- Une promenade équestre dans la montagne de Lure ou dans le pays de Forcalquier
- Visiter le musée Terre et Temps, à Digne
- S'initier à l'escalade ou aux sports d'eau vive dans le Verdon

Digne-les-Bains

Digne-les-Bains, 17 000 habitants, chef-lieu du département des Alpes-de-Haute-Provence : la signalétique administrative ne laisse guère transparaître le côté attachant de cette ville, magnifiquement sertie dans un écrin montagneux, à la confluence de trois vallées. Ville charnière, elle métisse les influences.

Elle se plaît d'ailleurs à déjouer les identités dont on voudrait l'affubler : bien malin qui pourrait dire si elle est provençale ou alpine. Préalpine, résolument et pourtant déjà provençale, à en juger par l'agencement tortueux des ruelles de la vieille ville ou les champs de lavande qui colorent la campagne environnante.

Digne a l'apprêt d'une localité prospère. Sa relative richesse, elle la tient de l'eau. Son complexe thermal situé à la périphérie de la ville, dynamique et moderne, la classe parmi les principaux centres de thermalisme en France. Quant au centre-ville, il a fait l'objet d'une rénovation réussie.

Reste qu'elle souffre de se sentir à l'écart des grandes voies de communication, notamment ferroviaires et routières, à la différence de ses consœurs de la vallée de la Durance. Quoi qu'il en soit, Digne constitue une excellente base pour partir à la découverte de la Haute Provence.

HISTOIRE
Digne, au carrefour de trois vallées, a toujours joué un rôle pivot dans l'histoire. Son existence est déjà attestée par Pline Le Jeune, en 14 av. J.-C. Sous la période romaine, la cité connaît un certain essor, qui se poursuit à l'époque carolingienne. S'ouvre ensuite une période d'insécurité, liée aux invasions des Sarrasins, et des fortifications sont édifiées pour protéger la cité.

Digne traverse ensuite deux périodes noires : les guerres de Religion, à la fin du XVIe siècle, et la peste de 1629. La ville se remettra doucement. En 1789, son statut de préfecture la dynamise un temps, mais ce n'est vraiment qu'à partir de la Seconde Guerre mondiale qu'elle se développe.

RENSEIGNEMENTS
Office du tourisme
L'office du tourisme (☎ 04 92 36 62 62, fax 04 92 32 27 24, info@ot-dignelesbains.fr, www.ot-dignelesbains.fr), place du Tampinet, à hauteur du rond-point du 11 Novembre 1918, ouvre du lundi au samedi, de 8h45 à 12h et de 14h à 18h30, et le dimanche, de 10h30 à 12h. Ces horaires sont valables de mai à octobre. Le reste de l'année, il ouvre du lundi au samedi, de 8h45 à 12h et de 14h à 18h.

Email et accès Internet
Cyber Games Café (☎ 04 92 32 00 19), 48 rue de l'Hubac, ouvert du mardi au samedi, de 10h à 20h, facture 2 € les 10 minutes, 4 € les 30 minutes et 6 € l'heure ; il offre également un service de fax.

FÊTES ET FESTIVALS
Chaque premier week-end d'août, toute la ville vibre au rythme de la lavande à l'occasion du Corso de la Lavande, accompagné de défilés, de spectacles, de bals, de feux d'artifice, de concerts, etc. À la fin du mois, les Journées Lavande, une foire-expo-

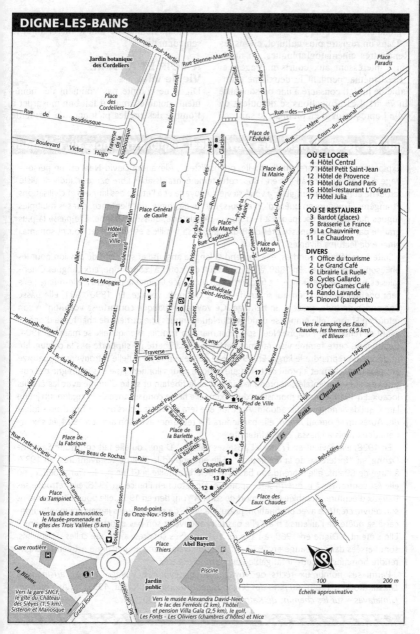

DIGNE-LES-BAINS

OÙ SE LOGER
4 Hôtel Central
7 Hôtel Petit Saint-Jean
12 Hôtel de Provence
13 Hôtel du Grand Paris
16 Hôtel-restaurant L'Origan
17 Hôtel Julia

OÙ SE RESTAURER
3 Bardot (glaces)
5 Brasserie Le France
9 La Chauvinière
11 Le Chaudron

DIVERS
1 Office du tourisme
2 Le Grand Café
6 Librairie La Ruelle
8 Cycles Gallardo
10 Cyber Games Café
14 Rando Lavande
15 Dinovol (parapente)

sition qui fait la part belle aux produits régionaux, durent cinq jours.

Dans un registre plus culturel, citons les Rencontres cinématographiques, en mars, qui s'intéressent aux courts métrages, et l'Été Cinéma, pendant la deuxième quinzaine de juillet, consacré à une personnalité du 7e art. Les projections se déroulent en salle l'après-midi et en plein air le soir.

MARCHÉ PROVENÇAL

Les jours de marché sont le mercredi et le samedi matin.

À VOIR ET À FAIRE
Vieille ville

Digne ne compte pas vraiment de monuments notables, mais il fait bon musarder à l'ombre des ruelles piétonnes de la vieille

---

Sur les traces d'Alexandra David-Neel, exploratrice hors du commun

Exploratrice, aventurière, intellectuelle, orientaliste…, Alexandra David-Neel est un personnage d'exception. Née à Paris en 1868, cette femme insaisissable, libre penseur, individualiste farouche et rebelle incorrigible, a voué sa vie au voyage et à l'étude des langues et civilisations étrangères. Toujours en quête d'un ailleurs, elle se distingue, dès l'enfance, par ses multiples fugues puis par des escapades à l'étranger – Angleterre, Suisse, Espagne. Elle passe la plus grande partie de sa jeunesse près de Bruxelles, où sa famille s'est établie, et nourrit son imaginaire de lectures diverses.

Suite à un séjour à Londres, elle apprend la langue anglaise et se prend de passion pour les philosophies orientales. En 1889, à Paris, elle suit des cours à la Sorbonne, aux Langues Orientales et au Collège de France. La fréquentation du musée Guimet la révélera à elle-même : elle sera orientaliste, vocation qui se greffe à sa passion du voyage. En 1890-1891, elle passe une année en Inde, grâce à un héritage. Ce voyage initiatique conforte sa vocation. À son retour en Europe, elle embrasse pendant quelques années une carrière de chanteuse d'opéra, avant de rencontrer Philippe Neel, son futur mari, en Tunisie, avec qui elle se marie en 1904. Cependant, cette femme viscéralement attachée à sa liberté ne supporte pas la conjugalité et décide de reprendre le large. En 1911, elle quitte son foyer qu'elle retrouvera… quatorze ans plus tard. Elle met à profit cette longue période pour sillonner l'Asie et s'imprègne des cultures extrêmes-orientales, apprend le sanskrit et le tibétain et se lie d'amitié avec les érudits locaux. En 1914, dans un monastère du Sikkim, elle fait la connaissance de Yongden, un jeune lama, qui deviendra son fils adoptif. Avec lui, elle fera plusieurs incursions au Tibet, alors interdit. Après un séjour au Japon, elle parviendra à y retourner avec son ami, en 1924, et séjournera deux mois à Lhassa, la cité interdite.

En 1928, elle revient en France et pose ses valises à Digne, où elle fait construire Samten-Dzong, sa "forteresse de la méditation". Elle entreprend le récit de ses aventures. En 1937, à l'âge de 69 ans, elle reprend son bâton de pèlerin et rallie la Chine par le Transsibérien, où elle est confrontée à la guerre sino-japonaise. De retour en France en 1946, elle retrouve ses travaux d'écriture. Accablée par la mort de son fils Yongden en 1955, elle poursuit néanmoins son œuvre créatrice avec obstination, jusqu'à la veille de sa mort, sans jamais vraiment renoncer à sa quête de l'ailleurs : n'a-t-elle pas fait renouveler son passeport à l'âge de 100 ans ? Elle s'éteint à Digne en 1969, à l'âge de 101 ans. Ses cendres, ainsi que celles de son fils, sont versées dans le Gange en 1973. En 1982, le Dalaï Lama en personne est venu à Digne rendre hommage à cette infatigable dévoreuse d'espace.

Parmi ses nombreux récits de voyage, vous dévorerez *Voyage d'une Parisienne à Lhassa* (Pocket, 1989), *Au pays des brigands gentilshommes* (Pocket, 1991) ou *Au cœur des Himalayas – sur les chemins de Katmandou* (Pygmalion, 2001).

ville, qui forment une trame serrée, coupée d'escaliers, en surplomb de la place du Général-de-Gaulle. On signalera la **cathédrale Saint-Jérôme** du XVe siècle et, à côté, le **campanile de la Tour de l'Horloge**, datant de 1620, en fer forgé de style provençal.

À l'est de la ville, la **cathédrale Notre-Dame-du-Bourg**, des XIIe et XIIIe siècles, constitue un bel exemple d'architecture romane.

Musée-promenade

Ne manquez pas la visite de cet étonnant **musée** (☎ *04 92 36 70 70, parc Saint-Benoît ; entrée 4/2,50 € adultes/enfants ; ouvert tlj avr-oct 9h-12h et 14h-17h30 sauf ven fermeture 16h30, nov-mars lun-ven mêmes horaires)*, agréable et bien conçu, l'un des trois pôles muséographiques de la Réserve géologique de Haute Provence (voir l'encadré à la rubrique *Sisteron*, section *Vallée de la Durance*, plus bas). Aménagé dans un cadre admirable, sur un piton de tuf surplombant le lit de la Bléone, à quelques kilomètres de Digne (suivre la direction de Barles), il synthétise 300 millions d'années de l'histoire géologique lisible à travers le territoire de la Réserve. Les salles d'exposition invitent ainsi à explorer le passé de notre planète sous l'angle des océans, de l'évolution des paysages, des plantes et de la géologie (avec une collection unique d'ammonites). La mise en scène, soignée, est assurée par des scientifiques et des artistes.

En complément, trois sentiers thématiques sillonnent le parc : le sentier de l'eau, le sentier des cairns et le sentier des remparts, chacun rythmé par des créations artistiques.

Signalons, à 1 km après le musée, la **dalle à ammonites**, au bord de la route (fléchée) : cet énorme rocher, en position déclive, qui passionne les géologues, est incrusté d'environ 1 500 ammonites fossilisées, aux formes spiralées caractéristiques.

Musée Alexandra David-Neel

Cette lettrée aventurière, née à Paris en 1868 et dignoise d'adoption, eut une vie passionnante (voir l'encadré, plus bas). Ce **musée** (☎ *04 92 31 32 38, www.alexandra-david-neel.org, 27 av. du Maréchal-Juin ; entrée gratuite ; visites commentées juil-sept 10h30, 14h, 15h30 et 17h, oct-juin 10h30, 14h et 16h ; fermé sam sauf juil-août)*, à environ 1,5 km du centre-ville (en direction de Nice) occupe sa maison. La visite commentée de ses appartements vous familiarisera avec l'univers de cette exploratrice, qui passa une bonne partie de sa vie à sillonner l'Asie. Divers objets et pièces de mobilier donnent corps à ces évocations. Derrière la maison, une salle est consacrée à l'art tibétain.

Le musée abrite également une boutique d'artisanat tibétain. Pour vous y rendre, prenez le bus n°2, arrêt : Stade J. Rolland.

Thermes

Digne-les-Bains doit sa notoriété à ses **thermes** (☎ *04 92 32 32 92, fax 04 92 32 38 15, thermes_digne@wanadoo.fr, 29 rue des Thermes)*, à environ 4,5 km du centre-ville (prendre le bus 1b), dans le vallon des Sources. Les eaux conviennent pour les traitements des pathologies ORL et les affections rhumatismales.

À l'intention des non-curistes, l'établissement a créé un **espace bien-être** (☎ *04 92 32 58 46)* et donne accès à sa **piscine thermale** (*entrée 4 € ; ouverte 17h-19h tlj mai, juil-août et lun, mer, ven avr, juin, sept, oct)*, où l'on peut nager dans une eau à 35°C.

Lacs des Ferréols

La municipalité a aménagé un **complexe nautique et de loisirs** (☎ *04 92 32 42 02)* au bord de la Bléone, sorte de mini-station balnéaire, à 2 km du centre-ville par la route de Nice. En juillet-août, la baignade est surveillée de 11h à 19h.

Parapente

Dinovol (☎/fax *04 92 32 42 06, parapente.dinovol@wanadoo.fr, 10 av. du Maréchal Juin)*, propose des stages d'initiation et de perfectionnement, d'une durée de 3 à 5 jours en moyenne (environ 69 € par jour), ainsi que des vols "découverte", biplace, d'une durée de 10 à 15 minutes, pendant lesquelles vous survolerez Digne (de 46 à 69 €).

Promenades équestres

Le centre équestre L'Étrier (☎/fax 04 92 32 12 96, 06 03 45 73 20, route de Barles), à 5 km de Digne (en direction de Barles), organise des promenades d'une heure (18 €), des sorties d'une demi-journée (28 €), des stages d'une semaine (280 €, hors hébergement) et des randonnées d'une à six journées (à partir de 76 €, avec bivouac, gîte, cheval et guide).

On peut loger sur place, au gîte des Trois Vallées (voir *Où se loger*).

Golf

Digne s'enorgueillit d'un golf de 18 trous et 6 compacts (☎ 04 92 30 58 00, fax 04 92 30 58 13, golfdign@club-internet.fr, www. golfdigne.com, 4 route du Chaffaut), à 6 km de la ville, en pleine campagne. Différentes formules sont proposées, pour tous les niveaux, ainsi que des stages pendant la saison estivale.

Randonnée pédestre

Rando Lavande (☎ 04 92 32 27 44, 06 12 73 43 70, 06 70 13 08 87, 7 rue de Provence) organise des randonnées accompagnées à la découverte des environs de Digne : les Dourbes, le Cousson, Champtmercier, Thoard. Contactez également l'association CADE (☎ 04 92 32 37 89, cade1@wanadoo.fr), dont les quatre accompagnateurs proposent des itinéraires sur mesure en montagne.

OÙ SE LOGER
Campings

Camping des Eaux Chaudes (☎/fax 04 92 32 31 04, route des Thermes ; forfait emplacement, 2 pers, voiture et tente 11,50 €, mobil-homes 41 € ; ouvert avr-oct). Niché dans un vallon, sur la route des Thermes, à environ 1,5 km du centre-ville, ce camping trois-étoiles, de bon standing et d'une capacité de 145 places, est desservi par les bus.

Les Fonts – Les Oliviers (☎ 04 92 31 36 04, Les Fonts, Les Oliviers, Gaubert ; emplacement 2,30 €, adulte/enfant 2,45/ 2,30 €). Les propriétaires de cette chambre d'hôtes mettent à disposition six emplacements de camping sur leur terrain, en pleine

nature. Le bloc sanitaire est équipé de douches chaudes.

Gîtes et chambres d'hôtes

Gîte des Trois Vallées (☎/fax 04 92 32 08 73, route de Barles ; lit en dortoir 11 €, avec petit déj 13,50 €, en double 16 €). Ambiance ranch garantie dans ce gîte implanté à côté d'un centre équestre (voir *À voir et à faire*), à 5 km de Digne (en direction de Barles), dans un grand parc de 7 ha, où les passionnés d'équitation s'en donnent à cœur joie. Le cadre, agreste et bucolique, et l'ambiance décontractée en font un lieu idéal pour se livrer aux joies de l'équitation. Le gîte, d'une capacité de 15 chambres de 2 à 8 lits, est très bien tenu, moderne et fonctionnel (douches et toilettes communes). On peut également choisir la demi-pension ou la pension complète.

Gîte du Château des Sièyes (☎ 04 92 31 20 30, château des Sièyes, av. Georges-Pompidou ; 9 € la nuit ; ouvert à l'année). À environ 1,5 km du centre-ville, en direction de Manosque et Sisteron, au lieu-dit Le Moulin, près de l'église, ce gîte d'une taille modeste (24 places) occupe une agréable bâtisse. Le tarif, imbattable, en fait un point de chute privilégié pour les petits budgets. Les chambres comprennent de 2 à 10 lits et se partagent les sanitaires et les douches sur le palier. Les prestations sont limitées, mais une cuisine équipée est à disposition. Fermé de 10h à 18h.

Les Fonts – Les Oliviers (☎ 04 92 31 36 04, Les Fonts, Les Oliviers, Gaubert ; simples/doubles avec petit déj 35/41 € ; ouvert avr-oct). La nature et le calme absolu, à 6 km de Digne (prendre la route de Nice, puis la direction du golf), telle est la clé du bonheur. Les propriétaires de cette chambre d'hôtes, exploitants agricoles de leur état, ont judicieusement rénové une ancienne grange. Résultat : une grande pièce commune, de style rustique, et quatre chambres sans prétention mais douillettes, avec sanitaires privés, parquet ou carrelage.

Hôtels

Petits budgets. Hôtel Petit Saint-Jean (☎ 04 92 31 30 04, fax 04 92 36 05 80,

14 cours des Arès ; simples/doubles avec lavabo 19/21,50 €, avec douche 24,50/ 29 €, avec baignoire 33,50 €). Au cœur de Digne, cet hôtel familial donne sur l'esplanade Charles-de-Gaulle. Les tarifs pratiqués le destinent plutôt aux petits budgets. Une décoration plus recherchée ferait grand bien aux chambres, plutôt démodées. Les toilettes sont communes. Les clients ont accès à un petit parking privé (2 €).

Hôtel Central *(☎ 04 92 31 31 91, fax 04 92 31 49 78, hcentral@wanadoo.fr, 26 bd Gassendi ; doubles 23/40 € avec lavabo/ douche et toilettes).* Au milieu de l'artère principale de la ville, l'hôtel Central mérite bien son nom. Les 20 chambres, proprettes et relativement modernes, se caractérisent par leur confort très convenable.

Hôtel L'Origan *(☎/fax 04 92 31 62 13, rest -origan@wanadoo.fr, http://perso.wanadoo .fr/resto-origan/, 6 rue Pied-de-Ville ; simples avec lavabo 14 €, simples/doubles avec lavabo 16 €, avec douche 22 €).* Un bon point de chute pour les voyageurs à budget serré. Certes, les chambres les moins chères ne dépassent pas le format boîte d'allumettes, mais l'établissement, idéalement situé, est bien tenu, le confort très correct et les sanitaires (communs) impeccables. L'hôtel possède un restaurant au rez-de-chaussée. Réservez longtemps à l'avance, car il n'y a que 8 chambres.

Hôtel de Provence *(☎ 04 92 31 32 19, fax 04 92 31 48 39, 17 bd Thiers ; simples/ doubles avec sdb et TV 33/40-52 €).* Attenant à l'hôtel du Grand Paris (voir ci-dessous), cet établissement en partie dissimulé par de gros platanes, entièrement rénové, possède des chambres modernes, mais impersonnelles. L'hôtel dispose de huit places de parking.

Hôtel Julia *(☎ 04 92 32 22 96, fax 04 92 31 14 81, infos@hotel-julia.com, www.hotel -julia.com, 1 place Pied-de-Ville ; simples 23 €, simples/doubles avec sdb 28-46 €).* Cet hôtel de 22 chambres, au centre-ville, offre un confort inégal : les simples les moins chères sont relativement sommaires, mais les doubles, très correctes.

Catégories moyenne et supérieure.
Hôtel du Grand Paris *(☎ 04 92 31 11 15,*

fax 04 92 32 32 82, grandparis@wana-doo.fr, 19 bd Thiers ; simples/doubles 66/73-100 €, appartements 107-152 € ; ouvert mars-nov). La famille Ricaud est aux commandes de cet hôtel de bon standing depuis trois générations. Logé dans l'ancien couvent du XVIIᵉ siècle des Frères de la Trinité, entièrement rénové, à deux pas de l'office du tourisme, il comprend des chambres et des appartements de style très classique. Préférez les appartements, au charme plus affirmé ; le confort des chambres est plus désuet. Les sanitaires sont modernes et impeccables.

Hôtel du Golf *(☎ 04 92 30 58 00, fax 04 92 30 58 13, golfdign@club-internet.fr, www.golfdigne.com, 4 route du Chaffaut ; simples/doubles 46/61 €, quadruples avec sdb commune 46 €).* À environ 6 km de Digne (prendre la route de Nice puis suivre le fléchage), l'hôtel du Golf ressemble à un grand mas qui se fond dans un environnement champêtre, juste à côté du parcours de golf. En toile de fond, se détachent les contreforts du Cousson. Au regard de la taille lilliputienne des chambres, les tarifs sont quelque peu surévalués, mais le cadre et la quiétude des lieux valent leur pesant d'or. Outre le golf, vous profiterez d'une piscine, d'un court de tennis, d'un bar et d'un restaurant.

Hôtel et pension Villa Gaïa *(☎ 04 92 31 21 60, fax 04 92 31 20 12, hotel.gaia@ wanadoo.fr, route de Nice ; simples/doubles 53/69-84 €, demi-pension à partir de 73 €/pers, dégressif selon durée ; ouvert avr-Toussaint).* La villa Gaïa, à 2,5 km du centre-ville et à 400 m après les lacs des Ferréols, possède le charme des photos sépia. Son côté gentiment rétro en fait une adresse inclassable, qui échappe à toute mode. Cette grande demeure bourgeoise, un brin austère, se situe dans un parc de 3,5 ha, à flanc de coteau, en surplomb de la vallée de la Bléone. On appréciera le calme des lieux (les grilles ferment à 23h) et le confort des 12 chambres lumineuses, équipées de s.d.b. immaculées, au cachet d'un autre temps. Préférez celles dotées de parquet, au style plus marqué que les chambres carrelées. Deux salons feutrés, élégamment meublés, sont à disposition, ainsi qu'un court de tennis, plus tout à fait de première jeunesse mais correct. Les repas (menu unique) sont servis à heure fixe.

OÙ SE RESTAURER

Le Chaudron (☎ 04 92 31 24 87, *40 rue de l'Hubac ; menus 14 et 22 €, plat du jour 10 €, plats 11-20 € ; fermé jeu*). C'est l'un des derniers-nés de la petite scène culinaire dignoise. Tout se passe dans la salle à l'étage ou en terrasse ; au rez-de-chaussée, le chef officie devant ses fourneaux. La petite salle, intime et rustique, avec ses poutres, ses lambris et ses murs en pierre apparente, plaît à l'œil, tandis que la cuisine réjouit les papilles. Le chef travaille les produits du terroir et de saison, avec une touche inventive réussie. Nous n'avons fait qu'une bouchée du magret de canard à la braise saucé à la *farigoulette* autour d'une poire confite au miel de lavande (12 €) !

Restaurant de l'hôtel Petit Saint-Jean (*voir Où se loger ; menus 9, 10, 13 et 21 €, menu enfant 7 €*). Une touche provençale rustico-classique décore la salle, à l'étage. Pas d'effet de manche dans l'intitulé des plats, on reste dans le sobre et le traditionnel : blanquette de veau, truite meunière, côte d'agneau, bœuf en daube, omelette aux champignons. Bref, on redécouvre les saveurs simples d'une cuisine familiale.

La Chauvinière (☎ 04 92 31 40 03, *56 rue de l'Hubac ; plats 8-17 €, formule express 11 € au déj sauf dim, menus 14, 17 et 20 € ; fermé lun hors saison*). Point fort de cette adresse honorable : sa terrasse, aménagée sur deux niveaux, légèrement en surplomb de la rue. L'intérieur, très classique, manque de personnalité. La cuisine a plus de caractère si l'on en juge par le menu "Tout provençal", à 17 € : en entrée, caillette tiède maison sur coulis de tomate au basilic du jardin, suivie d'une crépinette d'agneau de Sisteron farcie d'une tapenade maison et d'un fromage de chèvre à l'huile d'olive. L'agneau était fondant et la cuisson, précise.

Brasserie Le France (☎ 04 92 31 03 70, *54 bd Gassendi ; plats 7-13 €, menus 12 € à midi sauf dim et 16 € ; fermé lun hors sai-*

son). À l'angle de la rue Gassendi et de l'esplanade Charles-de-Gaulle, cette brasserie sans grande originalité peut malgré tout faire l'affaire vu ses tarifs raisonnables et l'agréable terrasse côté esplanade. Pâtes, viandes et poissons se disputent les faveurs de la carte, ainsi que quelques spécialités maison, dont les pieds et paquets (11 €), une pissaladière au petit *mesclun* ou des lasagnes au fromage de chèvre et aux épinards.

Restaurant de l'hôtel de Bourgogne (☎ 04 92 31 00 19, *3 av. de Verdun ; plats 12-18 €, menus 15, 21, 27 et 38 €, menu enfant 8 € ; fermé dim soir et lun soir*). Le cadre est classique, tendance rustique, un brin compassé. La cuisine a plus d'allant, avec une carte bien tournée, qui conjugue plats de viande et poissons. Les noisettes d'agneau au basilic (12 €), aux saveurs franches, nous ont laissé un bon souvenir. On notera également quelques alléchantes salades, à partir de 9 €.

L'Origan (☎ 04 92 31 62 13, *6 rue Pied-de-Ville ; plats 18-22 €, menus 18, 23, 24 et 33 € ; fermé dim*). Au rez-de-chaussée de l'hôtel éponyme, ce restaurant de bonne tenue propose une cuisine fine qui fleure bon le terroir provençal. Si l'on en juge par le menu "La Bléone", le chef a quelques tours savoureux dans sa manche : *pannequet* froid de Saint-Pierre en entrée, agneau à l'origan en deux cuissons, fromage blanc à la crème et, en dessert, tartelette au chocolat tiède – tous excellents. La présentation est également soignée. La petite salle, au décor rustico-classique, est précédée d'une agréable terrasse aux beaux jours.

COMMENT S'Y RENDRE
Bus

La gare routière (☎ 04 92 31 50 00), place du Tampinet, se trouve juste derrière l'office du tourisme. Digne est reliée à Nice (2 heures 15, un ou deux bus par jour), Aix-en-Provence (2 heures 15), Marseille (2 heures, deux à quatre par jour), Genève (6 heures 45) *via* Grenoble, Chambéry et Annecy, Sisteron (40 minutes), Castellane (50 minutes, deux par jour), Manosque (1 heure 15, deux à quatre par jour), Barcelonnette (1 heure 30, un par jour), Apt

Le Train des Pignes

Il flirte avec les cimes enneigées, badine le long de villages secrets, louvoie entre les précipices, nargue des massifs forestiers, prodigue sans compter des vues sublimes, lanterne dans des vallées aux effluves fruitées et lève le voile sur des lieux mystérieux : voici le Train des Pignes, la ligne de chemin de fer la plus pittoresque de l'Hexagone. Sur 150 km, entre Digne et Nice, dans un milieu presque intégralement montagnard, il emprunte 25 tunnels, enjambe 16 viaducs et 15 ponts métalliques, et avale 1 000 m de dénivelé entre Thorame et Nice. Cet autorail n'appartient pas à la SNCF, mais est exploité par une société privée, la Compagnie des chemins de fer de Provence. Il fonctionne tous les jours, toute l'année, à raison de quatre allers-retours quotidiens entre les deux villes. Durée du trajet : 3 heures 15. Grâce à sa vitesse réduite, on a tout le temps d'admirer le paysage. La ligne a été construite entre 1890 et 1911. Les voies ne font que 1 m de large, pour mieux sinuer dans la montagne. À l'origine, la locomotive à vapeur était alimentée par des pignes, d'où son nom.

Au départ de Digne, vous rallierez successivement Saint-André-les-Alpes, Thorame Haute, Annot, Entrevaux, Puget-Théniers, Touët-sur-Var, Villars-sur-Var, avant de plonger vers Saint-Martin-du-Var, Colmars puis enfin Nice. Le trajet aller simple coûte 17 €. Pour plus de renseignements, appelez le ☎ 04 92 31 01 58.

(2 heures, deux par jour), Avignon (3 heures 30, deux par jour), Forcalquier (1 heure 15, deux par jour), Riez (1 heure, trois par jour) et Val d'Allos (1 heure 45, un par jour en saison d'été et d'hiver). En hiver, un service quotidien part de Marseille à destination de Digne, Barcelonnette et Pra-Loup.

Train

Des bus desservent la gare SNCF de Veynes, en correspondance avec le train Paris-Briançon, et la gare SNCF de Château-Arnoux-Saint-Auban, en correspondance avec le train Marseille-Gap. Un guichet de vente SNCF est installé à la gare SNCF (☎ 04 92 31 00 67), av. Pierre Semard, à environ 800 m à l'ouest du centre-ville. On peut également acheter ses billets dans les agences de voyages du centre-ville.

La seule ligne ferroviaire en service au départ de Digne est le train des Pignes (voir l'encadré), qui circule jusqu'à Nice.

COMMENT CIRCULER

La compagnie des bus urbains, la TUD (☎ 04 92 30 52 00 ou appelez l'office du tourisme), comprend deux lignes. Elle dessert le plan d'eau des Ferréols, le musée Alexandra David-Neel, le camping des

Eaux Chaudes, les thermes et le gîte Duvernoy. Demandez le plan du réseau à l'office du tourisme. Les bus circulent de 7h à 18h45 environ.

Vous pourrez louer des VTT à l'hôtel Julia (voir *Où se loger*) moyennant 6,50 € la journée. Le magasin de cycles Gallardo (☎ 04 92 31 05 29), 8 cours des Arès (juste au-dessus de la place du Général-de-Gaulle), demande 9,50 € pour la demi-journée et 14 € pour la journée.

De Digne à Sisteron par Thoard

Deux itinéraires relient Digne et Sisteron. Le premier, classique et sans grand intérêt, consiste à suivre la N85 *via* Malijai et Château-Arnoux-Saint-Auban, le long de la Bléone et de la Durance. Le second, nettement plus dépaysant, suit la N85 sur 5 km, bifurque à droite en direction de Champtmercier et Thoard, dans la vallée des Duyes, puis du col de Fontbelle, épousant le fil de la minuscule D3 pendant 55 km. Ce parcours est long et tortueux, mais incomparablement plus pittoresque. Vous serez récompensé par des paysages grandioses de moyenne montagne et des ambiances qui vous dévoileront des facettes intimes et sauvages de la Haute Provence. Un autre monde, en somme, à l'écart des circuits touristiques habituels.

À VOIR ET À FAIRE

Au bout de 5 km, vous traverserez la commune de **Champtmercier**, tournée vers l'élevage ovin et caprin, avant de franchir le col du Pas de Bonnet (886 m) et de basculer dans la **vallée des Duyes**. Faites halte à **Thoard**, centre névralgique de la vallée qui vit au rythme de l'élevage du mouton, célébré lors de la Fête de l'agneau, le troisième mercredi du mois d'août, et de la Fête de la laine, le 1er dimanche de décembre. Pour en savoir plus sur les possibilités de randonnée pédestre dans le secteur, passez au Point Info-Tourisme, installé dans la bibliothèque municipale, en principe ouvert du lundi au vendredi, de 11h à 12h et de 16h à 19h, ainsi que le dimanche, de 10h30 à 12h, en été. Après Thoard, la D3 continue le long des Duyes et passe au lieu-dit Les Férauds, où le gîte **Poivre d'âne** (voir *Où se loger et se restaurer*) loue des ânes de bât sans accompagnateur pour des circuits faciles et aménagés. La route bifurque ensuite sur la gauche et monte sèchement jusqu'au hameau du **Castellard-Mélan**. À 600 m avant Mélan, sur la gauche, une association a tracé le sentier de Mélusine, d'une durée de 2 heures. L'ascension se poursuit dans un paysage exceptionnel, où l'on remarque les *robines*, éboulis de couleur noirâtre, marnes dégagées par l'érosion. Un arrêt pique-nique s'impose au **col de Fontbelle** (1 304 m), environné d'un superbe massif forestier constitué en majorité de pins sylvestres et planté au début du siècle. Un panneau de l'ONF présente plusieurs itinéraires balisés, dont un sentier-découverte de 2 heures dans la forêt et un sentier menant à la grotte Saint-Vincent, une curiosité géologique, par le GR6. À l'est, on distingue la masse cyclopéenne de la **crête de Géruen**, longue échine rocheuse culminant à 1 880 m, accessible par le GR6 au départ du col. La route se prolonge en corniche dans

un paysage sublime, suspendu entre ciel et terre, au-dessus de la vallée du Vançon, jusqu'à **Authon** et **Saint-Géniez**. Pour information, cette route, jusqu'à Sisteron, est une spéciale du rallye de Monte-Carlo. Prudence ! Peu avant Saint-Géniez, un embranchement sur la gauche conduit à la chapelle **Notre-Dame de Dromon**, bâtie à flanc de montagne, à 1 210 m d'altitude. Sa crypte romane date du XIe siècle. Un sentier PR, balisé par la FFRP, décrit une boucle de 4 heures 30 dessservant le site au départ de Saint-Géniez. Au village, le gîte **Les Cavaliers de Saint-Géniez** (voir *Où se loger*) organise des **randonnées équestres** à la carte, pour enfants et adultes de tous niveaux. Les adeptes du **parapente** s'élancent depuis le Gourras ou du sommet accessible par la piste du Pas de l'Échelle, sur les hauteurs d'Authon-Saint-Géniez. Contactez le **club de parapente Altitude** (☎ *04 92 68 31 37*), à Sisteron.

Après Saint-Géniez, la route entame une longue descente jusqu'à Sisteron, en longeant la vallée du Riou du Jabron. Celle-ci se resserre jusqu'à former un défilé spectaculaire, appelé **défilé de la Pierre Écrite**. Ce site doit son nom à une inscription du Ve siècle gravée dans la roche, au bord de la route (signalée). Elle raconte l'ouverture de la voie par Dardanus, préfet des Gaules. Sisteron n'est plus qu'à 8 km environ.

OÙ SE LOGER ET SE RESTAURER
Thoard

Auberge La Bannette (☎ *04 92 34 68 88, fax 04 92 34 89 69, auberge.la.bannette@free.fr, http://auberge.la.bannnette.free.fr, Thoard ; simples/doubles 43/65 € ; menu 17 € ; fermée en principe 15 sept-15 oct)*. Là-haut sur la montagne… voilà ce qu'inspire cette auberge-chambre d'hôtes, postée comme un nid d'aigle sur une butte à 1 000 m d'altitude, à 1,2 km du centre de Thoard. Vous serez conquis par le fantastique panorama sur les massifs environnants et le calme absolu du site. Dommage que les 4 chambres assez petites, avec douche et toilettes, dans une maisonnette proche de la demeure des propriétaires, ne présentent qu'un confort très ordinaire. La terrasse de l'auberge, rustique et fleurie, possède nettement plus de cachet. Les menus (sur commande, la veille) accordent une large place aux produits locaux, notamment l'agneau, l'épeautre et les volailles élevées sur la propriété.

Auberge de la Forge (☎ 04 92 34 60 96, av. Paul-Avignon, Thoard ; plat du jour 7 €, menu 11 € ; fermée lun). Scène vécue : Thoard, place du village ; assis à la terrasse de l'auberge de la Forge, un verre de pastis à la main, vous laissez flotter votre regard sur les platanes et vagabonder vos pensées… Le lieu est tout simple, sans fard. On ne cherche pas à plaire au touriste, et c'est tant mieux. La cuisine est à l'image de l'établissement : modeste. Pas de carte, mais un plat du jour, un menu ou quelques en-cas, comme une salade composée (3,80 €), histoire de goûter l'ambiance du village.

Gîte d'étape de Thoard (☎ 04 92 34 72 62, Thoard ; lit 7,50 €, location draps 1,50 € ; ouvert à l'année). Au cœur du village, à une coudée de la place centrale, ce gîte d'étape au confort correct comprend 20 lits, répartis dans un dortoir de 16 et deux chambres doubles, avec sanitaires communs bien entretenus.

La Grupi – Pizzeria (☎ 04 92 34 89 37, Thoard ; pizzas 6-11 €, salades 3-8 €, formules à 13 et 17 € ; ouvert tous les soirs sauf mer en saison, sam soir hors saison). Dans une ruelle proche de la place du village, cette pizzeria de poche sert diverses pizzas et salades à prix modique. Pas de salle de restaurant, mais une terrasse toute simple est installée dans un jardin en corniche, à l'arrière, avec une vue imprenable sur la vallée et les massifs avoisinants.

Camping du Vieux Moulin (☎ 04 92 34 65 75, Thoard ; emplacement 2 pers + véhicule et tente 10 € ; ouvert avr-sept). C'est une bonne surprise qui vous attend à 1 km de Thoard, en direction de Saint-Geniez, au bord de la rivière des Duyes. Ce petit camping, très bien tenu, échappe à la banalité qui caractérise habituellement ce type d'hébergement. Le bloc sanitaire est impeccable et le cadre, fort agréable. Le gérant prépare des pizzas (6,50 €) les mercredi et samedi soirs.

Poivre d'âne (☎ 04 92 34 87 12, poivre.ane@free.fr, http://poivre.ane.free.fr, Les Férauds, Thoard ; tipi adulte/enfant 8/6 €, petit déj 4 €, simple/double avec petit déj 23/37 €, repas 14 € ; ouvert à l'année). Repaire d'Indiens ou voyage dans le temps ? Un peu après Thoard, en direction du col de Fontbelle, au hameau des Férauds, vous distinguerez, à droite, trois tipis blancs. Les propriétaires proposent effectivement de passer la nuit sous un tipi, installé sur un grand terrain dégagé sous la bastide. Chaque tente comprend cinq (bons) matelas. Les sanitaires sont dans la ferme. Une chambre d'hôtes, avec s.d.b. commune, est à disposition dans la maison principale. Au dîner (sur réservation), le répertoire culinaire va de l'alouette à la polenta en passant par la daube, l'épeautre, la soupe au pistou et les charcuteries.

Authon

Le Gîte des Monges (☎ 04 92 62 60 50, fax 04 92 62 66 18, Authon ; lit 11 €, location draps 3 €, petit déj 5 €, demi-pension 28 €, repas 12,50 € ; ouvert à l'année). Point de chute privilégié des randonneurs et cyclotouristes, le gîte des Monges, dans le village d'Authon, à 1 200 m d'altitude au bord du Vanson est une structure moderne et fonctionnelle comprenant plusieurs chambres propres de 1 à 10 lits, avec s.d.b. communes. Les repas (sur réservation) se prennent dans la salle à manger du rez-de-chaussée, vaste et agréable. La gérante peut aussi préparer des pique-niques (6 €).

Saint-Géniez

Le Dromon (☎/fax 04 92 61 02 02, ledromon@hotmail.com, Saint-Géniez ; lit 13 €, location draps 1,50 €, demi-pension 27 € ; plat du jour 8 €, menu 13,50 €, en-cas 3-7 € ; ouvert à l'année). Au centre de Saint-Géniez, cette auberge tenue par un couple d'ex-Parisiens constitue une halte réparatrice, tant pour le gîte que pour le couvert. La salle de restaurant, à l'arrière, bénéficie d'une vue panoramique. On y déguste une cuisine simple, à base de produits frais (truite, farcis, coq au vin, daube), ou divers en-cas (omelettes, sandwiches au pain de campagne, assiette de charcuterie). Le sous-sol comprend quatre dortoirs de style refuge, de 2 à 6 lits, propres, carrelés et lambrissés, qui se partagent deux s.d.b. et une cuisine équipée.

Les Cavaliers de Saint-Géniez *(☎/fax 04 92 61 00 87, o.chabrand@infonie.fr, www.cavaliers-stgeniez.com, Saint-Géniez ; lit en dortoir 8 €, petit déj 3 €, demi-pension 22 € ; ouvert à l'année)*. Les passionnés d'équitation se sentiront chez eux dans cette ferme équestre, située à la sortie de Saint-Géniez, en contrebas sur la gauche. L'hébergement se limite à un dortoir de 8 lits attenant à la maison principale, avec s.d.b. commune, qui imite le style refuge de montagne, avec boiseries, carrelage et lambris. La pièce est assez exiguë, peu lumineuse mais propre, et le couchage de bon confort. Le propriétaire, guide de tourisme équestre, propose diverses prestations équestres.

Domaine des Rayes *(☎ 04 92 61 22 76, fax 04 92 61 06 44, les.rayes@wanadoo.fr, www.lesrayes.fr, Saint-Geniez ; doubles 58 € haute saison, table d'hôtes 17 € ; ouvert vacances scolaires, juin, sept et longs week-ends)*. Prenez de la hauteur ! Complètement isolé dans un paysage qui aurait inspiré Dino Buzzati, à 1 300 m d'altitude, le Domaine des Rayes ravira les amateurs de grands espaces. En venant de Sisteron, suivez la D3 jusqu'à Saint-Géniez, puis, après 1 km, prenez la piste à gauche sur 2 km. Cette ancienne bergerie, admirablement restaurée par un couple de Belges, vous séduira par sa conception et son confort. Les six chambres aux couleurs provençales, avec entrée indépendante, allient subtilement le rustique et le moderne ; l'une d'entre elles est voûtée. Mention spéciale pour les s.d.b., impeccables. Deux salons, meublés avec goût, sont à la disposition des hôtes. La salle à manger affiche sans complexe un air campagnard. Quant à la vue, elle est incomparable : de la terrasse, par beau temps, le regard court jusqu'à la Sainte-Baume, la Sainte-Victoire et le Ventoux. La table d'hôtes offre un bel inventaire des produits régionaux, comme la cassolette de queues d'écrevisses, le carpaccio de thon et le gigot d'agneau de Sisteron.

Vallée de la Durance

La vallée de la Durance est le principal axe de communication de la Haute Provence. La rivière est bordée par la nationale et l'autoroute, qui relie le Dauphiné et les Alpes du Nord à la Méditerranée.

SISTERON

Porte septentrionale de la Provence, sertie dans le cadre grandiose d'une *clue* de la Durance, Sisteron fait forte impression. Postée en surplomb de la rivière, la ville semble défier le rocher de la Baume, sur l'autre rive, dont la masse cyclopéenne, affectée d'étranges plis évoquant un mille-feuille vertical, compose une perspective spectaculaire. La vieille ville, très attrayante, au charme tout provençal, se blottit au pied d'une butte, sur laquelle trône une magnifique citadelle.

Histoire

En raison de sa position de verrou stratégique sur la Durance, la ville a, dès l'origine, rempli une fonction défensive et stratégique. Appelée *Segustero* sous la période romaine, la cité est située sur la *via Domitia*, la voie romaine qui relie l'Espagne et l'Italie. Les invasions barbares inaugurent une ère confuse. La ville fait ensuite partie du comté de Provence et marque la frontière avec le Dauphiné. Elle tire profit de sa situation privilégiée et asseoit sa prospérité sur le commerce, malgré les épidémies et les guerres.

Renseignements

Office du tourisme. Installé dans l'hôtel de ville, en plein centre, l'office du tourisme (☎ 04 92 61 36 50 ou 04 92 61 12 03, fax 04 92 61 19 57, office.tourisme.sisteron@wanadoo.fr, www.sisteron.fr) ouvre du lundi au samedi, de 9h à 12h et de 14h à 18h de septembre à juin (jusqu'à 17h de novembre à février), de 9h à 19h, ainsi que certains dimanche, en juillet-août.

En juillet-août, du mardi au vendredi, il organise des visites pédestres guidées incluant la cathédrale et la vieille ville (1 heure 30, gratuit).

Fêtes et festivals

Entre mi-juillet et mi-août, le Festival des nuits de la citadelle (☎ 04 92 61 06 00), renommé, comprend six soirées consacrées à la musique, au théâtre et à la danse. Les spectacles de danse et les représentations théâtrales se déroulent dans le cadre grandiose de la citadelle, les concerts de musique sacrée dans la cathédrale Notre-Dame-des-Pommiers et la musique de chambre au cloître Saint-Dominique. Consultez le site www.francefestivals.com.

Marché provençal

Les jours de marché sont le mercredi et le samedi.

À voir et à faire

Vieille ville. Découvrez à pied le lacis des ruelles de la vieille ville, qui descend en cascade vers la Durance. Sa physionomie toute provençale lui vient des multiples **andrônes** (voir l'encadré) qui la parcourent, des escaliers, des fontaines et des placettes qui l'agrémentent. Un parcours pédestre fléché va de la ville basse à la ville haute.

Les amateurs de patrimoine architectural ne manqueront pas la **cathédrale Notre-Dame-des-Pommiers**, belle structure d'inspiration lombarde datant du XIIe siècle, campée légèrement en retrait de la route principale, place du Général-de-Gaulle. À côté, on remarque la présence de plusieurs **tours**, vestiges de l'enceinte du XIVe siècle. Un peu plus loin, place du Dr-Robert, la **tour de l'Horloge**, maintes fois modifiée depuis le Moyen Âge, se signale par son campanile en fer forgé.

Citadelle. L'orgueil de Sisteron monopolise le regard, d'où que l'on arrive. La **citadelle** (☎ 04 92 61 27 57 ; entrée 4,60/2,30 € adulte/enfant ; ouverte tlj, fin mar-15 nov 9h-18h, en été jusqu'à 19h et 20h), perchée sur une butte, offre un panorama incomparable sur la clue de la Durance et sur la vieille ville, accroupie à ses pieds, dont l'enchevêtrement de toits glisse vers la

Les andrônes

Typiques du bâti urbain provençal, les *andrônes* (du grec *andron*) désignent des passages couverts, souvent étroits et voûtés, qui passent sous les maisons. Ces mini-tunnels ou arcades, parfois en escaliers, soulignent la trame médiévale des cités provençales, qui généralement étaient encloses dans des remparts, où les espaces de circulation étaient comptés. Sisteron est un bel exemple de ce type, tout comme la plupart des autres localités du département.

rivière. Ce rocher a toujours rempli une fonction défensive et l'ouvrage actuel intègre des éléments de diverses époques, fruits de modernisations successives. Les plus anciennes dateraient du XIIIe siècle. Vauban y a bien sûr mis son empreinte. La citadelle abrite un musée iconographique et hippomobile.

Musée Terre et Temps. Ce musée (☎ 04 92 61 61 30, place du Général-de-Gaulle ; entrée 2,75/2 € adulte/enfant ; ouvert tlj juil-août 10h-13h et 15h-19h, mai, juin, sept 9h30-12h30 et 14h-18h, avr, oct mer-dim 9h30-12h30 et 14h-18h), bien conçu et attractif, occupe l'ancienne chapelle du couvent de la Visitation, derrière la cathédrale, magnifiquement restaurée pour la circonstance. C'est l'un des trois pôles muséographiques de la Réserve géologique de Haute Provence, avec le Musée-promenade de Digne et le musée Sirènes et Fossiles de Castellane. Il présente l'évolution de la notion de temps et des moyens inventés par l'homme pour la mesurer, au travers de documents et d'objets (clepsydres, pendule de Foucault, cadrans solaires, calendriers, etc.).

Activités sportives. Le rocher de la Baume est équipé pour l'**escalade**. Renseignez-vous auprès de l'office du tourisme si vous souhaitez grimper en compagnie d'un moniteur.

Le secteur d'Authon-Saint-Géniez (voir la section *De Digne à Sisteron par Thoard*) est propice au **parapente**. Contactez le **club Altitude** (☎ *04 92 68 31 37*), à Sisteron, ou l'office du tourisme.

Ouvert toute l'année, l'**aéroclub de Sisteron** (☎ *04 92 62 17 45, aeroclub.sisteron @free.fr*), basé à l'aérodrome de Sisteron-Vaumeilh, organise des baptêmes de **vol à voile** (77 € l'heure), ainsi que des stages d'initiation et de perfectionnement.

Où se loger

Camping Les Prés-Hauts (*☎/fax 04 92 61 19 69, Sisteron ; forfait pour 1/2 pers avec voiture et tente 8/11 € ; ouvert mars-oct*). Sa conception originale fait que les 142 emplacements de ce quatre-étoiles, séparés par des haies de troènes, assurent une relative intimité. Ce camping est par ailleurs doté d'une petite piscine, de quelques jeux pour enfants et propose des animations en été. Sachez qu'il est excentré, à 2 km sur la route de La Motte du Caire. Une navette dépose les clients à Sisteron en début de matinée et revient peu avant 12h.

Hôtel-restaurant du Tivoli (*☎ 04 92 61 15 16, fax 04 92 61 21 72, 21 place René-Cassin ; doubles avec lavabo 25 €, avec toilettes 29 €, avec douches et toilettes 38 et 43 €, avec bains et toilettes 44 € et 49 € ; ouvert à l'année*). Au cœur de la ville, dans la rue qui monte à la citadelle, ce deux-étoiles repérable à sa façade rénovée loue des chambres au confort simple et ordinaire. Rien à redire sur les sanitaires communs, propres. Les chambres en façade ont vue sur la citadelle. Un parking privé est à disposition (5 €).

Grand Hôtel du Cours (*☎ 04 92 61 04 51, fax 04 92 61 41 73, hotelducours@wanadoo.fr, www.sisteron.com/html/hcours.html, place de l'Église ; simples/doubles avec douches et toilettes 31/39 € et 43/50 €, avec sdb 57/72 € ; fermé nov-mars*). À 50 m de la cathédrale Notre-Dame des Pommiers, ce trois-étoiles est considéré comme l'établissement de prestige de la ville. La bâtisse sur trois niveaux, de style rustico-classique, fait bonne impression, tout comme le hall d'entrée. L'aménagement des chambres est plus banal, et l'on s'attendrait à un standing supérieur, même

si les plus chères, au 2e étage, possèdent plus de cachet grâce à leur plafond lambrissé. En regard de l'emplacement et des prestations, les prix restent attractifs, notamment ceux des chambres donnant sur la route nationale, les plus petites. Pour utiliser le garage, vous paierez 6 €.

Où se restaurer

Restaurant Le Cours (*☎ 04 92 61 00 50, place de l'Église ; plats 11-22 €, menus 13, 19, 24 €, menu enfant 8 € ; ouvert tlj en saison, fermé Toussaint-Pâques*). Il paraît que ce restaurant, attenant à l'hôtel du même nom, est une valeur sûre. Or, ce que nous avons goûté – le menu à 19 € –, nous fait croire à une réputation manifestement exagérée. Serait-il victime de son succès ? Le service était mécanique et les spécialités choisies, pourtant "typiques" (caillette et fromage de tête sisteronnais en entrée, tranche de gigot d'agneau avec purée d'olives et gratin dauphinois en plat, tarte en dessert), n'ont pas réellement convaincu. Le décor et la terrasse ne compensent pas.

Les Becs Fins (*☎ 04 92 61 12 04, 16 rue Saunerie ; plats 15-35 €, menus 14, 19, 27, 35, 45 € ; ouvert tlj midi et soir en juil-août, fermé dim soir et mer hors saison*). Dans une rue piétonne de la vieille ville, cet établissement renommé honore la cuisine du terroir. Sur la carte, les viandes en grillade ont la vedette – bœuf, agneau, autruche et magret de canard, cuisinés de 9 façons différentes. Un bon point également pour les entrées, très variées, chaudes ou froides. Morceaux choisis du menu à 19 € : duo de melon et brugnon sur son mesclun, arrosé au vinaigre de framboise (bon mariage des saveurs et jolie présentation), et entrecôte de bœuf grillée façon maître d'hôtel (très bien cuisinée). Seule la mousse au chocolat n'a pas provoqué d'enthousiasme. Le cadre est feutré, classique, sans ostentation. Une petite terrasse est installée aux beaux jours.

Comment s'y rendre

En train, Sisteron est sur la ligne TER Marseille-Briançon, qui dessert également Aix-en-Provence, Manosque et Château-Arnoux-

La Réserve géologique de Haute Provence, un voyage dans l'espace et le temps

La Haute Provence regorge de richesses géologiques. Fort logiquement, on a créé une Réserve naturelle nationale en 1984, qui s'étend sur 1 900 km^2 et englobe 47 communes – 40 dans le département des Alpes-de-Haute-Provence et 7 dans le Var - de Barles, au nord, aux gorges du Verdon, au sud. Ce statut vise non seulement à protéger cet extraordinaire patrimoine, riche de fossiles et de roches racontant 300 millions d'années, mais aussi à le mettre en valeur.

Cette valorisation prend diverses formes. Trois pôles muséographiques liés à l'histoire de la terre ont été créés, à Digne, Castellane et Sisteron (voir les rubriques *À voir et à faire* de chacune de ces villes). Par ailleurs, une quinzaine de sites naturels ont été aménagés sous forme de circuits découvertes balisés pour apprendre à lire la terre : dalle à ammonites (près de Digne), vallée des Sirènes Fossiles (près de Castellane), empreintes de pas d'oiseaux, etc. Cette Réserve peut donc être considérée comme un gigantesque musée à ciel ouvert. Des "points d'information" ont été mis en place ; il s'agit d'établissements touristiques (hôtels, restaurants, campings, etc.), arborant un label spécifique, qui font office de relais d'information sur la Réserve. Enfin, des sorties accompagnées tout public sont organisées en été au départ des trois villes, à la demi-journée ou à la journée, en voiture ou à pied, sous l'égide d'accompagnateurs en moyenne montagne agréés, spécialement formés à la géologie, qui vous feront découvrir les principaux sites de la Réserve. Au programme : lecture de paysages, explications sur les roches, les fossiles, la tectonique, la formation du relief, la flore, etc. Bref, le moyen idéal pour découvrir des mondes disparus et mieux comprendre l'environnement actuel. Pour plus de renseignements sur ces sorties, contactez Empreintes (Hervé Foucher, ☎/fax 04 92 35 20 43).

Saint-Auban. La gare SNCF (☎ 04 92 62 65 69) se trouve avenue de la Libération.

Des bus réguliers relient Sisteron à Manosque, Aix-en-Provence, Marseille, Gap, Briançon, Digne, Nice et Grenoble. Des services restreints rejoignent Forcalquier *via* Saint-Étienne-les-Orgues, Cruis, Mallefougasse et Châteauneuf Val Saint-Donat, ainsi que les localités de la vallée du Jabron. La halte routière (☎ 04 92 61 22 18) se trouve au centre-ville, à deux pas de l'office du tourisme.

MOYENNE DURANCE

Après Sisteron, la Durance roule ses eaux nonchalantes en direction du sud, bordée par la nationale, l'autoroute et une ligne de chemin de fer. L'aspect relativement développé et fréquenté de cette voie de communication contraste singulièrement avec le reste du département, au caractère sauvage

nettement plus marqué. Pour le visiteur de passage, relevons quelques sites dignes d'intérêt qui émaillent le parcours, notamment le château de **Château-Arnoux**, une ville industrielle au confluent de la Bléone et de la Durance, et, à quelques kilomètres vers le sud, sur la rive gauche de la rivière, aux Mées, les spectaculaires formations géologiques des **Pénitents des Mées**. Cet alignement serré d'immenses blocs, mélange de galets, de sable et de grès, adossés aux contreforts du plateau de Valensole, a été façonné par l'érosion voici 25 millions d'années. Selon la légende, il s'agirait de moines pétrifiés pour avoir cédé à la concupiscence auprès des Sarrasines. Un sentier en fait le tour, par la crête, en 3 heures 30.

La vallée de la Durance présente des conditions aérologiques exceptionnelles. Un centre de **vol à voile**, réputé au niveau international, est établi à Saint-Auban, à

ALPES-DE-HAUTE-PROVENCE

La route Napoléon

"L'aigle avec les couleurs nationales volera de clocher en clocher jusqu'aux tours de Notre-Dame" : c'est en ces termes que Napoléon Bonaparte considère l'avenir lorsqu'il foule pour la première fois le continent à Golfe Juan le 1er mars 1815, après son exil sur l'île d'Elbe. Ardent à reconquérir son titre, il est accompagné de fidèles qui l'épaulent. Le fin stratège qu'il a toujours été mise sur une tactique de diversion : plutôt que de croiser le chemin des royalistes, il décide de rallier Lyon par des chemins de traverse, en empruntant les routes de montagne. Ainsi, de Golfe Juan à Lyon, il parcourt 324 km en 6 jours. En Haute Provence, il traverse successivement Castellane, Senez, Barrême, Digne, Aiglun, Malijai, Château-Arnoux, Volonne et Sisteron – l'actuelle N85. Le 20 mars, il est aux Tuileries, comme il se l'était promis.

Chacune de ses étapes est ponctuée d'anecdotes. Pour en savoir plus, consultez le site www.route-napoleon.com

côté de Château-Arnoux. Vous pourrez effectuer des vols d'initiation d'une demi-heure (61 €) de mars à octobre. Pour plus de renseignements, contactez le ☎ 04 92 68 09 27.

Renseignements

L'office du tourisme du district de Moyenne Durance (☎ 04 92 64 02 64, fax 04 92 64 54 55, ot.district@wanadoo.fr, www.district-moyenne-durance.fr), ferme de Font Robert, à Château-Arnoux, ouvre du lundi au samedi, de 10h à 19h en juillet-août, du lundi au vendredi le reste de l'année, de 9h à 12h et de 14h à 18h (le samedi de 10h à 19h pendant les vacances scolaires).

Le personnel vous remettra des brochures sur les possibilités d'hébergement et de restauration dans le secteur, ainsi que sur les randonnées pédestres. Une borne d'accès Internet est à disposition.

Comment s'y rendre

La vallée de la Durance canalise la majeure partie du trafic ferroviaire et routier du département. Château-Arnoux-Saint-Auban est un nœud ferroviaire, sur la ligne Marseille-Briançon. De nombreuses lignes de bus transitent également par Château-Arnoux.

Vallée du Jabron et montagne de Lure

À quelques kilomètres au sud-ouest de Sisteron, la vallée du Jabron, qui doit son nom à un affluent de la Durance, vous fera basculer dans un univers étonnant. Elle s'étire d'est en ouest sur une quarantaine de kilomètres, écartelée entre, au nord, divers sommets culminant à 1 000-1 600 m et, au sud, les contreforts trapus de la montagne de Lure. Cette vallée reste un secret bien gardé : le tourisme à grande échelle n'a fort heureusement pas encore investi ce secteur méconnu, de sorte que la plupart des visiteurs passent à côté de cette petite merveille riche de paysages riants et bucoliques, agrémentés de clairières, de champs cultivés, de prairies, de peupliers, de saules, etc.

Plus encore, son charme lui vient des villages, des hameaux, des fermes éparses ou des *jas* (emprunté à l'ancien provençal, ce terme désigne une bergerie) alanguis au fond de la vallée, aux abords de l'unique route, ou cramponnés sur les contreforts montagneux.

Il y règne une ambiance indéfinissable, un je-ne-sais-quoi de "bio", de rassérénant, de revigorant, qui met du baume à l'âme. Tout semble sain et paisible, comme si le temps n'avait plus de prise.

La montagne de Lure, long massif orienté est-ouest culminant à 1 826 m au signal du même nom, s'offre au regard, sobre et majestueuse, discrète et farouche, indifférente à la notoriété du mont Ventoux, son puissant voisin.

Côté infrastructures, celles-ci se limitent fort logiquement à des gîtes et des chambres d'hôtes, souvent d'excellente tenue, et à des bistrots de pays.

À VOIR ET À FAIRE

La vallée du Jabron répondra aux attentes des amateurs de **randonnée pédestre** : le GR6 et le GR946 passent par là, sans compter d'autres sentiers plus confidentiels. Les propriétaires des gîtes et des chambres d'hôtes vous renseigneront. Procurez-vous le topo-guide *Tours dans la montagne de Lure*, publié par la FFRP, qui détaille 12 circuits de 1 à 12 jours dans la région. Certains prestataires organisent des **balades équestres**, notamment le **centre équestre des Ricoux** (☎ *04 92 62 08 33*), à Montfroc, et d'autres louent des ânes de bât.

De Sisteron, prenez la N85 plein sud sur environ 4 km puis bifurquez à droite dans la D946, l'unique route qui serpente dans la vallée. Vous traverserez **Bevons** puis, à 10 km du carrefour de la N85, **Noyers-sur-Jabron**, charmant village typiquement provençal, doté d'une belle église romane. Un panneau indique la direction de **Vieux Noyers**, un ancien village perché à 3,5 km dans la montagne (route, puis piste carrossable), aujourd'hui abandonné. Au milieu des ruines émerge l'église romane, admirablement restaurée. À la vue des murailles squelettiques de ce village fantôme, délaissé au siècle dernier par ses habitants qui préférèrent les commodités de la vallée, on se sent envahir par une douce mélancolie, à peine tempérée par le panorama grandiose de la vallée et la montagne de Lure, en face.

Après Noyers, on rejoindra **Saint-Vincent-sur-Jabron**. Juste avant, la D303 fait un crochet sur la gauche et traverse les hameaux de **Châteauneuf-Miravail** et **Lange**, au pied de la montagne de Lure, avant de retrouver la D946. Lange, avec ses maisons de pierre, son église et sa fontaine, ne manquera pas de vous séduire. Plus loin, on arrive à **Curel**, puis à **Montfroc**, enclave du département de la Drôme, où l'on remarquera le château. Après Montfroc, la vallée forme une brèche étroite, spectaculaire, aux allures de petites gorges. On atteint ensuite **Les Omergues**, dernier village des Alpes-de-Haute-Provence, alors que la route continue vers le Ventoux (voir la section *Ventoux* du chapitre *Vaucluse*). Pour éviter

de revenir sur vos pas, vous pouvez emprunter la D18 au col de la Pigière, à 3,5 km des Omergues, qui mène à Revest-du-Bion, de l'autre côté de la montagne de Lure.

Autre option, nettement plus impressionnante, pour rejoindre le versant sud de la montagne de Lure : prendre la D53, entre Noyers et Bevons. Cette petite route, très pittoresque et sinueuse, part à l'attaque du versant nord de la montagne de Lure. Vous traverserez d'abord **Valbelle**, village serti au fond d'un amphithéâtre, d'où vous pourrez rejoindre, à pied, la **chapelle Saint-Pons** par le GR6 (environ 1 heure 30 de marche). Ne manquez pas ce petit bijou, qui semble incrusté dans la falaise, dans un site d'une beauté saisissante. Il vous faudra ensuite parcourir quelque 17 km de lacets à travers la forêt domaniale de Valbelle pour rejoindre le **col du Pas de la Graille**, à plus de 1 500 m d'altitude, avant de redescendre, sur une distance presque équivalente, jusqu'à Saint-Étienne-les-Orgues, dans le pays de Forcalquier. Du col, le panorama, époustouflant, balaie les quatre points cardinaux. Attention ! la route du col est en principe fermée de mi-décembre à mi-mai. Notez la différence de déclivité entre les deux versants : le versant nord, côté Jabron, est très abrupt, tandis que le côté sud descend en pente plus douce. De même, la végétation diffère nettement d'un côté à l'autre : l'ubac, montagnard, est couvert de conifères, tandis que l'adret comporte des essences plutôt méditerranéennes. Vers le col et les crêtes, le paysage, dominé par la lande, est chauve et pelé.

OÙ SE LOGER ET SE RESTAURER
Secteur de Bevons

Lou Souléu (☎/*fax 04 92 62 88 62, 600 route de Noyers-sur-Jabron ; doubles avec petit déj 54/64 € en basse/haute saison ; ouvert à l'année*). À 7 km de Sisteron, en direction de Noyers-sur-Jabron, Juana Tobal, esthéticienne à la retraite, loue 3 chambres, petites mais douillettes, dans son mas très fleuri et parfaitement entretenu. La maison, isolée à flanc de coteau, se niche dans une propriété

MONTAGNE DE LURE ET PAYS DE FORCALQUIER

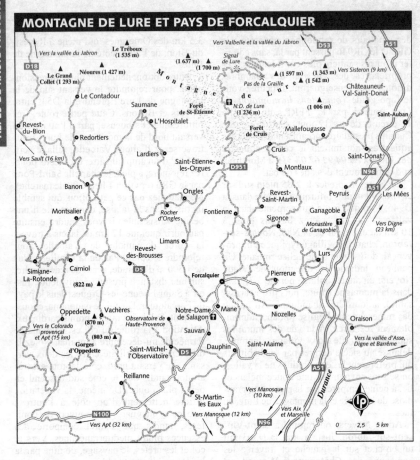

de 2 ha, face à la montagne de Lure. Les chambres se partagent une s.d.b. mais ne sont louées qu'à un seul couple, à une famille ou à des amis. Une piscine, aménagée devant le mas, est mise en service en saison. Le petit déjeuner se prend dans une salle coquette ou à côté de la piscine.

Le Mas du Figuier (☎/fax 04 92 62 81 28, *mas.du.figuier@wanadoo.fr, www.guide-provence.com/gites/masdufiguier, La Fontaine, Bevons ; simples/doubles avec petit déj 39/45-49 €, lit en dortoir 13 €, avec petit déj 17 €, table d'hôtes 19 € ; ouvert*

à l'année). Domi et François, un couple dynamique, ont vu juste : leurs prestations correspondent tout à fait à l'air du temps. L'allure de ce mas, une ancienne ferme bien rénovée tout en respectant l'esprit du lieu, donne le ton. Harmonieusement fondu dans le paysage, il est perdu là-haut dans la montagne (suivre la route de Noyers puis, à 500 m avant Bevons, bifurquer à droite dans la D553, et monter sur 2,5 km) et offre une ample perspective sur la vallée et la montagne de Lure. Rien ne manque : un énorme figuier, un champ de lavande à l'arrière et une terrasse attrayante pour les repas. Les trois chambres d'hôtes, tout confort, colorées sans excès et personnalisées, s'ordonnent autour d'une pièce carrée commune. Demandez la Plein Sud, pour la vue, ou la Romane, dotée d'une belle s.d.b. décorée de céramiques saumon et bleu. S'y ajoutent 2 dortoirs de 4 et 7 lits, avec sanitaires communs, dont un aménagé en demi-lune dans l'ancienne bergerie, très original. L'ambiance ? Un subtil panaché bio-rustico-néo-bobo pour un résultat des plus décontractés. Côté table d'hôtes, Domi vous proposera une cuisine d'inspiration méditerranéenne, tendance bio.

François, accompagnateur de moyenne montagne, connaît le secteur comme sa poche et organise des sorties randonnée ou raquettes, du canyoning dans la vallée du Jabron et loue des ânes de bât. Bref, une excellente adresse pour renouer avec le bien-vivre.

Noyers-sur-Jabron

Le Jas de la Caroline (☎ 04 92 62 03 48, *Chênebotte, Noyers-sur-Jabron ; simples/ doubles 42/49 €, suite pour 1/2/3 pers 49/69/87 €, petit déj inclus ; ouvert à l'année*). Henri et Monique Morel, un couple à la retraite, louent 2 chambres tout confort et une suite dans leur *jas* (bergerie) en pierre, magnifiquement restauré et égayé de volets bleus, au lieu-dit Chênebotte, à la sortie du village, à 600 m en amont. Le cadre, paisible et bucolique, délassera les citadins les plus stressés. Les 2 chambres, attenantes, se partagent une terrasse à l'arrière de la maison. Toutes deux sont personnalisées, meublées avec goût et confortables, l'une à dominante rose, l'autre bleue. La suite, en façade, équipée et voûtée en partie, possède un salon privatif très coquet, une petite cuisine aménagée dans l'ancien four à pain et distille un charme incontestable. Au petit déjeuner, vous vous régalerez de confitures maison, de miel du village et de jus de fruits de la vallée, entre autres. En hiver, sur demande, madame Morel pratique la formule table d'hôtes.

L'Escapade (☎ 04 92 62 00 04, esca-pades.en.jabron@wanadoo.fr, www.guide-web.com/provence/bb/escapade, *Noyers-sur-Jabron ; simples/doubles avec petit déj juil-août 61/69 €, hors saison 46/53 €, minimum 2 nuits ; ouvert mars-Toussaint*). À L'Escapade, on ne parle pas de "chambres d'hôtes", mais de "suites". Coquetterie sémantique ? Pas vraiment. Vos deux hôtes, Philippe Guirand et Jean-Michel Fontaine, savent recevoir avec un style que l'on croyait révolu. Ils ont restauré et embelli avec beaucoup de soin la demeure familiale, une magnifique bâtisse bourgeoise érigée en 1910, de style villa à l'italienne, repérable à ses volets verts à l'entrée du village de Noyers-sur-Jabron. Tout respire l'ordonnancement savamment étudié. La suite du 1er étage, chic et rétro, se compose de 2 chambres, d'une salle d'eau et d'un petit salon, avec mobilier d'époque et photos de famille aux murs. Celle du 2e, aménagée dans la partie jadis réservée aux bonnes, fait encore plus forte impression, avec ses murs ocre, la chambre égayée de bleu, rehaussé d'une frise au pochoir, et le parquet qui craque sous les pas ; un ancien pigeonnier, transformé en coin de lecture, déborde de charme. À l'extérieur, vous apprécierez le parc de 80 ares, planté de pins noirs d'Autriche et de chênes, ainsi que la piscine, au bord de laquelle on peut pratiquer le naturisme. Bref, une adresse de standing pour hédonistes et gens de bonne compagnie.

Bar Le Central (☎ 04 92 62 02 55, *Noyers-sur-Jabron ; menus 10 et 11,50 € ; ouvert mai-sept ou oct*). En face de l'église du village, ce "bistrot de pays", familial et sans prétention, propose un menu, sur commande uniquement.

Saint-Vincent-sur-Jabron

La Ribière (☎ 04 92 62 02 15, gite.laribiere @wanadoo.fr, www.guideweb.com/provence/ gites/laribiere, *Saint-Vincent-sur-Jabron ; lit en dortoir 11 €, petit déj 4,50 €, appartement 46 €, demi-pension en dortoir/ chambre 28/31 €, location draps 1,50 €, repas 13 € ; ouvert à l'année*). Au cœur du village, cette pimpante maison de caractère du XIXe siècle, autrefois magasin de grains, de farine et de tissus, se remarque à ses pierres apparentes, ses volets et ses ferronne-

bleu. À l'étage, une pièce fait ... oir. D'une capacité de 12 lits, ... et, il s'agrémente de poutres, de la... / lits en bois, de murs enduits à la chaux, ... d'une mezzanine. Dans le même bâtiment, deux appartements équipés sont loués en chambres d'hôtes. Le premier, de style provençal, dispose d'une terrasse, d'une cuisine, d'une s.d.b. et d'un séjour. L'autre, de style plutôt alpin, avec une vaste pièce et une mezzanine, privilégie les tonalités boisées. À l'arrière de la maison, une terrasse fait son petit effet. Au dîner (sur réservation), les produits de la vallée sont à l'honneur : soupe au pistou, soupe d'*épeautre* (variété de blé) ou de lentilles, pois chiches et fromage de chèvre, notamment.

Lange

La Lucarne (☎ 04 92 62 00 09, Lange ; doubles avec petit déj 39 €, table d'hôtes 16 € ; ouvert à l'année). Le charme fou du hameau de Lange, avec ses robustes maisons de pierre, perdu sur la rive droite du Jabron, tient beaucoup à son aspect "hors du temps". Le jas impeccablement restauré par un Compagnon (le carrelage, fait main, est de Salernes) se situe au cœur du village. L'accueil de Mauricette et de Jacky, originaires du Sud-Ouest. Voici tous les ingrédients d'une bonne adresse. Les anciennes écuries ont été aménagées en appartement, meublé avec goût. On appréciera tout particulièrement l'allure de la chambre voûtée. Un salon, doté d'une TV et d'un magnétoscope, précède une autre chambre confortable, avec s.d.b., au charme un tantinet rétro. Le dîner fait honneur aux spécialités du Sud-Ouest et provençales (charcuteries et légumes bio) et inclut les boissons (apéritif, vin, tisane et café). Le propriétaire, chasseur de sangliers et féru d'histoire locale, connaît bien la vallée et pourra vous conseiller sur les balades.

Montfroc

Château de Montfroc (☎/fax 04 92 62 06 64, www.guideweb.com/provence/château/montfroc, Montfroc ; chambres avec petit déj 55-75 €, repas 18 € ; ouvert à l'année). Un château, un vrai, plein de caractère et de distinction, un cadre bucolique en diable, la langueur d'une vallée perdue… Vous en rêviez ? Offrez-vous cette petite folie dans une splendide demeure du XVIIe siècle, aux confins de la Drôme et des Alpes-de-Haute-Provence, prolongée d'un vaste parc à l'arrière. Vos hôtes, un couple de Belges, proposent 6 chambres tout confort, à la décoration personnalisée et au mobilier d'époque. La plus chère, idéale pour un week-end romantique haut de gamme, possède un grand salon et une terrasse. Petite faveur qui vaut son pesant d'or : les repas (4 services) se prennent sur une grande table installée au milieu de la cour du château. Une vraie plongée dans l'histoire !

Les Ricoux (☎ 04 92 62 08 33, lesricoux@wanadoo.fr, www.guideprovence. com/gîtes/ricoux, Montfroc ; nuit avec petit déj 17 € en gîte d'étape, 23 € en chambre d'hôtes base 2 pers, demi-pension 31 € en gîte d'étape, 39 € en chambre d'hôtes base 2 pers). En surplomb du village, perchée à flanc de montagne, cette auberge-ferme équestre ressemble plus à un village de vacances qu'à un gîte ou à une auberge proprement dit. Avec 14 chambres de plain-pied assez petites, disposant de s.d.b. et conçues comme des studios pour la plupart mitoyens, ainsi qu'une salle à manger de 50 couverts, n'escomptez guère d'intimité. L'ensemble est cependant bien tenu et le cadre exceptionnel. De la piscine en corniche, encadrée de saules, le panorama sur la vallée est époustouflant. Son point fort reste l'existence d'un centre équestre sur la propriété.

Les Omergues

Hôtel-restaurant L'Étape (☎ 04 92 62 06 21, Les Omergues ; chambres 23 €, avec sdb et TV 31 € ; plats 3-8 €, menus 8,50 et 16 € ; fermé mar nov-mars). Évitez les chambres les moins chères, vieillottes. Celles avec douche, toilettes et TV, rénovées, offrent un confort très correct. Au restaurant, vous calerez une petite faim sans vous ruiner avec des plats simples (steak haché, faux-filet ou pâtes). Aux beaux jours, des tables sont installées sur la terrasse.

Le Moulin de la Viorne (☎ 04 92 62 01 65, fax 04 92 62 06 03, www.guideweb.com/

provence/bb/viorne/, Les Omergues ; simples/doubles avec petit déj 55 à 64 €, table d'hôtes 25 € ; ouvert Pâques-Toussaint, non fumeur). En pleine campagne, peu avant le bourg des Omergues, cette oasis de quiétude, de confort et de bon goût séduit d'emblée. L'accueil de Nanou Colonna, à la faconde toute méditerranéenne, et de son époux Claude Boutterin, artiste-peintre, installés depuis près de 30 ans dans la région, y est également pour beaucoup. Tous deux pratiquent l'art de recevoir avec chaleur et distinction. Elle, ancienne chef de cuisine dans un restaurant étoilé, propose une table d'hôtes trois fois par semaine et mitonne des spécialités à base de produits biologiques et du terroir (papeton d'aubergine au coulis de tomate, tranche de gigot d'agneau, daube de sanglier, crêpe d'épeautre et nougat glacé au miel de la vallée, entre autres douceurs). Vous prendrez votre repas dans le jardin ou dans une belle salle à manger aux murs de pierre, intime et rustique, où trône une table joliment dressée. Quant aux trois chambres (la Rose, la Lavande et la Tournesol), elles distillent un charme subtil. La décoration, ennoblie des toiles de Claude Boutterin, fait la part belle aux couleurs pastel et aux meubles anciens. L'architecture du bâtiment est également agréable : il s'agit d'un ancien moulin restauré, agrémenté d'un cadran solaire sur la façade. Cerise sur le gâteau : une piscine de 12mx5m, à l'arrière.

Valbelle

Camping Les Chênes *(☎ 04 92 62 86 89, Valbelle ; adultes/enfants 2,75/1,50 €, emplacement 2,30 € ; ouvert mars-Toussaint).* Cette modeste aire de camping située à l'entrée de Valbelle, sur un tertre à gauche de la route, offre peu d'ombre mais une vue imprenable sur un amphithéâtre montagneux et un calme absolu. Le bloc sanitaire, en pierre, est impeccable.

Le Jas des Bailles *(☎ 04 92 62 81 93, Valbelle ; gîte d'étape en demi-pension 27 €, location draps 3 €, simples/doubles avec petit déj 34/40 €, table d'hôtes 13 € ; ouvert à l'année).* Le versant nord de la montagne de Lure, une forêt domaniale

plantée de pins noirs, de frênes et de mélèzes, et une bâtisse isolée : bienvenue au Jas des Bailles, à 910 m d'altitude et à 8 km de Valbelle, en direction du col du Pas de la Graille. Amateurs de nature et de solitude contemplative, vous serez dans votre élément. Marie-Pierre et Joël ont eu le coup de foudre pour ce site en 1999 et l'ont restauré avec l'appui de l'ONF. Le résultat est convaincant. L'endroit comprend 3 chambres d'hôtes confortables (dont une voûtée), avec s.d.b. et entrée indépendante, ainsi que deux pièces simples mais convenables, d'une capacité de 4 couchages chacune, avec sanitaires communs, louées en gîte d'étape. La table d'hôtes fait honneur à la cuisine bio : soupe d'ortie (au printemps), sanglier (en saison), pain maison, spécialités provençales et orientales, vin de cerise, vin de la marquise ou vin de gratte-cul.

Joël est accompagnateur en moyenne montagne et peut organiser des randonnées dans le secteur. Autre option : la location d'ânes bâtés ou sellés. Sachez que le Jas des Bailles est partiellement aménagé pour recevoir des handicapés.

COMMENT S'Y RENDRE
Un service de bus circule entre Séderon (Drôme) et Sisteron, *via* les localités de la vallée du Jabron. Appelez la halte routière de Sisteron (☎ 04 92 61 22 18) pour les horaires.

Pays de Forcalquier

Chanté par Giono, le pays de Forcalquier, au sud-ouest du département, incarne à merveille cette Provence ancestrale, encore préservée du tourisme à grande échelle. Ourlé à l'est par la vallée de la Durance, barré par la montagne de Lure au nord, par le Luberon au sud et le plateau d'Albion à l'ouest, ce terroir riche mais peu connu, formé de collines ondulant entre 600 et 800 m d'altitude, est résolument agreste. Il ne séduit pas au premier coup d'œil, mais charme par imprégnation progressive et se dévoile par touches impressionnistes. Sur une quarantaine de kilomètres du nord au

ALPES-DE HAUTE-PROVENCE

sud, ce territoire est composé d'un semis de villages reliés entre eux par un réseau de petites routes peu fréquentées. Les paysages, typés sans être spectaculaires, vous envoûteront rapidement par leur cohérence, leur diversité, de même que les villages, au caractère franchement provençal, vous captiveront par la douce quiétude qui sourd de leurs ruelles étroites. Au milieu de cette mosaïque complexe émerge Forcalquier, seule localité d'importance.

Reportez-vous à la carte *Montagne de Lure et pays de Forcalquier* page 360, plus haut dans ce chapitre.

FORCALQUIER

Ville emblématique de la Provence, pôle culturel dynamique et accueillant, Forcalquier mérite une visite approfondie, de préférence un lundi, quand la cité est envahie par les étals du marché, l'un des plus célèbres de la région. Le cadre est enchanteur : le centre se resserre au pied d'une colline, coiffée d'une chapelle. L'influence de Forcalquier s'étend sur tout l'arrière-pays, jusqu'aux limites du plateau d'Albion à l'ouest et aux contreforts de la montagne de Lure au nord.

Histoire

Dès l'époque des Celto-Ligures, la colline fit fonction d'*oppidum* (ville fortifiée). Les Romains développèrent le secteur de Forcalquier, qui gagna en importance après la construction de la voie domitienne, qui reliait l'Espagne à l'Italie et passait à proximité. Au Moyen Âge, les comtes de Forcalquier, issus de la famille comtale de Provence, présidèrent à l'essor de la ville, qui devint capitale d'un état indépendant. En 1851, Forcalquier et ses environs s'opposèrent au coup d'État de Napoléon III. Au cours de la Seconde Guerre mondiale, la ville se distingua par son rôle actif dans la Résistance.

Renseignements

Office du tourisme. L'office du tourisme (☎ 04 92 75 10 02, fax 04 92 75 26 76, oti@forcalquier.com), 8 place du Bourguet, ouvre du lundi au samedi, de 9h à 12h30 et

---

Les marchés dans le pays de Forcalquier

Lundi : Forcalquier
Mardi : Banon
Mercredi : Saint-Étienne-les-Orgues
Jeudi : Céreste, Reillanne
Samedi : Cruis
Dimanche : Mane, Reillanne, Saint-Michel-L'Observatoire

---

de 14h à 19h (de 9h à 19h le lundi en juillet-août), du 15 juin au 15 septembre. Le reste de l'année, en période scolaire, il fonctionne du lundi au vendredi, de 9h à 12h et de 14h à 18h, et le samedi de 9h à 12h ; lors des vacances scolaires, il ouvre également le samedi après-midi et le dimanche, de 10h à 13h. Il organise régulièrement des visites guidées de la vieille ville.

Email et accès Internet. Le tabac La Royale (☎ 04 92 75 15 81), 2 bd Latourette, à deux pas de l'office du tourisme, met à disposition un ordinateur fonctionnant avec une carte téléphonique. Il est en principe ouvert tous les jours, de 6h30 à 12h30 et de 13h30 à 19h (fermé dimanche après-midi).

Fêtes et festivals

Forcalquier et ses environs offrent une multitude de rendez-vous festifs. À Forcalquier, signalons les Rencontres musicales, un festival de musique de chambre qui se déroule en juillet-août, et le Salon des métiers d'art tous les deux ans.

En mai, Banon célèbre le fromage du pays ; en août, les Riches Heures musicales de Simiane-la-Rotonde attirent des mélomanes du monde entier ; à Ongles, lors du deuxième dimanche d'août, ne manquez pas la foire agricole.

Marché provençal

Le marché a lieu le lundi matin, place du Bourguet. Ne le manquez sous aucun prétexte, c'est l'un des plus typiques de la région. Il draine producteurs et artisans de tout le pays de Forcalquier.

À voir et à faire

Flâner dans les ruelles de la vieille ville est un plaisir en soi. Admirez la cathédrale **Notre-Dame-du-Marché**, place du Bourguet, dont les éléments les plus anciens datent du XIIIe siècle. Son architecture signe la transition entre l'art roman et le gothique. Non loin de là, bd des Martyrs-de-la-Résistance, le **couvent des Cordeliers**, un couvent franciscain dont l'origine remonte au XIIIe siècle, ouvre toute l'année sauf en décembre et en janvier. Des visites commentées du cloître, de la chapelle et des salles conventuelles ont lieu de mi-juin à mi-septembre à 11h, 14h30 et 16h30 (4/2,50 € adultes/enfants). Montez ensuite au sommet de la colline par la rue Saint-Mari. Une citadelle s'étendait jadis sur ce promontoire, aujourd'hui remplacée par la **chapelle Notre-Dame-de-Provence** de style néo-byzantin, érigée en 1875, que côtoie un **carillon** de plain-pied. Régalez-vous du panorama qui s'étend du Luberon aux Préalpes.

Où se loger

Auberge Charembeau (☎ 04 92 70 91 70, fax 04 92 70 91 83, charembeau@provence-web.fr, www.charembeau.com, route de Niozelles ; doubles 40-99 € ; fermé 15 nov-15 fév). Un classement deux-étoiles, mais un cadre et une architecture trois-étoiles : à 3 km du centre de Forcalquier, sur la route de Niozelles, cette auberge de caractère occupe une ancienne ferme du XVIIIe siècle, au milieu d'un domaine de 7 ha planté d'arbres centenaires, environné de prés et de collines. La décoration des 24 chambres, toutes différentes et de bon confort, fait la synthèse entre des touches traditionnelles et des éléments plus modernes. Leur prix dépend des équipements et de la saison. Les clients disposent d'une piscine et d'un court de tennis, ainsi que de VTC en location (12,50 € la journée). Aux beaux jours, le petit déjeuner se prend sur la pelouse, sous les arbres. Le centre de Forcalquier est accessible à pied en une demi-heure par une route communale.

Gîte d'étape La Parise (☎ 04 92 75 01 50, route de Fontienne ; lit 9,50 €, location draps 3 € ; ouvert à l'année). Basique mais correct, ce gîte d'étape, installé dans une ferme au bord de la route menant à Fontienne, à environ 3 km de Forcalquier, dépannera les petits budgets et les randonneurs peu regardant sur l'esthétique et le confort. L'unique pièce comprend 18 lits superposés, avec cuisine équipée et sanitaires communs, simples mais propres. Du pas de la porte, on jouit d'un excellent point d'observation sur Forcalquier et sa région.

Ferme-auberge du Bas Chalus (☎ 04 92 75 05 67, fax 04 92 75 39 20, amis.wanadoo.fr, www.baschalus.ifrance.com ; simples/doubles avec petit déj 32,50/45 €, demi-pension 45/70 € haute saison, emplacement camping 3,50 € plus 3,50/3 € adultes/enfants ; ouvert Pâques-sept). À quelques kilomètres de Forcalquier, en retrait de la route de Niozelles, cette ferme-auberge bien connue propose un vaste éventail de formules d'hébergement, dont douze chambres d'hôtes réparties dans deux bâtiments modernes et fonctionnels, sans véritable charme, une quinzaine d'emplacements de camping aménagés en sous-bois ou dans une prairie en bordure de la rivière, des gîtes loués à la semaine, ainsi qu'une table d'hôtes ouverte aux non-résidents (voir *Où se restaurer*). Sur cette exploitation d'élevage, vous verrez, dans leurs enclos, des biches, des daims, des cerfs et même des zébus. Vu la diversité des prestations et la relative absence d'intimité, cette adresse conviendra plutôt à des familles.

Campagne Le Paradis (☎ 04 92 75 37 33, 06 87 69 87 07, campagneleparadis@net-up.com ; simples/doubles avec petit déj 40/50 € ; ouvert à l'année). Une chambre d'hôtes à la campagne, mais à 800 m seulement du centre-ville, qui dit mieux ? Certes, le nom de "paradis" est exagéré, mais l'emplacement, aux portes de Forcalquier, face au Luberon dans un agréable cadre champêtre, se révèle idéal. Les quatre chambres avec s.d.b., fonctionnelles et modernes, sans cachet particulier, jouxtent le mas des propriétaires. Hors saison, les gîtes, au caractère nettement plus affirmé, sont loués en chambres d'hôtes. Le petit déjeuner est servi dans une ancienne grange voûtée.

Hostellerie Le Colombier – Mas des Dragons (☎ 04 92 75 03 71, fax 04 92 75 14 30, *ancienne route de Dauphin ; chambres 49-80 € haute saison ; fermé déc).* Jadis, les dragons de Louis XV faisaient halte dans cette splendide bâtisse, en pleine nature à 3 km de Forcalquier. Aujourd'hui rénovée et affectée à des usages plus pacifiques, sa clientèle vient profiter de la douce quiétude des lieux, en lézardant au bord de la piscine ou sur la pelouse du parc, à l'ombre d'un prunier ou d'un mûrier. Les 15 chambres offrent tout le confort mais un cachet inégal. Préférez les grandes (n°101, 113, 114 ou 115), ou la n°105, dont la s.d.b. est aménagée dans un ancien four à pain. Vous pourrez séjourner en demi-pension et louer un VTT.

La Campagne Saint-Lazare (☎ *04 92 75 48 76, fax 04 92 75 49 07, stlazare@kara-tel.fr, www.stlazare.net, Forcalquier ; doubles avec petit déj 65/80 € basse/haute saison ; ouvert à l'année).* Cette petite structure familiale, à 1 km du centre-ville dans une belle propriété en pleine campagne, est inclassable : ni vraiment chambre d'hôtes, ni vraiment hôtel, elle comporte 2 studios et un appartement, modernes et fonctionnels. La bâtisse a du cachet et vous bénéficierez de petits plus : piscine avec nage à contre-courant, VTT, pétanque, ping-pong, et diverses animations le soir en saison (apéros-contes, soirée lecture, etc.). Un restaurant, fermé lors de notre passage, fait partie des infrastructures.

Où se restaurer

L'Aïgo Blanco (☎ *04 92 75 27 23, 5 place Vieille ; plats 7-15 €, plat du jour 8 €, formule 11 €, assiette enfant 6 € ; ouvert tlj, fermé lun soir et mar hors saison).* À 100 m de l'église Notre-Dame-du-Marché, dans la vieille ville, la bonne mine du lieu – une façade habillée aux couleurs provençales – capte immanquablement le regard. Grande est la tentation de s'attabler à la terrasse (évitez le lundi en saison, jour de marché, car le restaurant est pris d'assaut) et de commander l'une des salades servies en portions confortables, ou des plats de viande (noisette d'agneau poêlée au pistou ou magret sauce au miel de lavande, par exemple). La formule à 11 € (entrée et plat du jour ou plat du jour et dessert maison) présente un bon

rapport qualité/prix. L'hiver, le restaurant sert des spécialités savoyardes.

Oliviers & Co (☎ *04 92 75 00 75, 3 rue des Cordeliers ; formules 7/12/18 € ; ouvert tlj en saison, fermé mar-jeu hors saison).* Attenant au précédent, Oliviers & Co mitonne une cuisine créative et appliquée, et se distingue par son cadre et sa thématique, axée sur l'huile d'olive. Pas de carte véritable mais trois formules appelées "Méridiane salée", "Méridiane sucrée" et "Méridianes salées-sucrées", composées de spécialités servies dans des petits *tians* (ravioles aux champignons et aux pignons, estivale de melon et tomates farcies aux poivrons…). Pour chacune, on vous suggère un accompagnement d'huile d'olive de diverses origines. Aux beaux jours, vous prendrez place sur la terrasse, qui se prolonge sous un passage voûté. L'intérieur, savamment étudié, valorise l'huile d'olive : tonalités jaunes, jeux de lumière, photos, presse, salle voûtée, meule et autres outils rappelant l'oléiculture. Bref, une adresse qui tranche sur le tout-venant de sa catégorie.

La Tourette (☎ *04 92 75 14 00, 20 bd Latourette ; plats 6-18,50 €, menus 12, 23 et 29 €, menu enfant 7 € ; ouvert tlj haute saison, fermé mer et dim basse saison).* La maison est agréable et bien conduite. Certes, l'espace est compté à l'intérieur et la terrasse, au bord du boulevard, est bruyante en journée. Reste qu'on savourera une cuisine bien cadrée, dont le classicisme version terroir est vivifié par des touches inventives de bon aloi, si l'on en juge par le menu Provence (23 €) : mousseline de Saint-Jacques au beurre d'écrevisse, au fondant affirmé, magret de canard au miel de lavande et vin rouge, bien fignolé, et succulente tarte tatin maison, accompagnée d'une glace à la cannelle.

Ferme-auberge du Bas Chalus (☎ *04 92 75 05 67, fax 04 92 75 39 20, amis.wana-doo.fr, www.baschalus.ifrance.com ; menu 16-19 € ; ouvert tous les soirs Pâques-sept, sur réservation).* C'est une cuisine de terroir, typée, aux saveurs franches, que l'on déguste dans cette ferme-auberge des environs de Forcalquier (voir *Où se loger).* Les produits sont de première fraîcheur puisqu'ils proviennent de l'exploitation même (cerf, daim, daguet, bœuf, chevreau, agneau, fromage et même zébu). Les repas sont servis dans une grande salle à manger, rustique et conviviale.

Comment s'y rendre

Un service de bus relie Forcalquier à Marseille *via* Mane, Dauphin, Manosque et Aix-en-Provence. Pour plus de renseignements, appelez le ☎ 04 92 75 16 32. La ligne Digne-Avignon dessert également Forcalquier, ainsi que Mane, Saint-Michel-L'Observatoire et Reillanne.

Comment circuler

Moto Culture (☎ 04 92 75 12 47), bd de la République, loue des vélos pour 8/13 € la demi-journée/journée, 20 € le week-end et 54 € la semaine.

ENVIRONS DE FORCALQUIER

Les environs de Forcalquier, jusqu'à la montagne de Lure au nord et jusqu'aux portes de Manosque au sud, exaltent le lyrisme délicat d'une Provence encore secrète, immortalisée par Giono. Ce pays serein, tout en nuances, est à vous, car les foules touristiques se fixent plutôt dans le Luberon, tout proche. Au chapitre des plaisirs attendus : le charme ineffable des villages perchés, gardiens de l'authenticité provençale, dont certains ont conservé leur physionomie médiévale, les contreforts désolés et le calme souverain de la montagne de Lure, parcourue d'une lumière irréelle, la diversité du relief, tantôt rêche et sauvage, tantôt délicat et subtil, l'atmosphère qu'embaument les effluves de lavande et des plantes aromatiques, et quelques petits trésors culinaires, comme le fromage de Banon, l'huile d'olive, le miel et les truffes. Bref, une terre qui enchante les sens et célèbre la douceur de vivre.

Renseignements

Des petits offices du tourisme sont installés à Saint-Étienne-les-Orgues (☎ 04 92 73 02 57), à Banon (☎ 04 92 73 36 37), à Reillanne (☎ 04 92 76 45 37) et à Lurs (☎ 04 92 79 10 20) ; ils ouvrent en principe en saison. L'office du tourisme de Forcal-

quier (voir cette rubrique, plus haut) est à même de traiter vos demandes.

À voir et à faire

Villages. Une bonne trentaine de villages et de hameaux ponctuent ce territoire. Parmi les plus remarquables, du nord au sud, on privilégiera les **villages perchés**, tels **Dauphin**, dominant une vaste plaine, au sud de Forcalquier ; **Vachères**, à 30 km à l'ouest de Forcalquier, un nid d'aigle déployé sur un éperon calcaire ; **Simiane-la-Rotonde**, superbement étagé sur un contrefort du plateau d'Albion ; le hameau tout en pierre d'**Oppedette**, sans doute le plus spectaculaire et le plus attrayant, bâti sur un socle rocheux surplombant les **gorges du Cavalon**, profondes de quelque 150 m ; **Lurs**, à l'architecture harmonieusement restaurée, juché en balcon au-dessus de la Durance, d'où l'on jouit d'un panorama époustouflant ; **Mane**, agrégé autour de sa citadelle du XIIe siècle ; et **Banon**, vieux village de type médiéval doté de maisons-remparts, également posté sur un socle rocheux et célèbre pour son fromage de chèvre très particulier, enveloppé dans une feuille de châtaignier.

D'autres localités valent également le coup d'œil, à des degrés divers. Découvrez-les au hasard des méandres de la route : **Reillane**, enroulé autour d'une colline, d'où l'on jouit d'une superbe perspective sur le Luberon ; **Saint-Michel-L'Observatoire**, village dédié à l'astronomie (voir *Astronomie*, ci-dessous) dont l'église se perche sur une butte ; **Saint-Étienne-les-Orgues**, **Ongles**, **Cruis**, **Lardiers**, etc. Sur la D12, entre Forcalquier et Fontienne, ne manquez pas les **Mourres**, un site étrange composé de roches sculptées par une géologie fantasque.

Patrimoine. Châteaux, églises, maisons de pierre, *calades* (rues ou ruelles pavées de galets), *campaniles*…, les villages du pays de Forcalquier offrent des richesses patrimoniales qui, sans être spectaculaires, n'en méritent pas moins le détour. Dans les contreforts de la montagne de Lure, à plus de 1 000 m d'altitude, sur la commune du

ALPES-DE HAUTE-PROVENCE

Les villages perchés

Les villages perchés trouvent parfois leur origine dans les *oppida* (villes fortifiées) romains. Les invasions, nombreuses aux IXe-Xe siècles, ont poussé les habitants des plaines à se réfugier sur les hauteurs, au sommet de pics rocheux pour échapper aux attaques de Sarrasins. Ces forteresses ont ensuite servi de refuges à chaque période troublée, durant les guerres de Religion en particulier.

Bon nombre de ces villages sont remarquablement bien préservés. Les maisons forment des voûtes au-dessus des ruelles piétonnes, s'appuyant les unes aux autres tout en fournissant une protection contre les intempéries. On déambule au gré de ces allées, ponctuées parfois de marches qui semblent conduire tout droit à l'intérieur d'une maison.

Édifiés à l'origine autour du donjon du château, ces villages étaient protégés par d'épaisses fortifications percées d'étroites portes principales faciles à défendre. D'autres portes menaient à des ruelles tortueuses, elles-mêmes souvent fermées ou en angle aigu pour faciliter les embuscades et dérouter les agresseurs. La fontaine constituait le point central du village. Souvent très décorée, elle représentait généralement l'unique source d'eau pour les habitants.

De magnifiques villages perchés existent en Haute Provence, dans le pays de Forcalquier, le pays d'Apt et le Luberon. L'une des perles est Simiane-la-Rotonde. Habité depuis plus de 2 500 ans, ce village occupe une ancienne position en bordure de la via Domitia, qui reliait Apt à Sisteron. Le Moyen Âge et la Renaissance ont vu le développement de manufactures de verreries qui ont assuré la prospérité du village, lui léguant une architecture remarquable. Le Vaucluse recèle aussi d'admirables cités perchées, comme Ménerbes, Oppède-le-Vieux ou Gordes (voir le chapitre *Vaucluse*).

Redortiers-Contadour, vous admirerez de belles **bergeries en pierre sèche**. Ces hautes solitudes désolées, intactes, sauvages, encore largement consacrées aux activités pastorales, ont largement alimenté l'imaginaire de Giono.

De Saint-Étienne-les-Orgues, la D113, qui part à l'assaut de la montagne de Lure, vous conduira à l'**abbaye Notre-Dame de Lure**, à 8 km du village, accrochée sur les contreforts à 1 236 m d'altitude, accessible par un chemin indiqué sur la droite de la route. Cette sobre bâtisse romane, dont certains éléments datent du XIIIe siècle, se blottit dans une hêtraie.

Près de Mane, à 3 km de Forcalquier, faites halte à **Notre-Dame de Salagon** (☎ *04 92 75 70 50 ; 4,60/2,50 € adultes/enfants ; ouvert tlj mai-sept 10h-12h et 14h-19h, le reste de l'année week-ends, vacances scolaires et oct 14h-18h*), un ancien prieuré édifié sur des ruines romaines, composé d'éléments du XIIe au XVIIe siècle, qui abrite aujourd'hui un musée ethnologique. Les abords sont aménagés en jardins ethno-

botaniques. À 2 km de Mane, sur la N100 en direction d'Apt, le **château de Sauvan** (☎ *04 92 75 05 64 ; 6/3 € adultes/enfants ; sept-juin visites à 15h30 jeu, dim et jours fériés, juil-août tlj sauf sam*), du XVIIIe siècle, surnommé "le petit Trianon provençal", se caractérise par l'élégance de ses volumes et le sobre ordonnancement de sa façade.

À Simiane-la-Rotonde, on visitera la **Rotonde**, un donjon haut de 18 m datant du XIIe siècle, vestige d'un château primitif qui couronnait le village. Il abrite chaque été un festival international de musique ancienne, Les Riches Heures Musicales de la Rotonde.

Près de Lurs (accès par la D330 depuis Lurs ou depuis la N96), le **prieuré Notre-Dame de Ganagobie** (☎ *04 92 68 00 04 ; entrée libre ; visite de l'église tlj sauf lun 15h-17h et pendant les offices*) mérite votre attention. Le monastère, fondé au Xe siècle, a connu maintes vicissitudes ; il est aujourd'hui habité par des moines bénédictins. Seule l'église se visite. Notez l'ornementation du portail. La forêt de chênes verts environnante, qui s'étend sur un plateau parcouru de quelques sentiers balisés, contribue à l'agrément du site.

Activités sportives. La topographie particulière du pays de Forcalquier, traversé par le GR4 et le GR6, se prête à merveille à la **randonnée pédestre**. Le secteur des gorges d'Oppedette, du prieuré de Carluc, du saut du Moine, de la montagne de Lure et des Mourres est sillonné par plusieurs sentiers de petite randonnée, balisés et entretenus par la Fédération française de randonnée pédestre, qui nécessitent de 1 heure 45 à 3 heures de marche. Ces circuits sont décrits dans le topo-guide *Les Alpes de Haute-Provence à pied*, en vente à l'office du tourisme de Forcalquier. Le topo-guide *Tours dans la montagne de Lure*, également publié par la FFRP, présente 12 circuits de 1 à 10 jours dans le pays de Forcalquier, le Jabron et le Jabron oriental. L'office du tourisme vend également un petit ouvrage appelé *Guide des balades – Pays de Forcalquier et Montagne de Lure*, comprenant 13 fiches détaillant des parcours de 1 heure 30 à 4 heures. Pour des balades accompagnées, contactez Pierre Paillat (☎ 04 92 75 80 02), accompagnateur en montagne, qui organise des circuits à la carte dans la montagne de Lure et le pays de Forcalquier, avec chevaux ou ânes de bât.

Vous pouvez également découvrir en profondeur le pays de Forcalquier lors de **promenades et de randonnées à cheval**. Plusieurs centres équestres sont implantés dans le secteur et proposent différentes formules de tous niveaux, à l'heure, à la demi-journée, à la journée, à la semaine, etc. À Forcalquier, contactez **Les Chevauchées du Soleil** (☎ *04 92 75 13 74*), **Évasion équestre** (☎ *04 92 73 35 48*) à L'Hospitalet, le gîte **Les Granges** (☎ *04 92 73 18 63, 06 15 22 49 87*) au Rocher d'Ongles, **Le Grange** (☎ *04 92 79 55 44*) à Lurs, le **gîte équestre de Cruis** (☎ *04 92 77 03 93*) ou **Les Écuries de Mane** (☎ *04 92 75 18 47*) à Mane. Un guide des randonnées équestres dans la montagne de Lure et le Luberon est en vente à l'office du tourisme de Forcalquier.

Les petites routes conviennent également à la pratique du **cyclotourisme**. L'office du tourisme de Forcalquier dispose d'une brochure présentant une dizaine de circuits de 17 à 108 km. L'itinéraire cyclo-touristique Le Luberon en vélo, qui relie Cavaillon à Manosque, passe par Céreste, Aubenas-les-Alpes et Forcalquier. Pour plus de renseignements sur cet itinéraire, contactez l'association **Vélo Loisir en Luberon** (☎ *04 92 79 05 82, vll@pacwan.fr*). Consultez également l'encadré *Le Luberon à vélo* au chapitre *Vaucluse*.

Vous pourrez louer des VTT à Forcalquier (voir *Comment circuler* dans *Forcalquier*) et à la maison de la Presse de Saint-Étienne-les-Orgues, sur la place centrale (16 € la journée).

Rustraile Colorado (☎ *04 90 04 96 53, rustraile@libertysurf.fr, www.sud-parapente.com*), basé à Rustrel, organise des sorties en **parapente** dans le secteur de Banon (voir aussi la section *Luberon* du chapitre *Vaucluse*).

Astronomie. Le secteur est particulièrement propice à l'observation astronomique. Depuis 1937, l'**Observatoire de Haute Provence** (☎ *04 92 76 69 09 ; visites mer haute saison, le matin sur réservation et 13h30-16h30 ; 2,30/1,50 € adultes/enfants*) accueille scientifiques et astronomes sur une butte proche du village de Saint-Michel-L'Observatoire. Les coupoles blanches abritant les télescopes sont visibles de loin. Une navette circule toutes les demi-heures entre le village et le site.

Également à l'écart de Saint-Michel-L'Observatoire, le **centre d'astronomie** (☎ *04 92 76 69 69, www.astrosurf.com/centre.astro*), sur le plateau du Moulin à Vent, se destine plus au grand public. Toute l'année, il propose des veillées d'observation encadrées par des animateurs et diverses manifestations liées à l'observation du ciel (spectacles multimédias, débats, concerts, etc.). Téléphonez pour prendre connaissance du programme et réserver.

Où se loger et se restaurer
Saint-Étienne-les-Orgues. Le Château (☎ *04 92 73 00 03, orgues@club-internet.fr, http://perso.club-internet.fr/ orgues, place Pasteur ; simples/doubles avec petit déj*

Itinéraire en voiture dans le pays de Forcalquier

Distance totale : 150 km environ.
Départ : Forcalquier. Prenez la N100 en direction de Céreste. Au bout de 8 km, bifurquez à droite dans la D5, jusqu'à Saint-Michel-L'Observatoire. Retournez sur la N100 en passant par Lincel. Roulez 4,5 km, puis tournez à droite dans la D14, jusqu'à Reillanne, et continuez jusqu'au carrefour signalant Vachères et Oppedette, sur la gauche. Après Oppedette, la D201 mène à Carniol. Suivez la D18, qui conduit à Simiane-la-Rotonde, à 3 km. De Simiane, rejoignez Banon (9,5 km). Au départ de Banon, offrez-vous une échappée vers Le Redortiers-Contadour (prendre la D950 en direction de Revest-du-Bion, puis à droite), sur les contreforts de la montagne de Lure. Revenez à Banon, puis suivez la direction de Saumane, L'Hospitalet et Lardiers, par la D12. Cap ensuite sur Ongles, Saint-Étienne-les-Orgues, puis Cruis. Engagez-vous à droite dans la D16. Vous traverserez les hameaux de Montlaux et de Sigonce (à 11 km), puis Lurs. Redescendez sur la D12, en direction de Forcalquier, non sans avoir fait un crochet d'environ 18 km *via* Pierrerue et Fontienne.
Curiosités : Notre-Dame de Salagon, château de Sauvan, observatoire de Haute-Provence, centre d'astronomie, gorges d'Oppedette, rotonde de Simiane, rochers des Mourres.

41/45 €, table d'hôtes 14 € ; ouvert à l'année). Sobriété, élégance et intimité caractérisent ces chambres d'hôtes accueillantes, installées dans une demeure historique datant du début du XVIe siècle, en plein cœur de Saint-Étienne-les-Orgues. L'ambiance n'y est pas pour autant compassée – Aurélia et Éric Bouillot, vos hôtes, vous mettront rapidement à l'aise. On emprunte un bel escalier en colimaçon pour accéder aux 4 chambres, personnalisées, meublées et décorées avec soin. Une salle de billard et un salon de lecture, confortable et feutré, sont à disposition de la clientèle. À l'arrière, le jardin invite au farniente. Au dîner, Éric vous fera goûter de la blanquette de veau, du gigot d'agneau et du sauté de poulet au curry, entre autres plats. Les tarifs incluent l'accès à la piscine et au court de tennis du village.

Les Vignaus (☎/fax 04 92 73 02 43, *Les Vignaus ; simples/doubles avec petit déj 31/36 €, lit en dortoir 13,50-16 €, table d'hôtes 13 € ; ouvert à l'année).* Chantal et Jean-Mi vous recevront avec affabilité dans leur ancienne magnanerie très bien restaurée, à 500 m du village. Vous logerez dans l'une des trois chambres d'hôtes, petites mais coquettes et de bon confort, avec s.d.b., ou dans l'un des dortoirs (de 2 à 6 couchages), bien tenus, avec s.d.b. commune, loués en gîte d'étape. L'ensemble, plein de coins et de recoins, a le charme du rustique et du campagnard. Le soir, vos hôtes confectionnent des plats inspirés du Sud (Provence, Espagne ou Maroc), que l'on savoure sur une terrasse fleurie ou dans le patio, autour de la table d'hôtes. Jean-Mi loue un âne de bât pour des randonnées à la journée (31 €).

Saumane. Chez Marie-Anne, La mini-auberge (☎ 04 92 73 20 71, *Saumane ; plat du jour 8 €, menu du jour 14 € ; ouvert tlj en été, le week-end hors saison).* Ce bistrot de pays présente un cadre tout simple et dispose quelques tables en terrasse, au cœur du village. Vous vous régalerez de canard aux olives, de poulet aux cèpes, de soupe au pistou ou de lasagnes.

Lardiers. Café de la Lavande (☎ 04 92 73 31 52, *Lardiers ; menu 17 € ; fermé mar soir et mer).* On vient de tout le pays de Forcalquier pour se délecter d'une cuisine provençale pleine de saveurs et joliment tournée, sans fausse note. Le menu change tous les jours. Lors de notre passage, nous avons apprécié les entrées variées (poivrons, courgettes, brandade de morue, carottes), un poulet aux cèpes et de savoureux desserts. Le patron, amateur de bons vins, vous proposera une centaine de références. Aux beaux jours, la petite terrasse, en partie fleurie, est fort avenante.

Le Redortiers-Contadour. Auberge Les Tinettes (☎ 04 92 73 27 06, *Le Redortiers-Contadour ; menu unique 21,50 € ; ouvert midi tlj sauf mar et ven Pâques-août, le week-end le reste de l'année ; sur réservation uniquement*). Complètement isolée sur les hauts plateaux du versant sud de la montagne de Lure, à près de 1 300 m d'altitude, elle aurait pu s'appeler "l'auberge du bout du monde"… S'y rendre est déjà une petite aventure ! De Banon, prenez la direction de Revest-du-Bion puis, après 4 km environ, bifurquez à droite dans la D5, qui mène au hameau de Redortiers et du Contadour. Continuez jusqu'au bout de la route. Dans cette ferme-auberge, vous savourerez les produits de l'exploitation (charcuterie, légumes, volaille rôtie, etc.). Le menu inclut le vin. En hiver, les repas se prennent dans une salle agrémentée d'une cheminée ; en été, vous lézarderez sur la terrasse, en contemplant les paysages infinis des environs.

Mallefougasse. Camping Lou Pebre d'Ail (☎ 04 92 77 04 15, fax 04 92 77 04 17, *Mallefougasse ; emplacement 4,50 €, adultes/enfants 2,50/1,50 € ; ouvert avr-oct*). Avec 25 places seulement, ce camping situé sur une hauteur, à 500 m du village, garde une atmosphère conviviale. La plupart des emplacements sont ombragés et les blocs sanitaires, d'une propreté irréprochable. Vous profiterez aussi d'une agréable piscine.

Le Fougassais (☎ 04 92 77 00 92, *Mallefougasse ; plats 8-16,50 €, menu 15 € ; ouvert tlj sauf lun en saison, fermé lun-mer et jeu midi hors saison*). Ce bistrot de pays, à l'orée de Mallefougasse en venant de Saint-Étienne-les-Orgues, connaît un vif succès. La cuisine, d'inspiration régionale, est variée et correcte. Pizzas, pâtes, daim, cerf, bœuf, canard et diverses entrées devraient contenter tous les appétits, sans que l'addition s'emballe. La salle, bien qu'égayée de quelques touches décoratives, ... cachet particulier. Les deux petites ... (dont l'une ombragée par un pin), a ... panorama dégagé, sont plaisantes.

Montlaux. Le Moulin d'Anaïs (☎/fax 04 92 77 07 28, *moulindanais@aol.com, Montlaux ; simples/doubles avec petit déj 38/48 €, demi-pension 53/78 € ; ouvert à l'année*). Dans un cadre agreste et paisible, à 600 m du village de Montlaux, cette demeure de caractère, tout en pierre, faisait jadis office de moulin. Les 5 chambres tout confort, avec une s.d.b. égayée de carrelage de couleur, sont plutôt modernes, avec ici et là une touche rustique et traditionnelle – ainsi la "Marine", sous le toit, relevée de poutres et de tonalités bleues. Au dîner, la propriétaire mitonne des spécialités provençales, notamment de l'agneau de Sisteron, de la daube, des *bohémiennes* (aubergines avec tomates, oignons, pommade d'anchois et un filet d'huile d'olive), de la pissaladière, des légumes confits, de l'aïoli ou de la soupe au pistou.

Châteauneuf Val Saint-Donat. Mas Saint-Joseph (☎ 04 92 62 47 54, *lenoir.st.jo @wanadoo.fr, www.provenceweb.fr/04/st-joseph, Châteauneuf Val Saint-Donat ; simples/doubles avec petit déj 35/44 €, table d'hôtes 15 € ; ouvert à l'année*). La vue, le cadre, l'accueil, l'agencement intérieur : tout concourt à faire de cette ancienne ferme impeccablement rénovée une halte de choix. À 1,5 km de Châteauneuf Val Saint-Donat, en direction de Saint-Étienne-les-Orgues, en surplomb dans un virage et repérable à ses volets bleus, le mas Saint-Joseph comporte 4 chambres tout confort. Les propriétaires, Hélène et Olivier, ont subtilement restauré chaque pièce, en récupérant au maximum les formes et les volumes originels. L'une des chambres occupe l'ancien four à pain, avec la s.d.b. dans la citerne à eau. Une autre, tout en longueur, est installée dans l'ancienne écurie… avec la mangeoire d'origine. Les deux autres, attenantes et lumineuses, avec lambris et parquet, donnent sur la façade et bénéficient d'une vue superbe sur les

ALPES-DE-HAUTE-PROV

Dourbes, le Cousson et le sommet des Monges. Toutes possèdent une terrasse et une entrée indépendante. Aux beaux jours, les clients dînent sur la terrasse, devant un panorama superbe sur la vallée de la Durance. On en oublierait presque la piscine ! À noter : le propriétaire, randonneur confirmé, vous conseillera de multiples balades dans le secteur.

Ongles. Gîte d'étape Les Granges (☎ 04 92 73 19 14, Le Rocher d'Ongles ; lit 12,50 €, location draps 3 €, petit déj 4 €, demi-pension 26 € ; ouvert à l'année). Un gîte d'étape convivial et de bon standing, malgré l'apparent désordre de la ferme. Le sympathique Daniel Bertaina loue quatre chambres de 4 couchages et une chambre de 2, très propres, bien tenues, fonctionnelles et judicieusement aménagées. Le petit plus : toutes possèdent leurs propres sanitaires, caractéristique plutôt rare pour un gîte. L'une d'entre elles s'agrémente même de parquet et de poutres. Les repas sont servis dans une salle à manger de style campagnard. La cuisine est à l'image des lieux, généreuse et rustique : rôti avec pommes de terre au feu de bois, lapin aux pruneaux, tarte à l'oignon au feu de bois, daubes, sans oublier le pain maison. Ceux qui préfèrent l'autonomie ont accès à une cuisine équipée. Le propriétaire loue des VTC (12,50 € par jour) et des ânes de bât et organise des bivouacs en bergerie. Le gîte est également un centre équestre (voir À voir et à faire).

Café de la Tonnelle (☎ 04 92 73 19 89, Ongles ; plat du jour 9 € ; ouvert tlj en saison, midi et sam soir hors saison). Sur la place centrale du village, une halte sans prétention où l'on déjeunera ou dînera à prix modique, avec quelques bonnes surprises certains jours en saison, comme les "grillades party" (trois viandes pour à peine 9 €).

Le Pré Verger (☎ 04 92 73 13 86, Ongles ; plats 8-18 €, suggestion du jour 10 €, menus 17, 21, 26, 31 € ; fermé lun-mar). Une jolie vue, l'ombre bienfaitrice d'un marronnier, une terrasse avenante, une cuisine de terroir, et l'ambiance d'un village typiquement provençal : comment se refuser une pause revigorante au Pré Verger ? La carte et les menus, résolument tournés vers les produits régionaux, proposent ainsi soupe au pistou, des médaillons de selle d'agneau à la crème de thym et un éminé de veau au basilic. On peut se contenter d'un apéritif local, style gentiane de Lure, et profiter du cadre pour tout juste 3 €.

Banon. Camping-caravaning L'Épi Bleu (☎ 04 92 73 30 30, fax 04 92 73 31 10, Banon ; forfait 2 pers, emplacement et véhicule 13 € haute saison, bungalows/mobilhomes/chalets 28/39/54 € hors juil-août uniquement ; ouvert avr-oct). À 1,5 km de Banon, sur la route de Simiane et d'Apt, ce trois-étoiles bien aménagé, à l'ambiance conviviale et familiale, dispose d'une centaine d'emplacements ombragés et calmes. La direction du camping propose diverses animations et les clients ont accès à une piscine surveillée et à des tables de ping-pong.

Les Brieux (☎ 04 92 73 28 96, fax 04 92 73 38 92, jean-luc.benard3@wanadoo.fr, Redortiers ; double avec sdb et petit déj 55 €, demi-pension 77 € ; ouvert à l'année). Cette chambre d'hôtes, totalement isolée, est pelotonnée dans un vallon à 3 km de Banon, en direction de Revest-du-Bion. La demeure de pierre, fleurie, possède un cachet indiscutable et le cadre, sauvage et verdoyant, est enchanteur. La chambre, en rez-de-jardin, propre et bien tenue, offre un confort classique, sans prouesse décorative particulière, et conviendra plutôt pour un couple privilégiant le calme et l'intimité (vous serez les seuls hôtes). Vous aurez accès à la piscine et au court de tennis, dans la propriété. Pour l'anecdote, le propriétaire est "pépiniériste en plants truffiers". Au dîner, son épouse concocte des plats régionaux à base de légumes du jardin.

L'Hospitalet. Évasion équestre (☎ 04 92 73 35 48, http://evasion.provencetour.com, L'Hospitalet ; lit 10 €, location draps 3 €, petit déj 3 €). Le responsable de ce centre équestre, à côté du cimetière de L'Hospitalet en contrebas du village, a transformé un petit bâtiment en une belle pièce, moderne et confortable, avec s.d.b. et cuisine équipée, d'une capacité de 9 lits, juste à côté des boxes des chevaux. Les passionnés apprécieront !

Simiane-la-Rotonde. Gîte de Chaloux (☎ 04 92 75 99 13, gilles.chaloux@wanadoo.fr, www.chaloux.free.fr, Simiane-la-Rotonde ; doubles avec petit déj 49 €, lit en dortoir 13 €, location de draps 3 €, petit déj 5 €, table d'hôtes 13 € ; fermé janv-mars). Le bout du monde ! Cet endroit magique, bien loin des rumeurs de la civilisation, semble idéal pour une retraite mystique, mais se mérite : à 3 km de Simiane, il faut emprunter une piste de 1,5 km, qui longe des gorges. Gilles et Bouki, installés dans le secteur depuis deux décennies, vous accueilleront dans leur ancienne ferme rénovée. Propres et pleins de caractère, les dortoirs sous les combles (deux individuels, un de 4 lits, un de 5 lits et deux de 6 lits), avec s.d.b. commune, murs chaulés et poutres, n'ont rien à voir avec ceux d'antan. Les deux chambres d'hôtes, confortables et dotées d'une grande s.d.b., sont de facture plus moderne. Les repas, d'inspiration végétarienne, se prennent dans l'une des deux salles à manger. Le gîte est isolé mais bien situé, à proximité des gorges d'Oppedette, du Colorado provençal et de la montagne de Lure. Le GR4 passe à côté de la propriété et le GR6 n'est pas loin.

Les Granges de Saint-Pierre (☎/fax 04 92 75 93 81, Simiane-la-Rotonde ; simples/ doubles avec petit déj 45/54 € ; ouvert à l'année). À l'entrée du village, près de la départementale reliant Banon à Apt, vous logerez dans les anciennes granges d'un prieuré, magnifiquement restauré. Les 3 chambres d'hôtes que loue madame Tamburini ont belle allure : tout confort, elles se distinguent par leur décoration savamment arrangée, alliant des touches discrètement provençales (ocres de pays, par exemple), quelques élans rustiques, notamment le mobilier, et ce qu'il faut de modernité. Une cuisine équipée, installée dans une grande pièce parquetée, est à la disposition des hôtes, de même qu'une buanderie et un garage privé, au rez-de-chaussée, aménagé dans ce qui servait autrefois de bergerie. La piscine, dans le jardin de la maison de la propriétaire, juste à côté, constitue un plus appréciable. À noter : l'une des chambres est accessible aux personnes handicapées.

Mane. La Reine Rose (☎ 04 92 75 35 30, route Nationale, Mane ; plats 8-16 €, menus 16/19/23/24 € ; fermé dim soir et jeu). Atout maître de la Reine Rose : son "jardin-restaurant", à l'arrière, à l'effet émollient immédiat. On est conquis par le cadre verdoyant de la treille où sont installées les tables. La salle est plus conventionnelle, malgré la présence d'outils agricoles accrochés aux murs et les tons vert olive. Dommage que la qualité gustative des mets, moyenne, soit restée en deçà des espoirs nourris lors de la lecture de la carte (mousse de poisson au coulis de poivrons rouges, aiguillette de poulet au rosé fruité et au safran, pavé au chocolat avec crème à la menthe, puisés sur le menu à 16 €). Et pourquoi ces plats en inox, qui jurent avec un décor si agréable ?

La Manne Céleste (☎ 04 92 75 05 70, route Nationale, Mane ; plats 5-14 €). Autre maison, autre style. À quelques mètres du précédent, la Manne Céleste occupe le cadre fort agréable d'une ancienne étable, dont subsistent les murs en pierre et les poutres. Cette salle conviviale, où l'espace est compté, est plutôt à vivre entre amis. On vient déguster, à la bonne franquette, des pâtes et des raviolis maison (à la brousse de brebis, au jambon blanc et ricotta…), des pizzas (dont une au pistou), des salades, des viandes et quelques spécialités (brochettes de thon à la provençale, pieds et paquets, entre autres), à des prix très doux.

Dauphin. La Pie Margot (☎ 04 92 79 51 94, rue du Barri, Dauphin ; plats 14-22 €, menus 18 et 24 € ; ouvert tlj juil-août, fermé mer et jeu midi hors saison, fermeture annuelle fév). Discrète, cachée au cœur du village, hors des circuits touristiques, la Pie Margot est à inscrire sur son carnet gourmand. Depuis 1988, ce restaurant d'une dizaine de tables seulement, installées dans une petite pièce ménageant une superbe vue sur une vallée, ravivée de murs safran et de réclames anciennes, régale les amateurs de chère provençale. Pas d'effet de manche, mais des plats qui fleurent bon le terroir, avec une note inventive dans la présentation et l'arrangement des saveurs. Le flanc de tomates et sa crème au basilic, l'émincé de porc au miel et citron vert, le fromage de chèvre et le gâteau tout chocolat, choisis dans le menu à 18 €, ont tous laissé un agréable souvenir. En fond sonore, les airs de Piaf et Trénet se mariaient fort bien au cadre.

Le Moulin des Encontres (☎ 04 92 79 53 84, *Dauphin ; doubles avec sdb et petit déj 38-43 € ; ouvert à l'année*). À 2 km avant Dauphin en venant de Mane, en direction de la route de Volx et Manosque (N96), cette jolie maison de caractère, bien entretenue, au milieu d'un parc ombragé, avec piscine à l'arrière, comprend 3 chambres d'hôtes de bon confort, plutôt modernes, avec cuisine équipée. Le bruit des voitures sur la Nationale toute proche est perceptible, mais le cadre reste avenant. Les propriétaires ne proposent pas de table d'hôtes ; vous pourrez vous restaurer à Dauphin ou à Mane.

Saint-Martin-les-Eaux. Domaine d'Aurouze (☎ 04 92 87 66 51, fax 04 92 87 56 35, *aurouze@karatel.fr, Saint-Martin-les-Eaux ; doubles avec TV et petit déj 77 €, demi-pension 104 € ; ouvert mai-sept*). Accrochée aux collines entre Saint-Martin-les-Eaux et Dauphin, complètement isolée, cette chambre d'hôtes, agrémentée d'une piscine, conviendra à ceux qui recherchent le calme et le repos. Les 5 chambres, dans une ancienne bastide impeccablement rénovée, sont spacieuses, modernes avec un zeste de traditionnel. Jacques, le propriétaire bon vivant, cuisine pour la table d'hôtes (sauf le mercredi soir). Au menu (4 services), vous dégusterez, entre autres mets, une truite aux amandes, du lapin aux abricots ou une daube avignonnaise.

Lurs. Lo Bello Visto (☎ 04 92 79 95 09, *Lurs ; plats 16-30 €, menus 14, 22, 30 et 35 € ; fermé mar-mer*). C'est avec une mine gourmande que l'on évoque cette maison de bon goût, renommée, au cœur du village de Lurs. Si le contenu de l'assiette vaut

le détour, la vue dont on jouit sur la vallée de la Durance et le plateau de Valensole est tout simplement incomparable (demandez une table près des baies vitrées, afin de ne pas perdre une miette du spectacle). Au menu, des plats traditionnels qui sentent bon la Provence : grillade d'agneau au miel de thym, lapin rôti Bello Visto sauce poivrade ou grillade de bœuf au romarin. Les quatre menus, Garrigue, Soleil, Collines et Site remarquable du goût, devraient contenter toutes les bourses et tous les palais.

Hôtel-résidence Le Séminaire (☎/fax 04 92 79 94 19, *seminaire@pacwan.fr, www. hotel-leseminaire.com, Lurs ; simples/ doubles 55/71-89 €, demi-pension 63-72 € base 2 pers ; restauration : plats 20-26 €, menus 14, 21, 23, 24, 26, 31 et 55 €, menu enfant 10 € ; fermé lun midi et déc-janv*). Installé dans une grande bâtisse en L, autrefois utilisée comme séminaire, cet hôtel bien tenu est orienté perpendiculairement à l'éperon rocheux où se déploie le village. Les chambres à l'arrière bénéficient d'une vue remarquable, celles en façade donnent sur le village. Confortables et fonctionnelles, elles n'affichent aucune touche personnelle, sauf celles disposées en duplex. La terrasse ombragée est très agréable pour siroter un jus de fruit ou prendre son repas, à moins que vous ne préfériez la salle à manger en pierre et voûtée. La cuisine a des accents résolument provençaux – filet de rouget au pastis Bardouin ou carré d'agneau grillé au thym et au romarin et son coulis de poivron. L'hôtel possède une piscine et un petit centre de remise en forme, attenant.

Sigonce. Chante L'Oiseau (☎/fax 04 92 75 24 35, *www.pour-les-vacances.com/chante-loiseau, Domaine Les Clots, Sigonce ; simples/doubles avec petit déj 30/43 €, repas 14 €, demi-pension obligatoire en juil-août ; ouvert à l'année*). Jean-Claude Genin, votre hôte, est ornithologue et a publié un excellent guide sur les oiseaux de Provence. D'où le nom de sa propriété... L'homme possède incontestablement un certain savoir-faire en matière touristique et sa prestation est excellente. À 800 m du village, juché sur un coteau, son domaine fleuri et arboré donne l'impression d'un petit paradis méconnu. Deux des trois chambres d'hôtes, la Potager et la Source, tout confort, occupent chacune un *mazet* indépendant, plein de charme et aménagé avec goût dans le style néo-rustique, avec carrelage, meubles anciens et pierres de pays ; la Giono jouxte le logis principal. L'ensemble a belle allure et beaucoup de personnalité. Hors saison, les trois autres gîtes peuvent également être loués en chambres d'hôtes. La cuisine s'adapte aux saisons et la plupart des produits viennent du potager et du verger, à l'arrière. En apéritif, goûtez au vin de thym, de sauge, de noix ou de gentiane, faits maison, ou une tisane de lavande.

Pré Giraud (☎ *04 92 75 14 12, fax 04 92 75 81 08, pellegrin.a@wanadoo.fr ; lit en gîte d'étape 13 €, petit déj 3 €, simples/doubles avec petit déj 26/37 €, table d'hôtes 13 € ; ouvert à l'année).* Un registre très différent de l'adresse précédente, mais également fort agréable. Alexis et Marie-Christine, très affables, sont agriculteurs et éleveurs de chèvres. Dans l'un des corps de logis de la ferme familiale, isolée, à environ 2,5 km de Sigonce en direction de Montlaux, ils ont aménagé plusieurs chambres d'une capacité de 2 à 5 lits, fonctionnelles et très propres, avec sanitaires privés, louées en gîte d'étape ou chambres d'hôtes. Les jeunes citadins apprécieront la présence de chèvres, de moutons, de vaches, tandis que les parents goûteront au silence des lieux. À table, vous vous régalerez des produits de la ferme, notamment d'un excellent fromage de chèvre, qu'ils cuisinent et accommodent de multiples façons. Bio garanti !

Saint-Michel-L'Observatoire. Hôtel-restaurant L'Observatoire (☎ *04 92 76 63 62, fax 04 92 76 16, place de la Fontaine ; simples/doubles avec lavabo 25/29 €, menus 12/21 € midi/soir, menu enfant 11 € soir ; restaurant fermé lun).* Les six chambres de cet hôtel familial, modeste mais bien tenu, se partagent douches et toilettes sur le palier. Certaines chambres sont mansardées et toutes offrent un confort convenable. La cuisine est à

l'image du lieu, simple et traditionnelle : pavé de rumsteck poêlé aux cèpes, croustillant de colin à la fondue de courgettes, gibier en saison. Chaises et tables sont installées à l'extérieur aux beaux jours.

Reillanne. Auberge Pierry (☎ *04 92 76 51 95, Reillanne ; plats 8-16 €, menus 13 € à midi en semaine et 15/22/26/35 €, menu enfant 7 € ; fermé mar toute l'année et lun soir nov-mars).* Cette auberge, aménagée dans un ancien relais de poste, représente une valeur sûre. La cuisine, bien tournée, exalte les saveurs de la Provence et conviendra à toutes les bourses : assiette provençale, sardines grillées sur lit de ratatouille et parmesan, filet de flétan à la purée d'olives, etc. Le cadre est fort agréable ; en été, vous dînerez sur la terrasse, dans le jardin ou sous une ancienne grange. Seul hic : la proximité immédiate de la N100.

Comment s'y rendre

Plusieurs communes du pays de Forcalquier sont desservies par un service de bus. Consultez la rubrique *Comment s'y rendre* dans *Forcalquier*.

Manosque

Manosque. Pour sûr la ville évoque Giono. La puissance du verbe de l'écrivain réveille de vieilles réminiscences : effluves de lavande, soleil abreuvant d'une lumière généreuse les toits et la pierre de lumière, flamboiement des couleurs d'un marché provençal... À deux pas de la Durance, Manosque, ville la plus peuplée du département (20 000 habitants), fait incontestablement partie de cette Provence éternelle. Le centre-ville, compact, offre l'entrelacs de ses ruelles animées où les boutiques tiennent le haut du pavé, ponctué ici et là de belles structures architecturales, sous les auspices bienveillantes de Giono.

Entre Durance et Luberon, Manosque constitue une bonne base pour découvrir les trésors cachés des environs. Le plateau de Valensole et le Bas-Verdon sont également proches.

ALPES-DE-HAUTE-PROVENCE

HISTOIRE

Le nom de la ville aurait une origine celto-ligure et signifierait "collines habitées". Les Sarrasins, vers 900, saccagent la ville, qui connaît un renouveau à partir du XIIIᵉ siècle, lorsqu'elle acquiert le statut de ville libre. Elle se dote de fortifications, dont il subsiste des vestiges. Manosque a payé un lourd tribut aux épidémies de peste. Depuis 1960, la localité renoue avec un dynamisme commercial, grâce à l'installation d'entreprises dans la région.

RENSEIGNEMENTS
Office du tourisme

L'office du tourisme (☎ 04 92 72 16 00, fax 04 92 72 58 98, otsi@ville-manosque.fr, www.ville-manosque.fr), place du Docteur Joubert, au sud du centre-ville, près de la porte Saunerie, ouvre du lundi au samedi, de 9h à 12h15 et de 13h à 18h30, le dimanche et les jours fériés, de 10h à 12h. En basse saison, les horaires sont restreints.

Email et accès Internet

Cybertaf (☎ 04 92 71 00 88), 8 bd Martin-Bret, au nord de la porte Soubeyran, ouvre du lundi au vendredi, de 9h à 18h, et le samedi, de 14h à 18h. Les horaires sont réduits pendant les vacances scolaires. La connexion à Internet coûte 3,10 € la demi-heure.

FÊTES ET FESTIVALS

Parmi les grandes manifestations qui rythment la vie manosquine, citons le festival Musik's à Manosque, pendant la dernière quinzaine de juillet, consacré aux musiques du monde, les Nuits de la correspondance, à la fin du mois de septembre, axées sur le thème de l'écriture (cafés littéraires, lectures, débats et tables rondes) et le festival Folklore international du Luberon, à la mi-août, au cours duquel ont lieu des spectacles de divers pays du monde.

MARCHÉ PROVENÇAL

Le marché a lieu le samedi.

À VOIR ET À FAIRE

Du patrimoine architectural manosquin on retiendra principalement les **portes Soubey**-ran et **Saunerie**, respectivement situées au nord et au sud du centre-ville. Ces constructions fortifiées, d'origine médiévale, présentent une architecture remarquable. La porte Soubeyran est coiffée d'un campanile en fer forgé, en forme de poire, érigé à partir de 1830. La porte Saunerie, crénelée, date de 1382. Au centre, l'**église Notre-Dame de Romigier** *(ouverte tlj en été, en principe lun-sam hors saison)* mérite le coup d'œil. Elle fut rasée en l'an 900 et reconstruite vers le Xᵉ siècle. À l'intérieur se trouvent un sarcophage paléochrétien du Vᵉ siècle, en marbre de Carrare, et une Vierge Noire dont l'origine remonte au Xᵉ ou XIᵉ siècle. Une chapelle lui est dédiée, à gauche du chœur. Autre édifice religieux notable, l'**église Saint-Sauveur**, toute proche, est précédée d'une agréable placette. Seuls trois *oculi* (œil-de-bœuf) et le portail gothique viennent rompre le sobre ordonnancement architectural de la façade. Elle daterait du XIVᵉ siècle.

Arpentez la **rue Grande**, la principale artère commerçante, qui forme un sillon nord-sud entre la place de l'Hôtel de Ville et la porte Saunerie. Elle s'enorgueillit de quelques **hôtels particuliers**, à l'élégance incontestable, notamment celui du n°23, dans lequel Mirabeau fut mis en résidence surveillée en 1774 pour dettes. Au n°13, une plaque signale le lieu de naissance de Jean Giono. L'**hôtel de ville** de style classique, sur la place éponyme, témoigne également d'une belle finesse d'exécution.

Le **centre Jean Giono** *(☎ 04 92 70 54 54, fax 04 92 87 25 21, 3 bd Élémir-Bourges ; entrée 4/2 € adultes/enfants ; ouvert mar-sam 9h30-12h30 et 14h-18h avr-sept, 14h-18h oct-mars)* mérite une halte approfondie. C'est avec plaisir que l'on se plongera dans l'univers de l'écrivain manosquin à travers des expositions permanentes et temporaires, centrées autour d'un thème récurrent dans son œuvre. Le centre abrite également une vidéothèque où l'on peut visionner divers documents (des émissions télévisées notamment). Il organise par ailleurs des randonnées littéraires d'une demi-journée ou d'une journée dans les sites qui ont nourri l'imaginaire de Jean Giono.

Jean Giono, chantre de la Provence

Nature, joie, pacifisme… Voici trois mots s'attachant à l'œuvre de Jean Giono (1895-1970), auxquels il faudrait ajouter la Haute Provence, le pays de cœur, la toile de fond de la plupart de ses ouvrages. Ne manquez pas la visite du Centre Jean Giono, à Manosque, riche d'enseignements pour saisir la personnalité de l'écrivain et certains aspects de son œuvre.

On peut difficilement séparer l'exaltation de la nature du sentiment de l'espérance chez Giono. *Regain* (1930), dernier volet de la *Trilogie de Pan* (avec *Collines* et *Un de Beaumugnes*, tous deux parus en 1929), évoque la renaissance d'Aubignane, un village des Basses-Alpes abandonné par ses habitants. L'hymne à la nature se poursuit avec *Le Chant du monde* (1934) et *Que ma joie demeure* (1934), un titre emprunté à Bach. Cet ouvrage retrace l'évolution de la vie chez les habitants du plateau Grémone, en Haute Provence, suite à l'arrivée du poète Bobi, venu soigner le village de la "lèpre" de la solitude et de l'ennui. Giono se fait "professeur d'espérance", et celle-ci ne peut venir que par le choix d'une vie en harmonie avec la nature. La même injonction transparaît dans *Les Vraies Richesses*, où s'opposent le mode de vie urbain et industriel, et la vie paysanne.

Les années 1930, qui s'ouvrent avec *Le Grand Troupeau* (1931), une charge pacifiste contre la guerre de 1914 et ses massacres, sont celles de l'engagement en faveur de la paix et des utopies généreuses. Retour en arrière : Jean Giono a une petite vingtaine d'années lorsqu'il est brutalement plongé dans la guerre (la Première). Il participe aux batailles de Verdun et du Chemin des Dames et en revient blessé, physiquement (il a été légèrement gazé aux yeux) et moralement.

Giono reçoit un immédiat succès public et ses idées séduisent. Il ne tarde pas à avoir quelques disciples : en septembre 1935, une quarantaine de jeunes gens suivent l'écrivain pour une randonnée en Provence jusqu'au village de Contadou. Ce hameau reste un lieu de rencontre annuel jusqu'en 1939. Giono publie plusieurs textes pacifistes : *Refus d'obéissance* (1937), *Lettre aux paysans sur la pauvreté et la paix* (1938), *Précisions et Recherche de la pureté* (1939). En 1938, lors de la crise de Munich, il s'engage officiellement contre la guerre. Lorsque celle-ci éclate, il se rend malgré tout à la caserne de Digne, où il est vite arrêté comme pacifiste et emprisonné durant deux mois.

La guerre ne freine que très peu sa production littéraire. Des années 1940 datent *Deux cavaliers de l'orage* (publié en feuilleton dans un journal pro-allemand), *L'Eau vive*, un recueil de nouvelles, ainsi que plusieurs pièces de théâtre. Mais ses thèmes de prédilection – le retour à la terre, l'exaltation du monde rural, etc. – semblent faire écho à celles du régime de Vichy. On fait campagne contre lui et, en septembre 1944, Giono est détenu pendant cinq mois, puis libéré sans jugement, les charges étant trop minces.

L'homme et l'écrivain de l'après-guerre ne sont plus les mêmes : finis les récits allégoriques et le lyrisme, la nature est reléguée au second plan. Giono s'intéresse désormais aux relations des hommes entre eux. En 1947 paraissent *Un Roi sans divertissement* et *Virgile* puis, l'année suivante, *Noé* et *Fragments d'un paradis* et, en 1949, *Mort d'un personnage*. Giono se tourne aussi vers la chronique et les romans historiques. *Le Hussard sur le toit* (1951) raconte ainsi le parcours d'Angelo Pardi, jeune colonel piémontais, dans une Provence ravagée par le choléra. Plus que le souvenir de ses origines italiennes, le Hussard évoque un réel retour au pays natal.

Un peu plus loin, la **fondation Carzou** (☎ *04 92 87 40 49, fax 04 92 87 05 21, 7-9 bd Élémir-Bourges ; entrée 4 € ; ven-dim 10h-12h et 14h30-18h30)* occupe l'église du couvent de la Présentation. Elle abrite les

œuvres de Jean Carzou, un peintre d'origine arménienne, qui a exprimé sa peur de l'an 2000 et des moyens de destruction par de grandes fresques saisissantes de conviction. On y verra sa vision onirique des grands

XXᵉ siècle, des méfaits de la ... de la déshumanisation, avant ... des représentations plus opti-... rès la phase de destruction, place à la rec...struction et à la foi en l'avenir, rendue possible grâce au travail et à l'amour.

En voiture, montez à la **colline de Mont d'Or**, à environ 1,5 km au nord-est, pour bénéficier d'un panorama sur la ville. On y accède par la montée des Vraies-Richesses.

OÙ SE LOGER

Camping Les Ubacs (☎ *04 92 72 28 08, fax 04 92 87 75 29, av. de la Repasse ; emplacement avec voiture et tente 4 € haute saison, adultes/enfants 3,05/1,50 € ; ouvert avr-sept).* Au calme, à environ 2 km du centre-ville en direction d'Apt, ce trois-étoiles d'une capacité de 110 emplacements, pour la plupart ombragés, bénéficie d'infrastructures de qualité, dont une petite piscine, des tables de ping-pong et une mini-épicerie. Il est accessible en bus (arrêt : Camping municipal).

Auberge de jeunesse (☎ *04 92 87 57 44, fax 04 92 72 43 91, La Rochette ; lit 8 €, petit déj 3,20 €, emplacement camping 4,20 €, repas 8 €, location draps 2,70 € ; fermé déc-janv).* Voici l'adresse toute désignée pour les petits budgets, à 800 m du centre-ville, dans un quartier calme, à côté de la piscine. Vue de l'extérieur, la bâtisse, agrémentée de volets verts et entourée d'un petit parc ombragé, n'est pas dénuée de charme. L'intérieur est plus uniforme, sans superflu. L'établissement affiche une capacité de 57 places, en chambres de 2 à 6 lits, avec lavabos (sanitaires communs). Une cuisine équipée est à disposition et les campeurs peuvent planter leur tente à l'arrière du bâtiment. Réception ouverte de 8h à 11h et de 17h à 22h. Carte d'adhérent Fuaj obligatoire (en vente sur place, 16 €).

Hôtel du Terreau (☎ *04 92 72 15 50, fax 04 92 72 80 42, hotelduterreau@wanadoo.fr, www.hotelduterreau.fr, 21 place du Terreau ; simples/doubles avec lavabo 20-22/23-25 €, avec douche 28/32-35 €, avec douche et toilettes 32/37-40 €, avec sdb 34/40 € ; ouvert à l'année).* Sa situation, en plein centre-ville, n'est pas le

moindre des attraits de ce deux-étoiles. L'extérieur du bâtiment est quelconque, mais les chambres sont rénovées, proprettes, avec du mobilier moderne. Toutes sont dotées d'une TV et la plupart ont vue sur la place. Un petit parking privé est à disposition moyennant 6 €.

Grand Hôtel de Versailles (☎ *04 92 72 12 10, fax 04 92 72 62 57, hotel-versailles@wanadoo.fr, www.hotel-versailles.com, 17 av. Jean-Giono ; simples/doubles 23/26-59/69 € basse-haute saison ; ouvert à l'année).* Ce deux-étoiles occupe un ancien relais de poste du XVIIIᵉ siècle, face à l'office du tourisme. C'est un bon point de chute, même si le confort des chambres est très inégal : certaines sont rénovées et avenantes, d'autres plus désuètes, d'où la fourchette, très large, des tarifs. Les moins chères sont dépourvues de sanitaires. Petite note de bon goût : le propriétaire, un peintre-sculpteur d'origine anglaise, expose ses toiles dans les couloirs. L'hôtel possède un petit parking privé.

Le Pré Saint-Michel (☎ *04 92 72 14 27, fax 04 92 72 53 04, pre.st.michel@wanadoo.fr, www.presaintmichel.com, route de Dauphin ; doubles 51-61 € en basse saison, 58-77 € haute saison).* Les avantages de la campagne et la proximité du centre-ville (1,5 km), telle semble être la devise de ce trois-étoiles confortable, moderne et bien conçu. La bâtisse, de style bastide, comprend plusieurs types de chambres lumineuses et gaies, dont certaines, les plus agréables, avec parquet et terrasse. Une piscine et un restaurant figurent parmi les infrastructures.

Hostellerie de la Fuste (☎ *04 92 72 05 95, fax 04 92 72 92 93, lafuste@aol.com, www.francemarket.com, La Fuste, route d'Oraison, Valensole ; chambres 107-151 €, appartements 168-229 €).* À près de 5 km de Manosque, en direction d'Oraison, peu après le pont de la Durance, cette hostellerie quatre-étoiles occupe un bâtiment du XVIIᵉ siècle, autrefois utilisé comme relais des Postes et comme maison bourgeoise. C'est aujourd'hui une oasis de quiétude, de confort et de raffinement. Les parties communes, notamment la salle de restaurant et le salon-bibliothèque, respirent le luxe feutré ; une décoration personnalisée caractérise les chambres. À cela s'ajoutent un cadre verdoyant et la terrasse du restaurant, ombragée de magnifiques platanes tricentenaires. Le restaurant est très réputé (voir *Où se restaurer*, ci-dessous).

OÙ SE RESTAURER
Hostellerie de la Fuste *(☎ 04 92 72 05 95, lieu-dit La Fuste, route d'Oraison, Valensole ; plats 14-69 €, menus 43/52/75 € ; fermé dim soir et lun en basse saison).* Le restaurant de cette "hostellerie", à près de 5 km de Manosque, sur la route d'Oraison et de Valensole (voir *Où se loger*), est l'une des références dans le paysage gastronomique du département. Décor de grande classe, cuisine de haute précision, service stylé, tous les ingrédients sont réunis pour faire du lieu une étape gourmande. La lecture de la carte s'apparente à un supplice de Tantale, notamment le menu Tout truffes estivales (75 €), avec, entre autres, la truffe en brouillade rustique, à la façon des Rabassaires, et la truffe à la truffe, creusée et emplie de sa pulpe et de foie gras à l'Armagnac, nappée de sa cuisson réduite ! À la carte (d'été), comment choisir entre le ris d'agneau meunière sur une compote de tomates du jardin et une aile de pigeon rôtie au miel de lavande ? Les desserts sont de la même veine. Aux beaux jours, on dîne dans un cadre privilégié, à l'ombre de platanes tricentenaires.

La Barbotine *(☎ 04 92 72 57 15, 5 place de l'Hôtel-de-Ville ; plats 4-14 €, menus 11/17 € ; ouvert tlj sauf dim, fermé nov).* Idéalement situé au cœur de Manosque, ce salon de thé-crêperie-glacier tire honorablement son épingle du jeu. Le répertoire est riche, des crêpes et blinis aux salades composées, tartes salées, pâtes et autres spaghettis. La copieuse assiette marine, avec des petites seiches flambées au pastis à la provençale (14 €), ainsi que la salade toscane (9 €), également consistante, tiennent leurs promesses. Le matin, on peut commander un petit déjeuner (6-8 €) ou un brunch.

L'Ambroisie *(☎ 04 92 87 37 70, 34 rue du Soubeyran ; plats 13 €, menus 11 € le midi et 15/26 € ; fermé dim-lun).* Sur une pla-

cette agréable, vous dégusterez une cuisine de saison, bien mitonnée, qui fleure bon le Sud : soupe de poisson safranée maison et tagliatelles fraîches aux champignons, par exemple. L'intérieur, animé de divers bibelots et paniers, ressemble à un petit antre.

Restaurant Dominique Bucaille *(☎ 04 92 72 32 28, 43 bd des Tilleuls ; plats 19-38 €, menus 16 € le midi lun-ven et 23/40 €, menu enfant 10 € ; fermé dim et mer soir, fermeture annuelle 15 juil-15 août).* Des produits du terroir et de saison, une inventivité culinaire certaine, voilà la marque de fabrique de ce restaurant gastronomique aux tarifs malgré tout abordables, installé dans une bâtisse moderne, sur le boulevard circulaire.

Le Luberon *(☎ 04 92 72 03 09, 21bis place du Terreau ; plats 22-26 €, menus 12 € sauf dim et jours fériés et 17/26/34/40 € ; ouvert tlj en saison, fermé dim soir et lun hors saison).* Cette adresse cotée, au centre de Manosque, dispose d'une terrasse aux beaux jours. Les divers menus, adaptés à tous les budgets, privilégient une cuisine de terroir élaborée à partir de produits soigneusement choisis. Citons ainsi le poulet fermier à l'échalote de Simiane, les courgettes bio sautées à la provençale et l'épeautre bio ou le filet de canettes aux pêches rôties. Un bon moment culinaire en perspective.

COMMENT S'Y RENDRE
La ville est desservie par la ligne TER Marseille-Briançon. La gare SNCF de Manosque (☎ 04 92 72 00 60) se trouve place Frédéric-Mistral, à environ 2,5 km du centre-ville.

La halte routière (☎ 04 92 87 55 99) se situe bd Charles de Gaulle. Des lignes régulières de bus relient Manosque à Avignon, Marseille, Digne, Aix-en-Provence, Sisteron, Grenoble, Riez, Gréoux-les-Bains, Forcalquier et plusieurs communes du pays de Forcalquier (Mane, Dauphin, Saint-Michel-l'Observatoire).

COMMENT CIRCULER
En saison, New Cycles (☎ 04 92 72 11 75), 409 av. G. Pompidou, loue des VTT pour 12,50 € par jour.

Vallée d'Asse

Au nord du plateau de Valensole, l'Asse déroule son cours sur une vingtaine de kilomètres avant de rejoindre la Durance, à l'ouest. De Digne, prenez la N85, puis engagez-vous dans la vallée par la D907. Vous traverserez Mézel, puis Estoublon. À hauteur de la Bégude-Blanche, la D953 permet de monter sur le plateau et de rejoindre Valensole ou Riez.

À VOIR ET À FAIRE

À vrai dire, la vallée elle-même ne présente pas d'attrait réellement spectaculaire. En revanche, pour peu que l'on prenne quelques routes de traverse, on découvre de véritables petits paradis naturels, telles les **gorges de Trévans**, profondes par endroit de 200 m, souvent qualifiées de "Verdon en miniature", totalement méconnues malgré leur exceptionnelle beauté. À Estoublon, quittez la D907 et engagez-vous à gauche dans la D17, jusqu'à ce que la route s'achève, environ 5 km plus loin. Laissez votre véhicule sur le parking et suivez le sentier jusqu'à un petit pont en pierre enjambant l'Estoulaïsse. Le cadre, grandiose, a des airs de bout du monde. Un panneau de l'ONF indique plusieurs possibilités de **balades**. La baignade est tolérée à 200 m en amont du pont.

D'Estoublon, on peut aussi monter au village de **Saint-Jurs** par une route qui serpente dans un massif boisé. Tel un nid d'aigle, il domine tout le plateau de Valensole et offre un panorama extraordinaire.

Le hameau de **Majastres** est encore plus isolé. À environ 2 km après Mézel, bifurquez à gauche dans la D17, tortueuse, qui vous conduira au village, à quelque 15 km de là. Le secteur est sillonné de **sentiers pédestres**.

OÙ SE LOGER

Gîte de Vauvenières (☎/fax 04 92 74 44 18, Vauvenières, Saint-Jurs ; emplacement camping 2,50 €, adulte 2,50 €, lit en gîte 20 €, petit déj 5,50 € ; ouvert à l'année). En bordure de la D108 à 1,5 km avant le village de Saint-Jurs, vous planterez la tente sur cette exploitation agricole vouée à la culture des céréales et de la lavande. Sanitaires et douches chaudes sont à disposition. Le gîte propose également cinq chambres et des studios loués en chambres d'hôtes (essentiellement hors saison), de conception moderne, sans cachet particulier mais très corrects. Les enfants apprécieront les jeux installés à leur intention ainsi que les animaux de basse-cour.

Plateau de Valensole

Plateau de Valensole, que de photos ont été faites en ton nom pour illustrer cette Provence éternelle ! Il faut relire Giono, qui a relaté son âpre beauté dans ses écrits. Cerné au nord par la vallée d'Asse, au sud par le Verdon, à l'ouest par la Durance et barré à l'est par les massifs de Montdenier et de Chiran, le plateau de Valensole constitue une véritable curiosité géographique et paysagère. Cette énorme masse tabulaire, campée entre 500 et 600 m d'altitude, interrompue de quelques dépressions, offre des visions féeriques en été, lorsque, à perte de vue, s'étendent les champs de lavande en fleurs, entrecoupés de parcelles vouées aux céréales et ponctués ici et là de quelques amandiers.

VALENSOLE

Au centre du plateau auquel elle a donné son nom, cette bourgade est le centre névralgique du secteur. Cernée de champs de lavande, il faut la découvrir en juillet, lorsqu'ils éclatent de leur couleur caractéristique. On y fête cette plante à la fin du mois de juillet.

Où se loger

Les Marronniers (☎ 04 92 74 87 42, 04 92 74 95 65, Valensole ; doubles avec sdb et petit déj 40 €, table d'hôtes 12,50 € ; ouvert à l'année). À 1,5 km du centre de Valensole (prendre le chemin Saint-Claude, à hauteur de la Poste et de la Caisse d'Épargne), cette jolie bâtisse aux couleurs toute provençales – les murs sont crépis d'ocre, les volets peints en vert – respire la quiétude, comme ses quatre chambres d'hôtes à tonalité rustique, proprettes et pimpantes. Au dîner, les propriétaires proposent des spécialités locales, dont l'aïoli, l'agneau et la soupe au pistou.

RIEZ

Entre Gréoux-les-Bains et Moustiers-Sainte-Marie, dans un vallon qui entrecoupe le plateau de Valensole, au confluent du Colostre et de l'Auvestre, Riez porte l'empreinte d'une histoire féconde. Elle s'honore de vestiges romains et paléochrétiens de premier ordre, aux portes de la ville. Le centre est quant à lui imprégné d'éléments médiévaux et Renaissance qui traduisent l'urbanité caractéristique des bourgades provençales : hôtels particuliers, ruelles tortueuses, *andrônes* (passages étroits), portes monumentales, façades enduites, placettes et fontaines… Bref, un étonnant mélange de styles pour une si petite agglomération.

Histoire

Riez est une cité antique. À l'époque romaine, au Ier siècle av. J.-C., elle reçoit de l'empereur Auguste le statut de colonie de droit latin. Au Moyen Âge, la ville est un évêché prospère. La Renaissance correspond aussi à une période faste pour la cité, comme en témoignent les hôtels particuliers du centre-ville.

Renseignements

Office du tourisme. Le bureau du tourisme (☎ 04 92 77 99 09, fax 04 92 77 99 07), 4 allée Louis-Gardiol (immédiatement derrière la poste, presqu'en face du Crédit Agricole), ouvre en saison du lundi au samedi, de 9h-13h et 15h-19h, et le dimanche, de 9h à 13h. Hors saison 8h30-12h30 et 13h30-17h30.

Email et accès Internet. Le cybercafé Tarte@net (☎ 04 92 77 70 87), 12 rue du Marché, dans la vieille ville, ouvre en principe tous les jours, sauf le jeudi, de 10h à 19h, et le dimanche, de 10h à 14h (d'avril à septembre). La connexion revient à 4,60/7,60 €

la demi-heure/l'heure. Pour l'envoi ou la réception d'emails, comptez 0,20 € la minute, avec un minimum de 1,5 €.

Fêtes et festivals

On fête la transhumance en juin, le miel et la lavande en juillet et le blé en août. Le 15 août a lieu une fête provençale.

À voir et à faire

Prenez le temps de flâner dans le centre-ville. Plusieurs **hôtels particuliers** de belle facture ponctue la Grand-Rue ; certains, passablement délabrés, font l'objet de travaux de rénovation bienvenus. La plupart datent de la Renaissance. Signalons l'Hôtel de Ferrier, au n°1, l'Hôtel de Mazan, au n°12, ainsi qu'un autre édifice au n°27. Près de l'office du tourisme, impossible de ne pas remarquer la **porte Ayguière**, du XIVe siècle, dotée d'un cadran solaire. À l'ouest, la Grand-Rue débouche sur la **porte Sanson** (ou Saint-Sols), de la même époque. Toutes deux jouaient un rôle défensif au Moyen Âge. Passez la porte Sanson ; à droite, vous remarquerez les vestiges des **remparts** et la **Tour de l'Horloge**, avec son campanile.

Prenez ensuite la direction de Gréoux. À 300 m, légèrement en retrait de la route, vous apercevrez les **colonnes romaines**, vestiges d'un temple qui daterait du 1er siècle de notre ère, vraisemblablement dédié à Apollon et édifié à côté de la voie qui menait à Aix. Seule cette colonnade, composée de fûts hauts de 7 m, échappa à la destruction à la fin de l'Antiquité. Admirez l'architrave en calcaire et les chapiteaux corinthiens de marbre blanc.

Un peu plus loin, un **baptistère** *(entrée 2 € ; ouvert 15h-19h lun, ven, sam 15 juin-15 sept et mar, ven, sam 1er-15 juin et 15-30 sept)* du Ve siècle, carré à l'extérieur et octogonal à l'intérieur, attirera votre attention. Construit sur les thermes antiques, il a fait l'objet de maints remaniements et restaurations au cours des siècles.

Où se loger

Rien d'exceptionnel sur la scène hôtelière riézoise. Les deux hôtels de la ville n'ont pas de charme particulier. Éventuellement, on peut se rabattre sur l'adresse suivante :

Verdon's Lodge (☎/fax 04 92 77 77 17, *route de Moustiers ; simples/doubles 35/59 € ; ouvert à l'année*). Au bord de la route menant à Moustiers, à 2 km du centre de Riez, M. Rey loue cinq chambres d'hôtes (sans petit déjeuner), dont quatre avec s.d.b. Trois d'entre elles sont mitoyennes, dans un petit bâtiment moderne et fonctionnel. L'intérieur est passe-partout mais propre.

Camping Rose de Provence (☎ 04 92 77 75 45, Riez ; *forfait 2 pers, véhicule et emplacement 9,50 € ; ouvert Pâques-15 oct*). Ce deux-étoiles, ombragé, se trouve à 500 m du centre-ville.

Environs de Riez. Le Vieux Castel (☎/fax 04 92 77 75 42, vieuxcastel@hotmail.com, *Le Vieux Castel, Roumoules ; simples/doubles avec sdb et petit déj 34/44 € ; ouvert à l'année*). À Roumoules, à 3,5 km à l'est de Riez, cette bonne adresse ravira les esthètes et les amateurs de demeures grand style. La bâtisse de pierre du XVIIe siècle, dotée de volets bleus, a appartenu à la famille Clérissy, les premiers faïenciers de Moustiers. Très affables, les propriétaires, Marie et Jean-Paul Masina, d'anciens libraires, sauront vous faire partager leur amour de la région : lui, en vous parlant des sentiers de randonnée des environs (dont le GR4, qui passe à côté) ; elle, par ses travaux de calligraphie (ils agrémentent les murs). Au second étage, les cinq chambres, avec frises, poutres apparentes et, pour certaines, parquet, offrent un confort simple et rustique. Au rez-de-chaussée, le salon fait forte impression, tout comme la pièce voûtée où se prennent les petits déjeuners – une ancienne cave avec un sol en galets incrustés, une grande table et des couverts en céramique réalisés par un artisan du village.

Où se restaurer
L'Arôme Antique (☎ 04 92 77 74 96, *2 rue de l'Ormeau ; plats 6,50-13 €, menus 12, 13, 18,50 et 25,50 €, menu enfant 6,50 € ; ouvert mai-sept*). Pâtes, viandes, poissons et plats végétariens composent le registre de cette discrète maison, à quelques mètres de

l'office du tourisme et de la porte Ayguière. Les menus sont alléchants et la cuisine, fraîche et inventive. Le menu végétarien s'est révélé goûteux, avec une compote de courgettes à la menthe et une terrine d'aubergine au coulis de tomate, un assortiment de légumes frais du jour accompagné de riz aux épices et au miel et, en dessert, une crème maison au chocolat et au miel. La terrasse compense le cadre quelconque. Paiement en espèces uniquement.

Le Rempart (☎ 04 92 77 89 54, *rue du Marché ; plats 6-14 €, menus 13, 16, 21 et 26 € ; fermé lun soir et mar hors saison*). Tout près de la cathédrale, ce restaurant, repérable à ses murs couleur saumon et lavande, n'a d'autre prétention que de caler une petite faim, à prix doux. Bruschetta, tagliatelles, viandes, poissons, salades et omelettes satisferont tous les goûts et tous les appétits. Paiement par chèque ou espèces uniquement.

Comment s'y rendre
Riez se situe sur la ligne de bus Marseille-Castellane (☎ 04 42 54 72 82), *via* Gréoux, Moustiers et La Palud, entre autres. Des liaisons desservent également Manosque et Digne. Contactez les haltes routières de ces deux villes pour les horaires.

ALLEMAGNE-EN-PROVENCE
À 8 km à l'ouest de Riez, sur la route menant à Gréoux, Allemagne-en-Provence s'enorgueillit d'un superbe **château** (☎ 04 92 77 46 78 ; *entrée 5 € ; ouvert mer-dim juil-15 sept, sam-dim avr, mai-juin et 15 sept-oct ; visites guidées 16h/17h*), appartenant à la famille des Castellane, édifié entre le XIIe et le XVIe siècle et classé monument historique.

Où se loger
Chambre d'hôtes M. et Mme Angelvin (☎ 04 92 77 42 76, g_angel@club-internet.fr, *rue Antoine Calvi ; simples/doubles avec sdb et TV 23/26 €, avec petit déj 31/34 € ; ouvert à l'année*). Au centre du village, dans la rue située juste avant le Café des Alpes en venant de Riez, la maison, très bien rénovée, date du XVIe siècle. Vous remarquerez la belle porte en bois

d'époque, rehaussée d'un heurtoir. Les deux chambres, tout confort, possèdent une note rustique, sans exagération. Un jardin clos est à disposition, avec table de ping-pong, jeux pour enfants et parking privé. Le petit déjeuner se prend à l'extérieur ou dans la salle à manger, résolument rustique.

Le village compte quelques possibilités de restauration.

SAINT-MARTIN-DE-BRÔMES

Entre Gréoux-les-Bains et Allemagne-en-Provence, ce joli village typiquement provençal se distingue par son imposante **tour carrée**, qui domine le village. Vestige d'un château fort, elle date du XIIIe siècle.

Où se loger et se restaurer

Hôtel-Restaurant La Fontaine (☎ 04 92 78 02 05, Saint-Martin-de-Brômes ; simples/ doubles 26/32 € avec sdb commune, 35/41 € avec sdb ; menus 10/12,50/18,50 € ; fermé un mois en hiver). Un hôtel familial et bien tenu, qui résiste à l'usure du temps, au cœur du village, devant une fontaine et un grand marronnier – l'image provençale par excellence ! Les dix chambres, avec TV et téléphone, sobres et claires, présentent un rapport qualité/prix honorable. Côté restaurant, les tarifs sont très raisonnables et la cuisine, simple et familiale. Sur la carte, nous avons relevé, entre autres : daube de sanglier (en saison), sauté de biche grand veneur, pieds et paquets, soupe de poisson à la marseillaise.

Camping La Combe (☎/fax 04 92 77 60 19, Saint-Martin-de-Brômes ; emplacement 1,70 €, adulte/enfant 1,70/1 €, douche chaude 0,80 € ; ouvert mars-oct). À 500 m du village, le camping propose 25 emplacements dans une prairie partiellement ombragée, au calme.

MONTAGNAC

À environ 5 km au sud de Riez, proche du lac de Sainte-Croix, ce village sans histoire est l'un des fiefs de la truffe.

Où se loger et se restaurer

Le Relais de la Lavande (☎ 04 92 77 53 68, Montagnac ; simples/doubles 19/25 €, avec sdb 38,50 € ; restaurant : plats 7-18,50 €,

plat du jour 7 €, menus 11,50/14,50/22,50 €, menu enfant 7 € ; ouvert à l'année). Au centre du village, cet établissement familial dispose de quelques chambres qui pourront dépanner les petits budgets, à condition de ne pas être trop regardant sur la décoration, passablement démodée, ou le confort, modeste. Au restaurant, vous apprécierez une cuisine simple et généreuse.

De Digne à Castellane

Entre Digne et Castellane, autrement dit de la Bléone au Verdon, on peut se contenter de suivre la route Napoléon (N85) de bout en bout, mais il existe une variante infiniment plus pittoresque, par la D20.

À VOIR ET À FAIRE

À Digne, prenez la direction des thermes et continuez sur la D20. Cette petite route monte progressivement, puis en lacets, jusqu'au **col de Corobin** (1 230 m), dominé par la barre des Dourbes, à l'est. Le paysage, superbe, se compose de marnes noires, ravinées par l'érosion, et forêts de pins. On rattrape ensuite la N85 à hauteur de Chaudon-Norante.

Après avoir dépassé les localités de Barrême et Senez, dans la vallée de l'Asse, la route traverse la **clue de Taulanne**, une brèche spectaculaire, et entame l'ascension du **col des Lèques** (1 148 m), d'où l'on pourra observer un site géologique à ciel ouvert (voir la section *Castellane*) ou faire une balade jusqu'aux **Cadières de Brandis**, d'imposantes masses calcaires aux formes étranges, apparentées à des chaises (*cadière* en provençal). Un sentier balisé permet de les approcher au départ du col de Lèques (3 heures 30).

Nous recommandons un autre chemin de traverse entre Digne et Castellane : à 3 km de Senez, la minuscule D21 bifurque sur la droite et monte jusqu'au village de **Blieux**, très pittoresque, à 965 m d'altitude, en partie perché sur un promontoire. Le décor naturel, splendide, conjugué au calme absolu des lieux, est un ravissement. Dominée par le Mourre de Chanier et le mont Chiron, la vallée de Blieux vit encore au rythme des troupeaux et des activités rurales et offre une retraite appréciable, à l'écart des sites surfréquentés du Verdon et des lacs, pourtant tout proches. Plusieurs itinéraires de **randonnée** sont aménagés jusqu'à Majastres, Rougon, Chasteuil, Senez et le Chiran. En 3 heures, on peut monter à l'**observatoire du mont Chiran** (voir *Où se loger*) et passer la nuit à scruter les étoiles et la lune à l'aide d'appareils télescopiques sous coupole mobile.

OÙ SE LOGER ET SE RESTAURER

Camping rural Les Ferrays (☎ 04 92 34 22 51, *Blieux ; voiture 1 €, tente 2 €, adultes/enfants 2/1 €, douche chaude 1€ ; ouvert avr-sept*). À l'entrée du village, ce camping tout simple, bien tenu et doté d'une belle pelouse, jouit d'un panorama très agréable. Adressez-vous à la buvette, de l'autre côté de la route.

Gîte d'étape La Chambrette (☎ 04 92 34 24 04, *Blieux ; lit 11 €, demi-pension 26 € ; ouvert 15 fév-déc*). Perché sur un promontoire à l'écart du village, ce gîte sans prétention mais bien tenu est une halte privilégiée pour les randonneurs. Six chambres de 4 lits et une chambre de 2 (draps fournis), peu spacieuses mais propres, avec s.d.b. commune, sont installées dans deux bâtiments de pierre réunis par une terrasse commune. Une cuisine équipée est à disposition. Sur demande, on vous préparera un panier pique-nique (6 €).

Observatoire astronomique du mont Chiran (☎ 04 92 34 23 93, *Blieux ; lit 24 €, demi-pension 37 €, supplément chauffage 4 € ; ouvert sur réservation*). Au sommet du mont Chiran, à 1 905 m d'altitude, vous aurez la tête dans les étoiles, dans tous les sens du terme. Le site est connu des astronomes. Pour les néophytes, c'est l'occasion de se familiariser avec les galaxies, dans un décor qui débride l'imagination. Les tarifs comprennent une initiation à l'astronomie et à l'observation au télescope. L'hébergement se fait en chambre de 4 lits.

Castellane

Plantée au milieu d'un décor grandiose, à 723 m d'altitude, Castellane, aux portes des gorges du Verdon, livre aux visiteurs ébahis une vision féerique : la cité s'étale au pied d'un rocher monumental, abrupt, appelé "le Roc", qui la domine de plus de 180 m, couronné d'une statue de la Vierge. À côté, le Verdon, imperturbable, déroule ses flots vert émeraude, qui attirent les passionnés de sports d'eau vive. Aux beaux jours, les sportifs débutants ou confirmés, venus goûter aux joies du rafting, du canoëkayak ou de l'hydrospeed, se mêlent à des touristes "classiques", séduits par l'harmonie des lieux et son atmosphère toute méditerranéenne. Cette vocation 15 sportive mi-touristique fait tout le sel de cette cité.

HISTOIRE
Il existe un peuplement antérieur à la conquête romaine. Celle-ci amène la fondation d'une ville appelée Salinae, en raison de la présence de salins. Après la période romaine vient le temps des barbares, qui mettent le secteur en coupe réglée. Les Sarrasins feront également parler d'eux, aux IXe et Xe siècles. La population juge plus sûr de se réfugier au sommet du Roc. Lorsque la paix revient, au cours des deux siècles suivants, les habitants trouvent plus commode de redescendre dans la vallée. Le bourg de Petra Castellana se constitue, avec l'église Saint-Victor. De baronnie autonome, la ville tombe peu à peu dans l'escarcelle des comtes de Provence. La guerre de Cent Ans exige l'édification de remparts. En 1481, la ville est rattachée à la Couronne de France, à l'instar de l'ensemble de la Provence. Le XVIe siècle est à marquer d'une pierre noire : une nouvelle période de troubles s'ouvre avec l'invasion de la Provence en 1536 par Charles Quint, rival de François Ier, et à l'occasion des guerres de Religion, un peu plus tard.

RENSEIGNEMENTS
Office du tourisme
L'office du tourisme (☎ 04 92 83 61 14, fax 04 92 83 76 89, office@castellane.org,

www.castellane.org), rue Nationale, ouvre du lundi au samedi, de 9h à 12h30 et de 14h à 19h, et le dimanche, de 10h à 13h. Hors saison, il est ouvert du lundi au vendredi, de 9h à 12h et de 14h à 18h.

Email et accès Internet

Le Web du Verdon (☎ 04 92 83 66 24), rue du 11-Novembre, à deux pas de la place centrale, est ouvert le mercredi et le jeudi, de 10h à 12h et de 13h à 19h30, le vendredi et le samedi, de 10h à 12h et de 13h à 21h, le dimanche, de 13h à 19h30 (fermé le troisième dimanche du mois). Ces horaires peuvent se prolonger en saison. La connexion Internet revient à 3,05/5,50 € la demi-heure/l'heure.

FÊTES ET FESTIVALS

Deux événements sont à retenir : le Festival des Sirènes, à la mi-septembre, qui célèbre diverses formes d'expressions artistiques (expositions, concerts, performances, danse, animations de rue, etc.), et la fête des Pétardiers, le dernier week-end de janvier. Celle-ci est une reconstitution médiévale, au cours de laquelle les habitants commémorent la délivrance de la ville en 1586, alors assiégée par des armées protestantes.

Le marathon des gorges du Verdon a lieu début octobre, entre Moustiers et Castellane.

À VOIR ET À FAIRE
Musée Sirènes et Fossiles

L'un des trois pôles muséographiques de la Réserve géologique de Haute Provence (voir l'encadré plus haut dans ce chapitre), avec Digne et Sisteron, ce **musée** *(☎ 04 92 83 19 23, place Marcel-Sauvaire ; entrée 4/3 € adultes/enfants ; ouvert tlj, mai-sept 10h-13h et 14h-18h, avr et oct 9h-12h et 14h-18h)*, installé au centre de la localité, invite à découvrir le monde mystérieux des siréniens, un groupe d'étranges mammifères marins auquel appartiennent les lamantins et les dugongs qui, selon la mythologie, descendraient des sirènes et dont on a retrouvé un gisement exceptionnel à quelques kilomètres de là. L'exposition traite en parallèle le mythe et l'histoire des siréniens à l'aide de sculptures anima-lières, de photos, de vidéos et de panneaux illustrés.

Le musée accueille également des collections de fossiles de la région et des œuvres d'artistes inspirés par les siréniens.

Complémentaire au musée, la visite de la **Vallée des Sirènes Fossiles**, au col des Lèques, à 8 km au-dessus de Castellane en direction de Digne par la N85, vous permettra d'observer un gisement paléontologique contenant les squelettes fossilisés d'un ancêtre des siréniens actuels. Du col, on y accède en 30 minutes par un sentier aménagé.

Patrimoine architectural

Impossible de ne pas poser son regard sur la **chapelle Notre-Dame du Roc**, juchée comme une vigie bienveillante au sommet du Roc, à quelque 180 m à l'aplomb de la ville. Lieu de pèlerinage fréquenté, tapissée d'ex-votos, elle a plusieurs fois été détruite. L'édifice actuel date de 1703. On peut y monter en une demi-heure par un chemin qui débute derrière l'église paroissiale et découvrir le superbe panorama. En redescendant vers le centre-ville, vous passerez près des vestiges des **remparts** édifiés au XIVe siècle et la **tour Pentagonale**, fortifiée de mâchicoulis. Attardez-vous ensuite aux abords de l'**église Saint-Victor**, à la sobre harmonie, construite à l'initiative des moines de l'abbaye Saint-Victor de Marseille à la fin du XIIe siècle ; son architecture caractéristique signe la transition entre le roman et le gothique.

Musée des Arts et Traditions populaires

Ce modeste **musée** *(☎ 04 92 83 71 80, 34 rue Nationale ; entrée 1,50/0,75 € adultes/enfants ; ouvert juin-sept mar-dim 9h-12h et 14h-18h, mai et oct mar-ven)* présente diverses facettes de la culture du moyen Verdon sous forme d'expositions thématiques (comme le blé ou les métiers, par exemple), renouvelées chaque année.

Activités sportives

Castellane est le haut lieu de la pratique des sports d'eau vive dans le Verdon : rafting, canoë-kayak, nage en eau vive, etc. Reportez-vous à la section *Canyoning et sports d'eaux vives dans le Verdon* (plus haut dans ce chapitre) pour plus de détails.

OÙ SE LOGER
Campings

Vous aurez l'embarras du choix, puisque pas moins d'une quinzaine de campings sont disséminés dans un rayon d'une dizaine de kilomètres autour de Castellane. L'office du tourisme vous en remettra la liste détaillée.

Camping Notre-Dame (☎/fax 04 92 83 63 02, ☎ 04 92 83 65 95, route des Gorges du Verdon ; forfait 3 pers, emplacement et véhicule 12,50/9 € haute/basse saison ; ouvert avr-15 oct). À 600 m du centre-ville, en direction de La Palud, ce camping trois-étoiles à taille humaine, bien aménagé, est bordé par un petit ruisseau. Il propose 44 emplacements ombragés, avec pelouse, ainsi que des mobil-homes et des petits bungalows.

Camping La Colle (☎/fax 04 92 83 61 57, La Colle ; emplacement 3,50 €, adultes/enfants 3/1,70 €, voiture 1,70 € ; ouvert avr-oct). Autre agréable petite structure (48 emplacements seulement) dans un environnement verdoyant et ombragé, ce trois-étoiles se perche à 850 m d'altitude, au calme, à La Colle, un hameau à 2 km environ de Castellane en direction de La Palud.

Chambres d'hôtes

L'Oustaou (☎ 04 92 83 77 27, fax 04 92 83 78 02, chemin des Listes ; gîte d'étape : lit 15 €, avec petit déj 17 €, demi-pension 28 €, location draps 2,30 € ; chambre d'hôtes : doubles avec sdb 39 €, petit déj 4,50 €, demi-pension 34 €/pers ; ouvert avril-11 nov). Une bâtisse moderne au bord du Verdon, dans une rue calme, à 300 m du centre (de la place, prendre la rue à droite du bar de l'Étape, puis à nouveau à droite sur 300 m en longeant le Verdon) : voici l'Oustaou, un gîte d'étape doublé de chambres d'hôtes, tenu par un couple dynamique. Le gîte comprend 34 lits, répartis dans des dortoirs modernes de 4, 6 ou 8, avec lumières individuelles et sanitaires communs. Un bâtiment attenant comporte

5 chambres d'hôtes mitoyennes (trois autres sont prévues), un brin aseptisées, agrémentées de couleurs pastel et à la décoration épurée. Les repas sont à base de produits locaux. À noter : l'une des chambres est accessible aux handicapés.

Le Mas d'Henri (☎/fax 04 92 83 73 20, quartier d'Angles ; doubles avec petit déj 42,50 €, table d'hôtes 15 € ; ouvert Pâques-15 oct). Ans et Pieter Graaff, un couple de Hollandais francophones, vous reçoivent dans leur mas isolé, à flanc de colline à 1 km de Castellane (suivre la petite route qui passe au pied du Roc). Ils proposent quatre chambres propres, modernes et pimpantes, avec des touches rustiques. Elles sont équipées d'une douche mais se partagent deux toilettes. Le petit déjeuner, à l'anglo-saxonne, se compose de charcuterie, d'œufs et de fromage. Au dîner, servi à l'extérieur ou dans la salle à manger campagnarde, madame Graaff cuisine à la française (chèvre chaud, bœuf bourguignon, tarte aux noix entre autres mets).

Hôtels

Nouvel Hôtel du Commerce (☎ 04 92 83 61 00, fax 04 92 83 72 82, accueil@hotel-fradet.com, www.hotel-fradet.com, place de l'Église ; simples/doubles 39/61 € haute saison ; ouvert mars-15 oct). Au centre de Castellane, voici une valeur sûre, classée trois-étoiles, même si la décoration des chambres reste relativement ordinaire pour un hôtel de cette catégorie. Le restaurant a bonne réputation. Un parking gratuit et clos est réservé aux clients.

Hôtel du Levant (☎ 04 92 83 60 05, fax 04 92 83 72 14, place Marcel-Sauvaire ; chambres 42-60 € haute saison ; ouvert fin mars-oct). Cet hôtel bien tenu, également en plein centre, propose 26 chambres, dont 21 ont été rénovées, égayées de couleurs provençales, de mobilier en bois clair et équipées d'une TV (à partir de 57 € en haute saison). Les cinq autres, moins chères, sont plus quelconques.

Hôtel La Forge (☎ 04 92 83 62 61, fax 04 92 83 65 81, place de l'Église ; chambres 37 €, avec s.d.b. et TV 38-50 € ; fermé 15 déc-janv). À côté de l'église, ce deux-étoiles familial possède des chambres au confort très acceptable et à des tarifs intéressants, comparés à ses concurrents. Dans les escaliers, quelques tableaux apportent une touche personnelle.

OÙ SE RESTAURER

Castellane, pourtant l'un des poids lourds touristiques du département, témoigne d'une relative indigence en matière de bonnes tables. Autour de la place centrale, vous retrouverez les sempiternelles pizzerias-brasseries assaillies par les touristes. Moustiers et ses agapes vous sembleront loin… Voici les quelques établissements que l'on peut recommander :

La Main à la Pâte (☎ 04 92 83 61 16, *rue de la Fontaine ; plats 6-12,50 €, menu enfant 6 € ; fermé mer juil-août, ouvert basse saison jeu-dim, fermé en hiver*). Ce petit repaire gourmand et convivial, caché dans une ruelle tranquille, au profil un peu moins "touristique" que ses confrères de la place centrale, sert une cuisine très honnête, fleurant bon le soleil et les aromates, à des tarifs avantageux. Au choix : pizzas (à partir de 6 €), salades, pâtes et glaces. L'assiette d'*agnolottis* au pistou (7 €), bien garnie, ainsi que le chèvre chaud en salade (7 €) ont laissé un excellent souvenir, tout comme la faisselle aux fruits rouges en dessert. Le cadre est à l'unisson, avec des murs crépis ocre, griffés de tableaux d'artistes locaux et de poutres apparentes.

Auberge du Teillon (☎ 04 92 83 60 88, *route Napoléon, La Garde ; plats 10-20 €, menus 17, 25, 28 et 35 €, menu enfant 7 € ; ouvert tlj haute saison, fermé dim soir et lun mars, oct et nov, lun avr-juin et sept ; fermé 15 nov-15 mars*). À 5 km de Castellane, en direction de Grasse sur la route Napoléon, cette auberge sert une cuisine bourgeoise et soignée puisant son inspiration dans les produits locaux. Goûtez à la salade de champignons frais à la crème de ciboulette, au suprême de volaille fermier braisé aux queues d'écrevisses ou au magret de canard au miel de lavande. Le cadre est à l'image de la cuisine, plutôt classique.

Restaurant du Nouvel Hôtel du Commerce (☎ 04 92 83 61 00, fax 04 92 83 72 82, accueil@hotel-fradet.com, www.hotel-fradet.com, *place de l'Église ; plats 9,50-17 €, menus 19/26/37 €, menu enfant 8 € sauf week-end ; fermé mar et mer midi*). Vous prendrez place dans la salle, à l'arrière, un rien compassée, ou sous les ombrages de la terrasse, bienvenue. Les fines bouches seront à leur affaire, car le chef défend avec à-propos les couleurs de la cuisine provençale. En entrée, le risotto de petits pois et fleur de courgette a flatté le palais. Le filet de dorade, ratatouille au pistou, a fait également très bonne figure. À la table voisine, les convives ronronnaient d'allégresse devant les antipasti à la provençale et une charlotte au chocolat impeccablement présentée.

COMMENT S'Y RENDRE

Un service de bus (☎ 04 92 78 03 57) relie Castellane à Marseille. Il existe également une liaison (☎ 0820 83 38 33) avec Nice, Digne, Grenoble et Genève. Ces services ne sont pas quotidiens.

En juillet-août, la navette des gorges du Verdon (☎ 04 92 83 64 47) effectue deux allers-retours quotidiens entre La Garde et le chalet de La Maline à La Palud-sur-Verdon *via* Castellane. En juin et en septembre, elle circule le week-end.

COMMENT CIRCULER

Aboard Rafting (☎ 04 92 83 76 11), place de l'Église, loue des VTT pour 11/19 € la demi-journée/journée.

Le Verdon, de Castellane au lac de Sainte-Croix

"Décor grandiose" et "site naturel spectaculaire", comme le présentent pudiquement les brochures touristiques ? Foin de ces pudiques euphémismes. La réalité dépasse tous les superlatifs. Le Verdon, ce grand seigneur de la géographie haute provençale, a l'énergie brute d'un monde façonné par les titans et le pouvoir d'attraction d'un gourou. Il happe, ensorcelle, magnétise, envoûte, tourneboule la tête et les sens. Ici, aux confins des départements des Alpes-de-Haute-Provence et du Var, la terre se met à nu et livre ses entrailles aux yeux ébahis, créant un choc visuel inoubliable. Giono disait de ces paysages de premier matin du monde : "Ici c'est plus que loin, c'est ailleurs". Bref, on entre dans le Verdon comme on entre en religion. Vous voilà prévenu !

Cet univers qui se décrit à l'aune de la démesure a malgré tout subi l'emprise de l'homme. La construction de barrages hydroélectriques et l'aménagement de lacs artificiels, destinés à régulariser le cours du Verdon, ont sensiblement modifié les paysages originels. Pourtant, malgré cette apparente domestication, la rivière n'a rien perdu de sa mystérieuse et indomptable sauvagerie.

Seule ombre au tableau, un tourisme trop pressant en haute saison dénature en grande partie cette expérience mystique. Le Verdon n'est pas, ou n'est plus, cette pépite qu'on contemplerait en amateur averti. Il attire désormais chaque année des centaines de milliers de visiteurs au profil très divers – passionnés d'escalade ou de marche, amateurs de sports d'eau vive, familles venues profiter des joies des lacs qui s'interposent sur sa course, etc. Un bon conseil : privilégiez l'avant-saison ou, mieux encore, l'époque des flamboyances automnales, lorsque les feuillages s'empourprent et que les flots de visiteurs se sont taris.

GÉOGRAPHIE ET GÉOLOGIE

Le Verdon prend sa source près d'Allos, dans la partie alpine du département des Alpes-de-Haute-Provence, à 2 500 m d'altitude. Il sinue sur environ 170 km jusqu'à sa confluence avec la Durance, près de Vinon-sur-Verdon, à quelques kilomètres au sud-ouest de Gréoux-les-Bains. Sur le tronçon entre pont de Soleils (à 12 km à l'ouest de Castellane) et lac de Sainte-Croix, la rivière a creusé son lit dans les massifs calcaires et ciselé une entaille franche, semblable à un canyon, d'une sublime majesté. Ces gorges, longues d'environ 21 km, au fond desquelles coulent le

filet couleur jade du Verdon (une coloration due au fluor), sont les plus profondes d'Europe, avec un dénivelé atteignant 700 mètres. Leur largeur varie de 6 m à une centaine de mètres au fond. Cette partie ne fut explorée qu'en 1905.

À hauteur de Moustiers, les falaises disparaissent comme par enchantement et le Verdon débouche sur le lac de Sainte-Croix. Cette retenue d'eau, comme celles de Castillon, Chaudanne (en amont) et Esparron (en aval), a été créée artificiellement avant 1974, à des fins de production hydro-électrique. Ces lacs et barrages témoignent de la domestication du Verdon, dont le cours est aujourd'hui régulé par EDF. Passé le lac de Sainte-Croix, la rivière se fraie à nouveau un passage dans des gorges, jusqu'au lac d'Esparron. Cette portion, appelée basses gorges du Verdon, est spectaculaire, quoique moins grandiose que celle située en aval.

RENSEIGNEMENTS

Les offices de tourisme de Moustiers et de Castellane vous remettront de la documentation sur le Verdon. À La Palud-sur-Verdon, le bureau du tourisme (☎/fax 04 92 77 32 02), au Château, ouvre du lundi au mercredi, de 9h30 à 12h30 et de 16h à 19h, le vendredi, de 9h30 à 12h30 et de 16h à 20h, le samedi de 9h30 à 13h30 et de 16h à 20h, et le dimanche, de 10h à 16h (fermé le jeudi). En moyenne saison, les horaires sont restreints. Un ordinateur connecté à Internet est à disposition (1,50 € la demi-heure).

Vous pouvez également vous adresser à l'antenne du Parc naturel régional du Verdon (☎ 04 92 74 63 95, fax 04 92 74 63 94, parc.regional.verdon@wanadoo.fr), à Moustiers-Sainte-Marie.

À VOIR ET À FAIRE
Activités sportives

Le Verdon est un fantastique terrain de jeux pour les amateurs d'**escalade**, de **sports d'eau vive** (canoë-kayak, rafting, hydrospeed, randonnée aquatique), de **canyoning** et de **randonnée**. Ainsi, des grimpeurs du monde entier viennent se frotter aux parois vertigineuses du secteur de l'Escalès, près de La Palud-sur-Verdon. Pour les sports d'eau vive, la portion praticable s'étend en amont des gorges, entre Castellane et le pont de Soleils. Quant aux sentiers Martel et de l'Imbut, au fond des gorges, respectivement rive nord et rive sud, ils constituent les deux grands classiques de la randonnée pédestre (voir le chapitre *Randonnées en Provence* en début d'ouvrage).

Vous trouverez tous les renseignements nécessaires dans la section *Canyoning et sports d'eaux vives dans le Verdon*, ainsi que dans l'encadré *Le Verdon : eldorado de l'escalade*, plus bas dans ce chapitre.

Rive nord – de Castellane à Moustiers

Pour une vue d'ensemble du pays du Verdon, entre Castellane et Moustiers, privilégiez un circuit en voiture. En une journée, vous vous étourdirez de paysages féeriques en suivant les méandres de routes départementales, ponctuées de belvédères et de panoramas époustouflants. En haute saison, attendez-vous à subir les désagréments liés à la surfréquentation du site.

Fil conducteur de l'itinéraire : la D952. De Castellane, elle file vers l'ouest, en direction de Moustiers. La route commence par longer les méandres du Verdon, en restant à sa hauteur ; à cet endroit, la rivière coule dans un secteur relativement peu encaissé, à l'exception de quelques *clues* (mot local désignant une dépression dans la roche, une sorte de canyon), notamment la **porte de Saint-Jean** ou la **clue de Chasteuil**, à une dizaine de kilomètres de Castellane. Ce secteur est un haut lieu de pratique des sports d'eau vive et, l'été, vous verrez des dizaines de rafts, de canoës et de kayaks chahutés par les flots tumultueux de la rivière. Peu après la porte de Saint-Jean, une petite route s'échappe vers la droite et grimpe sur 2,5 km jusqu'au hameau de **Chasteuil**, nid d'aigle cramponné au flanc de la montagne, d'où l'on jouit d'un panorama exceptionnel sur le pays du Verdon. Le village lui-même, avec ses maisons en pierre, ses quelques ruelles étroites et son atelier de tourneur sur bois, exhale un charme envoûtant. Divers sentiers de ran-

donnée, dont le GR4, passent à proximité du village et permettent de rejoindre Castellane, les Cadières de Brandis, Rougon et le Point Sublime. Revenez ensuite sur la D952.

Peu après la clue de Chasteuil, on arrive à **Pont de Soleils**, d'où la D955 mène à Trigance et à la Corniche sublime, côté Var (voir ci-dessous *La rive sud*). À environ 2 km à l'ouest, on traverse la **clue de Carajuan**, qui forme un défilé impressionnant. La D952 monte ensuite progressivement jusqu'à **Point Sublime**, où un belvédère ménage une perspective somptueuse. La D236, juste après le tunnel, se détache de la D955 et descend jusqu'à un parking, à partir duquel on pourra rejoindre, à pied, le célèbre **couloir Samson** au fond des gorges, une impressionnante étroitesse de la roche qui signe l'entrée du grand canyon. C'est là que se termine (ou que commence) le **sentier Martel**, qui longe la berge nord du Verdon à partir du chalet de la Maline (ce parcours pédestre est décrit dans *Activités dans le Verdon*). Lorsque vous vous serez arraché à la contemplation de ce spectacle grandiose, remontez sur la D952 puis, au bout de 800 m, bifurquez à droite dans la D17, qui monte au village de **Rougon**.

Du haut de ses 960 m d'altitude, cette pittoresque localité, dotée de quelques vestiges de remparts, toise des paysages exceptionnels et offre de beaux points de vue sur le Verdon.

Reprenez la D952. Celle-ci s'écarte du canyon et sinue sur un plateau jusqu'à **La Palud-sur-Verdon**, ancien fief des comtes de Provence. Cette localité, à 15 chemin entre Castellane et Moustiers, est le point de convergence de tous les passionnés d'escalade, qui en ont fait leur capitale. Elle abrite diverses possibilités d'hébergement et de restauration. À cet endroit, le cadre naturel a perdu son côté grandiose ; pour renouer avec des décors fantastiques, il faut emprunter la D23, appelée **route des Crêtes** (signalisée) qui, au départ de La Palud, décrit une boucle de 23 km et longe en partie la section la plus impressionnante du grand canyon. Attention ! Prenez-la dans le sens des aiguilles d'une montre. Dans le sens contraire, un panneau de sens interdit, peu après le chalet de la Maline, vous obligera à rebrousser chemin (afin d'éviter les croisements de véhicules sur la portion de route la plus étroite).

La route monte progressivement et rejoint une série de **belvédères** aménagés au bord de la route, qui livrent des panoramas absolument ébouriffants : belvédères de Trescaire, de la Carelle, de l'Escalet, de la Dent d'Aire, etc. De nombreuses voies d'escalade partent de ces à-pics vertigineux, et vous aurez sans doute l'occasion de vivre par procuration le grand frisson de la descente en rappel. Au belvédère du Pas de la Baou, point culminant de la route, à 1 285 m, le dénivelé atteint sa cote maximale : le Verdon coule à 715 m en contrebas. La route plonge ensuite en lacets jusqu'au **chalet de la Maline**, toujours ponctuée de points de vue inoubliables sur les gorges et la rive sud, avant de se détourner du Verdon et de remonter progressivement jusqu'à La Palud, le long du ravin de Mainmorte. Inoubliable !

(Suite du texte en page 394)

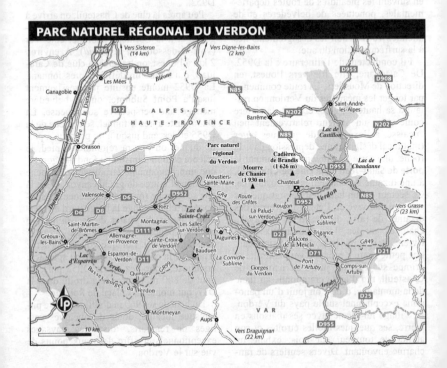

PARC NATUREL RÉGIONAL DU VERDON

Canyoning et sports d'eaux vives dans le Verdon

Le Verdon est un exceptionnel terrain de jeux et d'aventure, qui draine des dizaines de milliers de passionnés chaque année, de Pâques à novembre. Sa configuration très particulière et sa topographie en font un espace idéal pour la pratique des sports d'eau vive et du canyoning, dont il est devenu le haut lieu dans le Sud de la France. Cette palette de loisirs est l'occasion de découvrir la magie du Verdon sous un angle ludique et sportif. À Castellane et La Palud-sur-Verdon, de nombreux prestataires et professionnels d'excellent niveau vous proposeront de pratiquer ces activités en toute sécurité.

Canyoning

Mêler les plaisirs de l'eau à ceux de la roche : voici, en raccourci, ce qu'offre le canyoning. Cette pratique permet d'explorer un milieu naturel encaissé et accidenté, inaccessible par la marche à pied, en utilisant des techniques empruntées à l'escalade, à la spéléologie et à l'eau vive. Le parcours suit en général un cours d'eau, mais pas obligatoirement (dans ce cas, on parlera de "canyon sec").

Vous commencerez par une marche d'approche, jusqu'au point de départ de la descente dans le canyon. Les techniques de progression dépendent de la nature du terrain ; tant que c'est possible, vous avancerez en marchant, sur la roche ou dans l'eau. Si la profondeur de l'eau l'exige, vous nagerez, en prêtant attention aux obstacles (branches, rochers, etc.). Si vous rencontrez un fort dénivelé – une cascade, par exemple –, vous effectuerez soit une descente en rappel le long de ladite cascade, soit un saut, en fonction de la hauteur (10 m maximum), du débit de l'eau, de la visibilité et de la profondeur de la vasque de réception. Autre option : la descente en toboggan (sur des dalles d'eau lisses), si la configuration du terrain s'y prête, et une tyrolienne. Bref, un joli cocktail ludique et sportif, qui demande un certain engagement. La météo est un facteur crucial ; un violent orage peut transformer un canyon en une redoutable souricière.

Le matériel comprend une combinaison de type shorty ou intégrale, un baudrier, un casque, un descendeur, des chaussures de randonnée avec semelles antidérapantes, un sifflet, des longes et des mousquetons, des gants, un sac canyoning et un bidon étanche. Tout est fourni, sauf les chaussures.

Pour pratiquer le canyoning, il faut être en bonne santé, ne pas souffrir du vertige et savoir nager. L'encadrement par un professionnel, connaissant parfaitement le terrain et le parcours, est indispensable. Une sortie canyon dure une demi-journée ou une journée. En général, le groupe se compose de 10 participants maximum. Comptez de 35 à 65 € la sortie. En fonction de leur morphologie, les enfants peuvent s'initier sur des parcours faciles à partir de 10-12 ans.

Certains prestataires du Verdon ont récemment mis en place des "parcours aventures", combinant la marche, le canyoning, l'escalade et la via ferrata, une autre façon de découvrir le milieu naturel à l'aide d'équipement fixé dans la roche.

Sites

Il existe des canyons adaptés à tous les niveaux. La région du Verdon offre de bonnes possibilités de pratique, notamment près de Moustiers-Sainte-Marie. Il s'agit du canyon Notre-Dame, du canyon du Riou (assez engagé), du canyon de Venascles et du ravin de Balène (idéal pour l'initiation). Près de La Palud-sur-Verdon, c'est le canyon du Baou et le ravin de Mainmorte qui sont prisés. Dans le secteur de Castellane, vous pourrez évoluer dans le canyon du Jabron (petit canyon ludique, idéal pour l'initiation).

MICK WELDON

Pour de plus amples détails sur les parcours, consultez l'ouvrage *Descente de canyons dans les Alpes-de-Haute-Provence* (éd. Edisud), de Bernard Gorgeon, Éric Olive et Patrice Tordjman.

Sports d'eaux vives

Les prégorges du Verdon offrent un fabuleux terrain d'évolution pour les adeptes des sports d'eau vive. Rafting, hydrospeed, cano-raft, kayak, randonnée aquatique… Chacun trouvera son bonheur, à savourer dans un décor unique.

À signaler : ces activités sont tributaires des lâchers d'eau des barrages d'EDF, en amont, qui conditionnent le débit du Verdon. Trop faible, le cours d'eau n'est pas praticable ; trop fort, il présente des dangers pour la navigation. En principe, en période estivale, EDF garantit de deux à quatre lâchers d'eau hebdomadaires pour grossir le débit et donc permettre le bon déroulement des sports d'eau vive. Si vous recherchez des sensations fortes, privilégiez l'avant-saison, période de la fonte des neiges, lorsque les lâchers d'eau sont plus importants (de l'ordre de 32 m³/sec, contre 13m³/sec en été) et lorsque la pluviométrie est plus importante.

Le **rafting** est une activité très ludique, spectaculaire mais sans difficulté technique particulière, accessible à partir de 10 ans. Les spécialistes la conseillent pour une première approche des sports d'eau vive. À bord d'un gros radeau pneumatique, insubmersible, on glisse sur les flots impétueux de la rivière, et on manœuvre l'embarcation au milieu des rochers, des bouillons et des petites cascades. En fonction des niveaux, les parcours font de 8 à 22 km. La taille des rafts est variable. En moyenne, six à huit participants prennent place sur le raft, assis sur les boudins latéraux. Le moniteur, à l'arrière, dirige les manœuvres et fait office de barreur. Les coéquipiers doivent propulser l'embarcation et conserver leur équilibre, tout en manœuvrant le raft. On peut s'amuser à faire des figures : "bumps", "pop corns", "chandelles", "flip", etc. Le matériel se limite à une combinaison, un gilet de sauvetage, un casque, une paire de bottillons et une pagaie simple pour la navigation. En général, la descente se fait groupée, à plusieurs rafts. Un minibus vient récupérer les participants à la fin de la descente. Les tarifs dépendent de la durée de la sortie. Comptez 28 € pour une sortie d'une heure trente, 60 € pour une journée. Le lieu de pratique privilégié est le tronçon entre Castellane et le Pont de Carajuan, Point Sublime ou Pont de Soleils.

Le **cano-raft** est un peu plus technique, car on est plus autonome ; l'embarcation, plus petite, est un canoë gonflable, où prennent place deux personnes. Celui qui est à l'arrière effectue les manœuvres.

La **randonnée aquatique** se pratique surtout lorsque les lâchers d'eau sont faibles. C'est un bon moyen pour apprécier le cadre naturel et découvrir la géomorphologie du site, et notamment du secteur de l'Imbut et du couloir Samson, les plus couramment proposés. Accompagnés d'un moniteur, les participants, munis d'une combinaison en néoprène et d'un casque, explorent la rivière en utilisant diverses techniques aquatiques (nage, sauts, flottage au fil de l'eau, etc.) et la marche à pied dans la rivière, selon la configuration du terrain. La journée revient à 60-65 €.

L'**hydrospeed**, ou nage en eau vive, est plus technique et plus engagé. Les sensations sont différentes des autres sports d'eau vive, car on est dans la rivière, allongé dans l'eau, les bras sur un flotteur en mousse, appelé hydrospeed. On navigue on se servant de petites palmes souples et du flotteur. Il faut à la fois se laisser glisser et manœuvrer, en "sentant" la rivière, en faisant corps avec ses caprices et ses tumultes. On est équipé d'une combinaison isothermique, d'un casque et d'un gilet de sauvetage. Le segment le plus propice à cette activité se situe entre Carajuan et Point Sublime. L'âge minimum est en principe de 14 ans.

Plus classique, le **kayak** est également plus technique. On est seul dans le kayak, de 2,50 à 3,50 m de long, assis sur un siège, les jambes calées et les pieds placés dans des cale-pieds. On manœuvre avec une pagaie double. Le kayak raft est plus abordable ; il s'agit d'un kayak gonflable.

Prestataires

Castellane

• **Aqua Verdon** (☎/fax 04 92 83 72 75 ou 06 12 02 55 47, www.aquaverdon.com), 9 rue Nationale

• **Aboard Rafting** (☎/fax 04 92 83 76 11, 06 15 63 24 63, info@aboard-rafting.com, www.aboard-rafting.com), 8 place de l'Église

• **Aqua Viva Est** (☎/fax 04 92 83 75 74 ou 06 82 06 92 92), 12 bd de la République

• **Actiraft** (☎ 04 92 83 76 64, fax 04 92 83 76 74), Relais de l'eau vive, route des Gorges du Verdon

• **Action Aventure** (☎/fax 04 92 83 79 39 ou 06 14 82 86 46), 11 rue Nationale

• **Activité Montagne et Rivière** (☎/fax 04 92 83 67 24), 20 rue Nationale

La Palud-sur-Verdon

• **Bureau des guides** (☎ 04 92 77 30 50, fax 04 92 77 37 30, contact@escalade-verdon.com, www.escalade-verdon.com)

• **À Pic** (☎/fax 04 92 77 37 34 ou 06 83 89 22 46)

• **Des guides pour l'aventure** (☎ 04 92 74 65 50, 06 70 76 03 36 ou 06 86 08 03 16), La Cuerni

• **Pascal Faudou** (☎/fax 04 92 77 30 43, info@aventuresetnature.com, www.provenceweb.fr/04/faudou/)

• **Dominique Suchet** (☎/fax 04 92 77 33 57)

(Suite du texte de la page 390)

Retour sur la D952. Avant de rejoindre Moustiers, celle-ci passe par le **belvédère de Mayreste** (à 10 minutes à pied de la route) et, plus éblouissant encore, par le **belvédère du Galetas**, d'où la vue embrasse une perspective incomparable sur l'extrémité des gorges du Verdon, les eaux turquoise du lac de Sainte-Croix et la masse tabulaire parfaitement massicotée du plateau de Valensole. Le contraste, ou plutôt l'absence de transition, est saisissant entre les espaces denses et contraints des gorges, où le Verdon semble prisonnier de l'étau rocheux, et l'immense horizon découvert du lac. Cette marqueterie de paysages hétéroclites marque durablement l'esprit. La route descend ensuite jusqu'à Moustiers.

Rive sud

La rive sud du Verdon appartient au département du Var. De ce côté-ci, les paysages sont au moins aussi grandioses que ceux de la rive nord et possèdent un caractère sauvage encore plus marqué. Là encore, un circuit routier d'environ 70 km, entre Castellane et Moustiers, permet d'en découvrir les plus belles facettes.

De Castellane, suivez la D952 en direction de Moustiers jusqu'à Pont de Soleils, où vous vous engagerez dans la D955 qui mène à **Trigance**, à 6 km. Ce village typiquement provençal, plein de caractère, se blottit autour du château féodal, transformé en hôtel-restaurant haut de gamme, ancré sur une éminence rocheuse. De Trigance, la D90 rattrape la D71.

Prenez à droite et roulez environ 7 km jusqu'aux **balcons de la Mescla**, un point de vue exceptionnel où l'on voit les eaux de l'Artuby se mêler à celles du Verdon, à 250 m en contrebas. La route descend ensuite jusqu'au **pont de l'Artuby**, superbe ouvrage d'art qui domine l'Artuby de 180 m. La D71 entame une remontée progressive,

---

Le Verdon, eldorado de l'escalade

En saison, La Palud-sur-Verdon bruisse d'une intense activité. Cette petite localité est en effet le QG de grimpeurs venus du monde entier pour se frotter aux falaises du Verdon. Tous les goûts et tous les styles trouveront leur bonheur, puisqu'on dénombre plus de 1 000 voies, les plus mythiques se situant dans le secteur de l'Escalès, au bord de la route des Crêtes – une dalle impeccablement verticale sur 300 m. Les conditions d'escalade sont exceptionnelles, vu la qualité de la roche, un calcaire très pur, la verticalité et l'ensoleillement. Fissures, dalles, dièdres, réglettes, surplombs, dévers, cheminées, voies "gazeuses", voies d'"artif"…, on trouve toutes les configurations et toutes les cotations possibles (de 3 à 9). Il existe bien entendu des falaises d'initiation, sécurisées, de 15 à 20 m seulement. Les enfants peuvent s'initier dès 5 ans, en fonction de leur morphologie.

Les prestataires suivants proposent des sorties et des stages pour tous les niveaux :

Bureau des guides
La Palud-sur-Verdon (☎ 04 92 77 30 50, fax 04 92 77 37 30, contact@escalade-verdon.com, www.escalade-verdon.com)

À Pic
La Palud-sur-Verdon (☎/fax 04 92 77 37 34, 06 83 89 22 46)

Pascal Faudou
La Palud-sur-Verdon (☎/fax 04 92 77 30 43, info@aventuresetnature.com, www.provenceweb.fr/04/faudou/)

Dominique Suchet
La Palud-sur-Verdon (☎/fax 04 92 77 33 57)

Club d'escalade Aiguines Verdon
Aiguines – rive gauche, côté Var (☎ 04 94 84 23 07 ou 06 10 49 51 92)

traverse les **tunnels de Fayet** puis gagne la vertigineuse **falaise des Cavaliers**. À partir de là, la route longe le précipice en corniche sur une dizaine de kilomètres. Cet extraordinaire tronçon a d'ailleurs reçu le nom, bien mérité, de **Corniche sublime**. Difficile en effet d'imaginer une route aussi impressionnante, qui flirte avec le vide.

La montée jusqu'au **cirque de Vaumale** (cote 1 202 m) est progressive. Suit le **col d'Illoire**, à 967 m, puis une franche descente jusqu'à **Aiguines**, village plein de charme bâti sur une colline, d'où l'on découvre la magnifique étendue du lac de Sainte-Croix. De là, on rejoint facilement les berges sud du lac et Moustiers.

OÙ SE LOGER ET SE RESTAURER
Secteur de La Palud-sur-Verdon.
Camping municipal Le Grand Canyon (☎/fax 04 92 77 38 13, La Palud-sur-Verdon ; tente 2 €, voiture 1,50 €, adultes/enfants 2,50/1 € ; ouvert mai-oct). Cette halte agréable, ombragée et correctement équipée, avec des pelouses, apparaît à la sortie de La Palud, en direction de Castellane.

Hôtel-Restaurant Le Provence (☎ 04 92 77 38 88, fax 04 92 77 31 05, hotelleprovence @aol.com, route de la Maline ; chambres avec sdb 40-58 € haute saison ; ouvert avr-oct). Ce deux-étoiles, au centre du village, offre des chambres au confort moderne et fonctionnel.

Gîte d'étape Le Wapiti (☎ 04 92 77 30 02, La Palud-sur-Verdon ; 31 €/pers en demi-pension, draps fournis ; ouvert avr-nov). À l'entrée du village, ce gîte prisé des randonneurs offre une capacité de 18 places, réparties dans des petites chambres mitoyennes de 2 ou 4 lits, au confort spartiate et à la décoration minimaliste, mais propres (sanitaires communs).

Auberge de jeunesse (☎/fax 04 92 77 38 72, La Palud-sur-Verdon ; lit avec petit déj 11 €, camping 4,50 € ; ouvert mars-oct). À l'écart du village en direction du chalet de la Maline, cette auberge de jeunesse (carte de membre obligatoire) occupe une austère bâtisse de béton ; elle était en cours de rénovation lors de notre passage.

Chalet de la Maline (☎/fax 04 92 77 38 05, la.maline@wanadoo.fr, La Palud-sur-Verdon ; lit 12 €, petit déj 4 €, demi-pension 27 € ; ouvert Pâques-11 nov). Laissez libre cours à votre enthousiasme ! Le chalet de la Maline, géré par le Club alpin français, bénéficie d'un emplacement à couper le souffle, à 8 km de la Palud, littéralement au bord du canyon du Verdon (accès par la route des crêtes depuis le centre de La Palud). Sublime ! Les 82 places sont réparties dans plusieurs dortoirs de 6 à 42 lits (il est prévu de compartimenter le dortoir de 42 en chambres de 4), avec sanitaires communs. Ambiance refuge assurée, avec lits accolés, parquet et escaliers en bois qui craquent sous les pas. C'est le point de départ idéal pour les randonneurs qui veulent se frotter au sentier Martel (qui débute à hauteur du chalet) et à l'Imbut. Le gérant connaît parfaitement le secteur et vous renseignera. Des boissons et des sandwiches sont en vente sur place.

L'Étable (☎ 04 92 77 30 63, verdon. insolite@wanadoo.fr, www.guideweb.com/provence/gite/etable, route des Crêtes ; lit 11 € en dortoir, 16 € en double, petit déj 6 €, demi-pension possible ; ouvert 15 mars-15 nov). Ce gîte moderne et impeccable se trouve à environ 2 km du centre de La Palud, à proximité de la route des Crêtes. Les 45 lits en bois superposés sont répartis dans des dortoirs de 10 et de 15 et dans des chambres doubles et quadruples, avec sanitaires communs. La plupart des pièces sont lambrissées. Une cuisine équipée est à disposition.

La Ferme des Subis (☎/fax 04 92 83 65 34, Les Subis ; emplacement camping 2,30 €, 2 €/pers, 1 € véhicule, lit en dortoir 10 € ; camping ouvert juin-août, dortoir Pâques-Toussaint). Dans un décor de bout du monde, à environ 8 km de La Palud (prendre la direction de Châteauneuf, puis Les Subis), vous pourrez planter la tente ou loger dans l'un des deux dortoirs de six lits, sans prétention. Une cuisine équipée est à la disposition des clients.

Gîte Le Refuge (☎ 04 92 83 68 45, fax 04 92 83 78 04, chalet-le-refuge@wanadoo.fr, www.verdon-chalet.com, Les Bondils ; demi-pension 32 €/pers en chalet, 30,50 € en tipi ; restaurant : plats 7,50-16,50 € ; ouvert en principe à l'année, se renseigner en hiver). Un splendide cadre naturel, le calme absolu, un hébergement original et bon marché et une cuisine savoureuse : voici la martingale du succès. À 9 km de la Palud (prendre la même direction que pour la ferme des Subis ci-dessus, ou la D17 depuis Rougon), accroché à flanc de vallon à 1 300 m d'altitude, au pied du mont Chiran et du Mourre de Chanier, ce gîte est une petite oasis de bien vivre. Il comprend deux petits chalets en bois, chaleureux et coquets, l'un de 6 places (une chambre double et une quadruple, avec sanitaires communs), l'autre de 10 (une double et une chambre de 8). Autre option : deux tipis (en saison), équipés d'un plancher de bois, de lits et de couettes, avec sanitaires extérieurs. Un restaurant, également installé dans un chalet, avec une agréable terrasse, complète l'ensemble. La cuisinière n'a pas son pareil pour restituer les saveurs du terroir. Vous choisirez entre une dizaine d'entrées, de plats et de desserts, à des tarifs très raisonnables : chèvre au miel, tarte aux légumes, truite aux amandes, poulet au citron confit, civet de chevreuil, charlotte à la banane ou à la crème de marron, etc. (réservation souhaitée). Le gîte est installé sur une exploitation agricole, où vous pourrez acheter du fromage.

Campagne L'Enchastre (☎ 04 92 83 76 12, L'Enchastre ; demi-pension 38,50 €/ pers ; ouvert avr-15 oct). À 11 km de La Palud et à 1,5 km après le gîte Le Refuge (même direction, voir ci-dessus), vous découvrirez un vallon magnifique, retiré du monde, au creux duquel se niche cette moderne bâtisse de couleur saumon, agrémentée d'une piscine. Les cinq chambres d'hôtes sont un brin aseptisées et impersonnelles, tout comme la salle à manger, mais le niveau de confort et de propreté, ainsi que le dépaysement et le cadre, constituent des atouts indéniables. Les propriétaires, d'anciens boulangers-pâtissiers, vous proposeront douceurs et gourmandises au petit déjeuner et au dîner.

Bar-Restaurant de la Place (☎ 04 92 77 38 03, La Palud-sur-Verdon ; plats 7-13 €, menus 15 et 21 €, ouvert tlj midi et soir,

fermeture annuelle : un mois en hiver). Point de ralliement par excellence de La Palud, il se distingue pas son ambiance sportive, vivante et tonique, notamment le soir. Autour d'un plat reconstituant (fauxfilet aux cèpes, escalope de veau aux girolles, daube de sanglier) ou accoudé au bar, un verre de bière à la main, on y discute grimpe, canyoning, VTT et rando tard le soir (jusqu'à 1h, selon la fréquentation).

Le Perroquet Vert (☎ 04 92 77 33 39, rue Grande, La Palud-sur-Verdon ; assiettes au déj en saison, menu 16 € au dîner ; ouvert tlj sauf lun avr-oct). Ambiance "bio", grimpe et zen assurée au Perroquet Vert, tenu par un sympathique couple passionné d'escalade (qui tient la boutique d'escalade, à côté). La fraîcheur des produits, un cadre agréable et reposant, une cuisine juste et savoureuse et un bon rapport qualité/prix en font une halte obligée.

Secteur de Chasteuil. Camping du Domaine de Chasteuil Provence (☎ 04 92 83 61 21, fax 04 92 83 75 62, route des Gorges du Verdon ; forfait 2 pers 10 € ; ouvert maisept). À 8,5 km de Castellane, en direction de La Palud, ce trois-étoiles bien équipé, doté d'une piscine, présente l'avantage d'être situé au bord du Verdon, dans un parc ombragé au cœur d'un cirque montagneux.

Camping des Gorges du Verdon (☎ 04 92 83 63 64, fax 04 92 83 74 72, aremus@camping-GorgesDuVerdon.com, www.camping-GorgesDuVerdon.com, route des Gorges du Verdon ; forfait 3 pers, tente, emplacement et véhicule 18,50 € haute saison ; ouvert mai-15 sept). Près du pont de Soleils, à 1 km après le précédent en direction de La Palud, cet autre troisétoiles bénéficie également d'un cadre privilégié, au bord de la rivière (plage naturelle de graviers). Il s'agrémente d'une piscine et met à disposition un ordinateur avec accès Internet (4,60 € la demi-heure).

Gîte de Chasteuil (☎/fax 04 92 83 72 45, gchasteuil@aol.com, www.gitedechasteuil.com, Chasteuil ; simples/doubles 39/48 €, avec kitchenette 44/53 €, table d'hôtes 13 € ; ouvert Pâques-15 oct). Ce havre de paix et de sérénité, idéalement

La paluarde, tentation gourmande

La boulangerie située dans la rue principale de La Palud sert de délicieuses tartelettes fourrées, avec de la crème pâtissière et des myrtilles, de la framboise ou du cassis, appelées paluardes. Un régal !

situé un peu en surplomb du village, offre une vue plongeante sur les toits de tuiles. Pascal Béguin et Nancy Herfield ont racheté cette ancienne école communale, qu'ils ont habilement restaurée, et louent quatre chambres mitoyennes au rez-de-chaussée, plutôt petites mais proprettes. La table d'hôtes, proposée du lundi au jeudi soir de juillet à septembre (minimum 3 personnes), est installée sur une terrasse couverte à l'étage, d'où la vue embrasse le village, la vallée du Verdon et les massifs alentour. Les menus, de saison, comprennent généralement une soupe ou une salade copieuse, du jambon, du fromage et un dessert maison. Sur commande, on vous préparera un panier pique-nique (6 €).

Aiguines (Var). Hôtel Altitude 823 (☎ 04 98 10 22 17, fax 04 98 10 22 16, *Aiguines ; chambres avec sdb et TV en demi-pension 49 € haute saison ; plats 8,50-17 €, menus 14-25 €, menu enfant 8 € ; ouvert fin mars-début nov, fermé ven hors juil-août*). Cette petite structure hôtelière, bien tenue, compte neuf chambres modernes et bénéficie d'un bel emplacement en surplomb, avec vue sur le lac en contrebas. Au repas, on vous servira des spécialités aux accents du Sud, correctes, sans plus.

Trigance (Var). Gîte d'étape de Fontaine Basse (☎ 04 94 85 68 36, fax 04 94 85 68 50, *Trigance ; lit en dortoir et petit déj 17 €, location draps 3 € ; ouvert mars-nov*). Ce gîte affiche une capacité de 16 lits, répartis dans des dortoirs de 6 et de 4, avec sanitaires communs.

Château de Trigance (☎ 04 94 76 91 18, fax 04 94 85 68 99, *trigance@relaischa-*

teaux.fr, www.relaischateaux.fr/trigance, Trigance ; demi-pension 194-258 € ; restaurant : plats 19-24 €, menus 34/45/60 € ; ouvert 15 mars-début nov). Mazette ! Vous logerez dans le château de Trigance, estampillé du prestigieux label Relais et châteaux, au décor médiéval superbement mis en valeur. Les dix chambres au luxe feutré, avec lit à baldaquin, sont toutes personnalisées. Le restaurant, installé dans une ancienne salle d'armes voûtée, vous fera remonter le temps et vous savourerez une cuisine recherchée – émincé de biches aux airelles, suprême de pigeonneau fumé ou chartreuse de fois gras de canard, notamment.

COMMENT S'Y RENDRE

La ligne de bus Marseille-Castellane (☎ 04 42 54 72 82) dessert Aix, Gréoux-les-Bains, Riez, Moustiers, La Palud-sur-Verdon et Rougon.

En juillet-août, la navette des gorges du Verdon (☎ 04 92 83 64 47) effectue deux allers-retours quotidiens entre Castellane et le chalet de La Maline à La Palud-sur-Verdon, *via* Point Sublime. En juin et en septembre, ce service est assuré le week-end.

Le taxi Adrien (☎ 04 92 77 38 20, 06 80 98 70 88) peut également assurer vos déplacements dans le Verdon. Une course revient en moyenne à 30 €.

Bas Verdon, du lac de Sainte-Croix au lac d'Esparron

Changement de décor et d'ambiance. Après le spectaculaire tronçon du grand canyon, le relief s'assagit, la végétation se fait plus méditerranéenne et le paysage prend des allures plus balnéaires. Le Verdon débouche tout d'abord sur le lac de Sainte-Croix, vaste mer intérieure dont les eaux prennent des couleurs tropicales, paradis des loisirs nautiques. En aval du lac, la rivière poursuit son cours dans un paysage à nouveau encaissé, jusqu'à un autre lac, plus petit, le lac d'Esparron. Cette section, moins célèbre que le grand canyon mais également très attrayante, est appelée "basses gorges du Verdon".

LAC DE SAINTE-CROIX

Long de 15 km et large de 2 km, couvrant 2 200 ha, soit une superficie comparable à celle du lac d'Annecy, le lac de Sainte-Croix, au débouché du grand canyon, est la deuxième retenue artificielle de France. Il a été mis en eau en 1974. Sa rive nord appartient au département des Alpes de Haute-Provence, sa rive sud au Var. Pour bénéficier de panoramas spectaculaires sur l'étendue azurée de ce magnifique plan d'eau, prenez la direction de **Sainte-Croix-de-Verdon**, au départ de Moustiers. La route entame une montée très marquée jusqu'au rebord du plateau de Valensole, puis longe ce rebord en surplomb du lac, avant de descendre jusqu'au village de Sainte-Croix-de-Verdon, soit 15 km depuis Moustiers. Ce village, bâti sur un promontoire rocheux, jouit de vues superbes sur le lac et dispose de plages, d'aires de pique-nique et de nombreuses infrastructures nautiques. De là, vous pouvez prendre la D111 en direction d'Aups pour rejoindre la rive sud, côté Var, et le village de **Bauduen**, lui aussi voué aux loisirs nautiques. Il faut ensuite tourner le dos au lac et parcourir 8 km plein sud pour rattraper la D957, qui vous ramènera sur les berges du lac, au village des **Salles-sur-Verdon**. Il s'agit d'une nouvelle localité, puisque l'ancien village a été noyé lors de la mise en eau du lac. Comme ses homologues riverains du lac, elle bénéficie d'excellentes infrastructures touristiques (plages, bases nautiques, etc.).

Des Salles-sur-Verdon, vous pouvez gagner Aiguines et la rive sud du grand canyon (voir la section *Verdon, de Castellane au lac de Sainte-Croix*, ci-dessus), ou rejoindre Moustiers-Sainte-Marie en passant par le **pont de Galetas**, à l'extrémité est du lac, à l'entrée des gorges, où plusieurs prestataires louent des pédalos, des canoës et des kayaks pour remonter les gorges.

L'île de **Coste Belle** fait face au village des Salles-sur-Verdon. À l'ouest, le lac est parsemé de jolies criques, à découvrir en pédalo ou en bateau électrique.

À voir et à faire

Loisirs nautiques. Le lac de Sainte-Croix est un paradis pour les plaisirs nautiques. Dans presque tous les villages riverains, des prestataires louent des canoës, des kayaks, des pédalos et même des petits bateaux électriques sans permis d'une capacité de 3 à 6 personnes. Des bases nautiques permettent de pratiquer la voile et la planche à voile. Sachez qu'en été, on se bouscule, et il faut parfois attendre longtemps pour qu'une embarcation soit disponible ; mieux vaut alors venir dès l'ouverture de la location, généralement vers 9h. En saison, la plupart des établissements ouvrent tous les jours, jusqu'à 19h environ. Ces prestations sont saisonnières, en principe de juin à septembre, parfois de Pâques à octobre. Hors saison, renseignez-vous sur les périodes et les horaires de fonctionnement. À noter : les locations sont suspendues si les conditions météo sont défavorables, notamment en cas de mistral. Le matin est la période la plus propice, car il n'y a généralement pas de vent. Les tarifs mentionnés correspondent à une heure de location, mais des tarifs dégressifs sont appliqués.

Chaque zone réserve son lot de découvertes. Si vous comptez remonter en partie les gorges du Verdon, partez fort logiquement du secteur est du lac, près de Moustiers et du pont de Galetas. En une heure de navigation (environ 3 km aller-retour), vous rejoindrez le site appelé "la cascade" ; c'est la partie la plus fréquentée par les pédalos et les bateaux électriques. En deux heures (6 km aller-retour), vous pénétrerez dans un secteur plus tranquille. Les berges, moins abruptes, autorisent des arrêts pique-nique ou baignade. L'idéal, au départ du secteur de Moustiers, est de louer un canoë ou un pédalo pour la demi-journée, soit deux heures de navigation, une heure de pique-nique et une heure de baignade.

Pour l'île de Coste Belle, partez de Sainte-Croix-du-Verdon ou, mieux encore, des Salles-sur-Verdon, côté Var. Dans le secteur est du lac, près de Moustiers (suivre la D957, en direction du lac), le club nautique **La Cadeno** (☎ *04 92 74 60 85*) organise des stages de voile pour tout public, du cours particulier de 1 heure (23 €) au stage de 5 jours, et loue des planches à voile (14 € l'heure), des catamarans (à partir de 16 € l'heure), des canoës-kayaks (7 € l'heure en biplace) et des pédalos (7 € l'heure en biplace). Un peu plus loin, près du pont de Galetas, l'**Étoile moustiéraine** (☎ 04 94 70 22 48) demande 12,20 € pour 1 heure de pédalo et 8 € pour un canoë-kayak. Passé le pont de Galetas, côté Var, **Verdon Canoë Locations** (☎ 04 90 86 17 08) pratique des tarifs similaires.

À Sainte-Croix-du-Verdon, **Verdon Loisirs** (☎ 04 92 77 70 26) propose des pédalos et des planches à voile. En bateau électrique, vous pourrez rallier l'île de Coste Belle (comptez 4 heures aller-retour) et les criques du nord-ouest de l'île. Contactez le kiosque **Le Petit Port** (☎ 04 92 77 77 23, 06 84 93 25 51), qui facture 23/26 € l'heure matin/après-midi, 76 € le forfait 4 heures pour l'île de Coste Belle et 84 € le forfait 5 heures pour les criques et l'île de Coste Belle. Pour toutes les activités liées à la voile, adressez-vous à l'**Association voile et nautisme** (☎ 04 92 77 76 51), à la base nautique, qui propose diverses formules de stages de voile et de planche à voile pour adultes et enfants.

Aux Salles-sur-Verdon, côté Var, la location d'un bateau électrique revient à 18,50 € l'heure. **Surf Center** (☎ 04 94 84 23 22) est spécialisé dans la location de planche à voile (9,50 € l'heure), de catamaran (à partir de 15,50 € l'heure), de canoë-kayak (à partir de 5 € l'heure) et de pédalo (11 € l'heure) ; il organise également des stages de planche à voile.

Où se loger et se restaurer
Sainte-Croix-du-Verdon. Camping municipal Les Roches (☎ 04 92 77 78 99, fax 04 92 77 76 23 ; forfait 2 pers 11 € ; ouvert avr-15 oct). Ce deux-étoiles très correct, d'une capacité de 233 emplacements, borde le lac, tout près de la plage.

L'Olivier (☎ 04 92 77 87 95, Sainte-Croix-du-Verdon ; plats 11,50-26 €, menu du jour 12,50 €, menus 16,50/21,50/60,50 €, menu enfant 10 € ; ouvert tlj en saison, fermé soir et mer hors saison, fer-

meture annuelle nov-Pâques). Dans cette escale toute provençale, au centre du village, il faut réserver sa table sur la terrasse couverte pour l'agrément de la vue panoramique sur le lac. Dans l'assiette, des produits du terroir enchanteront votre palais, comme le gigot d'agneau aux herbes, les aiguillettes de canard confites au miel et vinaigre de lavande. Les hédonistes choisiront le menu tout truffes, à 60,50 €.

Les Salles-sur-Verdon (Var). Camping La Source (☎ 04 94 70 20 40, fax 04 94 70 20 74, camp.source@pacwan.fr, Les Salles-sur-Verdon ; emplacement 4,60 €, adultes/enfants 4,50/2,25 € ; ouvert avr-oct). Ce camping est une belle structure à taille humaine (89 emplacements), classée trois-étoiles, idéalement située au bord du lac de Sainte-Croix. On peut louer des canoës.

Camping Les Pins (☎ 04 94 70 20 80, fax 04 94 84 23 27, camping.les.pins@wanadoo.fr, Les Salles-sur-Verdon ; emplacement 4,50-9,50 € haute saison, adultes/enfants 4,20/2 € ; ouvert avr-15 oct). Jouxtant le précédent, ce quatre-étoiles d'une capacité de 104 emplacements, très bien équipé, bénéficie de la même situation privilégiée, au bord du lac, et loue également des canoës. En haute saison, réservez longtemps à l'avance.

Auberge des Salles (☎ 04 94 70 20 04, fax 04 94 70 21 78, Les Salles-sur-Verdon ; chambres avec sdb et TV 52-61 € haute saison ; plats 6,50-20 €, menus 14,50-30 €, menu enfant 7,50 € ; fermé ven en basse saison, ouvert Rameaux-oct). Ce deux-étoiles jouit d'un emplacement de choix, en surplomb du lac. La décoration des chambres ne brille pas par son originalité. Optez pour celles orientées côté lac, qui offrent une très jolie vue. Au restaurant, la cuisine, provençale et traditionnelle, passe pour correcte.

BASSES GORGES DU VERDON
Après le lac de Sainte-Croix, le Verdon continue son cheminement vers l'est, mais s'assagit en un flot plus débonnaire. Prenez la D311 et traversez le charmant village de **Saint-Laurent-du-Verdon**, puis poussez jus-

qu'à **Quinson**, agréable étape au bord de la rivière. Le secteur abrite de nombreux vestiges archéologiques, datant de la préhistoire.

Renseignements

Un petit office du tourisme (☎ 04 92 74 01 12) est installé à Quinson.

À voir et à faire

Une visite s'impose au **musée de Préhistoire des Gorges du Verdon** (☎ *04 92 74 09 59, fax 04 92 74 07 48, www.museeprehistoire.com, route de Montmeyan ; entrée 5,80/3,10 € adultes/enfants ; ouvert mai-15 juin et 15 sept-15 déc tlj sauf mar 10h-18h, 15 juin-15 sept tlj 10h-20h, fermé 15 déc-janv)*, l'un des principaux centres d'intérêt du secteur. Très bien conçu, à la pointe de la modernité (il a été inauguré en 2001), il s'agit du plus grand musée de préhistoire en Europe. Sur le thème du temps, l'histoire de l'homme en Provence est retracée depuis un million d'années, grâce à des éléments trouvés sur des chantiers de fouilles de plus de 60 sites archéologiques. Divers dioramas, animations et expositions renforcent son attrait. En complément, un village préhistorique a été reconstitué à 500 m du musée, au bord du Verdon.

Quinson est également une base idéale pour profiter des **loisirs nautiques** : vous pourrez louer un pédalo, un kayak ou un bateau électrique pour remonter les basses gorges jusqu'au lac d'Esparron, soit une plaisante balade de 9 km dans un magnifique défilé, aux proportions certes moins démesurées que le grand canyon, mais tout aussi agréables. En bateau électrique, comptez 3 heures 30 l'aller-retour, 5 à 6 heures en pédalo et 4 heures en canoë-kayak. **Loisir Aventure Kayak** (☎ *04 92 74 09 80*) demande 8/13 € pour un kayak monoplace/biplace la demi-journée et 16 € pour un canoë à la journée ; pour un bateau électrique, **Verdon Electronautic** (☎ *04 92 74 08 37*) facture 55 € le forfait matinée (de 9h30 à 14h) et 61 € le forfait après-midi (de 14h à 18h30). Voyez également **Location Nautic** (☎ *04 92 74 40 76*), sur l'autre rive côté Var, qui dispose de canoës-kayaks, de pédalos et de bateaux électriques.

Où se loger et se restaurer

Quinson. Camping municipal Les Près du Verdon (☎ *04 92 74 58 80 ; forfait 2 pers, emplacement et véhicule 8,50 € ; ouvert Pâques-15 oct)*. Au bord du lac, près des loueurs de pédalos, ce camping dispose d'emplacements ombragés et de pelouses.

Camping La Farigoulette (☎ *04 92 74 41 62, route de Riez ; forfait 2 pers, emplacement et voiture 15,50 € en haute saison ; ouvert 15 mai-sept)*. Ce quatre-étoiles se situe dans une superbe pinède, entre Montpezat et Quinson, au bord du lac.

Saint-Laurent-du-Verdon. Le Moulin du Château (☎ *04 92 74 02 47, fax 04 92 74 02 97, lmdch@club-internet.fr, www.provenceweb.fr/04/moulin-du-château ; doubles avec petit déj 88-108 € haute saison, 76-96 € en basse saison ; ouvert 15 fév-15 nov)*. Installé dans un ancien moulin à huile du XVIIe siècle, ce trois-étoiles de charme, très calme, propose dix chambres de bon confort, très propres, à la décoration épurée (dont une accessible aux handicapés). Dans le salon, les meules et les presses témoignent de l'ancien usage du bâtiment. Un service de restauration est assuré cinq soirs par semaine.

Comment circuler

La Maison de Provence (☎ 04 92 74 07 65), rue du Var à Quinson, loue des vélos pour 8/14 € demi-journée/journée, tous les jours d'avril à fin octobre (sur réservation hors saison).

ESPARRON-DE-VERDON ET LAC D'ESPARRON

À une dizaine de kilomètres à l'ouest de Quinson, la commune d'Esparron-de-Verdon s'étage sur une pente plongeant dans le lac d'Esparron, une retenue artificielle aux dimensions nettement plus modestes que celles du lac de Sainte-Croix, mais propice aux activités nautiques. L'ensemble surprend par son allure de station balnéaire.

Renseignements

Un petit office du tourisme (☎ 04 92 77 15 45, fax 04 92 77 12 94), ouvert en saison, est installé à Esparron-de-Verdon, au hameau du port.

À voir et à faire

Au village, l'**écomusée des Arts et Traditions populaires** (☎ 04 92 77 13 70, rue des Fontaines ; entrée 2 € ; ouvert tlj sauf mar, juil-août 10h-12h et 15h-19h, avr-oct 14h30-18h30) présente divers éléments du patrimoine populaire provençal – exposition de boutis, de coiffes et d'outils ou reconstitution d'une cuisine. Le **château**, qui domine la localité, possède un donjon du XIIᵉ siècle, mais ne se visite pas. En contrebas du village, une petite **plage** a été aménagée.

Les **loisirs nautiques** tiennent le haut du pavé. Le **Club nautique d'Esparron** (☎ 04 92 77 15 25) organise des randonnées nautiques dans les basses gorges, des stages d'initiation et de perfectionnement en voile et planche à voile, et loue des canoës-kayaks, des planches à voile et des dériveurs.

Autre moyen de découvrir le lac : une croisière d'une heure, commentée, à bord de la **Perle du Verdon** (☎ 04 92 77 10 74 ; 7/5 € adultes/ enfants), une sorte de petit bateau-mouche de 60 places à propulsion électrique. Les départs ont lieu tous les jours à 15h, 16h30 et 18h en juillet-août, à 15h et 16h30 d'avril à juin et en septembre-octobre. Le même prestataire loue des bateaux électriques (25 € l'heure, forfait matinée 69 €), des pédalos (11 € l'heure), des canoës et des kayaks. Vous pourrez ainsi naviguer sur le lac ou dans les basses gorges, jusqu'à Quinson. En haute saison, il propose également des navettes pour la Pointe du Quartier, une presqu'île inaccessible en voiture, idéale pour le pique-nique et la baignade (départ 10h, retour 17h30, 3,05/2,30 € adultes/enfants). À côté, **Alizé Electronic** (☎ 04 92 74 20 32) propose des prestations similaires.

Où se loger et se restaurer

Auberge du Lac (☎ 04 92 77 11 54, fax 04 92 77 10 47 ; simples/doubles 47/55 € haute saison ; restauration : plats 9-16 €, menus 15/21 €, menu enfant 8,50 € ; ouvert mars-Toussaint). Les 8 chambres de cet hôtel moderne et fonctionnel ont toutes vue sur le

Que faire avec des enfants ?

Le secteur du lac de Sainte-Croix, avec ses communes riveraines dotées de plages aménagées, se prête à merveille aux vacances avec des enfants. On peut découvrir le lac en pédalo ou en canoë-kayak, prestations envisageables avec les petits, dans de bonnes conditions de sécurité. Les clubs nautiques proposent généralement des stages de voile pour les enfants.

lac. La salle du restaurant, classique, jouit d'un superbe panorama. Au menu figurent des plats du terroir (lapin confit à l'huile d'olive, daube de sanglier, flan d'aubergines) à prix raisonnables. Demandez une table près des baies vitrées ou en terrasse.

Château d'Esparron (☎ 04 92 77 12 05, fax 04 92 77 13 10, château@esparron.com, www.esparron.com ; doubles avec sdb et petit déj 110-200 € ; ouvert Pâques-Toussaint). C'est tout juste si le regard parvient à se détacher de ce château, qui trône majestueusement sur les hauteurs du village, toisant le lac et les habitations en contrebas. Bâti au XIIᵉ siècle, il appartient toujours à la même famille, qui l'a restauré en prenant soin de conserver son atmosphère et son style. On accède aux cinq chambres, dans une aile remaniée au XVIIIᵉ siècle, par un escalier à vis. Elles sont spacieuses, personnalisées, dotées de mobilier d'époque, et comportent chacune une cheminée et une antichambre. Le téléphone et la TV ont été bannis pour préserver l'esprit des lieux. Les petits déjeuners-buffet sont servis dans l'ancienne grande cuisine voûtée. Carte de crédit acceptée.

Moustiers-Sainte-Marie

Les bonnes fées du tourisme se sont penchées sur Moustiers. Prodigues, elles l'ont parée des plus beaux atours. Qu'elle a de l'allure, cette localité remarquablement

ALPES-DE-HAUTE-PROVENCE

située, inscrite dans un paysage spectaculaire, aux portes des gorges du Verdon, à une encablure du lac Sainte-Croix et du plateau de Valensole ! Tel un décor de crèche, elle s'étire en longueur, adossée à la falaise qui, à cet endroit, forme une immense voilure minérale qui n'en finit pas de captiver le regard. Moustiers est donc fort justement considérée comme l'un des plus beaux villages de France. Reste qu'elle n'est pas que matière à carte postale. Elle doit également une bonne partie de sa notoriété à sa production faïencière, réputée dans le monde entier.

Rançon de cette séduction débordante, la localité est littéralement saturée de touristes en été.

HISTOIRE

L'histoire de Moustiers est étroitement liée au développement des communautés religieuses qui s'installèrent sur le site dès le IVe siècle. Le XIe siècle voit l'établissement des moines de Lérins, qui contribuent à l'essor de la cité et poursuivent l'évangélisation de la région. Au XVe siècle, Moustiers entre dans le royaume de France. La cité connaît son heure de gloire avec la production faïencière, commencée au XVIIe siècle, mais qui périclitera progressivement à partir de la Révolution. Aujourd'hui, Moustiers retrouve une nouvelle jeunesse grâce au tourisme.

RENSEIGNEMENTS

L'office du tourisme (☎ 04 92 74 67 84, fax 04 92 74 60 65, moustiers@wanadoo.fr, www.ville-moustiers-sainte-marie.fr), rue Burgade, ouvre tous les jours, de 9h45 à 12h30 et de 14h à 19h15, en juillet-août, de 10h à 12h30 et de 14h à 18h15, en juin et septembre. Le reste de l'année, il fonctionne avec des horaires restreints.

L'office organise des visites guidées une fois par semaine.

FÊTES ET FESTIVALS

Du 31 août au 8 septembre, lors de la fête votive de la Diane, une procession défile dans le village tous les matins à 5h ; le 8 septembre, elle monte à la chapelle Notre-Dame de Beauvoir.

À la fin du mois de juin a lieu une fête historique, qui porte sur un thème différent chaque année.

À VOIR ET À FAIRE

Pour se familiariser avec l'histoire de la faïence moustiéraine, un petit tour s'impose au **musée de la Faïence** (☎ 04 92 74 61 64 ; *entrée 1,50/0,75 € adultes/enfants ; ouvert tlj sauf mar avr-oct 9h-12h et 14h-18h, juil-août jusqu'à 19h, vacances scolaires 14h-17h sauf mar et week-end, fermé janv*). On admirera les œuvres des grands faïenciers qui ont contribué à la réputation de la ville : Clérissy, Olerys et Laugier, Ferrat et Fouque, en particulier. L'évolution des décors, des techniques et des styles est également évoquée.

Trônant au centre du village, l'**église Notre-Dame** se signale par son magnifique clocher roman, à trois étages, d'inspiration lombarde. Levez ensuite le regard vers la falaise ; dominant la localité, perchée sur un ressaut de la paroi rocheuse et entourée de quelques cyprès, la **chapelle Notre-Dame de Beauvoir**, construite au XIIe siècle, est accessible par un chemin escarpé (comptez environ 30 minutes de montée). De ce nid d'aigle, une vue à couper le souffle surplombe la ville, la vallée et le plateau de Valensole. Au-dessus, la curiosité et le symbole de la ville, l'**étoile de Moustiers**, surprend le visiteur : une longue chaîne tendue entre les deux parois rocheuses taillées par le torrent du Riou supporte une grande étoile dorée, copie d'un original qui aurait été rapporté par un croisé au XIIe siècle en remerciement de son retour au pays, sain et sauf.

Au départ de Moustiers, le **chemin de Tréguier** constitue une agréable promenade de 4 km aller-retour, sans difficulté. Le sentier commence au parking du haut du village (balisage jaune). Vous découvrirez de superbes paysages, dont le ravin de Vénascles et le ravin d'Angouire. Demandez la brochure à l'office du tourisme.

Les propriétaires de la chambre d'hôtes Le petit Ségriès (voir *Où se loger*), spécialistes de VTT, organisent des sorties accompagnées en **VTT** (32 € la journée), et louent des deux-roues (19 € la journée).

La faïence de Moustiers : histoire d'une épopée artisanale

Moustiers a acquis une notoriété internationale dans le domaine de la production faïencière. Dès la fin du XVIIᵉ siècle, un certain Pierre Clérissy, ancien potier, se fait remarquer et devient "maître fayenssier". L'essor de la production est encouragée par le roi Louis XVI, qui voit là un moyen commode de renflouer les caisses du royaume. Pour répondre à une demande qui va sans cesse croissante, divers ateliers se créent dans la ville au début du XVIIIᵉ siècle, dans le sillage de la famille Clérissy. La faïence de Moustiers, à son apogée, bénéficie d'une renommée établie auprès des différentes cours d'Europe. De cette époque, on retiendra les noms d'Olérys, Fouque, Pelloquin, Ferrat et Féraud, entre autres.

Le XIXᵉ siècle sonne le glas de cette belle aventure. Les goûts changent, les techniques vieillissent, les tarifs sont dissuasifs, et de nouvelles productions artisanales, dont la porcelaine, détrônent la faïence. Les fours s'éteignent un à un. L'épopée faïencière n'est pas pour autant révolue. En 1927, un certain Marcel Provence, passionné par cet artisanat, ne renonce pas et lui redonne une seconde vie en rallumant un four. D'autre ateliers suivent. Depuis, la flamme ne s'est plus éteinte et la faïence de Moustiers a retrouvé toutes ses lettres de noblesse, dopée par l'essor d'une nouvelle industrie, le tourisme. Aujourd'hui, 19 ateliers de faïence perpétuent cette tradition multiséculaire.

OÙ SE LOGER

Camping-Ferme de Vincel (☎ 04 92 74 67 39, *ferme de Vincel ; adultes/enfants 3/2,50 € ; ouvert 15 avril-15 oct*). La nature, rien que la nature, à perte de vue ! Au pied du Montdenier, à 500 m avant le gîte de Venascles (voir ci-dessous), soit à 17 km de Moustiers par la route et la piste, cette aire naturelle de camping, bien aménagée et partiellement ombragée, ravira les amateurs de grands espaces. Il est possible de louer trois caravanes et des barbecues sont mis à disposition. Vous pourrez prendre vos repas au gîte de Venascles (voir ci-dessous).

Camping Maynasse (☎ 04 92 74 66 71, *fax 04 92 74 62 28, Moustiers-Sainte-Marie ; emplacement 3 €, adultes/enfants 3/1,50 € ; ouvert avr-Toussaint*). Ce deux-étoiles très correct bénéficie d'un emplacement idéal, à environ 900 m du centre de Moustiers. La vue sur la localité, adossée aux falaises, est imprenable.

Gîtes et chambres d'hôtes

Gîte de Venascles (☎/*fax 04 92 74 67 36, ☎ 04 92 74 62 18, info@gite-moustiers, www.gite-moustiers.com ; lit en dortoir et petit déj 18,50 €, location draps 3,80 €,*

chambre d'hôtes avec sdb 23 €/pers, demi-pension en dortoir/chambre d'hôtes 27,50/34 € ; ouvert Pâques-Toussaint). Un vrai rêve de citadin que ce gîte-chambre d'hôtes perché à 1 000 m d'altitude, au pied du Montdenier. Silence absolu, paysages à la Giono, ambiance de premier matin du monde… À vol d'oiseau, Moustiers n'est qu'à 4 km (accessible par un sentier, 1 heure de marche). Par la route et la piste, en revanche, comptez 17 km (prendre la direction de Riez puis, à environ 5 km, emprunter la bifurcation à droite en direction du hameau de Venascles). Vous logerez dans l'un des trois dortoirs de quatre lits, dans celui de huit (sanitaires communs), ou dans l'une des deux chambres d'hôtes, dans un petit bâtiment à l'écart de la bâtisse principale. Confort et propreté caractérisent ce gîte, tenu par un ancien apiculteur, très aimable. Vous dînerez dans une salle rustique, aménagée dans une ancienne bergerie joliment rénovée et frangée de vigne vierge, ou sur la terrasse, face au Montdenier. Pour les parapentistes, une navette peut les conduire jusqu'au site d'envol, à quelques kilomètres, visible du gîte.

Le Petit Ségriès (☎/*fax 04 92 74 68 83 ou ☎ 06 11 53 34 48, gite.petit.segries@free.fr,* *http://gite.petit.segries.free.fr, Le Petit Ségriès ; simples/doubles avec petit déj 29/40 €, avec sdb 34/45 €, table d'hôtes 13 € ; ouvert à l'année).* Un couple jeune et dynamique préside aux destinées de cette chambre d'hôtes ouverte en avril 2001, à 300 m de la D952 entre Moustiers et Riez, au bord de la piste menant au hameau de Venascles. Les chambres du rez-de-chaussée se partagent des sanitaires impeccables. La décoration est sobre jusqu'à l'épure, mais lumineuse et ensoleillée, et la propreté, chirurgicale. Les chambres à l'étage (en cours de réalisation lors de notre venue) possèdent une s.d.b. Les sportifs seront comme chez eux : Sylvie et Noël, des pros du VTT, proposent la location ou des sorties accompagnées (voir *À voir et à faire*). Au dîner, vous dégusterez des produits de l'exploitation (agneau, lapin, légumes et fruits).

Monastère de Ségriès *(☎ 04 92 74 64 32, fax 04 92 74 64 22, monastère de Ségriès ; demi-pension 71 €/pers sur la base de 2 pers ; ouvert avr-Toussaint).* Une adresse rêvée pour la paix de l'âme… Vous avez bien lu : cette maison d'hôtes occupe un ancien monastère édifié par des moines au XIVe siècle, à environ 600 m à l'écart de la D952 et à 6,5 km avant Moustiers, isolé dans une magnifique propriété arborée. Les chambres, avec s.d.b., sont plutôt conventionnelles mais le cadre, franchement séduisant. Pensez à réserver longtemps à l'avance.

La Bouscatière *(☎ 04 92 74 67 67, fax 04 92 74 65 72, tonia@labouscatiere.com, www.labouscatiere.com, chemin Marcel-Provence ; chambres 130-162 € ; fermé nov-déc et janv-15 mars).* Une chambre d'hôtes ? Non, une "demeure d'hôtes". Nuance ! Idéalement située à deux pas de l'office du tourisme, la Bouscatière est un ravissement. La propriétaire, décoratrice, a donné une touche personnelle et sensible à cette maison, accrochée à la falaise, qui servit autrefois de lieu d'entreposage de moules et de bois de chauffe. Les cinq chambres, rustiques et confortables, témoignent d'un goût certain. "Pauline" est aménagée dans une ancienne cuisine, avec la douche taillée dans la falaise ; "Maïa" profite d'une immense s.d.b., de meubles

anciens, de poutres et de tableaux ; "Ellen" se distingue par une petite terrasse creusée dans la falaise. Au 3e étage, une vaste pièce paysanne fait office de séjour et donne sur le jardin "suspendu", que rien ne laisse deviner de l'extérieur, ombragé de tilleuls et d'un micocoulier, où l'on prend le petit déjeuner. La chambre "La Chapelle", installée dans ce jardin, possède une s.d.b. avec robinetterie en cuivre.

La Bastide des Oliviers *(☎ 04 92 74 61 10 ou ☎ 06 08 16 11 79, bastide.des.oliviers@wanadoo.fr, Les Claux, chemin de l'Adret ; simples/doubles avec petit déj 100/115 € haute saison ; ouvert à l'année).* Autre demeure d'hôtes de standing, légèrement à l'écart de la localité (donc pas de problème de parking en été), cette bastide comprend une petite piscine et quatre chambres coquettes et lumineuses, à la décoration épurée, bénéficiant d'une jolie vue sur Moustiers et les falaises.

L'Escalo *(☎ 04 92 74 69 93, rue de la Bourgade ; doubles avec sdb et petit déj 46-52 € ; ouvert 15 nov-15 mars).* Au cœur de la localité, L'Escalo propose quatre chambres d'un confort très honorable. Le petit déjeuner est servi dans un jardin suspendu.

Hôtels

Le Relais *(☎ 04 92 74 66 10, fax 04 92 74 60 47, le.relais@wanadoo.fr, www.lerelais-moustiers.com ; chambres avec lavabo 43 € haute saison, avec sdb 54-74 € haute saison ; fermé 20 nov-20 déc et janv).* Merveilleusement bien situé, au cœur de Moustiers, cet hôtel occupe un bâtiment saumon, à l'aplomb de la cascade, dominant la vallée (ses 18 chambres ne donnent malheureusement pas toutes de ce côté). À défaut d'une décoration imaginative, le niveau de confort et d'équipement est très honorable. À noter : il n'y a que deux chambres à 43 €, très ordinaires.

Auberge Le Clos des Iris *(☎ 04 92 74 63 46, fax 04 92 74 63 59, closdesiris@wanadoo.fr, www.activ-way.com/closdesiris, chemin de Quinson ; doubles 64 €, suites 99 € haute saison ; ouvert à l'année).* En contrebas de la ville, entre les deux ronds-points, sur le chemin menant à la Bastide de

Moustiers (voir ci-dessous), cet établissement bien tenu, au calme et doté d'un certain charme, comporte plusieurs bungalows en rez-de-jardin, disséminés dans une belle propriété, noyée dans la végétation. Les chambres sont coquettes et confortables.

La Bastide de Moustiers (*☎ 04 92 70 47 47, fax 04 92 70 47 48, contact@bastide-moustiers.com, www.bastide-moustiers. com, chemin de Quinson ; chambres 153-267 € ; ouvert à l'année*). Oasis de luxe et de raffinement, cette magnifique auberge, installée dans une demeure de caractère du XVIIᵉ siècle, se niche dans un parc de 4 ha et mérite amplement ses quatre-étoiles. Certaines des douze chambres, toutes de véritables cocons douillets, possèdent un accès Internet. Des VTT sont à disposition. Ajoutons que le restaurant (voir *Où se restaurer*) est un Ducasse… Bref, une adresse rêvée pour un week-end romantique.

OÙ SE RESTAURER

La Table du Lutin (*☎ 04 92 74 69 16, rue Sainte-Anne ; plats 10-23 €, menus 16/23/30 €, formule 15 € au déj ; ouvert tlj en saison, fermé dim soir et lun en moyenne saison, ouvert le week-end en hiver*). On est conquis par le décor chaleureux et coquet de ce restaurant situé dans une ruelle paisible, proche du centre du bourg. La cuisine, fraîche et inventive, met l'eau à la bouche : caille sauce champagne et tandoori, tranche de gigot d'agneau des Alpes au miel et au vinaigre balsamique, et d'alléchantes "assiettes repas". En été, vous apprécierez d'autant plus ces mets sur la terrasse. Le nombre de couverts étant limité, pensez à réserver, surtout le soir.

La Ferme Sainte-Cécile (*☎ 04 92 74 64 18, quartier Saint-Michel ; menu-carte 42 €, menu déj 20 €, menu enfant 11 € ; fermé lun haute saison, dim soir et lun en basse saison, et 15 nov-15 déc*). Quittez Moustiers en direction de Castellane et vous parviendrez rapidement à la Ferme Sainte-Cécile, une halte gastronomique, au cadre romantique et chic sans solennité. Une terrasse, des murs en pierre, des tables joliment dressées, un service à la hauteur et une cuisine fine (pigeonneau fermier de Valensole et polenta,

croustillant d'anchois frais marinés, royaltine aux framboises fraîches et glace au miel) feront votre bonheur.

La Bastide de Moustiers (*☎ 04 92 70 47 47, chemin de Quinson ; menus 35/45 € ; fermé mer et jeu 15 déc-fév*). Offrez-vous un grand chef ! Dans le cadre feutré de cette luxueuse auberge (voir *Où se loger*), vous savourerez une cuisine de haute volée qui magnifie les saveurs provençales. Fougasse Riviera et salade d'oseille du potager, jarret de veau glacé au four avec palet de courge et côtes de salades, fromages affinés du plateau de Valensole, millefeuilles aux pêches… Un grand moment d'épicurisme, somme toute abordable compte tenu de la qualité de l'établissement.

Le Blacas (*☎ 04 92 74 65 59, chemin de Quinson ; plats 14,50-18,50 €, menus 22/30 € ; fermé jeu et sam midi*). Johnny, le talentueux jeune chef, a travaillé pour Ducasse et a exercé à New York. Avec son épouse, il vous reçoit dans un mas moderne, à 200 m avant la Bastide de Moustiers. Il privilégie une cuisine soignée, parfumée aux senteurs du Midi, comme en témoignent le mignon de porc et ses petits farcis, ou les *piquillos* farcis à la brandade de cabillaud, sauce à l'encre de calmar. Pensez à réserver, car le nombre de couverts est limité.

La Treille Muscate (*☎ 04 92 74 64 31, place de l'Église ; plats 22-23 €, menus 20 et 22 € ; ouvert tlj en saison, fermé mer soir et jeu hors saison*). Amateurs de mets fins et délicats, vous êtes à bonne enseigne. En plein centre, dans une petite salle en pierre prolongée par une terrasse, en surplomb de la rivière, la Treille Muscate régale les hédonistes avec une cuisine subtile et inventive puisant résolument son inspiration dans le répertoire provençal : rosace de caillette en salade avec sa vinaigrette au jus de truffe, dos de saumon poêlé aux olives noires accompagné de légumes croquants au basilic, cuissot de canard au miel… La présentation des plats est une petite prouesse esthétique. Aux murs, quelques tableaux, des appliques lumineuses et des assiettes en faïence donnent une touche personnelle au lieu. Dommage que l'espace entre les tables soit aussi restreint.

COMMENT S'Y RENDRE

La ligne de bus Marseille-Castellane (☎ 04 42 54 72 82) dessert Aix, Gréoux-les-Bains, Riez, Moustiers, La Palud-sur-Verdon et Rougon.

Gréoux-les-Bains

À une coudée du parc naturel régional du Verdon et de ses merveilles, proche du plateau de Valensole et de son tapis de lavande, Gréoux bénéficie d'une position enviable. L'adjonction "les Bains" n'est pas une coquetterie de langage : la ville est une station climatique et thermale très connue. L'ambiance s'en ressent : les soirées sont fort calmes, les tarifs des hébergements, plutôt élevés et le style des visiteurs, pas vraiment extravagant. Peu importe, la ville mérite une halte, ne serait-ce que pour déambuler dans ses ruelles anciennes ombragées ou monter au château qui domine la ville.

RENSEIGNEMENTS
Office du tourisme

L'office du tourisme (☎ 04 92 78 01 08, fax 04 92 78 13 00, tourisme@greoux-les-bains.com, www.greoux-les-bains.com), 5 av. des Marronniers, ouvre du lundi au samedi, de 9h à 12h et de 14h à 18h, et le dimanche, de 9h à 12h et de 16h à 18h, en saison. Le reste de l'année, il pratique en principe les mêmes horaires, mais ferme le dimanche après-midi.

FÊTES ET FESTIVALS

Début février, la fête de la Truffe honore le précieux champignon. Fin avril, les Journées gastronomiques font la part belle aux produits régionaux, à l'occasion d'un grand marché du terroir. Les restaurants sont de la partie. En juillet-août, place à la Saison artistique : des concerts, des pièces de théâtre et diverses animations se déroulent dans le cadre prestigieux du château. Une foire aux Santons a lieu à la fin du mois d'octobre.

À VOIR ET À FAIRE

On prend plaisir à déambuler dans le réseau des ruelles de la vieille ville, pelotonnée autour du **château des Templiers**, dont l'imposante silhouette rectangulaire semble veiller sur Gréoux comme une figure tutélaire. Il daterait du XIᵉ siècle. Après avoir appartenu aux templiers, il est passé entre les mains de plusieurs familles. La **Salle des Gardes** (☎ *04 92 74 22 07*) accueille diverses manifestations culturelles, notamment des expositions. La cour abrite des spectacles de théâtre, de danse et de musique (demandez le programme à l'office du tourisme).

Remarquez également le sobre ordonnancement de l'**église Notre-Dame des Ormeaux**, au centre du village.

Légèrement à l'écart du centre-ville, au sud (en direction de Vinon), la **crèche de Haute Provence** (☎ *04 92 77 61 08, 36 av. des Alpes ; entrée 4/2,50 € adultes/enfants ; ouvert mars-déc, mar-dim 10h-12h et 14h30-18h en hiver, mar-sam 10h-12h et 14h30-19h en été*) vaut le coup d'œil. Vous admirerez la reconstitution d'un village de Haute Provence de la fin du XIXᵉ siècle. L'ensemble s'étale sur 180 m² et comporte 300 santons en terre cuite, mis en valeur par un spectacle son et lumière toutes les demi-heures. Le passage par la boutique clôt la visite.

L'**Iris Bleu** (☎ *04 92 74 27 85, 3 rue Grande ; entrée 6/3 € adultes/enfants ; visites lun-ven 14h/15h30, fermé en août*) est un atelier-musée consacré au vitrail. La visite commentée vous familiarisera avec cet art très particulier.

La **maison Pauline** (*rue Grande ; entrée 1,50 € ; ouverte lun-ven 10h-12h et 14h30-18h30 avr-oct*) est la reconstitution d'une maison provençale de la seconde moitié du XIXᵉ siècle. Divers éléments ont été remis en situation (cuisine avec potager, chambre à coucher, vêtements d'enfants, etc.).

Les environs de Gréoux, sillonnés de plus de 230 km de sentiers balisés, se prêtent parfaitement à la pratique du **VTT**. Des circuits accompagnés, de difficulté variable, sont proposés au départ de l'office du tourisme. Demandez le programme à ce dernier ou consultez le site www.vttverdon.com. Il existe également un réseau de sentiers de **randonnée**.

OÙ SE LOGER ET SE RESTAURER

Gréoux s'enorgueillit du plus grand parc hôtelier du département mais les bonnes affaires sont rares.

Hôtel-Restaurant du Grand Jardin (☎ 04 92 70 45 45, fax 04 92 74 24 79, a.vidal@ wanadoo.fr, www.le-grand-jardin.com, av. des Thermes ; chambres 49-65 € ; plats 17-18 €, menus 22/25/27/35 €, menu enfant 10 € ; fermé déc-fév). À l'entrée de Gréoux, à 400 m de la vieille ville, ce deux-étoiles de bon standing à la façade colorée offre des chambres confortables et des infrastructures de qualité, dont une jolie piscine à l'arrière du bâtiment, un court de tennis et un grand parc arboré. Demandez plutôt les chambres côté jardin. Le restaurant, dans une salle lumineuse, face à la piscine, jouit d'une bonne renommée. Vous goûterez des spécialités régionales bien préparées, telles un duo de lapin braisé sur un risotto d'épeautre crémeux à la duxelles de champignons ou le tournedos de saumon poêlé à la brunoise de tomate sur un tian de courgette à l'italienne.

Le Logis de la Rose (☎ 04 92 70 46 80, fax 04 92 70 46 81, 25 rue Grande ; simples/doubles 23/30 € avec lavabo, 35/41 € avec sdb et terrasse ; plats 7-20 €, menus 11/14/18/24 € ; fermeture annuelle jan). Idéalement situé au cœur de Gréoux, cet établissement pratique des tarifs avantageux, compte tenu de son emplacement, et propose des chambres sans superflu mais convenables. Les avis recueillis en ce qui concerne le restaurant sont plutôt favorables. Sur la carte figurent des viandes, des poissons et des pizzas, le tout mâtiné d'influences provençales (bar grillé au fenouil et faux-filet aux girolles et aux pleurotes, entre autres).

Ferme de La Colle (☎ 04 92 78 07 65, fax 04 92 78 09 00, andreas.muller@pacwan.fr, ferme de La Colle ; simples/doubles avec petit déj 20/34 €, demi-pension 34 € ; ouvert à l'année). Cette chambre d'hôtes est à retenir pour la qualité de l'hébergement, la convivialité de la maisonnée, le calme et l'agrément des lieux. À 3 km de Gréoux, en direction de Valensole, totalement isolée, cette agréable bâtisse provençale, pleine de recoins, est admirablement restaurée et très bien tenue. Ici une kitchenette ou un escalier, là une chambre ou une porte dérobée, le tout embelli de bibelots… Il y règne une ambiance de maison de campagne, conforme à ce que l'on peut imaginer. Les 6 chambres, simples et rustiques, toute différentes (certaines ornées de pierres apparentes), se partagent plusieurs sanitaires, d'une propreté exemplaire. La table d'hôtes a bonne réputation (19 €, apéritif et infusion compris). On peut faire soi-même la cuisine. À noter : certaines chambres sont accessibles aux personnes handicapées.

Aux Douceurs de Provence (☎ 04 92 78 13 85, 4 place de l'Hôtel-de-Ville ; consommations 1,50-3 € ; fermé dim après-midi hors saison). Offrez-vous une pause dans cette biscuiterie-confiserie, petit îlot de gourmandise tout proche de la mairie, dans une rue piétonne animée. Aux beaux jours, quelques tables sont installées dans la rue. Choisissez un café d'Éthiopie ou du Brésil ou, mieux encore, un chocolat chaud maison, divinement onctueux, accompagné de croquants ou de navettes.

La Terrasse (☎ 04 92 74 23 24, av. des Marronniers ; plats 6-11 €, ouvert maioct). C'est un point de passage bien commode, central, ombragé par des marronniers, idéal pour manger sur le pouce. Au choix : tartines, grillades, pâtes, sandwiches chauds et plats du jour.

Chez Bérengère (☎ 04 92 74 24 41, rue de l'Hôpital ; menu 14,50 € le midi, 21,50 € le soir ; ouvert tlj en saison, fermé lun et le soir hors saison, et une partie de l'hiver). C'est une forte personnalité qui préside aux destinées de ce restaurant familial, situé dans la vieille ville. D'ailleurs, l'heure, c'est l'heure : au déjeuner, le dernier service est à 13h, et le soir à 20h. La propriétaire ne s'en cache pas : elle fonctionne à l'humeur, et sa cuisine reflète son tempérament. Les menus sont particulièrement copieux : à midi, vous aurez droit à un apéritif, deux entrées, un plat garni, du fromage, un dessert, un café et du vin. Celui du soir comprend trois plats principaux ! Le cadre vaut aussi le coup d'œil : les quelques tables sont disposées dans un antre voûté, agrémenté d'une fresque pro-vençale. Un bon moyen d'échapper au train-train des restaurants des hôtels pour curistes. Réservation conseillée.

Le Jardin des Lilas (☎ 04 92 78 11 45, 7 rue des Lilas ; plats 6-12 €, fermé mar soir et mer). Dans une ruelle discrète, on vous servira en toute simplicité, en terrasse ou en salle, une cuisine légère aux accents provençaux : crêpes sucrées, salées, salades composées (dont la salade de poulet au miel et à l'estragon) et une spécialité, le fromage de chèvre du pays pané et fondu, accompa-gné de pommes de terre, de salade, de tomates et d'une tapenade sur pain grillé.

Hôtel-Restaurant Les Alpes (☎ 04 92 74 24 24, fax 04 92 74 24 26, 19 av. des Alpes ; simples/doubles en demi-pension 60/90-74/103 € ; plats 13-20 €, menus 16/22/23/35€, fermé dim soir et lun, ouvert mars-15

nov). Valeur sûre, ce deux-étoiles moderne, fonctionnel et tout confort, occupe une belle bâtisse couleur ocre, agrémentée de volets lavande. Une piscine est installée à l'arrière. Le restaurant a bonne presse et prépare une cuisine provençale classique. Laissez-vous tenter par le menu Terroir au miel de lavande (23 €) : chèvre chaud au miel de lavande, magret de canard au miel de Valensole, fromage et glace artisanale au miel et à la cannelle.

COMMENT S'Y RENDRE

La gare SNCF la plus proche se trouve à Manosque, à 15 km. En bus, la ligne régu-lière Marseille-Castellane (☎ 04 42 54 72 82) dessert Aix, Gréoux, Riez, Moustiers, La Palud-sur-Verdon et Rougon. Il existe également des liaisons avec Manosque (☎ 04 92 78 03 57).

Langue

Le provençal (*lou prouvençau*) est un dialecte de la langue d'oc, ou occitan, née elle-même d'une langue gallo-romaine puisant termes et grammaire dans l'italien, l'espagnol et le catalan. Aux XIIe-XIIIe siècles, les troubadours ont donné au provençal un intense rayonnement culturel. À partir de cette époque, le provençal devient en effet progressivement la langue commune et courante de toutes les régions méridionales, dépassant ainsi les multiples rivalités qui prévalaient alors. Avec le latin, la langue d'oc est ainsi la seule utilisée dans les actes officiels.

Les différences régionales n'apparaissent qu'au XIVe siècle. En 1539, l'édit de Villers-Cotterêts (voir la rubrique *Histoire* du chapitre *Présentation de la Provence*) impose l'usage du français dans l'administration, contribuant à effacer l'usage du provençal. Toutefois, jusqu'au lendemain de la Seconde Guerre mondiale, il demeure largement parlé dans les campagnes, voire dans certaines villes.

La langue littéraire, quant à elle, s'éclipse après le XIIIe siècle pour ne renaître qu'au XIXe siècle, avec le *félibrige*, dont Frédéric Mistral est l'un des plus fervents défenseurs (consultez la rubrique *Arts* du chapitre *Présentation de la Provence*).

De nos jours, le provençal demeure surtout une langue de culture, même si son enseignement rassemble chaque année de plus en plus d'élèves. Les membres actuels du félibrige sont ainsi des personnalités très actives de l'Université d'Aix-Marseille (☎ 04 42 26 23 41, info@felibrige.com, www.felibrige.com), 8*bis* av. Jules-Ferry, 13100 Aix-en-Provence. D'autre ouvements, comme L'Astrado, Parl   L'Union Prouvençalo pour ne ci   rticipent également à la diffu   al.

              nçal demande à
              e prononciation.
              (é)

ch se dit **tch** comme dans tchacher (discuter)
j se prononce **dj**
au et eu se prononcent **aou** et **éou**
èu, iu et òu s'énoncent **èou**, **ïou** et **o-ou**
Enfin, les consonnes à la fin des mots ne se prononcent pas, exceptés le n et le r.

Lexique

lou, la, li	le, la, les
un, uno	un, une
aièr	hier
aigo	eau
aerouport	aéroport
avengudo	avenue
avioun	avion
banco	banque
barra	fermé
bihet	billet
boutigo	magasin
bus	bus
cafè	café
camin	chemin
carto poustalo	carte postale
castèu	château
carriero	rue
chambro	chambre
clau	clef
dejuna	déjeuner
deman	demain
dina	dîner
drecho	droite
dubert	ouvert
enfourmacioun	information
estacioun	gare
espitau	hôpital
farmacio	pharmacie
femo	femme
gaucho	gauche
glèiso	église

Un peu de conversation

o, vouei	*oui*
noun, nàni	*non*
se vous plais	*s'il vous plait*
merci, gramaci	*merci*
bon-jour	*bonjour*
bon-vespre	*bonsoir*
adiéu	*salut*
adessias, au revèire	*au revoir*
e, coumo vai ?	
comment ça va ?	
escusas, perdoun	
pardon, excusez-moi	
quant costo ?	
combien ça coûte ?	
parlas prouvençau ?	
parlez-vous Provençal ?	

intrado	entrée
jour	jour
libre	libre
loujamen	logement
matin	matin
mar	mer
mountagno	montagne
niue	nuit

ome	homme
òucupa	occupé
oustalarié	hôtel
pan	pain
pàti	toilettes
plaço	place
plajo	plage
partito	départ
pichot	enfants
pouliço	police
pont	pont
port	port
posto	poste
quèi	quai
rebalum	menu
restaurant	restaurant
routo	route
sau	sel
sero	soir
sou	argent
sourtido	sortie
telefone	téléphone
timbre	timbre
trin	train
tout dre	tout droit
valado	vallée
vin	vin
vespre	après-midi

Glossaire

Outre ce glossaire, cet ouvrage comprend un lexique du vocabulaire taurin (voir la section *Taureaux, tauromachie et férias* au chapitre *Présentation de la Provence*), ainsi qu'un répertoire des termes gastronomiques (section *Saveurs provençales* du chapitre *Renseignements pratiques*).

aiguier – du provençal *aigo* qui signifie eau ; réservoir d'eau de pluie creusé dans la roche calcaire du plateau des monts de Vaucluse

acrotère – en architecture, ornement saillant au coin d'un fronton (vous en verrez à Arles, notamment).

aficionados – amateurs éclairés de corrida, ayant la connaissance précise des règles et des coutumes.

andrônes – typiques des villes provençales, les andrônes désignent des passages couverts, souvent étroits et voûtés, qui passent sous les maisons. Le cœur de Sisteron en présente quelques beaux exemples.

bastide – de l'ancien provençal, *bastida* ; s'il désigne aujourd'hui une ferme ou une maison importante, la bastide englobait autrefois l'ensemble des bâtiments des domaines agricoles, notamment dans le pays aixois.

bauxite – Les Baux-de-Provence ont donné son nom à cette roche sédimentaire, de couleur blanche, brune ou rouge, dont on extrait l'aluminium. L'extraction de la bauxite, qui a commencé au XIXe siècle, a perduré en Provence jusqu'aux années 1990.

borie – petites habitations traditionnelles, construites en pierres sèches, sans mortier, de la toiture aux murs.

bourri... – du provençal *bourrido* ou *bou-lido...* n fait bouillir ; sorte de bouilla-b...

... de l'intérieur, qui donne ... transparence à deux ... usues ensemble à la ...uivant le contour ... tradition veut

qu'une jeune fille prépare son trousseau de future mariée en confectionnant elle-même, à la main, son propre boutis.

brandade – le provençal *brandar* (remuer) a baptisé cette spécialité nîmoise.

cadière – imposantes masses calcaires aux formes étranges, apparentées à des chaises (*cadièra* en provençal).

calade – rue pavées de galets ou de pierres

calanque – de cala, crique ; crique étroite et allongée, aux parois rocheuses escarpées.

campanile – petit clocher d'église.

carrière – du provençal *carriera* signifiant rue ; au XVe siècle, dans les villes provençales, les carrières sont les quartiers habités par les juifs.

clue – mot local désignant une fracture, une dépression dans la roche.

corrida – spectacle tauromachique, au cours duquel les taureaux sont mis à mort.

corso – cortège de chars lors d'une fête.

coussous – étendue de galets polis par le vent, où pousse une végétation rase, voué au pâturage des moutons pendant les mois de printemps ; désert caillouteux en été

Drac – monstre du Rhône enlevant lavandières, enfants et hommes près du fleuve.

épeautre – blé rustique, hier consommé en abondance, très peu cultivé aujourd'hui.

félibre – (mot provençal) poète ou écrivain en langue d'oc et adepte du félibrige.

félibrige – école littéraire née en Provence (1854) sous l'impulsion de jeunes poètes, désireux de faire renaître la langue provençale et une littérature méridionale écrite en langue d'oc.

féria – fête annuelle, conciliant courses de vachettes ou de taureaux, courses camarguais et corridas. Les principales férias sont celles de Nîmes (féria de Pentecôte, féria de Primavera, féria des Vendanges en septembre) et d'Arles (féria de Pâques et féria du Riz en septembre).

ferrade – triage et marquage des jeunes taureaux ou des chevaux.

galoubet – petite flûte provençale.
garance – plante cultivée autrefois pour le colorant rouge extrait de sa racine
gardian – de *gardar*, garder en provençal ; gardien d'une *manade* en Camargue.
gardiane de taureau (gastronomie) : daube
garrigue – végétation méditerranéenne poussant sur les sols calcaires (chênes kermès, ciste, arbousier, myrte, lavande, thym…).

indiennes – toiles de coton arrivées des Indes (XVIe siècle), imprimées ou peintes, dont les motifs colorés ont immédiatement séduit la France de Louis XIV. Les draperies et manufactures, notamment provençales, ont repris les techniques d'impression pour créer leurs propres tissus.

jas – bergerie, en ancien provençal.

lauzes – pierres blanches et fines (visibles notamment dans le Ventoux).
lavandin – hybride obtenu par la pollinisation de la lavande fine et de l'aspic, produisant une essence de moins bonne qualité que la lavande fine.

magnanerie – bâtiment destiné à l'élevage du ver à soie ; pièce obscure où l'on plaçait les cocons des vers à soie jusqu'à leur éclosion et au dévidage du fil. Cet élevage eut son apogée à la fin du XVIIIe siècle. Une maladie du ver a mis fin à la sériciculture au XIXe siècle.
mail – allée bordée d'arbres
manade – du provençal *manado*, troupeau ; désigne un troupeau de taureaux ou de chevaux, surveillé par ses *gardians* en Camargue.
mas – désigne aujourd'hui une ferme ou une maison de campagne en Provence. Le mas désignait autrefois un domaine foncier, basé sur l'élevage, la culture de la vigne ou celle du riz.

mazet – petit mas.
mistral – vent fort, continu et froid, qui souffle du nord ou du nord-ouest vers la mer, dans la vallée du Rhône.

occitan – langue des régions du sud de la France ; on parle aussi de langue provençal ou de langue d'oc.
occitanie – ensemble des pays de langue d'oc.
oppidum – place-forte, ville fortifiée (*oppida* au pluriel).
oustau – maison de village, dont la construction se rapproche de l'habitat de montagne, caractérisé par des pièces hautes et étroites.

pastoralisme – élevage extensif, que l'on pratique surtout dans les zones semi-désertiques, fondé sur l'exploitation de la végétation naturelle.
primatie – titre attribué à certains sièges épiscopaux. Arles devint primatie des Gaules au Ve siècle.

roubines – nom donné dans le Midi aux entailles créées dans les régions sèches par de violentes averses.

telline – petits coquillages de sable.
tian – en Provence, désigne un récipient de terre cuite, ainsi que le met (sorte de pâté de légumes) cuit dans ce plat.
troubadour – de l'ancien provençal *trobar* signifiant "faire des vers" ; poète des XIIe-XIIIe siècle composant en langue d'oc. Les troubadours furent à l'origine d'une culture et d'un art de vivre fondé sur l'amour courtois.

vaudois – membre d'une secte religieuse fondée à la fin du XIIe siècle par Pierre Valdo ; poursuivis pour hérésie, les vaudois finit par adhérer à la Réforme protestante au XVIe siècle. Une forte communauté, installée dans le Luberon et la Haute Provence, fut persécutée lors des guerres de Religion.

Pour voyager en V.O.

CATALOGUE LONELY PLANET EN FRANÇAIS

Guides de voyage

Afrique du Sud, Lesotho et Swaziland
Andalousie
Asie centrale
Aquitaine et Pays basque
Athènes et les îles
Argentine (novembre 2005)
Australie
Bali et Lombok
Bolivie
Brésil
Bretagne et les îles
Bulgarie (septembre 2005)
Cambodge
Chine
Corée
Corse
Costa Rica
Croatie
Cuba
Égypte
Guadeloupe
Guatemala
Inde
Iran
Irlande
Italie
Laos
Louisiane
Madagascar
Maroc
Martinique
Mexique
Myanmar (Birmanie)
Népal
Norvège, Suède, Danemark et Finlande
    (septembre 2005)
Nouvelle-Calédonie
Ouest américain
Pérou
Portugal
ProvenceQuébec
Réunion, Maurice et Rodrigues
Sénégal
Sicile (septembre 2005)

Sri Lanka
Tahiti
Thaïlande
Toscane et Ombrie
Transsibérien
Tunisie
Turquie
Vietnam

Guides de villes

Barcelone
Berlin
Londres
Marseille
Naples et la Côte amalfitaine (septembre 2005)
New York
Rome

Les guides Citiz (week-ends et courts séjours)

Amsterdam
Barcelone
Bruxelles
Londres
Milan
Madrid
New York
Paris
Prague
Tokyo (juillet 2005)
Venise

Guides de conversation (nouveautés 2005)

Allemand (septembre 2005)
Croate (mai 2005)
Espagnol sud américain (mai 2005)
Italien (mai 2005)
Japonais (septembre 2005)
Mandarin (mai 2005)
Portugais brésilien (septembre 2005)

LONELY PLANET

GUIDES DE VOYAGE EN ANGLAIS

Leader mondial en édition de guides de voyage, Lonely Planet publie également plus de 500 titres en anglais et couvre presque la terre entière.

Les différentes collections : Les **travel guides** explorent des pays, des régions ou des villes, et s'adressent à tous les budgets, les **shoestring guides** couvrent l'ensemble d'un continent et s'adressent plutôt aux voyageurs qui ont plus de temps que d'argent, les **condensed guides** sont des guides de poche tout en couleurs, avec des photos et de nombreux plans, pour les séjours brefs dans une capitale, les **phrasebooks** sont de précieuses méthodes de conversation, les **walking guides et cycling guides** s'adressent aux marcheurs et cyclistes, les **world food guides** dressent une présentation exhaustive de l'art culinaire de certains pays, les **Out to Eat guides** recommandent les meilleurs restaurants et bars de quelques villes internationales, les **diving & snorkeling guides** donnent un descriptif complet des plus belles plongées d'une région ou d'un pays.

Existent également des **Atlas** routiers et des **cartes** des grandes villes du monde.

Pour vous procurer ces ouvrages, n'hésitez pas à vous adresser à votre libraire.

EUROPE : Amsterdam • Amsterdam City Map • Amsterdam Condensed • Andalucía • Athens • Austria • Baltic States phrasebook • Barcelona • Barcelona City Map • Belgium & Luxembourg • Berlin • Berlin City Map • Britain • British phrasebook • Brussels, Bruges & Antwerp • Brussels City Map • Budapest • Budapest City Map • Canary Islands • Catalunya & the Costa Brava • Central Europe • Central Europe phrasebook • Copenhagen • Corfu & the Ionians • Corsica • Crete • Crete Condensed • Croatia • Cycling Britain • Cycling France • Cyprus • Czech & Slovak Republics • Czech phrasebook • Denmark • Dublin • Dublin City Map • Dublin Condensed • Eastern Europe • Eastern Europe phrasebook • Edinburgh • Edinburgh City Map • England • Estonia, Latvia & Lithuania • Europe on a shoestring • Europe phrasebook • Finland • Florence • Florence City Map • France • Frankfurt City Map • Frankfurt Condensed • French phrasebook • Georgia, Armenia & Azerbaijan • Germany • German phrasebook • Greece • Greek Islands • Greek phrasebook • Hungary • Iceland, Greenland & the Faroe Islands • Ireland • Italian phrasebook • Italy • Kraków • Lisbon • The Loire • London • London City Map • London Condensed • Madrid • Madrid City Map • Malta • Mediterranean Europe • Milan, Turin & Genoa • Moscow • Munich • Netherlands • Normandy • Norway • Out to Eat – London • Out to Eat – Paris • Paris • Paris City Map • Paris Condensed • Poland • Polish phrasebook • Portugal • Portuguese phrasebook • Prague • Prague City Map • Provence & the Côte d'Azur • Read This First: Europe • Rhodes & the Dodecanese • Romania & Moldova • Rome • Rome City Map • Rome Condensed • Russia, Ukraine & Belarus • Russian phrasebook • Scandinavian & Baltic Europe • Scandinavian phrasebook • Scotland • Sicily • Slovenia • South-West France • Spain • Spanish phrasebook • Stockholm • St Petersburg • St Petersburg City Map • Sweden • Switzerland • Tuscany • Ukrainian phrasebook • Venice • Vienna • Wales • Walking in Britain • Walking in France • Walking in Ireland • Walking in Italy • Walking in Scotland • Walking in Spain • Walking in Switzerland • Western Europe • World Food France • World Food Greece • World Food Ireland • World Food Italy • World Food Spain Travel Literature: After Yugoslavia • Love and War in the Apennines • The Olive Grove: Travels in Greece • On the Shores of the Mediterranean • Round Ireland in Low Gear • A Small Place in Italy

AMÉRIQUE DU NORD : Alaska • Boston • Boston City Map • Boston Condensed • British Columbia • California & Nevada • California Condensed • Canada • Chicago • Chicago City Map • Chicago Condensed • Florida • Georgia & the Carolinas • Great Lakes • Hawaii • Hiking in Alaska • Hiking in the USA • Honolulu & Oahu City Map • Las Vegas • Los Angeles • Los Angeles City Map • Louisiana & the Deep South • Miami • Miami City Map • Montreal • New England • New Orleans • New Orleans City Map • New York City • New York City City Map • New York City Condensed • New York, New Jersey & Pennsylvania • Oahu • Out to Eat – San Francisco • Pacific Northwest • Rocky Mountains • San Diego & Tijuana • San Francisco • San Francisco City Map • Seattle • Seattle City Map • Southwest • Texas • Toronto • USA • USA phrasebook • Vancouver • Vancouver City Map • Virginia & the Capital Region • Washington, DC • Washington, DC City Map • World Food New Orleans Travel Literature: Caught Inside: A Surfer's Year on the California Coast • Drive Thru America

AMÉRIQUE CENTRALE ET CARAÏBES : Bahamas, Turks & Caicos • Baja California • Belize, Guatemala & Yucatán • Bermuda • Central America on a shoestring • Costa Rica • Costa Rica Spanish phrasebook • Cuba • Cycling Cuba • Dominican Republic & Haiti • Eastern Caribbean • Guatemala • Havana • Healthy Travel Central & South America • Jamaica • Mexico • Mexico City • Panama • Puerto Rico • Read This First: Central & South America • Virgin Islands • World Food Caribbean • World Food Mexico • Yucatán

LONELY PLANET

AMÉRIQUE DU SUD : Argentina, Uruguay & Paraguay • Bolivia • Brazil • Brazilian phrasebook • Buenos Aires • Buenos Aires City Map • Chile & Easter Island • Colombia • Ecuador & the Galapagos Islands • Healthy Travel Central & South America • Latin American Spanish phrasebook • Peru • Quechua phrasebook • Read This First: Central & South America • Rio de Janeiro • Rio de Janeiro City Map • Santiago de Chile • South America on a shoestring • Trekking in the Patagonian Andes • Venezuela

AFRIQUE : Africa on a shoestring • Botswana • Cairo • Cairo City Map • Cape Town • Cape Town City Map • East Africa • Egypt • Egyptian Arabic phrasebook • Ethiopia, Eritrea & Djibouti • Ethiopian Amharic phrasebook • The Gambia & Senegal • Healthy Travel Africa • Kenya • Malawi • Morocco • Moroccan Arabic phrasebook • Mozambique • Namibia • Read This First: Africa • South Africa, Lesotho & Swaziland • Southern Africa • Southern Africa Road Atlas • Swahili phrasebook • Tanzania, Zanzibar & Pemba • Trekking in East Africa • Tunisia • Watching Wildlife East Africa • Watching Wildlife Southern Africa • West Africa • World Food Morocco • Zambia • Zimbabwe, Botswana & Namibia

ASIE DU NORD-EST : Beijing • Beijing City Map • Cantonese phrasebook • China • Hiking in Japan • Hong Kong & Macau • Hong Kong City Map • Hong Kong Condensed • Japan • Japanese phrasebook • Korea • Korean phrasebook • Kyoto • Mandarin phrasebook • Mongolia • Mongolian phrasebook • Seoul • Shanghai • South-West China • Taiwan • Tokyo • Tokyo Condensed • World Food Hong Kong • World Food Japan

ASIE CENTRALE ET MOYEN-ORIENT : Bahrain, Kuwait & Qatar • Central Asia • Central Asia phrasebook • Dubai • Farsi (Persian) phrasebook • Hebrew phrasebook • Iran • Israel & the Palestinian Territories • Istanbul • Istanbul City Map • Istanbul to Cairo • Istanbul to Kathmandu • Jerusalem • Jerusalem City Map • Jordan • Lebanon • Middle East • Oman and the United Arab Emirates • Syria • Turkey • Turkish phrasebook • World Food Turkey • Yemen

SOUS-CONTINENT INDIEN : Bangladesh • Bengali phrasebook • Bhutan • Delhi • Goa • Healthy Travel Asia & India • Hindi & Urdu phrasebook • India • India & Bangladesh City Map • Indian Himalaya • Karakoram Highway • Kathmandu City Map • Kerala • Madagascar • Maldives • Mauritius, Réunion & Seychelles • Mumbai (Bombay) • Nepal • Nepali phrasebook • North India • Pakistan • Rajasthan • Read This First: Asia & India • South India • Sri Lanka • Sri Lanka phrasebook • Tibet • Tibetan phrasebook • Trekking in the Indian Himalaya • Trekking in the Karakoram & Hindukush • Trekking in the Nepal Himalaya • World Food India Travel Literature: The Age of Kali: Indian Travels and Encounters • Hello Goodnight: A Life of Goa • In Rajasthan • Maverick in Madagascar • A Season in Heaven: True Tales from the Road to Kathmandu • Shopping for Buddhas • A Short Walk in the Hindu Kush • Slowly Down the Ganges

ASIE DU SUD-EST : Bali & Lombok • Bangkok • Bangkok City Map • Burmese phrasebook • Cambodia • Cycling Vietnam, Laos & Cambodia • East Timor phrasebook • Hanoi • Healthy Travel Asia & India • Hill Tribes phrasebook • Ho Chi Minh City (Saigon) • Indonesia • Indonesian phrasebook • Indonesia's Eastern Islands • Java • Lao phrasebook • Laos • Malay phrasebook • Malaysia, Singapore & Brunei • Myanmar (Burma) • Philippines • Pilipino (Tagalog) phrasebook • Read This First: Asia & India • Singapore • Singapore City Map • South-East Asia on a shoestring • South-East Asia phrasebook • Thailand • Thailand's Islands & Beaches • Thailand, Vietnam, Laos & Cambodia Road Atlas • Thai phrasebook • Vietnam • Vietnamese phrasebook • World Food Indonesia • World Food Thailand • World Food Vietnam

AUSTRALIE ET PACIFIQUE : Aboriginal Australia & the Torres Strait Islands •Auckland • Australia • Australian phrasebook • Australia Road Atlas • Cycling Australia • Cycling New Zealand • Fiji • Fijian phrasebook • Healthy Travel Australia, NZ & the Pacific • Islands of Australia's Great Barrier Reef • Melbourne • Melbourne City Map • Micronesia • New Caledonia • New South Wales • New Zealand • Northern Territory • Outback Australia • Out to Eat – Melbourne • Out to Eat – Sydney • Papua New Guinea • Pidgin phrasebook • Queensland • Rarotonga & the Cook Islands • Samoa • Solomon Islands • South Australia • South Pacific • South Pacific phrasebook • Sydney • Sydney City Map • Sydney Condensed • Tahiti & French Polynesia • Tasmania • Tonga • Tramping in New Zealand • Vanuatu • Victoria • Walking in Australia • Watching Wildlife Australia • Western Australia

ÉGALEMENT DISPONIBLE : Antarctica • The Arctic • The Blue Man: Tales of Travel, Love and Coffee • Brief Encounters: Stories of Love, Sex & Travel • Buddhist Stupas in Asia: The Shape of Perfection • Chasing Rickshaws • The Last Grain Race • Lonely Planet ... On the Edge: Adventurous Escapades from Around the World • Lonely Planet Unpacked • Lonely Planet Unpacked Again • Not the Only Planet: Science Fiction Travel Stories • Ports of Call: A Journey by Sea • Sacred India • Travel Photography: A Guide to Taking Better Pictures • Travel with Children • Tuvalu: Portrait of an Island Nation

Nos guides sont également disponibles en **espagnol** et en **italien**.
Vous pouvez les commander auprès du bureau Lonely Planet Royaume-Uni et Irlande :
10 A Spring Place, London NW5 3BH – ☎ (020) 7428 4800 , Fax (020) 7428 4828
e-mail : go@lonelyplanet.co.uk

immatricule : 860 BJM 60

index

Index

Les références des cartes sont indiquées en **gras**.

Encadrés

LÉGENDE DES CARTES

ROUTES

Villes

Régionales

Autoroute
Auto. payante
Nationale
Départementale
Cantonale
Non goudronnée

Rue piétonne
Escalier
Tunnel
Randonnée
Promenade
Sentier

TRANSPORTS

Gare
Station de métro

Trajet bus
Trajet ferry

LIMITES ET FRONTIÈRES

Internationale
Province

Département
Non certifiée

HYDROGRAPHIES

Bande côtière
Rivière ou ruisseau
Lac

Canal
Source, rapide

Chute
Marais
Lac salé

TOPOGRAPHIE

Marché
Édifice
Campus

Cimetière
Escarpement
Jardin

Terrain de golf
Parc
Place

Sable
Oasis
Mangrove

SYMBOLES

CAPITALE NATIONALE
Capitale régionale
Grande ville

Ville Moyenne
Petite ville
Village, lieu-dit

Où se loger
Où se restaurer
Centre d'intérêt

Centre commercial
Canoë, kayak
Ancrage, mouillage
Plage

Aérodrome
Aéroport
Site archéologique, ruines
Banque
Café
Champs de bataille
Location de vélo
Poste frontière
Zoo
Gare routière
Téléphérique, funiculaire
Terrain de camping
Château
Hammam
Grotte

Église
Cinéma
Site de plongée
Ambassade, consulat
Passerelle
Fontaine
Station-service
Hôpital
Information touristique
Cybercafé
Phare
Point de vue
Accessibilité
Monument
Montagne

Musée
Observatoire
Parc
Parking
Col
Aire de pique-nique
Poste de police
Piscine
Bureau de poste
Bar, pub
Caravaning
Refuge
Épave
Parc national
Ornithologie

Piste de ski
Belle demeure
Surf
Synagogue
Mosquée
Borne de taxi
Téléphone
Théâtre
Toilette publique
Tombeau
Chemin de randonnée
Terminus de tram
Transports
Volcan
Vignoble

Note : tous les symboles ne sont pas utilisés dans cet ouvrage